Klaus Zimmermanns

Toscana

Das Hügelland
und die historischen Stadtzentren

DUMONT
Kunst-Reiseführer

Die wichtigsten Orte auf einen Blick

★
Umweg lohnt

★★
keinesfalls versäumen

Inhalt

Natur – Kultur – Geschichte

Reiserouten durch die Toscana

Natur – Kultur – Geschichte

Kulturlandschaft Toscana

Die Toscana gehörte zum Stammland der Etrusker, die die Römer Tusci und Etrusci nannten. Von Tusci leitet sich die spätantike und mittelalterliche Bezeichnung Tuscia ab, die im 10. Jh. erstmals auch Toscana lautete. Das Etruskerland war freilich ausgedehnter als die heutige Toscana. Mit den Städten Perugia und Orvieto umfasste es auch umbrisches Gebiet, mit Tarquinia, Cerveteri und Veji auch Städte, die heute zu Latium gehören.

Die Toscana ist, wie die anderen historischen Landschaften, wie Umbrien, Emilia, Latium etc., eine Region und als solche nur von geringer Bedeutung als Verwaltungseinheit. Nach der Einigung Italiens 1860 teilte man das Land nach dem Vorbild französischer Départements in Provinzen ein, die jeweils einer größeren Stadt zugeordnet wurden, deren Namen sie erhielten. Die Region Toscana wird von 10 Provinzen gebildet, von Massa-Carrara, Pisa, Lucca, Pistoia, Florenz, Arezzo, Siena, Livorno, Grosseto und Prato. In ihrer heutigen Begrenzung stellt sie einen Kompromiss dar zwischen geografischen Gegebenheiten und der Ausdehnung des Großherzogtums Toscana, des ehemaligen Mediceer-Staats, dessen Gebiet man sozusagen bereinigte. So besitzt die Toscana zwei natürliche Grenzen, die Küste des tyrrhenischen Meers und den hohen Gebirgskamm des Apennin im Norden und Nordosten, während die Grenze im Südosten gegen Umbrien und Latium, die durch ein offenes Hügelland und die Ebene der Maremmen führt, eine geschichtliche ist: Sie ist aus Gebietserweiterungen des Stadtstaats Florenz und des Großherzogtums hervorgegangen.

Im Lauf der Geschichte verstand man unter Toscana ein Territorium unterschiedlichen Umfangs. Ebensowenig wie das Etruskerland decken sich die römische Etruria und die markgräfliche Tuscia des Mittelalters mit der heutigen Region. Zur Zeit Dantes bezeichnete man mit Toscana das Gebiet der Stadtstaaten Florenz, Siena, Arezzo, San Gimignano, Volterra, Lucca und Pisa. Es ist dies die Toscana in ihrer kulturellen und sprachlichen Begrenzung. Zur Toscana in diesem Sinne zählt nicht die Provinz Grosseto, d. h. der jenseits des Amiata-Massivs und des Passes von Radicofani gelegene Teil der Region, die sogenannte Maremma, ebenso nicht das obere Tiber-Tal im Osten, das mit Anghiari und Sansepolcro geografisch und kulturell mit Umbrien verbunden ist, doch 1440/41 von Florenz gekauft bzw. erobert wurde. Im nordwestlichen Zipfel, der Lunigiana und der Versilia mischen sich in der Sprache genovesische und toscanische Züge. Nicht mehr zur eigentlichen Toscana gehört schließlich – schon auf Grund des Inselcharakters – der Toscanische Archipel mit Elba und den Felseninseln Giglio, Giannutri und Capraia, wobei es weniger entscheidend ist, dass Giglio bereits 1558, Elba dagegen erst 1815 dem Großherzogtum eingegliedert wurde.

Im Gebiet der heutigen Region, das aus Gebirge (20 %), Hügeln (70 %) und Ebenen (10 %) besteht, begegnen wir vielfältigen und gegensätzlichen Landschaftsformationen – dem engen Apennin-Tal der Garfagnana und den weiten Ebenen der Maremmen, der windgeschützten lieblichen Luccheser Villenlandschaft und der Alta Maremma, der Hohen Maremma, mit ihren verarmten Bergdörfern, den steilen Felsenküsten südlich von Livorno und dem goldgelben Sandstrand vor weißen Marmorbergen der Versilia.

Doch die Toscana ist weniger ein Land der Gegensätze und Extreme, als ein Land des Ausgleichs und des Maßes. Allmählich ist der Übergang von der Ebene zu Hügeln, von Hügeln zum Gebirge. Und es ist das ausgedehnte Hügelland im Zentrum der Toscana, das die Gegensätze der Randgebiete ausgleicht. Hier, in der Toscana zwischen dem Mugello und dem Amiata-Berg, zwischen dem Casentino und den Colline Metallifere sind die Gegensätze nicht stark genug, als dass sie Reisende vergangener Jahrhunderte zu beeindrucken vermochten. Wer heute immer wieder in dieses Land zurückkehrt, sucht nicht überwältigende Natureindrücke, sondern die maßvoll ausgeformten Hügel in ihrer vielfältigen Variation. Das Bild des bewegten Meeres drängt sich auf – doch nie verliert sich der Blick im Unendlichen. Immer wird das Landschaftsbild in der Ferne durch eine höhere Bergkette abgeschlossen – durch den Apennin oder den Pratomagno, durch die Colline Metallifere oder das Amiata-Massiv. Das überschaubare Hügelland gibt uns das Gefühl des Begrenzten und gleichzeitig der Weite, des Gegliederten und doch Leicht-Überbrückbaren. In der Ferne erscheinen die Hügel in ihrer rhythmischen Folge, in ihren vielfach abgestuften Silhouetten weniger materiell-dinghaft als ästhetisch-strukturiert. Das Herz dieses Hügellands ist das in aller Welt für seinen Wein bekannte Chianti-Gebiet. Die Hügel erreichen hier die für den Anbau eines qualitätsvollen Weins ideale Höhe von 250 bis 600 m. Im 19. Jh. wurde dieser Wein so berühmt, dass man mit seinem Namen

Das Bauernland des Chianti ist weniger reich an eindrucksvollen Kunstdenkmälern als etwa die nahen Flusstäler des Elsa oder des Arno. Die vielen mittelalterlichen Kastelle des Chianti wurden im Lauf der Jahrhunderte zerstört, oft zu Villen oder Landgütern umgewandelt oder aber wiederhergestellt. Aus anderen Kastellen entwickelten sich Orte wie Castellina, Radda, Gaiole, Greve oder wie hier Montefioralle

den Rotwein nahezu der gesamten Toscana bezeichnete. Das jungtertiäre Kalksteinmassiv des Chianti-Gebiets trägt wenig Erde. Früher legten die Bauern mit Hilfe der mure secche Terrassen an, auf denen sie zwischen Wein und Oliven auch Getreide anpflanzten. Heute erfordert der Traktor weite Abstände der Rebreihen und großflächige Weinfelder, sogenannte Vignen. Unterirdische Steindämme verhindern, dass der Regen die kostbare Erde wegspült. Doch nicht allein Wein- und Ölbaumkulturen charakterisieren diese Landschaft, sondern ebensosehr ausgedehnte Wälder mit Eichen, Steineichen, Kastanien und niedrigem Gestrüpp.

Das Chianti-Gebiet war ursprünglich nicht dem *contado,* dem Landgebiet einer einzigen Stadt, zugeordnet. Noch heute teilen sich fünf Bistümer – Florenz, Fiesole, Arezzo, Siena und Colle di Val d' Elsa – und zwei Provinzstädte – Florenz und Siena – dieses Gebiet.

In der Toscana ist nicht nur der Wechsel von einer Landschaftsformation zur anderen ein allmählicher, sondern ebenso der Übergang von Stadt zu Land. In Florenz wird die Parklandschaft in die Stadt hineingenommen, die umgebende Landschaft wird zum Park. Viele Besucher dieser Stadt verspüren auf dem Weg zur Kirche San Miniato oder nach Fiesole den Wunsch, tiefer in das Land einzudringen. Wer dann von Florenz über die Via Chiantigiana in Richtung Siena fährt, wird von dieser Parklandschaft aus allmählich in ein kultiviertes Bauernland geführt. Die Schönheit der Stadt, die Eleganz ihrer Baudenkmäler strahlt weit in das Land hinein. Allmählich werden Villen und Zypressen seltener, die Häuser verlieren ihren hellen Verputz, das Land wird herber, die Hügel verändern ihre Struktur. Sind sie anfangs noch weich gerundet, so vertiefen sich allmählich die Einschnitte. Gegen Siena zu öffnet sich die Landschaft erneut, sie gibt den Blick frei auf ausgedehnte, gerundete, langsam ansteigende Hügelzüge, die das Auge durch vielfältiges Linienspiel fesseln.

Fährt man dann über Siena hinaus in Richtung Buonconvento, sind die plastisch ausgeformten schroffen Hügel oft nur noch mit Gräsern bewachsen. Hier ist jedes Haus, jeder einzeln stehende Baum mit regelmäßig-runder Krone, jede Reihe von weit auseinanderstehenden Zypressen von grafischem Reiz. Wir sind am Rand der Crete, deren Zentrum zwischen Taverna d'Arbia und Asciano liegt. Das italienische Wort *creta* bedeutet Tonerde, Lehm. Neben kraterähnlichen Kegeln aus aschgrauem bis gelbem Ton gibt es lang gestreckte tief ausgefurchte Hügel aus Tuffstein, auf deren Kuppe gelegentlich ein verlassenes Haus steht. Die Landschaft ist zu arm, um Bauern zu ernähren, zu trostlos, als dass Fremde sich hier niederlassen möchten. Reich dagegen ist dieser Landstrich an Kräutern und Gräsern. Der Schafskäse, der Pecorino, ist hier ganz besonders aromatisch. Wem es nicht zu beschwerlich ist, über aufgesprungenen Erdkrusten zu wandern, glaubt sich in eine unwirklich-unheimliche Mondlandschaft versetzt, deren melancholische Bilder zu einem Erlebnis werden. Immer wieder erscheinen im Hintergrund die Türme von Siena, das auf dreien solcher steil abfallenden Tuffhügel erbaut wurde.

In einem sehr öden Teil, wenige Kilometer südlich von Asciano, erbaute Bernardo Tolomei die Abtei Monte Oliveto Maggiore, das Mutterkloster der Olivetaner. In weniger strenger Form dehnt sich die Crete nach Süden bis ins Orcia-Tal. Bei Volterra spitzen sich die Hügelkuppen zu schmalen lang gestreckten Graten zu. Die Hänge stürzen steiler und tiefer ab. Nach jedem Regenguss verschlingen Erosionen ein Stück des Grunds, auf dem Volterra erbaut wurde.

Kehrt man nach Florenz zurück, wird man sich des Gegensatzes zwischen der kargen Landschaft bei Siena und Volterra zu den weich gerundeten Florentiner Hügeln bewusst. »Die Hügel um Florenz haben einen kürzeren Atem, wie aus lauter Vornehmheit. Sie bilden nicht Täler, nur tiefe Mulden; kaum erreicht einer die Tiefe, steigt ein anderer ohne Absatz wellenartig wieder empor …« (Ranuccio Bianchi-Bandinelli). Bei einer Fahrt von Florenz über Fiesole in nördlicher Richtung in das höher gelegene Mugello (190–300 m), verliert die Landschaft – ähnlich wie auf dem Weg nach Siena – allmählich ihre Vornehmheit und nimmt ländlichere Züge an. Das Mugello, dessen Name sich vom Ligurer-Stamm der Mucelli ableitet, ist das obere Tal des Sieve. Durch die hohen Berge des Apennin gegen Norden abgeschirmt, zeichnet sich das breite fruchtbare Tal durch mildes Klima aus. Cosimo de' Medici d. Ä. ließ hier die Kastelle Cafaggiolo (1451) und Trebbio (1461) erbauen. Lorenzo und Giovanni de' Medici verbrachten einen Teil ihrer Jugend in diesem ›Arkadien der Florentiner‹.

Während das Mugello durch gute Straßen mit Florenz verbunden ist, und so in engem künstlerischen Bezug zu dieser Stadt stand, erreicht man das Casentino, das hohe Arno-Tal, von Florenz aus nur über den beschwerlichen Consuma-Pass (1060 m). An drei Seiten ist dieses weite Tal von hohen Bergen umrandet, nur gegen Arezzo ist es geöffnet. Die Kastelle von Poppi und Romena zeugen von den mächtigen Feudalherren der Guidi, die in diesem geschützten Hochtal bis 1440 ihre Unabhängigkeit gegenüber Florenz bewahren konnten. Die 400 bis 440 m hohe Talsohle, deren »grüne Hügel und frische Bäche« Dante rühmt, ist fruchtbares Acker- und Weideland. Nüsse und Obst des Casentino sind von besonderer Qualität.

Zwei Heilige suchten die Einsamkeit der Casentiner Berge. 1224 empfing Franz von Assisi auf dem Felsen von La Verna die Stigmatisation, in Camaldoli gründete der Hl. Romuald den Camaldulenser-Orden. Auf der Westseite des Pratomagno gab Giovanni Gualberto den Einsiedler-Mönchen von Vallombrosa die Ordensregel der Vallombrosaner.

Südlich von Arezzo erstreckt sich, bis zum Lago di Chiusi, die Valdichiana, das Chiana-Tal. In der Antike führte die Chiana (Clanis) ihr Wasser vom Casentino in südlicher Richtung zum Tiber. Das Gefälle war so gering, dass die Römer überlegten, den Fluss in entgegengesetzter Richtung umzuleiten und in den Arno münden zu lassen. Durch Sandanschwemmung kam die Chiana in der Völkerwanderungszeit zum Stillstand, das Gebiet versumpfte, die durch das Tal führende Via Cassia war schon im frühen Mittelalter unpassierbar.

Ranuccio Bianchi-Bandinelli über die Crete Senesi:

»In dieser Landschaft ohne Gnade wurzelt – lebendigster Gegensatz zur florentinischen Nüchternheit – der mystische, ekstatische Teil der sienesischen Seele. Hier, aus dieser Landschaft mit ihrer linearen Vereinfachung und ihrem unwirklichen Farbenwechsel heraus, ist die älteste Landschaftsmalerei Europas entstanden: Ambrosius Lorenzetti entnahm ihr die Anregung für den Hintergrund seiner Fresken mit dem bösen und dem guten Regiment, Sassetta versetzte in diese Landschaft die schaurigen Märchen aus dem Leben des Hl. Antonius Abbas.«

Kanal in der Maremma nahe der Ombrone-Mündung

1551 begann man mit dem Bau des Canale Maestro, der den Arno mit dem Tiber verbindet. Die Arbeiten an dieser Anlage und die Entsumpfung zogen sich bis ins 20. Jh. hin. Das fruchtbare Chiana-Tal ist berühmt für seine Weiden. Das Fleisch seiner weißen Rinder, der *chianine* liefert die beste *bistecca alla fiorentina.* Für den Reisenden liegt der Reiz der Valdichiana weniger in der Ebene, als in den Marktflecken, den kleineren und mittleren Städten der umgebenden Hügel, die weitgehend ihre mittelalterliche Baustruktur erhalten konnten. Westlich der Ebene liegen Monte San Savino, Lucignano, Sinalunga und Montepulciano, im Osten Castiglion Fiorentino und die alte Etruskerstadt Cortona.

Auf dem Weg von Siena in Richtung Grosseto ändert sich abermals die Landschaft. Die Hügel flachen ab, die Zypressen werden seltener. Die Farbe des Bodens wechselt in verschiedene Rottöne. In der Nähe der Küste gelangt man in eine weite fruchtbare, von Entwässerungskanälen durchzogene Ebene, die Maremmen. Das Wort Maremma ist eine Nebenform zu Marittima, mit der man ursprünglich das Küstengebiet von Cecina bis Civitavecchia (Latium) bezeichnete. Heute nennt man ebenso die Hügel- und Gebirgszone südlich des Amiata und südwestlich der Colline Metallifere (der erzhaltigen Hügel) Maremma, oder auch Alta Maremma.

Das flache Küstengebiet war in vorgeschichtlicher Zeit ein Lagunensee, der bereits in der Antike verlandete. Die Etrusker, die hier die Städte Roselle und Vetulonia errichteten und die Erze der dicht bewaldeten Colline Metallifere abbauten, haben die Sümpfe der Maremmen zum ersten Mal entwässert. In römischer Zeit wurde das fruchtbare Land Veteranen zugeteilt, die es durch Sklaven bebauen ließen. Doch schon in der Antike begann der Verfall der Entwässerungsanlagen. Das Land versumpfte erneut, die Malaria breitete sich aus. Die Bewohner flohen in das Bergland. Der Bischofssitz von Populonia musste in das höher gelegene Massa Marittima verlegt werden, der von Roselle nach Grosseto. Aber auch in den neuen Bischofsstädten sank die Einwohnerzahl am Ende des Mittelalters bis auf wenige hundert. Obschon die Medici im 16. Jh. bereits mit den Sanierungsarbeiten begannen, die dann mit mehr Erfolg im 18. Jh. unter den Habsburgern fortgesetzt wurden, konnten während des Sommers die Felder nicht bestellt werden.

Der Dom von Massa Marittima

Erst in den 30er-Jahren des 20. Jh. wurden die Entwässerungsarbeiten in großem Umfang wieder aufgenommen. Das trockengelegte Land, das einst Großgrundbesitzern gehörte, wurde parzelliert und ging in den Besitz der Bauern über. Seit der Nachkriegszeit ist das Land von der Malaria frei.

Wer heute in die Maremmen fährt, um die Nekropolen der Etrusker oder die Badestrände mit ihren Kiefer- und Pinienwäldern aufzusuchen, begegnet Büffelherden und wilden Pferden. Auf großflächig angelegten Feldern werden Getreide, Gemüse und Obst angebaut. Die Maremmen sind berühmt für ihre Schweine- und Schafszucht. Wer die Landschaft in ihrer ursprünglichen Schönheit kennen lernen möchte, wird sich in die Naturparks von Uccellina, des Lago di Burano oder in die Bergdörfer der Alta Maremma begeben. Außer in den Bischofsstädten Massa Marittima und Sovana findet man in einem jahrhundertlang verarmten Landstrich freilich wenig mittelalterliche oder neuzeitliche Kunstdenkmäler. Die vielen Wachttürme und Befestigungsanlagen zeugen davon, dass das Land während des Mittelalters den Einfällen der Sarazenen ausgesetzt war.

Von den Etruskern zum Mittelalter

Die Toscana mit ihrer ausgeprägten Landkultur ist gleichermaßen ein »Land der Städte« (Robert Davidsohn). Ihre Geschichte verdeutlicht, dass Stadt und Land aneinander gebunden sind. Der Entfaltung städtischen Lebens ging die Kultivierung des Lands voran. Das Land, wenn es nicht einem Feudalherrn gehörte, bedurfte des Schutzes der Stadt.

Die Geschichte der Toscana beginnt im 7. vorchristlichen Jh., als sich die Etrusker politisch organisierten und Städte gründeten. Das Gebiet der Toscana gehört zum Kernland jenes rätselhaften Volks, dessen Sprache wir nur wenig verstehen, über dessen Herkunft und Volkwerdung vieles im Dunkeln liegt. Antike Autoren berichten von zwölf Städten, von denen sechs im Gebiet der heutigen Toscana lagen: in Küstennähe Vetulonia, Roselle und Populonia, im Landesinnern Chiusi, Volterra und Arezzo. Weitere Etruskerzentren waren Cortona und Fiesole.

Etruskische Aschenurne aus dem Museo Guarnacci in Volterra. Das Relief zeigt Meleager und Atalante bei der Jagd auf den kalydonischen Eber. In den meisten Etrusker-Städten fand man auch Zeugnisse der älteren Villanova-Kultur: Aschenurnen aus Ton, bronzene Waffen und Schmuckstücke. Träger dieser Kultur waren die Vorfahren der Etrusker, die sich noch nicht mit eingewanderten Völkern aus Kleinasien vermischt hatten

Der Mensch der Villanova-Zeit lebte in bescheidenen Holz- und Lehmhütten, trieb Ackerbau und Viehzucht. Die ausgedehnten dörflichen Siedlungen lagen auf den Kuppen der Hügel oder in der Nähe von Flüssen – oftmals an Stellen, wo die Etrusker später ihre Städte bauten.

Etruria war kein Staat im heutigen Sinne. Die Städte waren autonom, sie bildeten einen der griechischen Polis vergleichbaren Stadtstaat. In auffallender Parallele zu den Städten des Mittelalters erstreckte sich ihr Herrschaftsbereich auf das umgebende Landgebiet. Im Unterschied zu den mittelalterlichen Stadtstaaten aber führten die Etrusker-Städte keine Kriege gegeneinander: Voraussetzung, alle natürlichen Vorteile Etruriens auszunutzen.

Man baute die Erze und Mineralien der Colline Metallifere und Elbas ab, entsumpfte das Gebiet der Maremmen, baute eine Flotte auf, die das fruchtbare Küstengebiet sicherte und Seehandel ermöglichte. Die rivalisierenden Stadtstaaten des Mittelalters hingegen konnten den Reichtum der Toscana nicht in demselben Maße wahrnehmen. Ihre einzige Seemacht, Pisa, bemühte sich wenig um den Schutz der Maremma, denn diese war im Besitz verschiedener weltlicher und geistlicher Feudalherren. So wurde das Küstengebiet immer wieder von seefahrenden Völkern, insbesondere den Sarazenen, überfallen und ausgeplündert. Die systematische Kultivierung des Lands war ebenso wenig möglich wie der kontinuierliche Abbau der Mineralien.

Seit dem 4. Jh. v. Chr. dehnte Rom seinen Machtbereich auf Etrurien aus. Im Lauf zweier Jahrhunderte wurden die Städte des etruskischen Kernlands durch Bündnispolitik oder Eroberungen an Rom gebunden. Einige dieser Städte, insbesondere Volterra, Arezzo und Fiesole, erlebten in republikanischer Zeit eine neue Blüte – sie wurden mit Tempeln, Theatern und Thermen ausgestattet. Bedeutsam für die spätere Geschichte der Toscana wurde die Gründung der Kolonialstädte Pisa, Lucca, Pistoia und Florenz. Neue Straßen wurden angelegt, die Etrurien mit Rom verbanden. Ihren Trassen folgen die modernen Landstraßen auf weiten Strecken noch heute.

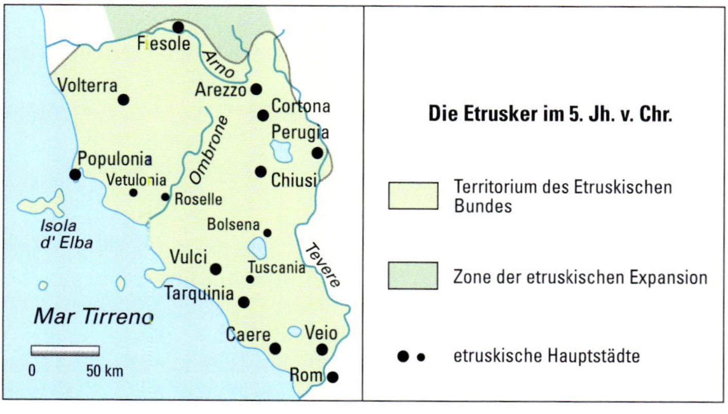

Die 241 v. Chr. begonnene Via Aurelia verlief entlang der tyrrhenischen Küste bis zum später versandeten Hafen von Luni, von dem aus der Carrara-Marmor verschifft wurde. Die Cassia, um 200 v. Chr. angelegt, führte über Bolsena, Chiusi, Arezzo nach Fiesole. Eine Nebenstraße der Cassia verband Fiesole mit Pistoia, Lucca und Pisa. Eine weitere Straße, die Via Clodia, führte von Rom über Tuscania und Setania nach Roselle.

Seit dem 2. Jh. v. Chr. zeigten sich die ersten Anzeichen eines wirtschaftlichen Niedergangs. In Etrurien wurden wiederholt Bürgerkriege ausgetragen. Getreideeinfuhr aus Ägypten führte zur Verödung weiter Gebiete. Bald fehlte es an Menschen, die das Land kultivierten, die Sümpfe entwässerten und Mineralien förderten. Auf einer Reise durch die Maremmen wurde Tiberius Gracchus 137 v. Chr. von der Malaria befallen. Den Niedergang des Lands versuchte Kaiser Augustus durch Anlage von Veteranenkolonien und Verwaltungsreformen aufzuhalten: Er gründete die ›VII. regio Etruriae‹, die Diokletian auf Umbrien erweiterte; Florenz wurde Hauptstadt der Region, Sitz des *corrector Italiae.*

Nach dem Untergang des Weströmischen Reichs 476 erlebte die Toscana wie die übrige Apenninenhalbinsel Jahrhunderte der Fremdherrschaft. Zunächst hatte das Land unter Kämpfen zu leiden, die Theoderich mit seinen gotischen Heeren zur Rückeroberung Italiens für Ostrom führte. Theoderich, der ein Königreich der Ostgoten und Römer begründen wollte, der in Ravenna eine Renaissance der Antike einleitete, vermochte dem Verfall der Städte, der Verödung des Lands keinen Einhalt zu bieten. Die anschließenden Kriege zwischen Byzanz und den Ostgoten verwüsteten die Toscana vollends. Die römischen Straßenzüge verfielen, waren bald nicht mehr mit dem Wagen und nur noch zu Fuß oder auf Mauleseln passierbar. Die Entwässerungsanlagen der Tiefebenen brachen zusammen. Nicht nur die Maremmen-Küste, auch die Valdichiana (Chiana-Tal) und Teile des unteren Arno-Tals versumpften. Die Bewohner konnten zwar vor der Malaria in höher gelegene Gebiete fliehen, hier waren sie jedoch nicht vor Hungersnöten oder Pestepedemien geschützt. Das Leben in der Stadt und auf dem Land war auf einem Tiefpunkt angelangt. Die geschrumpfte Bevölkerung lebte von bescheidenem Landbau und kleinen Herden. Selbst in den Städten gab es kaum Handwerk oder Handel.

Wie die römischen Amphitheater von Florenz und Lucca noch heute veranschaulichen, richteten sich die Bewohner in den Ruinen Wohnungen ein. Zerfallende Gebäude verwendete man als Steinbruch.

Als die Langobarden aus dem Norden, Oberitalien und anschliessend um 568 kampflos die Toscana einnahmen, musste das verarmte Land zusätzlich die Eroberer ernähren. Sie erwählten Pavia zur Hauptstadt ihres Regnum Italiae. Als nach dem Tod ihres Königs Cleph das Reich in unabhängige Herzogtümer zerfiel, wurde im Gebiet der Toscana Lucca als Herzogsresidenz erwählt. Die günstige Verbindung über den Cisa-Pass zu Pavia dürfte für die Wahl dieses Orts ausschlaggebend gewesen sein. Der Stellvertreter des Herzogs residierte

Papst Gregor I. berichtete:

»Schon erleben wir, dass alles auf dieser Welt verloren ist, wie die Schrift sagt, dass es untergehen soll: Zerstört sind die Städte, die Burgen gebrochen, in Trümmer liegen die Kirchen, und auf dem Land wohnt niemand mehr, der es bebaut.«

in Pisa, das mit seinem Hafen Zugang zum Meer ermöglichte. Lucca und Pisa erreichten als langobardische Residenzstädte gegenüber Florenz, der ehemaligen Hauptstadt der VII. regio Italiae, einen wirtschaftlichen Vorsprung, den jene Stadt erst im 12. Jh. aufzuholen vermochte.

Im Jahr 774 eroberte Karl der Große das Langobardenreich. Das Regnum Italiae wurde fränkische Provinz, doch behielten das langobardische Volksrecht und die Verwaltungsstruktur weiterhin ihre Gültigkeit. Das Langobardenreich war in *iudicaria* eingeteilt, denen Herzöge oder Gastalden vorstanden. Aus diesen *iudicaria* gingen die karolingischen *comitati,* Grafschaften, hervor, deren Grenzen weitgehend denen der Diözesen entsprachen. Die Bistümer hatten die ältere, in die späte römische Kaiserzeit zurückreichende Tradition. Ihre Ausdehnung entsprach römischen Verwaltungsbezirken, deren Hauptfunktion in der Überwachung und Instandsetzung der Straßen bestand, eine Aufgabe die nach dem Untergang des Römischen Reichs von den Bischöfen übernommen wurde. Da jeder römischen Stadt ein Straßenverwaltungsbezirk und ein Bischofssitz zugeteilt war, wird verständlich, dass zwei Bischofssitze, die von Florenz und Fiesole, nur 6 km voneinander entfernt liegen konnten.

Die Karolinger stärkten die Macht der Bischöfe, sie statteten sie u.a. mit der Gerichtsbarkeit der Grafen aus. Machtkämpfe zwischen Bischöfen und Grafen waren die unvermeidliche Folge. Die weltlichen Rechte der Bischöfe waren in Oberitalien ausgeprägter, wo ihnen auch die Regierungs- und Polizeigewalt übertragen wurde. In der Toscana waren nur den Grafen-Bischöfen von Volterra, Arezzo und Fiesole außer der Gerichtsbarkeit weitere weltliche Rechte über Stadt und Land verliehen worden.

Die fränkischen Herrscher errichteten die Markgrafschaft Tuszien, die später durch das Hausgut der Azzonen, der Markgrafen von Canossa, auch auf Gebiete nördlich des Apennin, auf Modena, Ferrara, Mantova, ausgedehnt wurde, d. h. sie verliehen die verschiedenen Grafschaften einem einzigen Grafen, der wegen der Ämterkumulierung den »auszeichnenden Titel eines Markgrafen« führte (Robert Davidsohn). Erst seit der Mitte des 10. Jh. wurde den Comitaten jeweils ein Graf vorgesetzt.

Während der Karolingerherrschaft zeichnete sich die mittelalterliche Feudalstruktur des Lands, deren Grundlage bereits von den Langobarden gelegt wurde, deutlicher ab. Zur Sicherung des Lands wurden – wohl seit dem 7. Jh. – an allen strategisch wichtigen Punkten, vor allem in den Grenzgebieten, Kastelle errichtet, aus denen zahlreiche toscanische Ortschaften hervorgingen. Im Lauf der Jahrhunderte wurde ihre Zahl beträchtlich erweitert, da diese Kastelle auch der Landbevölkerung Schutz boten. Nahten Feinde, konnte der Bauer mit seiner Familie, mit Vieh und Gerät in das Kastell flüchten und dort vorübergehend wohnen. Die Karolinger beriefen Franken, Bayern und Schwaben zu Burgherren. Doch nannte man in der Toscana den Signore des Kastells lange Zeit *lombardo.*

Zu den größten Grundbesitzern der Toscana zählten die geistlichen Feudalherren. Das Landgebiet des vom letzten Langobardenkönig Ratchis gegründeten Klosters San Salvatore am Amiata-Berg erstreckte sich bis zur tyrrhenischen Küste. Die von Karl dem Großen gestiftete Abtei von Sant' Antimo war so mächtig, dass sie Angriffen des benachbarten Montalcino bewaffneten Widerstand leisten konnte.

Mit dem 7. Jh. begann das Land sich zu erholen. Das führte im 9. und 10. Jh. zur Entfaltung des städtischen Lebens und des Handels, was um das Jahr 1000 einen ersten bescheidenen Wohlstand erlaubte. Erfindungen wie die des Dreschflegels, der Wassermühle, des Geschirrs für Ochsen und Pferde verhalfen – wie auch im übrigen Europa – dazu, den Kultivierungsprozess des Lands zu beschleunigen. Das traditionelle große Landgut, der *curtis,* wurde in die noch immer bestehenden kleineren *podere* aufgeteilt: Aus Leibeigenen und Halbfreien wurden Halbpächter, *mezzadri,* oder Arbeiter – ein System, das bis 1962 Gültigkeit besaß. Der jahrhundertelang brachliegende Boden erwies sich als äußerst fruchtbar. Straßen wurden instandgesetzt oder neu angelegt, die Bevölkerungszahl nahm allmählich zu.

Noch bevor die Wirtschaft der Städte aufblühte, bemühten sich die Bürger um politischen Einfluss. Bereits im Jahr 800 sind für Arezzo, im Jahre 808 für Lucca Volksversammlungen bezeugt, in denen über die Verwaltung des Gemeineigentums, über Markthaltung und Arbeit an Straßen, Brücken und Mauern entschieden wurde. Doch bis ins 11. und 12. Jh. lag die Macht in der Hand der Grafen oder des mit Grafenrechten ausgestatteten Bischofs.

Ihre Autonomie erlangten die Städte unter der 1115 verstorbenen Markgräfin Mathilde von Canossa, der ›Gran Contessa‹. Bereits 1080 wählten die Bürger von Pisa, etwa gleichzeitig wie die von Lucca, ihre obersten Beamten, die Konsuln. Im Jahre 1096 folgte Arezzo, 1105 Pistoia. Die Konsuln kamen zunächst aus dem städtischen Patriziat. Ihre Amtszeit war im Allgemeinen auf ein Jahr festgesetzt. Volksversammlungen wurden einberufen, insbesondere dann, wenn über wichtige Entscheidungen, wie über Krieg und Frieden oder Bündnispolitik, abzustimmen war.

Markgräfin Mathilde von Canossa unterstützte während des Investiturstreits das Reformpapsttum. Sie schenkte ihren Besitz dem Hl. Stuhl, erhielt ihn aber zur eigenen Nutzung zurück

Aufschwung und Niedergang der toscanischen Städte

Am Ende des 11. Jh. zeichnete sich der wirtschaftliche Aufschwung der Städte deutlicher ab. Pisa entwickelte sich nach dem Seesieg über die Sarazenen (1062) zur mächtigsten Stadt der Toscana. Die Handelsbeziehungen dieser Seemacht reichten bis in den Orient. In den Städten im Landesinnern entfaltete sich die Tuchindustrie. Die Kaufleute von Lucca, Pistoia, Florenz und Siena tauschten Waren auf den Märkten in Flandern und Frankreich. Sie wurden die Geldgeber der Mächtigen – des Papstes, des Kaisers, des Königs von Frankreich.

Das Anwachsen der Bevölkerung, die divergierenden Interessen von Adel, Kaufmannsschicht und Handwerk erforderten das Amt eines juristisch geschulten Stadtoberhaupts, das des *podestà*. Dieser war oberstes Exekutivorgan: Er traf politische Entscheidungen, verfügte über die Finanzen, war für die öffentliche Sicherheit verantwortlich, war Anführer des Heers und oberster Richter. Rechenschaft schuldig war er allein dem großen Rat. Während seiner Amtszeit durfte er keinen privaten Kontakt mit der Einwohnerschaft aufnehmen. Es erwies sich als vorteilhaft, einen Auswärtigen für dieses Amt zu berufen. Meist kam der Podestà aus oberitalienischen Adelsgeschlechtern. Hatte er während seiner Amtsperiode praktisch alle Befugnisse, wurden seine Entscheidungen am Ende seiner Regierungszeit von *sindici* in allen Details überprüft. Nicht selten wurden dem Podestà hohe Geldstrafen auferlegt. Der Anstieg der Bevölkerungszahl ließ regelmäßige Volksversammlungen nicht mehr zu. Statt dessen wurden große und kleine Räte als gesetzgebende Instanzen gewählt.

Im 12. Jh. begannen die Städte ihren Einfluss auf die umgebende Diözese auszudehnen, sich ein Landgebiet, einen *contado,* zu erobern. Der gesicherte Contado brachte eine Reihe von Vorteilen: Der Warenaustausch mit dem Land wurde erleichtert, die Stadt gelangte in den Besitz von Mineralien und anderen Bodenschätzen, die Straßen konnten überwacht werden, der Handel wurde nicht mehr durch Wegezölle behindert. Der Stadtstaat wurde volkreicher, wirtschaftlich

Für Wohnung und Amtssitz mietete die Kommune anfangs Privatpaläste, später errichtete sie zu diesem Zweck spezielle Paläste, an denen alljährlich das Wappen des Podestà angebracht wurde. Das bekannteste Beispiel eines Podestà-Palasts, ist jener in Florenz, den man später Bargello nannte

mächtiger und wehrkräftiger. Doch auf dem Lande saß seit der Langobardenzeit der Adel, der seine Rechte auf Kastelle und Landgebiete verteidigte. Man versprach Steuerfreiheit, stellte Paläste zur Verfügung oder aber man zerstörte die Kastelle und legte neue befestigte Orte an, die man im Italienischen ebenfalls *castelli* oder auch terre murate nennt. Die um ihre Autonomie bemühten Landkommunen verbanden sich oft mit den Städten gegen die Feudalherren.

Einigen mächtigen Adelsfamilien, den Guidi im Casentino, den Alberti von Prato, gelang es, die Expanison der Städte über ein Jahrhundert aufzuhalten. Erst am Ende des 13. Jh. war die Macht des Adels nahezu gebrochen.

Die *conquista del contado,* die Eroberung des Landgebiets, wurde von italienischen Historikern bereits *riconquista,* Rückeroberung, genannt, denn schon zur Zeit der Etrusker und Römer gehörte das Landgebiet zur Stadt. Die mittelalterliche Kommune konnte sich auf die weitgehende territoriale Einheit von Grafschaft und Diözese berufen, wobei beide, Grafschaft wie Diözese, von der Stadt aus verwaltet wurden. Der antike Ursprung der Diözese bestätigt, dass der Contado »wie seit jeher von der Stadt abhängt« (Moretti, Ruschi und Stopani): Im Landgebiet der Etrusker, im Straßenbezirk der Römer, in Diözese, Grafschaft und Contado gingen Rechtsprechung und Verwaltung von der Stadt aus. Selbst die moderne Einteilung Italiens in Provinzen berücksichtigt die einstige Bedeutung der Städte, während das von den Fremdherrschern eingeführte Feudalsystem ihrem Wesen nicht gerecht wurde.

Für die Entfaltung des Handels war die Anlage neuer Straßen unumgänglich. Das römische Straßennetz führte durch versumpfte Tiefebenen, es wurde nur teilweise wieder instandgesetzt. Wollte man vor Überschwemmungen durch die Flüsse und vor der Malaria sicher sein, musste man den beschwerlichen Weg über die Hügel nehmen. Unter den zahlreichen mittelalterlichen Straßen der Toscana war die Via Francigenia, die Frankenstraße, die bedeutendste. Die Langobarden hatten diese Straße errichtet, um ihre Hauptstadt Pavia mit Rom zu verbinden. Auf der ganzen Länge verlief sie durch das Landesinnere. »Sie war daher relativ gut geschützt vor byzantinischen Störunternehmungen und Plünderungen sarazenischer Seeräuber« (Werner Goez). Als im 7. Jh. die Pilgerfahrten nach Rom sprunghaft zunahmen, benutzten die Pilger aus dem Norden diese Straße, die man nun auch Via Sancti Petri oder Strata Romea nannte. Ziel der Pilgerfahrten war das Grab des in den nordischen Ländern als »mächtigster Schutzherr«, »Gefolgsherr«, »Kriegsmann« hoch verehrten Apostelfürsten Petrus (Karl Bosl).

Die Frankenstraße ermöglichte Lucca den Fernhandel. Siena und San Gimignano gelangten durch diese Pilger- und Handelsroute zu wirtschaftlicher und kultureller Blüte. Als man die Straße von den Hügeln in das entsumpfte Elsa-Tal verlegte, war San Gimignano seines Lebensnervs beraubt. Die Stadt stagnierte und konnte deshalb ihre mittelalterliche Gestalt bis heute erhalten.

Kommunen und Feudalherrschaften in der Toscana des 13. und 14. Jh.

Während der Zeit, da die Städte noch gegen Kirche und Graf um ihre Autonomie kämpften, entzündete sich ihre wirtschaftliche und politische Rivalität. Den Anfang machte Florenz mit der Eroberung und Zerstörung Fiesoles. In den nächsten vier Jahrhunderten erweiterte die Stadt durch Eroberung und Kauf ihr Territorium um ein Vielfaches. Die mächtigste Rivalin war Siena, die sich im Süden der Toscana durch Einnahme von Montepulciano (1249), Massa Marittima (1335), Grosseto (1336) und Chiusi (1416) ebenfalls ein weites Staatsgebiet sicherte.

In den Kämpfen des 13. und 14. Jh. waren Siena und Pisa meist gegen den gemeinsamen Feind Florenz verbündet, wobei die wirtschaftliche Rivalität ein entscheidender Faktor war. Lucca stand in Gegnerschaft zum nahen Pisa und zum ebenfalls an der Via Francigenia gelegenen Siena, sodass Lucca wie auch San Gimignano natürliche Verbündete von Florenz wurden.

Die Rivalität der toscanischen Stadtstaaten wurde in die Machtkämpfe zwischen Kaiser und Papst verwickelt. Der Kaiser versuchte den Expansionsdrang der Städte einzuschränken und an ihrem wirtschaftlichen Wohlstand teilzuhaben. Die Städte, obwohl sie die Oberhoheit des Kaisers niemals formal in Frage stellten, weigerten sich, Abgaben zu zahlen und kaiserliche Vikare in ihren Mauern zu dulden. Unter den toscanischen Städten führten Florenz, Lucca und San Gimignano meist eine papstfreundliche Politik gegen den Kaiser, zumal die Kirche durch ihre internationalen Verbindungen den Fernhandel begünstigte. Siena und Pistoia dagegen erhofften vom Kaiser Unterstützung gegen den Expansionsdrang der Republik Florenz. Seit etwa 1240 nannte man die Parteigänger des Heiligen Stuhls Guelfen, die des Reichs Ghibellinen. Die Guelfen oder Welfen waren ursprünglich die Anhänger des Welfen Ottos IV., dem Papst Innozenz III. anstatt seines Mündels Friedrich II. die Kaiserkrone verliehen hatte, die Ghibellinen die des Staufers Friedrich II., des Waiblingers, der nach seiner schwäbischen Heimatstadt so benannt wurde. Eine Familienfehde zwischen den Buondelmonti und den Amidei in Florenz soll 1215 die Parteibildung ausgelöst haben. Während der heftigen Auseinandersetzungen in der Mitte des 13. Jh. zählte die Zugehörigkeit zur Partei mehr als die zur Heimatstadt. Ghibellinische Florentiner kämpften auf Seiten Sienas, guelfische Sienesen für Florenz.

Die Ghibellinen setzten auf eine Macht, deren Ideale von Vasallentum und Reich der Vergangenheit angehörten, deren politische und militärische Kraft im Schwinden begriffen war. Die Guelfen dachten zeitgemäßer. Sie gaben den Großkaufleuten, die am Wohlstand der Städte wesentlichen Anteil hatten, die politische Macht.

Als sich in Florenz nach einem Sieg der Guelfen 1250 der sogenannte *primo popolo* bildete, waren zum ersten Mal in der Neuzeit die unteren Volksschichten, d. h. Handwerker und kleine Händler, an der Regierung beteiligt, der Adel dagegen ausgeschlossen. Der Sieg des Volks war für jedermann sichtbar: Die Geschlechtertürme der Adelshäuser wurden auf eine Höhe von 26 m geschleift. Die Regierung des *primo popolo* währte nur zehn Jahre. 1260 mussten die Guelfen die Niederlage bei Montaperti unter der Führung von Siena hinnehmen, doch siegten sie 1269 bei Colle Val d' Elsa. Man klagte die Ghibellinen der Häresie an und konfiszierte ihr Vermögen. Die Ghibellinen-Partei verlor allmählich ihre Anhängerschaft. Als die Guelfen keine Gegenspieler mehr hatten, entwickelte sich ihre Partei zu einer konservativen, patriotischen Institution, die in enger Verbindung mit dem Hause Anjou stand.

Um 1300 verzeichneten die Städte Einwohnerzahlen, die sie erst wieder im 19. Jh. erreichten. Die Stadtzentren von Siena, San Gimignano, Volterra, Arezzo und Massa Marittima erhielten zu dieser Zeit jene Gestalt, die bis heute weitgehend erhalten blieb. Die wirtschaftlich-politische und kulturelle Überlegenheit von Florenz zeichnete sich deutlicher ab. Die Stadt eroberte oder erwarb Pistoia (1329), Prato (1351), Volterra (1361), Cortona (1411); San Gimignano unterstellte sich 1354 freiwillig dem Schutz der Arno-Stadt. 1406 verschaffte die Eroberung von Pisa den begehrten Zugang zum Meer. Nur Siena und Lucca konnten noch ihre Unabhängigkeit bewahren.

Wie die übrigen Städte wurde auch Florenz von wirtschaftlichen Rückschlägen und sozialen Problemen betroffen. Das 14. Jh. war gekennzeichnet durch den Bankrott großer Bankhäuser, durch Hungersnöte (1365–74) und Pestepedemien (1348 und 1374). Die sozialen Spannungen zwischen Adel und Bürgertum verlagerten sich nun auf Besitzende, den *popolo grasso,* und Mittellose, den *popolo minuto*. Überall in den großen Städten drängten die unteren Volksschichten an die Macht. Man war bereit, auf demokratische Formen zu verzichten, und die Stadtherrschaft, die *signoria,* einer starken Persönlichkeit anzuvertrauen. In Florenz hatten von 1434 bis 1494 die Medici und ihre Freunde – unter scheinbarer Wahrung der auferlegten demokratischen Spielregeln – alle wichtigen Ämter inne. Nicht zu vergessen ist jedoch, dass die Stadt unter ihrer Herrschaft eine kulturelle Glanzzeit ohnegleichen erlebte.

Zu den Parteigängern der Ghibellinen zählte vor allem der Adel, während die Großkaufleute auf der Seite der Guelfen standen. In allen Städten waren beide Parteien vertreten. In Florenz hatten eine zeitlang die Ghibellinen, zu denen auch der große italienische Dichter Dante Alighieri zählte, die Überhand. In Siena wiederum bildete sich seit 1287 eine guelfische Regierung der Kaufleute, die bis 1350 fortbestand

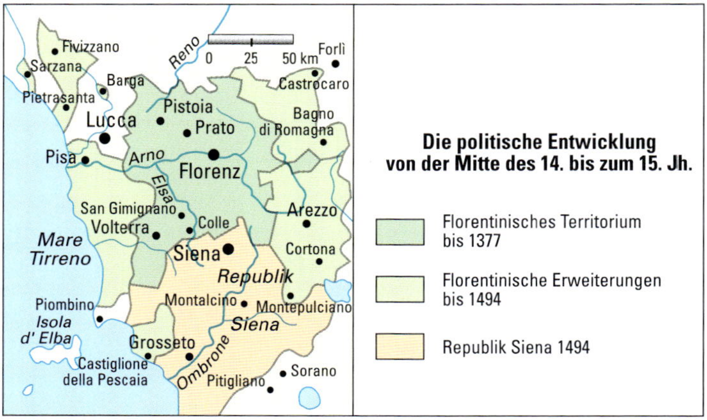

Die politische Entwicklung von der Mitte des 14. bis zum 15. Jh.

In den von Florenz abhängigen Städten hingegen kamen die kulturellen Impulse nahezu zum Erliegen. Dies änderte sich erst, als Florenz selbst aufgehört hatte, eine autonome Stadt zu sein und seit 1531 dem Herzog der Toscana unterstand. Nachdem Cosimo I. (1537–74), aus dem Geschlecht der Medici, endlich auch Siena mit seinem weiten Territorium dem Herzogtum eingegliedert hatte (1555–59) und so das Staatsgebiet verdoppelte, ließ er sich vom Papst, der dazu eigentlich nicht berechtigt war, 1570 zum Großherzog krönen.

Cosimo und seine Nachfolger, insbesondere Ferdinando I. (1587–1609), begannen mit der Entwässerung der Sümpfe im Chiana-Tal, in der Ebene von Pistoia, im Val di Niévole, sie ließen neue Landgebiete kultivieren, Hafen und Stadt von Livorno anlegen. Sie förderten aber auch die Wissenschaft und das kulturelle Leben der Provinzstädte. Pisa erhielt eine Universität, wurde Sitz des Ritterordens von St. Stephan. In allen Städten wurden neue Festungen errichtet, die sowohl zum Schutz, aber auch der Vorbeugung gegen Aufstände dienen sollten.

Aufklärung und Risorgimento

Unter den letzten Medici zeichneten sich nach dem Tod Ferdinandos I. im Jahre 1609 in Wirtschaft, Verwaltung und Rechtsprechung Verfallserscheinungen ab, wie sie das Land seit Generationen nicht erlebt hatte. Mit dem Tod von Gian Gastone, der 1737 kinderlos verstarb, erlosch das Geschlecht der Medici, das mit kurzen Unterbrechungen drei Jahrhunderte lang das politische, wirtschaftliche und kulturelle Leben der Stadt Florenz und der Toscana nachhaltig geprägt hatte.

Die Nachfolge in der Herrschaft des Großherzogtums trat noch im selben Jahr Herzog Franz Stephan von Lothringen (der spätere römisch-deutsche Kaiser Franz I.) nach seiner Heirat mit der künftigen habsburgischen Thronerbin Maria Theresia an. Dieser Machtwechsel vollzog sich im Rahmen der Auseinandersetzungen um die Vormacht und die Erhaltung des Gleichgewichts zwischen den europäischen Großmächten des 18. Jh., zu deren Schauplatz und Spielball im Besonderen das staatlich zersplitterte Gebiet Italiens wurde.

Unter der Regentschaft von (Peter) Leopold I. (1765–90), dem zweitältesten Sohn von Franz Stephan und Maria Theresia und späteren deutsch-römischen Kaiser (1790–92), wurde die Toscana als habsburgische Sekundogenitur zum Musterland der Aufklärung im damaligen Europa. Im Sinne des aufgeklärten Absolutismus verfolgte Leopold eine Politik der ›Reformen von oben‹, die auf den Abbau des staatlichen Zentralismus zugunsten von mehr Autonomie und Selbstverantwortung abzielte. Die Reformbestrebungen führten zu einer Reihe konkreter Neuerungen und Umwälzungen im sozialen und wirtschaftlichen Bereich. Als Teil der Agrarreform wurde eine neue Gemeindeordnung erlassen, die den Gemeinden, in deren Gremien nunmehr neben den Grundbesitzern auch Pächter und Handwerker vertreten waren, mehr Selbständigkeit zusprach. Es wurden Straßen gebaut, die Entwässerung der Sümpfe in der Chiana-Senke in Angriff genommen. Basis für die wirtschaftliche Förderung der Toscana war die Zulassung des Freihandels mit der Aufhebung aller Handelsbeschränkungen, was – gemessen an den ökonomischen Prinzipien des 18. Jh. – einer revolutionären Tat gleichkam. Die Hafenstadt Livorno entwickelte sich dadurch, neben Triest und Mailand, zum Zentrum des wiederaufblühenden Fernhandels im habsburgischen Oberitalien. Ebenso fortschrittlich wie in der Wirtschaft zeigte sich Leopolds Reformpolitik in der Modernisierung der Strafgesetzgebung, worin das Großherzogtum eine Vorreiterstellung für ganz Europa einnahm.

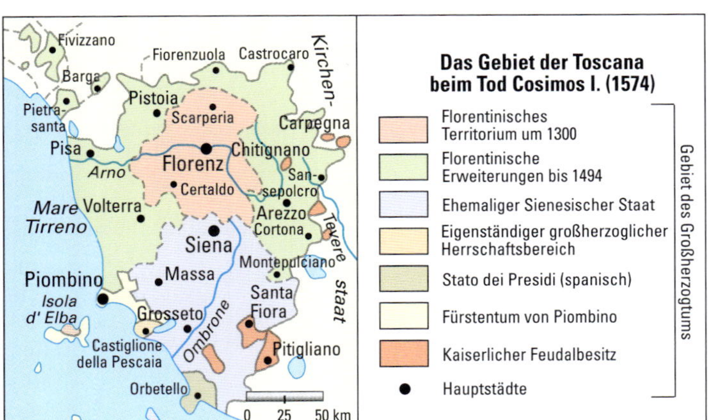

Das Gebiet der Toscana beim Tod Cosimos I. (1574)

Leopolds Sohn und Nachfolger als Großherzog von Toscana, Ferdinand III. (1790–1801 und 1814–24), versuchte das politische Reformwerk fortzuführen, erwies sich dabei jedoch als weniger glücklich als sein Vater. Zunächst kam es unter seiner Staatsführung zu Teuerung und Arbeitslosigkeit. Dann, nachdem sich die Toscana bereits 1795 aus den antifranzösischen Koalitionskriegen zurückgezogen hatte, okkupierten die Franzosen 1799 das Großherzogtum und gliederten es in das neu geschaffene napoleonische Staatensystem ein. 1801 musste Ferdinand sein Land verlassen, und die Toscana wurde zusammen mit dem Stato dei Presidi von Napoleon zum Königreich Etrurien erhoben und dem bourbonischen Herzog von Parma und Piacenza zugeschlagen. Nachdem sich Napoleon 1804 zum Kaiser gekrönt hatte, vereinigte er die italienischen Satellitenstaaten nach und nach mit dem Empire. Im Anschluss an die Annexion Etruriens durch Frankreich (1807/08) erhielt Napoleons älteste Schwester Elisa Bacciocchi 1809 den Titel einer Großherzogin von Toscana. Erst 1814, nach dem Zusammenbruch des napoleonischen Herrschaftssystems, konnte Ferdinand III. in sein Land zurückkehren und die Regierung erneut übernehmen. Mit der Wiedereinführung der leopoldinischen Gesetzgebung beschritt er in der Zeit nach dem Wiener Kongress einen Mittelweg zwischen aufgeklärter Reformpolitik und der nunmehr in Europa herrschenden Restauration.

In der folgenden Zeit des *risorgimento* schlug Großherzog Leopold II. (1824–59) zunächst nach dem Vorbild des anfangs als liberal geltenden Papst Pius IX. einen gemäßigten Reformkurs ein. Er zeigte sich gegenüber den im Vorfeld der bürgerlichen Revolution aufkommenden liberal-evolutionären Ideen aufgeschlossen und nahm später führende Vertreter des Liberalismus wie den über die Toscana hinaus berühmt gewordenen Baron Bettino Ricasoli in die Regierung auf. Erst dann machte er Zugeständnisse an die liberal-parlamentarische Bewegung. Nachdem 1848 ausgerechnet der reak-

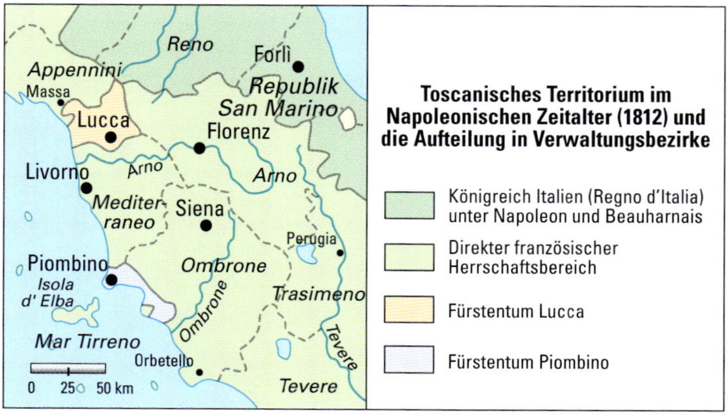

Toscanisches Territorium im Napoleonischen Zeitalter (1812) und die Aufteilung in Verwaltungsbezirke

tionärste Potentat Italiens, König Ferdinand II. von Neapel, dem revolutionären Druck nachgegeben und eine Verfassung erlassen hatte, folgte der Großherzog dem Beispiel und setzte ein Statut für die Toscana in Kraft, das die Interessen von Souverän, Adel und Bürgertum gleichermaßen berücksichtigte. Dennoch spitzte sich die Lage in der von konterrevolutionären Bestrebungen und radikal-demokratischer Agitation für eine gesamtitalienische Nationalversammlung aufgeheizten Stimmung zu, sodass der Großherzog 1849 nach dem Rücktritt des liberalen Kabinetts fliehen musste und sich ebenso wie Papst Pius IX. nach Gaeta im Königreich Neapel ins Exil begab. Von dort aus rief er österreichische Truppen zu Hilfe, unter deren Schutz er dann sehr bald nach Florenz zurückkehrte.

Nach der Wiederherstellung der vorrevolutionären Ordnung durch den Einsatz des Militärs folgte in der Toscana ein Jahrzehnt der politischen Stagnation. Wirtschaftlich setzte eine allmähliche Entwicklung ein. Der Ausbau des Eisenbahnnetzes und der Werftindustrie in Livorno wurden weiterbetrieben. Insgessamt ging die Industrialisierung des nach wie vor auf dem Prinzip der *mezzadria* (Halbpacht) basierenden Agrarlands nun sehr langsam voran. So entstanden ab 1840 zunächst einige Papierfabriken entlang des Serchio zwischen Montecatini und Lucca, die nach 1845 ins Flachland verlagert wurden. Später kamen Glasfabriken in Empoli und in Pisa hinzu. Ab 1870 begann man mit dem Braunkohleabbau am oberen Arno sowie dem Erz- und Mineralabbau auf Elba und in den Colline Metallifere, was die Entstehung der Eisen- und Stahlindustrie mit sich brachte. Manufakturen und Kleinbetriebe blieben jedoch weiterhin die Regel. Daneben entwickelte sich ein modernes Bankwesen, das 1858 zur Gründung der Banca Nazionale Toscana führte.

Die Herrschaft des letzten Großherzogs von Toscana, Ferdinand IV., war nur von äußerst kurzer Dauer. Im Jahr seines Regierungsantritts (1859) führte das Königreich Sardinien-Piemont unter Vittorio Emanuele II. an der Seite Frankreichs den zweiten Unabhängigkeitskrieg gegen Österreich. Nach den ersten Erfolgen der piemontesisch-französischen Allianz – vor allem des taktisch geschickt die Einheit Italiens anstrebenden Ministerpräsidenten Camillo Cavour – kam es in der Toscana, wie in den anderen mittelitalienischen Staaten, zu pronationalen Aufständen mit der Forderung nach Vereinigung mit dem Königreich Piemont. Es wurde eine provisorische Regierung unter Ricasoli gebildet und Großherzog Ferdinand zur Abreise gezwungen. Noch vor der Landung des Freiheitskämpfers und Nationalhelden Giuseppe Garibaldi in Marsala im Sommer 1860, die zum Sturz des Bourbonenregimes in Neapel-Sizilien führte, fanden in der Toscana und in der Emilia Plebiszite statt, die den Anschluss an Piemont zur Folge hatten. Damit wurde die Toscana Teil des – bis auf Rom und das Veneto – geeinten Königreichs Italien.

Besondere Bedeutung kam Florenz im Rahmen des nationalen Einigungsprozesses zu, als man die Hauptstadt des jungen Nationalstaats 1865 aufgrund eines diplomatischen Abkommens mit Frankreich von Turin an den Arno verlegte. Erst 1871, anlässlich des Deutsch-Französischen Kriegs, als auch Rom schließlich nach Abzug der zum Schutz des Kirchenstaats stationierten französischen Truppen mit dem Königreich Italien vereint und zur Hauptstadt ernannt wurde, verlor Florenz diese Funktion.

Die weitere Entwicklung des industriell rückständigen Königreichs Italien kennzeichneten politische Krisen und soziale Spannungen, die sich auch in der Toscana immer wieder in Streiks und Aufständen niederschlugen. Schon sehr bald bildeten sich in den Städten zwei Strömungen der frühen Arbeiterbewegung heraus: auf der einen Seite die Sozialisten und auf der anderen Seite die Anarchisten, die sich vor allem aus Handwerkern, Eisenbahnern und Bergleuten rekrutierten. Die Anarchisten, die im Vergleich zu anderen italienischen Regionen besonders in der Toscana stark vertreten waren, bildeten bereits 1890 in Arezzo eine unabhängige Stadtregierung. Später verloren sie jedoch gegenüber den Sozialisten an Bedeutung und gingen schließlich in der Kommunistischen Partei Italiens auf, die 1921 auf dem 17. Parteitag der Sozialisten in Livorno gegründet wurde.

Die Toscana im 20. Jahrhundert

Mit der faschistischen Machtergreifung durch Mussolinis Marsch auf Rom im Jahr 1922 setzte die zunächst noch zurückhaltende, dann aber immer radikaler werdende Unterdrückung der politischen Opposition ein. In der Toscana, die traditionell als ›rot‹ galt, und vor allem in Florenz fand der Faschismus weniger Anhänger als in anderen Gebieten Italiens. Aus der erzwungenen Illegalität heraus breitete sich der Widerstand aus, der ab 1943 nach der Landung der Alliierten in Sizilien und der Besetzung Italiens durch deutsche Truppen in den Nationalen Befreiungskomitees organisiert wurde. An der sogenannten Gotenlinie, die sich 1944 in der Toscana von Massa bis Sansepolcro hinzog, leisteten die auf dem Rückzug befindlichen Deutschen erbitterten Widerstand gegen die nach Norden vorrückenden Alliierten. In Florenz kam es zu den ersten Straßenkämpfen zwischen Partisanen und deutschen Soldaten. Immer wieder nahmen die Deutschen Angriffe durch Partisanen zum Anlass für Repressalien gegen die Bevölkerung. Sie ordneten mehrfach Massenerschießungen an und löschten ganze Ortschaften wie Villa Grotta bei Arezzo, Molina di Quosa in der Provinz Pisa oder Sant' Anna di Stazzema in der Provinz Lucca aus.

Nach dem Zweiten Weltkrieg setzte in den 50er-Jahren mit Hilfe amerikanischer Investitionen ein rasch fortschreitender Industrialisierungsprozess ein, der einen drastischen Rückgang der Landwirtschaft und die Abwanderung der toscanischen Landbevölkerung nach sich zog. Gleichzeitig wanderten viele Bewohner des industriell

unterentwickelten italienischen Südens in die nördlichen Regionen ab, sodass beispielsweise Florenz einen Bevölkerungszuwachs von 15,5 % zu verzeichnen hatte. Nach langen Kämpfen und Demonstrationen wurde 1962 das jahrhundertealte System der Halbpacht auf dem Land gesetzlich abgeschafft. Den Bauern räumte man ein Vorkaufsrecht für den Gutshof und den Gutsbesitz ein, was den meisten von ihnen aber nichts nützte, da die erwirtschafteten Erträge nicht genügend Kapital für den Erwerb des Landbesitzes abwarfen. Auf diese Weise mussten viele der ehemaligen *mezzadri* als saisonale Landarbeiter ihren Lebensunterhalt verdienen.

Obwohl Florenz offene Stadt war, sprengten die Deutschen bei ihrem Rückzug im Zweiten Weltkrieg die meisten Brücken und viele Häuser am Arno-Ufer. Der Ponte Santa Trinitá wurde dann später mit Orginalteilen neu aufgebaut (s. S. 207)

Die Produktivität der landwirtschaftlichen Flächen steigerte sich alsbald durch die Mechanisierung bei der Bebauung und der Ernte sowie durch den Einsatz von Kunstdünger, was die Fruchtbarkeit des Bodens jedoch auf Dauer verschlechterte. Der Anteil der in der toscanischen Landwirtschaft Beschäftigten, fiel zwischen 1930 und 1980 von 42 % auf 18 %, während sich die Industrie in der Ebene immer weiter ausbreitete. 1980 arbeiteten 42,5 % der Erwerbstätigen in der Industrie, 38,5 % im Dienstleistungsgewerbe und nur noch 18 % in der Landwirtschaft. Neben der Großindustrie liegt der Schwerpunkt der Wirtschaftsstruktur heute weiterhin in den Bereichen des Handwerks und der kleineren und mittleren Betriebe, die sich vielerorts zu Kooperativen zusammenschließen, um so billiger wirtschaften und rationalisieren zu können.

Anfänge toscanischer Kunst

Architektur

Der Überblick über toscanische Baukunst beginnt gewöhnlich mit dem 1063 begonnenen Pisaner Dom und dem etwa gleichzeitig erbauten Florentiner Baptisterium. Die großen schöpferischen Leistungen der folgenden Jahrhunderte schließen sich an: die Dome von Lucca, Siena, Arezzo und Florenz, die Florentiner Bettelordenskirchen und Kommunalpaläste. Betrachtet man allein diese Bauten der Städte, erscheint die toscanische Baukunst wenig einheitlich. Ein Entwicklungszusammenhang ist nicht leicht ersichtlich, wenn man nicht auch die Architektur des Lands berücksichtigt. Die künstlerischen Impulse gingen im Allgemeinen von den Städten aus, doch die Baukunst der Städte war erst vor dem Hintergrund einer einfacheren Architektur möglich, wie sie uns vorwiegend auf dem Land erhalten blieb. Die Dome und großen Ordenskirchen, die Stadt- und Kommunalpaläste sind Sonderleistungen, die wir als solche erst durch den Vergleich mit den Pfarr- und Bettelordenskirchen kleinerer Gemeinden und mit der Wehrarchitektur der Kastelle verstehen.

Die von der nicht-italienischen Forschung bisher wenig beachteten Landkirchen gehören zu den ältesten Zeugnissen toscanischer Sakralbaukunst. Sie bilden gleichsam das *volgare,* die Volkssprache, von der sich die Kunstsprache der Städte abzuheben sucht. Diese Kirchen entstanden seit dem 11. Jh., gleichzeitig mit der Kultivierung neuer Landgebiete. Aus der Zeit vor der Jahrtausendwende sind keine vollständigen Bauten mehr erhalten. Aus Fundamenten und Fragmenten wissen wir, dass es sehr bescheidene Räume waren, für eine zahlenmäßig geringe und arme Bevölkerung errichtet, die alle in der Zeit der Romanik, zwischen 11. und 13. Jh., erneuert wurden. Die wichtigste Gruppe der romanischen Landkirchen bilden die *pievi,* mit besonderen Rechten ausgestattete Pfarrkirchen. Nur die Pieve besaß ein Taufbecken und einen Friedhof. Die Bezeichnung *pieve* ist abgeleitet vom vulgärlateinischen *plebes,* den christlichen Gemeinden auf dem Land, über die die Pieve auch die Rechtsprechung besaß und von der sie den Zehnten einnahm. Die Pieve wurde in der Römerzeit häufig in der Nähe des ländlichen Verwaltungszentrums, des *pagus,* errichtet. Von diesem übernahm sie wahrscheinlich die Funktion der *lustratio,* des Reinigungsopfers, das später zur christlichen Bittprozession wurde.

Vom Baueifer kurz nach der Jahrtausendwende

Raoul Glaber, Mönch zu Saint-Bénigne in Dijon berichtet: »Im Jahre 1003 geschah es, dass man in der ganzen Welt, vor allem in Italien und Gallien, begann, neue Kirchen zu bauen, obschon viele noch in gutem Zustand waren und keine Wiederherstellung benötigten. Es erschien wie ein Wettstreit zwischen den Gemeinden: man kann sagen, dass sich die Welt die älteren Kleider vom Leibe zog, um sich ein weisses Gewand neuer Kirchen anzulegen.«

Historiarium III, IV

Die Pieve liegt oft außerhalb der dörflichen Ansiedlung, an Orten, wo die Landschaft zu einem besonderen Ausdruck gelangt. So möchte man lokalen Überlieferungen Glauben schenken, dass die Kirchen an Stellen errichtet wurden, wo bereits Etrusker und Römer in ländlichen Heiligtümern Opfer brachten und Hilfe suchten.

In ihrem Aufbau führt die Pieve das Schema der altchristlichen Basilika weiter (also den Kirchentypus mit erhöhtem Mittelschiff, das

Die Pieve von Socana im Casentino wurde an der Stelle einer etruskischen Tempelanlage erbaut, die während der Römerzeit weiterbenutzt wurde. Im Vordergrund hat man Reste eines Opferaltars ausgegraben

von eigenen Fenstern beleuchtet wird). In den toscanischen Landkirchen zeigen sich Wesenszüge der italienischen Baukunst des Mittelalters besonders ausgeprägt. Die Wände sind ungegliedert, die Pfeiler besitzen keine oder nur wenige Vorlagen. Der Baukörper setzt sich aus einfachen geometrischen Formen zusammen. Man nennt den Stil dieser Kirchen romanisch, obschon ihre Schlichtheit der Stilstufe der Vorromanik nördlich der Alpen entspräche. Die toscanischen Landkirchen sind von den romanischen Kirchen des Nordens grundverschieden. Während in Frankreich oder Deutschland die Wände außen und innen gewöhnlich durch Lisenen und Gesimse unterteilt sind, breiten sich hier weite Flächen aus. Durch Verzicht auf die vielgestaltige Gliederung erreichen die toscanischen Kirchen ein geschlossenes und übersichtliches Raumbild.

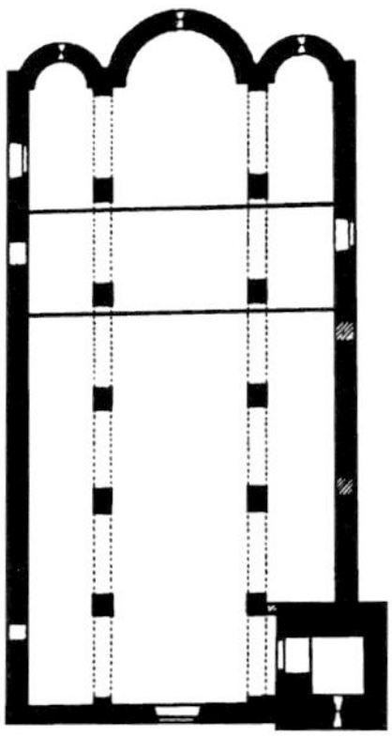

Grundriss der dreiapsidialen Pieve von San Donato in Pioggio. Der Bautyp der Pieve ist gewöhnlich dreischiffig, wie es dieses Beispiel zeigt. Sie besitzt eine oder drei Apsiden und wird von einem offenen Dachstuhl bedeckt. Gewölbe finden sich nur in den Krypten und sehr vereinzelt in den Seitenschiffen. Nicht immer besitzt das Mittelschiff einen sogenannten Lichtgaden, eine eigene Fensterreihe. Die Stützen sind meist rechteckig oder quadratisch. Rundstützen oder antikisierende Säulen sind anfangs selten, aber charakteristisch für Kirchen des späten 12. und des 13. Jh.

Im Unterschied zur Pieve besitzen die ihr untergeordneten kleineren Kirchen, die *ecclesia,* die für eine Priestergemeinschaft bestimmte *canonica* oder das vom Volk errichtete *oratorium,* oft nur ein Schiff. Das Querhaus ist charakteristisch für Klosterkirchen.

Einen ersten Hinweis auf die Entstehungszeit gibt das Mauerwerk. Während die älteren Kirchen des 11. Jh. in roh behauenen Steinen erbaut wurden, setzt sich im 12. Jh. die präzise Bearbeitung der Quader durch. Die typisch toscanische Formenklarheit prägte sich erst im Laufe des 12. Jh. aus, während die älteren Stilmerkmale zeigen, wie wir sie auch in der Lombardei finden: Die Apsiden sind mit Bogenfriesen geschmückt, die Scheidbögen tragen Zahnschnittornamente, die quadratischen Stützen ruhen auf Sockeln. Diese älteren Kirchen wurden von Baumeistern und Steinmetzen aus Oberitalien, den sogenannten *commacini* errichtet. Im 12. Jh. verschwinden diese lombardischen Schmuckformen. Besonders in den Diözesen von Florenz und Fiesole wird die Formensprache einfacher. Nur hier findet sich innerhalb der Toscana der regelmäßig-geometrische Halbkreis der Portalbögen. Im Westen der Toscana strahlte das Dekorationssystem des Pisaner Doms (mit Rhomben und Kreisen gefüllte Blendbögen) auch auf die Landkirchen aus. Unter den zahlreichen Beispielen seien genannt: die Pievi von Calci und Vicopisano östlich von Pisa, die Pieve von Villa Basilica oberhalb von Pescia. Das pisanische Dekorationssystem findet sich selbst auf Sardinien, vereinzelt auch in Süditalien, nicht jedoch im Contado von Florenz.

Die Zeit der romanischen Landkirchen ging um 1250 zu Ende. Seit dem zweiten Viertel des 13. Jh. übernahmen die neuen Orden der Franziskaner und Dominikaner einen Teil der seelsorgerischen Betreuung der schnell anwachsenden Bevölkerung. Während die älteren Klostergemeinschaften meist in ländlicher Einsamkeit lebten, zogen die von Franz von Assisi und Dominikus gegründeten Bettel- und Predigerorden in die Städte. Da der Bauplatz im Zentrum vergeben war, errichteten sie ihre Konvente dort, wo sie den unteren Volksschichten am nächsten waren, am Stadtrand oder in den *borghi,* den Vororten, außerhalb der Stadtmauer. Die Predigt in der Volkssprache verschaffte ihnen so großen Zulauf, dass bald die ersten Kirchen durch größere ersetzt wurden, dass sich auch in den Landgemeinden zumindest einer der beiden Orden niederließ.

Die Bettel- und Predigerorden erbauten ihre Kirchen in einem neuen Baustil, der sogenannten Bettelordensgotik. Sie unterscheidet sich wesentlich von der französischen Kathedralgotik. Eingeführt wurde die Gotik in Italien durch den Reformorden der Zisterzienser. Das einzige von ihnen selbst errichtete Kloster in der Toscana ist die Abtei von San Galgano, die uns freilich nur als eindrucksvolle Ruine erhalten blieb.

Von den Zisterziensern übernahmen die neuen Ordensgemeinschaften das Schema des Chors mit rechteckigen, flach schließenden Kapellen sowie einzelne gotische Formelemente wie Spitzbögen und Kreuzrippengewölbe. San Domenico in Arezzo ist ein relativ gut erhaltenes Beispiel für den verbreiteten Typus der einschiffigen Bettelordenskirche mit offenem Dachstuhl, einer Haupt- und zwei Nebenchorkapellen. Anders als in der Gotik des Nordens wurde in der Bettelsordensgotik auf Strukturierung durch das Gliedergerüst der Dienste verzichtet. Der Anschluss an die Tradition der romanischen Landkirchen, insbesondere in ihrer einfachsten einschiffigen Form, ist offensichtlich. Doch wurde den weiten Wänden durch die schlanken spitzbogigen Fenster, auch durch den Verputz des Innern die Schwere des Romanischen genommen.

In ihrer Weiträumigkeit ist die Kirche dazu geeignet, eine große Menschenmenge aufzunehmen. In diesen schlichten Räumen vermitteln lediglich die mit gotischen Fenstern und Rippengewölben ausgestatteten Chorkapellen den Eindruck des Sakralen. Die ausgebreiteten Wandflächen werden mit Fresken geschmückt. Diese tragen – wie die Predigt – dazu bei, das Heilsgeschehen zu veranschaulichen. (Im Unterschied zu den Bettelordenskirchen konzentriert sich im Skelettbau der französischen Kathedralen das Bildprogramm bezeichnenderweise nicht auf die Wandreste, sondern auf die vom Licht durchleuchteten Glasfenster.)

Das Schema des einschiffigen flach gedeckten Raums mit drei Chorkapellen wurde in den großen Ordenskirchen der Städte erweitert. In der Franziskanerkirche von Pistoia ist die Hauptchorkapelle von vier Nebenkapellen umgeben. Die Zahl der Querschiffkapellen erhöht sich in San Francesco zu Pisa und San Domenico zu Siena auf sechs, in San Francesco zu Siena auf acht, in Santa Croce zu Florenz auf zehn. Die großen Florentiner Ordenskirchen sind dreischiffig angelegt, wobei die Dominikanerkirche Santa Maria Novella statt des offenen Dachstuhls ein Gewölbe trägt.

Das Schema und architektonische Einzelheiten der Franziskaner- und Dominikanerkirchen wurde von anderen Ordensgemeinschaften, den Augustinern, Serviten und Vallombrosanern übernommen und selbst die neu errichteten Dome von Arezzo und Florenz entstanden in enger Auseinandersetzung mit der Bettelordensgotik.

Dieselbe Einfachheit der Formen finden wir im Bereich der Profanarchitektur. Auf die Entsprechungen zwischen einschiffiger Kirche und Scheune wurde bereits hingewiesen. Der Palazzo Vecchio in Florenz ist ein prägnantes Beispiel eines blockartig geschlossenen Baukörpers.

Die Beziehungen zwischen Sakral- und Profanarchitektur sind vielfältig und beschränken sich nicht allein auf formale Übereinstimmungen: Im frühen Mittelalter besaß der Campanile die Funktion des Stadtturms. Noch im 13. Jh. wurden die Brücken mit Kapellen ausgestattet und vom Bischof erbaut. Die charakteristischen weit gespannten Gewölbe des 14. Jh. finden wir nicht nur in Kirchen und Kapitelsälen, sondern ebenso in Stadtloggien, Märkten und Ratssälen. Arkaden und Gewölbe der Kreuzgänge kehren in den Innenhöfen der Patrizier- und Kommunalpaläste wieder.

Einen wesentlichen Zug toscanischer Baukunst wird man darin sehen, dass sie sehr traditionsgebunden ist. Sie behielt ältere Bautypen und Gestaltungsprinzipien bei, sodass wir die Stilbegriffe Romanik und Gotik nur unter Vorbehalt verwenden können. Die Profanarchitektur gab bis in das 15. und 16. Jh. ihren wehrhaften Charakter nicht auf. Sie führte Motive der Verteidigungsarchitektur weiter, auch als diese keine praktischen Funktionen mehr hatte. Die Brunnenhäuser Sienas wurden noch im 14. Jh. mit einem Zinnenkranz ausgestattet, der einst sinnvoll war, als die Brunnen noch außerhalb der Stadtmauern lagen und des Schutzes durch Mauern und Zinnen bedurften. Cosimo de' Medici ließ 1451 die Villa Caffaggiolo im Stil eines Castello mit Verteidigungstürmen und Wehrgängen anlegen. Noch im 17. und 18. Jh. wurde die toscanische *casa colonica* mit einem Turm bekrönt, den man als Taubenschlag verwendete, der jedoch seinen Ursprung in den Späh- und Verteidigungstürmen der Frühzeit hatte. Als die Adelsfamilien im 12. Jh. gezwungen wurden, sich in den befestigten Städten anzusiedeln, wollten sie auch innerhalb des Mauerkreises auf ihre Wehrtürme nicht verzichten. Die Türme galten ihnen als Zeichen der einstigen Autonomie; ihre Höhe suchte die Stadtverwaltung durch Gesetzgebung freilich bald einzuschränken. Verteidigungsfunktion erfüllten sie erst wieder, als guelfische und ghibellinische Adelsfamilien in Fehde lagen. Drohte Gefahr, flüchtete man in den Turm und trug die Gefechte über den Häuptern der Bürger aus. Die vielen hundert Türme, die einst Pisa, Lucca, Florenz und Siena auszeichneten, blieben nur als Stümpfe erhalten. Hatten Florenz oder Siena eine Stadt eingenommen, trug man gewöhnlich deren Türme ab. Als in Florenz 1251 die unteren Volksschichten zur Regierung des *primo popolo* gelangten, wurden sämtliche Adelstürme auf eine Höhe von 26 m reduziert. Nur in San Gimignano stehen einige der vielen Türme noch in voller Höhe.

Der Geschlechterturm war Bestandteil der *casa-torre*, des Turmhauses, des charakteristischen städtischen Feudalpalasts im 12. und 13. Jh. Da der Wohnraum in den schmalen Palästen knapp bemessen war, dehnten die Familien ihre Wohnräume auf benachbarte Häuser aus. Erst im 14. Jh. bildete sich der Typus des breiteren Stadtpalasts mit regelmäßig angeordneten Fenstern und Portalen, dem bald ein Innenhof hinzugefügt wurde.

Aus der *casa-torre* entwickelte sich der toscanische Kommunalpalast, der *palazzo pubblico*. Bevor die Gemeinde für ihre Konsuln und den Podestà eigene Gebäude errichtete, mietete sie Paläste oder Turmhäuser des Adels an. Die Volksversammlungen fanden in Kirchen oder im Freien statt. Das älteste erhaltene Beispiel eines eigenständigen toscanischen Kommunalpalasts ist der um 1208 begonnene Palazzo dei Priori in Volterra. Er unterscheidet sich in seinem viergeschossigen Aufbau von dem in Oberitalien verbreiteten zweigeschossigen Typus mit großem Saal über einer offenen Loggia (in der Toscana durch die ursprüngliche Gestalt des Palazzo del Comune in Pistoia vertreten). Der Kommunalpalast in Volterra wurde Vor-

◁ *Dem Palazzo Vecchio in Florenz ist kaum anzusehen, dass bereits sieben Jahrzehnte vor seinem Baubeginn 1299 die Zisterzienser in der Toscana die Gotik eingeführt hatten. Lediglich die Fensterform mit eingestellten Säulchen und Dreipassbögen gehören zum gotischen, von San Galgano ableitbaren Formenschatz und geben einen Hinweis auf die Entstehungszeit*

Wie die Kanzel im Pisaner Baptisterium eindrucksvoll verdeutlicht, war Nicola Pisano mit dem Stil römischer Sarkophage und frühchristlicher Elfenbeinreliefs ebenso vertraut wie mit der Skulptur der Gotik. Doch vermied er die der gotischen Skulptur eigentümliche Stilisierung ins Zierliche. Er schuf ernsterfüllte Gestalten von antikischer Gravitas, wie man sie im Mittelalter fast ausschließlich in der Toscana und auch hier nur bei wenigen Künstlerpersönlichkeiten findet – etwa bei Nicolas Schüler Arnolfo di Cambio, Tino di Camaino, Giotto und Masaccio

bild für den Florentiner Palazzo Vecchio: Dessen wehrhafter Charakter ist in solchem Maße ausgeprägt, dass ihn ein Chronist des 15. Jh. Rocca (Zwingburg) nannte. Er besitzt einen Wachtturm, der in seiner Substanz auf einen früheren Geschlechterturm zurückreicht, und einen dreifachen Zinnenkranz. Er ist darüber hinaus mit einem Wehrgang ausgestattet und ist in der gesamten Höhe mit Bossenquadern versehen. Das Bossenwerk, die sogenannte Rustika, das trotz seiner regelmäßigen Steinbearbeitung den Eindruck des Roh-Behauenen und Schweren vermittelt, war ursprünglich der Befestigungsarchitektur vorbehalten.

Der Palazzo Vecchio wurde Vorbild für die Familienpaläste der Frührenaissance. Sein monumentaler Charakter, der nach außen hin geschlossene Baukörper und architektonische Einzelheiten wie die Geschossgliederung durch schmale Gesimsstreifen, die auf der Höhe der Fensterbänke verlaufen, kehren beim Palazzo Medici oder beim Palazzo Strozzi wieder. Das Bossenwerk vermittelt nach außen hin das Bild des Uneinnehmbaren und Abweisenden. Es wurde im 15. Jh. zum Ausdruck der Macht einzelner Familien.

Plastik

Über ein Jahrhundert später als die Architektur entfaltete sich in der Toscana die Bildhauerkunst. Die Einfachheit der Kirchen ließ zunächst keine figürliche Bauskulptur zu. Die Kapitelle der Klosterkirche San Salvatore am Monte Amiata aus dem Anfang des 11. Jh. gehören zu den Ausnahmen, die durch internationale Verbindungen des Mönchstums und der Stifter zu erklären sind.

In der West-Toscana, wo die Baukunst schmuckfreudiger war, nahm die Hauptrichtung der Plastik ihren Anfang. Sie erreichte erst am Ende des 13. Jh. die Städte Siena und Florenz. Die Meister aus Pisa, Lucca und Pistoia standen bereits seit Mitte des 12. Jh. unter dem Einfluss der damals führenden Plastik der Lombardei und der Emilia oder waren aus Oberitalien eingewandert. Auf den vielleicht bedeutendsten dieser Bildhauer, Guglielmus, gehen der Skulpturenschmuck der neuen Pisaner Domfassade und eine Kanzel zurück, die später von Pisa nach Cagliari auf Sardinien gelangte.

Wie die Pisaner Architektur nicht ohne östliche und antike Vorbilder möglich war, so hatte die Bildsprache des Guglielmus Voraussetzungen nicht nur in der lombardischen, sondern ebenso in byzantinischer, islamischer und römisch-antiker Kunst. In der Nachfolge des Guglielmus schuf 1162 der Meister Philippus die Kanzel von San Gennaro bei Capannori zwischen Lucca und Montecattini Terme., wirkte in Pistoia Gruamonte, der sich voller Selbstvertrauen *magister bonus* nannte. In Lucca arbeiteten Biduinus (1180), Robertus und Guidetto (1204).

Diese lombardisch-romanische Stilströmung setzte sich bis zur Mitte des 13. Jh. fort. Erst in Nicola Pisano begegnet uns ein Bildhauer mit einem ausgeprägten individuellen Figurenstil. Nicola schuf zwei berühmte Kanzeln, die des Pisaner Baptisteriums und des Sieneser Doms.

Wer zum ersten Mal das Baptisterium von Pisa betritt, wird kaum ermessen, von welcher Bedeutung die 1259 vollendete Kanzel für die Entwicklung der italienischen Skulptur und einer eigenständigen toscanischen Bildsprache ist.

Sucht man für Nicolas antikisierende Bildsprache eine Stilbezeichnung, begegnet man denselben Schwierigkeiten wie bei der gleichzeitigen Architektur, denn als romanisch oder gotisch kann man Nicolas breite und untersetzte Gewandfiguren mit großen ausdrucksvollen Köpfen nicht bezeichnen. Von seiner Herkunft war Nicola Pisano freilich kein Toscaner. Er kam aus Apulien, wo er möglicherweise am Hof Kaiser Friedrichs II. wirkte. Sein bildhauerischer Stil wurde von seinen Schülern und Nachfolgern in verschiedene Richtungen weiter geführt. Arnolfo di Cambio und Tino di Camaino (der Mitarbeiter von Giovanni Pisano war) betonten das Monumentale, Blockhaft-Geschlossene, die kompakte Massigkeit. Nicolas Sohn Giovanni beschäftigte sich eindringlich mit gotisch-französischen Bildvorstellungen. Er kannte wahrscheinlich die Kathedrale von Reims von einem seiner Aufenthalte in der französischen Stadt. In Siena entwarf er die erste Fassade Italiens, die reich mit Skulpturen ausgestattet war.

Die Werkstattgehilfen Giovannis verbreiteten seinen Stil bis Neapel und Oberitalien. Doch unter den Nachfolgern Giovannis, Arnolfos und Tino di Camainos wurde die Plastik von der europäischen Stilströmung der Gotik so stark durchdrungen, dass sie mehr und mehr ihre Eigenständigkeit und Ausdruckskraft verlor. Allein in Florenz wurde der Prozess der Gotisierung für einige Jahrzehnte aufgehalten. Hier beeinflusste die Bildsprache des Malers Giotto auch die Bildhauerkunst. Dies veranschaulicht das Werk des Andrea Pisano (der mit Nicola und Giovanni Pisano nicht verwandt ist). Bei den Reliefs der ersten Türe des Florentiner Baptisteriums (1303–06) findet man noch eine bewegte gotische Gewandbehandlung, aber auch schon die blockhaft-knappe, auf das Wesentliche reduzierte Figurenauffassung Giottos, die dann bei den Reliefs des Florentiner Dom-Campanile noch deutlicher wird, sodass man bereits vermutet hat, Giotto selbst könnte zu den Reliefs Entwürfe geliefert haben.

In der zweiten Hälfte des 14. Jh. ließen auch in Florenz die schöpferischen Kräfte nach. Die Nischen des Or San Michele und des Campanile standen jahrzehntelang leer. In Siena wirkte zu dieser Zeit ein den Florentinern Ebenbürtiger: Jacopo della Quercia, ein Bildhauer von vielfältigen, außergewöhnlichen Ausdrucksmöglichkeiten. Ihm gelang es in seinem Werk, die Linienschönheit einer gotischen Gewandfigur, das Zart-Subtile eines Frauenantlitzes, die dramatische Belebung plastischer Volumina zu vereinen. Fast ein Jahrhundert später wird Michelangelo außer von Donatello auch von diesem kraftertüllten Bildhauer wesentliche Anregungen empfangen.

Erst die Renaissance und die neue Generation der Ghiberti, Donatello und Nanni di Banco vermochte den Or San Michele in Florenz mit Skulpturen auszufüllen: mit überlebensgroßen Bronze- und Marmorstatuen von einer Eigenbedeutung, wie man sie seit der nachantiken Zeit nicht mehr gekannt hatte. Oben die ›Vier gekrönten Heiligen‹, die Nanni di Banco um 1408 schuf

Malerei

In vielen Kirchen und Museen der Toscana begegnen wir gemalten Kruzifixen und Altarbildern, den ältesten Zeugnissen der Tafelmalerei, aus denen das uns vertraute Gemälde auf Holz oder Leinwand, das sogenannte Tafelbild hervorging. Die Toscana kennt keine frühmittelalterlichen Wandbilder. Die große Zeit der Freskenmalerei beginnt im späten 13. Jh., während die gemalten Kruzifixe und Altar-Retabel hier zahlreicher sind als in anderen Landschaften.

In dieser frühen toscanischen Tafelmalerei liegen die Anfänge der neuzeitlichen Bildkunst. Ihre Entwicklung, die in zwei Jahrhunderten von der Romanik zu Giotto und in einem weiteren Jahrhundert von Giotto zur Renaissance führte, vollzog sich in der Toscana. Es ist der Weg aus einer ›archaischen‹, in Glaubensinhalten wurzelnden Bildwelt zur Kunst im neuzeitlichen Sinne, deren Gesetze man rational zu ergründen suchte. Eine Toscana-Reise bietet die Möglichkeit, die Stufen dieser Entwicklung in den Museen von Pisa, Lucca, Florenz und Siena an eindrucksvollen Zeugnissen nachzuvollziehen.

Die formalen Veränderungen in Raum- und Flächenorganisation, Plastizität der Figuren, in wirklichkeitsnaher Wiedergabe sind Ausdruck eines sich verändernden Bewusstseins. Sie spiegeln die Geschichte des modernen Menschen. Wie die Architektur und Plastik, entwickelte sich die Malerei nicht ohne Berührung mit anderen Kunstkreisen. Insbesondere Byzanz hat die Toscana beeinflusst.

Die Anfänge der toscanischen Malerei liegen wiederum im Westen, in Pisa und Lucca. Möglicherweise hat Lucca die etwas ältere Tradition, denn das früheste uns erhaltene Zeugnis, ein gemaltes Kruzifix (1135) im Dom zu Sarzana (jenseits der Grenze zu Ligurien), gehört der lucchesischen Schule an. Die auf Holz gemalten Kruzifixe, die *croci dipinte,* schlossen sich der älteren Tradition der plastischen Kruzifixe an, wie wir sie aus den Ländern nördlich der Alpen kennen und von denen es auch in Mittelitalien vereinzelte Beispiele gibt, so den berühmten Volto Santo in Lucca. Wie jene plastischen Kruzifixe hatten die *croci dipinte* ihren festen Platz im Kirchenraum. Sie standen auf Lettnern oder Triumphbalken.

Das Thema des Kruzifixes hat die Maler bis zu Giotto und Pietro Lorenzetti zu ihren großartigsten Schöpfungen geführt (Cesare Gnudi). Um die formalen Veränderungen wahrzunehmen, bedarf es freilich eines sehr genauen Hinsehens. Für drei der älteren Typen finden wir im Museo San Matteo in Pisa charakteristische Beispiele, anhand derer wir die Anfänge jener bedeutsamen Entwicklung kennen lernen können. Im älteren Kruzifix, zweite Hälfte 12. Jh., ist Christus mit geöffneten Augen dargestellt, aufrecht vor dem Kreuzbalken stehend. Der Gekreuzigte erscheint als Sieger über den Tod, als ›Triumphierender Christus‹. Nur durch eine leichte Drehung weicht der Körper von der strengen Frontalität ab. Die fest umrissenen Gestalten der umgebenden Szenen sind neben- und hintereinandergereiht, ohne dass ein räumlicher Eindruck entsteht. Die Linien zeichnen auf fast schematische Weise einfache Formen. Die kontrastierenden Farben sind deutlich voneinander abgesetzt. Eine zweite Stufe lernen wir in einem Kruzifix aus der Kirche San Matteo kennen, das um 1220–40 entstanden sein dürfte. Das Haupt des Gekreuzigten fällt auf die rechte Schulter, die Augen sind geschlossen. Christus ist tot. Er verkörpert trotz der milden hingebungsvollen Gesichtszüge den Typus des ›Leidenden Christus‹. Den Körper belebt eine S-förmige Kurvatur, die in der Linienführung der begleitenden Szene der ›Beweinung‹ in ausladende, rhythmische Schwingung gerät. Engel und Frauen erscheinen zwar in mehrfacher Wiederholung, doch ist durch Unterschiede der Größe und des Neigungsgrads jede Monotonie vermieden. Es entsteht der Eindruck eines Bewegungsablaufs, der zum Haupt Christi führt. Bewegung und Rhythmus bringen Emotionen – Trauer und Zuwendung – zum Ausdruck. Der von dem älteren Kruzifix sehr unterschiedliche Stil ist nicht mehr romanisch und nicht allein aus lokaler Tradition ableitbar. Die verfeinerte Formensprache – wie auch der Typus des leidenden Christus – gingen aus enger Berührung mit der hoch entwickelten byzantinischen Hofkunst hervor, vielleicht unter zusätzlichen Einflüssen gotischer Malerei des Nordens. Byzantinische Formensprache und Ikonografie wirkten bis zu Duccio und seinen Schülern auf die toscanische Malerei bereichernd, wenn auch das Kruzifix von San Matteo in der einzigartigen Verfeinerung und Durchgestaltung keine direkte Nachfolge fand.

Das neben dem Kruzifix zweite wichtige Thema des 13. Jh. ist die thronende Muttergottes, ein drittes die Darstellung der Heiligen umgeben von Szenen ihres Lebens. Das früheste erhaltene Beispiel ist die Franziskus-Tafel in Pescia des Luccheser Malers Buonaventura Berlinghieri, entstanden 1235, sieben Jahre nach dem Tod des Heiligen.

Das zweite Thema, die thronende Muttergottes, wurde dann auch in Florenz und Siena mit zunehmender Häufigkeit dargestellt. In der frühen Altartafel aus San Martino in Pisa (auch im Pisaner Museo San Matteo) ist die Darstellung der Muttergottes im byzantinischen Typus der Hodegetria ein Beispiel der *maniera greca,* die man in späteren Jahrhunderten als starr empfand. Auch die Nebenszenen aus dem Leben der Muttergottes und ihrer Eltern Joachim und Anna verdeutlichen, wie befruchtend Byzanz auf die toscanische Malerei wirkte.

Einen gegensätzlichen Weg ging Giunta Pisano, dessen Kruzifixe, im Aufbau vereinfacht, in den Körperformen organischer erscheinen und plastischer durchgebildet sind. Der schmerzverzerrte Gesichtsausdruck der Christusgestalt entstand unter dem Eindruck franziskanischer Leidensvisionen. Giunta Pisano schuf den Typus des klassischen Kruzifixus, der noch für Cimbabue Gültigkeit besaß. Sein Stil wirkte vor allem in Florenz weiter, während der Meister von San Martino als ein Vorläufer der Maler Sienas erscheint.

Florenz und Siena entwickelten sich seit der Mitte des 13. Jh. – gleichzeitig mit dem großartigen Aufschwung der Stadtbaukunst – zu führenden Zentren der Tafel- und Freskenmalerei. Noch um 1240 standen diese Städte im Schatten der Luccheser und Pisaner Schule.

Sowohl in Florenz als auch in Siena nahm die Malerei dem Stadtcharakter entsprechende Züge an. In Florenz, der in römischen Quadraten errichteten Stadt der Ratio und des politischen Bewusstseins, deren Protorenaissance bereits im 11. Jh. von Abstraktionsvermögen zeugt, entwickelte sich das intellektuell Fassbare, das Gesetzmäßige: die Organisation der Bildfläche und des Raums, die klar umrissenen Formen – Bemühungen, die in der Renaissance zur systematischen Erforschung der perspektivischen Gesetze, zu theoretischen Abhandlungen und zum Begriff des *disegno* führten. Siena dagegen, die auf steilabfallendem Hügelrücken erbaute Stadt der großen Heiligen, hielt länger – bis in die Renaissance – an überlieferten, von Byzanz übernommenen, geheiligten Bildvorstellungen fest und war gleichzeitig – wie auch in der Architektur – aufgeschlossen für die von Frankreich ausgehende Strömung der Gotik. Florenz bemühte sich um klaren Bildaufbau, Siena um die unsere Intuition ansprechende melodische Linienführung, um Kostbarkeit der Farbmaterie.

Die unterschiedlichen florentinischen und sienesischen Züge äußern sich bereits bei den frühesten namentlich bekannten Malern – bei dem Florentiner Coppo di Marcovaldo und bei Guido da Siena (in Florenz auch bei noch älteren, anonym gebliebenen). Um von diesen frühen Zeugnissen einen Eindruck zu gewinnen, muss man sich in verschiedene Kirchen und Museen begeben, in den Palazzo Pubblico von San Gimignano, den Dom von Pistoia (Kruzifix des Coppo di Marcovaldo), nach Florenz in die Accademia, das Dommuseum, die Kirche Santa Maria Maggiore (Magdalenen-Retabel, Zenobius-Retabel, ›Madonna del Carmine‹ von Coppo di Marcovaldo) und nach Siena in den Palazzo Pubblico und die Pinakothek (Retabeln von Guido da Siena). Hingegen ist es ein Glücksfall, dass die Meister der folgenden Generationen, Cimabue, Duccio und Giotto im ersten Saal der Florentiner Uffizien mit großen Madonnentafeln ausgestellt sind und sich zum exemplarischen Vergleich anbieten.

Das Thema der thronenden Muttergottes spielte in Siena, der Stadt der Jungfrau, eine besondere Rolle. Für den Hauptaltar des Doms malte Duccio ein großes Madonnen-Retabel, auf dem die Muttergottes von Heiligen, darunter den Stadtheiligen, umgeben ist: eine ›Maestà‹.

In Siena blieb das Bild der thronenden Muttergottes nicht nur auf den kirchlichen Raum beschränkt. Vier Jahre später stellte Simone Martini das Thema der ›Maestà‹ auf einer großen Wand im Palazzo Pubblico dar. Simone Martini ist unter den toscanischen Malern des frühen Trecento derjenige, der am meisten von der französischen Gotik annahm.

Zu den wenigen eigenständigen Sieneser Malern zählen die Brüder Lorenzetti, wenngleich auch sie bei Duccio ihren Ausgangspunkt nahmen und darüber hinaus nachhaltig von Giotto beeinflusst wurden. In den Fresken des Palazzo Pubblico in Siena zeigt Ambrogio Lorenzetti, dass er in der wirklichkeitsnahen Wiedergabe von Landschaft und Stadtarchitektur, in der Schilderung von Alltagsbegebenheiten seinen florentinischen Zeitgenossen voraus war.

Die ›Maestà‹ von Simone Martini

Die vorbildhafte Rolle des Duccio und Simone Martini in Siena erfüllte Giotto in Florenz. Mit diesem, um 1266 in dem kleinen Mugello-Dorf Vespignano geborenen Maler beginnt eine neue Epoche der bildenden Kunst. Während die ältere Malerei die Inhalte zeichenhaft repräsentiert, bringt sie uns Giotto menschlich näher. Giottos Gestalten sind körperhaft gegenwärtig, sind Menschen dieser Erde, sie stehen jedoch auf Grund ihrer Monumentalität den traditionellen Heiligengestalten an Würde keineswegs nach, sie wirken insofern nicht profan. Sein Formideal ist nicht das Verfeinert-Gotische, nicht die Schönlinigkeit – es ist die uns aus der toscanischen Architektur bereits vertraute Regelmäßigkeit und Geschlossenheit einfacher Formen. Giotto war der erste, der auf dem Gebiet der Malerei die toscanische Formenstrenge verwirklichte. Durch die plastische Gestaltung der Figuren erhält das Geschehen eine nie zuvor realisierte Gegenwärtigkeit. Die Plastizität der Gestalten erfordert die Ausbildung des Bildraums: Giotto kennt die perspektivische Verkürzung, wenn auch nicht in der von Brunelleschi entdeckten Gesetzmäßigkeit der Linearperspektive. Er beschränkt sich auf eine schmale Bildbühne, die eine von der Handlung ablenkende Tiefenwirkung vermeidet. In der Wiedergabe von Natureindrücken ging Giotto nur so weit, als sie zur Vergegenwärtigung der Erzählung beitragen. Dinglichkeit wird nicht zum Selbstzweck. Felsen, Bäume, vereinfacht wiedergegebene Bauwerke – sie dienen einzig der Akzentuierung des Geschehens; Bildraum und Ausstattung bleiben auf den Menschen bezogen. Gleichzeitig verlieh Giotto dem Bild eine bisher nicht gekannte Stabilität, indem er z. B. die Horizontalen und Vertikalen des rechteckigen Bildrahmens in der Bildarchitektur und in den Figuren wiederholt. Der persönliche Stil Giottos prägte die Malerei eines ganzen Jahrhunderts.

Kulinarisches

Die toscanische Küche

»Die Küche eines Bauern – würdig eines Königs«, so bezeichnete ein Gast des Barone Bettino Ricasoli einst die toscanische Küche. Um die Qualität der Produkte unverfälscht zur Geltung zu bringen, vermeiden die Toscaner aufwändige Rezepte, sind jedoch erfinderisch in der Verwendung und Mischen von Kräutern. Basis aller Gerichte ist das Olivenöl. Es ist hier, an der Nordgrenze des Anbaugebiets, besonders aromatisch, leicht und säurearm. Der große Kamin der Bauernhäuser verrät die Vorliebe für die *bistecca alla fiorentina* und anderes gegrilltes Fleisch. Eine weitere Spezialität ist der mit vielen Kräutern gewürzte Schweinebraten, die *arista.* Aus der traditionellen bäuerlichen Küche hat sich bis heute die Vorliebe für Geflügel und Kleinvieh erhalten. Hühner, Gänse, Tauben, Ziegen, Hasen, sie alle werden auf dem Rost gebraten, mit Olivenöl beträufelt und mit Kräutern gespickt. Als weitere Zubereitungsart kennt man das Dünsten im *soffritto,* einer Basis aus Olivenöl und Wein mit Tomaten, Knoblauch und diversen Kräutern.

Zu den Vorspeisen zählen außer dem *prosciutto,* der hier etwas kräftiger gesalzen wird als der bekannte Parmaschinken, die *finocchiona* (eine mit Fenchelsamen gewürzte Salami), die luftgetrockneten *salsicce* (kleine Würstchen, besonders gut die aus Wildschwein) und die *crostini* (Brotscheiben, die mit einer Masse aus Milz oder Geflügelleber bestrichen werden).

Bäuerlicher Herkunft sind auch die zahlreichen Suppen, die *minestre,* die in ländlichen Gegenden die übliche *pasta* häufig an Beliebtheit übertreffen: die *zuppa senese di fagioli,* die sienesische Bohnensuppe, und die *acquacotta,* eine Brotsuppe.

Bevorzugten Gemüse sind Artischocken, weiße und grüne Bohnen, Kichererbsen. Auf vielfältige Weise werden weiße Bohnen zubereitet: *all' uccelletto* – mit Salbei in einem Weinfiasco auf der Glut gekocht – oder mit Tomaten im Ofen geschmort.

Die Küstenzone kennt den *risotto nero,* Reis mit Meeresfrüchten, *cieche alla salvia,* mit Salbei gedünstete junge (blinde) Aale aus Pisa, den *guazzabuglio (caciucco),* eine Fischsuppe aus Livorno, aus der sich die Bouillabaisse entwickelt haben soll. *Stoccafisso alla livornese* ist ein in Öl, Vinsanto und Gemüsen gedünsteter Stockfisch.

Von besonderer Qualität ist der toscanische Schafskäse, der *pecorino.* Er wird in verschiedenen Reifegraden angeboten: der junge und milde *marzolino* (der Märzkäse), der mittlere, der *stagionato,* bis hin zum alten, den man – wie den Parmesankäse – bevorzugt zum Würzen verwendet. Für den berühmten *pecorino di Pienza* weiden die Schafe auf den kargen, mit Kräutern bewachsenen Hügeln der Crete von Siena. Unwiderstehlich ist der Geschmack: nussartig mild, zugleich süßlich wie leicht bitter.

Für **Nachspeisen** und süßes **Gebäck** wird vielfach Honig anstelle von Zucker verwendet. Zum Aromatisieren fügt man auch Anis, Nelken, Kräuterliköre, selbst Rosmarin hinzu. Sehr bekannt sind die *cantucci di Prato,* ein süßer Zwieback mit Pinienkernen, die man gerne zum Vinsanto reicht, die *bomboloni* aus dem Florentinischen, eine Art Krapfen, die *brigidini,* dünne Waffeln mit Aniskernen. Die *ricciarelli* in Siena werden aus einem Marzipanteig gebacken. Über die Grenzen der Toscana hinaus bekannt wurde das *panforte di Siena,* eine Art Lebkuchen aus Nüssen, Honig und kandierten Früchten, den es in verschiedenen Zusammensetzungen gibt.

Die toscanischen Weine

Die Weinkultur der Toscana geht auf die Etrusker und Römer zurück. Der bekannteste der toscanischen Weine, der schon im Mittelalter bezeugte Chianti, wurde ursprünglich nur in einem begrenzten Gebiet westlich der Chianti-Berge, in Greve, Castellina, Radda und Gaiole angebaut. Sein Ruhm führte dazu, dass man seit dem 19. Jh. Rotweine des übrigen toscanischen Hügellandes – vom Mugello bis südlich von Siena, von Arezzo bis in die Nähe von Pisa – ebenfalls als Chianti bezeichnete. Um den weiteren Missbrauch des Namens zu verhindern, schlossen sich die Weinerzeuger des ursprünglichen Anbaugebiets 1924 zu einer Genossenschaft zusammen und setzten für ihren Wein die Bezeichnung **Chianti Classico** durch, der inzwischen zum DOCG-Wein deklariert wurde, d. h. zu einem Wein, dessen Herkunft staatlich kontrolliert und garantiert wird (DOCG = *denominazione d' origine controllata garantita).* Viele Erzeuger des Chianti-Classico-Gebiets (aber nicht alle) traten zudem der Genossenschaft Gallo Nero bei. Ihre Weine tragen das Etikett des schwarzen Hahns auf dem Flaschenhals.

Vom Chianti Classico sind Weine zu unterscheiden, die nur die Bezeichnung **Chianti** tragen und das DOC-Prädikat bekommen. Sie werden auf den toscanischen Hügeln außerhalb des eigentlichen Chianti-Gebiets angebaut: Chianti Colli Senesi, Chianti Colli Fiorentini, Chianti Colli Aretini, Chianti Colli Rufina, Chianti Colline Pisane, Chianti Monte Albano. Diese Weine sind meist etwas leichter, etwas weniger farbintensiv und zurückhaltender im Aroma. Traditionellerweise wurden Chianti und Chianti Classico aus verschiedenen Rebsorten gekeltert: zum Großteil aus der roten Sangiovese-Traube (dem ›Körper‹), der duftstoffreichen roten Canaiolo, den weißen Trebbiano und Malvasia-Trauben. Seit den 1980er-Jahren hat man sich auf die Sangiovese-Traube konzentriert, um dem Wein längere Reifezeit zu ermöglichen.

Weinbauern und die meisten Toscaner bevorzugen den jungen, fruchtigen, nach Veilchen durftenden Wein von rubinroter Farbe. Mit der Lagerung wechselt die Farbe zu einem Granatrot, der Duft erlangt ein Iris-Bouquet, gewinnt an Harmonie. Die älteren Weine guter Jahr-

Weine der Toscana

gänge, die mindestens drei Jahre in Fässern gelagert haben, tragen die Bezeichnung *riserva.* Die Vorzüge des tanninreichen Chianti entfalten sich erst während des Essens und erst dann, wenn sich der Wein der Raumtemperatur angepasst hat und durch die Berührung mit der Luft oxydieren konnte.

Neben dem Chianti gibt es eine Reihe ausgezeichneter anderer toscanischer Rotweine. Der **Carmignano** wird westlich von Florenz bei Artimino und Carmignano angebaut, zum Teil in ausgezeichneten Lagen auf Ländereien aus dem ehemaligen Besitz der Medici. Der **Nobile di Montepulciano** ähnelt in der Komposition und in seinem Charakter dem Chianti Classico. Wenn jedoch damit geworben wird, dass diesen Wein ein Schriftsteller des 17. Jh., Francesco Redi, als »König der Weine« bezeichnete, erweckt dies Erwartungen, die ein Nobile selten erfüllt. Als König der italienischen Weine könnte man eher den **Brunello di Montalcino** bezeichnen. Er zählt zu den Rotweinen Italiens, die zu einem großen Wein reifen können. Da die Produktion begrenzt, die weltweite Nachfrage aber gestiegen ist, hat er leider meist einen überteuerten Preis. Oft empfiehlt es sich, statt des Brunello den preiswerteren **Rosso di Montalcino** zu wählen. Er stammt vom gleichen Anbaugebiet, wird aus den gleichen Trauben (Sangiovese Grosso) gekeltert, ist jedoch weniger lang gereift. Oft wird er nur deshalb als Rosso di Montalciono angeboten, weil die vorgeschriebene Höchstmenge der Brunello-Produktion überschritten ist. Wir haben erfahren, dass ein guter Chianti Classico (der aus der verwandten Traube Sangiovese Piccolo erzeugt wird) mit einem Brunello oft gleichzieht, ihn gelegentlich auch übertrifft. Wenn man in den letzten Jahren entgegen der Richtlinien den Sangiovese-Trauben des Brunello andere Sorten wie Merlot oder Cabernet beigemischt hat, so geschah dies, um dem weltweit verbreiteten Geschmack nach runden, weichen Weinen entgegenzukommen. Weich und rund sind aber von Haus aus weder der Brunello noch der Chianti Classico oder der im Charakter verwandte **Morellino di Scansano,** denn diese Weine sind reich an Tanninen. Diese machen die Weine lagerfähig, die ihre Qualitäten als Begleiter einer Mahlzeit, nicht aber beim schnellen Probieren, offenbaren.

Seit den 1980er-Jahren werden außer den klassischen toscanischen Rebsorten auch Trauben französischer Herkunft (vor allem Cabernet und Merlot) angebaut und nach dem Vorbild der Bordeaux-Weine einige Zeit in kleinen Eichenfässern, den *barriques* ausgebaut. Die ersten dieser neuen Weine, vor allem der in der Küstenebene bei Castiglioncello angebaute **Sassicaia,** hatten einen derartigen Erfolg, dass heute viele renommierte Erzeuger ähnliche Weine kreieren, oft auch durch Mischung von Cabernet oder Merlot mit anderen Sorten wie Sangiovese. Diese neuen, teuren ›Supertoscaner‹ müssen als Tafelwein, *vino da tavola,* deklariert werden, da sie bisher kein Gesetz als DOC-Wein anerkennt. Nur für den Sassicaia wurde ein eigenes DOC-Gebiet festgelegt.

Weißweine erreichen in der Toscana selten die Qualität der Rotweine, wenn auch einige Sorten Beachtung verdienen, so der **Vernaccia di San Gimignano** und der **Bianco di Montecarlo.** Diese erdhaften Weine sind wenig fruchtig und haben einen leicht bitteren Nachklang. Sie können sowohl Fisch- als auch Fleischgerichte begleiten. Der **Pitigliano** der Maremmen ist heller als der Vernaccia, weicher und körperreicher. Den leicht grünlich getönten **Bianco Vergine di Valdichiana** dagegen zeichnet ein ausgeprägteres fruchtiges Bouquet aus.

Der legendäre **Vinsanto** ist ein Aperitif- und gleichzeitig Dessertwein. Man keltert ihn aus Malvasia-Trauben, die bis in den Januar hinein trocknen müssen. Er wird in kleinen, mit Zement verschlossenen Fässern, den *caratelli,* drei Jahre lang auf dem Dachboden gelagert, einem Ort also, an dem es im Winter sehr kalt und im Sommer extrem heiß werden kann. Er reift dann für weitere drei bis fünf Jahre in der *cantina.* Ein wirklich guter Vinsanto ist heutzutage zu einer Seltenheit geworden und fast nur direkt bei kleinen Erzeugern zu erwerben.

Daten zur Geschichte

7. Jh. v. Chr.	Die Etrusker gründen die Stadtstaaten Vetulonia, Roselle, Populonia, Chiusi, Volterra und Arezzo.
292 v. Chr.	Die Römer nehmen Roselle ein.
241 v. Chr.	Bau der römischen Via Aurelia.
59 v. Chr.	Julius Cäsar lässt die Veteranenkolonie Florentia Florenz) gründen.
568 n. Chr.	Die Langobarden nehmen das Gebiet der Toscana ein und gründen das Herzogtum Tuscia mit Lucca als Hauptstadt.
774	Karl der Große erobert das Langobardenreich. Das Gebiet der Toscana wird fränkische Provinz.
1062	Pisa besiegt die Sarazenen bei Palermo.
1080	Die Pisaner wählen zum ersten Mal ihre Konsuln.
1096	Die Bürger von Arezzo wählen ihre Konsuln.
1115	Tod der Markgräfin Mathilde, die die Autonomie der Städte gefördert hatte.
1125	Florenz erobert und zerstört Fiesole, es beginnt sein Territorium auszudehnen.
1215	Familienstreit zwischen den Buondelmonti und Amidei. Beginn der Parteibildung von Guelfen und Ghibellinen.
1249	Siena nimmt Montepulciano ein.
1250–1260	Regierung des primo popolo in Florenz.
1252	Florenz prägt die ersten eigenen Goldmünzen.
1260	Siena besiegt Florenz bei Montaperti.
1269	Florenz besiegt die Sienesen bei Colle Val d' Elsa
1284	Genua schlägt die pisanische Flotte vernichtend bei Meloria.
1313	Tod Kaiser Heinrichs VII., der den Einfluss des Reichs in Italien bestärken wollte.
1329	Florenz bemächtigt sich Pistoias.
1348/1349	Die Pest rafft einen Großteil der städtischen Bevölkerung dahin.
1361	Florenz dehnt seinen Einfluss auf Volterra aus.
1378	Aufstand der Ciompi in Florenz.
1380	Tod der Hl. Katharina von Siena.
1384	Arezzo wird an Florenz verkauft.

Siena nimmt Massa Marittima ein.	**1385**
Florenz erwirbt Pisa.	**1406**
Cosimo de' Medici d. Ä. kehrt aus der Verbannung nach Florenz zurück und leitet damit den außergewöhnlichen Einfluss seiner Familie auf die Politik des Florentiner Staats ein.	**1434**
Die Pazzi verschwören sich gegen die Medici.	**1478**
Die Medici werden aus Florenz vertrieben. Der Dominikanerprediger Savonarola gründet einen ›Gottesstaat‹.	**1494**
Savonarola wird hingerichtet.	**1498**
Die Medici kehren nach Florenz zurück.	**1512**
Kaiser Karl V. lässt Siena erobern.	**1555**
Kaiser Philipp II. überlässt das sienesische Staatsgebiet Herzog Cosimo I. de' Medici.	**1559**
Die Toscana wird unter Cosimo I. zum Großherzogtum erhoben.	**1569**
Gian Gastone, der letzte Medici, stirbt kinderlos. Das Großherzogtum Toscana geht an das Haus Habsburg-Lothringen über. Franz von Lothringen, Gemahl der österreichischen Herrscherin Maria Theresia, wird Großherzog der Toscana.	**1737**
Unter Leopold I. werden im Sinne eines aufgeklärten Absolutismus soziale und wirtschaftliche Reformen durchgeführt.	**1765–1790**
Unter Napoleon wird die Toscana annektiert, seine älteste Schwester Elisa Bacciocchi erhält den Titel einer Großherzogin von Toscana.	**1807–1809**
Der Sohn Leopolds, Ferdinand III., kehrt in die Toscana zurück und führt seine aufgeklärte Reformpolitik weiter.	**1814**
Die erste Verfassung wird verabschiedet.	**1848**
Die Republik wird ausgerufen.	**1849**
Die Toscana wird Piemont-Sardinien angeschlossen und damit in das Königreich Italien eingegliedert.	**1860**
Florenz ist Hauptstadt des geeinten Italiens.	**1865–1871**
In der traditionell ›roten‹ Toscana findet der Faschismus weniger Anhänger als im übrigen Italien.	**1922–1945**
Verheerende Arno-Überschwemmung in Florenz am 4. November.	**1966**
Europarat ernennt Florenz zur europäischen Kunstmetropole.	**1986**
Als erste Stadt der Welt stellt Siena eine Treibhausbilanz auf mit dem Ziel, dass sich die Provinz ab 2015 ›CO_2 -freie Zone‹ nennen kann.	**2008**
Italiens Tourismusministerin Michela Vittoria Brambilla empfiehlt den Palio in Siena zu verbieten. Problematisch ist der Einsatz der Peitsche.	**August 2010**

Galerie toscanischer Künstler

Bartolomeo della Gatta (1448–1502)

Weitere Künstlerporträts
Duccio di Buoninsegna S. 314
Benozzo Gozzoli S. 384
Filippo Lippi S. 149
Piero della Francesa S. 236
Luca Signorelli S. 337
Sodoma S. 337
Giorgio Vasari S. 231

Der 1448 als Sohn eines Florentiner Goldschmieds geborene Maler trat 1470 in das Camadulenserkloster in Arezzo ein, wirkte aber auch als Miniaturist, Architekt und Musiker. Luca Signorelli assistierte er bei den Wandfresken der Sixtinischen Kapelle. Neben Signorelli wirkten auch andere Künstler auf ihn ein, sodass Roberto Longhi ihn ein »sonderbares Genie« nennen konnte, »das die verschiedenen malerischen Richtungen von Piero bis zu dem jungen Perugino, Pollaiolo, Verrocchio und den späten Sieneser Quattrocentisten in sich zu vermischen bereit war. Man könnte sagen: Es gab damals im weiten Raum zwischen Tiber und Arno kein nennenswertes Problem, das sich nicht irgendwie mit den Gedanken dieses genialen Mannes träfe.« Bartolomeo della Gatta starb 1502 in Florenz.

Sandro Botticelli (1444/5–1510)

Der 1444 oder 1445 geborene Maler hieß offiziell Alessandro di Mariano Filipepi. Sein Spottname Botticella (Fässchen) wurde zu seinem Künstlernamen. Wie kein zweiter verkörpert Botticelli die durch die Medici geprägte verfeinerte Kultur des späten Quatrocento. Seine berühmtesten Werke ›Geburt der Venus‹, ›Der Frühling‹ und ›Pallas Athene mit dem Kentauren‹ entstanden für Lorenzo di Pier Francesco de' Medici. Seinen einzigen Aufenthalt über die Grenzen der Toscana hinaus unternahm er, als er von Sixtus IV. verpflichtet wurde, gemeinsam mit Perugino, Ghirlandaio u. a. die Wandfresken in der Sixtinischen Kapelle zu malen. In der bewegten, zum Teil exzentrischen Liniensprache ist Botticelli Nachfolger des Filippo Lippi, als dessen Schüler er gilt. Botticellis sensibel-bewegte Linienführung war besonders dazu geeignet, die Vorstellungen der Florentiner Neoplatoniker von idealer Schönheit zum Ausdruck zu bringen. Der leidenschaftliche Spätstil Botticellis ist im Zusammenhang mit dem Tod von Lorenzo Il Magnifico 1492 und vor allem auch den sozialen und religiösen Unruhen zu verstehen, die von den Bußpredigten des Dominikaners Savonarola ausgingen. Botticelli starb 1510 in Florenz.

Filippo Brunelleschi (1377–1446)

Der Erfinder des neuen Baustils der Frührenaissance, der 1377 als Sohn eines Notars geborene Filippo di Ser Brunellescho, war von Haus aus nicht Baumeister, sondern gelernter Goldschmied (davon zeugen noch zwei halbfigurige Propheten am Silberaltar im Dom von Pistoia (1399–1400). 1401 nahm er am Wettbewerb für die zweite Baptisteriumstüre teil, den jedoch nicht er, sondern Ghiberti gewann. Brunelleschi blieb die Entscheidung der Jury bis zu seinem Lebensende unverständlich. Zur Demonstration dieses vermeintlichen Fehlurteils ließ er sein Wettbewerbsrelief in der Alten Sakristei von San Lorenzo aufhängen. Die Jahre danach verbrachte der begüterte Junggeselle mit der Lösung von mathematischen Problemen, reiste zum Studium der römischen Antike zusammen mit Donatello nach Rom und entwickelte die Theorie der perspektivischen Darstellung. 1418 gewann Brunelleschi den Wettbewerb für die Konstruktion der Domkuppel. In den folgenden Jahren entstanden mit der Alten Sakristei und der Kirche von San Lorenzo, dem Ospedale degli Innocenti und der Kirche Santo Spirito jene Erstlingswerke eines neuen Stils, der sich zunächst über die Toscana, in gewandelter Form sodann über ganz Europa verbreiten sollte und für Jahrhunderte Grundlage allen Bauens war. Brunelleschi starb 1446 in Florenz.

Filippo Brunelleschi

Donatello (1386–1466)

Geboren wurde Donatello wahrscheinlich 1386 in Florenz. Die Gestaltungsmöglichkeiten dieses unbestritten bedeutendsten Bildhauers der Frührenaissance waren sehr vielseitig. Kein anderer war zugleich zu dramatisch-expressivem wie auch lyrisch-beseeltem Ausdruck fähig. In seinem Werk verbinden sich antike Körpervorstellungen und mittelalterliche Innerlichkeit. Donatello war der erste, der die von Brunelleschi erforschte Gesetzmäßigkeit der Zentralperspektive auf ein Werk der Bildkunst anwendete. Dazu entwickelte er eine neue Reliefart: das relievo schiacchiato (gequetschtes Relief), wodurch mit minimalen Erhebungen und Vertiefungen eine tiefenräumliche Illusion erzeugt werden konnte. Er arbeitete in Stein, Ton, Stuck, Bronze und Holz.

Donatello

Seine Ausbildung erhielt er u. a. bei Ghiberti in den Jahren 1404 bis 1407, als dieser mit der Ausarbeitung der zweiten Baptisteriumstüre beschäftigt war. Zum Studium der Antike unternahm er zusammen mit Brunelleschi eine Romreise. Die wichtigsten Aufträge erteilte ihm ein mit ihm gealterter Freund, Cosimo de' Medici: die Bronzegruppe der ›Judith‹ für den Palazzo Medici und die Bronzekanzeln von San Lorenzo. Während der Ausarbeitung der Kanzeln verstarb Donatello 1466.

Duccio (um 1250–1319)

Drei Jahrzehnte war der um 1250 geborene, 1319 gestorbenen Duccio di Buoninsegna der führende Maler Sienas. Für die Entwicklung der sienesischen Malerei ist Duccio die gleiche Bedeutung zuzumessen, wie Giotto für die Malerei in Florenz. Seine Erfindungsgabe, seine handwerklich-malerischen Fähigkeiten waren so außergewöhnlich, dass er trotz eines sehr fragwürdigen Lebenswandels, der ihn mehrmals mit den Gesetzen in Konflikt brachte, den wohl bedeutendsten und ehrenvollsten Auftrag erhielt, der in dieser Stadt je an einen Maler vergeben wurde: die ›Maestà‹ für den sienesischen Dom, die 1311 vollendet war.

Fra' Angelico (1386/1400–1455)

Die Vorstellung vom malenden Klosterbruder Fra' Giovanni, ist durch Vasari geprägt, der ihn als einen »schlichten Menschen von heiligem Lebenswandel« schilderte. »Liebenswürdig und maßvoll lebte er in keuscher Abgeschiedenheit.« Nie habe er »einen Pinsel in die Hand genommen, ohne dass ihm die Tränen über die Wangen strömten«. Diesem Bild des ›Engelhaften‹ (angelico) widerspricht allein seine organisatorische Begabung, die Papst Eugen IV. veranlasst haben soll, ihn zum Erzbischof von Florenz zu ernennen. Sein ursprünglicher Name lautete Guido da Piero. Geboren ist er im Mugello (wahrscheinlich in San Michele a Ripecanina unweit von Vicchio). Fra' Angelico gehörte der Dominikanergemeinschaft von Fiesole an, der 1436 das Kloster San Marco in Florenz übertragen wurde. Um 1440/41 verlegte er seine Werkstatt nach San Marco und übernahm mit seinen Gehilfen die Ausmalung des Klosters.

Auf Einladung von Papst Eugen IV. wirkte er zwischen 1445 und 1449 in den vatikanischen Palästen, wo er u. a. die Kapelle Nikolaus V. ausmalte. 1450 wählte man ihn zum Prior des Dominikanerklosters von Fiesole. Die letzte Zeit seines Lebens verbrachte er erneut in Rom, wo er 1455 verstarb und in der Kirche Santa Maria sopra Minerva beigesetzt wurde.

Domenico Ghirlandaio (1449–1494)

Der 1449 in Florenz als ältester Sohn eines Goldschmieds geborene Domenico Bigordi, den man wie seinen Vater Ghirlandaio (Girlandenmacher) nannte, unterhielt zusammen mit seinem Bruder Davidè (geboren 1452) eine Werkstatt. Von den Zeitgenossen wie der Nachwelt gleichermaßen geschätzt wurden die Fresken in der Collegiata von San Gimignano und in den Florentiner Kirchen Santa Trinita und Santa Maria Novella. Die großbürgerlichen Auftraggeber erkannten im Hintergrund des heiligen Geschehens ihre toscanische Landschaft, ihre eigene Stadt, in den Nebenpersonen auch ihre eigene Person. Seine Ausbildung erhielt Ghirlandaio wahrscheinlich bei Baldovinetti. Als ein Künstler, der einen besonderen Sinn für die Wiedergabe von Landschaft, von materieller Dingwelt und individuellen Gesichts-zügen entwickelt hatte, stand Ghirlandaio in späteren Jahren der niederländischen Malerei sehr aufgeschlossen gegenüber. Gestorben ist er 1494 in seiner Heimatstadt Florenz.

Giotto (1267–1337)

Giotto in einer (Fantasiedarstellung)

Giotto di Bondone, geboren 1267 in Vespignano im Mugello, war für Vasari der »wahre Erneuerer« der Malerei. Sein Einfluss auf die Kunst seiner Zeitgenossen und seiner Nachfolger bis hin zu Masaccio war von nicht zu überschätzendem Einfluss. Wesentliche Anregungen empfing er nicht nur von Cimabue, sondern ebensosehr von Pietro Cavallini in Rom. Von Anfang an war sein Wirken nicht auf Florenz beschränkt. In Assisi war er nachweislich an der Ausmalung von San Francesco beteiligt. Nie zuvor kam in nachantiker Malerei eine Handlung so konkret, differenziert und in ihrem menschlichen Konflikt so nachvollziehbar zur Darstellung. In Padua hinterließ Giotto mit den Fresken der Scrovegni-Kapelle (um 1304/05) sein Hauptwerk. Weitere Reisen führten ihn von Florenz u. a. nach Avignon, nach Rom (anlässlich des Heiligen Jahres 1300), an den Hof Robert des Weisen in Neapel (1329–34), zu den Visconti nach Mailand, vermutlich auch nach Rimini, Verona, Lucca und ein weiteres Mal nach Rom. In seiner Heimatstadt Florenz arbeitete er in Santa Croce und in der Magdalenen-Kapelle des Bargello. Am 12. April 1334 wurde Giotto zum Florentiner Dombaumeister ernannt, um bald darauf mit dem Bau des Campanile zu beginnen, der bei seinem Tod (1337) nur zu einem Drittel errichtet war.

Schon den Zeitgenossen war Giottos überragende Bedeutung bewusst. So lässt Dante im ›Purgatorio‹ den Miniaturisten Odersi da Gubbio spotten: »Cimabue glaubte das Feld zu behaupten, jetzt hat Giotto das Geschrei.«

Filippino Lippi (1457–1504)

Filippino Lippi (1457–1504) erhielt seine Ausbildung zum Maler zunächst bei seinem Vater Filippo Lippi. Nach dessen Tod (1469) arbeitete er dann als Schüler in der Werkstatt Botticellis. Zu seinen schönsten Arbeiten zählen die Fresken in der Brancacci-Kapelle von Santa Maria del Carmine. Mit diesen Fresken vollendete Filippino nach sechs Jahrzehnten den 1424 von Masolino und Masaccio begonnenen Petrus-Zyklus, der bereits seinem Vater entscheidende Impulse gegeben hatte. Ein anderer Freskenzyklus Filippinos – in der Strozzi-Kapelle von Santa Maria Novella – zeigt, dass die vom Vater zurückgewonnene gotische Linie durch den Sohn ihre letzte, extreme Ausdruckssteigerung fand.

Pietro und Ambrogio Lorenzetti (1. H. 14. Jh.)

Gleichzeitig mit Simone Martini wirkten in Siena die Brüder Pietro und Ambrogio Lorenzetti. Sie gehören nach Nicola und Giovanni Pisano, nach Cimabue, Duccio und Giotto zu den letzten großen schöpferischen Kräften, die die Kunst eines ganzen Jahrhunderts beeinflussten. Die Brüder wurden höchstwahrscheinlich in der Werkstatt Duccios ausgebildet. Pietro war der ältere der beiden, geboren etwa 1280 in Siena. Er starb wahrscheinlich an der Pest des Jahres 1348, wie vermutlich auch sein Bruder. Beide haben sich mit Giottos Erneuerungen auseinandergesetzt (am eindringlichsten Pietro), ohne dabei typisch sienesische Wesenszüge aufzugeben: den weicheren Linienfluss, die differenziertere Farbgestaltung und eine immer wieder sichtbar werdende Emotionalität, die sich nicht hinter einer glatten oder geschlossenen Oberfläche verbirgt. Pietros Liniensprache wirkt eleganter und ist oft von grafischem Reiz. Der jüngere Ambrogio war der sensiblere und lyrischere der beiden Brüder, aber auch der ungeschliffenere und unkonventionellere, der nicht selten durch Respektlosigkeit provozierte. Seine erhaltenen Werke reichen von der 1319 datierten Muttergottes-Tafel von Vico l'Abate (jetzt in San Cassiano) über die allegorischen Fresken der ›Guten Regierung‹ im Palazzo Pubblico in Siena (1337–39) bis zur ›Verkündigung‹ (1444) in der Pinacoteca Nazionale in Siena.

Simone Martini (1284?–1344)

Kein Dokument gibt es über seine Geburt, seine künstlerische Herkunft oder frühen Werke. Nur Vasari überliefert das Geburtsjahr 1284. Der älteste gesicherte Hinweis betrifft gleich ein reifes Werk, das Fresko der ›Maestà‹ im Palazzo Pubblico von Siena. Die ›Maestà‹, »... von einer Schönheit, nach welcher die Florentiner nicht einmal gestrebt hätten« (J. Burckhardt) dürfte Simone zu Ruhm verholfen haben. Schon bald nach ihrer Vollendung wird er 1317 von König Robert von Anjou nach Neapel gerufen. 1319 schuf er das Polyptychon in Pisa, 1333 die Verkündigungstafel für den Dom von Siena (Uffizien). In der Zwischenzeit hielt sich Simone in Assisi auf, wo er u. a. die Kapelle des Hl. Martin in San Francesco ausmalte. Die letzten Lebensjahre bis zu seinem Tode 1344 verbrachte Simone am päpstlichen Hof in Avignon, wo er Freundschaft mit Petrarca schloss, der ihn in einem Sonett von 1336 bittet, ihm ein Bildnis der verehrten Laura zu malen.

Michelangelo (1475–1564)

Michelangelo war Bildhauer und Maler, zugleich auch Architekt und Lyriker. Der junge Michelangelo wuchs im noch republikanischen Florenz auf. Lorenzo de' Medici nahm den 15-Jährigen als Hausgast in seinem Palast auf. Als Michelangelo alt war, hatte sich bereits die Gegenreformation durchgesetzt; der Divino musste befürchten, dass seine Vision des Jüngsten Gerichtes wieder von der Wand der Sixtinischen Kapelle abgeschlagen werde.

Michelangelo

Geboren wurde Michelangelo 1475 in dem kleinen Ort Caprese im oberen Tiber-Tal, wo sein Vater, Ludovico Buonarotti, für ein halbes Jahr das Amt des Podestà ausübte. Aufgewachsen ist er - außer in Florenz - im nahen Settignano. Als 13-Jähriger ging er in die Lehre bei Ghirlandaio, die er jedoch vorzeitig abbrach, um die Bildhauerei zu erlernen. Im Skulpturengarten der Medici bei San Marco lernte er antike Marmorwerke kennen; unter der Anleitung von Bertoldo, einem ehemaligen Donatello-Schüler, schuf er sein erstes Marmorrelief.

Obschon für mehrere Jahre mit Aufträgen eingedeckt, folgte er 1505 dem Ruf von Papst Julius II., ihm ein gigantisches Grabmal für die alte römische Peterskirche zu schaffen. Nachdem Michelangelo acht Monate in Carrara mit dem Aussuchen der geeigneten Marmorblöcke beschäftigt war, musste er die Arbeiten abbrechen. Julius II. verfolgte inzwischen ein anderes Projekt: den Neubau von St. Peter. Erbittert entfloh Michelangelo dem päpstlichen Hof, unterwarf sich jedoch 1506 Julius II., der ihn zwang, die Decke der Sixtinischen Kapelle auszumalen (1508–12). Die folgenden Jahre bis 1534 verbrachte der zu höchstem Ruhm Gelangte teils in Florenz, teils in Rom, wenn auch fast ausschließlich im Dienst der Päpste. Der Nachfolger Julius II., Leo X. aus dem Hause Medici, wünschte sich von seinem ehemaligen Hausgefährten eine Marmorfassade für San Lorenzo in Florenz. Obschon Michelangelo daraufhin ein Atelier in der Via Mozza errichtete, annulierte der Papst den Vertrag, gab stattdessen der Grabkapelle, der ›Neuen Sakristei‹ von San Lorenzo den Vorrang. Sein Nachfolger, Papst Clemens VII., ebenfalls aus dem Hause Medici, übertrug ihm zusätzlich den Bau der Biblioteca Laurenziana.

In den drei Jahren nach dem Sacco di Roma, als die Herrschaft der Medici in Florenz unterbrochen war, stand Michelangelo als Befestigungsbaumeister im Dienst der wiedererrichteten Republik. Erst die Erneuerung der Medici-Herrschaft, 1530, ließ ihn die Projekte der Biblioteca Laurenziana und der Grabkapelle wieder aufgreifen. Mit dem Tod Clemens VII., 1534, legte Michelangelo die Florentiner Arbeiten nieder und übersiedelte endgültig nach Rom. Papst Paul III. Farnese beauftragte ihn mit dem Fresko des ›Jüngsten Gerichts‹, ließ ihn zwei Wandfresken in der Capella Paolina des Vatikan ausführen, den Kapitolinischen Hügel neu gestalten, die Kuppel von St. Peter bauen und die Ostpartie der Kirche ummanteln. Für Kardinal Alessandro Farnese vollendete Micheangelo den von Antonio da Sangallo d. J. begonnenen Palazzo Farnese. Gleichzeitig arbeitete er für die Erben von Julius II. an dessen Grabmal, das nach vier Jahrzehnten, 1546, endlich zur Aufstellung kam, in San Pietro in Vincoli. Das Grab war inzwischen so reduziert, dass weder die Sklaven des Louvre noch die Sklaven der Florentiner Accademia Verwendung fanden. Michelangelos letzte bildhauerischen Arbeiten entstanden ohne Auftrag: die für sein eigenes Grab bestimmte ›Pietà‹ (Florenz, Dommuseum) und die ›Pietà Rondanini‹ (Mailand, Castello Sforzesco). Michelangelo starb 89-jährig 1564 in Rom. Auf seinen eigenen Wunsch hin ließ man den großen Künstler in der Florentiner Kirche Santa Croce bestatten.

Andrea Pisano (1290/95–1349?)

Der um 1290–95 in Pontedera als Sohn eines Pisaner Notars geborene Bildhauer, Goldschmied und Architekt war mit Nicola und Giovanni Pisano nicht verwandt. In seinen Reliefs des Baptisteriums (1330–36) und des Campanile in Florenz verband er das Blockhafte Giottos mit dem Schönheitsideal der französischen Gotik zu einem knappen Erzählstil, der für andere Florentiner Bildhauer des 14. Jh. vorbildlich wurde. Nach dem Tod Giottos (1337) führte er den Bau des Florentiner Campanile weiter. Mit seinem Sohn Nino leitete er um 1345 eine Werkstatt in Pisa. Nino Pisano folgte ihm 1349 im Amt des Dombaumeisters von Orvieto. Ob Andrea zu diesem Zeitpunkt bereits verstorben war, ist ungewiss.

Nicola und Giovanni Pisano (13. Jh.–Anf. 14. Jh.)

Der Begründer einer eigenständigen toscanischen Bildhauerschule, Nicola Pisano, stammt aus Apulien, wo er um 1225 geboren wurde und wahrscheinlich in jungen Jahren mit der Kunst am Hof Kaiser Friedrichs II. in Berührung kam. Seit spätestens 1258 wirkte er in Pisa, wo er 1260 die Kanzel des Baptisteriums vollendete. Bei seinem nächsten großen Auftrag, der 1266 begonnenen Kanzel im Dom von Siena, standen ihm als Gehilfen auch Arnolfo di Cambio und sein Sohn Giovanni zur Verfügung, die sich zu eigenständigen, bedeutenden Bildhauern entwickeln werden. Gestorben ist Nicola Pisano zwischen 1278 und 1284. Sein Sohn und Mitarbeiter, Giovanni, wurde um 1245–50 in Pisa geboren, er starb nach 1314 in Siena. Bereits in jungen Jahren (1265) begleitete er seinen Vater als Gehilfe nach Siena und folgte diesem auch 1278 nach Perugia. Nach dem Tod seines Vaters schuf er in Siena die erste Skulpturenfassade Italiens nach französischen Vorbildern. Es ist anzunehmen, dass er die Kathedralen von Paris und Reims aus eigener Anschauung kannte. Zu seinen Hauptwerken zählen die Kanzeln von Sant' Andrea in Pistoia (1298–1301) und im Dom von Pisa.

Jacopo della Quercia (1374–1437)

Um 1374 wurde dieser bedeutendste Bildhauer Sienas zur Zeit der Frührenaissance als Sohn des Goldschmieds und Bildhauers Piero d'Angelo geboren. Zu seinen bedeutendsten Aufträgen in der Toscana zählt das Grabmal der Ilaria del Carretto im Dom von Lucca (1403–08), die Fonte Gaia in Siena (1414–19), die ihm den Beinamen ›Jacopo delle Fontane‹ einbrachte, das Trenta-Grabmal in San Frediano in Lucca (begonnen 1416), die Verkündigungsgruppe in der Collegiata von San Gimignano (1421), das Bronzerelief und das Marmor-Ziborium für den Taufbrunnen in Siena (1428–30). Außerhalb der Toscana wirkte Jacopo in Ferrara (1406–08) und Bologna, wo er von 1425 bis zu seinem Tod 1437 die Reliefplatten von San Petronio schuf.

Jacopo gelang es, gotische Linienschönheit und Anmut mit einer kraftvollen, geradezu barock anmutenden Bewegung zu vereinen. So ist er das Bindeglied zwischen der gotischen Tradition in Siena und der Florentiner Frührenaissance eines Donatello. Hat man vor Augen, welche Bedeutung Nicola und Giovanni Pisano für die sienesische Bildhauerkunst beizumessen ist und bedenkt zudem, dass Michelangelo durch Jacopo wie auch Donatello entscheidende Anregungen fand, dürfte der Bogen nicht zu weit gespannt sein, in Jacopo della Quercia die Verbindung zwischen dem ersten Meister der toscanischen Skulptur, Nicola Pisano, und dem Bildhauer der Medici-Kapelle, Michelangelo, zu sehen.

Luca und Andrea della Robbia (15. Jh.–Anf. 16. Jh.)

Luca della Robbia wurde 1399 oder 1400 als Sohn eines Florentiner Wollhändlers geboren. Er scheint zunächst in das Geschäft seines Vaters eingetreten zu sein, denn 1427 schreibt er sich in der Zunft der Wollweber ein. Erst 1432 wird er in der Zunft der Steinmetze und Schreiner aufgenommen. Seine ersten Werke sind Marmorarbeiten: die Sängerkanzel für den Florentiner Dom (1431–38), fünf Reliefs für den Dom-Campanile. Anfang der 40er-Jahre begann er, die alte Technik der glasierten Terrakotta (Majolika, Fayence), die bisher nur für Keramik angewandt wurde, auf Bildwerke zu übertragen. Damit hatte er einen leicht modellierbaren, in sehr viel kürzerer Zeit herstellbaren Marmorersatz geschaffen, der sich zudem als witterungsbeständig erwies und in seinem Glanz und seiner Buntfarbigkeit sofort Gefallen fand. Die von Lucca bevorzugten Farben Blau und Weiß harmonisieren mit dem Gräulich-Blau der pietra serena und dem weißen Verputz der Frührenaissance-Räume. Nach seinem Tod 1482 führte sein Neffe **Andrea della Robbia** (1435–1525/28) die Werkstatt weiter und steigerte die Produktion in einem Maß, dass man fast überall in der Toscana, bis hin zu entlegenen Landkirchen, auf seine Madonnenreliefs, Tabernakel und Altaraufsätze trifft. Nach dem Tod Andreas ging das lukrative Betriebsgeheimnis an dessen Sohn Giovanni über.

Die Architektenfamilie da Sangallo (15./16. Jh.)

Die Florentiner Familie da Sangallo hat drei bedeutende Architekten hervorgebracht. **Giuliano** (1443/45–1516) stand noch deutlich unter dem Einfluss von Brunelleschi, verarbeitete aber auch seine Kenntnis von großzügig disponierten antiken Bauanlagen, die er als 20-Jähriger in Rom studiert hatte. Zu seinen Werken zählen in Florenz die Sakristei von Santo Spirito, die Palazzi Strozzi und Gondi, Santa Ma-

Giuliano da Sangallo

ria Maddalena dei Pazzi, die Villa di Poggio a Caiano und Santa Maria delle Carceri in Prato (als frei stehender Zentralbau Vorbild für zahlreiche Nachfolgebauten). Papst Julius II. rief ihn 1504 nach Rom, beauftragte jedoch nicht ihn, der noch immer der Florentiner Frührenaissance nachhing, sondern Bramante mit den großen Aufgaben (Peterskirche, Vatikanische Paläste). Giulianos Mitarbeiter war sein Bruder **Antonio d. Ä.** (1453/55–1534), der selbstständig in Colle di Val d' Elsa, Arezzo, Monte San Savino und vor allem in Montepulciano arbeitete, wo er seit 1518 mit seinen Palästen und dem Zentralbau von San Biagio das klassische Formenvokabular des Bramantekreises aufgriff und wirkungsvoll zur Geltung brachte. **Antonio d. J.** (1483–1546), Neffe Giulianos und Antonios d. Ä., zählte zu den Schülern Bramantes. Nach Raffaels Tod entwickelte er sich zum bedeutendsten Architekten Roms. Sein Hauptwerk ist der von Michelangelo vollendete Palazzo Farnese. Wie auch Giuliano und Antonio d. Ä. war er zugleich Festungsbauingenieur.

Francesco di Valdambrino (um 1380–1435)

Das Werk des um 1380 geborenen sienesischen Bildhauers wurde erst in jüngster Zeit wiederentdeckt. Erwähnt wird er zum ersten Mal im Jahr 1401, als er zusammen mit Ghiberti, Brunelleschi und Jacopo della Quercia am Wettbewerb für die zweite Florentiner Baptisteriumstüre teilnahm. Danach konzentrierte er sich fast ausschließlich auf Holzskulpturen. Er war befreundet mit Jacopo della Quercia, dem er auch als Mitarbeiter zur Verfügung stand. Wie dieser prägte ihn die Stilströmung der internationalen Gotik, seine Gestalten wirken ähnlich beseelt. Er unterscheidet sich jedoch durch eine weichere Modellierung und das Fehlen der Jacopo eigentümlichen barock-bewegten Gewandfülle. Dokumentarisch gesichert sind allein die Büsten der Heiligen Ansanus, Viktor und Crescentius (1408–09) im Dommuseum in Siena. Sie waren Ausgangspunkt für zahlreiche, nicht immer überzeugende Zuschreibungen im Gebiet von Siena und Lucca, wo er eine Zeitlang eine Werkstatt unterhielt. Zu den qualitätvollsten Werken, die ihm zugewiesen wurden, zählen die Verkündigungsgruppen in den Museen von Asciano und Montalcino. Das für ihn ebenfalls in Anspruch genommene singuläre Holzbildwerk des reitenden San Cassiano (oder Martin) in San Cassiano di Controne könnte eine Gemeinschaftsarbeit mit Jacopo della Quercia sein.

Leonardo da Vinci

Leonardo da Vinci (1452–1519)

Leonardo war zugleich Maler, Architekt und Plastiker, dazu Festungsbauingenieur und Naturforscher. Sehen war für ihn gleichzusetzen mit Erkennen. In seiner Vorstellung war der Maler zugleich Wissenschaftler, der mit seinem Auge die Natur durchdringt und seine Erkenntnisse zu vermitteln weiß. Geboren wurde Leonardo 1452 im kleinen Vinci auf dem Monte Albano als unehelicher Sohn des Florentiner Notars Ser Piero und einer Magd namens Caterina. Im Alter von 15 Jahren trat er in die renommierte Maler- und Bildhauerwerkstatt von Andrea Verrocchio ein. 20-jährig wurde er in der Zunft der Florentiner Lukasgilde aufgenommen, blieb jedoch weiterhin im Atelier Verrocchios. Seine unvergleichlichen malerischen und zeichnerischen Fähigkeiten (genaue Naturbeobachtung, differenzierte tonige Abstufung, bewegte und zugleich grazile Linienführung) erkennt man bereits in einigen Gemälden, die in der Werkstatt Verrocchios entstanden. Die ›Anbetung der Könige‹ der Uffizien hinterließ Leonardo unvollendet, als er 1482 nach Mailand abreiste, um in den Dienst des Herzogs Lodovico Sforza zu treten.

Blick auf Pienza ▷

Im Jahr 1500 kehrte Leonardo nach Florenz zurück. In der Folgezeit entstanden einige seiner berühmtesten Gemälde (u. a. ›Anna selbdritt‹, ›Mona Lisa‹, die verloren gegangene ›Anghiari-Schlacht‹ im Palazzo Vecchio). Ein zweiter Mailänder Aufenthalt folgte 1507–13, diesmal auf Einladung von Charles d' Amboise, des Statthalters des Königs von Frankreich. Von 1513–16 verweilte er in Rom und hoffte vergeblich auf einen Auftrag von Papst Leo X. Tief enttäuscht nahm er eine Einladung des französischen Königs François I. an und verbrachte seine letzten Lebensjahre in der Nähe der königlichen Sommerresidenz Amboise, wo er 1519 in Amboise verstarb.

Leonardos Geburtshaus in Vinci

Reiserouten durch die Toscana

Pisa und Umgebung

Pisa

Karte S. 98
Cityplan S. 62/63

Wer von Florenz oder Siena nach Pisa kommt, wird die ehemalige Hafenstadt als wenig toscanisch empfinden. Die Nähe des Meeres lässt den Domplatz in einem hellen, weichen Licht erscheinen, wie wir es vom Landesinnern her nicht kennen. Fremdartig wirken die reichverzierten, blendend weißen Marmorbauten: Als man 1063 mit dem Bau des Doms begann, zählte Pisa zu den führenden Seemächten des Mittelmeers. Die Stadt hatte zweimal die Sarazenen besiegt. Ihre Handelsbeziehungen reichten bis an die kleinasiatische Küste. Pisa war Sammelpunkt einer internationalen Völkerschaft.

Ausdruck dieser Weltoffenheit ist der Heilige Bezirk, die Piazza dei Miracoli. Die Kathedrale, die mit San Marco in Venedig zu den ersten Monumentalbauten des mittelalterlichen Italiens zählt, ist nicht allein aus europäischer Baukunst ableitbar. Ihre Vorbilder liegen – außer in frühchristlichen Basiliken – in der Architektur des Ostens: in byzantinischen Kreuzkuppel- und Emporenkirchen, islamischen Moscheen.

Pisas Orientierung zum Meer reicht bis in die Antike zurück, als die Stadt an einem großen, bis Livorno sich erstreckenden Lagunensee lag, der bereits den Etruskern von Volterra als Hafen diente. Kaiser Augustus ließ im Süden dieser Lagune einen wichtigen Flottenstützpunkt, den *pontus pisanus*, anlegen. Die Stadt selbst bildete sich als römische Militärkolonie. Sie lag im versumpften Mündungsgebiet der Ströme Arno und Serchio. Pisa (lat. Pisae) ist im Etruskischen das Wort für Mund: Hier mündete der Serchio in den Arno und der Arno in jenen Lagunensee, den Flussablagerungen allmählich versanden ließen. Seit der Völkerwanderungszeit fließt der Arno 11 km weiter westlich ins offene Meer, der Serchio besitzt eine eigene Mündung.

Nach dem Zerfall des Weströmischen Reichs gelangte die Stadt, in der der stellvertretende Langobardenherzog Sitz nahm, früh zu urbanem Leben. Als in den übrigen tyrrhenischen Küstenstädten Sarazeneneinfälle und Sumpffieber das Leben verkümmern ließen, bauten die Pisaner ihre Flotte auf, stellten Schiffe für Pilgerfahrten ins Heilige Land und für die Kreuzzüge. Sie vertrieben die Muselmanen aus Palermo (1063) und den Balearen-Inseln (1114), nahmen Sardinien (1065), Reggio di Calabria (1015), Karthago, Bona und die Liparischen Inseln (1030–1035) in Besitz, sie sicherten sich Handelsstützpunkte an der syrischen und kleinasiatischen Küste. Pisa war eine internationale Stadt, die – in den Augen eines Geistlichen, der zu Besuch hier weilte – »befleckt« war »von Heiden, Libyern, Türken, Parthern und finsteren Chaldäern…«

Als erste Bürger südlich des Apennin gelangten die Pisaner zur Autonomie: Sie stellten einen Zwölferrat auf und wählten selbst ihre Konsuln. Diese »Pisaner Gebräuche« bestätigt 1081 Kaiser Heinrich IV. Zur selben Zeit ließ die Stadt, die mit Amalfi, Genua und Venedig zu den vier mächtigen Seerepubliken der Apenninen-Halbinsel zählte, die »Gesetze und Gewohnheiten auf dem Meere« aufzeichnen.

Pisa ★★

Besonders sehenswert:
Piazza dei Miracoli,
Museo Nazionale,
Santa Maria della Spina,
Piazza dei Cavalieri

www.turismo.toscana.it

APT

Galleria Gerace 14
56125 Pisa
Tel. 050 92 97 77
www.pisaturismo.it
www.pisaunicaterra.it

Auskunftstellen der APT am Domplatz, Flughafen, Parkplatz der Via Pietrasantina, Lungarno Galilei/Ecke Piazza XX Settembre, Piazza Vittorio Emanuele II 16 und am Hauptbahnhof

Für Verwaltung und Informationen zu den Bauten und Museen der Piazza dei Miracoli ist die Opera della Primaziale Pisana zuständig (Öffnungszeiten und Eintrittspreise: www.opapisa.it).

◁ Pisa, Blick vom Schiefen Turm auf die Piazza dei Miracoli mit Dom, Baptisterium und Camposanto

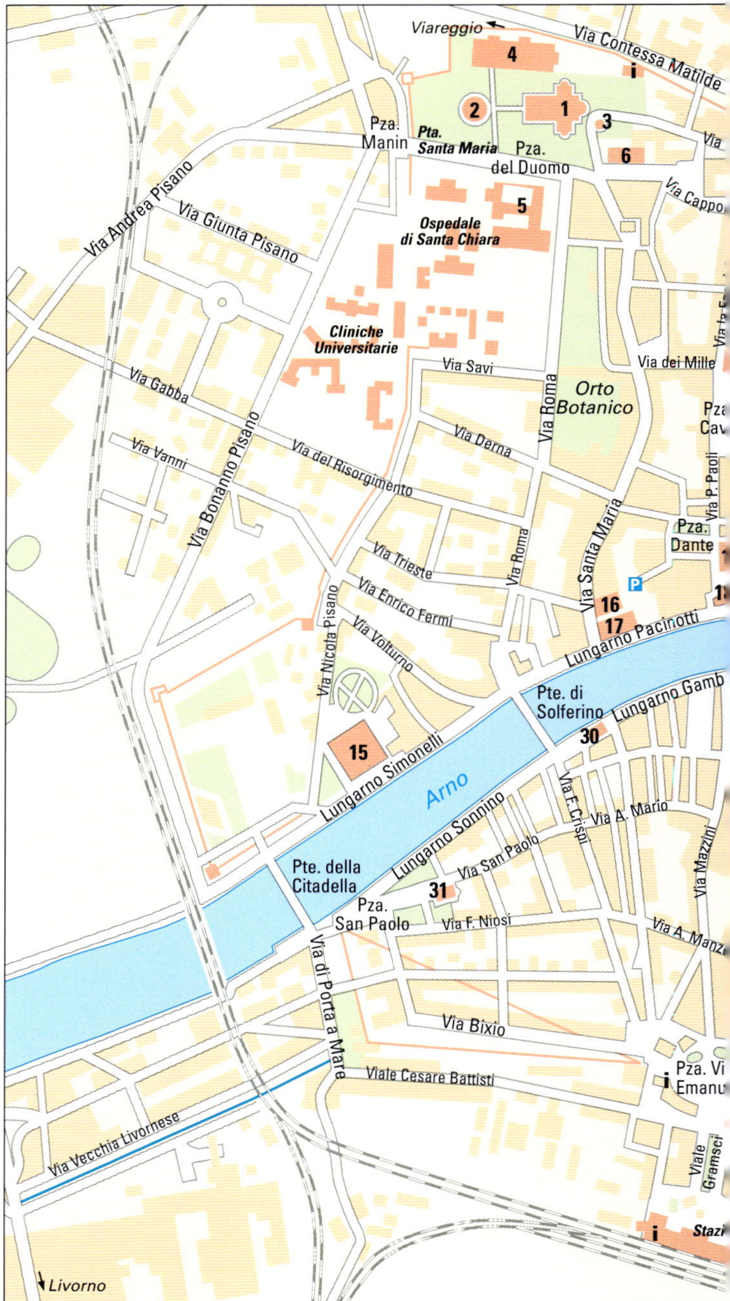
Viareggio
Via Contessa Matilde
4
i
2
1
3
Pza.
Manin
Pta.
Santa Maria
Pza.
del Duomo
6
Via Cappo
5
Ospedale
di Santa Chiara
Via Andrea Pisano
Via Giunta Pisano
Cliniche
Universitarie
Via Savi
Via dei Mille
Via Gabba
Orto
Botanico
Via Roma
Via Derna
Via Vanni
Via del Risorgimento
Via Bonanno Pisano
Via P. Paoli
Pza.
Dante
Via Trieste
Via Roma
Via Santa Maria
P
Via Enrico Fermi
16
17
Via Nicola Pisano
Via Volturno
Lungarno Pacinotti
Pte. di
Solferino
30
15
Lungarno Simonelli
Arno
Via F. Crispi
Via A. Mario
Lungarno Sonnino
Via Mazzini
Pte. della
Citadella
31
Via San Paolo
Pza.
San Paolo
Via F. Niosi
Via di Porta a Mare
Via Bixio
Viale Cesare Battisti
i
Via Vecchia Livornese
Viale
Gramsci
i
Livorno

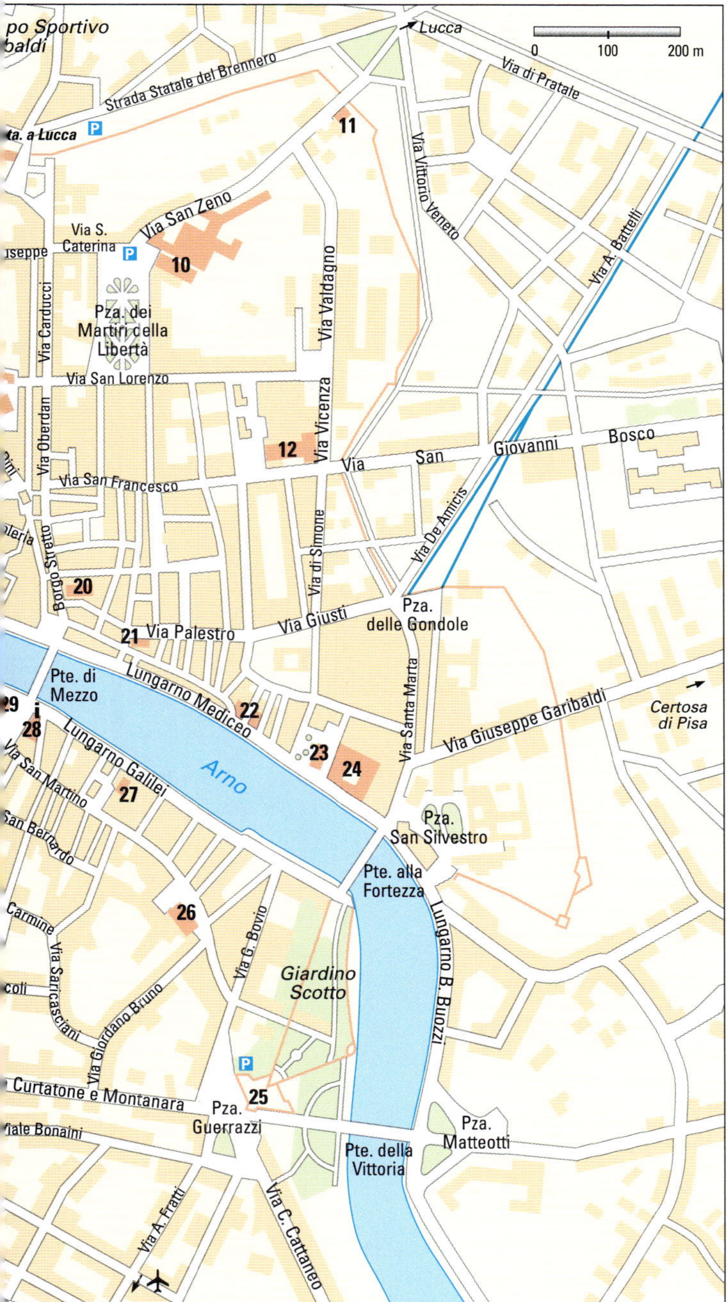

Pisa

1 Dom Santa Maria Assunta
2 Baptisterium
3 Campanile
4 Camposanto
5 Museo delle Sinopie
6 Museo dell' Opera del Duomo
7 Palazzo dei Cavalieri
8 Santo Stefano dei Cavalieri
9 Palazzo dell' Orologio
10 Santa Caterina
11 San Zeno
12 San Francesco
13 San Frediano
14 Università degli Studi
15 Arsenali Medicei
16 San Nicola
17 Palazzo Reale
18 Palazzo Lanfreducci
19 Palazzo Agostini
20 San Michele in Borgo
21 San Pietro in Vinculis
22 Palazzo Toscanelli
23 Palazzo dei Medici
24 Museo Nazionale
25 Fortezza Nuova
26 San Martino
27 San Sepolcro
28 Logge di Banchi
29 Palazzo Gamba-corti
30 Santa Maria della Spina
31 San Paolo a Ripa d'Arno

Antikes Schiffsdepot

Beim Ausheben einer Baugrube beim Bahnhof San Rossore (ca. 500 m westlich der Piazza dei Miracoli) fand man 1998 fünf außergewöhnlich gut erhaltene römische Schiffe. Inzwischen wurden 14 weitere ausgegraben. Alle wurden gleich wieder mit Sand bedeckt, um sie bis zur Konservierung vor dem Verfall zu schützen. Die Ausgrabungsleiter vermuten, dass es sich bei der Fundstelle um ein Schiffsdepot handelte, das nach Überflutungen allmählich versandete. Die Schiffe werden demnächst in den Arsenali Medicei zu sehen sein (s. S. 88). Am Ausgrabungsort selbst sieht man wenig, da die Schiffe entweder bedeckt sind oder in die Restaurationswerkstätten gelangten (www.cantiere navipisa.it, www.navi pisa.it).

In den Machtkämpfen zwischen Kaiser und Papst, zwischen Ghibellinen und Guelfen, nahm Pisa Partei für Kaiser und Ghibellinentum. Kaiser Friedrich Barbarossa hatte die Macht dieser Stadt gestärkt, indem er ihr ein weites Territorium von Portovenere bis Civitavecchia zuerkannte. Die natürlichen Rivalen zu Wasser und zu Land, Genua und Lucca, später auch die neue Großmacht Florenz, wurden Parteigänger der Guelfen. Pisa hatte mit diesen Städten immer wieder Kriege auszutragen. Ihre gefährlichste Rivalin wurde die aufsteigende Seemacht Genua.

Nach dem Untergang der Staufer hatte sich die politische Lage für die Ghibellinen-Städte verschlechtert. Genua gelang es 1284, die pisanische Flotte zu vernichten. Über 20 000 Pisaner fanden am 6. August in der Schlacht beim Felsriff Meloria (wenige Meilen vor Livorno) den Tod. Die Stadt konnte sich von diesem Verlust nie wieder ganz erholen. Pisa hörte auf, eine ›Weltmacht‹ zu sein. Nach der Niederlage wählte man den 80-jährigen Flottenadmiral, Ugolino della Gherardesca, zum Podestà. Dieser schloss, um bei den Verhandlungen mit Genua über das Schicksal der pisanischen Gefangenen eine günstigere Ausgangsbasis zu schaffen, Frieden mit den Guelfen-Städten Florenz und Lucca – ein Schritt, der von seinen Mitbürgern missverstanden wurde: Man bezichtigte Ugolino des Hochverrats und machte ihn nachträglich für die Niederlage bei Meloria verantwortlich. Mit seinen Kindern und Neffen hielt man ihn im Turm der Gualandi gefangen, wo er – wie Dante im ›Inferno‹ klagt – des Hungers starb.

Pisas bedeutende Epoche waren die zwei Jahrhunderte zwischen der Vertreibung der Sarazenen bei Palermo (1063) und der Niederlage bei Meloria (1284). In dieser Zeit, als Pisa die unbestrittene Beherrscherin des westlichen Mittelmeers war, wuchsen der Dom mit seinem Campanile, das Baptisterium und der Camposanto heran – ein Ensemble hochmittelalterlicher Architektur, dem auf italienischem Boden nichts Gleichrangiges zur Seite zu stellen ist.

Auch in Pisa war das 14. Jh. eine Zeit politischer Niederlagen und wirtschaftlicher Rückschritte. Die Republik verlor Korsika und Sardinien. Die kommunale Selbstverwaltung wurde durch die Herrschaft eines Einzelnen abgelöst: Signori von Pisa waren u. a. Uguccione della Faggiuola (1324–25) und Castruccio Castracani (1327/28), bis schließlich 1405 die Stadtherrschaft an die Visconti von Mailand gelangte, die sie – gegen Zahlung einer hohen Summe – an Florenz weitergaben. Um sich nicht von ihren Erbfeinden regieren zu lassen, verschlossen die Pisaner ihre Tore. Florenz ließ die Stadt aushungern und hielt am 9. Oktober 1406 Einzug. Wie in anderen Städten, in denen der marzocco, der Florentiner Löwe, errichtet wurde, verkümmerte die Kultur. Erst nachdem sich das Herzogtum Toscana konstituiert hatte, förderten die Mediceer die Stadt aufs großzügigste: Sie ließen den Flusslauf des Arno und Serchio regulieren, bauten Brücken und einen Verbindungskanal zum Hafen. 1563 stiftete Cosimo I. den Militärorden der ›Ritter von St. Stephan‹ und bestimmte das einstige politische Zentrum der Republik, die Gebäude um die Piazza dei Cavalieri zu ihrem Sitz. Durch den Ausbau von Livorno (seit 1577) verlor Pisas Hafen an Bedeutung, während die von Cosimo gegründete Universität sich zu einer führenden Italiens entwickelte.

In Pisa steht die Fülle hochrangiger Monumente im Gegensatz zur kurzen Verweildauer der Besucher. Ein ausführlicher Rundgang führt vom Domplatz über das Arno-Ufer hinaus und schließt die über das recht ausgedehnte Stadtgebiet verteilten romanischen Kirchen – San Zeno, San Sepolcro, San Paolo a Ripa d'Arno – sowie das bedeutende Museo Nazionale di San Matteo mit ein. Wer nur einen Tag zur Verfügung hat, wird sich auf den Dombezirk konzentrieren und – um einen Eindruck vom Stadtgefüge zu gewinnen – einen Spaziergang zur Piazza Cavalieri und an den Arno anschließen.

Dombaufinanzierung

Der Dombau konnte erst nach einem Sieg der Pisaner über die Sarazenen 1063 finanziert werden, daran erinnert die Inschrift an der Fassade: »Sechs große, mit Schätzen reich beladene Schiffe fielen in ihre Hände, mit dem Erlös ist dieser Bau errichtet worden.«

Dombezirk

Der Bau des Domes wurde im Jahr 1063 begonnen, unmittelbar nachdem die Pisaner bei Palermo die Sarazenen besiegt hatten. Ein Dom von solchen Ausmaßen entsteht nicht ohne einen Vorgängerbau. Bereits im 5. oder 6. Jh. existierte an dieser Stelle außerhalb des ummauerten Stadtbereichs ein erster, sehr viel kleinerer dreischiffiger Kirchenbau, von dem man kaum etwas weiß, denn es fand sich nur ein kleines Teilstück des Fundaments. (Die Apsis lag wahrscheinlich im hinteren Bereich des heutigen linken Seitenschiffs.) Fast vollständig erhalten blieben jedoch die Fundamente des dazugehörigen Baptisteriums im Bereich des heutigen Camposanto. Der Baugrund war von Anfang an problematisch: Der berühmte Campanile wurde schon

Besonders eindrucksvoll präsentiert sich der Pisaner Dom von der Ostseite. Noch aus der ersten, 1063 begonnen Bauphase stammt die Chorapsis mit ihren Arkaden, Blendbögen und den eingefügten Zierformen (auf der Spitze stehende Quadrate): Motive, die sich auch am übrigen Dombau und an dem ein Jahrhundert später begonnenen Campanile, dem ›Schiefen Turm‹, finden. Dieser ist nach langjährigen Stabilisierungsarbeiten seit 2002 wieder zugänglich, wenn auch nur für eine beschränkte Besucherzahl und bei hohen Eintrittspreisen

während der Bauphase zum ›Schiefen Turm‹, steht er doch auf jungem Schwemmland, wie alle Bauten der Stadt, die auch fast ohne Ausnahme leicht geneigt, die Domfassade um immerhin 45 cm.

In größeren zeitlichen Abständen fügte man dem Dom innerhalb der ›großen Epoche‹ das Baptisterium (1157), den Campanile (1173) und den Camposanto (der Friedhof, 1278) hinzu. Liegen auch zwischen Baubeginn von Dom und Camposanto mehr als zwei Jahrhunderte, so wirkt die Baugruppe dennoch homogen. Ihre einheitliche Wirkung erreicht sie zum einen durch das Baumaterial – weiße Marmorblöcke, die mit dem Schiff aus Carrara geholt wurden –, zum anderen durch das Dekorationssystem: Um alle vier Bauten reihen sich im Erdgeschoss Blendbögen auf Lisenen oder Halbsäulen, die in ihrer endlosen Folge an den Säulenkranz antiker Tempel erinnern. Dem Campanile, dem Baptisterium, der Fassade und der Apsis des Doms gemeinsam sind auch die Zwerchgalerien in den oberen Geschossen.

Der Domplatz ist im Gegensatz zu anderen Plätzen aus der Zeit der bürgerlichen Selbstverwaltung des 13. und 14. Jh. unterschiedlich gestaltet. Während den Campo in Siena dicht nebeneinander stehende Bauwerke rahmen, stehen in Pisa Dom, Campanile und Baptisterium – wenn auch auf einer Achse – in lockerer Beziehung zueinander auf der weiten Platzfläche. Bevor man im 19. Jh. die Verbindungswege zwischen den Sakralbauten anlegte, war die Beziehung der einzelnen Gebäude zueinander noch undeutlicher als heute. Begrenzt – aber nicht geschlossen – wird die Piazza von Bauten verschiedenen Charakters: von der Stadtmauer, dem Camposanto, den Gebäuden der Dombauhütte, einem ehemaligen Priesterseminar (Dommuseum) und den Hospitalgebäuden. Die nur noch streckenweise erhaltene Stadtmauer, die hier am Domplatz besonders gut in Erscheinung tritt, wurde in der zweite Hälfte des 12. Jh. errichtet und später mit regelmäßig zugehauenen, größeren Quadern erhöht.

Dom Santa Maria Assunta (1)

Dom Santa Maria Assunta

tgl. März 10–18, April–Sept. 10–20, Okt. 10–19, Nov.–Feb. 10–12.45 und 14–17 Uhr
So und feiertags wird der Dom erst um 13 Uhr geöffnet. Zugang bis 30 Min. vor Schließung

Den Pisaner Dom begann Baumeister Buscheto, der wahrscheinlich aus Byzanz kam, im Jahr 1063. Sein Nachfolger, Meister Rainaldo, verlängerte in der Zeit von 1100 bis 1130 das Langhaus um drei Joche zur Fassade hin, was u.a. am wechselnden Mauerwerk an der Südflanke zu erkennen ist. Rainaldo begann auch die neue Fassade, die dann jedoch Meister Guglielmo bis ca. 1160 vollendete. Guglielmo, der auch Bildhauer war, schuf mit seiner Werkstatt die ältere Bauskulptur des Doms sowie die erste Kanzel, die später nach Cagliari auf Sardinien gebracht wurde. Erst 1380 entstand schließlich die mit Wimpergen geschmückte gotische Zwerchgalerie am äußeren Kuppeltambour.

Um die ganze untere Zone des Außenbaus reihen sich Blendarkaden – Rundbögen auf Halbsäulen oder Lisenen – und Ziermotive wie das auf der Spitze stehende Quadrat mit Einlagen aus farbigem Marmor. Der Fassadenfront sind dann noch vier Zwerchgalerien vorge-

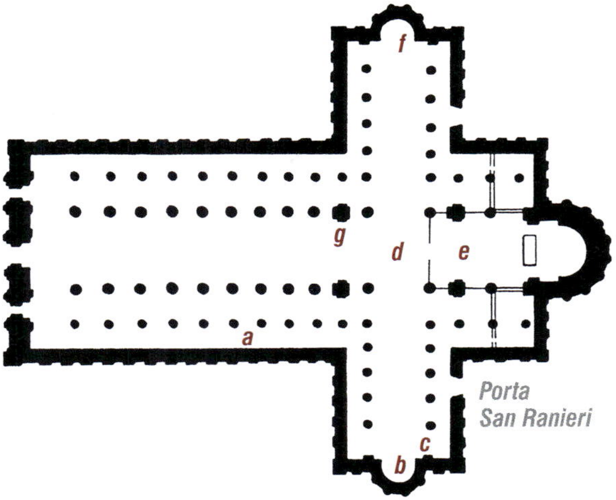

Pisa, Dom

a Madonna delle Grazie, Andrea del Sarto und Gianantonio Sogliani (1. Viertel 16. Jh.)
b Cappella di San Ranieri, Battista Lorenzi (1586)
c Grabmal Kaiser Heinrich VII., Tino di Camaino (um 1315)
d Fußboden in Kosmatenarbeit (13. Jh.); Bronzeleuchter, Battista Lorenzi
e Apsis und Hauptchorkapelle
f Cappella del Sacramento, Battista Lorenzi
g Kanzel von Giovanni Pisano (1302–11)

baut. Weil die Fassade in ihrem Aufriss die weitere Raumgestaltung des Außenbaus wiedergibt, spricht man hier von einer Querschnittsfassade, die allerdings bei Nachfolgebauten nur selten beibehalten wurde. Der Dom-Brand von 1596 vernichtete u. a. auch die alten Bronzeportale. Wenige Jahre danach ersetzte man sie durch Arbeiten von Raffaele Pagni, einem Schüler Giambolognas.

Der Pisaner Dom wurde gleichzeitig mit anderen kunsthistorisch bedeutenden Kirchen begonnen – mit dem Markusdom in Venedig, mit Sant' Abbondio in Como und dem Florentiner Baptisterium. Er ist der erste italienische Kirchenbau mit Vierungskuppel und ausladendem Querschiff. Einzigartig blieb in Italien die Ostanlage mit einem tiefen Chorraum, der wie ein eigener Kreuzarm wirkt. Baumeister Buscheto ging dabei nicht von einem einzigen Vorbild aus. Er holte sich Anregungen in frühchristlichen und byzantinischen Kirchen sowie in islamischen Moscheen. Liegen die Vorbilder für die Weite und Längenausdehnung des fünfschiffigen Langhauses im frühchristlichen Rom, so führen die Vorläufer der Emporen nach Thessaloniki und Konstantinopel (Hagia Sophia). Die Spitzbögen der Seitenschiffe verraten dagegen die Kenntnis islamischer Architektur (Damaskus und Kairouan), die sich auch in der Dekoration des Äußeren und in der orientalisch wirkenden Zweifarbigkeit der Steinlagen zeigt. Das romanische Dekorationssystem mit Blendbögen und Lisenen war hingegen in der Lombardei und in den Ländern nördlich der Alpen verbreitet; letztlich geht es auf Kirchen in Ravenna zurück. In Pisa wurde es mit Rhomben und Kreisformen (Oculi) bereichert. Dieses Dekorationssystem wurde – wie auch das Fassadenschema der Zwerchgalerien über vorgeblendeten Bögen auf Halbsäulen – zu einem charakteristischen Merkmal pisanischer und lucchesischer Romanik und findet sich in vereinfachter Form auch bei zahlreichen

Landkirchen in den Diözesen von Pisa, Lucca und Pistoia wieder. Selbst auf Sardinien, Korsika und in Apulien begegnet man diesem pisanischen Dekorationssystem, nicht jedoch im Landgebiet von Florenz oder Arezzo, wo eigene, strengere Formvorstellungen herrschen. Als Siena und Florenz im 13. Jh. ihre Dom-Neubauten errichteten, versuchten sie der Pisaner Kathedrale Gleichrangiges entgegenzusetzen. Beide Städte fühlten sich noch immer – bei grundverschiedenen künstlerischen Gestaltungsweisen – der Pisaner Kombination von basilikalem Langhaus mit überkuppeltem Zentralraum verpflichtet.

Die **Porta San Ranieri** am südlichen Querhaus war früher der Hauptzugang zum Dom. Aus konservatorischen Gründen zeigt man die Bronzetür des Bonanus (um 1180) im Museo dell' Opera del Duomo. Das Original wurde hier durch einen Nachguss ersetzt. Die bronzenen Türflügel gehören zu den herausragenden frühen Beispielen, bei denen die traditionellen flachen Bildfelder in Niellotechnik durch Reliefs ersetzt wurden. Dargestellt sind Szenen aus dem Leben Jesu und Mariens und in den unteren Feldern paarweise einander gegenübergestellte Propheten, die disputieren.

Wie in Italien üblich, sind die Felder gegossen und auf Holz montiert. Die Relieftechnik, bei der nur die Köpfe vollplastisch sind, ist die gleiche wie bei den Bronzetüren von Hildesheim und Verona. Für die Kompositionen der einzelnen Szenen kann man die Kenntnis von byzantinischen Elfenbeinarbeiten voraussetzen.

Das Dominnere beeindruckt zunächst durch seinen gewaltigen Raum: Man durchschreitet ein breit gelagertes fünfschiffiges Langhaus mit Säulenarkaden. Die über den Arkaden liegenden Emporen setzen mit ihrer üppigen Streifenmusterung kräftige Akzente und ziehen sich weiter durch die Vierung und das dreischiffige Querhaus bis hin zum Chor. Sie verbinden die verschiedenen Raumeinheiten, deren Zentrum die ovale Kuppel über der ausgeschiedenen Vierung bildet. Die 68 monolithenen Granitsäulen im Langhaus sind nicht, wie man früher glaubte, antiker Herkunft, sondern wurden von den Pisanern auf den nahe gelegenen Inseln Elba und Giglio geschlagen. Auch die Kapitelle wurden für den Bau neu gefertigt, sie sind allerdings einheitlich nach den Mustern antiker Kapitelle – nach korinthischem und kompositem Typus – geschlagen. Nach dem Brand von 1595 wurden einige erneuert oder in Gips ergänzt. Nur im Querschiff findet man noch antike Kapitellspolien. Die Kassettendecke im Langhaus stiftete Großherzog Ferdinando de' Medici (daher sein Wappen), nachdem derselbe Brand den ursprünglich offenen Dachstuhl des Mittelschiffs, der Seitenschiffe und Emporen zerstört hatte. Die Einwölbung der Seitenschiffe stammt aus derselben Zeit.

Das **Grabmal Kaiser Heinrichs VII. (c),** von Tino di Camaino um 1315 geschaffen, befindet sich im rechten Querschiff. Der Sarkophag mit der Liegefigur sowie die vorhanghaltenden Engel sind nur ein Teil des Grabmonuments, das seinen Platz ursprünglich in der Chorapsis hatte. Die dazugehörigen Statuen des sitzenden Kaisers und seiner Räte stehen im Dommuseum. Erst 1494 schmückte man es zusätzlich

Innenansicht des Pisaner Doms ▷

mit dem Fresko von Tommaso und Benedetto Ghirlandaio. Heinrich VII. war 1310 zu seiner Kaiserkrönung nach Rom gezogen mit dem Ziel, die italienischen Ländereien wieder seinem Reich einzuverleiben. In der kaisertreuen Stadt Pisa wurde er empfangen, und in Pisa sammelte sich auch das Heer, das gegen Robert von Neapel ziehen sollte. 1313 starb jedoch der junge Heinrich in Buonconvento an Malaria. Sein Leichnam wurde nach Pisa gebracht und hier im Dom beigesetzt. Von Dante, der Heinrichs Italienzug stürmisch begrüßt hatte, stammt die Inschrift. Sie besagt, der »hohe Heinrich« sei gekommen, um Italien zu erlösen, bevor das Land darauf vorbereitet war.

Das Mosaik der **Apsis (e)** zeigt Christus als Pantokrator (Herrscher des Alls) umgeben von Maria und Johannes dem Evangelisten. Das geöffnete Buch trägt die Worte: »Ego sum lux mundi« (Ich bin das Licht der Welt). Das bereits von zwei anderen Meistern begonnene Mosaik im byzantinisierenden Stil wurde 1302 von Cimabue vollendet, jedoch mehrfach durch Restaurierungen verändert. Cimabues Stil ist an der Figur des Johannes erkennbar. Man beachte die charakteristische Kopf-, Ohren- und Haarform.

Das Bronzekruzifix am Hochaltar gilt als ein Werk von Giambologna, von ihm stammen auch die bronzenen Leuchterengel, die auf der Balustrade des Altarraums (1602) hängen. In der Apsis befindet sich ein ein Gemälde von Beccafumi, Sodoma und Giovanni Antonio Sogliani aus der ersten Hälfte 16. Jh. Am rechten Pfeiler sieht man die ›Hl. Agnes‹, Gemälde von Andrea del Sarto. Die Körperhaltung zeigt den Einfluss Michelangelos, während das ausgeprägte Helldunkel auf Leonardo da Vinci zurückgeht. Am Pfeiler gegenüber: eine ›Muttergottes mit Kind‹ von Antonio Sogliani. Das Madonnenbild am Altar links von der Apsis wird Berlinghiero Berlinghieri zugeschrieben (erste Hälfte 13. Jh.).

Dort, wo sich linkes Querschiff und Längsschiff an der Vierung kreuzen, steht die **Kanzel (g)** von Giovanni Pisano (1302–11). Von den vier Kanzeln der Pisani ist diese die späteste und am reichsten ausgestaltete. Die Reliefs der Kanzel, die hier nicht mehr eckig ist, stellen das Heilsgeschehen dar: von der ›Verkündigung‹ bis zum ›Jüngsten Gericht‹. Dabei reihen sich oft zwei und mehr Szenen auf demselben Relieffeld aneinander. Das erste Bildfeld mit der ›Geburt Johannes des Täufers‹ wird verbunden mit der ›Verkündigung‹, der ›Begegnung zwischen Elisabeth und Maria‹ und der ›Namensgebung des Johannes‹. Es folgen ›Christi Geburt‹ (mit ›Verkündigung an die Hirten‹), ›Anbetung der Könige‹, ›Darstellung im Tempel‹ (mit ›Flucht nach Ägypten‹), ›Bethlehemitischer Kindermord‹, ›Passion Christi‹ (in verschiedenen Szenen). Die Darstellung des ›Jüngsten Gerichts‹ ist auf zwei Reliefs verteilt. Christus als Weltenrichter steht zwischen den Feldern mit den Seligen und Verdammten, zwischen den anderen Relieffeldern stehen Apostel. Dieses Heilsgeschehen des Neuen Testaments wird nun von Propheten (in den Zwickeln) und Sibyllen (über den Kapitellen), die die Ankunft Christi vorausgesagt haben, getragen.

Schwieriger gestaltet sich die Deutung des unteren Teils der Kanzel. Von den äußeren Säulen, die die Kanzel tragen, werden zwei von Löwen gestützt. Sie reißen ein Pferd bzw. eine Hirschkuh und können an dieser Stelle als Symbole des zu überwindenden Bösen verstanden werden. Vier der tragenden Stützen sind durch menschliche Figuren ersetzt, denen man auch eine – im übertragenen Sinn – stützende Funktion zuschreiben kann: Christus mit den vier Evangelisten am Sockel, Caritas, Herkules als Verkörperung der Kraft, aber auch der Tugend sowie der Erzengel Michael als Kämpfer für Gerechtigkeit und Tugend. Am Sockel der Caritas stehen die vier weltlichen Kardinaltugenden: die Gerechtigkeit, die Stärke, die einen Löwen bändigt, die Mäßigkeit in der Gestalt einer antiken Venus – vom Typ der ihre Scham bedeckenden Venus Pudica, die im Mittelalter zu den bekanntesten antiken Bildwerken zählte – und noch einmal die Caritas wiederum mit zwei Kindern an der Brust, die auch als Ecclesia gedeutet wurde. Die drei Gestalten an der mittleren Stütze sind wohl Personifikationen der drei geistlichen Kardinaltugenden Glaube, Hoffnung und Liebe. An ihrem Sockel erscheinen die sieben freien Künste (Grammatik, Rhetorik, Dialektik, Arithmetik, Geometrie, Astronomie und Musik).

Eine schlüssige Deutung bietet sich allerdings – wie so oft in mittelalterlichen Bildprogrammen – nicht an. Dass beispielsweise die Gestalt der Caritas zweimal erscheint, dass Christus als Stütze und zugleich als Erfüller auftritt, erscheint nicht konsequent. Das Programm lässt sich folgendermaßen zusammenfassen: Zur Erfüllung des Heilsgeschehens bedarf es der Gnade Christi, aber auch der tugendhaften Lebensführung, des Strebens und Forschens in den Artes liberales.

Die beiden Gestalten in zeitgenössischer Kleidung am Sockel Christi werden als ein Selbstbildnis Giovanni Pisanos und als ein Bildnis des Stifters Burgundio di Tado angesehen. Die Inschrift am Sockel nennt den Bildhauer Giovanni und weist auf die Bedeutung des Werks und die Schwierigkeit seiner Herstellung hin. Die Kanzel stand ursprünglich auf der rechten Seite am Beginn des Chors. Sie wurde 1559 abgebrochen und erst 1926 nicht ganz originalgetreu wiederaufgebaut. Dabei setzte man andere antike Säulen als die ursprünglichen ein, erneuerte einige der Figuren (zwei der Sibyllen, ein Prophet) bzw. bildete sie den in Berlin erhaltenen Originalen nach.

Baptisterium und Campanile

In Italien existiert neben dem Dom häufig eine selbstständige Taufkirche, gewöhnlich als runder oder oktogonaler Zentralbau mit einem Taufbecken, wie Beispiele der Toscana in Florenz, Pistoia und Volterra zeigen. Diese gesonderten Kirchen gab es seit der frühchristlichen Zeit, wobei damals nur die in der christlichen Lehre Unterwiesenen und Getauften die »Kirche der Eucharistie« betreten durften. Die Bauzeit des Pisaner **Baptisteriums (2)** betrug mit Unterbrechung über 200 Jahre. Deutlich lässt sich die romanische Struktur des

Baptisterium

Jan., Feb., Nov. und Dez. 9–16, März und Okt. bis 17.30 Uhr, April–Sept. 8–19.30 Uhr, 1. Jan. und 25. Dez. geschl.

Zugang bis 30 Min. vor Schließung

Das Baptisterium: Wie der Schnitt (unten) veranschaulicht, besitzt das Baptisterium keine Kuppel in üblicher Konstruktion. Der zentrale Rundraum hat eine eigene schachtartige Wölbung, die wie ein Kegel nach oben spitz zuläuft und ursprünglich nach oben hin geöffnet war. Erst am Ende des 14. Jh. wurde die Öffnung mit einer eigenen Kuppel geschlossen. Die im Außenbau erscheinende ›Kuppel‹ ist in Wirklichkeit nur eine Wölbung über den Emporen, die 1358 hinzugefügt wurde. Diese ›Kuppel‹ empfand man jedoch zu steil und ließ daher 1365 ihren Ansatz durch Aufmauerung der Außenwand verstecken

Untergeschosses von den gotischen Zierformen und den mit Krabben besetzten Rippen der Kuppel unterscheiden. Wie eine Inschrift auf dem Pfeilerpaar links und rechts des Eingangs besagt, begann Diotisalvi im Jahr 1153 den Bau, den er vermutlich bis ins zweite Geschoss ausführte. Er lehnte sich dabei in der Grundstruktur und in vielen Einzelheiten, wie Portal- und Fensterbildung oder Marmorstreifung, an die Gestaltung des Doms an. Sicher geht auch die Säulenloggia (Zwerchgalerie) auf diese erste Bauphase zurück. Die gotischen Wimperge hingegen mit ihrem figürlichen Schmuck und den Fialen wurden zu einer Zeit hinzugefügt, als bereits Nicola Pisano (1260) und Giovanni Pisano (1285–93) die Bauleitung übernommen hatten. Erst 1358 erhielt die Taufkirche ihre heutige Kuppel, ein Teil der Dachziegel wurde dabei durch helle Marmorsteine ersetzt. Die gotische, aus den Werkstätten von Nicola und Giovanni Pisano stammende Skulptur ist weitgehend entfernt und durch Kopien ersetzt, deren Originale im Dommuseum ausgestellt sind. Der 3,30 m große Johannes der Täufer auf der Spitze der Kuppel wurde vermutlich Ende des 15. Jh. aufgesetzt.

Links und rechts vom Hauptportal stehen antikisierende Säulen mit fein ausgeführten Akanthus-Ranken, in die kleine Frauengestalten eingefügt sind. Am linken Portalgewände befinden sich Darstellungen der Monate in jahreszeitlich bedingten Arbeiten. Da jedoch Oktober und November zusammengefasst wurden, zählt man nur 11 Felder. Das gegenüberliegende Gewände zeigt disputierende Apostel, König David, Christus in der Vorhölle und Christi Himmelfahrt. Am Architrav sieht man Christus inmitten von Maria, Johannes dem Täufer, Engeln und den vier Evangelisten. Darunter beleben Szenen aus dem Leben Johannes des Täufers das Bild. Im Lünettenfeld: eine Madonnenfigur Giovanni Pisanos (1295) sowie Johannes der Täufer, der der Madonna einen Stifter empfiehlt, und Johannes der Evangelist. Es handelt sich jeweils um Kopien, deren Originale im Dommuseum stehen.

Im Innern sondert ein Kranz von Säulen und Pfeilern in rhythmischer Alternation einen hohen Umgang ab, über dem sich gut belichtete Emporen erheben. Ein Transport von drei Granitsäulen aus Elba ist für das Jahr 1159 dokumentiert; zwei weitere Säulen kamen 1162 aus Sardinien. Für die Finanzierung der letzten Säulen beschlossen die Pisaner eine Sondersteuer: Jede der 34 000 Familien musste dafür eine Goldmünze zahlen.

Ein Werk ersten Ranges, ein Meilenstein in der Entwicklung der toscanischen Kunst, ist die Kanzel von Nicola Pisano, die er 1259/60 vollendete (Abb. S. 37). Sie lehnt nicht mehr wie die älteren Kanzeln – etwa im Dom zu Barga oder in San Bartolomeo in Pistoia – an der Wand oder an einem Pfeiler, sondern steht frei im Raum. Sie ist auch nicht mehr rechteckig, sondern sechseckig. Wie üblich stehen die Säulen auf Löwen, die das zu überwindende Böse symbolisieren. Neu ist jedoch, dass gotische Architekturformen mit einbezogen werden. So liegt der Kanzelkasten zum ersten Mal auf Bögen, und zwar auf Dreipassbögen, die – wie die Knospen der korinthischen Kapitelle – ihren Ursprung in der französischen Gotik haben. Die großen Re-

Relief über dem Portal des Baptisteriums

Das große oktogonale Taufbecken des Pisaner Baptisteriums stammt aus der Hand von Guido Bigarelli, einem Meister aus Como (laut Inschrift von 1246). Nach antiken Vorbildern schmücken es Marmorintarsien, Rosetten und kleine Köpfe. Guido Bigarelli setzte als einer der ersten Steinmetze des Mittelalters den laufenden Bohrer ein. Die Bronzestatue Johannes' des Täufers ist modern (1929)

liefs am Kanzelbecken zeigen Szenen aus dem Leben Jesu und das ›Jüngste Gericht‹. In den Zwickeln der Bögen sind Propheten und Evangelisten dargestellt. Diese tragen gemeinsam mit sechs Statuetten, von denen fünf Tugenden personifizieren und eine Johannes den Täufer darstellt, die Szenen des Neuen Testaments. Die Figur der ›Fortitudo‹ (Stärke) tritt in der Gestalt des Herkules auf. Nicola Pisano nahm sich hierbei einen griechisch-römischen Statuentypus im Kontrapost zum Vorbild. Vermutlich kannte er eine Herkules-Darstellung auf einem römischen Kapitell.

In den erzählenden Reliefs ist die Auseinandersetzung mit antiker Plastik zunächst weniger deutlich. Doch die rechteckige Form des Bildfelds, die dichte Füllung mit Figuren, die Relieftiefe und der Einsatz des laufenden Bohrers verweisen auf römische Sarkophage, die der Bildhauer auf dem Gräberfeld des Domplatzes (jetzt im Camposanto) täglich vor Augen hatte.

Das erste Bildfeld mit der ›Geburt Christi‹ bereichern drei weitere Szenen: die Verkündigung der Geburt an Maria, die apokryphe Szene der Waschung des Kindes und die Verkündigung der Geburt an die Hirten. In ihrer Haltung gleicht die lagernde Muttergottes den Verstorbenen auf etruskischen Sarkophagen. Ihr großer ausdrucksvoller Kopf erinnert aber auch an frühchristliche Elfenbeinarbeiten. Zwischen dem Engel und der Maria der Verkündigungsszene sieht man einen antikisierenden, giebelbekrönten Bau, der sein direktes

Vorbild im Stadttor des Phädra-Sarkophags im Camposanto (Abb. S. 74) hat. Das zweite Relief der ›Anbetung der Könige‹ beschränkt sich auf eine einzige Szene. Nur wenige ausdrucksstarke Figuren füllen das Bildfeld und bringen das Geschehen klar und entschieden zur Darstellung. Die sitzende Muttergottes dürfte ebenfalls ihr Vorbild in der Gestalt der sitzenden Phädra des erwähnten Sarkophags haben, die Nicola Pisano spiegelbildlich übernahm. Beim Relief der ›Anbetung der Könige‹ lässt sich besonders gut die neue Faltenbildung der Gewänder erkennen. Ihr Vorbild ist nicht in der Antike, sondern in der gotischen Skulptur Frankreichs zu suchen, wenn auch in diesem Relief die Gewänder eckiger fallen, die Falten kantiger und schärfer sind.

Das vierte Relief mit der ›Kreuzigung Christi‹ unterscheidet sich stilistisch von den anderen. Die in den ersten Reliefs ausgeprägte antikische Würde der Gestalten tritt zugunsten eines dem Thema angemessenen Leidensausdrucks, einer stärkeren Bewegtheit und einer – ebenfalls von gotischen Vorbildern ableitbaren – Drehung des Körpers Christi etwas zurück. Man ist versucht, in der Abfolge der Reliefs eine künstlerische Entwicklung zu sehen, die dann in den organischen und fließenden Körperformen des ›Jüngsten Gerichts‹ eine Stufe erreicht, die in der Kanzel von Siena weitergeführt wird.

Den **Campanile (3,** ›Schiefer Turm‹), wie in Italien üblich frei stehend, begann der Baumeister Bonanus – so Vasari – im Jahr 1173. Bonanus, der auch die ersten Bronzetüren des Doms schuf, wurde nach der Überlieferung in diesem Turm auch bestattet. Ein Fragment der Inschrift seines Sarkophags mauerte man später links vom Eingang in den Campanile ein. Bald nach Baubeginn begann sich der Turm zu neigen, sodass Bonanus nur bis zum dritten Geschoss gelangte. Erst ein Jahrhundert später, ab 1275, führte Giovanni di Simone die Arbeit weiter, indem er versuchte, die Neigung des Turms durch eine deutliche Krümmung in die Gegenrichtung aufzuhalten. Doch das Schwemmland, auf dem die Bauten errichtet worden waren, gab weiter nach. Der Turm, dessen Glockenstube erst in der zweiten Hälfte des 14. Jh. vollendet wurde, stand schließlich um mehr als 5 m über. Wie genaue Messungen ergaben, neigte er sich lange Zeit jährlich um 1 mm, 1991 verstärkte sich dann die Neigung auf 1,2 mm: Ein besorgniserregendes Ergebnis, das Anlass gab zu weiteren Untersuchungen und zahlreichen Vorschlägen, wie man eine weitere Neigung stoppen könnte, u. a. durch Stahltrossen, die man um den Turm legte, durch Anhängen von 700 t Bleigewichten, durch unterirdische Anker und Wasserentnahmen im Boden sowie Erdbewegungen. Nach den 2001 abgeschlossenen Arbeiten hat sich die Neigung auf 4,46 m reduziert. Dies entspricht etwa dem Zustand um 1800.

Die Blendbögen und Halbsäulen des Erdgeschosses, die gleichförmige Geschossbildung und die endlose Reihung der Säulenloggien gleichen sich den übrigen Gebäuden des Dombezirks an. Am Campanile dienen die Loggien indes auch der Stabilität: Sie entlasten die Außenwände, verbreitern die Standfläche und wiegen selbst relativ

Campanile (Schiefer Turm)

*www.opapisa.it
tgl. März 9–17.30, April–Sept. 9–20 (Mitte Juni–Mitte Aug 8–22.30), Okt. 9–19, Nov. und Feb. 10–17, Dez. und Jan. 10–16.30 Uhr
1. Jan. und 25. Dez. geschl.
Schließzeiten sind letzter Aufstieg.*

Galileo Galilei

Der Mathematiker an der Pisaner Universität machte am ›Schiefen Turm‹ seine spektakulären Experimente zur Fallbewegung. Mit seinem revolutionären Versuch, die Erscheinungen der Welt nicht theologisch oder philosphisch zu erklären, sondern naturwissenschaftlich, stieß er bald auf Widerstand und musste sich nach Padua begeben. Mit dem von ihm entwickelten Teleskop entdeckte er 1610 die Jupitertrabanten. Zurück in Pisa, konnte er im Auftrag des Großherzogs weiterforschen. Doch wurde er als Häretiker verurteilt und 1633 vom Heiligen Offizium unter Androhung der Folter gezwungen, den Satz zu widerrufen, die Erde bewege sich um die Sonne. Erst 1835 wurde er rehabilitiert.

Camposanto
www.opapisa.it
tgl. März 9–18, April–Sept. 8–20 (Mitte Juni–Mitte Aug 8–23), Okt. 9–19, Nov.–Feb. 10–17 Uhr; 1. Jan. und 25. Dez. geschl. Zugang bis 30 Min. vor Schließung

wenig. Zu den quadratischen Türmen Mittelitaliens mit ihrem massiven Mauerwerk oder den steil gehaltenen und spitz zulaufenden Türmen des Nordens bildet der Pisaner Campanile in seiner horizontalen Gliederung den denkbar größten Gegensatz. Der tausendfach reproduzierte Schiefe Turm, die *torre pendente,* wie ihn die Italiener nennen, in dem Galileo Galilei seine Fallgesetze erprobte, wurde für alle Welt zu einem Symbol italienischer Bauschönheit.

Camposanto (4)

Der Camposanto, der alte Friedhof der Pisaner, ist der zuletzt begonnene Monumentalbau am Domplatz – laut einer Inschrift 1278 unter der Leitung von Giovanni di Simone, der gleichzeitig den Schiefen Turm weiterführte und auch das Ospedale di Santa Chiara errichtete. Die jetzige Gestalt und Größe erhielt der Camposanto wahrscheinlich erst nach 1308. Bereits 1202 soll Erzbischof Ubaldo dei Lanfranchi, Anführer der pisanischen Flotten im Ersten Kreuzung, an dieser Stelle 53 Schiffsladungen mit heiliger Erde von Golgatha niedergelegt haben. In dieser heiligen Erde – so glaubte man – sollten Leichname innerhalb von 24 Stunden zum Skelett verwesen. Nach diesem heiligen Acker nannte man den Friedhof *camposanto d'oltremare* oder einfach nur *camposanto*. Da man die Juden der Stadt von dieser Erde nicht ausschließen konnte, ihren Friedhof aber nicht innerhalb der Stadtmauern dulden wollte, führte man die Stadtmauer so, dass sie links vom Camposanto ein Viereck ausscheidet, auf dem sich bis heute die Begräbnisstätte für die jüdische Gemeinde befindet.

Blick in den Innenhof des Camposanto

Der Camposanto wird von einer hohen Mauer umschlossen, deren Blendarkaden mit denen der übrigen Bauten des Domplatzes korrespondieren. Im **Tabernakel** über dem rechten Portal, dem eigentlichen Hauptportal, befindet sich eine Figurengruppe der Muttergottes mit Heiligen und dem Stifter Pietro Galamcorti aus der Mitte des 14. Jh. Der Friedhof misst 126 × 52 m und hat die Gestalt eines großen lang gestreckten Kreuzgangs. Mit seinen bedachten Umgängen und dem offenen Mittelteil erinnert er an antike Marktbasiliken. Im 14. Jh. wurden die Arkaden nachträglich mit dem reichen vierteiligen Maßwerk gefüllt. Die zahlreichen im Boden eingelassenen Grabplatten zeugen davon, dass der Camposanto den Pisaner Bürgern bis ins 18. Jh. – und dem Domklerus noch heute – als Begräbnisstätte diente. Auch die 84 römischen Sarkophage, die bis ins 14. Jh. noch zum Großteil um den Dom standen, wurden im Mittelalter für Bestattungen wiederverwendet. Viele dieser Sarkophage stammen aus dem 3. und 4. Jh., als in Rom Leichenbestattungen verbreitet waren. Ein entsprechendes Führungsblatt erhält der Besucher an der Kasse.

Seinen Ruhm verdankt der Friedhof den Fresken. Von 1330 bis 1470 wurden namhafte Künstler verpflichtet – von Buffalmaco bis Benozzo Gozzoli –, um die riesigen, 2000 m^2 umfassenden Wandflächen zu bemalen; es sollte der größte und wohl bedeutendste Freskenzyklus des Mittelalters werden. In der Zeit des wirtschaftlichen und politischen Abstiegs wollten die Pisaner noch einmal ein künstlerisches Denkmal realisieren, dem selbst Florenz oder Siena nichts Gleichrangiges an die Seite stellen konnten. Diese berühmte Freskenfolge war jahrhundertelang der Seeluft ausgesetzt, wurde dann im Zweiten Weltkrieg sehr schwer beschädigt und zum Großteil zerstört: Während der Kämpfe zwischen den Alliierten und den Deutschen entzündete am 27. Juli 1944 eine amerikanische Granate den Dachstuhl. Ein Löschen des Brands war nicht möglich, da es am Domplatz nicht ausreichend Wasser gab. Die Bleibedachung schmolz und setzte die Wände und Fresken tagelang großer Hitze aus. Die Restaurierungsarbeiten, die sich bis 1980 hinzogen, erwiesen sich als äußerst schwierig. Sämtliche Fresken wurden abgenommen und auf neuen Trägern, z. B. aus Eternit, befestigt. Nur einen Teil der Malereien brachte man wieder an seinem ursprünglichen Ort an, einige Fresken stehen noch immer in den Depots. Glücklicherweise ist der älteste und wohl bedeutendste Teil des Zyklus, der Triumph des Todes und die benachbarten Fresken, noch recht gut erkennbar. Als man die Fresken abnahm, traten rote Wandvorzeichnungen zu Tage. Für diese großformatigen Zeichnungen, die man Sinopien nennt, richtete die Dombauhütte ein gesondertes Museum, das Museo delle Sinopie ein (s. S. 81).

Der Pisa-Besucher hat mehrere Möglichkeiten, die ursprüngliche Freskenfolge neben den erhaltenen Originalen auch in alten Fotografien und Nachstichen kennen zu lernen: In einem Raum nördlich des Kreuzgangs, im Museo delle Sinopie und im Dommuseum. Zunächst hatten die Meister die Wände an der östlichen Schmalseite, rechts vom Eingang in die Begräbniskapelle auszumalen. Hier waren die ›Kreuzigung‹, die ›Auferstehung‹, der ›Ungläubige Thomas‹ und die ›Himmelfahrt Christi‹ dargestellt. An der südlichen Längswand folgten der ›Triumph des Todes‹, das ›Jüngste Gericht‹ und die ›Thebais‹. Diese ersten sieben Freskenbilder werden jetzt in einem Saal nördlich des Kreuzgangs gezeigt.

An der Westseite wurden Fresken des 16. Jh. freigelegt. Die riesigen Ketten, die einst den Hafen Pisas schützten, nahmen die Genuesen nach der Schlacht von Meloria als Kriegsbeute mit und erstatteten sie erst bei der Vereinigung Italiens 1860 zurück.

Die Fragmente des **Grabmals für die Grafen Bonifazio** (gest. 1313) und Gherardo della Gherardesca (gest. 1321) stammen aus der Kirche San Francesco. Das Monument erinnert in seinem Aufbau an das Grabmal Heinrichs VII. Im nördlichen Umgang steht der berühmte Phädra-Sarkophag aus der Zeit um 200 n. Chr. Dargestellt ist der Mythos von Hippolyt und Phädra. Auf der Vorderseite thront links Phädra, umgeben von Dienerinnen und Eroten, die zu ihrem sich abwendenden Stiefsohn blickt, dem eine Dienerin ihren Liebesbrief reicht. Rechts jagt Hippolyt den Eber, vor dem sein Pferd scheuen und ihn zu Tode schleifen wird. Auf römischen Sarkophagen war der Hippolyt-Mythos ein beliebtes Thema, denn der vom Tod Wiedererweckte galt ähnlich wie Osiris als ein Symbol für die Erneuerung des Lebens. In diesem Sarkophag wurde 1076 Beatrix von Canossa, die Mutter der Markgräfin Mathilde bestattet, woran die Inschrift von 1576 erinnert.

Im **Freskensaal** des Camposanto zählt das große Fresko des **›Triumph des Todes‹** an der Hauptwand links vom Eingang zu den bedeutendsten Werken der Monumentalmalerei des 14. Jh. Über Namen und Herkunft des Malers sowie über die Datierung gibt es zahlreiche Hypothesen. Die neuere Forschung nimmt als Entstehungszeit nicht mehr die Jahre nach der großen Pest von 1348 an, sondern datiert sie um 1340–45 und schlägt als Maler Bonamico Buffalmaco vor.

Auf dem Phädra-Sarkophag ist der Mythos von Hippolyt und Phädra dargestellt: Hippolyt, Sohn des Theseus, wurde von seiner Stiefmutter Phädra begehrt. Doch er weist ihr Werben zurück. Phädra tötet sich selbst. Der erboste Theseus bittet Poseidon, seinen Sohn umzubringen. Ein Eber bringt Hippolyt den Tod, aber Asklepios erweckt den Jüngling wieder zum Leben

Detail aus dem Fresko ›Triumph des Todes‹: Eine königliche Jagdgesellschaft begegnet in drei offenen Särgen dem Tod

Der Tod erscheint rechts der Bildmitte in Gestalt einer blonden, langhaarigen Frau mit Teufelsflügeln. Unter ihm die Opfer aus allen geistlichen und weltlichen Ständen. Engel und Teufel ringen um ihre Seelen. Links Bettler, Krüppel und Kranke, die den Tod als »Medizin gegen alle Schmerzen« um »ein letztes Brot bitten«, so die Inschrift. Doch wendet sich der Tod mit seiner weit ausholenden Sense nicht ihnen zu, sondern der vornehmen Jugend. Er überrascht sie bei geselligem Zusammensein, bei Musik und Liebeswerben. Links begegnet eine ausreitende königliche Jagdgesellschaft drei Toten in offenen Särgen. Das Thema ist einer französischen Novelle entnommen. Der Mönch Macarius weist auf die Vergänglichkeit des Lebens hin. »Quod fuimus, estis, quod sumus, eritis« (Was ihr seid, das waren wir, was wir sind, das werdet ihr sein) lautet die Inschrift auf seinem Spruchband.

Als Anachoret strebt er nach Buße und macht damit seine Ablehnung von Jagdvergnügen und geselligem Beisammensein deutlich. Im Gegensatz zur Jugend und den Vornehmen ist er als Eremit auf den Tod vorbereitet. Seiner Gestalt liegt eine hagiografische Textsammlung zugrunde, die ›Vitae Patrum‹, die von dem Pisaner Dominikanerpater Domenico Cavalca in die Vulgärsprache übersetzt worden war.

Diese ›Lebensgeschichten der heiligen Väter‹ dienten auch als literarische Vorlage für das große Fresko an der gegenüberliegenden Wand. Die Geschichten erzählen von Eremiten und Mönchen, die sich in die Einsamkeit zurückgezogen hatten, um Askese und ein gottgewolltes Leben zu führen. Man nennt diese Art von Darstellung Thebais, nach der thebaischen Wüste in Ägypten, in die sich christliche Eremiten vom weltlichen Geschehen zurückzogen, um ein Leben in Buße und Kontemplation zu führen.

Die obere Reihe zeigt die ›Väter der Mönchsbewegung‹, die als Überwinder des Teufels auftreten. Von links: Eremit Paulus, der Antonius Abbas begegnet – Er wird von diesem bestattet – Ein anderer Eremit vertreibt einen Teufel – Teufel verprügeln den Hl. Antonius – Antonius hat eine Vision Christi – Ein Eremit schnitzt einen Löffel – Antonius vertreibt die Teufel – Hilarion bändigt den Drachen durch das Kreuzzeichen – Ein lesender Eremit.

Die zweite Reihe zeigt ›Drei große Büßer‹. Maria Aegyptiaca empfängt die Hostie von Abt Zosimas – Ein Teufel versucht einen Reklusen aus der Zelle zu locken – Macarius Romanus im Gebet zwischen seinen beiden Löwen – Junger Eremit wird in der Gestalt einer verirrten Frau verführt – Lesender und schlafender Mönch – Macarius von Alexandria befragt den Schädel eines Heiden nach den Höllenstrafen – Eremit flechtet einen Korb, ein anderer trägt einen Krug – Onuphrius erzählt Paphnutius sein Leben – Eremit in einem Baum lesend (Ergänzung von Antonio Veneziano) – Die Hütte des Onuphrius stürzt ein, die Palme fällt um – Paphnutius bestattet Onuphrius.

Die untere Reihe bezieht sich offenbar auf die ›Vielfältigen Gefahren des weltlichen Lebens‹. Kameltreiber auf dem Weg in die Stadt – Fischer, Holzfäller und lesender Eremit – Die Hl.Marina, als Mönch verkleidet, mit dem Kind vor dem Kloster, aus dem sie verstoßen wurde, da sie der Vaterschaft an einem unehelichen Kind beschuldigt wurde – Auf einem Maultier reitender Eremit – Angler – Macarius von Alexandria spricht mit dem Teufel, der den Brüdern Flaschen voller Laster bringt – Der Teufel versucht den Reklusen Nathanael durch die Bitte, ihm beim Aufrichten des gestürzten Esels zu helfen – Mönche vor dem Kloster: vom Holzfällen ausruhend, einen Löffel schnitzend, einen Korb flechtend, vom Almosensammeln zurückkehrend (Ergänzung durch Andrea Veneziano) – Eine Frau versucht Eremiten; dieser verbrennt sich die Finger, um der Versuchung zu widerstehen; die Verführerin erliegt einem Schock und wird bekehrt. (Zitate und Deutung nach Eva Frojmovîc)

Einer dieser vorbildlichen Wüstenväter, der Mönch Macarius, begegnete dem Betrachter bereits im ›Triumph des Todes‹. Von diesem Fresko wird der Betrachter sodann zum ›Weltgericht‹ geführt, wo ihm veranschaulicht wird, wie die vom Tod Dahingerafften und nunmehr Auferstandenen ihrer Lebensweise entsprechend in Selige und Verdammte ausgesondert werden und dem ›Paradies‹ oder der ›Hölle‹ (mit den Höllenkreisen in der Interpretation Dantes) zugewiesen werden. Unter den Verdammten finden sich als ›prominente‹ Sünder u. a. Kaiser Julian Apostata (der den heidnischen Götterkult erneuern wollte), Nebukadnezar und der Hunnenführer Attila. Zur Rechten Christi erscheint als Fürsprecherin Maria, auch sie in einer Aureole. Als Beisitzer fungieren die Apostel.

Von der Hand desselben Meisters, der den Freskenzyklus der Thebais ausführte, stammen auch die ›Auferstehung Christi‹, der ›Ungläubige Thomas‹ und die ›Himmelfahrt Christi‹. Diese Fresken, die man früher Orcagna oder Francesco Traini zuschrieb, weist man inzwischen Bonamico Buffalmaco zu, einem Maler, den schon Boccaccio im Decamerone erwähnte, den Vasari zum Schöpfer der ›Himmelfahrt‹ erklärte, von dem aber kein dokumentarisch gesichertes Werk existiert. Die groß angelegte ›Kreuzigung‹ (um 1330–35) hingegen weist stilistisch auf eine Persönlichkeit hin, wahrscheinlich Francesco Traini.

Im Raum nebenan dokumentieren Fotografien das Gesamtprogramm der Camposanto-Fresken und ihren Zustand vor der Zerstörung. Nach den bereits betrachteten Fresken um den ›Triumph des Todes‹ etc. folgen an der südlichen Längswand des Camposanto sechs Fresken mit der Lebensgeschichte des Hl. Ranieri, des Stadtpatrons von Pisa. Andrea Bonaiuti, auch Andrea da Firenze genannt, begann sie 1375, Antonio Veneziano führte sie weiter. Hieran schließen sich Szenen aus dem Leben der Hl. Ephysius und Potitius, ausgeführt von Spinello Aretino, und die Geschichten Hiobs von Taddeo Gaddi an. Es folgten eine theologische Kosmologie und ein ausführlicher Zyklus mit Szenen des Alten Testaments. Die ersten fünf Felder (von Adam und Eva bis zur Sintflut) und die Marienkrönung sind das Werk des Piero di Pucci (1389–91). Benozzo Gozzoli setzte diese Szenen mit Noahs Weinernte und Trunkenheit sowie dem Turmbau zu Babel fort.

Museo delle Sinopie (5)

Das Museo delle Sinopie wurde 1979 in einem Trakt des Ospedale di Santa Chiara (Ospedale di Misericordia) eröffnet. In dem Gebäude, das auf das 13. Jh. zurückgeht, zeigt man die Wandvorzeichnungen (Sinopien), die unter den abgenommenen Fresken im Camposanto zum Vorschein kamen. Den Sinopien stellte man jeweils Fotografien der zugehörigen Fresken gegenüber, sodass der Besucher die Möglichkeit hat, nachzuvollziehen, wie im Trecento und in der Frührenaissance Fresken entstanden sind. Bei einem Vergleich zwischen Sinopie und Fresko zeigt sich häufig, dass einige Gestalten im Entwurf unkonventioneller, oft auch lebensnaher oder vitaler sind als im ausgeführten Werk, wo sich nicht selten das zeitgemäße Stilideal durchsetzt. Als Beispiel seien einige Edelleute, aber auch der Mönch Macarius im ›Triumph des Todes‹ genannt. Im 15. Jh., als Gozzoli im Camposanto arbeitete, verloren die Sinopien oft an Spontaneität, da ihnen jetzt häufig Entwürfe und Studien auf Papier oder Karton vorangingen. Man beginnt die Besichtigung am besten mit den ältesten Sinopien (Triumph des Todes, Thebais etc.) auf der Galerie.

Museo delle Sinopie

Museo dell' Opera del Duomo

www.opapisa.it
März 8.30–17.30, April–Sept. 8–19.30, Okt. 8.30–19, Nov. und Feb. 9–17, Dez. und Jan. 9.30–16.30 Uhr; 1. Jan. und 25. Dez. geschl. Zugang bis 30 Min. vor Schließung

Museo dell' Opera del Duomo (6)

Das erst 1986 gegründete Dommuseum sollte die alten Bestände der Dombauhütte, den Kirchenschatz und die aus konservatorischen Gründen abgenommene Bauskulptur von Dom und Baptisterium präsentieren. Zu den Werken ersten Ranges zählen Skulpturen von Giovanni Pisano und Tino di Camaino. Das Gebäude war vom 13. bis

Giovanni Pisanos Elfenbein-Madonna im Saal 10 des Museo dell' Opera del Duomo

17. Jh. Sitz der Domkanoniker gewesen, dann aber erwarb es 1979 die Dombauhütte.

In **Saal 3** findet der Besucher Bauskulpturen des 12. Jh. von Dom, Campanile und von einer Schranke des Baptisteriums. Während die frühe Bauskulptur des 11. Jh. aus der Zeit Buschetos stärker an antiken Formen orientiert war, zeigt sich im 12. Jh. der Einfluss des islamischen Kulturkreises u. a. in der Polychromie der Marmorintarsien, z. B. in den Platten der Schranken um den alten Hauptaltar. Erst unter Baumeister Guglielmo macht sich eine Vorliebe für figürlichen Kapitellschmuck bemerkbar, wie mehrere Arbeiten der Fassadenloggia zeigen. Zu dieser Zeit stand Pisa bereits im künstlerischen Austausch mit der Provence: So erinnert der ›David mit der Laute‹ an Skulpturen von Saint-Trophime in Arles.

Der Bronze-Greif ist eine arabisch-fatamidische Arbeit des 11. oder 12. Jh. Er gehört mit dem arabischen Bronzebecken und einem Korbkapitell zu den Schätzen, die die Pisaner von den Kämpfen gegen die Sarazenen nach Hause brachten. Jahrhundertelang stand diese Trophäe auf dem Dom und wurde erst in jüngster Zeit durch eine Kopie ersetzt.

Das große Holzbildwerk mit Christus am Kreuz, eventuell ein burgundisches Werk des 12. Jh., ist kein eigentliches Kruzifix, wie man früher annahm, sondern Teil einer Kreuzabnahme, deren Assistenzfiguren verloren gingen. Eine ausgeprägte Vorliebe für parallel verlaufende Linien zeigt sich nicht nur bei Haaren und Lendentuch, sondern selbst die Sehnen der Unterschenkel und Füße wirken wie ›gekämmt‹. Im Gegensatz zu dem mächtigen Körper wirkt das zur Seite geneigte, bekrönte Haupt auffallend klein.

In **Saal 6,** einem tonnengewölbten Raum mit einer Wanddekoration des 13. Jh. sieht man Figuren vom Baptisterium von Nicola Pisano (ca. 1270–84). In einigen Gestalten, so in der sogenannten ›Tänzerin‹ (Salome), kann man den Stil Giovannis erkennen. In **Saal 7** befinden sich Werke von Giovanni Pisano, darunter die sogenannte ›Heinrichs-Madonna‹ mit der dazugehörenden Personifikation der Stadt Pisa. Sie entstand wahrscheinlich bald nach der Krönung Kaiser Heinrichs VII., dessen Figur verloren ging, und stammt von der Porta San Ranieri. Den Kopf Mariens zerstörte ein Blitzschlag. Die Pisa-Personifikation könnte von Tino di Camaino ausgeführt worden sein. Von der Lünette des Hauptportals des Baptisteriums stammt die Gruppe der Madonna mit Kind und den beiden Johannesfiguren. Man bemerkt die Ähnlichkeit zu den Skulpturen der Domkanzel. Am Westportal des südlichen Querarms stand die sogenannte ›Madonna del Colloquio‹, eine Halbfigur, die ihren Namen durch die Zwiesprache mit ihrem Kind erhielt.

Der Weg führt den Besucher nun in **Saal 8,** wo ihn Werke von Tino di Camaino, des großen sienesischen Bildhauers des Trecento erwarten. Camaino zählte wahrscheinlich zu den Mitarbeitern Giovanni Pisanos an der Kanzel im Pisaner Dom 1302–10. Tino di Camaino führte 1305/06 das marmorne Altar-Grabmal für den Stadtpatron Ranieri aus (der Fensterwand gegenüber). Sein bedeutendster Auftrag aber war das Grabmonument für Kaiser Heinrich VII. im Dom (1313–15). Dazu gehörten die hier gezeigte Gruppe Heinrichs VII. und seiner Ratgeber, aber auch die Verkündigungsgruppe, zwei Diakone und das Fragment einer gedrehten Säule. Tinos Werk zeichnet sich hier besonders durch eine kompakte Blockhaftigkeit aus, aber auch durch weiche und großflächige Übergänge.

Saal 10 beherbergt die wertvollste Abteilung mit dem Domschatz, u. a. das Pluviale Gelasius' II. (der 1118 den Pisaner Dom einweihte) mit Stickereien des 14. Jh. Vom sogenannten Domgürtel blieb ein kleines Stück Stoff mit vier Plaketten des 12. und 13. Jh. erhalten. Es ist der Rest einer langen Damastschärpe, die im Mittelalter am Fest Mariae Himmelfahrt um den Dom gelegt wurde. Der Raum zeigt weiterhin zwei Hauptwerke von Giovanni Pisano. Das Astgabelkruzifix gehört zu den qualitätvollsten Holzbildwerken Giovanni Pisanos (mit originaler Fassung).

Das Astgabelkruzifix von Giovanni Pisano befindet sich ebenfalls in Saal 10

Eine Seltenheit sind die beiden Exultet-Rollen in **Saal 16.** Sie wurden am Karsamstag vom Ambo aus abgerollt, wobei der Priester den Text vorlas und erläuterte, während die Laien die Bilder sahen. Daher steht die Malerei gegenüber der Schrift auf dem Kopf. Die größere Exultet-Rolle stammt aus dem 14. Jh., die kleinere aus dem 12. Jh. (eventuell aus Apulien).

Von der Piazza dei Cavalieri zum Museo Nazionale

Der Weg zur Piazza dei Cavalieri führt am Haus Galileo Galileis vorbei, dem **Domus Galilaeana** (Via Santa Maria 26), in dem Dokumente und Erinnerungsstücke des berühmten Gelehrten gezeigt werden, und an der 1073 erbauten romanischen Kirche **San Sisto** (an der Piazza Buonamici) mit offenem bemaltem Dachstuhl und wiederverwendeten antiken Säulenschäften und Kapitellen. An den Wänden Fahnen der Republik Pisa und der historischen Stadtviertel.

Piazza dei Cavalieri

Die Piazza dei Cavalieri, umschlossen von Gebäuden des 16. Jh., war im Mittelalter das politische Zentrum der Republik. Hier standen der Kommunalpalast und andere öffentliche Gebäude. Zur Zeit der Römer lag hier wahrscheinlich das Forum. Seine heutige Gestalt jedoch bestimmte Großherzog Cosimo I., der die Gebäude dieses Platzes zum Sitz des von ihm gestifteten Ordens der ›Ritter von St. Stephan‹ erklärte. Die ursprüngliche Piazza delle sette vie benannte man daraufhin in Piazza dei Cavalieri um. Die Hauptaufgabe der Stephansritter bestand darin, das Mittelmeer insbesondere vor den nordafrikanischen Seeräubern zu sichern. Großmeister dieses Militärordens war jeweils der toscanische Großherzog.

Palazzo dei Cavalieri mit dem Denkmal Großherzog Cosimos I.

Cosimo I. bestimmte zunächst den ehemaligen Kommunalpalast, den Palazzo degli Anziani (Palast der Ältesten), als repräsentativen Sitz des Ordens (1563), ließ ihn in **Palazzo dei Cavalieri (7)** umbenennen und beauftragte Vasari mit der Umgestaltung. Vasari war es dann auch, der die Sgrafitti-Malereien entwarf, die jedoch 1902–07 nach alten Zeichnungen vollständig erneuert werden mussten. In den Nischen stehen Büsten der sechs toscanischen Großherzöge von Cosimo I. bis Cosimo III. Die Freitreppe fügte man im 19. Jh. hinzu. An der rechten Seitenwand ist noch die mittelalterliche Wandstruktur sichtbar. Napoleon Bonaparte hob später den Ritterorden auf und bestimmte das Gebäude zu der von ihm gegründeten Scuola Normale Superiore, einer nach französischem Vorbild bis heute bestehenden Graduiertenuniversität. Vor dem Palast steht ein Denkmal Großherzog Cosimo I. von Pietro Francavilla (1596).

Die sich rechts anschließende Kirche **Santo Stefano dei Cavalieri (8)** war die Ordenskirche der Stephansritter. Vasari ließ sie 1565–69 als Ersatz für die alte Kirche San Sebastiano erbauen. Ein Mitglied des großherzoglichen Hauses, Giovanni de' Medici, entwarf die Mar morfassade, die 1594–1606 ausgeführt wurde. Die seitlichen Anbauten des 17. Jh. dienten zunächst als Umkleideraum für die Ordensmitglieder und wurden später in Seitenschiffe verwandelt. Im Innern besticht die prunkvolle holzgeschnitzte Decke (1605). Die eingelassenen Gemälde von Alessandro Allori, Cigoli u. a. schildern Ereignisse aus der Geschichte des Ordens. An den Wänden finden sich zahlreiche Siegestrophäen und Erinnerungsstücke an die Seeschlacht von Lepanto (türkische Fahnen), Holzschnitzwerk und Laternen von Galeeren des Stephansordens. Den Hochaltar erbaute man im Auftrag von Großherzog Cosimo III. Für die pietra dura-Arbeiten wurde auch der äußerst schwer zu bearbeitende Porphyr verwendet. Da allerdings die Porphyrbrüche seit der Spätantike erschöpft waren, verarbeitete man eine Porphyrsäule des Doms.

Ein weiteres für den Orden der Stephansritter bestimmtes Gebäude war der **Palazzo dell'Orologio (9)**, den Giorgio Vasari im Jahre 1607 errichtete. Er bezog dabei die Reste von zwei durch eine Straße getrennten mittelalterlichen Turmhäusern mit ein und verband diese durch ein Gewölbe: links die Torre delle sette Vie (der Sieben Wege), das ehemalige Gefängnis der Republik, mit freigelegten mittelalterlichen Wandteilen und rekonstruiertem viergeteilten Fenster; rechts der Turm der Gualandi, in dem Pisa Adler als lebendige Wappentiere hielt und daher auch Torre della Muda (der Mauser) genannt wird. In diesem Turm wurde einer der Anführer der pisanischen Flotte bei der Seeschlacht von Meloria, Graf Ugolino della Gherardesca, zusammen mit seinen Söhnen und Neffen dem Hungertod ausgesetzt. Angeblich hatte der Graf sich der Stadtherrschaft bemächtigen wollen, was jedoch nicht erwiesen ist. Dante hat des furchtbaren Endes der Gherardesca im Inferno seiner ›Divina Commedia‹ gedacht.

Santa Caterina (10)

Verlässt man die Piazza dei Cavalieri in nordöstlicher Richtung, gelangt man zur Dominikanerkirche Santa Caterina, die im Jahre 1251 begonnen, aber erst um 1330 vollendet wurde. Sie zeigt in der unteren Zone noch rundbogige Blendarkaden, während die Loggien schon charakteristische gotische Dreipassbögen aufweisen. In der Giebelloggia ließ man – wenig harmonisch – eine (erneuerte) Rosette ein. Die verbleibende Fläche zwischen Rosette und der quadratischen Rahmung füllen im Relief Heiligenbüsten aus, die man auch auf den Kämpferplatten der Loggiensäulchen findet. Im einschiffigen Innern

Die Ordenskirche der Stephansritter in Pisa: Santo Stefano an der Piazza Cavalieri

steht beidseitig vom Hauptaltar eine französisch beeinflusste Verkündigungsgruppe aus Marmor mit Resten originaler Bemalung. Sie gilt als Hauptwerk von Nino Pisano (um 1360), aus dessen Werkstatt auch das Grabmal des Franziskanerpaters Simone Saltarelli stammt. Saltarelli bekleidete zugleich das Amt des Erzbischofs von Pisa und verstarb 1342. An der linken Wand steht eine Glorie des Hl. Thomas von Aquin, wohl von Francesco Traini, Mitte des 14. Jh.: ein typisches dominikanisches Gedankengebäude. Die Strahlen personifizieren die Einflüsse, die auf den im Zentrum thronenden Thomas von Aquin einwirken. Die Schriften des Thomas beeinflussen wiederum seine Schüler und Nachfolger, zu seinen Füßen liegt der besiegte Ketzer Averroes.

San Zeno (11)

Die Benediktinerabteikirche liegt am Rand des nordöstlichen Stadtviertels noch innerhalb der Stadtmauern und zählt zu den ältesten der Stadt. Sie wurde im frühen 11., vielleicht sogar bereits im 10. Jh. gegründet, doch in den folgenden Jahrhunderten erweitert. An der Fassade finden sich Dekorationsmotive (Rhomben, Kreise), die auch am Dom zu sehen sind. Durch die doppelte Bogenöffnung und die tiefe Vorhalle gelangt man in den basilikalen Innenraum, der in der jetzigen schmucklosen Gestalt durch eine 1972 beendete, umfassende Restaurierung wiedergewonnen wurde. Bei dem charakteristischen einfachen Wandaufbau alternieren Säulen und quadratische Pfeiler. Die beiden hinteren Arkaden sind – wohl unter islamischem Einfluss – leicht gespitzt, Kapitelle und Säulenschäfte zum Teil römischen Ursprungs.

San Francesco und San Frediano

Schon 1211, noch zu Lebzeiten des Hl. Franziskus, gründeten Franziskanerbrüder das Kloster **San Francesco (12).** Kein geringerer als Dombaumeister Giovanni di Simeone (der u. a. den Camposanto baute und den Schiefen Turm weiterführte) lieferte die Pläne für die Kirche, die 1270 fertig gestellt war. Der charakteristische einschiffige, offen gedeckte Raum der Bettelordensgotik steht auf dem Grundriss eines T-förmigen Kreuzes mit sechs Querschiffskapellen. Im 14. Jh. verkürzte man das Langhaus und vergrößerte in der Barockzeit die meisten Langhausfenster. Die bescheidene Fassade ist 1603 datiert. Man beachte im linken Querschiff die kühne Konstruktion zum Abstützen des Campanile, der hier in den Kirchenbau integriert werden musste. In der zweiten Querschiffskapelle rechts steht ein Polyptychon mit einer Kreuzigung und Heiligen von Spinello Aretino. Diese Kapelle beherbergt auch das Grab von Graf Ugolino della Gherardesca und seiner Söhne, die des Hungertods starben. Der Kreuzgang stammt aus der Frührenaissance, aus dem 15. Jh. Im Kapitelsaal befinden sich abgelöste Fresken von Niccolò di Pietro Gerini (1392).

Nach der Überlieferung soll **San Frediano (13),** eine weitere kleine Kirche im Stadtzentrum, 1077 als Stiftung der Familie Buzzacherini-Sismondi errichtet worden sein. An der Fassade begegnet man wieder dem charakteristischen pisanischen Motiv der mit Rhomben gefüllten Blendarkaden. Den Innenbau wölbte man nach einem Brand 1675 ein. In der ersten Kapelle hängt links ein Tafelkreuz des 12. Jh.

Università degli Studi (14)

Das Hauptgebäude der Pisaner Universität, der Università degli Studi ganz in der Nähe von San Frediano, geht auf das 15. Jh. zurück, wobei die Fassade 1907–11 erneuert wurde. Die doppelgeschossigen Loggien des großen Innenhofs stammen jedoch nicht aus der Zeit der

Arsenali Medicei
Via Ranuccio Bianchi-Bandinelli
Tel. 050 83 04 90
www.cantierenavipisa.it
Das Museum für römischen Schiffe und ihre Fracht im ehemaligen Arsenal der Medici am Lungarno Simonelli ist auf Anfrage zu besichtigen (info@coidra.it).

Frührenaissance, wie man auf Grund der ionischen Kapitelle annehmen möchte, sondern von 1550. Die Anfänge der Università degli Studi lassen sich bis ins 12. Jh. zurückverfolgen, und sie zählt damit zu den ältesten Italiens. Herausragende Förderung genoss die Universität durch die Familie Medici, aber auch die toscanischen Großherzöge unterstützten die Gelehrten unterschiedlichster Fächer bei ihrer Arbeit. An der Piazza Sant' Ombone steht der Glockenturm der Universität, von dem aus seit 1785 die Unterrichtsstunden angekündigt werden. Angeschlossen sind der Universität auch naturwissenschaftliche Museen sowie der Botanische Garten (an der Via Roma, Eingang Via Luca Ghini 2), den Luca Ghini als ersten seiner Art in Italien bereits 1544 gründete.

Arsenali Medicei (15)

Am Ende der Lungarno Simonelli gelangt man zu den Arsenali Medicei und zur Cittadella Vecchia. Wie Venedig fasste die Republik Pisa ihre Schiffsbauwerkstätten in einem Arsenal zusammen. Die im 13. Jh. beim Lungarno Simonelli errichtete Anlage, die ›Tersana‹, wurde 1406, als Pisa unter die Herrschaft der Florentiner fiel, in eine regelrechte Festung mit Türmen umgewandelt, in der Militär stationiert war. Man nennt sie heute Cittadella Vecchia. Die unter dem Florentiner Regiment wirtschaftlich und kulturell bedeutungslos gewordene Stadt erfuhr im 16. Jh. Förderung durch Großherzog Cosimo I., indem er Verbindungskanäle zu Lucca und zu Livorno anlegen ließ und die einstige Hafenstadt zum neuen Zentrum des Seehandels bestimmte. Dazu wurde etwas weiter östlich ein neues Arsenal errichtet, das Arsenale Medicea. Durch neue Häfen in Livorno und Portofino verlor der Pisaner Hafen bald wieder an Bedeutung, die Schiffshallen wurden als Stallungen, Warenlager und Militärkasernen genutzt. Eine neue Funktion erhielt das Arsenal, nachdem man ab 1998 beim Bahnhof San Rossore etruskische und römische Schiffe entdeckt hatte (vgl. Randspalte S. 64) und die Hallen zum idealen Ausstellungsort für die bis zu 30 m langen Schiffe und deren Frachtgut bestimmte. Das Museum Arsenali Medicei – Le Navi antichi di Pisa wartet auf seine Eröffnung.

San Nicola und Palazzo Reale

Die romanische Kirche **San Nicola (16)** am Arno-Ufer wurde Mitte des 12. Jh. errichtet. Von der Fassade ist nur der untere Teil aus der Entstehungszeit erhalten. Der leicht geneigte Campanile ist origineller konstruiert. Auf dem unteren Rund erhebt sich in der hohen zweiten Zone ein oktogonaler Teil mit Blendarkaden. Darauf folgen eine zwölfeckige offene Loggia und eine sechseckige Glockenstube. Die um einen offenen Rundschaft erbaute Wendeltreppe soll Bramante – laut Vasari – zum Bau der Treppe im Belvedere des Vatikan angeregt haben. Im Innern steht eine ›Madonna mit Kind‹, eine Holzskulptur von Nino Pisano.

Durch einen überdeckten Verbindungsgang mit San Nicola verbunden ist der **Palazzo Reale (17,** Lungarno Pacinotti 46). Nach schweren Schäden im Zweiten Weltkrieg konnte der Palast in langjährigen Restaurierungsarbeiten wiederhergestellt werden. Erbaut wurde er nach 1559 durch Bernardo Buontalenti für Cosimo I. Den Großherzögen der Toscana wie auch dem italienischen Königshaus diente er in den Wintermonaten als Nebenresidenz. Heute widmet sich im Obergeschoss ein staatliches Museum vorzugsweise dem höfischen Leben mit Möbeln, Dekorationsgegenständen und Porträts des 17.–19. Jahrhunderts, präsentiert werden aber auch Gemälde aus Privatsammlungen (u. a. vom jungen Raffael und Guido Reni) sowie historische Rüstungen vom Pisaner Brückenspiel, dem ›Gioco del Ponte‹.

Museo Nazionale di Palazzo Reale

Lungarno Pacinotti 46
Tel. 050 92 65 39
Mo–Fr 9–14.30 (Sa bis 13.30) Uhr; So/Fei und Di sowie 1. Jan. und 25. Dez. geschl.

Lungarno Pacinotti und Lungarno Mediceo

Zu den beachtenswerten Palästen an den Uferstraßen, die man wie in Florenz *lungarni* nennt, zählt der **Palazzo Lanfreducci (18,** Lungarno Pacinotti Nr. 43), erbaut um 1600 durch Cosimo Pugliani. Bekannt ist er als ›Palazzo alla giornata‹, nach dem Motto über dem Portalbalken. Der **Palazzo Agostini (19),** kurz vor dem Ponte di Mezzo, entstand im ersten Jahrzehnt des 15. Jh. Er ist das einzige noch erhaltene Beispiel eines Backsteinpalastes mit reicher Terrakotta-Ornamentik, von denen es damals in Pisa zahlreiche gab.

Der **Ponte di Mezzo** war bis 1186 die einzige Brücke Pisas. Nach vielen Hochwasserschäden mehrfach erneuert, setzte man sie zuletzt nach dem Zweiten Weltkrieg instand. Die Brücke wird Schauplatz eines Spiels aus der Zeit der Renaissance, des ›Gioco del Ponte‹, das Lorenzo de' Medici 1490 einführte und die Stadtväter im 20. Jh. als folkloristische Attraktion wiederbelebten.

In einem der schönsten Teile der Altstadt, dem Borgo Stretto mit seinen charakteristischen Laubengängen, liegt die Kirche **San Michele in Borgo (20).** Sie wurde bereits im Jahr 990 vermutlich über den Resten eines dem Mars geweihten Tempels gegründet. Die Fassade, ausgeführt zu Beginn des 14. Jh. unter Fra Guglielmo Agnelli, ist ein Musterbeispiel für den Übergang von der Romanik zur Gotik: In der unteren Zone öffnen sich drei noch romanisch wirkende Portale, während den oberen Teil drei übereinandergestellte Zwerchgalerien mit gotischen Dreipassbögen zieren. Gotisch ist auch die Ädikula-Architektur vor der Lünette des Hauptportals. Nach Bombenschäden im Zweiten Weltkrieg musste ein Teil der Kirche, vor allem das linke Seitenschiff, erneuert werden. Die extrem hohen Basen im Altarraum weisen darauf hin, dass es ursprünglich eine Krypta gab.

Eine weitere romanische Kirche am Arno-Ufer ist **San Pietro in Vinculis (21),** die man meist San Pierino nennt und die als einzige Kirche Pisas mit Biforien über den Portalen ausgestattet ist. Im dreischiffigen Innern wurden antike Säulenschäfte und Kapitelle wieder-

Der Palazzo Toscanelli am Nordufer des Arno

verwendet. Außergewöhnlich ist die Ausdehnung der kreuzgratgewölbten Krypta unter der ganzen Kirche. Man nimmt an, dass sie aus einer ehemaligen Markthalle hervorgangen ist (Einblick von der linken Außenseite möglich).

Der **Palazzo Toscanelli (22,** Lungarno Mediceo 17) aus der Mitte des 16. Jh. ist heute Sitz des Staatsarchivs. Weiter den Lungarno entlang steht der **Palazzo dei Medici (23),** ein Bau aus Backstein und Haustein des 14. Jh. mit Fensterformen lucchesischen Typs im ersten Obergeschoss. Bevor der Palast im 15. Jh. in den Besitz der Medici überging, gehörte er der Pisaner Familie Appiano, die von 1392–98 die Stadtherrschaft über Pisa ausübte.

Museo Nazionale di San Matteo (24)

Das Museo Nazionale ist im ehemaligen Kloster San Matteo eingerichtet. In diesem ehemaligen Benediktinerkloster richtete man nach dem Zweiten Weltkrieg eine bedeutende Sammlung toscanischer, speziell pisanischer Skulptur und Tafelmalerei ein.

In **Saal 1** kann der Besucher frühe Tafelmalerei, darunter zahlreiche gemalte Kruzifixe aus der Mitte des 13. Jh. kennen lernen. Das älteste Kruzifix aus der Zeit um 1250–75 zeigt Christus mit geöffneten Augen als Sieger über den Tod, als ›Thriumphierender Christus‹. Es entstand noch ohne direkte Kenntnis byzantinischer Vorbilder. Anders das Tafelkreuz aus dem Kloster San Matteo. Seine verfeinerte Formensprache ist nicht mehr allein aus lokaler Tradition ableitbar und kann nicht als romanisch bezeichnet werden. Sie ging aus der engen Berührung mit der hoch entwickelten byzantinischen Hofkunst hervor, vielleicht unter zusätzlichem Einfluss der französischen Gotik. Es verkörpert den Typus des ›leidenden Christus‹ wie auch ein nach 1250 entstandenes Tafelkreuz, von Giunta Pisano signiert. Es wurde bei Prozessionen getragen und ist daher beidseitig bemalt (s. S. 40).

Ein weiteres Beispiel byzantinischen Einflusses, doch bereits mit ausgeprägten westlichen Akzenten, ist die Tafel der ›Thronenden Muttergottes‹. Die Muttergottes ist dem byzantinischen Typus der Hodegetria verpflichtet. Die außergewöhnlichen Fähigkeiten des anonymen Malers, den man den Meister von San Martino nennt, zeigen die Nebenszenen mit stark variierten Körperhaltungen, bewegter Linienführung und spannungsvoller Bildkomposition. Einzigartig in der frühen toscanischen Malerei sind die Weißhöhungen. Sie unterstreichen das körperliche Volumen der Figuren, sind zugleich ein abstraktes Ausdrucksinstrument von Bewegung und verbinden zusammen mit der meist reduzierten, tonigen Farbigkeit die handelnden Figuren mit den Gebäuden und der atmosphärisch gesehenen Landschaft. In diesem malerischen Gestaltungsvermögen geht der Meister von San Martino über seine byzantinischen Vorbilder hinaus. Er erweist sich als ein Vorläufer Duccios und zählt damit zu jenen Künstlern, die zur Entwicklung der toscanischen Malerei beitrugen.

Museo Nazionale di San Matteo

Piazza San Matteo 1
Lungarno Mediceo
Tel. 050 54 18 65
Di–Sa 8.30–19, So 9–13.30 Uhr;
1. Jan., 1. Mai und 25. Dez. geschl.

In Saal 7 befindet sich die die Bronzebüste des Hl. Rossore. In der Ausführung des Stoppelbarts dürfte Donatello von römischer Porträtplastik (etwa des Caracalla) angeregt worden sein

Im frühen 14. Jh. waren nicht mehr Pisa und Lucca, sondern Florenz und Siena die führenden Zentren der Malerei. So bestellte das Katharinenkloster bei einem Sienesen, bei Simone Martini, das große Polyptychon mit der ›Thronenden Muttergottes‹ im Zentrum (1319), das in **Saal 3** zu finden ist. Das Retabel besteht aus 43 Tafeln, die alle mit heiligen Gestalten ausgefüllt sind. Es ist bewundernswert, wie Simone Martini das Thema des halbfigurigen Heiligenbilds so variiert, dass sich keine Geste wiederholt. Simone zeichnet besonders die weiche Modellierung der Körperformen und die melodisch schwingende schöne Linie aus, die auf die Berührung mit französischer Gotik zurückzuführen ist. Dies zeigt sich in den vermutlich eigenhändig ausgeführten Gestalten wie der Hl. Katharina, der Titelheiligen der Kirche (rechts von der Muttergottes).

In **Saal 4** befinden sich mehrere Stein- und Holzbildwerke von Andrea und Nino Pisano. Besondere Beachtung sollte man dem Marmorwerk einer nährenden Muttergottes, der Madonna del latte von Nino Pisano schenken. Die polierte und teilweise polychrome Skulptur stammt aus der gotischen Kirche Santa Maria della Spina. Vom gotischen Stilideal zeugt die Figur besonders durch den Fluss der Umrisslinie und der Gewandfalten.

In **Saal 7** wird Malerei und Skulptur der Frührenaissance präsentiert. Herausragend ist Masaccios ›Hl. Paulus‹ von einem Polyptychon in Santa Maria del Carmine in Pisa, dessen Tafeln in verschiedene ausländische Museen gelangten. Obschon Masaccio hier den Goldgrund beibehielt, zeigen sich in dieser isolierten Tafel die ungewöhnlichen Gestaltungsmöglichkeiten des 25-jährigen Künstlers, der den Heiligen nicht als vornehm und verfeinert darstellt, sondern als eine kraftvolle Gestalt, als Kämpfer für den Glauben und einen Mann des Volkes voller Dynamik, die sich auch im großzügigen Faltenwurf äußert.

Starke Anregungen empfing Masaccio von Donatello, der als Erster bei heiligen Gestalten die realistischen Züge herausarbeitete. Dessen hier ausgestellte vergoldete Bronzebüste des ›Hl. Rossore‹ (bald nach 1422, in jedem Fall vor 1427) zeigt indes ein anderes, weniger volkstümliches und kämpferisches Menschenbild, das uns heute – wegen der Bartform – an toscanische Edelleute des 17. Jh. erinnern mag.

Im **Korridor** steht eine besonders sehenswerte Tafel von Gentile da Fabriano mit der Madonna, die das auf ihrem Schoß liegende Kind anbetet (1423). Die kostbare Wiedergabe der Stoffe, die melodisch schwingende Linienführung, die Weichheit in der Wiedergabe des Inkarnats zeugen von den zu dieser Zeit außergewöhnlichen Qualitäten dieses in den Marken gebürtigen Malers. Er galt als einer der prominentesten Vertreter der internationalen Gotik in Italien und wurde selbst in Florenz geschätzt: Dort hängt die ›Anbetung der Könige‹ in den Uffizien.

Zur Sammlung des Museo Nazionale di San Matteo zählen auch Gemälde von Sodoma und Guido Reni.

Südlich des Arno

Jenseits des Arno liegt die **Neue Festung (25,** Cittadella Nuova), die die Florentiner 1468 errichteten. Die Pisaner zerstörten sie, nachdem sie kurzzeitig ihre Freiheit wiedererlangt hatten, doch Florenz ließ sie 1512 durch Giuliano da Sangallo erneuern: Daher nennt man sie auch Fortezza del Sangallo. Im Zweiten Weltkrieg zum Teil zerstört, blieben noch einige Bastionen und unterirdische Gewölbe erhalten. Das Festungsgelände baute man im 18. Jh. bis zum Park der Villa Corsini aus. Dieser ist jetzt öffentlich zugänglich.

Vom ursprünglichen, 1332 begonnenen Backsteinbau der Kirche **San Martino (26)** zeugen am Außenbau nur noch die linke Flanke, die Apsis und der untere Teil der Fassade. Die obere Fassadenzone mit der Fenstergruppe in Form einer Serliana und dem Dreiecksgiebel stammt aus dem 16. Jh., aus dem 14. Jh. hingegen noch das Relief mit der Mantelspende des Hl. Martin, das stilistisch dem Florentiner

Andrea Pisano nahesteht. Wie so häufig ist an der Fassade eine Kopie angebracht, deren Original sich im Inneren befindet. Unter der Orgelempore im Innern kann man fünf abgelöste Fresken mit Szenen aus der Kindheit Jesu von Giovanni di Nicola (um 1360) bewundern. Das gemalte Kruzifix schuf Enrico di Tedice im 13. Jh. Die Fresken in der Kapelle (›Verkündigung der Geburt Mariens an Joachim‹, ›Heimsuchung‹) gehören zu einem Zyklus von Antonio Veneziano.

Die **Via San Martino** ist die Hauptstraße des Stadtviertels, das man Chinsica nennt. Der Name geht auf eine Frau dieses Namens, die die Bewohner 1004 vor einem Raubzug der Sarazenen gewarnt haben soll. Im Mittelalter lebten viele orientalische Kaufleute in dem Viertel.

In einer Seitengasse zum Arno hin liegt die Kirche **San Sepolcro (27)**, ein oktogonaler Bau, den – laut einer Inschrift an der Basis des Campanile – Diotisalvi, der Baumeister des Pisaner Baptisteriums, 1153 errichtete. Der Bau besticht durch seine einfache Form, in der drei Portale und auf jeder Seite zwei rundbogige Fenster eingelassen wurden.

Das Arno-Ufer mit dem Oratorium Santa Maria della Spina

Die flachen Eckpilaster betonen zusätzlich das Kantig-Stereometrische des Baus. Von extrem klarer stereometrischer Form ist auch die kleine oktogonale Dachpyramide. Im Innern wird deutlich, dass die pyramidale Kuppel nicht den gesamten Bau, sondern nur den zentralen Raumteil umfängt. Hoch recken sich die spitzbogigen Pfeilerarkaden mit ihren vorgelegten Flachpilastern dem Kirchendach entgegen. Sie zählen zu den zahlreichen Beispielen eines Spitzbogens in der Zeit der Romanik. Die Kirche will – wie schon ihr Name San Sepolcro andeutet – an die Rotunde des Hl. Grabs in Jerusalem erinnern. Es ist daher wahrscheinlich, dass San Sepolcro die Ordenskirche der Johanniter war, die nachweislich 1112 in Pisa ein Hospital gründeten.

Nahe beim Ponte di Mezzo stehen die Logge di Banchi und der Palazzo Gambacorti. In der ehemaligen Markthalle **Logge di Banchi (28)** verkaufen die Händler, nach deren Bänken die Halle benannt ist, alle Arten an Tuchen und Stoffen. Cosimo Pugliani ließ sie 1603–05 wahrscheinlich nach Entwürfen des Florentiner Architekten Buontalenti erbauen. Der ursprüngliche Bau wird durch das im 18. Jh. aufgesetzte Obergeschoss beeinträchtigt.

Pisas bedeutendster Familienpalast des 14. Jh. ist der **Palazzo Gambacorti (29**, am Lungarno Gambacorti) mit regelmäßig angeordneten gotischen Biforien in den Obergeschossen. Der Palast gehörte zum Besitz von Pietro Gambacorti, der lange Zeit die Signoria über Pisa innehatte und an der Schwelle seines Hauses niedergemetzelt worden sein soll.

Das Oratorium **Santa Maria della Spina (30)** direkt am Arno-Ufer gleicht einem steingewordenen Reliquienschrein, der einen Dorn *(spina)* der Christuskrone beherbergt, den ein Pisaner von einer Reise aus dem Heiligen Land mitgebracht hatte. Der bereits 1323 begonnene Bau ist ein charakteristisches Beispiel für die an Schmuckformen reiche Tabernakel- und Kapellenarchitektur in der Mitte des 14. Jh. Die lokale Tradition (Marmorstreifung, farbige Inkrustation, Rundbögen) verbindet sich mit Elementen der französischen Gotik.

Der Skulpturenschmuck stammt aus der Hand von Bildhauern in der Nachfolge Giovanni Pisanos. Die Madonna auf der Pyramide über dem Presbyterium ist eine Kopie des Originals im Museum San Matteo von Nino Pisano.

Die Kapelle stand ursprünglich tiefer, direkt am Ufer. Da sie häufig dem Hochwasser ausgesetzt war, trug man sie 1871 ab und baute sie an einer höheren Stelle unverändert wieder auf.

Die ehemalige Vallombrosanerkirche **San Paolo a Ripa d'Arno (31)** – nur ein Stück weiter westlich entlang des Ufers – zeigt wie keine zweite Kirche Pisas den Einfluss des Doms. Sowohl der Bautypus (Verbindung von Kreuzkuppelkirche mit basilikalem Langhaus) als auch die architektonischen Einzelheiten und die Schmuckformen stimmen mit der des Doms überein. Die Gründung von San Paolo ist für das Jahr 805 belegt. Der jetzige Bau dürfte gleichzeitig mit dem Dom im späten 11. bzw. in der ersten Hälfte des 12. Jh. entstanden sein. 1148 weihte sie Papst Eugen II. ein. Das dreischiffige Langhaus bildet mit dem weit ausladenden Querschiff eine Vierung, über der sich eine in der toscanischen Romanik seltene Pendentif-Kuppel erhebt. Leider gingen durch die starke Beschädigung im Zweiten Weltkrieg die meisten Ausstattungsstücke ganz verloren.

Hinter der Kirche, in der Via San Paolo, steht die kleine romanische Kapelle **Sant' Agata** aus dem 12. Jh. Den oktogonalen Backsteinbau, bedeckt von einer Pyramide, belichten an fünf Seiten dreiteilige Fenster, die von einem Blendbogen überfangen werden. Die Ausführung der Bedachung und andere Details lassen als Urheber Diotisalvi, den Baumeister des Baptisteriums und des Oktogonalbaus von San Sepolcro vermuten.

Pisas Umgebung

San Piero a Grado

San Piero a Grado ★

Nicht weit von Pisa liegt die unbedingt sehenswerte Kirche San Piero a Grado, von der man entlang des Arno nach wenigen Kilometern die Küste erreicht. Dort, wo San Piero erbaut wurde, mündete einst der Arno in eine Lagune – den sogenannten *sinus pisanus* –, die seit der Spätantike versandet ist. Der Name Grado leitet sich vom lateinischen Wort gradus ab, das Stufe, Hafenkai bedeutet. Auf denselben Ursprung sind beispielsweise auch die Orte Grado im Friaul oder Gradus an der Rhonemündung zurückzuführen.

San Piero a Grado war für die Pilger des Mittelalters eine wichtige Station auf dem Weg nach Rom. Die jetzige Kirche wurde vermutlich bereits im 10. oder frühen 11. Jh. errichtet – und somit vor dem Pisaner Dom. Sie besteht aus Livorneser Tuff, mit Einlagen aus Marmor und wiederverwendetem spätantiken Material, bereichert durch Flechtornament und Majolika-Schalen. Die dreischiffige Kirche besitzt drei östliche Apsiden, – als Besonderheit – eine weitere Apsis im Westen und hat folglich keine Fassade. An den drei östlichen Apsiden hat sich das aus der frühen Pisaner Kirche bereits vertraute Dekorationssystem erhalten: Blendbogenfriese, in die Rhomben und Kreise eingelassen sind, tragen schmale Lisenen. Der Campanile, 1944 durch Minen zerstört, wurde im unteren Teil rekonstruiert.

San Piero a Grado, Grundriss

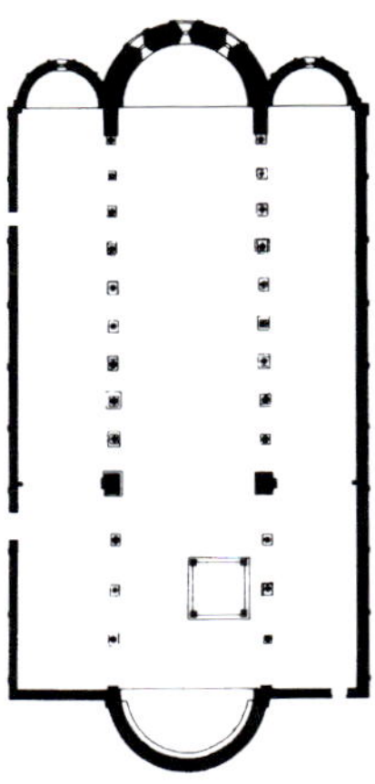

Die dreischiffige basilikale Anlage erinnert noch an frühchristliche und ravennatische Basiliken. Doch sind hier die Mittelschiffsfenster kleiner und höherliegend, sodass im Obergaden viel Fläche für Fresken vorhanden ist. Die 24 Säulenschäfte und die Kapitelle sind zum größten Teil antiker Herkunft. In dem später errichteten Westteil steht ein Ziborium des 14. Jh., in dessen Bereich man bei Ausgrabungen nach dem Ersten Weltkrieg und erneut 1955–65 Reste eines römischen Profanbaus – vermutlich Lagerhallen des Hafens – sowie die Fundamente von zwei Vorgängerbauten fand: eine Apsis, die ins

Der Innenraum von San Piero a Grado mit dem ausführlichsten erhaltenen Petrus- und Paulus-Zyklus des Mittelalters

Gründungslegende

An der Stelle, an der später San Piero a Grado entstand, soll der Hl. Petrus, der aus Antiochia kam, zum ersten Mal italienischen Boden betreten haben. Über einem steinernen Altar, so die Legende, errichtete er die Ecclesia ad gradus und versammelte die erste christliche Gemeinde der Apenninenhalbinsel.

4. Jh. datiert wird, und die Apsis einer erweiterten älteren Kirche aus hellerem Mauerwerk des 6./7. Jh. In der älteren Apsis fand man außer Teilen von kleinen Säulen, die zu einem alten Ziborium gehörten, einen von einem Säulenfragment getragenen Altar, der mit jenem legendären Altar des Hl. Petrus in Verbindung gebracht wird. Möglicherweise wollte man beim Bau der jetzigen Kirche dieses ehrwürdige Erinnerungsstück nicht verrücken und entschied sich daher für die Errichtung eines zusätzlichen westlichen Chors. Die Fresken des Hauptschiffs aus der Zeit um 1300 werden dem Luccheser Maler Deodato Orlandi zugeschrieben. In der unteren Zone befinden sich eine Reihe von Papstporträts, die von Petrus bis Johannes XVII. (1004–09) reichen. Die Halbfiguren erscheinen unter illusionistisch wiedergegebenen Arkaden, die von dünnen Säulchen getragen werden. Die obere Zone schmücken die Mauern des Himmlischen Jerusalem. Engel schauen aus Fenstern, deren Läden teils geschlossen, teils verschieden weit geöffnet sind.

Die mittlere Zone zeigt Szenen aus dem Leben der Apostelfürsten Petrus und Paulus. Es ist dies der ausführlichste erhaltene Petrus- und Paulus-Zyklus des Mittelalters. Vorbild waren die Zyklen der alten römischen Peterskirche. Ein Neffe von Papst Bonifaz VIII. gab sie in Auftrag. Er wollte mit diesen Fresken nahe der ghibellinischen Stadt Pisa die Bedeutung des Papsttums und seine Vorrangstellung gegenüber der weltlichen Macht zum Ausdruck bringen.

Certosa di Pisa
Via Roma 79
Calci
Tel. 050 93 84 30
www.comune.calci.pi.it
geführte Besichtigungen stdl. Di–Sa 9–19, So 9–13 Uhr

Park von San Rossore

Nördlich des Arno liegt ein ausgedehntes Naturschutzgebiet, der Park von San Rossore, der einst den Domkanonikern von Pisa gehörte und im 16. Jh. den Medici als Jagdrevier diente. Noch heute züchtet man hier in einem berühmten Gestüt Rennpferde.

Östlich von Pisa

Im Zentrum von **Calci** liegt die Pieve Sant' Ermolao. Im Jahre 1111, als die Reliquien des Hl. Ermolao in diese Kirche kamen, dürfte der Bau vollendet gewesen sein. Die extrem breitgelagerte Fassade folgt pisanisch-lucchesischen Vorbildern. Nach dem Anbau einer Kapelle wurde sie links verbreitert und ist daher asymmetrisch. Das Innere erhielt in der Barockzeit das Stichkappengewölbe und die Kuppel, während der untere Teil vom romanischen Bau stammt, für den römische Säulen und Kapitelle wiederverwendet wurden. Das Taufbecken aus der zweiten Hälfte des 12. Jh. wird nach dem Vorbild römischer Sarkophage (etwa dem Musen-Sarkophag im Camposanto in Pisa) durch Säulenarkaden gegliedert. Die eingestellten Figuren stellen Christus, Maria, Johannes den Täufer und zwei Engel mit Gewandstücken dar.

Die **Certosa di Pisa** wurde 1366 gegründet. Ihre heutige Gestalt erhielt sie im Wesentlichen im 17. und 18. Jh. Die breit gelagerte Fassade verbindet Kirche und Klostergebäude miteinander. Chor und Kuppel der dreischiffigen Kirche schmücken Fresken des Karthäusers Stefano Cassiani von 1685. Das Langhaus gestalteten u. a. die Bologneser Giuseppe und Pietro Rolli (1700/01). Man besichtigt den Konvent in Begleitung eines Führers. Zu den Höhepunkten des Rundgangs zählen der Kleine Kreuzgang, den Lorenzo Settignano im 15. Jh. errichtete, und der seit 1618 erbaute Große Kreuzgang mit den Mönchshäusern. Das Refektorium freskierte Bernardino Poccetti um 1776.

Cascina wurde durch einen Sieg der Florentiner über Pisa bekannt, den Michelangelo im Palazzo Vecchio in Florenz darstellen sollte (es kam nur zur Ausführung des Karton). An der zentralen Piazza liegt die Pieve Santa Maria aus dem 12. Jh. mit dem üblichen pisanischen Formenrepertoire sowie das Oratorium San Giovanni des 12. Jh. mit Fresken von Martino di Bartolomeo (1398).

Das auf einem Hügel gelegene **Vicopisano,** einer der schönsten Orte in Pisas Umgebung, unterstand im Mittelalter dem Bischof von Pisa. Nachdem die Florentiner 1406 Pisa eingenommen hatten, wurde Brunelleschi mit der Erneuerung der weitgehend erhaltenen Befestigungsanlage beauftragt. Für zwei der sieben Befestigungstürme (Torre del Soccorso und Torre dei Cavalieri) soll Brunelleschi die Pläne erstellt haben. Die örtliche Pieve Santa Maria steht den älteren Pisaner Kirchen sehr nahe. Ausgeglichen ist die Fassade, deren Mittelachse durch einen Portalbogen und ein Biforium betont ist. Ein bedeutendes Werk der Ausstattung ist die Holzgruppe der Kreuzabnahme, stilistisch mit der Gruppe in Volterra eng verwandt, und wie diese wohl ebenfalls in der ersten Hälfte des 13. Jh. entstanden. Die Restauratoren konnten sogar Reste der ursprünglichen Farbfassung freilegen.

Eine weitere romanische Kirche, die den Pisaner Vorbildern folgt, ist die ringsum von Blendarkaden umgebene Pieve **San Cassiano a Settimo.** Besonders reich ist die Ausführung der unteren Fassadenzone. Am Hauptportal findet der Betrachter die Jahreszahl 1180, die wohl auf das Entstehungsdatum des Portals hinweist, und den Meisternamen Biduino (Biduinus), der auch in Lucca wirkte. Wohl aus finanziellen Gründen konnte das Mittelschiff nicht die volle Höhe erhalten, daher ist die Fassade unschön proportioniert.

Reisen & Genießen

Die meisten Pisa-Besucher kommen nur für einen Tag, was ausreichen mag für die Piazza dei Miracoli und die wichtigsten Exponate des Museo dell' Opera del Duomo. Um einen Eindruck von der gesamten Stadt mit ihren romanischen Kirchen, den Renaissancepalästen am Lungarno, den Museen und ihren Plätzen zu gewinnen, sollte man jedoch länger verweilen.

Parken

Zentral und kostenlos an der Via Pietrasantina (nördlich vom Domplatz). Shuttlebusse bringen Sie in wenigen Minuten zur Piazza del Duomo. Tickets für alle umstehenden Monumente und Museen erwirbt man im Verwaltungsgebäude der Opera del Duomo (nordwestlich vom Dom).

Fahrradverleih

Auf der ausgedehnten, ebenen Stadtfläche lässt sich gut radeln. Leihräder u. a. bei
Pisa Scooter & Bike Rental
Via Santa Maria 129
Tel. 050 55 54 53
www.hotelfrancesco.com/bikerental.html

Bootsfahrten

Bei einer Bootsfahrt auf dem Arno sieht man die Stadt aus einer anderen Perspektive. Daneben werden Bootsfahrten in den Naturpark San Rossore und an die Arnomündung angeboten.
Tel. 050 54 01 62
www.ilnavicello.it, www.parcosanrossore.it

Hotels

In Pisa übernachtet man relativ preiswert. Von hohem Komfort ist das Hotel Bologna in einer ruhigen Seitenstraße nahe dem Ponte di Mezzo. Der Parkplatz in Innenhof wird Tag und Nacht überwacht.

Hotel Bologna****
Via Mazzini 57
Tel. 050 50 21 20
www.bologna.pisahotelsitaly.it

50 m vom Schiefen Turm entfernt und dennoch moderat im Preis ist dieses Hotel allen zu empfehlen, die ausgiebig die Schönheiten der weltberühmten Piazza kennen lernen möchten:
Ariston***
Via Cardinale Maffi 42
Tel. 050 56 18 34
www.hotelariston.pisa.it

Natürlich gibt es aber auch in Pisa den großen Luxus: Zimmer und Suiten in erlesener Atmosphäre in einem mittelalterlichen Turmhaus des 14. Jh unweit der Piazza dei Cavalieri und der Piazza dei Miracoli:
Relais dell'Orologio*****
Via della Fagiola 12/14
Tel. 050 83 03 61
www.hotelrelaisorologio.com

Restaurants

Zum Essen sollte man die Nähe des Touristenmagneten Piazza dei Miracoli meiden. Eine der beliebtesten Trattorien im Zentrum der Altstadt:
Osteria dei Cavalieri
Via San Frediano 16
Tel. 050 58 08 58
Sa mittags und So geschl.

Etwas einfacher speist man gleich hinter der Kirche San Michele in Foro inmitten von Studenten unter den Arkaden der
Vinaria di Piazza
Piazza delle Vettovaglie 13
kein Telefon
So und feiertags geschl.

Lucca und der Norden

Lucca

Karte S. 124
Cityplan S. 102/103

Lucca ★★

Besonders sehenswert: Dom San Martino, San Michele in Foro, San Frediano, Via Fillungo, Villa Guinigi

Für viele Reisende gehört die von außerordentlich starken Mauern umgürtete, in fruchtbarer Ebene gelegene, von nahen Hügeln und Bergen umgebene Stadt zu den reizvollsten der Toscana. Dem Ort ist eine Atmosphäre eigen, die man vielleicht mit *dolce*, lieblich, bezeichnen könnte. Schmuckfreudige romanische Kirchen aus weißem Marmor und dunkelrotem Verrucano-Gestein (vom Monte Pisano) verbinden sich aufs harmonischste mit späteren Patrizierpalästen von nobler Zurückhaltung. Gegenüber dem vorwiegend durch die Gotik geprägten Siena ist Lucca die ältere und zugleich jüngere Stadt. Man sieht es ihr nicht an, dass die Häuser stets erneuert wurden, dass sie größtenteils dem 18. und 19. Jh. angehören – so maßvoll fügen sie sich in die mittelalterliche, auf das römische *castrum* zurückzuführende Stadtstruktur ein.

Dass man vom 11. bis 19. Jh. kontinuierlich gebaut hat, ist Ausdruck eines glücklichen Geschichtsverlaufs. Als einzige Stadt der Toscana konnte Lucca bis 1847, wenige Jahre vor der Vereinigung Italiens, seine Unabhängigkeit gegenüber dem Florentiner Staat und dem Großherzogtum bewahren.

In vorrömischer Zeit war Lucca eine ligurische Siedlung in einem Sumpfgebiet zwischen den Flussarmen des Serchio. Das etruskische Wort luk, das Sumpf bedeutet, wurde von den Römern als Luca für ihre 180 v. Chr. gegründete *colonia* übernommen. Diese erhielt 89 v. Chr. die Bürgerrechte eines *municipium*. Luca lag an einem Knotenpunkt des römischen Straßennetzes – der Verlängerung der Via Cassia und einer Abzweigung der Via Aurelia. Von der Römerstadt zeugt noch heute der schachbrettartige Straßenverlauf.

Als 568 die Langobarden Tuscia kampflos einnahmen, wählten sie nicht Florenz, die bedeutendste der Römerstädte, sondern Lucca zum Sitz des Herzogs. Diese Stadt hatte über den Cisa-Pass die günstigere Verbindung zur Langobardenhauptstadt Pavia. Lucca erlangte eine Vorzugsstellung, die es auch später unter den von Karl dem Großen eingesetzten Markgrafen behielt, die hier häufiger als in anderen Städten Tusziens residierten. Lucca blieb bis Ende des 11. Jh. die einzige Stadt Mittelitaliens, in der sich eine königliche Münzstätte befand. In der Zeit, als sich Pisa zur führenden Seemacht entwickelte, gelangte Lucca durch Herstellung von Blattgold, Seiden- und Brokatstoffen zu frühem Wohlstand. Die Lage an der Frankenstraße begünstigte den Handel. Luccheser Luxusgüter bot man auf den Märkten Europas und des Orients feil.

Vom Reichtum des 11. und 12. Jh. zeugen die vielen romanischen Kirchen, die noch heute zum Ruhm der Stadt beitragen. Der wirtschaftliche Aufschwung ließ Lucca bereits im 11. Jh. über die römischen Mauern hinauswachsen. Wie Pisa, Florenz und Siena bemühte sich auch Lucca um Sicherung und Erweiterung des Landgebiets.

APT

www.lucca.turismo.toscana.it

Piazza Guidiccioni 2
55100 Lucca
Tel. 0583 91 99 31,
0583 91 99 28

Piazza S. Maria 35
55100 Lucca
Tel. 0583 91 99 31

April–Nov. tgl. 9–20
(Nov.–März Mo–Sa
9–12.30 und
15–18.30) Uhr

Auskunftstelle auch an der Piazza Verdi

◁ Lucca, Torre Guinigi

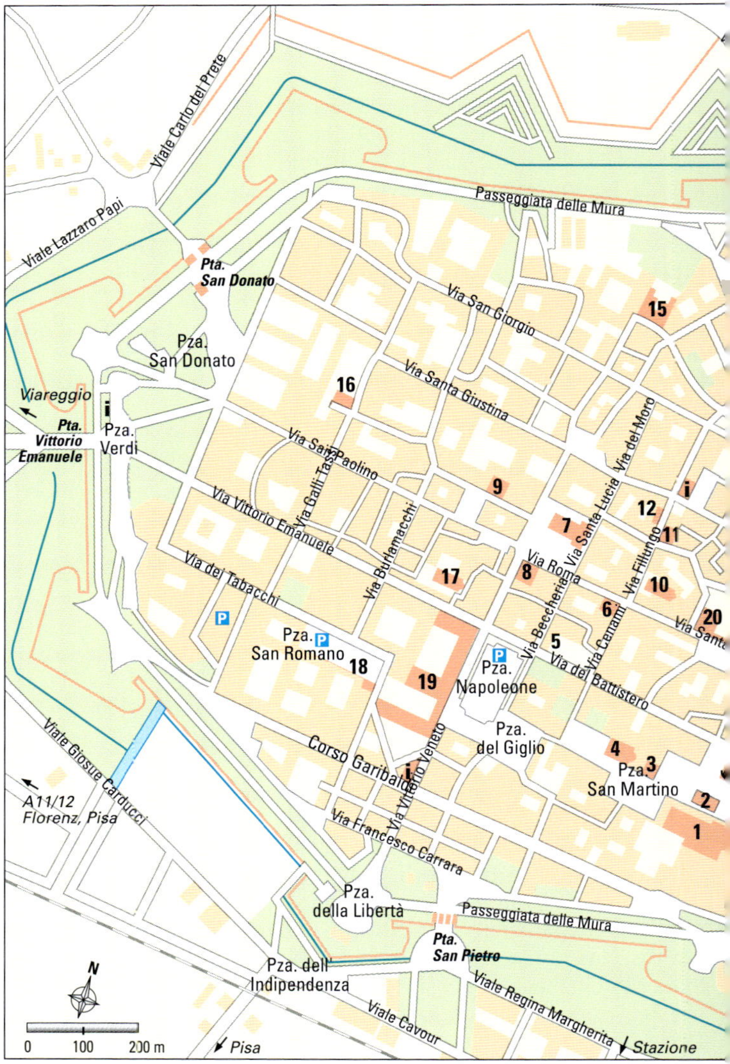

Lucca

1 Dom San Martino
2 Museo della Cattedrale
3 Palazzo Micheletti
4 San Giovanni
5 San Giusto
6 Palazzo Cenami
7 San Michele in Foro
8 Palazzo Pretorio
9 Casa Puccini
10 San Cristoforo
11 Torre delle Ore
12 Casa Barletti
13 Piazza Mercato
14 San Frediano

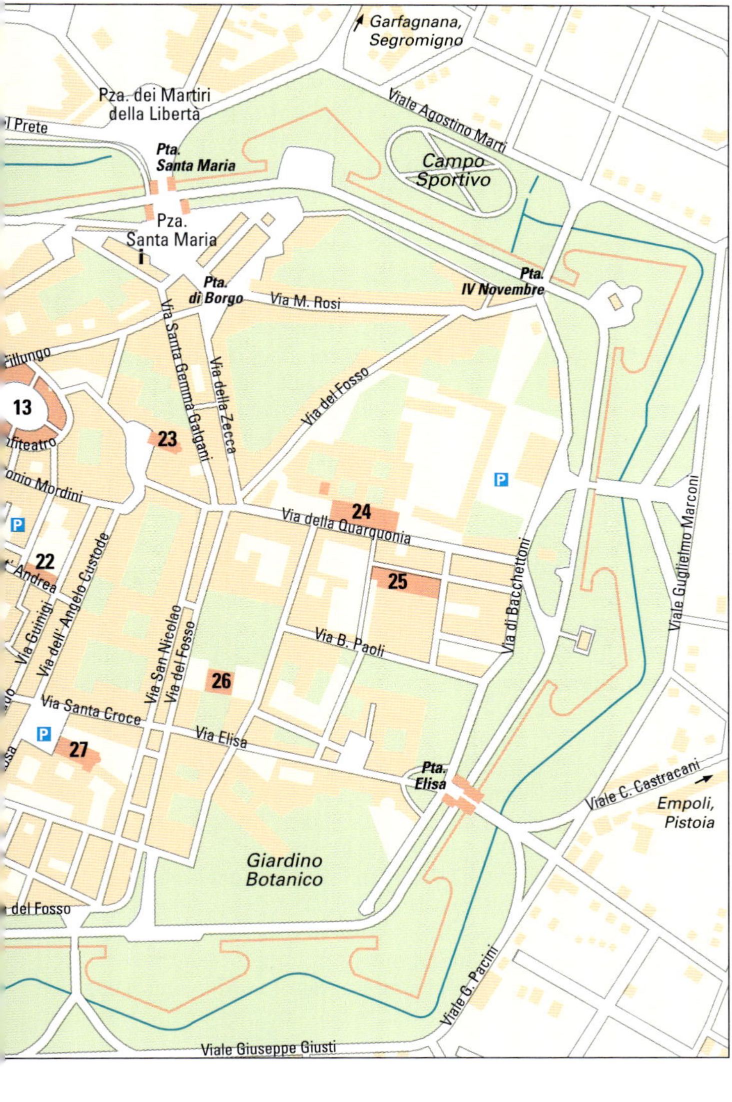

15 Palazzo Controni-Pfanner
16 Palazzo Mansi
17 Sant' Alessandro
18 San Romano
19 Palazzo della Provincia
20 Palazzo Bernadini
21 Oratorio Santa Giulia
22 Palazzo Guinigi
23 San Pietro Somaldi
24 San Francesco
25 Villa Guinigi (Museo Nazionale)
26 Villa Bottini
27 Santa Maria Forisportam
28 Santa Maria della Rosa

Lucca im 17. Jh.

Der englische Gelehrte John Evelyn, der 1645 Lucca und sein »kleines, doch hübsches Territorium« besuchte, notierte in seinem ›Tagebuch‹: »Die Stadt selbst ist sauber und gut befestigt. Auf den Wällen sind angenehme, schattige Alleen angelegt, wo Patrizier und vornehme Damen zu promenieren pflegen. Die Bewohner sind außerordentlich höflich zu den Fremden, freundlicher als in anderen Städten Italiens … Der ganze Staat hat einen Umfang von nur knapp zwei Tagesreisen und grenzt an das Gebiet des Herzogs von Toscana. Doch da Lucca unter dem Schutze Spaniens steht … und die Stadt befestigt ist, lässt man sie in Frieden.«

In Florenz erwuchs der Stadt eine mächtige Handelsrivalin: Die Florentiner Kaufleute traten über den Futa-Pass in Geschäftsverbindungen mit Bologna. Durch Trockenlegung der Sümpfe wurden neue, für Florenz günstige Verkehrswege erschlossen. Lucca geriet vorübergehend in wirtschaftliche Schwierigkeiten, die dadurch verstärkt wurden, dass bei Unruhen 1314 Handwerker nach Florenz und Venedig auswanderten, die Produktionsgeheimnisse für die Herstellung von Brokatstoffen und Edelmetall weitergaben und so Lucca seine Monopolstellung verlor.

Die üblichen Familienfehden zwischen Guelfen und Ghibellinen trafen die Stadt besonders heftig. Es kam zu Bürgerkriegen zwischen einzelnen Vierteln, die zahlreiche Opfer forderten. Die Stadt wurde derart geschwächt, dass sie 1314 in die Hände des Pisaner Ghibellinenführers Uguccione della Faggiuola fiel. Bald darauf entriss ihm ein junger Luccheser, Castruccio Castracani, die Signoria. Castruccio gelang es, die Herrschaft über weite Gebiete der westlichen Toscana – von Pistoia bis Pisa, von Volterra bis Carrara – auszudehnen. Nach dem Tod des Signore, 1328, war Luccas Kraft verbraucht. Die Stadt konnte von Pisa eingenommen werden. Vier Jahrzehnte später, 1369, als Lucca die Freiheit durch Kaiser Karl IV. zurückerlangte, war es ein Freudenfest für die Bewohner, die Festung in ihren Mauern abzutragen. Die Wirtschaft erholte sich allmählich. Von 1400 bis 1430 erlebte die Stadt die zweite Signoria durch den friedvollen, aus reicher Luccheser Familie stammenden Paolo Guinigi.

Nach Wiederaufrichtung der Republik wurde Lucca – wie vor 1314 – von Patriziern regiert, die sich – nicht zuletzt, um als Kaufleute ihre Handelsinteressen wahrzunehmen – für eine Frieden sichernde Politik einsetzten. Vom Wohlstand der Luccheser Kaufleute, die seit dem 16. Jh. vielfach ihre Kapitalien aus dem Handelsunternehmen zogen und in die Landwirtschaft investierten, zeugen außer den Stadtpalästen die nahe gelegenen Villen (Villa Mansi, Torrigiani, Collodi), die zum Teil bis heute in Familienbesitz blieben.

Anfang des 16. Jh. begann Lucca mit dem Bau der berühmten Stadtmauern. Diese gewaltige, erst 1645 vollendete Befestigungsanlage mit elf Bastionen sollte die Stadt vor Artilleriegeschossen schützen: 30 m breite Erdwälle wurden außen mit 12 m hohen Mauern aus Ziegelsteinen umgeben. Doch brauchten Luccas Mauern niemals einer Belagerung, wohl aber einer Überschwemmung des Serchio, standzuhalten.

Die Lucchesische Republik blieb unabhängig bis 1799, als Napoleon Bonapartes siegreiche Truppen sie vollständig Frankreich unterstellten. Napoleon ließ 1805 die Lucchesische Republik in ein Fürstentum umwandeln, das er seiner Schwester Elisa und ihrem Ehemann Felix Bacchiocchi übertrug. Der Wiener Kongress bildete das Herzogtum Lucca und ließ es von Maria Luisa Bourbon Parma regieren. Ihr Sohn Lodovico trat das Territorium 1847 dem Großherzogtum Toscana ab, dem es wenige Jahre zuvor bis zur Vereinigung Italiens (1860) angehörte.

Dombezirk

Dom San Martino (1)

Dom San Martino
Piazza San Martino
Tel. 0583 919 91
www.ober-italien.de/lucca
tgl. 7–19 (im Winter bis 17) Uhr

Wie häufig in Italien liegt der Dom San Martino am Rand des Stadtgebiets. In seiner jetzigen Gestalt wurde er Ende des 12. Jh. romanisch begonnen, seit 1372 dann an den Seitenwänden und im Innern mit Formelementen der Gotik umgebaut. Schon im 5. oder 6. Jh. weihte man an dieser Stelle dem Hl. Regulus eine Kirche, erhob sie aber erst im frühen 8. Jh. (vor 724) zur Kathedrale. Dem Hl. Martin, dem Schutzheiligen der Franken, wurde sie wahrscheinlich erst geweiht, nachdem Karl der Große 774 das Langobardenreich eingenommen hatte.

Die Fassade des Doms gehört zur Bauperiode um 1200. Ein lombardischer Bildhauer, Giudetto da Como, hinterließ außer seiner Signatur und seinem Selbstbildnis auch die Jahreszahl 1204 (erste Zwerchgalerie an der äußersten Säule rechts). In der Wandfläche über den Bögen breitet sich eine orientalisch anmutende Tierornamentik aus, doch gibt es keine polychromen Steinlagen, wie sie für Pisa typisch sind. Vergleicht man die Fassade mit der von San Michele, so fällt auf, dass am Dom der obere Abschluss einer vierten Galerie und ein abschließender Giebel fehlen. Eine Besonderheit stellen die drei echten Bögen dar, die sich im Erdgeschoss zu einer Vorhalle öffnen, wie sie in der Nordtoscana nur noch bei San Zeno in Pisa zu finden ist.

Fassade und Vorhalle werden von vielen Skulpturen geschmückt. Im Zwickelfeld der rechten Arkade befindet sich die Gruppe des Hl. Martin mit dem Bettler, ein Nachguss des ins Innere versetzten Originals. Der rechte Vorhallenpfeiler zeigt ein Labyrinth. Die Inschrift lautet übersetzt: »Dies ist das vom Kreter Dädalus erbaute Labyrinth, aus dem niemand, der hineingegangen war, herausgehen konnte, mit Ausnahme des Theseus, der vom Faden der Ariadne geleitet wurde.«

Mitte des 13. Jh. statteten lombardische Bildhauer, darunter wahrscheinlich Guido Bigarelli aus Como, die Vorhalle mit Reliefschmuck aus. Das rechte Portal trägt folgende Signatur: »Dieses Werk wurde 1233 von den Werkleuten Belenato und Alibrando begonnen.« Es zeigt am Tympanon die ›Enthauptung des Hl. Regulus durch den Gotenkönig Totila‹ und am Türsturz den ›Disput des Hl. Regulus mit Totila um den arianischen Glauben‹. Regulus und der von seinen Kriegern begleitete Totila halten jeweils eine Schriftrolle mit ihren Glaubensüberzeugungen in den Händen. Das mittlere Portal zeigt im Tympanon die ›Himmelfahrt Christi‹ in einer älteren Form: Hierbei halten die Engel eine Mandorla mit dem thronenden Christus. Am Türsturz thront die Muttergottes inmitten der zurückbleibenden Apostel, während die Zwickel der Blendarkaden die Symbole der Evangelisten zieren. Die Reliefarbeiten am linken Portal schuf Nicola Pisano oder ein ihm stilistisch sehr nahe stehender Meister um 1260–70. Das Tympanon zeigt die Kreuzabnahme; das Relief des Türsturzes hingegen verbindet die Szenen der Verkündigung, der Geburt Christi und der Anbetung der Könige.

Dom San Martino

Der Meister des Regulus-Portals fertigte auch zwischen den Portalen Reliefarbeiten an. Inschriften erläutern die vier Szenen aus dem Leben des Hl. Martin. Tierkreiszeichen in den Bogenzwickeln ergänzen die Darstellungen der zwölf Monate. Jeder Monat wird durch eine charakteristische Arbeit symbolisiert, so zum Beispiel der Februar durch das Fischen, der Juni durch das Schneiden des Korns oder der Oktober durch das Füllen der Fässer mit Wein (dazu das jeweilige Tierkreiszeichen). Ein spätantikes Medaillon mit einem Kaiserporträt rechts vom Hauptportal und ein Medaillon mit dem Bildnis des Literaten Pietro d'Avenza, von Matteo Civitali links des Hauptportals geschaffen, runden das Fassadenbild ab.

Der gotische Innenraum des Doms aus dem späten 14. und frühen 15. Jh. präsentiert sich als eine dreischiffige Anlage mit einem doppelschiffigen Querhaus. Im Mittelschiff ruhen rundbogige Arkaden auf Pfeilern mit Pilastervorlagen, darüber verlaufen Emporen, die sich wie im Pisaner Dom in leicht veränderter Form als Brücken über das Querschiff hinaus in den Chor fortsetzen.

Besonders sehenswert von der Ausstattung sind der ›Hl. Martin mit dem Bettler‹, das Grabmal der Ilaria Carretto und der Volto Santo. Der **›Hl. Martin zu Pferd mit dem Bettler‹ (a),** den man bereits an der Domfassade betrachten konnte, befindet sich direkt am Eingang rechts. Dieses seltene Beispiel einer vollplastischen Skulpturengruppe im mittelalterlichen Italien wurde bisher meist ins frühe 13. Jh. datiert und als ein Werk eines lombardischen Bildhauers betrachtet, der auch die Fassade gestaltet hatte. Doch zeigen die Gewandbildung (vor allem beim Hl. Martin) und die differenzierte Physiognomie, dass der Meister sich bereits mit der gotischen Skulptur auseinandergesetzt hatte. So steht der Bildhauer in der Tradition Giovanni Pisanos und sein Werk ist folglich in die Zeit um 1300 einzustufen.

Als **Sakristei (d)** dient eine Kapelle des Vorgängerbaus, die im 13. Jh. eingewölbt wurde und sich an das rechte Längsschiff vor dem Querschiff anlehnt. Das Altarbild ›Madonna mit Heiligen‹ schuf Domenico Ghirlandaio, assistiert von seinem Bruder Davide bei der Ausführung der älteren Heiligen (um 1482–87). Das Lünettenbild mit dem von Nikodemus aufgerichteten Schmerzensmann stammt von einem Künstler in der Nachfolge Filippino Lippis. Die Altararchitektur ist aus dem 19. Jh., nur das Antipendium mit der Liegefigur des Hl. Agnello ist aus dem frühen 15. Jh., ausgeführt von Antonio Pardini da Pietrasanta, der stilistisch Jacopo della Quercia nahesteht.

In der Sakristei befindet sich eine weitere Hauptsehenswürdigkeit des lucchesischen Doms, das **Grabmal der Ilaria del Carretto** von Jacopo della Quercia (um 1406). Der sienesische Bildhauer verbindet in seinem ersten uns bekannt gewordenen Werk Körpergefühl und Motive der klassischen Antike mit verfeinertem gotischen Linienstil. Die im Kindbett verstorbene Gemahlin des Signore von Lucca, Paolo Guinigi, ruht auf einem frei stehenden Sarkophag, der ursprünglich von einem Baldachin bedeckt war. Ihr jugendlicher Körper ist von einem weichfließenden Gewand umhüllt, das zarte Antlitz von einer in europäischer Bildhauerkunst ungewöhnlichen Beseelung. Zu ihren Füßen ein Hund »zum Zeichen der Treue, die sie ihrem Gemahl entgegenbrachte« (Giorgio Vasari). Die Tomba selbst ist erst später entstanden. Sie zeigt bereits kräftige Putten (Kinderengel oder Todesgenien), die Girlanden mit schweren Blättern und Früchten tragen: ein römischen Sarkophagen entlehntes Motiv, das von der Florentiner Renaissance gern und häufig aufgegriffen wurde.

Folgt man nun dem Weg in das rechte Querschiff des Doms, trifft man auf zwei Grabmäler, die Matteo Civitali in den achziger Jahren des 15. Jh. geschaffen hat. Das erste ist die Ruhestätte des **Pietro da**

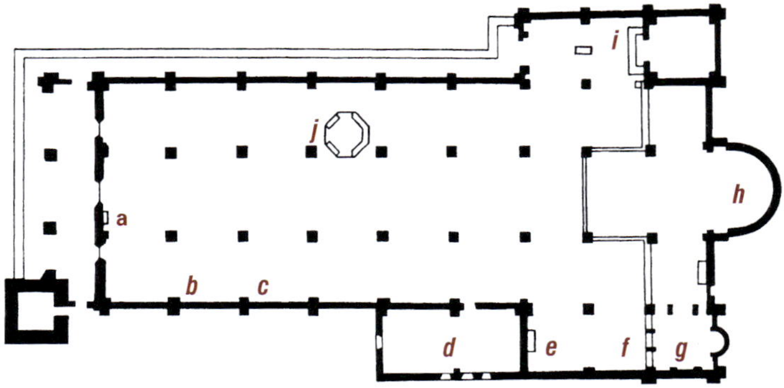

Dom San Martino

- a Hl. Martin (frühes 13. Jh.)
- b Anbetung der Könige, Federico Zuccari (1595)
- c Abendmahl, Tintoretto (1594)
- d Sakristei mit dem Grabmal der Ilaria del Carretto, Jacopo della Quercia (um 1406)
- e Grabmal des Pietro da Noceto, Matteo Civitali
- f Grabmal von Domenico Bertini und Gemahlin, Matteo Civitali
- g Fresken von Stefano Tofanelli (um 1800) in der Capella del Sacramento
- h Glasfenster, Pandolfo di Ugolino da Pisa (1485)
- i Madonna mit Johannes dem Täufer und dem Hl. Stephan, Fra' Bartolomeo (1509) in der Cappella del Santuario
- j Tempietto del Volto Santo, Matteo Civitali (1484)

Noceto (e), Sekretär von Papst Nikolaus V. Das Grabmal gilt als erstes Werk Civitalis, das dieser nach dem Vorbild der Florentiner Grabmäler von Santa Croce geschaffen hat. In dem zweiten ruhen der päpstliche Sekretär unter Sixtus IV., **Domenico Bertini und seine Gemahlin (f).** Noch zu Lebzeiten Bertinis erhielt Civitali den Auftrag für das Grabmal.

Der Legende nach schnitzte der Hl. Nikodemus das ›Hl. Antlitz‹ aus einer Libanonzeder, wobei ein Engel half, das Antlitz zu vollenden

Zuletzt gelangt der Besucher zum **Tempietto des Volto Santo (j)** im linken Seitenschiff. Diesen oktogonalen Marmorbau schuf Matteo Civitali 1484 für den berühmten ›Volto Santo‹ (Heiliges Antlitz). Wie in jüngster Zeit erst festgestellt, handelt es sich nicht um den originalen ›Volto Santo‹, sondern um eine Kopie des 12. oder 13. Jh. nach dem ursprünglichen Holzkruzifix, das laut einem Dokument von 1179 nach San Sepolcro gebracht wurde (s. S. 254). Der ›Volto Santo‹ wurde bereits im Mittelalter auf lucchesischen Münzen dargestellt und erlangte so durch den Handel in ganz Europa Berühmtheit. Der Typ der sogenannten ›Hl. Kümmernis‹, einer bärtigen gekreuzigten Jungfrau, geht auf ihn zurück. Bereits Ende des 11. Jh. war er im fernen England bekannt: König Wilhelm II. legte Eidesschwüre »per vultum de Luca« ab. Jedes Jahr am 13. September wird das Kruzifix in einer Prozession durch die Straßen der Stadt getragen (in einer modernen Nachbildung).

Museo della Cattedrale (2)

Das 1993 eröffnete Dommuseum präsentiert den Domschatz (mit liturgischem Gerät, das teilweise zu hohen Festtagen noch benutzt wird, Reliquaren etc.), aber auch Altargemälde, minierte Codices und Bauskulpturen (darunter ein Bischofskopf des Vorgängerbaus). Der Rundgang im Museumskomplex führt auch in das mit Fresken ausgestattete Oratorium San Giuseppe, das zu einem 1518 gegründeten Nonnenkloster gehörte. Ein Raum des Museums zeigt die Prunkkleidung und den Schmuck des Volto Santo, mit dem dieser für die alljährliche Prozession auch heute noch eingekleidet wird. Besondere Beachtung verdient im letzten Saal eine Steinskulptur Johannes des Evangelisten (um 1410) von Jacopo della Quercia. Sie gehört zu einer Serie von geplanten Statuen für die Strebepfeiler der Domflanken, wurde jedoch als einzige ausgeführt.

Museo della Cattedrale
Piazza Antelminelli
Tel. 0583 49 05 30
www.museocattedralelucca.it
10. März–2. Nov tgl. 10–18, sonst Mo–Fr 10–14 (Sa und So/Fei bis 17) Uhr; 1. Jan. und Ostern vormittags, 25. Dez. ganztägig geschl.

Von der Piazza San Martino zur Piazza Mercato

Am Domplatz, der Piazza San Martino, steht an der Nordseite der 1556 nach Plänen von Ammannati für Bischof Bernardi erbaute **Palazzo Micheletti (3).** Daneben erhebt sich **San Giovanni (4),** ein Komplex von zwei miteinander verbundenen Kirchenräumen: Santa Reparata, die ursprüngliche Kathedrale der Stadt (bis zum 8. Jh.) und das angeschlossene, Johannes dem Täufer geweihte Baptisterium San Giovanni, dessen Titel später auf beide Kirchen überging. Man steht zunächst vor der Kirche Santa Reparata, die im 12. Jh. gänzlich erneuert wurde. Die in der zweiten Hälfte des 16. Jh. neu gestaltete Fassade behielt jedoch weiterhin das romanische Mittelportal. Am Türsturz sieht man eine ›Muttergottes mit zwei Engeln und Aposteln‹, die laut Inschrift von einem Meister namens Villano aus dem Jahre 1187 stammt. Der Innenraum erweist sich als eine dreischiffige Basilika mit Querschiff auf dem Grundriss eines griechischen Kreuzes. Im Langhaus verwendeten die Baumeister mehrere antike Säulen wieder. Die Kassettendecke von 1589 verdeckt den alten Dachstuhl.

An das linke Querschiff schließt sich das quadratisch angelegte Baptisterium San Giovanni aus dem 14. Jh. an. Darüber erhebt sich eine Segmentkuppel in der Form eines achtgeteilten spitzbogigen Rippengewölbes (1393). Das Monument für die 1115 verstorbene Mathilde von Canossa ist von 1872.

Langjährige Ausgrabungen (1969–90), die man besichtigen kann, haben außer spärlichen Resten eines zuvor hier bestehenden römischen Hauses des 1. Jh. v. Chr. Fundamente, Mauern und Bodenbelag von vier kirchlichen Vorgängerbauten von Santa Reparata und des Baptisteriums freigelegt, die alle von beträchtlicher Größe waren. Aus der Spätantike, dem 5. Jh. n. Chr., stammen ein einschiffiger Raum mit Querschiff, vermutlich die erste Bischofskirche Luccas, sowie eine

Das größere Mittelportal von San Giusto wurde wohl gegen Beginn des 13. Jh. mit einem reichen antikisierenden Ornamentschmuck und mit Löwenfiguren versehen

quadratische Taufkirche mit vier Apsiden (unter dem jetzigen Baptisterium). Die späteren Vorgängerbauten sind aus dem 8. (Baptisterium mit Stützpfeilern), dem frühen 9. und 10./11. Jh.

Über die Via Fillungo dringt man nun weiter ins Stadtinnere ein. Linkerhand liegt die Kirche **San Giusto (5),** die Ende des 12. Jh. begonnen wurde. Die Fassade gehört zu den ausgewogensten Luccas. Neben rötlichem Sandstein wurde für die Portalpfeiler, die Türstürze und die horizontale Streifung auch Marmor verwendet. Über den Seitenportalen liegen den relativ hohen Kämpfern sichelförmige, leicht gestelzte ›pisanische‹ Rundbögen auf.

Eine besonders prachtvolle Kirche kann der Besucher ganz in der Nähe von San Giusto bewundern. Weiter die Via Fillungo hinauf, und dann links in die Via Roma und vorbei am **Palazzo Cenami (6)** führt der Weg auf einen Platz, der einst das römische Forum bildete. Hier errichteten die Bürger Luccas im 12. Jh. – die genaue Bauzeit ist nicht überliefert, wohl aber das Datum 1143 am linken Pfeiler des Triumphbogens – die Kirche San Michele in Foro.

San Michele in Foro (7) und Umgebung

Die Arbeiten an der Außenverkleidung und an der Fassade von **San Michele in Foro** erstreckten sich bis in die zweite Hälfte des 13. Jh. Die Wände des Mittelschiffs und des rechten Seitenschiffs wurden nachträglich aufgemauert. Die in der Toscana nicht häufig anzutreffende basilikale Anlage mit Querschiff erinnert an Pisaner Kirchen (Dom, San Paolo a Ripa d'Arno) aber auch an die Luccheser Kirche Santa Maria Forisportam. Wie die Bauten des Pisaner Domplatzes präsentiert sich San Michele ganz in Marmor, mit den gesamten Baukörper umlaufenden Blendarkaden und Zwerchgalerien. Während jedoch in Pisa die Blend-bögen teilweise auf Pilastern ruhen, wurden in Lucca einheitlich Halbsäulen verwendet. Die Proportion der Arkaden ist hier auffallend steiler. Darin mag sich bereits ein gotischer Höhenzug ankündigen, ebenso wie in der Schauwand der Fassade, die außergewöhnlich hoch das Mittelschiff überragt, wenngleich dieses noch höher geplant war. So ist zu vermuten, dass es ebenfalls die Bauhütte des Doms war, die auch die Fassade von San Michele ausführte.

Die große **Statue des** kämpferischen **Erzengels Michael** beherrscht die Fassade. Am Südpfeiler brachte man nach der überstandenen Pest von 1476–80 eine Strahlenkranzmadonna an, die Matteo Civitali schuf und deren Original im Innern steht. Den Restauratoren von 1866 ist es zu verdanken, dass man an der Fassade mit dem Fernglas Köpfe von Persönlichkeiten des 19. Jh. entdecken kann, so z. B. Napoleon III., Papst Pius IX. oder König Vittorio Emanuele.

San Michele in Foro
Tel. 0583 484 59
tgl. 7.40–12 und 15–18 Uhr

Das dreischiffige Innere verlor im 16. Jh. teilweise seinen romanischen Charakter, da die Holzdecke durch Gewölbe ersetzt wurde. In der hinteren rechten Ecke der Kirche steht das Original der eben genannten **Strahlenkranzmadonna** (1476–80), an der man noch Spu-

Wie an der Fassade des Doms sind die Säulen und Kapitelle der Galerien von San Michele in Foro fantasievoll variiert, wie dort ähneln die Marmor-Inkrustationen mit den Tierornamenten orientalischen Stoff- und Teppichmustern

ren farbiger Bemalung erkennt. Am Hauptaltar befindet sich ein **Tafelkreuz** des frühen 13. Jh., dessen in Stuck ausgeführter Körper leicht im Relief hervortritt. Mit den geöffneten Augen, der aufrechten Haltung und dem Fehlen der Seitenwunde gehört dieser Kruzifix dem älteren toscanischen Typus des ›Christus triumphans‹ an.

An dem gleichnamigen Platz von San Michele in Foro, an dem sich ein großer Teil des alltäglichen lucchesischen Lebens abspielt, liegt auch der Palazzo del Podestà. Mit dem Bau dieses Bürgermeisterhauses, das das Gericht in seinem Mauern beherbergte, begann Matteo Civitali 1492. Später avancierte es zum Sitz des Amtsgerichts und zum **Palazzo Pretorio (8).** 1588 verdoppelte Vicenzo Civitali noch einmal die Tiefe des Palasts.

In der nahe gelegenen Via di Poggio steht die **Casa Puccini (9),** das Geburts- und Wohnhaus des Komponisten aus Lucca (1858–1924). Viel von seiner alten Möblierung und seiner Atmosphäre konnte bewahrt werden.

Casa Puccini

Corte San Lorenzo 8
Tel. 0583 58 40 28
www.puccini.it
Juni–Sept. tgl. 10–18, Okt.–Mai Di–So 10–13 und 15–18 Uhr; Jan./Feb. und 25. 12. geschl.

Ein ähnliches Mosaik wie hier an der Fassade von San Frediano in Lucca findet sich in der Toscana nur noch an San Miniato al Monte in Florenz. Dargestellt ist die ›Himmelfahrt Christi‹, bei der Christus in der von Engeln getragenen Mandorla thront. Als man später das schmale spitzbogige Fenster einließ, ging die Gestalt der Muttergottes inmitten der zwölf Apostel verloren

An der Via Fillungo

Von hier aus kehrt man am besten wieder zur Via Fillungo zurück und lässt sich auf der schönsten Flanier- und Einkaufsstraße Luccas ein wenig treiben. Zahlreiche Läden haben sich seit dem 19. Jahrhundert oder der Zeit des Jugendstils nicht verändert. Das berühmte Café Di Simo (Via Fillungo 58) wurde 1846 als Bottega del caffé del Caselli gegründet, doch stammt die Einrichtung aus dem Jahr 1929. Seit der Mitte des 19. Jh. war das Café Treffpunkt der Künstlerwelt, u. a. von Giacomo Puccini, der dem damaligen Besitzer, Alfredo Caselli mehrere Werke widmete. Hier kann man ein wenig ausruhen, bevor man der dreischiffigen profanierten Kirche **San Cristoforo (10)** einen kleinen Besuch abstattet. Das Gotteshaus des späten 12. oder frühen 13. Jh. ist im oberen Teil der Fassade mit der großen Fensterrose aus der zweiten Hälfte des 14. Jh. ausgestattet. Früher saß hier die Innung der Kaufleute (Università dei Mercanti), die rechts vom Hauptportal die Maße für die bekannten Luccheser Webstühle anbringen ließ.

Noch ein Stück weiter die Fillungo hinauf ragt die aus dem 13. Jh. stammende **Torre delle Ore (11)** in den Himmel. Der Turm der Stunden war ein Geschlechterturm, der von verschiedenen rivalisierenden Familien beansprucht wurde und daher auch Torre della Lite (Turm des Streites) genannt wurde. Er trägt seit 1471 die Stadtuhr und wurde 1490 von der Republik erworben. Auf der gegenüberliegenden Straßenseite sieht man einen weiteren Turm des 14. Jh. sowie mittelalterliche Häuser, u. a. die **Casa Barletti (12),** aus dem 13. Jh.

Hinter der Kreuzung mit der Via Mordini gelangt man rechter Hand durch einen Bogen auf die **Piazza Mercato (13).** Sie ging aus dem römischen Amphitheater hervor, in dessen Ruinen sich die Bewohner während der Völkerwanderung ihre Häuser gebaut hatten. Die Piazza hat die Form der Arena bewahrt, die jedoch früher 3 m tiefer lag. Selbst die Zugänge in den Hauptachsen wurden nicht verändert. Die Eingänge zu den Läden entsprechen größtenteils den Gewölben der Zuschauerränge. Wie in Römerstädten üblich, lag das Amphitheater außerhalb der Stadtmauer.

Von der Piazza Mercato zur Piazza Napoleone

San Frediano (14)

Nur wenige Meter nordwestlich der Piazza Mercato liegt San Frediano. Nach der Überlieferung soll Bischof Fredianus im 6. Jh. eine Vorgängerkirche gegründet haben, die er den Heiligen Vincenz, Stephan und Laurentius weihte. Sie lag damals noch außerhalb der Stadtmauern und war, wie Ausgrabungen des Jahres 1950 zeigen, mit ihrer quadratisch eingefassten runden Apsis in üblicher Weise nach Osten gerichtet. Später wurde sie dem Hl. Fredianus geweiht, der aus Irland stammte. Als Bischof von Lucca gründete er außer San Frediano auch den Dom und einige Pfarrkirchen der Umgebung. Der heutige Bau wurde 1118–47 errichtet. Der Mauerkreis war inzwischen erweitert worden und die Kirche lag nun innerhalb des Stadtgebiets. Um die Fassade nicht gegen die Stadtmauer zu richten, musste sie an die Ostseite verlegt werden. So ist San Frediano gewestet.

San Frediano
Tel. 0583 49 36 27
tgl. 8.30–12 und 15–17, So/Fei 10–17 Uhr

Zunächst hatte man den Bau von San Frediano mit niedrigeren Mauern, einem niedrigeren Chor und ohne Seitenkapellen angelegt. Erst im frühen 13. Jh. wurden die Obergadenmauern um 3,30 m erhöht. Zu dieser Zeit öffnete man auch die bereits bestehende Taufkapelle und die Kapelle Santa Croce und bezog sie in den Kirchenraum ein. Weitere Kapellen fügten die Baumeister im Laufe von drei Jahrhunderten hinzu

Die Fassade bestand ursprünglich nur aus den drei mittleren Abschnitten. Das Mittelfeld erhielt seine jetzige charakteristische hohe Gestalt erst Anfang des 13. Jh. Dabei wurde auch die Kolonnade und das prächtige Mosaik hinzugefügt, das dem Luccheser Maler Berlinghiero Berlinghieri zugeschrieben wird. Da man es im 19. Jh. stark überarbeitete, zeigt es nur noch stellenweise etwas von der ursprünglichen Schönheit.

Der hohe querschifflose Innenraum mit ausgedehnten, für Fresken vorgesehenen Wandflächen und offenem Dachstuhl gehört zu den eindrucksvollsten Räumen der Luccheser Romanik. Im Mittelschiff stehen Breite und Höhe im Verhältnis 1:2, wie auch im Dom von Pisa. Die Säulen tragen antikisierende Kompositkapitelle der Entstehungszeit und einige Kapitelle römischer Herkunft.

In der ersten Seitenschiffkapelle rechts befindet sich die Taufkapelle mit einem **Taufbecken** aus der Mitte des 12. Jh., das im 18. Jh. abgebrochen und erst 1952 wieder zusammengesetzt wurde. Drei verschiedene Bildhauer beteiligten sich an der Ausführung. Von einem temperamentvollen lombardischen Meister sind die vielfigurigen Szenen am unteren Becken, die im Allgemeinen als Geschichten des Moses gelesen werden: Auszug aus Ägypten – Moses wird der Tochter des Pharao überreicht – Die Verwandlung des Dornbuschs in eine Schlange – Der Aussatz – Zug durch das Rote Meer – Überreichung und Erklärung der Gesetzestafeln.

Zwei weitere Felder zeigen Christus als Guten Hirten, der von Propheten, Aposteln oder Heiligen umgeben ist. Diese Arbeiten stammen aus der Hand eines anderen Bildhauers, der seine Signatur hinterließ: »Me fecit Robertus magister in arte peritus« (Mich schuf Robertus, erfahren in der Kunst). Ein dritter Meister aus dem Umkreis des Biduino schuf die Masken und Tierköpfe auf dem Pokal, die Monate und die Apostel auf dem Deckel.

In der vierten Seitenschiffkapelle links, die der Luccheser Kaufmann Lorenzo Trenta 1413 in Auftrag gab, liegen **Trenta und seine Gemahlin** begraben. Die stark abgetretene Grabplatte schuf Jacopo della Quercia 1416 ebenso wie den vielteiligen Marmoraltaraufbau (1422) unter Mitarbeit von Giovanni di Francesco da Imola, der wahrscheinlich auch die begleitenden Heiligenstatuen anfertigte. Neben der thronenden Muttergottes stehen (von links) die Heiligen Ursula, Laurentius, Hieronymus und Richard der Angelsachse. In den Predalla-Szenen, die den Stil des Jacopo della Quercia besonders gut zeigen, wird jeweils das Martyrium oder eine Begebenheit aus dem Leben der Heiligen dargestellt. Unter der Madonna befindet sich, von Maria und Johannes betrauert, ein ›Schmerzensmann‹. Unter der Mensa steht ein römischer Sarkophag, der die Gebeine eines um 720 in Lucca verstorbenen Rompilgers aufbewahrt. Es handelt sich um den auch auf dem Altar dargestellten angelsächsischen Kleinkönig Richard. Er gilt als Vater dreier Heiliger, des Willibald (erster Bischof von Eichstätt), des Wunnibald (Gründer von Kloster Heidenheim bei Gunzenhausen) und der Walburga.

Die zweite Seitenschiffkapelle links werden durch **Fresken von Amico Aspertini** (1508/09) geschmückt. Links sieht man ›Der Hl. Ambrosius tauft Augustinus‹, ›Die Überführung des Volto Santo von Luni nach Lucca‹, rechts ›Die Umleitung des Serchio durch den Hl. Fredianus‹ und ›Geburt Christi‹. Der Bologneser Aspertini war ein exzentrischer Maler, von dem Vasari sagte, er sei »kapriziösen Charakters, ein bizarres Geschirr«, da er nicht, wie z. B. für Raffael oder die Hochrenaissance typisch, nach Harmonie strebte.

Palazzo Controni-Pfanner

Via degli Asili 33
Tel. 0583 95 40 29
www.palazzopfanner.it
April–Okt. tgl. 10–18 Uhr

Pinacoteca im Palazzo Mansi

Via Galli Tassi 43
Tel. 0583 555 70
Di–Sa 8.30–19.30 Uhr; So/Fei und Mo geschl.

www.luccamuseinazionali.it

Palazzo Controni Pfanner und Palazzo Mansi

Besteigt man bei San Frediano die nahe gelegene **Stadtmauer** hat man den besten Blick auf den Campanile des 12. Jh. und die Apsis, die das Kolonnaden-Motiv der Fassade wiederholt. Außerdem blickt man von hier in eine schöne Gartenanlage aus dem 18. Jh., die mit vielen Statuen und einem Wasserbassin aus dieser Zeit ausgestattet ist. Der Garten gehört zum **Palazzo Controni-Pfanner (15),** der 1667 in barockem Stil errichtet wurde. Das offene weiträumige Treppenhaus lädt zu einer näheren Betrachtung ein und schließlich findet der Besucher ein interessantes kleines Museum über Kostümkunde vor.

Ein weiteres Beispiel eines barocken Patrizierpalasts in Lucca ist der im 17. Jh. erbaute **Palazzo Mansi (16).** Dieser Stadtpalast der Familie Mansi, die außerhalb von Lucca (bei Segromigno) die Villa Mansi besaß, ist äußerlich sehr schlicht gehalten, während das Innere im 18. Jh. prunkvoll ausgestattet wurde. Der Palast beherbergt die Pinacoteca Nazionale, die größtenteils von Großherzog Leopold II. gestiftet wurde. Zu den thematischen Schwerpunkten seiner Gemäldesammlung zählen die venezianische Malerei des 16. Jh. und Barockmalerei. Unumstrittenes Hauptwerk ist das ›Bildnis eines jungen Mannes‹ von Jacopo da Pontormo.

Sant' Alessandro (17)

Auf dem Weg zur Piazza Napoleone über die Via Galli und Via Vittorio Emanuele trifft man auf die älteste, in ursprünglicher Gestalt erhaltene Luccheser Kirche, Sant' Alessandro, die wohl noch aus dem 11. Jh. stammt. Sie zeigt noch keine Einflüsse der Pisaner Romanik. Das Äußere ist sehr schlicht, nur zartgraue Horizontalstreifen beleben die weißen Marmorblöcke. Als einzige Schmuckform zieren Blendbögen die Apsis, die erst im 12. Jh. hinzugefügt wurden. Die **Fassade** ist nur durch ein einziges Portal geöffnet, das nicht ein Rundbogen, sondern ein späterer klassischer Dreiecksgiebel krönt. Im Gegensatz zu den Pisaner Kirchen des 11. Jh. besitzt diese Fassade keine Zwerchgalerie und keinen ursprünglichen Figurenschmuck. Die Figur des Hl. Papstes Alexander (des Gründers der Kirche) fügte man im 13. Jh. hinzu, das Baldachin-Seitenportal im 16.Jh. und das Tympanon im 19. Jh. Im Innern wurden römische Säulenschäfte und Kapitelle wiederverwendet.

Piazza Napoleone

Nach einem Abstecher zur ehemaligen Dominikanerkirche **San Romano (18)** öffnet sich – zurück auf der Via Vittorio Emanuele – die ausgedehnte Piazza Napoleone. Für diese Anlage ließ Elisa Bacciocchi, die Schwester Napoleons, ein ganzes mittelalterliches Stadtviertel abreißen. Der den Platz dominierende **Palazzo della Provincia (19)** ist der Regierungssitz der Provinz Lucca, als ehemaliger Herzogspalast auch Palazzo Ducale genannt. Er steht auf dem Territorium der ehemaligen Fortezza Augusta, die 1332 Castruccio Castracani errichten ließ, die aber schon 1369 von den Lucchesern zerstört wurde. Der damals verschonte Palast dieser Festung diente Paolo Guinigi als Residenz, in der dann später die *anziani,* der Ältestenrat der Luccheser Republik, tagte. 1576 durch die Explosion der Pulverkammer weitgehend zerstört, begann man den Wiederaufbau des linken Teils mit dem Schweizer Hof 1578 nach Plänen des Florentiner Ammannati, der rechte Teil aber wurde erst 1728 weitergeführt. Das Innere ließ Maria Luisa von Bourbon 1819–47 durch Lorenzo Nottolini umbauen und ausstatten.

Vom Palazzo Bernardini zu Santa Maria della Rosa

Nachdem man nun den nordwestlichen Teil der Stadt erkundet hat, kann man sich in einem weiteren Spaziergang die südöstliche Stadthälfte vornehmen und die zweite Erkundungsreise beispielsweise in der Via Santa Croce am **Palazzo Bernardini (20)** beginnen. Dieser prächtige Renaissancepalast wurde 1512 nach Plänen von Nicolao Civitali erbaut. Die strenge und regelmäßige Pilastergliederung des Erdgeschosses knüpft an das Beispiel des Palazzo Rucellai in Florenz an, der gleichfalls vom großen Baumeister der Renaissance, Leon Battista Alberti, stammt. An der Piazza Bernardini liegt auch das einschiffige **Oratorium Santa Giulia (21)** aus dem 13. Jh., das eine Marmorfassade mit noch romanisch anmutenden Blendbögen von 1344 und einem gotischen Fenster besitzt. Im Inneren birgt das Oratorium ein gemaltes Kruzifix des frühen 13. Jh., verwandt mit dem Kruzifix in San Michele.

Nördlich des Oratoriums befindet sich an der gleichnamigen Straße der **Palazzo Guinigi (22),** den die Familie Guinigi um 1400 erbauen ließ. Er zeigt noch den traditionellen Luccheser Fenstertypus mit drei- und viergeteilten Fenstern, die runde Blendbögen umfangen. Ihm gegenüber steht ein ähnlicher Palast der Familie Guinigi, die fast den gesamten Häuserblock besaß. Vom Turm kann man auch schon das nördlich gelegene nächste Ziel des Rundgangs, die von Sumald bereits um 700 gegründete Kirche **San Pietro Somaldi (23),** erblicken. Der romanische Bau wurde um 1200 begonnen. Den oberen Teil der Sandsteinfassade zieren Marmorstreifen. Der erhöhte Teil des Mittelschiffs, der obere Teil des Campanile und die Apsis stammen vom

Torre Palazzo Guinigi

Via S. Andrea
Tel. 0583 31 68 46
Sommer 9–20, Okt. 10–18, Winter 9–17.30 Uhr

Ende des 14. Jh. Der Türsturz des Hauptportals zeigt ein Relief mit der ›Schlüsselübergabe an Petrus‹ von Guido da Como (1203). Das dreischiffige Innere wurde später eingewölbt.

Auf dem Weg über die Via della Quarquonia zum Museo Nazionale sollte man auch einen Blick in die Kirche **San Francesco (24)** werfen. Ihre ursprüngliche Form stammt aus dem Jahr der Heiligsprechung des Hl. Franziskus, 1228, aber in der jetzigen Gestalt ist die einschiffige Franziskanerkirche ein Bau des 14. und 17. Jh. Im Innern lohnt es sich, dem Chorgestühl mit Intarsien, den Fresken des 15. Jh. und den Grabmälern der Komponisten Luigi Boccherini und Alfredo Catalani Beachtung zu schenken. Im ersten Kreuzgang schmückt das Grabmal des Buonagiunta Tignosini ein schönes Muttergottes-Fresko von Deodato Orlandi.

Museo Nazionale Villa Guinigi (25)

Eine der frühesten und originellsten Villenbauten wartet gegenüber von San Francesco. Die Villa Guinigi mit dem Museo Nazionale ließ sich 1418 der Signore von Lucca, Paolo Guinigi, außerhalb der Stadtmauern errichten. Extrem lang gestreckt ist der Baukörper mit 87 m und nur 17 m Tiefe. Im Erdgeschoss öffnet sich in acht hohen Arkaden die eine Loggia, eine weitere zum Garten hin. Das einzige Obergeschoss wird durch eine dichte Folge von Drillingsfenstern des lucchesischen Typus bestimmt, während zur Gartenseite hin die Fenster zweigeteilt sind. Nach vorbildlicher Restaurierung wurde die Villa 1968 staatliches Museum mit Abteilungen etruskischer und römischer Funde, mittelalterlicher Bauplastik sowie Gemälden des 13. bis 18. Jh.

Der Rundgang beginnt im linken Flügel des Erdgeschosses. Hier werden zunächst **archäologische Funde** von der Villanova-Kultur bis in römische Zeit präsentiert. Es folgen langobardische Grabbeigaben und **romanische Bauskulptur** (darunter der Tondo ›Samson kämpft mit dem Löwen‹ von der Chorschranke des Doms in Raum 5). Unter den Stein- und Marmorskulpturen des 15. Jh. sind die Arbeiten des Luccheser Matteo Civitali hervorzuheben, darunter das frühe Marmor-Relief ›Muttergottes mit Kind‹ (mit Resten der Farbfassung) aus der Loggia dei Mercanti (um 1472).

Im Obergeschoss laden gemalte **Kruzifixe** zur vergleichenden Betrachtung ein. Das Tafelkreuz aus Santa Maria dei Servi (um 1150) zeigt ähnlich wie das Kruzifix in San Michele Christus mit offenen Augen, triumphierend über den Tod. Ausnehmend gut erhalten ist das Tafelkreuz aus dem Konvent Santa Maria degli Angeli, um 1210–20, des Lucchesers Berlinghiero Berlinghieri. Es gehört noch immer dem Christus-triumphans-Typus an, wenngleich stilistisch schon weiterentwickelt. Das Kruzifix aus San Cerbone von Deodato Orlandi (signiert und datiert 1288) verkörpert dagegen den Typus des ›Christus patiens‹. In den organischen, fließenden Körperformen und der weit ausholenden S-förmigen Ausschwingung ist es von Cimabues Kreuz in Santa Croce in Florenz angeregt.

Museo Nazionale Villa Guinigi
Via della Quarquonia
Tel. 0583 49 60 33
Besichtigung in Begleitung von Aufsichtspersonal
Di–Sa 8.30–19.30 Uhr; So/Fei und Mo sowie 1. Mai, 1. Jan. und 25. Dez. geschl.

Robert Oertel über Berlinghieris Tafelkreuz: »Die reife Formenkultur der byzantinischen Malerei erscheint darin schon bis zu einem gewissen Grade verarbeitet und italienisiert ... Die Formen werden nicht mehr isoliert nebeneinander gestellt, sondern plastisch und malerisch zusammengefasst. Die Vielzahl der Nebenszenen ist unterdrückt, die Gestalten der Trauernden sind in ein organisches Verhältnis zur Hauptfigur gebracht«

Zu den interessantesten Exponaten des Museums zählen die **Holzintarsien.** Die Intarsien in von Cristoforo Canozzi da Lendinara (nachweisbar seit 1471–91) zeigen u.a. Lucca mit den Mauern des 13. Jh. Canozzi war in der perspektivischen Konstruktion von Piero della Francesca beeinflusst. Die Intarsie an der Fensterwand mit der Büste des Hl. Martin schuf Matteo Civitali um 1495. Die Marmorbüste ›Ecce Homo‹ ist eines der bekanntesten Werke von Matteo Civitali. Unter den Altargemälden des späten 15. Jh. im selben Raum sei auf die **›Allegorie der unbefleckten Empfängnis‹** (aus San Francesco, um 1480–90) hingewiesen: Eine ins Bild umgesetzte theologische Argumentation für die unbefleckte Empfängnis Mariens, die von den Franziskanern propagiert wurde. Der unbekannte Luccheser Maler wurde von Filippino Lippi und Ghirlandaio beeinflusst.

Zu den Hauptwerken des Museums zählt Fra' Bartolomeos **›Gottvater mit den Heiligen Magdalena und Katharina von Siena‹.** Das unsignierte Gemälde trägt die Inschrift ›orate pro pictore‹ (betet für den Maler) und das Datum 1509. Den beiden Heiligen in der irdischen Zone sind Worte Savonarolas in den Mund gelegt, der Magdalena: »Nostra conversatio in coelis est« (Unsere Zwiesprache ist im Himmel). Katharinas Worte »Amore langueo« (zu übersetzen im Sinne von, ich verzehre mich für die Liebe) weisen auf die Extasen der Heiligen hin, auf die sich auch die Worte des Schriftbands beziehen.

Luccas Südosten

Für die Familie Buonvisi entstand um 1566 die **Villa Bottini (26)** als außerhalb des zweiten mittelalterlichen Mauerkreises gelegene *villa suburbana* mit weitläufiger Parkanlage. Die Innenräume (mit Fresken des späten 16. Jh.) sind auf Wunsch werktags vormittags zugänglich (man wende sich an die Aufsicht in der Zeitschriftenhalle).

Durch die Porta di San Gervasio e San Protasio mit den beiden halbkreisförmigen Türmen gelangt man schließlich zu einer weiteren sehr bekannten Luccheser Kirche, der **Santa Maria Forisportam (27).** Das im Volksmund auch ›Santa Maria Bianca‹ genannte Gotteshaus errichtete man als eine Basilika mit Querschiff um 1200 ausserhalb des damaligen Mauerkreises. In der unvollendeten Marmorfassade zeigt sich zum ersten Mal in Lucca der Einfluss der Pisaner Baukunst: Über hohen Blendarkaden mit Rhombenfüllungen, die sich am ganzen Bau fortsetzen, folgen zwei übereinander gestellte Säulengalerien, wenn auch ohne bunte Steinintarsien. Man erhöhte die Kirche im 16. Jh. und wölbte sie ein. Aus dieser Zeit stammen auch die Rundfenster. Beendet werden kann der Rundgang durch Lucca an der kleinen Kirche **Santa Maria della Rosa (28),** die östlich des Doms liegt. Die Università dei Mercanti, die Vereinigung der Kaufleute, ließ sie 1309 an der Stelle errichten, an der sich an der Stadtmauer ein Madonnenbild befand. Diesem Bild glaubten die Einwohner Luccas den Beistand in Kriegszeiten zu verdanken. Daher ist die später erweiterte Kirche an die römische Stadtmauer angelehnt, von der im Innern Teile sichtbar sind.

Zwischen Lucca und Pistoia

Nach einem kleinen, meist vertrockneten Bach, dem Nièvole, nennt man das windgeschützte Hügelland und die vorgelagerte Ebene am Südrand des Apennin Valdinièvole. Hier stehen einige der schönsten toscanischen Villen und Gärten für den Besucher offen. Lohnend sind auch Fahrten zu den kleinen Orten auf den Hügeln (Villa Basilica, Uzzano Castello, Buggiano Castello, Montecattini Alto und vor allem Monsummano Alto), von denen man herrliche Ausblicke genießt, während Montecatini und Monsummano Terme zum Kuren, zum Einkaufen und längeren Verweilen in den eleganten Hotels einladen (s. S. 134).

Villen und kleine Kirchen

Villa Mansi

In der Ortschaft **Segromigno** (Gemeinde Capannori) liegt die Villa Mansi (11 km nordöstlich von Lucca). Die ursprünglich für die Familie Benedetti zu Füßen des Monte Pizzorne errichtete Villa, die sich seit dem 18. Jh. im Besitz der Luccheser Familie Mansi befindet, geht in ihrer jetzigen Gestalt auf verschiedene Bauperioden zurück. Der Mitteltrakt ist aus dem 16. Jh. Der Architekt Muzio Oddi fügte 1634 die Loggia des Hauptgeschosses, im oberen Stockwerk eine weitere (später geschlossene) Loggia und die beiden flankierenden Pavillons

Villa Mansi
Tel. 0589 92 02 34
www.villamansi.com
April–Okt. Di–So 10–13, 15–18 (Rest des Jahres bis 17) Uhr

Villa Mansi

Villa Torrigiani

hinzu. Bogen und Gebälk der beiden Loggien ruhen auf doppelten Säulen, was stilistisch eher für den Manierismus als für das 17. Jh. bezeichnend ist. Auf Oddis Entwurf gehen auch die Statuen zwischen den Säulen zurück. 1725–42 verlieh Fra' Giovanni Francesco Giusti der Villa den barocken Charakter. Er schloss die obere Loggia, fügte ihr einen beschließenden Giebel und dem gesamten Bau eine mit Statuen besetzte Balustrade hinzu. Die Fenster ließ er mit gebrochenen Segmentbogengiebeln und Dreiecksgiebeln verzieren. Um dieselbe Zeit legte Filippo Juvara einen italienischen Garten an, von dem nur das sogenannte ›Bad der Diana‹ und der Fischteich erhalten blieben, da der Park im 18. Jh. in einen englischen Garten umgewandelt wurde. Die mythologischen Szenen des Hauptsalons malte 1784–92 Stefano Tofanelli.

Villa Torrigiani

Villa Torrigiani
Camigliano
Tel. 0583 92 80 41
www.villelucchesi.net
März–Mitte Nov. tgl. 10–13, 15–19 Uhr

Unweit der Villa Mansi liegt die Villa Torrigiani (Villa di Camigliano). Auch diese ursprünglich für die Luccheser Familie Bionvisi errichtete Villa geht auf einen Vorgängerbau des 16. Jh. zurück, der im 17. Jh. für die Familie Santi grundlegend – vielleicht von Muzio Oddi, dem Architekten der Villa Mansi – umgestaltet wurde. Auch diese Villa zeigt manieristische Stilzüge. Der ursprünglich französische Garten wurde im 19. Jh. weitgehend in einen englischen Garten umgewandelt.

Villa Garzoni

Die Villa Garzoni in **Collodi** wurde 1633–62 für Romano Garzoni über den Fundamenten eines mittelalterlichen Kastells errichtet. Der Salon des Hauptgeschosses ist reich mit Fresken von Nachfolgern der Carracci ausgestattet. Der Sommerpavillon mit einer konkav und konvex ausschwingenden zweigeschossigen Fassade (jenseits des Innenhofs) stammt aus der Mitte des 18. Jh. Der in Terrassen auf dem steil ansteigenden Hügel zwischen 1633 und 1692 angelegte Garten mit seinen Wasserspielen, Statuen, dem offenem Theater, Labyrinth, Bädern für Damen und Kavaliere, war bereits im 18. Jh. berühmt. Ebenso berühmt wurde der in Collodi geborene Carlo Lorenzini (1826–90), der unter dem Pseudonym ›Collodi‹ den ›Pinocchio‹ schrieb.

Villa Garzoni
Piazza della Vittoria
Tel. 0572 42 95 90
Park und Haus der Schmetterlinge: März–Okt. tgl. 9 Uhr bis Sonnenuntergang, sonst Mo–Fr 9–12, 13–17, Sa/So 8.30 Uhr bis Sonnenuntergang

Im Garten der Villa Garzoni

Pievi San Gennaro und Santa Maria Assunta

Die westlich von Pescia gelegene **Pieve San Gennaro** dürfte Ende des 12. Jh. begonnen worden sein. Die Fassade erinnert in einer Gliederung durch Lisenen, in der Form des Portals und des Portalbogens an Luccheser Kirchen. Die Kapitelle des Inneren zeigen figürliche und pflanzliche Motive. Bei einigen Kapitellen ist der Block in einzelne Teile aufgelöst, auf denen zeichenhaft pflanzliche und geometrische Motive eingeritzt sind. Die Kanzel mit drei der vier Evangelistensymbole (Matthäus-Engel, Markus-Löwe, Lukas-Stier) wurde laut Inschrift 1162 von Philippus, einem Meister in der Nachfolge des Pisaner Guglielmus ausgeführt. Sollte der Bau der Kirche – wie Mario Salmi und Roberto Salvini annehmen – dem Ende des 12. Jh. angehören, wäre die Kanzel älter als die weniger entwickelt erscheinenden Kapitelle. Die teppichartigen Einlegearbeiten mit Tiermotiven am Kanzelkasten finden sich ähnlich in der Fassade von San Michele zu Lucca.

Noch deutlicher als San Gennaro folgt die **Pieve Santa Maria Assunta** (erste Hälfte 13. Jh.) in **Villa Basilica** dem Vorbild der Luccheser Kirchen. Reich variiert sind die Säulchen und die Kapitelle in der oberen Fassadenzone, wobei erstere nicht nur Arkaden, sondern in der ersten und dritten Galerie auch Architrave tragen. Ein älterer Vorgängerbau ist teilweise in der Krypta erhalten gebleiben.

Pescia und Umgebung

Die im lucchesisch-florentinischen Grenzgebiet gelegene Kommune Pescia geriet 1281 unter die Herrschaft von Lucca und gelangte 1329 in florentinischen Besitz. Erst 1699 erhielt sie Stadtrecht. Der Ort erstreckt sich zu beiden Seiten des Pescia-Flusses: links das geistliche Zentrum mit dem Dom, dem Oratorium Sant' Antonio Abbate und der Kirche San Francesco. Rechts des Flusses bildet die Piazza Mazzini das weltliche Zentrum mit dem Palazzo dei Vicari.

Von Montecatini aus kommend, passiert man die Porta Fiorentina von 1732 und gelangt zunächst zum **Dom.** Er wurde 1693 durch den Florentiner Antonio Maria Ferri an der Stelle einer Pieve errichtet und ist seit 1726 Kathedrale. Die Fassade im Stile des römischen Barock stammt erst aus dem späten 19. Jh. Raffaels Baldachinmadonna, die ursprünglich den Altar zierte, ließ der Medici-Großherzog Ferdinando als ›Kunstwerk‹ nach Florenz in den Palazzo Pitti bringen. Für den Altar bestellte er eine Kopie.

Beim ehemaligen **Bischöflichen Seminar,** Sitz einer Privatuniversiät und ursprünglich Klarissenkonvent, wandelt der Besucher durch einen Frührenaissance-Kreuzgang des 15. Jh. Vom Kreuzgang fällt der Blick auf den einzigen erhaltenen Verteidigungsturm der Stadtmauer. Das **Oratorium Sant' Antonio Abbate** wurde wohl Mitte des 14. Jh. für die Antoniter des Tau errichtet (Schlüssel im Ospedale gegenüber). Diese Kanoniker erhielten den Beinamen ›des Tau‹ nach ihrem Wap-

Ufficio Turismo
Via Fratelli Rosselli
Tel. 0572 49 09 19
turismo@comune.pescia.pt.it

penzeichen, einem Kreuz in Form des griechischen Buchstaben T (Tau), den sie auch auf ihrem Habit trugen. Die Fresken aus der ersten Hälfte des 15. Jh. zeigen Szenen aus dem Leben des Hl. Antonius Abbas, die wohl von dem Florentiner Lorenzo di Bicci stammen. Die große Figurengruppe einer Kreuzabnahme ist ein umbrisches oder toscanisches Holzbildwerk in der Nachfolge des Antelami.

Hauptsehenswürdigkeit von Pescia ist die Kirche **San Francesco.** Sie soll mit dem Konvent vom Hl. Franziskus gegründet worden sein, der 1211 als Gast der Familie Orlandi in der Stadt weilte. Es handelt sich um eine typische einschiffige Franziskanerkirche mit offenem Dachstuhl und drei flach schließenden, gewölbten Chorkapellen. Über einem Altar der rechten Wand hängt die berühmte Tafel des Hl. Franziskus, von dem Luccheser Maler Bonaventura Berlinghieri 1235 signiert. Dieses vorzüglich erhaltene Werk entstand bereits sieben Jahre nach der Heiligsprechung, neun Jahre nach dem Tode des Franziskus. Die sich links öffnende Cappella Cardini wurde 1451 in der Formensprache Brunelleschis erbaut, vielleicht von seinem Adoptivsohn Andrea Cavalcanti, der nach seinem Geburtsort nahe Pescia ›Il Buggiano‹ genannt wird. Eine ähnliche Kapellenarchitektur gab es bereits seit mehr als 20 Jahren auf Masaccios Trinitätsfresko in Santa Maria Novella in Florenz, dem ersten Demonstrationsobjekt der gerade erst von Brunelleschi entdeckten zentralperspektivischen Gesetze. So ist diese Kapelle die Umsetzung einer zweidimensionalen, von Brunelleschi entworfenen Scheinarchitektur in die dreidimensionale Realität (durch Brunelleschi selbst oder Cavalcanti). In der Sakristei hängt ein Kreuzigungsfresko vom Giotto-Schüler Puccio Capanna.

Die Franziskus-Tafel von San Francesco in Pescia ist eine der frühesten italienischen Heiligentafeln überhaupt und zugleich das älteste erhaltene Beispiel für einen Bildtypus, bei dem ein Heiliger – wie zuvor nur die thronende Muttergottes mit dem Kind – das Zentrum bildet und von Szenen aus seinem Leben umgeben wird. Dazu gehören u. a. ›Stigmatisation‹, ›Vogelpredigt‹ und einige postume Heilungs- und Errettungswunder, die sich erst kurz vor der Ausführung der Tafel ereigneten

Auf der anderen Seite des Pescia-Flusses bildet die lang gestreckte **Piazza Mazzini** das städtische Zentrum. **Der Palazzo dei Vicari** aus der Zeit um 1300 ist heute Sitz der Kommunalverwaltung. Sein jetziges Aussehen erhielt der Palazzo durch umfangreiche und zum Teil auch ergänzende Restaurierungsarbeiten.

Etwas abseits liegt erhöht das **Museo Civico** im Palazzo Galeotti. Zum Besitz gehören Altarbilder vom Meister der Hl. Cäcilia (eines Mitarbeiters des jungen Giotto), von Lorenzo Monaco (oder Umkreis) und Neri di Bicci (›Verkündigung‹, 1459). Ein Großteil der grafischen Sammlung, darunter 40 Dürer-Drucke, ging in jüngster Zeit durch Diebstahl verloren. Die Kirche **Santi Stefano e Nicolao** entstand im Wesentlichen um 1331. Die effektvolle, weniger toscanisch als römisch wirkende doppelläufige Außentreppe ist aus dem 18. Jh. Das Innere wurde im 18. Jh. barockisiert, doch bereits 1844 versuchte man – wenig befriedigend – die mittelalterliche Gestalt zurückzugewinnen.

Museo Civico
Piazza Leonardo da Vinci 1
Tel. 0572 47 75 33
museo.scienze naturali@comune.pescia.pt.it
Mo–Fr 9–12 Uhr

An der östlichen Schmalseite der Piazza Mazzini liegt als ihr Fluchtpunkt die kleine Frührenaissancekirche **Madonna di Pié di Piazza,** benannt nach dem wundertätigen, noch heute hochverehrten Madonnenbild auf dem Altar. Die Kirche wurde 1447 als Gnadenkapelle errichtet, wiederum im architektonischen Vokabular Brunelleschis, wahrscheinlich ebenfalls durch Andrea Cavalcanti. Das Innere dieses quer zur Piazza angelegten Baus barockisierte man dann im 18. Jh.

Rund um Pescia

Von Pescia aus erreicht man über **Pietrabuona**, vorbei an der romanischen Kirche San Quirico nach 16 km die Pieve Santi Giovanni e Tommaso von **Castelvecchio.** An der Fassade der im 11. oder 12. Jh. in Formen der Pisaner und Luccheser Romanik errichteten Kirche wurden zwei Blendarkadenreihen übereinander gesetzt. Wie auch alle anderen Außenwände wird sie von einem Bogenfries auf variierten Konsolen abgeschlossen.

Die romanische Pieve von **Uzzano Castello** (frühes 13. Jh.) verbindet Elemente der Pisaner und Luccheser Romanik mit dem vielfarbigen Dekor Pistoias. Darin gleicht sie der Pieve von **Altopascio.**

Buggiano Castello ist ein gut erhaltenes ländliches Städtchen in einer schönen Lage auf der Kuppe eines Hügels. An der Piazzetta della Pieve stehen der Palazzo del Podestà (der spätere Palazzo Pretorio) mit zahlreichen Wappen des 15. und 16. Jh. Die romanische Pieve ging aus einer 1038 gegründeten Abteikirche hervor und wurde mehrmals umgebaut. Unter den Ausstattungsstücken befindet sich ein Taufbecken aus Platten einer Chorschranke.

Südlich von **Borgo a Buggiano** liegt das Augustinerkonvent **Santa Maria in Selva** mit einem Frührenaissancekreuzgang in der Formensprache Brunelleschis. In der zugehörigen Kirche zieren Freskenfragmente des 14. Jh. die Wände. In unmittelbarer Nähe des Konvents steht die **Villa Bellavista,** ein höchst aufwändiger Bau des späten 17. Jh. von Antonio Ferri.

Versilia und Lunigiana

Unter **Versilia** versteht man das Küstengebiet um Viareggio, Pietrasanta und Forte dei Marmi mit den schönsten Sandstränden Italiens, begrenzt vom Meer auf der einen und den Apuanischen Alpen mit schneeweißen Marmorbrüchen auf der anderen Seite. Sie reicht vom Lago di Massaciuccoli bis zur Mündung des Cinquale (nördlich Forte dei Marmi). Zur Versilia zählt man auch die Städte Massa und Carrara, obschon beide nicht Teil der historischen Versilia waren, die sich auf das Vikariat von Pietrasanta beschränkte. Massa und Carrara gehörten früher zur Lunigiana, die sich nördlich, im unteren Magra-Tal, der Versilia anschließt. Die nach dem antiken Hafen Luni benannte **Lunigiana** gehört großen Teils zu Ligurien. Ursprünglich umfasste sie ein Gebiet, das nördlich von Pietrasanta bis Cinque Terre, im Apennin bis zum Cerreto- und Cisa-Pass reichte und auch ein kleines Gebiet bis Borgo Val di Taro in der Emilia Romagna umfasste.

Viareggio

Der berühmteste Badeort der Toscana ist die junge Stadt Viareggio. Im 16. Jh. mündete hier der Kanal Burlamacca ins tyrrhenische Meer, über den Güter nach Lucca transportiert wurden. Entwickeln konnte sich der Ort aber erst seit dem 18. Jh., als das Sumpfgebiet um den See von Massaciuccoli entwässert wurde. Der Aufstieg zum vornehmen Seebad setzte gegen Mitte des 19. Jh. ein. In **Torre del Lago Puccini,** einem Vorort südlich der Stadt, liegt beim See von Massaciuccoli die Villa des Komponisten Giacomo Puccini (1858–1924), in der er die meisten seiner Opern verfasste. Man besichtigt einige Räume mit Dokumenten und Erinnerungsstücken an den Künstler.

Camaiore

Im Zentrum des Ortes liegt die 1278 erbautte **Collegiata,** deren Äußeres in romanischen Formen wiederhergestellt wurde. Der Campanile und das Taufbecken stammen aus dem Jahr 1378. Weitere Sehenswürdigkeiten sind die nach dem Zweiten Weltkrieg rekonstruierte kleine Kirche **San Michele** aus dem 12. Jh. und die **Confraternità del Santissimo Sacramento** (17. Jh.), in dessen kleinem Museum eine Verkündigung von Matteo Civitali aufbewahrt wird. Am Ortsende steht die im 11. Jh. errichtete Kirche der **Badia San Pietro,** deren Ursprünge ins 8. Jh. zurückgehen. Auf der Straße nach Lucca, nach ca. 2,5 km, liegt die im 12. Jh. erbaute **Pieve di Camaiore.**

Pietrasanta

Der historische Hauptort der Versilia wurde 1255 vom Luccheser Podestà Guiscardo di Pietrasanta gegründet und ist nach einem regelmäßigen Plan mit drei parallel verlaufenden Hauptstraßenzügen angelegt. Von 1437 bis 1487 war Pietrasanta im Besitz der Genueser, wurde aber aus der Hand Karls VIII. von Frankreich zurückgekauft.

Bei der Porta Pisana (durch die man das historische Zentrum betritt) liegt die **Rocchetta Arréghina,** benannt nach Arrigo, dem Sohn des Castruccio Castracani, der die kleine Festung errichtete und sie in die Mauern des Kastells einfügte. 1484 zerstörten die Florentiner die Rocchetta, bauten sie jedoch später wieder auf.

Im Zentrum des Hauptplatzes steht der bald nach 1256 begonnene **Dom San Martino,** der 1330 erweitert wurde. Eine Fensterrose des frühen 16. Jh. schmückt die dreigeteilte Fassade. Die 1630 eingewölbte Kirche erhielt eine Vierungskuppel und ihre Barockausstattung. Von 1504/05 stammen die beiden Weihwasserbecken, die Skulptur Johannes des Täufers hinter dem dritten Altar links, aber auch die Chorbänke und die Verkleidung der Beichtstühle. Die Stücke wurden wohl in der heimischen Werkstatt des Stagio Stagi angefertigt. Die Kanzel setzte man im 18. Jh. aus verschiedenen Teilen zusammen: der Fuß von Lorenzo Stagi, frühes 16. Jh.; die Relieffelder mit den Evangelisten werden Betoccio Filippo Casoni oder Donato Benti zugeschrieben, 1508; die Treppe der Kanzel und die äußeren Relieffelder des Kanzelkastens wurden im 18. Jh. neu gefertigt. Das Bronzekruzifix und die Kerzen tragenden Bronzeengel sind Spätwerke des renommierten Florentiner Bronzegießers Ferdinando Tacca. Der Backsteincampanile erhielt nur in der unteren Zone eine Marmorverkleidung.

Die **Torre dell'Orologio,** den Uhrenturm (rechts vom Dom), ließ 1530–34 Herzog Cosimo de' Medici als Turm für den Stadtbüttel *(bargello)* errichten. Im rechten Winkel zur Domfassade befindet sich die Kirche **Sant' Agostino** aus dem 14. Jh., deren Fassade drei hohe, breite Blendbögen und eine Blendsäulengalerie schmücken. Im Konventsgebäude ist u. a. das **Museo dei Bozzetti** untergebracht, das eine

APT
Piazza Statuto
Tel. 0584 28 32 84, 0584 28 48 77

Museo dei Bozzetti
Via Marconi 5
Tel. 0584 79 55 00
www.museodeibozzetti.it
Sommer Do 9–13 Uhr und auf Anfrage; Winter z. Zt. geschl., Do auf Anfrage

Museo Civico Archeologico Versiliese
Palazzo Moroni, Piazza del Duomo
Tel. 0584 79 55 00
Di–Do 9–12, Sa 15–18, So 10–12.30 Uhr

Sammlung von Skulpturmodellen italienischer und ausländischer Bildhauer beherbergt, die in der Versilia gearbeitet haben.

Etwas zurückversetzt links vom Dom liegt der **Palazzo Moroni** aus dem frühen 16. Jh., einstiger Sitz der kommunalen Kanzlei. Hier befindet sich das **Museo Archeologico Versilese Civile** mit einer kleinen archäologischen Sammlung regionaler Fundstücke u. a. aus vorgeschichtlicher und etruskischer Zeit. Im Saal der Etrusker sind auch die großen Grab-Cippen ausgestellt, obschon heute vermutet wird, dass es sich eher um Zeugnisse aus der Steinzeit handelt. Eine weitere Abteilung zeigt Keramik aus dem Mittelalter und der Zeit der Renaissance. Vor dem Palazzo zeugen der Marzocco (Florentiner Löwe) von 1514, der 1545 von den Medici gestiftete Brunnen und das Denkmal für Großherzog Leopold II. (1843) von der Herrschaft der Republik Florenz bzw. des Großherzogtums Toscana.

Die **Rocca Salina,** die auf die Langobarden zurückgeht und später durch zwei lang gezogene Bastionen in den Mauerring von Pietrasanta einbezogen wurde, überragt weithin sichtbar die Stadt.

Massa

Die beiden Städte Massa und Carrara sind durch ihre Geschichte eng miteinander verbunden. Beide Orte erlangten nie die Stadtfreiheit und erlebten wechselhafte Besitzverhältnisse. Massa – zum ersten Mal 882 erwähnt – unterstand im 10. Jh. den Bischöfen von Luni, anschließend der Familie Obertenghi, mehrmals abwechselnd den Pisanern und Lucchesern, den Visconti von Mailand und Florenz. Carrara, ebenfalls im 10. Jh. den Bischöfen von Luni unterstehend, ging in den Besitz der Pisaner über, die die fast verlassenen antiken Marmorsteinbrüche wieder benutzten, um ihre Piazza dei Miracoli zu erbauen. Seit 1322 wechselten die Besitzer in rascher Folge: u. a. die Republik Lucca, die Spignola aus Genua, die Rossi aus Parma, die Scaliger aus Verona, die Visconti aus Mailand (ab 1343), seit 1404 schließlich die Guinigi aus Lucca. Beide Städte waren dann von 1442 bis 1741 in Besitz verschiedener Zweige des Geschlechts der Malaspina. 1553 heiratete die letzte Malaspina, Ricciarda, einen Cybo. Ihr Sohn, Albrico, führte den Doppelnamen Cybo-Malaspina und erlangte 1568 den Fürstentitel Principe di Massa. Durch Heiratspolitik gelangten Massa und Carrara 1741 an die Este, die Herzöge von Modena, die ihre Herrschaft (mit Ausnahme der napoleonischen Jahre 1796–1815) bis 1859 wahren konnten. Dem hat man Rechnung getragen, indem man ihre Provinz nach beiden Städten benannte: Massa-Carrara.

Das historische Massa besteht aus zwei Ortsteilen: **Massa Vecchia,** der mittelalterliche, von der Burg dominierte Ortskern am Hang, und **Massa Cybea** (Massa Nuova), die im 16. Jh. unter Fürst Alberico I. angelegte repräsentative Unterstadt. Zentrum ist die weite Piazza degli Aranci, die an drei Seiten von einer doppelten Reihe von Orangenbäumen gesäumt wird. Die ganze südliche Langseite nimmt die

APT

*Lungomare Vespucci 24
54100 Marina di Massa
Tel. 0585 24 00 63
www.aptmassa carrara.it
www.massa-carrara.de*

Castello Malaspina di Massa

Juli/Aug. 10–13 und 17–24 Uhr, ab Sept. Sa, So/Fei 15.30–18 Uhr

Museo d' Arte Sacra

*Piazza del Duomo 1
Tel. 0585 426 43, 0585 81 07 04
Besichtigung n. V.*

Residenz der Malaspina, der aus einer Villa hervorgegangene, unter Fürst Alberico I. begonnene und von seinen Nachfolgern erweiterte **Palazzo Cybo-Malaspina** ein. Er ist heute Sitz der Präfektur. Der Innenhof mit doppelgeschossiger Loggia wurde 1665 durch Gian Francesco Bergamini errichtet.

Über die Via Dante gelangt man zum Dom, der den Heiligen Petrus und Franziskus geweiht ist. Er ging aus einer 1389 errichteten Kirche hervor, die 1447 erweitert und 1616 barockisiert wurde (Fassade 1936). Die Cappella del Santissimo Sacramento ist die Grabkapelle der Malaspina (Zugang im rechten Querschiff seitlich des Altars). In den Barockaltar wurde das Fragment eines Madonnenfreskos von Pinturicchio (spätes 15. Jh.) einbezogen. Rechts vom Altar steht ein Bernardino del Castelletto zugeschriebenes Triptychon, das stilistisch Filippo Lippi nahe steht. Die unter der Grabkapelle liegende Ruhestätte der Cybo-Malaspina erreicht man nur über einen gesonderten Zugang. Im linken Querschiff hängt ein als wundertätig verehrtes Holzkruzifix, das der Kirche 1202 vom Bischof von Luni geschenkt wurde.

Die in Massa Vecchia liegende **Rocca** besteht zum einen aus einem mittelalterlichen Teil mit der Residenz der Markgrafen der Toscana aus dem 14. Jh. Zum anderen ist er durch eine Loggia, die zurzeit restauriert wird, mit dem Renaissancepalast der Malaspina (nach 1550) verbunden, der von zwei Bastionen geschützt wird.

Marmor, griechisch ›mármaros‹, bedeutet so viel wie Felsblock, gebrochener Stein. Das Gestein entsteht durch Metamorphose von Kalken und besteht überwiegend aus Calciumcarbonat. Seit vielen Jahrhunderten bezieht die Welt bereits den Marmor aus den Brüchen von Carrara

Carrara

Nur wenige Kilometer hinter Massa gelangt man in die Marmorstadt Carrara. An der zentralen Piazza Gramsci liegt die **Accademia di Belle Arti** in einer ehemaligen Residenz der Malaspina, die für Alberico I. Cybo-Malaspina errichtet wurde. Dabei bezog man Teile des mittelalterlichen Kastells einschließlich des Hauptwehrturms in die Bauanlage ein. 1805 bestimmte Elisa Bacciocchi, die Fürstin von Lucca, den Gebäudekomplex zum Sitz der Accademia di Belle Arti zu machen. Die Accademia bestand bereits seit 1769 in Carrara, wo sie von Maria Teresa Cybo-Malaspina d' Este gegründet worden war.

APT
Lungomare Vespucci 24
54100 Marina di Massa
Tel. 0585 24 00 63
www.aptmassa carrara.it

Den aus Marmorblöcken errichteten **Dom Sant' Andrea** begann man im 11. Jh. Die Fassade zeigt in der unteren Zone romanische Blendbögen, bei denen – anders als in Pisa – nur jede zweite Konsole von Flachpilastern unterfangen wird. Das wohl noch aus dem 11. Jh. stammende Portal wurde im 12. Jh. von einer lombardischen oder emilianischen Werkstatt mit Tierdarstellungen um die Lünette bereichert. Erst im 14. Jh. fügte man – ähnlich wie in Santa Caterina in Pisa – die obere Fassadenzone hinzu: eine ansteigende Säulengalerie und eine äußerst kunstvoll ausgeführte Fensterrose, die einem Quadrat eingeschrieben ist. Ein oberer, das Mittelschiff überragender Abschluss, der der breitgelagerten Fassade einen ausgleichenden Höhenzug gebracht hätte, wurde nie ausgeführt. Im 13. Jh. verlängerte man die Kirche im Ostteil einschließlich der Apsis.

Im dreischiffigen Innern, dessen Kapitelle auf das 12. Jh. verweisen, findet der Besucher eine stark französisch beeinflusste Marmorgruppe der ›Verkündigung‹ aus dem 14. Jh. Die mit Marmor-Inkrustationen verzierten Chorschranken sind ein Werk von Francesco Bergamini (um 1580–90). Am Brunnen vor der Südflanke des Doms steht eine stark verwitterte, unvollendete Steinstatue von Baccio Bandinelli, die den Genueser Dogen Andrea Doria (1468–1560) als Neptun darstellen sollte. Sie entstand 1563 für ein Denkmal in Genua, blieb jedoch unvollendet in Carrara liegen.

Von Sarzana nach Pontremoli

Von Marina di Carrara aus kann die Fahrt weiter in nördlicher Richtung entlang des Magra fortgesetzt werden (über die A 1 oder die parallel verlaufende N 1–N 62). Man durchquert dabei einen Teil der Lunigiana, der heute zu Ligurien gehört, doch kulturell mit der Toscana, speziell Massa und Carrara verbunden ist. So hängt im Dom zu **Sarzana** das älteste gemalte toscanische Kruzifix aus dem Jahre 1138. Von Sarzana abzweigend kann man in **Fosdinovo** ein sehr schön gelegenes, gut erhaltenes Malaspina-Kastell besichtigen, ein weiteres flussaufwärts in **Filattiera.** In diesem kleinen Dorf lohnt auch ein Besuch der romanischen Kirche San Giorgio mit einem interessanten Epitaph auf einen hier Bestatteten, der noch im 8. Jh. heidnische Idole zerstörte und damit das Christentum zur Blüte brachte. In der Nähe liegt auch die romanische **Pieve Santo Stefano di Sorano,** die wohl von einer lombardischen Werkstatt im 11. Jh. erbaut wurde. Schön sind die drei hohen Apsiden mit mehrfach gestuften Blendbögen.

Pontremoli

Kurz vor Pontremoli steht die Renaissancekirche **Santissima Annunziata** (1475–1524), deren Fassade man 1937 erneuerte. Zur Besichtigung des Innern (u. a. ein Sansovino zugeschriebener Marmortempietto von 1524) wende man sich an den Pfarrer in Pontremoli.

Der Ort Pontremoli selbst nahm im Mittelalter eine Schlüsselstellung an der Frankenstraße ein. Rompilger und Herrscher, die über den Cisa-Pass den Apennin überquert hatten, mussten durch diese Stadt ziehen. Daher versuchten sowohl die Kaiser als auch die Städte Lucca, Parma, Piacenza, später auch Mailand, Frankreich und Genua sich die Herrschaft über den Ort zu sichern. Entsprechend bewegt war die Geschichte der Stadt, die erstmals in einer Aufzeichnungen der Pilgerreise des Bischofs von Canterbury (990–94) erwähnt wird. Der Streit zwischen Guelfen und Ghibellinen wurde dadurch beendet, dass der Luccheser Tyrann Castruccio Castracani 1324 eine Mauer quer durch den Ort anlegen ließ. So gab es zwei Brücken über den Magra, die noch beide bestehen, zwei Hospitäler und auch zwei Pfarreien, deren Sprengel bis in die 70er-Jahre des 20. Jh. dem Gebiet der ghibellinischen Oberstadt und dem der guelfischen Unterstadt entsprachen. Von der Befestigungsanlage blieben der sogenannte Campanone, der später um die Glockenstube erhöht wurde, der Campanile des Doms am Magra-Ufer sowie ein Turmstumpf am Verde-Ufer erhalten.

Der 1723 beendete barocke **Dom** erhielt 1879 eine klassizistische Fassade. Im Innern findet man Barockgemälde des 18. Jh. Die Kirche **San Francesco** erhielt in der zweiten Hälfte des 15. Jh. ihre Gestalt. Die Grabplatten zeugen davon, dass die Franziskanerkirche eine bevorzugte Begräbnisstätte war. Pontremolis Hauptsehenswürdigkeit ist das **Castello del Piagnaro.** Zu seinen Füßen entwickelte sich der älteste Ortsteil, der Borgo Piagnaro. Mehrfach zerstört und wieder aufgebaut, besteht die Anlage aus nachmittelalterlichen Bauten. 1975 wurde hier das **Museo delle Statue-Stele della Lunigiana** eröffnet: eine bedeutende Sammlung vorgeschichtlicher Stelen-Figuren aus dem Gebiet zwischen Pontremoli und La Spezia (zum Teil in Abgüssen). Über die religiöse oder kultische Bedeutung als Grabstelen oder als Bilder von Gottheiten stellen die Wissenschaftler verschiedene Hypothesen auf. Die Stelen sind stets aus einem Stein gearbeitet und wurden gewöhnlich außerhalb der Siedlungsgebiete gefunden. Die ältesten, sehr flach gehaltenen (Gruppe A), werden um 2000 v. Chr. datiert. Bei den späteren (Gruppe B) ist der halbkreisförmige Kopf vom Rumpf abgesetzt, bei der letzten Gruppe C (700–500 v. Chr.) gibt es Ansätze zu einer detaillierten Gestaltung des Steinkörpers.

Castello del Piagnora
Di–So 9–12, 16–19, im Sommer 14–17 Uhr

Garfagnana

Wer Freude an (nicht allzu schwierigen) Passfahrten hat, kann bei Aulla abzweigen und durch das Aullela-Tal über den Foce dei Caroinelli (842 m) ins Serchio-Tal gelangen. Das parallel zur Küste verlaufende Tal, die Garfagnana, ist von besonderem Reiz: Östlich wird es von den weich gerundeten Hügeln und bewaldeten Bergketten des Apennin, westlich von den schrofferen, geologisch ganz anderes formierten Apuanischen Alpen begrenzt. Eine Fahrt in die Garfagnana sollte zumindest Barga miteinschließen.

Nach 59 km erreicht man schließlich **Castelnuovo di Garfagnana,** das seit 1429 (mit kürzeren Unterbrechungen bis zur Einigung Italiens) den Este von Ferrara gehörte. Der Ort ist schön gelegen, bietet aber außer der auf das 12. Jh. zurückgehenden und mit der Stadtbefestigung verbundenen Rocca (nach Bombenschäden 1945 stark und teilweise unschön restauriert) und dem 1504 begonnenen Dom mit einem Majolika-Retabel aus der della-Robbia-Werkstatt keine außergewöhnlichen Kunstwerke.

Barga

Hauptort der Garfagnana ist Barga. Um das mittelalterliche Kastell stritten sich bereits Pisa, Florenz und Lucca, bis es sich schließlich 1341 unter den Schutz von Florenz begab. Durch die Porta Reale, ei-

Rocca in Castelnuovo di Garfagnana

Die Kanzel im Dom San Cristofano in Barga zählt zu den am besten erhaltenen und bedeutendsten ihrer Art in der Toscana vor dem Auftreten Nicola Pisanos, gefertigt um 1250 von einem Bildhauer unter dem Einfluss Guido Bigarellis (dem Meister der Kanzel in San Bartolomeo in Pantano in Pistoia)

nes der drei mittelalterlichen Stadttore, betritt man die Altstadt des Handwerkerstädtchens mit ihren verwinkelten und steilen Gassen. Sie wird überragt vom **Dom San Cristofano,** von dessen Vorplatz aus man einen großartigen Rundblick genießen kann. Der Außenbau spiegelt eine wechselvolle Baugeschichte wider. Die breitgelagerte Fassade war ursprünglich die Seitenflanke einer älteren Kirche des 11. Jh., die als eine Art Vorhalle im Neubau des 12. Jh. einbezogen wurde. Erst im 12. Jh. schuf eine lombardische Werkstatt die beiden Blendarkadenfriese auf figürlich und ornamental geschmückten Konsolen. Zwei Löwen tragende Säulen rahmen das Portal, auf dessen Türsturz Weinranken und menschliche Figuren eine Weinlese andeuten. An der rechten Flanke zeichnet sich noch die Westfassade der ursprünglichen Kirche ab. Von hier aus erkennt man drei aufeinanderfolgende Bauabschnitte: ein alter Teil des 11. Jh., ein niedriger Langhausteil und ein erhöhtes Querschiff aus dem 14. Jh. An der linken Flanke befindet sich ein Portal mit einer schwer bestimmbaren Bankettszene von einem Meister aus dem Umkreis des Biduino, aus der zweiten Hälfte 12. Jh. Hauptausstattungsstück des Doms ist der Ambo, die mit der Chorschranke verbundene Kanzel. In der Apsis steht eine farbig gefasste, überlebensgroße Holzskulptur des Hl. Christophorus aus dem 13. Jh.

Wegen der schönen Aussicht auf Barga und das Serchio-Tal lohnt ein Abstecher zum Haus des Dichters Giovanni Pascoli (1855–1912) in **Castelvecchio Pascoli.**

Im Lima-Tal

Wer auf dem Weg nach Lucca in das Lima-Tal Richtung Bagni di Lucca abzweigt, trifft bald auf eine bemerkenswerte **Hängebrücke** von Lorenzo Nottolini, dem Hofarchitekten der Bourbonen in Lucca (1844–60).

Bagni di Lucca, einst Treffpunkt der mondänen Welt, ist heute ein fast vergessener Badeort ohne das Flair seiner Vergangenheit und dürfte kaum den Erwartungen entsprechen, die ältere Reisebeschreibungen (etwa Heinrich Heines) erwecken.

Sehenswert ist die **Pieve di San Cassiano a Controne** (von Bagni di Lucca ca. 11 km Richtung San Marcello Pistoiese). Trotz ihrer pisanisch-lucchesischen Blendarkaden und Bogenfriese und der Marmorstreifung trifft man an exponierten Stellen – am Hauptportal, an den Fenstern etc. – auf vorromanische Ornamentmotive (Flechtband, Knoten und stark vereinfachte, rein dekorativ wiedergegebene menschliche und tierische kleine Figuren, wie sie im Bereich Pisa und Lucca seit dem 11. Jh. nicht mehr modern waren. Die schachtartigen Fenster geben dem dreischiffigen Innern wenig Licht. Zum Besitz der Kirche gehört eine qualitativ hochwertige Reiterstatue aus Holz aus der ersten Hälfte des 15. Jh., die eine Gemeinschaftsarbeit von Jacopo della Quercia und Francesco di Valdambrino sein dürfte. Zurzeit ist noch nicht entschieden, wo die Skulptur aufbewahrt wird.

Weiter am Serchio

Bei **Borgo a Mozzano** überqueren zwei Brücken den Serchio. Die zweite Brücke aus dem 14. Jh. wird **Ponte della Maddalena** oder auch – wegen ihrer kühnen Konstruktion **Ponte del Diavolo** (Teufelsbrücke) genannt. Von äußerster Strenge ist die wehrhaft geschlossene dreischiffige **Pieve Santa Maria Assunta di Diecimo** (am rechten Serchio-Ufer ca. 3 km flussabwärts). Sie dürfte bereits um 1100 erbaut worden sein und gilt – zusammen mit vielen anderen Kirchen – als eine Gründung von Markgräfin Mathilde von Canossa. Den Türsturz zieren Weinranken mit Andeutung einer Weinlese. Der Campanile ist vom selben Typus wie der von Brancoli und Altopascio und geht wie diese auf den von San Frediano in Lucca zurück.

Die gut erhaltene **Pieve San Giorgio di Brancoli** aus der 2. Hälfte des 12. Jh. liegt 12 km vor den Toren von Lucca. Sie entspricht einem verbreiteten Bautypus: eine flach gedeckte, querschifflose, dreischiffige Basilika mit nur einer Apsis. Glatt geschnittene, weit gespannte Scheidbögen ruhen auf schlanken Säulen mit z. T. antikisierenden Kapitellen. Die Folge der Säulen wird durch ein einziges Pfeilerpaar an der Chorschranke unterbrochen. Sehenswert ist diese Kirche vor allem wegen ihrer ausgezeichneten Steinmetzarbeiten. Der mit der Chorschranke verbundene Ambo trägt die Jahreszahl 1194. Den Kanzelkasten umlaufen die gleichen Blendarkaden, wie man sie vom Pisaner Dom kennt. Unter dem Lesepult, das von einem Adler (dem Symbol des Evangelisten Johannes) getragen wird, thront König David. Der Rankenfries erinnert an Guidetto da Como, der 1204 an der Domfassade von Lucca mitwirkte. Aus derselben Werkstatt stammt das Taufbecken. Einen Scherz erlaubten sich die Steinmetze, indem sie auf den Deckelrand Äpfel und Kürbisse legten. Das gröber ausgeführte Weihwasserbecken mit Menschen- und Widderköpfen trägt die Signatur eines Meisters Raitus. Der Campanile gehört zu den schönsten seiner Art.

Der Ponte del Diavolo oder auch Ponte della Maddalena bei Borgo a Mozzano

Reisen & Genießen

Man erreicht Luccas Innenstadt gewöhnlich durch die Porta Vittorio Emmanuele im Westen der Stadt. Bei der Piazzale Verdi gibt es Parkmöglichkeiten, die Touristen-Information und einen Fahrradverleih. Mit dem Rad lässt sich Lucca gut erkunden. Von den befahrbaren Stadtmauern aus genießt man Ausblicke auf Kirchen und Paläste.

Hotels in Lucca...

Als eine der besonders angenehmen Städte der Toscana lädt Lucca dazu ein, innerhalb des Mauerkreises ein Quartier zu nehmen. Glücklicherweise gibt es zwei zentral gelegene Hotels mittlerer Preisklasse: das ruhige, nahe der Piazza del Mercato und der Via Fillungo gelegene
Hotel La Luna***
Corte Compagni 12
Tel. 0583 49 36 34
www.hotellaluna.com
(mit Garage)
sowie das kleinere, in einem Renaissancepalast eingerichtete
Piccolo Hotel Puccini***
Via di Poggio 9
Tel. 0583 554 21
www.hotelpuccini.com

Für bescheidenere Ansprüche gibt es das nahe beim Dom gelegene Hotel
Diana**
Via del Molinetto
Tel. 0583 49 22 02
www.albergodiana.com

Hohen Komfort und Zimmer mit Parkblick bietet das ebenfalls zentral gelegene
Hotel Ilaria****
Via del Fosso 20
Tel. 0583 44 76 15
www.hotelilaria.com

... und in der Umgebung

Nur ca. 2 km außerhalb von Luccas Stadtmauern liegt in einem weitläufigen Park mit Pool die elegante
Villa San Michele****
Via della Chiesa 462
55050 Escheto
Tel. 0583 37 02 76
www.hotelvillasanmichele.it

Für Reisende, die Pisa und Lucca von einem einzigen Quartier aus erkunden möchten, empfehlen wir die Villa Rinascimento auf halbem Weg zwischen Lucca und Pisa unweit der alten Landstraße SS 12r, ohne dass man etwas vom Straßenlärm hört. Gute Küche, im Sommer Swimmingpool.
Villa Rinascimento***
Via del Cimitero 532b
55058 Santa Maria del Giudice
Tel. 0583 37 82 92
www.villarinascimento.it

Vielfältige Unterkunftsmöglichkeiten bieten auch Hotels in den bekannten Kurorten Montecatini Terme und Monsummano Terme zwischen Lucca und Pistoia (s. S. 161).

Unterkunft für Aufenthalte am Meer und Ausflüge in die Versilia:
Hotel Michelangelo***
Corso Rosselli 3
54033 Carrara
Tel. 0585 77 71 61

Hotel Pietrasanta****L
Via Garibaldi 35
(im historischen Zentrum)
55045 Pietrasanta
Tel. 0584 79 37 26
www.albergopietrasanta.com

Hotel Palagi***
Piazza Carducci 23
55045 Pietrasanta
Tel. 08 58 47 02 49

Unterkunft in der Garfagnana, Restaurant:
Hotel Da Carlino***
Via Garibaldi 15
55032 Castelnuovo di Garfagnana
Tel. 0583 64 42 70
www.dacarlino.it
http://nuke.dacarlino.it

Restaurants in Lucca

Unter Luccas Restaurants und Trattorien, in die auch Einheimische gerne einkehren und die auch traditionelle lucchesische Gerichte anbieten, seit Jahrzehnten bewährt::
Trattoria Da Giulio in Pelleria
Via delle Conce 45
Tel. 0583 5 59 48
So und Mo geschl.

Frischen Meeresfisch serviert die
Osteria Via San Giorgio
Via San Giorgio 26
Tel. 0583 95 32 33
Mo geschl.

Ein traditionsreiches Restaurant für höhere Ansprüche mit besonderen toscanischen Spezialitäten:
Buca di Sant' Antonio
Via della Cervia 3
Tel. 0583 558 81
So abends und Mo geschl.

Schon seit dem 19. Jh. besteht das Antico Caffé di Simo. Es lädt nicht nur zum morgendlichen Frühstück oder zur Kaffeepause ein. Mittags steht ein reiches Büffet bereit.
Antico Caffé di Simo
Via Fillungo 58
Tel. 0583 49 62 34

Calamaretti, frisch zubereitet

Pistoia und Prato

Pistoia

Karte S. 157
Cityplan S. 138

Pistoia ★
Besonders sehenswert: Dom San Zeno, Ospedale del Ceppo, Sant' Andrea

APT
Piazza del Duomo 4
51100 Pistoia
Tel. 0573 216 22
www.provincia.pistoia.it, www.pistoia.turismo.toscana.it

Wie die anderen Städte der Ebene – Pisa, Lucca und Florenz – war Pistoia eine Gründung der Römer. Als *oppidum* war Pistoriae ein kleiner befestigter Ort an der Via Cassia, der sich in Größe und Bedeutung freilich nicht mit Lucca, Florenz oder der Hafenstadt Pisa messen konnte. Diese schwächere Position behielt Pistoia gegenüber den mächtigeren Nachbarstädten auch im Mittelalter bei, als Pistoias Textilhersteller und Großhändler eine gefürchtete Konkurrenz waren: Mit etwa 12 000 Einwohnern war Pistoia kleiner als Pisa, Lucca und Florenz, größer freilich als Prato und San Gimignano, zu schwach aber, um über das 13. Jh. hinaus seine Eigenständigkeit zu behalten.

Pistoia trat in der mittelalterlichen Geschichte später hervor als Lucca, erlebte keinen so großartigen Anfang wie die Seemacht Pisa mit ihrem Sieg über die Sarazenen und dem Dombau. Doch auch in Pistoia brach – wie in Pisa – die Entwicklung dann relativ früh, in der Mitte des 13. Jh., ab. Die Blütezeit war nur von kurzer Dauer. Sie reichte vom Ende des 11. Jh. bis 1251, als Florenz der Stadt einen harten Frieden diktierte.

Der Mangel an Kontinuität ist dem Stadtbild ablesbar. Die romanischen Kirchen der Blütezeit, die vergleichsweise wenigen Paläste des Trecento und der Renaissance wirken heute ein wenig verloren in einer Stadt, die weitgehend durch das 19. Jh. geprägt wurde und darüber hinaus starke Kriegsschäden erlitt.

Pistoia war zu klein, um eigenständige Kunststile zu entwickeln. Die Stadt stand bis in die Mitte des 13. Jh. künstlerisch unter dem Einfluss von Pisa. Die romanischen Kirchenfassaden führen – bereichert durch farbige Steinanlagen – das Pisaner Vorbild weiter. Noch um 1300 schuf ein Pisaner Bildhauer, Giovanni Pisano, Pistoias berühmtestes Kunstwerk, die Kanzel von Sant'Andrea. Die Stadtpaläste und das Baptisterium des 14. Jh. gehören zum Teil, die Bauwerke des 15. und 16. Jh. Santa Maria delle Grazie und das Ospedale del Ceppo gehören ganz in die Florentiner Kunstgeschichte. Dasselbe gilt für Pistoias Maler, die in die Abhängigkeit des von Giotto geprägten Stils und der Florentiner Renaissance gerieten.

Die politische Entwicklung verlief in der typischen Abfolge. Auf die Herrschaft durch kaiserliche Vikare, die in Pistoia anstelle der Grafen regierten, folgten seit 1105 die selbstgewählten Konsuln, die vom Podestà abgelöst wurden. Die kaisertreue Stadt war den Guelfen-Städten Lucca und Florenz ausgesetzt, die zu gemeinsamen Angriffen nach Pistoia zogen. Die von inneren Kämpfen geschwächte und belagerte Stadt musste 1254 einen ungünstigen Friedensvertrag hinnehmen. Eine gute Epoche erlebte sie unter dem Florentiner Podestà Giano della Bella, der den Palazzo del Comune anlegen ließ. Doch dieser Stadtpalast konnte ebensowenig wie der gegenüber liegende Palazzo Pretorio zu einem Wahrzeichen der Stadt werden. Beide Paläste erhielten keinen Turm.

◁ Prato, Domplatz

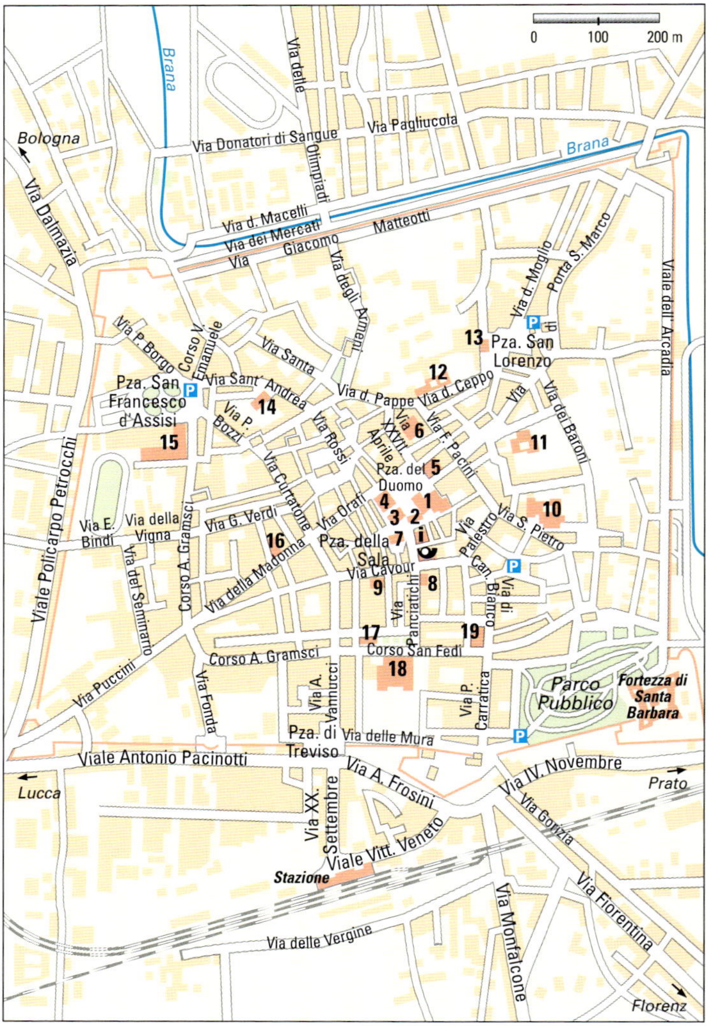

Pistoia

1 Dom San Zeno
2 Palazzo Vescovile
3 Baptisterium San Giovanni
4 Palazzo del Podestà
5 Palazzo del Comune
6 Torre Catilina
7 Palazzo del Capitano del Popolo
8 Palazzo Panciatichi
9 San Giovanni Fuorcivitas
10 San Pietro Maggior
11 San Bartolomeo in Pantano
12 Ospedale del Ceppo
13 Santa Maria delle Grazie
14 Sant' Andrea
15 San Francesco
16 Madonna dell' Umilità
17 Sant' Antonio dei Frati del T
18 San Domenico
19 San Paolo

Pistoia geriet 1315 unter die Herrschaft des Signore von Lucca, Castruccio Castracani, und anschließend, 1324, unter Florentiner Protektorat. Doch konnte die Stadt eine gewisse Autonomie wahren. Die Wirtschaft erlitt wenig Einbußen. So erbaute Pistoia im Lauf des 14. Jh. den noch weitgehend erhaltenen Mauerkreis. Er umschließt ein Gebiet von 125 ha – das Dreifache der Stadtfläche des 13. Jh., das Zehnfache der des 11. und 12. Jh. und der Römerstadt. 1530 wurde Pistoia mit den übrigen Städten des Florentiner Staats dem Herzogtum Toscana eingegliedert.

Dom San Zeno

Eine der wichtigsten Sehenswürdigkeiten Pistoias befindet sich mitten im Stadtkern. Die dreischiffige Anlage des **Doms San Zeno (1)** wurde nach 1108 begonnen, als der alte Dom aus dem 5. Jh. einen Brand nicht überstanden hatte. Der obere Teil der Fassade variiert das Pisaner Vorbild, indem die Zwerchgalerien vor dem Mittelschiff durch eine Rahmung von den Säulchenloggien der Seitenschiffe getrennt sind.

Die Vorhalle mit halbkreis- und hufeisenförmigen Bögen auf schlanken Säulen, die man erst 1311 errichtete, gehört einer späteren Stilstufe an. Hier wiederholt sich die Marmorstreifung der Zwerchgalerie, während die rechteckigen Felder der Attika an den Florentiner Inkrustationsstil erinnern. Die Tonne des mittleren Bogens schmücken Majolika-Kassetten von Andrea della Robbia, der 1505 auch das Marienrelief des Tympanon schuf.

Den 67 m hohen Campanile begann man vermutlich 1199 und nannte ihn als befestigten Wachtturm Fortezza del Campanile. Gegen die verbreitete Meinung, er sei in seinem unteren Teil langobardischer Herkunft, spricht das Mauerwerk, das auf eine spätere Entstehungszeit hinweist. Die Turmspitze wurde erst im 16. Jh. aufgesetzt. Das breite Mittelschiff ist flach gedeckt.

Im Inneren überspannt das Mittelschiff ein offener Dachstuhl, dessen originale Balken erhalten geblieben sind. Vielfältig präsentiert sich der Kapitellschmuck der Säulen und des Pfeilerpaars.

Hauptattraktion des Gotteshauses ist die **Cappella di San Jacopo (c)** mit dem Silberaltar des Hl. Jakobus. An diesem Hauptwerk toscanischer Silberschmiedekunst arbeiteten viele Generationen von Goldschmieden von 1287 bis 1456. Die 15 Szenen des Neuen Testaments am Antependium, der Vorderseite der Mensa, schuf der Pistoiese Andrea di Jacopo d' Ognabene (1316). An der rechten Seite erarbeiteten Leonardo di Giovanni und Francesco di Niccolò von 1361 bis 1364 Szenen aus der Schöpfungsgeschichte. Die linke Seite zieren neun Szenen aus dem Leben des Hl. Jakobus von Leonardo di Giovanni (1367–71). Am Altaraufsatz, unten an der linken Schmalseite, entstanden aus der Hand von Brunelleschi, der als Goldschmied ausgebildet wurde, zwei halbfigurige Propheten in Vierpassfeldern.

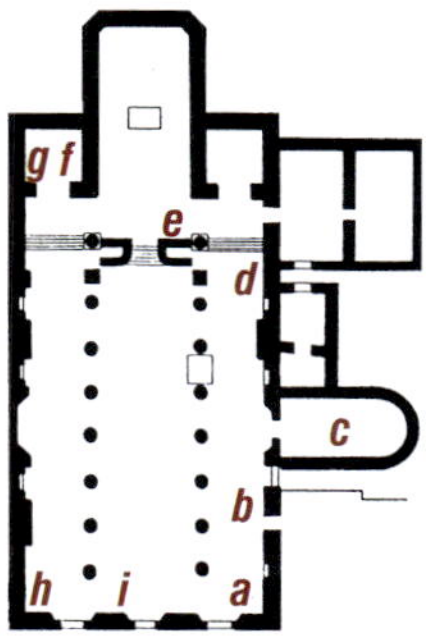

Pistoia, Dom San Zeno

a Grabmal des Cino da Pistoia, sienesisch (nach 1337)
b Gemaltes Kruzifix, Coppo di Marcovaldo und Sohn Salerno (1275)
c Cappella di San Jacopo mit Silberaltar (1287–1456)
d Triptychon, sienesisch (1424)
e Siebenarmiger Bronzekandelaber, Maso di Bartolomeo (1440)
f Thronende Muttergottes, Verrocchio (1485)
g Reliefstele Bischof Donato de' Medici
h Kenotaph Kardinal Niccolò Forteguerri, Verrocchio (vollendet 1753)
i Taufbecken und Marmor-Ädikula, Andrea da Fiesole (Entwurf Benedetto da Maiano)

Anders als in Pisa und Lucca wirken beim Dom San Zeno in Pistoia die Bögen aus der grün-weiß gestreiften Fläche wie ausgeschnitten, die Fassade strenger gegliedert und sind weniger reich mit kleinteiligem plastischen Schmuck verziert

Dom San Zeno

tgl. 8.30–12.30, 15.30–19 Uhr

Palazzo Vescovile Museo di San Zeno

Piazza del Duomo 5
Tel. 0573 36 92 75/2
Di, Do, Fr 10–13, 15.30–17 Uhr, Führungen 10, 11.30, 15.30 Uhr

In der kleinen Kapelle des hinteren linken Seitenschiffs steht eine **›Thronende Muttergottes mit Johannes dem Täufer und dem Hl. Zeno‹ (f).** Das Werk, das auch ›Madonna di Piazza‹ genannt wird, begann vermutlich der Bildhauer Verrocchio. Sein Schüler Lorenzo di Credi hat es 1485 vollendet. Auf Wunsch öffnet der Sakristan den Vorhang vor diesem wichtigen Werk der Frührenaissance-Malerei.

An der Piazza del Duomo

Der ehemalige Bischofspalast, der **Palazzo Vescovile (2),** entstand Ende des 14. Jh. und wurde mehrfach umgebaut. Bei den Restaurierungsarbeiten 1974–80 gewann man die mittelalterliche Fassade zurück. Ausgrabungen unter dem Palast brachten römische Keramik, römisches Mauerwerk, Pflastersteine der antiken Via Cassia und auch langobardische Gefäße zu Tage. Der Palast beherbergt außer der touristischen Auskunftsstelle das Museo di San Zeno (Dommuseum). Zu den kostbarsten Exponaten zählen der Kelch des Bischofs Atto (1286) und ein Reliquiar von Lorenzo Ghiberti, dem Meister der Florentiner Baptisteriumstüren. Das oktogonale Elfenbeinkästchen ist wahrscheinlich ein Werk der Gebrüder Embriachi aus der zweiten Hälfte des 15. Jh., die von Venedig nach Florenz übersiedelt waren. Dargestellt sind wahrscheinlich die Geschichten Jasons, der mit den Argonauten das Goldene Vlies zurückholte. Die Fresken mit ländlichen Szenen sind ein Frühwerk des Salonmalers Boldini (1866–70); sie stammen aus Boldinis Landhaus bei Pistoia.

Pistoia, Baptisterium

Das **Baptisterium San Giovanni (3)** führte Cellino di Nese nach Plänen von Andrea Pisano 1338–59 aus. Der Oktogonalbau mit gestreifter Marmorverkleidung erinnert an das Florentiner Baptisterium. Am Türsturz des mittleren Portals kann der Besucher Arbeiten aus der Werkstatt Andrea Pisanos betrachten: Szenen aus dem Leben Johannes des Täufers, im Tympanon die Statuetten Muttergottes mit Kind, Johannes der Täufer und der Hl. Rochus.

Als Amtssitz des Podestà wurde an der Piazza del Duomo 1367 der **Palazzo del Podestà (4)** errichtet, der als Palazzo Pretorio später Sitz des Florentiner Statthalters wurde und heute Justizgebäude ist. Ursprünglich besaß der Palast nur fünf Fensterachsen und zwei Geschosse. 1844 wurde er aufgestockt und im rechten Teil erweitert. Im Hof stehen unter dem Portikus mit freskierten Gewölben und den Wappen der Podestà auch eine steinerne Gerichtsbank (1507). Über dem Richtersitz liest man die Inschrift: »Hic locus odit, amat, punit, conservat, honorat: Nequitiam, leges, crimina, iura, probos« (Dieser Ort hasst Verruchtheit, liebt Gesetze, bestraft Verbrechen, bewahrt die Rechte, ehrt die Rechtschaffenden).

Palazzo del Comune (5)

Der Bau des Palazzo wurde 1294 durch den Florentiner Podestà Giano della Bella veranlasst, der auch den Palazzo Vecchio in Florenz errichten ließ. Der ehemalige Palazzo degli Anziani umfasst zwei Geschosse und die drei rechten Fenster- und Arkadenachsen. Er orientiert sich am Typus des oberitalienischen Stadtpalasts, wie er etwa in Piacenza zu finden ist. Das Erdgeschoss bestand aus einer geöffneten Halle, das Obergeschoss aus einem einzigen großen Saal. Nach Ende der Signoria des Castruccio Castracani erhielt der Palast 1339–53 die heutige Breite und einen Innenhof. 1385 wurde das obere Stockwerk hinzugefügt, erst 1637 die Verbindungsbrücke zum Dom gebaut. Über dem Mittelfenster des Hauptgeschosses findet man das Medici-Wappen mit den päpstlichen Schlüsseln zu Ehren Leos X. Links von diesem Fenster hängt ein schwarzer Marmorkopf, der für das Konterfei verschiedener Personen gehalten wird, u. a. für das Bildnis des von den Pisanern 1113 besiegten Maurenkönigs Mugahid von Mallorca.

Museo Civico
Piazza del Duomo 1
Tel. 0573 37 12 96
www.comune.pistoia.it
Di–So 10–19, So 9–12.30 Uhr

In den Obergeschossen wurde das **Museo Civico** untergebracht. Die städtische Kunstsammlung besitzt zwar keine überragenden Werke, gibt aber eine gute Vorstellung vom lokalen Kunstschaffen in Pistoia im Spannungsfeld der führenden Zentren Lucca und Florenz. In der Luccheser Tradition steht die um 1250–60 entstandene Tafel des Hl. Franziskus mit Szenen aus seinem Leben (aus San Francesco). Vorbild war – auch stilistisch – die Franziskus-Tafel des Bonaventura Berlinghieri in Pescia (1235). Die byzantinisierenden Stilmittel lassen den volkstümlichen, erst 1226 verstorbenen Franziskus entrückt erscheinen wie einen Heiligen der Ostkirche. Vom ›Meister von 1310‹ (der auf einer Tafel in Avignon die Jahreszahl 1310 hinterließ) stammt das fünfteilige Polyptychon. Wahrscheinlich war der Maler Pistoiese. Das fast karikaturhaft Verzerrte der Gesichter kann man sich weder im Florenz Giottos noch im Siena Duccios vorstellen, wenngleich er von beiden Malschulen beeinflusst wurde.

Links vom Palazzo del Comune, an der Ecke Via 27 Aprile/Via della Tomba Catilina blieb ein mittelalterlicher Geschlechterturm erhalten: die **Torre di Catilina (6),** in der – so will es die Überlieferung – Catilina nach seinem Kampf mit dem Heer der Konsuln bestattet wurde. Südlich des Baptisteriums, an der Ecke Via Roma/Via Sacceria, steht der **Palazzo del Capitano del Popolo (7),** ein Anbau von 1292 an einen älteren Turm.

Der **Palazzo Panciatichi (8)** ist der einzige erhaltene mittelalterliche Privatpalast in Pistoia. Erbaut 1313–33 für den ghibellinischen Bankier Vinciguerra Panciatichi, wurde er später gewaltsam zerstört und

Pistoia, Palazzo del Comune

im frühen 16. Jh. durch einen Nachkommen wieder aufgebaut. Daher finden sich im Obergeschoss Fensterkreuze nach dem Vorbild römischer Frührenaissance-Paläste.

Rund um Pistoias Stadtkern

Die Kirche **San Giovanni Fuorcivitas (9)** wurde wohl schon im 8. Jh. gegründet, damals – wie der Beiname Fuorcivitas besagt – noch außerhalb des römischen bzw. frühmittelalterlichen Mauerrings. Mitte des 12. Jh. begann man den Bau in der heutigen Gestalt, zwischen 1322 und 1344 verbreiterte man die Kirche und verlängerte sie über die ursprüngliche Apsis hinaus. Die Westfassade blieb unausgeführt, denn dicht vor ihr wurde im 14. Jh. das Oratorio di Sant' Antonio Abbate gebaut. Die eigentliche Fassade ist die zum Stadtzentrum gewandte Nordflanke mit grünen und weißen Marmorschichten und Blendbögen. Im untersten Geschoss stehen sehr hohe Arkaden auf Flachpilastern, in den beiden oberen Geschossen niedrigere Säulchengalerien, wobei die letzte Galerie in ihrer Höhe nochmals zurückgenommen ist. Wie in Pisa sind in den Bogenfeldern zurückgestufte Rhomben oder aber Fenster eingelassen, die hier sehr schmal geraten sind und das Innere nur wenig erhellen. Man achte auf die Unregelmäßigkeit der Ausführung: Der Bogendurchmesser schwankt beträchtlich, die Arkaden sind nicht durchgehend aufeinander bezogen: Die oberste Galerie zählt 28, die mittlere 26, die untere 14 Arkaden. Den Türsturz des Seitenportals ziert das ›Abendmahl‹, ein Relief, das der Bildhauer Gruamonte 1162 signierte: »Gruamons Magister Bonu fec. hoc opus«.

Den einschiffigen rechteckigen Saal ohne Apsis bedeckt offenes Dachgebälk. An der Innenfassade hängt ein Holzkruzifix des 13. oder 14. Jh. In der Mitte des Schiffs steht ein Weihwasserbecken, für das Giovanni Pisano die Skulpturen der weltlichen Tugenden schuf. Während auf der rechten Seite die Kanzel von Fra' Guglielmo da Pisa, einem Nachfolger des Nicola Pisano, das Bild des Inneren belebt, befindet sich links vom Hauptaltar ein Polyptychon von Taddeo Gaddi (1353–55). An der linken Schiffswand eine ›Heimsuchung‹ aus glasierter Terracotta von Luca und Andrea della Robbia, 1455.

Die Kirche **San Pietro Maggiore (10)** wurde im Jahre 748 von Langobarden gegründet. Der untere Teil der Fassade und die rechte Außenseite des jetzigen Baus entstanden in pisanisch-romanischem Stil, vermutlich um 1263. Am Türsturz des Hauptportals: ›Christus überreicht Petrus die Schlüssel‹ und ›Maria inmitten der Apostel‹. Das Innere gestaltete man im 17. Jh. um. Wie San Pietro Maggiore liegt auch der heutige Bau der Kirche **San Bartolomeo in Pantano (11,** 1159 begonnen) östlich des Hauptplatzes von Pistoia. Eine erste Kirche bestand schon seit dem 8. Jh. außerhalb der Stadtmauer in einem Sumpfgelände, daher die Bezeichnung *in pantano,* im Sumpf. Der untere Teil der Fassade ähnelt dem der älteren Kirche San Pietro Maggiore. Wie in Pisa sind den Blendbögen abgestufte Rhomben und Oculi eingefügt. Die obere unvollendete Zone ist aus dem 17. Jh. Der Türsturz mit der Szene ›Der auferstandene Christus erscheint den Aposteln‹ trägt das Datum von 1167.

Das Innere besteht aus drei engen und sehr hohen Schiffen, die mit ihren glatten, ungegliederten Wänden und den angesetzten Obergadenfenstern einen schachtartigen Eindruck vermitteln. Nur das Mittelschiff behielt seinen offenen Dachstuhl, die Seitenschiffe wurden eingewölbt. In der hohen Apsis verläuft eine doppelte Reihe schmaler Fenster. Neben einigen figürlichen wurden die meisten Kapitelle dem korinthischen Typus nachgebildet. Wichtigstes Ausstattungsstück ist die um 1250 entstandene Kanzel von Guido Bigarelli aus Como. In Aufbau und Bildprogramm mit Szenen aus dem Leben Christi ist sie einfacher als die nur zehn Jahre jüngere Kanzel des Nicola Pisano im Pisaner Baptisterium. Die Hauptfelder zeigen: ›Christus in der Vorhölle‹, ›Himmelfahrt Christi‹, ›Christus in Emmaus‹ und ›Der ungläubige Thomas‹. Bei Rekonstruktion der Kanzel konnten einige Platten keine Verwendung finden, weil sie möglicherweise nicht zur Kanzel gehören. Sie sind an der äußeren Langhauswand angebracht: ›Verkündigung‹, ›Geburt‹, ›Anbetung der Könige‹, ›Darstellung im Tempel‹.

Das **Ospedale del Ceppo (12)** – in der Via del Ceppo – wurde als Hospital für die im 13. Jh. gegründete Wohltätigkeitsinstitution Ceppo errichtet. Deren Name leitet sich von dem ausgehöhlten Baumstumpf ab, mit dem Almosen gesammelt wurden. Zu Beginn des 16. Jh. unterstellte das Florentiner Ospedale di Santa Maria Nuova das Hospital seinem Oberbefehl. Damals errichtete man – nach dem Vorbild von Brunelleschis Florentiner Findelhaus – einen Portikus und gab 1514 der della Robbia-Werkstatt die Tondi und den Majolika-Fries in Auftrag, der Werke der Barmherzigkeit darstellt.

Die einschiffige Kirche **Santa Maria delle Grazie (13)** an der Piazza San Lorenzo gehört zu einem Augustinerkloster, das man 1452–69 wohl nach Plänen von Michelozzo im Frührenaissancestil errichtete. Die Fassade vollendete Giovanbattista di Antonio Gerino 1484. Im Innern ein Ziborium in Form eines frei stehenden Kuppelbaus.

Den Majolika-Fries am Ospedale del Ceppo in Pistoia führte Santi Buglioni aus (das letzte Feld in bemalter, nicht glasierter Terrakotta von Filippo Paladino). Die Szenen zeigen die Werke der Barmherzigkeit sowie Personifikationen von weltlichen und theologischen Tugenden in den Zwischenfeldern. Der Ausschnitt zeigt die Bestattung eines Toten, dem zuvor das Sterbesakrament erteilt wurde – eingerahmt von den Tugenden der Caritas und der Hoffnung. Die Tondi – hier die Himmelfahrt Mariens und die Heimsuchung – schuf Giovanni della Robbia

Sant' Andrea (14)

Im 8. oder 9. Jh. wurde die Kirche Sant'Andrea als eine Pfarrkirche vor den Toren der Stadt gegründet. Die jetzige erweiterte Gestalt geht im Wesentlichen auf die Mitte des 12. Jh. zurück. Die unvollendete Fassade ähnelt der etwa gleichzeitig entstandenen von San Bartolomeo in Pantano. Auch hier ist die untere Zone mit Blendarkaden gegliedert, denen nach pisanischem Vorbild Rhomben eingefügt sind. Der Türsturz des Hauptportals ist von Gruamonte und seinem Bruder Adeadato signiert und mit der Jahreszahl 1166 versehen. Dargestellt sind: der ›Zug der Heiligen Drei Könige‹, die ›Begegnung mit Herodes‹ und die ›Anbetung des Kindes‹. Die Kapitelle der Türpfosten signierte ein Meister namens Enrico. Man erkennt links die ›Verkündigung der Geburt des Johannes an Zacharias‹, die ›Heimsuchung‹, die ›Verkündigung der Geburt Christi an Maria‹ und die ›Hl. Anna‹. Das Bogenfeld ziert die Kopie einer Statuette des Hl. Andreas in der Art des Giovanni Pisano (um 1300), deren Original im Innern an der rechten Wand steht.

Das steile dreischiffige Langhaus mit offenem Dachstuhl beherbergt eines der Hauptwerke der Bildhauerkunst des Trecento: die Kanzel von Giovanni Pisano (1298–1301). Diese dritte in der Reihe der Kanzeln, die Nicola und Giovanni Pisano schufen, stellt – wie jene im Pisaner Baptisterium und im Sieneser Dom – am Kanzelkasten neutestamentarische Szenen dar. Dieses Lehrgebäude der Evangelien wird von Propheten (in den Bogenzwickeln) und Sibyllen (über den Kapitellen, die hier anstelle der Tugenden stehen) getragen. Von Giovanni Pisano stammt außerdem das Holzkruzifix hinter dem ersten Altar rechts mit Resten der originalen Farben und Vergoldung (in einem Tabernakel des 15. Jh.), seiner Kunst nahe stehend sind das Taufbecken im linken Seitenschiff und ein weiteres Kruzifix am ersten Altar des linken Seitenschiffs. Das Kalotten-Fresko in der Apsis zeigt Gottvater in der Mandorla und eine Engelsglorie von Gerino Gerini aus dem Jahre 1504.

San Francesco (15)

Über einen langen Zeitraum erstreckte sich die Errichtung der Kirche San Francesco, von 1294 bis ins Jahr 1400; erst 1717 erhielt die Fassade den klassizistischen Dreiecksgiebel. Die einschiffige Kirche mit weitem Querschiff und fünf Chorkapellen erhielt die übliche Ausstattung mit Barockaltären, wobei die Fresken der Entstehungszeit übertüncht und dann im 20. Jh. wieder in Fragmenten freigelegt werden konnten. Die Fresken der Hauptchorkapelle mit Szenen aus dem Leben des Hl. Franziskus schrieb man dem Giotto-Schüler Puccio Capanna zu. Die Fresken der Kapelle links der Hauptchorkapelle stammen von Pistoieser Künstlern des 14. Jh. Linke Wand oben: ›Tod der Muttergottes‹, darunter: ›Christus erscheint Paulus‹. Rechte Wand oben: ›Verlöbnis und Tod Mariens‹, darunter: ›Triumph des Hl. Au-

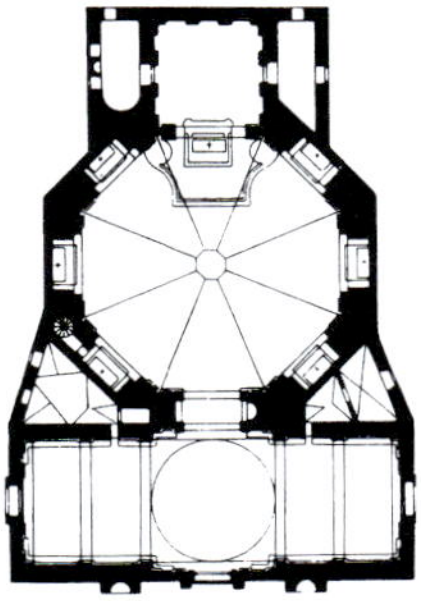

Pistoia, Madonna dell' Umiltà, Grundriss

gustinus‹. Durch die Sakristei gelangt man in den 1291 erbauten Kapitelsaal, der seit 1386 mit Fresken ausgemalt wurde. An der Hauptwand sieht man das ›Lignum Vitae‹, das Lebenskreuz in der Vision des Bonaventura, wobei die dazugehörige Sinopie an der rechten Wand hängt. Das Gewölbe schmükcken die ›Auferstehung Christi‹, die ›Glorie des Hl. Franziskus‹ (links), der ›Tod des Hl. Franziskus‹ und der ›Hl. Franziskus feiert das Weihnachtsfest zu Greccio‹.

Weitere Sehenswürdigkeiten

Anstelle einer älteren Marienkirche (Santa Maria Forisportae) entstand der Kirchenbau **Madonna dell' Umiltà (16)** in der Via della Madonna. Als 1490 ein Freskenbild, die ›Madonna dell' Umiltà‹ (zweite Hälfte 14. Jh., das jetzige Hauptaltarbild), zu schwitzen begann, war dies der Anlass zum Bau der neuen Kirche: 1495 begann Ventura Vitoni mit der Errichtung in den Formen Brunelleschis. Nach dem Tod Vitonis, 1522, wurde sie von Giorgio Vasari bis 1568 fortgeführt. Dem 1509 begonnenen oktogonalen Zentralbau ist das von einer Kuppel und zwei Tonnen gewölbte Vestibül (1495) vorgelagert.

Die 1774 profanierte Kirche **Sant' Antonio dei Frati del T (17)** entstand in der zweiten Hälfte des 14. Jh. Die aus Vienne (Südfrankreich) stammenden Kanoniker widmeten sich vor allem der Pflege erkrankter Pilger. Das einschiffige Innere enthält umfangreiche Freskenzyklen mit Szenen des Alten und Neuen Testaments, des Lebens des Hl. Antonius Abbas und der Legende des Hl. Gürtels, wahrscheinlich von Niccolò di Tommaso und Antonio Vite, Ende 14. Jh. Im benachbarten Konventsgebäude, dem **Palazzo del Tau**, wurde 1990 für den Pistoieser Bildhauer Marino Marini (1901–80) ein Museum eingerichtet.

Sant' Antonio dei Frati del T

Palazzo del Tau

Museo Marini

Corso Silvano Fedi
Tel. 0573 302 85
www.fondazione marinomarini.it
Mo–Sa 10–18 (Okt.–März bis 17) Uhr

Die Kirche **San Domenico (18)** am Corso San Fedi wurde Ende des 13. Jh. begonnen, um 1380 erweitert und nach Schäden im Zweiten Weltkrieg seit 1970 wieder aufgebaut. Ihr charakteristischer T-förmiger Grundriss verrät die Zugehörigkeit zu den Bettelordenskirchen mit flach schließender Hauptchorkapelle (Fresken des 14. Jh.) und offenem Dachstuhl. Nach dem ersten Seitenaltar rechts liegt das Grabmal des Filippo Lazzari, das Bernardo und Antonio Rossellino 1467/68 gestalteten. Im Kapitelsaal befindet sich ein großes Kreuzigungsfresko mit Sinopie, im Refektorium ein Fresko des 14. Jh. mit Bildnissen von Petrarca, Cino da Pistoia und Dante sowie ›Mariae Tempelgang‹ von Taddeo Gaddi.

Als Letzte der Kirchen Pistoias sei die zwischen 1291 und 1302 entstandene Kirche **San Paolo (19)** vorgestellt. Ihre im 14./15. Jh. überarbeitete Fassade (Portal 1327) verbindet Stilelemente der Pisaner Romanik (Blendbögen, Lisenen) und der Gotik (Rosette, Wimperg, Zwerchgalerie, Giebel sowie die von Spitzbögen gewölbten Grabnischen (vgl. Santa Maria Novella in Florenz). Das einschiffige Innere mit offenem Dachstuhl und drei flach schließenden Chorkapellen entstand nach dem Vorbild der Bettelordenskirchen. Eine Barockisierung wurde 1850 wieder weitgehend zurückgenommen.

Villa Celle

Eine Wallfahrtsstätte moderner Kunst ist die Villa Celle bei Santomato, ca. 8 km östlich von Pistoia. Die an der Landstraße nach Prato liegende Villa kann nur nach Voranmeldung besichtigt werden. Es handelt sich um eine hochbedeutende Sammlung zeitgenössischer Kunstobjekte, die der Textilgroßhändler Giuliano Gori für seine Villa und den weitläufigen Park in Auftrag gegeben hat. Seit 1982 werden Künstler aus aller Welt eingeladen, für einige Monate in der Villa zu leben und hier ihre Kunstwerke zu schaffen. Mit verschiedensten Materialien haben im Park Künstler wie Robert Morris, Richard Long und Dani Karavan, Denis Oppenheim oder Fausto Melotti Skulpturen und Installationen gestaltet. Gemeinsam ist die Inspiration durch den Ort; sie unterscheiden sich jedoch jeweils durch ein grundverschiedenes Konzept in der Wahrnehmung der Umgebung – teilweise im Einklang mit der Landschaft, teilweise auch im Kontrast zu ihr. Der Rundgang durch den Park führt so zu ungewöhnlichen Natur- und Kunsterlebnissen.

Villa Celle ★

Villa Celle
Via Montalese 7
53030 Santomato
Besichtigung nur mit Führung und nach schriftlicher Anmeldung:
Information Mo–Fr 8.45–10 Uhr unter
Tel. 0573 47 99 07
goricoll@tin.it
www.sculpture.org

Der Park der Villa Celle wurde auf 20 ha nach englischem Muster mit Wald und Lichtungen, Schluchten und kleinen Wasserfällen, See und Bach angelegt. Eine Kapelle, eine Voliere, ein Tempietto und ein neogotisches Teehaus bereichern zusätzlich den alten Park. Die Villa Celle avancierte zu einer ›Enklave der Moderne‹, seit Signor Gori Künstler aus aller Welt einlud, sich mit diesem Ort auseinander zu setzen und ihm durch einen modernen Geist ein neues Gesicht geben. Im Bild das Astrolabium aus einer fünfteiligen Installation von Alice Aycock

Prato

Prato ★
Besonders sehenswert: Dom Santo Stefano, Museo d' Arte Contemporanea Luigi Pecci

APT
Piazza Duomo 8
59100 Prato
Tel. 0574 351 41
www.pratoturismo.it
Okt.–März Mo–Fr 9–13.30, 14.30–18.30 (Sa bis 18), So 10–13 Uhr;
April–Sept. Mo–Sa 9–13.30, 14.30–19, So/Fei 10–13 Uhr

Der Ruhm der Stadt als Textilerzeugerin, ihr schnelles Wachstum in den letzten Jahrzehnten hält viele Reisende davon ab, in den historischen Ortskern vorzudringen. Doch das kleine, überschaubare Zentrum überrascht mit Kunstwerken, die auch den von Florenz Verwöhnten zu beeindrucken vermögen.

Mit etwa 10 000 Einwohnern um 1300 konnte die mittelalterliche Gemeinde keine eigenständige Baukunst oder Malerei entwickeln: Der Dom geht auf pisanisch-lucchesische Vorbilder zurück, das Castello, die Kaiserburg, gehört zum Umkreis staufischer Hofkunst Apuliens und Siziliens, die Renaissancekirche Santa Maria delle Carceri wurde von dem Florentiner Giuliano da Sangallo erbaut, ein anderer Florentiner, Filippo Lippi, hinterließ im Dom einen der schönsten Freskenzyklen der Frührenaissance.

Prato war weder eine römische noch eine etruskische Stadt. In der Römerzeit befand sich an der Stelle des späteren Domplatzes ein *pagus,* den man Cornius nannte. Mit *pagus* bezeichneten die Römer – im Gegensatz zum kleineren *vicus* (italienisch *vico)* – ein größeres wirtschaftliches Zentrum auf dem Land. Aus dem Pagus Cornius bil-

Prato

1 Dom Santo Stefano
2 Museo dell' Opera del Duomo
3 Palazzo Pretorio
4 Palazzo Comunale
5 San Domenico
6 Palazzo Datini
7 San Francesco
8 Castello dell' Imperator
9 Santa Maria delle Carceri
10 Museo d' Arte Contemporanea Luigi Pecci

dete sich in langobardischer Zeit der Borgo al Cornio, für den seit dem Jahr 874 Schöffen bezeugt sind. Außerhalb des Borgo lag beim *prato*, einer Wiese, auf der Markt gehalten wurde, eine Festung, von der noch heute zwei Turmstümpfe von der Anlage der Kaiserburg erhalten sind. Die Festung war in der ersten Hälfte des 11. Jh. im Besitz des Grafen Hildebrand, nach dessen Sohn Alberto sich die Familie langobardischer Herkunft später Alberti nannte. Die Alberti zählten zu den mächtigsten Feudalherren der Toscana. Ihr Landgebiet reichte bis ins Val di Nièvole, ins Elsa-Tal, wo sie unter anderem Certaldo und Castelfiorentino besaßen, und weiter bis in das Küstengebiet der Maremmen. Der Borgo al Cornio, auf den bald der Name Prato überging, gelangte im 11. Jh. unter Schutz und Herrschaft der Alberti, die zu Grafen von Prato ernannt wurden. Ihre Macht versuchte Markgräfin Mathilde von Canossa 1107 durch eine dreimonatige erfolglose Belagerung der Festung und des Borgo, an der sie selbst teilnahm, zu brechen.

Da Prato in der Spätantike keine Stadt war, ließ sich hier kein Bischof nieder und folglich wurden dem mittelalterlichen Borgo nicht die Rechte einer Stadt verliehen. Erst 1653 erhielt Prato beides, Stadtrecht und Diözese, wobei es freilich den Bischofssitz bis 1954 mit Pistoia zu teilen hatte. Prato besaß daher im Mittelalter keinen Dom, sondern lediglich eine Pieve.

Die Pieve Santo Stefano wurde von Pröbsten geleitet, die in ihren Befugnissen und im Ansehen jedoch Bischöfen vergleichbar waren. Sie übten Rechtssprechung aus bis vor die Tore von Pistoia. Zu den Pröbsten von Santo Stefano zählte Carlo de' Medici, unehelicher Sohn Cosimos d. Ä. Ihm und dem Einfluss seines Vaters verdankt das ehemals kleine Prato, dass in seinen Mauern Florentiner Künstler wie Filippo Lippi und Donatello wirkten.

Die politische Entwicklung des Borgo verlief ähnlich wie die der Städte. Die Prateser wählten eigene Konsuln, bildeten anschließend die übliche Regierungsform des Podestà und der Räte, erreichten kaiserliche Anerkennung als freie Kommune (1187).

Unter dem Druck der mächtigen Nachbarstädte Lucca und Florenz begab sich Prato 1313 in den Schutz der Anjou von Neapel, die die Signoria 1351 für 17 000 Gulden an Florenz verkauften. Prato behielt eine beschränkte politische Autonomie, und es gab mehrere Versuche, die volle kommunale Freiheit zurückzugewinnen.

Der kleine Ort konnte im 13. Jh. mit anderen toscanischen Städten, wie Pistoia, Florenz und Siena, in der Textilerzeugung, besonders in der Wollverarbeitung, konkurrieren. Tuche aus Prato waren auf den Märkten Europas begehrt. Die 60 Goldschmiede, die um 1270 in Prato angesiedelt waren, arbeiteten größtenteils für den Export. Einer der erfolgreichsten Kaufleute und Bankiers war Francesco di Marco Datini (1330–1410), der Handelsniederlassungen in vielen Städten Europas unterhielt. Sein Vermögen stiftete er einer von ihm gegründeten Wohltätigkeitsorganisation, dem Ceppo.

Wie in anderen Städten schrumpfte in nachmittelalterlicher Zeit die Einwohnerzahl. Bis 1429 sank die Zahl auf 3533. Erst seit Ende des

Filippo Lippi

Der um 1405–09 in Florenz geborene, früh verwaiste Filippo Lippi wurde im Alter von 15 Jahren in das Florentiner Karmeliterkloster Santa Maria del Carmine gegeben. Hier konnte er dabei zusehen, wie Masaccio und Masolino die Brancacci-Kapelle ausmalten. Von Masaccio ausgehend, entwickelte Filippo einen extrem plastischen Figurenstil, den er jedoch bald wieder aufgab, um zur traditionellen Linie zurückzukehren. Diese aus der Spätgotik übernommene Linie wurde durch ihn zum Gestaltungsmittel der Frührenaissance. Seinen bedeutendsten Freskenzyklus malte Filippo im Dom von Prato, wo er sich seit 1452 aufhielt. Die allbekannte Liebesaffäre mit der Prateser Nonne Lucrezia Buti endete dann 1461 mit ihrer Eheschließung, zu der es allerdings des päpstlichen Dispenses bedurfte, für den sich Cosimo de' Medici bei Pius II. einsetzte.

19. Jh., als die Prateser Textilindustrie durch die Verarbeitung von Lumpen einen rapiden Aufschwung erreichte, schnellte die Bevölkerungsziffer nach oben. Heute zählt Prato rund 150 000 Bewohner. In der Zeit zwischen 1920 und 1960 verzehnfachte sich die Einwohnerschaft. Die Stadt wuchs weit über das größtenteils erhaltene Mauersechseck von 1334 bis 1335 hinaus. Prato ist zwar die viertgrößte Stadt Mittelitaliens, doch erst 1992 wurde sie Hauptstadt einer eigenen Provinz.

Stadtrundgang

Dom Santo Stefano (1)

Dom Santo Stefano
Tel. 0574 262 34
tgl. 7–12, 15.30–18.30, So bis 20 Uhr

Den Dom Santo Stefano besucht man vor allem wegen der Fresken Filippo Lippis. Erbaut wurde er als Pieve an Stelle eines mittelalterlichen Baus seit 1211 nach Plänen von Guidetto da Como. In den folgenden Jahrhunderten erweiterte und gestaltete man den Dom um. Vom ursprünglichen Außenbau blieben die Langhauswände mit Blendbögen nach pisanisch-lucchesischem Vorbild erhalten. Die Fassade hingegen wurde 1385 bis 1457 mit Stilelementen der Gotik umgestaltet. Erst in der Zeit der Frührenaissance wurde die berühmte Außenkanzel hinzugefügt. Sie ist ein Werk Donatellos und Michelozzos (1434–38). Sie dient – noch heute – zum Vorzeigen des Hl. Gürtels Mariens, der im Dom aufbewahrt wird. Die Reliefs mit den tanzenden Putten sind Abgüsse nach den Originalen, die seit 1972 im Dommuseum gezeigt werden. – Der Campanile entstand im 13. Jh., sein Obergeschoss 1340–56.

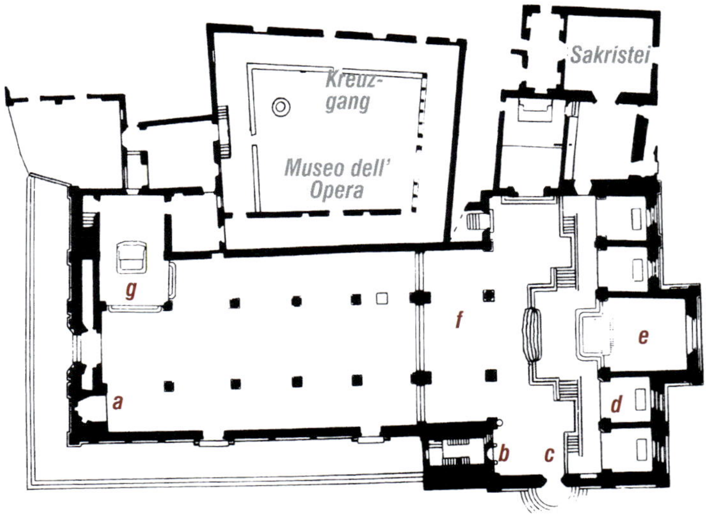

Prato, Dom Santo Stefano

- *a Holzkruzifix, Giovanni Pisano (wohl 1317)*
- *b Tabernakel der Madonna dell' Olivo, Giovanni und Benedetto da Maiano (1480)*
- *c Tod des Hl. Hieronymus, Filippo Lippi (1452)*
- *d Cappella dell' Angelo Custode*
- *e Hauptchorkapelle mit Fresken von Filippo Lippi (1452–1568)*
- *f Kanzel mit Relief, Mino da Fiesole/ Antonio Rossellino (1473)*
- *g Kapelle des Hl. Gürtels*

Das Langhaus (von 1211) ist nicht allein aus der toscanischen Tradition ableitbar: Die Weite der Bögen und das Gedrungene der Säulen sind auf lombardischen Einfluss zurückzuführen, die grünweiße Marmorstreifung hingegen ist eine Eigentümlichkeit pisanisch-lucchesischer Romanik. Die Säulen wirken heute schwerer und gedrungener als ursprünglich, denn das Bodenniveau lag 43 cm tiefer und die Säulenbasen ruhten auf Sockeln (der jetzige Fußboden ist von 1542). Damals waren die drei Schiffe noch ungewölbt; sie wurden – wie bei den weitaus meisten Kirchen – von einem offenen Dachstuhl bedeckt. Das für eine Bischofskirche übliche Gewölbe erhielt die Kirche erst 1676, 23 Jahre nachdem die Pieve zur Kathedrale erhoben wurde.

Hat man das Langhaus durchschritten, öffnet sich in unerwarteter Weite das von farbigen Glasfenstern erleuchtete Querhaus mit nunmehr gotischen Rippengewölben. Diese Art des Querschiffs mit flach schließenden Chorkapellen gab es zuvor bereits bei Zisterzienser- und Bettelordenskirchen. An den Pilastern, an den Diensten und Eingangsbögen der Kapellen hat der Baumeister die grün-weiße Marmorstreifung des Langhauses wiederholt. Die Pläne für das Querschiff soll – so überlieferte es Giorgio Vasari – Giovanni Pisano geliefert haben. Als Bauzeit sind die Jahre 1317–68 dokumentiert. Der Erweiterungsbau war übrigens erst möglich, nachdem zwei Grundstücke an der Ostseite der Kirche erworben worden waren.

Besonders lohnt es sich, einen Blick in die schönen Kapellen des Doms zu werfen. Die **Capella dell' Angelo Custode (d),** die Schutzengel-Kapelle, wurde zwischen 1443 und 1455 von zwei verschiedenen Malern ausgestattet. Um 1445 schuf der sogenannte Prato-Meister folgende Freskenbilder: Am Kapelleneingangsbogen Vier Heiligenfiguren; im Gewölbe ›Glaube‹, ›Hoffnung‹, ›Liebe‹, ›Tapferkeit‹; in der Lünette der linken Seitenwand ›Disput des Hl. Stephan‹; in der Lünette der rechten Seitenwand ›Geburt Mariens‹; im Bildfeld darunter ›Tempelgang Mariens‹.

Der bedeutende Maler dieser Fresken zeichnet sich durch weich fließende Linienführung, perspektivische Raumkonstruktionen und hoheitsvolle, leicht überlängte Gestalten aus (vor allem in der ›Geburt Mariens‹). Bisher konnte dieser Meister nicht überzeugend namhaft gemacht werden. Er wurde von mehreren Forschern mit dem jungen Paolo Uccello, von anderen mit Domenico Veneziano identifiziert. Der 1455 verstorbene Andrea di Giusto vollendete die Wandbemalung an der linken Wand mit dem ›Martyrium des Hl.Stephan‹ und der ›Auffindung der Gebeine der Heiligen Stephan und Laurentius‹ sowie dem ›Verlöbnis Mariens‹ an der rechten Wand.

Die beiden Freskenzyklen der **Hauptchorkapelle (e)** malte Filippo Lippi (unter Mitwirkung von Fra' Diamante) mit langen Unterbrechungen zwischen 1452 und 1468. Sie wurden finanziert von der Wohltätigkeitsorganisation Ceppo; das Wappen des 1410 verstorbenen Stifters Francesco di Marco Datini findet sich im Bildfeld VI. An der linken Seitenwand sieht man Szenen aus dem Leben des Märty-

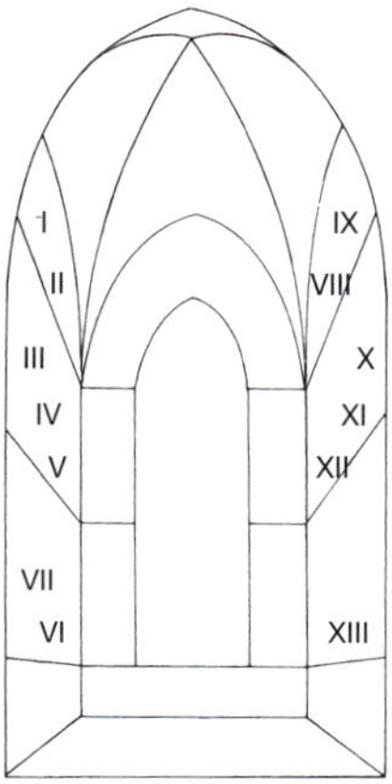

Dom Santo Stefano, Hauptchorkapelle, linke Seitenwand

Szenen aus dem Leben Stephans
I Geburt
II Ein Priester übergibt das von einer Hirschkuh ernährte Kind einer frommen Frau
III Diakonsweihe
IV Heilung des Besessenen
V Disput mit Hebräern
VI Steinigung
VII Begräbnis
rechte Seitenwand: Szenen aus dem Leben Johannes' des Täufers
VIII Geburt
IX Namensgebung
X Abschied
XI Gebet in der Wüste
XII Predigt
XIII Gastmahl des Herodes, Enthauptung des Johannes, Tanzende Salome, Übergabe des Kopfes an Herodes

Szene aus dem Freskenzyklus Filippo Lippis in der Hauptchorkapelle des Doms in Prato: Das Bankett des Herodes mit der tanzenden Salome

rers Stephan, des Titelheiligen der Kirche. Die rechte Seitenwand beleben Szenen aus dem Leben Johannes des Täufers, während im Gewölbe die vier Evangelisten dargestellt sind.

In diesem Freskenzyklus, der zu den bedeutendsten der Frührenaissance zählt, gehen das Prunkvoll-Festliche und das Heiter-Anmutige mit dem Logisch-Konstruktiven eine einzigartige, glückliche Verbindung ein. Die Linienschönheit der tanzenden Salome im untersten Feld der rechten Seitenwand verdeutlicht, dass Botticelli von Filippo Lippi seinen Ausgangspunkt nahm. Wenn das Schleier-Gewand nach Art antiker Mänaden wie vom Wind aufgebläht wirkt und das Szenarium zugleich von einer Vielzahl mannifaltig variierter Figuren belebt wird, bezieht sich Filippo Lippi hier auf theoretische Forderungen Albertis nach Varietà (Mannigfaltigkeit). Ort des ›Begräbnis des Hl. Stephan‹ (Feld VII linke Seitenwand) ist eine Basilika, deren Formen die Architektur Brunelleschis widerspiegelt. Der Prälat im Vordergrund – darauf weist Vasari hin – trägt die Gesichtszüge Filippo Lippis, sein Begleiter soll die Züge Fra' Diamantes tragen. Am Hauptaltar hängt ein Bronzekruzifix von Ferdinando Tacca (1653).

Die **Kapelle des Hl. Gürtels (g)** errichtete man 1385/95 zur Aufbewahrung und Verehrung des Hl. Gürtels. Nach der Legende überließ die Muttergottes bei der Himmelfahrt ihren Gürtel dem Apostel Thomas, der ihn einem Priester schenkte. Als der Prateser Kaufmann Michele Dagomari in Jerusalem ein Mädchen namens Maria heiratete, erhielt er den Gürtel als Mitgift. Nach seiner Rückkehr nach Prato bewahrte er ihn heimlich in einem Schilfkorb auf und legte sich abends auf die Reliquie schlafen. Engel wiesen ihn auf die Unbotmäßigkeit seines Handelns hin und legten den schlafenden Michele auf den Boden. Vor seinem Tode überreichte er den Gürtel dem Probst und Vertretern der Kommune. Kirche und Kommune machten sich die Rechte an der Reliquie streitig. Sie wird daher im Schrein der Altarmensa aufbewahrt, zu der es zwei verschiedene Schlüssel – im Besitz des Bischofs und der Stadt – gibt. Der Hl. Gürtel wird sowohl an kirchlichen als auch an weltlichen Feiertagen zur Schau gestellt (Weihnachten, Ostern, 1. Mai, 15. August, 8. September).

Die Fresken der Kapelle von Agnolo Gaddi, 1392–95, stellen das Leben der Muttergottes und die Gürtel-Legende dar. Auf dem Hauptaltar sieht man eine ›Muttergottes mit Kind‹ von Giovanni Pisano, um 1317. Das Bronzegitter (1438–67), begonnen von Maso di Bartolomeo, fortgeführt von Antonio di Sera Cola, beendete schließlich Pasquino di Matteo da Montepulciano.

Im **Museo dell' Opera del Duomo (2)** sind Altargemälde sowie liturgische Bücher mit Miniaturen und Goldschmiedearbeiten ausgestellt. Hervorzuheben sind ein Fresko des Seligen Jacopo da Todi, um 1440, ein Tafelgemälde der ›Hl. Lucia‹ von Filippino Lippi, die Originalreliefs der Außenkanzel von Donatello, eine Truhe für den Hl. Gürtel von Maso di Bartolomeo aus der ersten Hälfte 15. des Jh. Vom Kreuzgang des 12. Jh. mit Marmoreinlegearbeiten ist das Untergeschoss eines Flügels erhalten.

Museo dell' Opera del Duomo

Piazza del Duomo 49
Tel. 0574 293 39
www.cultura.prato.it/musei/opera/
Mi–Mo 9.30–12.30, 15–18.30 Uhr, So nur vormittags

Museo Civico e Galleria Comunale

Piazza del Comune
www.comune.prato.it/civico/
wegen Restaurierungsarbeiten geschl. Die Hauptwerke sind vorübergehend im Kloster San Domenico ausgestellt.

Palazzo Pretorio und Palazzo Comunale

Der ehemalige Kommunalpalast und heutige **Palazzo Pretorio (3)** besteht – an der Nord-Ost-Ecke – aus einem älteren Teil aus Backstein vom Anfang des 13. Jh. Das ursprünglich private Turmhaus erwarb die Stadt 1284 und erweiterte es nach 1333 in Hausteinen. Der ursprünglich für den Capitano del Popolo vorgesehene Palast beherbergt in drei großen Sälen (mit vorzüglich erhaltenen mittelalterlichen Balkendecken) und einigen kleineren Räumen die **Galleria Comunale,** die städtische Kunstsammlung mit Gemälden und Kunstgegenständen des 14.–18. Jh. Besondere Beachtung verdienen einige Gemälde, die eng mit der Geschichte der Stadt verbunden sind: Bernardo Daddis Predella-Tafel vom ehemaligen Hauptaltar des Doms (1337) stellt die Geschichte vom Gürtel Mariens dar. Filippo Lippis ›Madonna del Ceppo‹ (mit den Heiligen Stephan und Johannes dem Täufer) entstand 1454. Vor dem Thron kniet der Stifter des Bilds, der Prateser Kaufmann Francesco di Marco Datini. Er präsentiert vier Bonuomini, ehrenamtliche Verwalter der von Datini gegründeten Wohltätigkeitsorganisation Ceppo, die in wiederum verkleinertem Maßstab erscheinen. Von Filippino Lippi, dem Sohn Filippos, ist das 1498 gemalte Tabernakelfresko der Hl. Margherita. Das Tabernakel zierte einst das Haus, das Filippino für seine Mutter Lucrezia Buti, die früher Nonne im Konvent Santa Margherita war, gegenüber dem Kloster erworben hatte. Das Haus wurde 1944 bei einem Luftangriff zerstört. Tabernakel und Fresko fügte man aus Fragmenten zusammen. Stilistisch verschieden ist die 1504 datierte Tafel der ›Muttergottes mit den Heiligen Stephan und Johannes dem Täufer‹, eines der letzten Werke Filippinos. Von Fra' Bartolomeo, der in Prato geboren wurde, und Luca Signorelli sind je ein Tondo ausgestellt.

Museo di Pittura Murale
*Piazza S. Domenico
Tel. 0574 44 05 01
Mo–Do 9–13, Fr
und Sa auch 15–18,
So 9–13 Uhr*

Der **Palazzo Comunale (4)** entstand im 14. Jh. Die Fassade wurde Ende des 18. Jh. vollständig in klassizistischem Stil umgearbeitet. Das Denkmal auf der Piazza del Comune zeigt den Prateser Kaufmann Francesco di Marco Datini (1896). Den Bacchus-Brunnen schuf Ferdinando Tacca (1659), dessen originale Bronzeteile in der Galleria Comunale aufbewahrt werden.

Weitere Sehenswürdigkeiten

1283 begann nach Plänen von Fra' Mazetto die Errichtung der Kirche **San Domenico (5),** die um 1322 nach veränderten Plänen vollendet wurde. Nach dem Vorbild von Santa Maria Novella in Florenz hat die Kirche außen spitzbogige Grabnischen. Das Innere wurde 1647 barockisiert. Im Kloster wurde das **Museo di Pittura Murale** einge-

Prato, Palazzo Pretorio: Neben den Fensterformen des frühen 13. und 14. Jh. gibt es Fenster des 15. Jh. mit Fensterkreuzen, wie sie besonders für Rom charakteristisch sind. Die stark erneuerte Treppe stammt aus dem 16. Jh.

richtet, das abgelöste Fresken und Sinopien (Vorzeichnungen) aus Prateser Kirchen zeigt und sehr anschaulich einen Einblick in die Technik der Freskenmalerei und ihre Restauration ermöglicht.

Als Wohn- und Geschäftspalast diente der **Palazzo Datini (6)** Francesco Datini (1330–1410), der damals zu den reichsten Kaufleuten Italiens zählte. Der Palast war vollständig mit Marmorimitationen und mit 16 Szenen aus dem Leben des Kaufmanns bemalt (1411), von denen lediglich Sinopienreste erhalten sind. Die Fenster des Erdgeschosses stammen aus dem 17., die Loggia aus dem 16. Jh.

Vermutlich wurde mit dem Bau der Kirche **San Francesco (7)** 1294 begonnen. Die Fassade des frühen 14. Jh. krönt seit dem 19. Jh. ein Renaissancegiebel. Im dreischiffigen, in jüngster Zeit weiß getünchten Innern (mit drei Chorkapellen) sind keine Wandmalereien erhalten. An der linken Seitenwand befindet sich das Grabmal des Gimignano Inghirami (gestorben 1460) im Stile des Bernardo Rossellino. Vor dem Presbyterium ruhen die Gebeine des Francesco di Marco Datini (Grabplatte von Niccolò Lamberti, 1411).

Das **Castello dell' Imperatore (8)** wurde 1248 von Kaiser Friedrich II. als Stützpunkt an der von Deutschland nach Apulien und Sizilien führenden Kaiserstraße errichtet. Diese einzige Kaiserburg in Nord- und Mittelitalien ist in vielen Details den Stauferkastellen Apuliens vergleichbar. Das Hauptportal wird von einem Giebel bekrönt. Seine grünweiße Marmorstreifung hat lokale Tradition. Das Kastell geht auf eine Festung des 10. Jh. zurück, die im 11. Jh. im Besitz der Grafen Alberti war. Von der alten Burg wurden beim Bau der jetzigen Anlagen zwei Turmstümpfe als Wachttürmen (die jeweils mittleren der Nord- und Westseite) übernommen, die bis 1768 mehr als doppelt so hoch waren.

Der frei stehende, kreuzförmige Zentralbau der Kirche **Santa Maria delle Carceri (9)** unmittelbar neben dem Castello wurde 1484 aufgrund eines wundertätigen Muttergottesbilds von Giuliano da Sangallo an eben der Stelle begonnen, wo sich die Kerker, *carceri,* der Festung befanden. Vom Zentralbau Brunelleschis ausgehend, schuf Giuliano da Sangallo eine frei stehende Kirche mit vier Kreuzarmen, die zum Vorbild für Zentralbauten der Hochrenaissance wurde – in der Toscana für San Biagio bei Montepulciano. Brunelleschis Stil ist vor allem im Innern und am äußeren Kuppeltambour ablesbar, während die rechteckigen Felder in ihrer weiß-grünen Marmordekoration auf altflorentinische Vorbilder (Baptisterium, San Miniato) zurückzuführen sind. Die Marmorverkleidung des Obergeschosses wurde 1885 ausgeführt. Das Innere birgt Majolika-Friese und Majolika-Tonden (mit Darstellungen von Evangelisten) von Andrea della Robbia (1492).

Südlich des Zentrums (nahe der Autobahnausfahrt Prato-Calenzano, Autobus 10) zeigt das **Museo d' Arte Contemporanea Luigi Pecci (10,** Museum für Zeitgenössische Kunst) in zehn Ausstellungsräumen und rund um die Gebäudegruppe von Architekten Italo Gamberini aktuelle Kunst italienischer und internationaler Künstler, darunter feste Installationen von Anne und Patrick Poirier, Enzo Cucchi, Mauro Staccioli, Mario Merz und Julian Schnabel.

Castello dell' Imperatore
www.castelli toscani.com/italian/prato.htm
Mi–Mo 9.30–13, 16–19, Okt.–März 9–13 Uhr

Museo d' Arte Contemporanea Luigi Pecci
Viale della Repubblica 277
Tel. 0574 53 17
www.centropecci.it
Mi–Mo 10–19 Uhr; 7.–22. Aug. geschl.

Leonardos Geburtshaus

Località Anchiano
Tel. 0571 565 19
www.museoleonardiano.it/anchiano.htm
tgl. 9.30–19, im Winter bis 18 Uhr

Museo Ideale Leonardo da Vinci

Via Montalbano 2
Tel. 0571 562 96
museoideale@tin.it
tgl. 10–13, 15–19 Uhr

Museo Leonardino

Piazza dei Guidi
Tel. 0571 93 32 51
www.museoleonardiano.it
tgl. 9.30–19 Uhr; im Winter bis 18 Uhr

Villa Medicea di Cerreto Guidi

Via Ponti Medicei 7
Tel. 0571 557 07
tgl. 8.15–19 Uhr; am 2. und 3. Mo des Monats geschl.

Villa Medicea di Poggio a Caiano

Piazza De' Medici 14
Tel. 055 87 70 12
www.comune.poggio-a-caiano.po.it
tgl. Nov.–Feb. 8.15–16.30; April, Mai, Sept. 8.15–18.30 Uhr; Juni–Aug. 8.15–19.30 Uhr; März, Okt. 8.15–18 Uhr; 2. und 3. Mo des Monats geschl.

Die Villen der Medici und das untere Arno-Tal

Zu den schönsten Ausflugszielen von Prato, Pistoia oder Florenz aus gehören die Medici-Villen von Poggio a Caiano und Artimino. Man kann eine Fahrt dorthin verbinden mit einem Besuch von **Carmignano** (›Heimsuchung‹ von Pontormo in der Kirche San Michele) und einem Abstecher auf den **Monte Albano.**

Auf der Hügelkette des Monte Albano liegt **Vinci,** das dem berühmten Leonardo (1452–1519) seinen Namen gab. Man besichtigt vor allem das im 12. Jh. entstandene Castello dei Guidi, in dem das Museo Leonardiano eingerichtet wurde. Moderne Modelle nach Leonardos Entwurfszeichnungen demonstrieren die schöpferische Fantasie, die den Maler auch als Physiker und Festungsbauingenieur auszeichnen. Das private Museo Ideale Leonardo da Vinci gibt einen Überblick über das Schaffen des Künstlers und zeigt außerdem Objekte der Volkskultur. Ein Fußweg führt von Vinci zum Geburtshaus Leonardos in Anchiano (ca. 2,5 km in nördlicher Richtung).

Eine weitere Villa Medicea (mit einem interessanten Beispiel imposanter Treppenarchitektur) erwartet den Besucher südwestlich von Vinci in **Cerreto Guidi.** Die Villa erinnert an eine historische Bluttat, die Ermordung von Isabella de' Medici 1576 durch ihren Gatten, den Herzog von Braciano (aus dem Geschlecht der Orsini). Dieser war auch Bauherr der Villa, die um 1565–75 nach Plänen von Buontalenti an Stelle eines mittelalterlichen Kastells errichtet wurde.

Villa Medicea di Poggio a Caiano

Die Villa liegt 5 km südlich von Prato an der Landstraße nach Pistoia (SS 66). Bauherr war Lorenzo Il Magnifico, der das Grundstück und einen Vorgängerbau um 1480 erwarb. Die Pläne für den Neubau (1480–85) erstellte Giuliano da Sangallo. Hatten die älteren Medici-Villen in Caffaggiolo (s. S. 220) oder Careggi noch eher festungsähnlichen Charakter, ist dies bereits eine charakteristische Renaissancevilla mit herrlichem Ausblick auf einen großen Park. Lediglich die Mauern und die vier niedrigen ›Verteidigungstürme‹ erinnern noch an das Bedürfnis nach Schutz. Am Villengebäude selbst ist der wehrhafte Charakter auf die Rustika des mächtigen Sockelgeschosses und der Kanten reduziert. Die Loggia ist – zum ersten Mal in der Profanarchitektur der Renaissance – von einem klassischen Giebel bekrönt. Der Majolika-Fries wurde vermutlich von Lorenzos Sohn Giovanni, dem späteren Papst Leo X., in Auftrag gegeben. Er spielt auf eine Wiederkehr des Goldenen Zeitalters an. Dargestellt sind die Ewigkeit, die Geburten des Zeitalters, des Jahres, der Jahreszeiten, der Monate und des Tages.

Den großen, über zwei Geschosse gehenden, tonnengewölbten Saal ließ Leo X. ausbauen und mit Fresken ausmalen. Das jetzige Dekor mit korinthischen Säulen als Scheinarchitektur ist von Alessandro Allori, um 1580, der die älteren Fresken miteinbezog. Die Ausstattung spielt auf Leben und Erfolge der Medici an, etwa das Wandgemälde ›Ciceros Rückkehr aus dem Exil‹ von Franciabigio, 1519–21, das Allori u. a. mit Obelisken und einer Säule ergänzte. Es erinnert an die Rückkehr Cosimos d. Ä. aus dem Exil. ›Konsul Flaminius spricht im Rat der Achäer‹ von Allori spielt auf die diplomatischen Erfolge Lorenzos des Prächtigen an. ›Cäsar empfängt den Tribut Ägyptens‹ von Andrea del Sarto, 1531 (überarbeitet von Allori), erinnert an einen Vertrag Lorenzos mit dem Sultan von Ägypten, bei dem der Sultan Lorenzo und die Signoria von Florenz reich beschenkte. Den Tribut Ägyptens an Cäsar gab es jedoch nie!

Villa Medicea di Poggio a Caiano ★

Die meiste Aufmerksamkeit verdient eine der glücklichsten Schöpfungen Pontormos, das **Lünettenfresko** an einer der Stirnwände. Zugrunde liegt laut Vasari die Geschichte des etruskischen Gottes Vertumnus, der in Gestalt eines alten Weibes in den verschlossenen Garten der Baumnymphe Pomona eindrang. Rechts sehen wir Pomona mit drei Nymphen, während links die männliche Welt und an der Stirnwand gegenüber der ›Garten der Hesperiden‹ von Allori gezeigt wird.

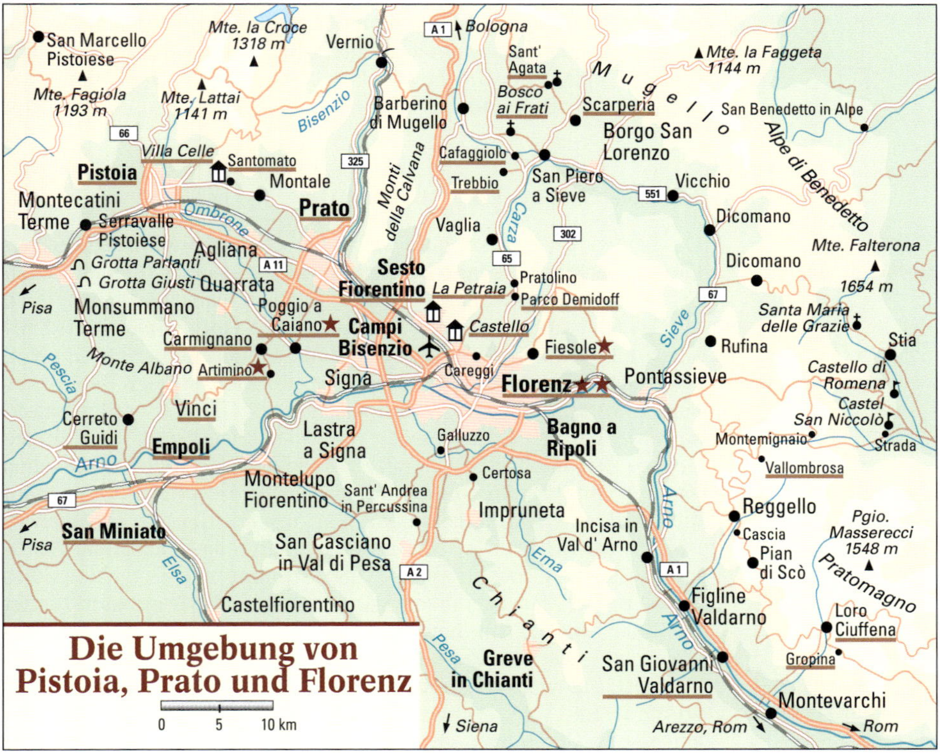

Die Umgebung von Pistoia, Prato und Florenz

Für die Villa di Poggio a Caiano schuf Pontormo mit dem Fresko des Gottes Vertumnus im Hauptsaal eines seiner schönsten Werke. Den Beinamen erhielt der Maler Jacopo Carrucci nach dem Ort Pontormo bei Empoli, wo er 1494 geboren wurde. Mit Rosso Fiorentino zählte er zu den Begründern des Florentiner Manierismus. Er schuf farblich und kompositionell höchst eigenwillige Gemälde und Fresken, oft von faszinierendem Charme

Fast alle Räume wurden im 19. Jh., als die Villa im Besitz des Königs Vittorio Emanuele war, verändert. Allein das Schlafzimmer der Bianca Cappello zeigt noch die ursprüngliche Ausstattung. Bianca und ihr Gemahl, der Großherzog Francesco I. starben 1587 unter mysteriösen Umständen in der Villa.

Villa Medicea La Ferdinanda

Villa Medicea La Ferdinanda ★

Villa La Ferdinanda
Via Papa Giovanni XXIII 5, Artimino
Anfragen zur Innenbesichtigung:
Tel. 0558 71 81 24
Archäologische Sammlung:
tgl. außer Mi 9.30–12.30 Uhr

Das bereits von Etruskern besiedelte Gebiet um **Artimino** an den Ausläufern des Monte Albano ist von besonderer landschaftlicher Schönheit. Von den weinbepflanzten Hügeln genießt man einen weiten Blick auf das Arno- und Ombrone-Tal. Die Villa La Ferdinanda wurde 1594 von Buontalenti für Großherzog Ferdinand I. und ›seinen ganzen Hofstaat‹ als Jagd-Kasino gegründet. Der mächtige, strenge Baukörper, dessen Verteidigungstürme mit Kanten aus *pietra serena* verstärkt sind, wird an der Hauptfassade von einer Loggia und einer Flügeltreppe (1930 nach alten Plänen) aufgelockert. Wegen der zahlreichen Kamine spricht man von der ›Villa dei cento camini‹. Heute dient diese Villa in Privatbesitz, u. a. als Kongresszentrum. Im Erdgeschoss ist ein Etruskisches Museum untergebracht, das sich auf die Funde im etruskischen Siedlungsgebiet von Artimino und Umgebung konzentriert. Das 1596 begonnene Wirtschafts- und Wohngebäude für das Personal, die Paggeria, wird heute als Hotel genutzt (s. S. 161).

Die nahe gelegene **Pieve di San Leonardo** gehört im Außenbau zu den besterhaltenen frühromanischen Kirchen der Toscana. Errichtet wurde sie im 11. Jh., wahrscheinlich von oberitalienischen Steinmetzen, die man *comacini* nennt.

Empoli

Empoli, Collegiata Sant' Andrea

Direkt an den Ufern des Arno liegt Empoli. Gebildet hatte sich der Ort erst nach 1119 um die alte Pieve Sant' Andrea, auch wenn sein Name eher auf einen antiken Ursprung verweist: Er leitet sich von *emporium* (Markt, Handelsstützpunkt) ab. Alle Sehenswürdigkeiten liegen um die zentrale, quadratische, von Laubengängen umgebene Piazza Farinata degli Uberti, in deren Mitte ein Marmorbrunnen von 1827 steht. Die Stiftskirche **Sant' Andrea** *(collegiata)* besitzt eine mit dünnen Marmorplatten verzierte Fassade im Stil der Florentiner Protorenaissance, wobei der obere Teil 1736 zu einer Tafelfassade verändert wurde: ein Beispiel historisierenden Stilempfindens zur Zeit des Barock! Das Innere präsentiert sich als ein Barockraum, der ebenso wie der Campanile (13. Jh.)im Zweiten Weltkrieg zerstört und nach Kriegsende wieder aufgebaut wurde.

Zu den Hauptwerken des **Museo della Collegiata** zählen das Schmerzensmann-Fresko von Masolino (1424/25), das Taufbecken von 1447, wohl aus der Werkstatt des Bernardo Rosselino, sowie die Freskenfragmente ›Johannes der Täufer‹ und ›Hl. Andreas‹ von Gherardo di Jacopo, genannt Starnina. Die ›Thronende Muttergottes mit Kind, Engeln und Heiligen‹ in der Pinakothek ist ein bedeutendes Frühwerk Filippo Lippis, noch stark unter dem Einfluss Masaccios. Aus der Collegiata stammt der ›Sebastians-Altar‹ (ca. 1475–80). Skulptur des Sebastian von Antonio Rossellino, die Engel und die Predella malte Francesco Botticini.

Weitere bedeutende Kunstwerke finden sich in der Kirche **Santo Stefano,** darunter Fresken Masolinos und eine Verkündigungsgruppe in Marmor von Bernardo Rossellino.

In Empolis Vorort **Pontorme** wurde 1494 der Maler Jacopo Carucci geboren, den man nach diesem Ort Pontormo nennt. Sein Geburtshaus in der Via Pontorme 94 soll als Erinnerungsstätte zugänglich werden. In der nahe gelegenen Pfarrkirche San Michele hängt ein Altarbild Pontormos mit Johannes dem Evangelisten und dem Erzengel Michael (um 1518/19).

Museo della Collegiata di Sant' Andrea

Piazza F. degli Uberti T
Empoli
Tel. 0571 762 84
www.comune.empoli.fi.it
Di–So 9–12, Sa, So, Fei auch 16–19 Uhr

Ufficio del Turismo

Piazza del Popolo
Empoli
Tel. 0571 427 45
ufficio.turismo@penteres.it

San Miniato

Der auf einem dreiteiligen Hügelzug sich erstreckende Ort ist von geschichtlichem Interesse. Hier kreuzten sich die beiden wichtigsten mittelalterlichen Verkehrsadern der Toscana: die Via Francigenia und die Verbindungsstraße zwischen Pisa und Florenz. Die nahe gelegene, nicht mehr erhaltene Pieve San Genesio ist auf Grund der zentralen Lage »seit langobardischer Zeit als Stätte für Provinzialsynoden, Königsgericht, Hof- und Heertag bezeugt« (Werner Goez). Vermutlich unter Kaiser Otto I. wurde San Miniato Sitz der kaiserlichen Vikare und als kaiserliche Pfalz 1162 zur zentralen Finanz- und Steuerverwaltung für Tuszien und das Herzogtum Spoleto.

Kommt man von Nordosten in die kleine Stadt, trifft man zunächst auf die Kirche **San Francesco.** Sie wurde 1276 an der Stelle eines alten, dem Hl. Minias geweihten Oratoriums, errichtet, das die Kommune dem Hl. Franziskus geschenkt haben soll. Bereits 1404–80 musste die Kirche vergrößert werden. An der Fassade erkennt man noch recht gut den Querschnitt des Baus von 1276. Der **Palazzo Comunale** stammt aus dem 14. Jh., erhielt jedoch eine moderne Fassade. Im Innern Fresken aus der Entstehungszeit, u. a. im Ratssaal eine ›Thronende Muttergottes mit Kind‹, umgeben von christlichen und weltlichen Tugenden von Cenni di Francesco di Ser Cenni (um 1400). Fresken schmücken auch die Palastkapelle im Erdgeschoss. Eine Treppe führt zur **Chiesa del Crocefisso,** einem barocken Zentralbau auf kreuzförmigem Grundriss, errichtet 1705–18 durch Antonio Maria Ferri. Kostbarster Besitz ist ein Holzkruzifix des 10. Jh., das in einem von Francesco Lanfranchi bemalten Schrank aufbewahrt wird.

An der Piazza della Repubblica steht der **Palazzo Vescovile** von 1622. Eine Treppe führt zum höher gelegenen, von Bäumen umstandenen Dom-Platz mit Ausblicken auf die Umgebung. Linker Hand liegt der **Palazzo dei Vicari Imperiali** (Palast der Reichsvikare), der auf das 12. Jh. zurückgeht. Markgräfin Mathilde von Canossa soll in diesem Palast geboren sein. Gegenüber liegt der im 13. Jh. errichtete Dom. Die drei Portalumrahmungen im Frührenaissancestil wurden der Fassade erst im 16. Jh. hinzugefügt. Der Campanile des Doms, der sogenannte Turm der Mathilde, wird von einem Wehrgang bekrönt, denn im Mittelalter diente er als Wacht- und Verteidigungsturm. Das Innere des Doms barockisierte man im 19. Jh. Zu den am ursprünglichen Ort verbliebenen Kunstwerken zählen die ›Beweinung Christi‹ von Francesco Lanfranchi (16. Jh., im linken Querschiff) und das Hochaltarkruzifix von Baccio da Montelupo, einem Schüler Michelangelos. Fra' Bartolomeos ›Darstellung im Tempel‹ gelangte mit anderen Kunstwerken aus San Miniato und Umgebung ins Museo Diocesano. Zu den interessantesten Werken dieser Sammlung zählt eine Kreuzigungstafel des jungen Filippo Lippi: eine ›Madonna‹, die ihren Gürtel dem Hl. Thomas reicht, stilistisch Andrea Castagno nahe.

Vom Prato di Duomo führt die Via di Rocca zum rekonstruierten **Turm Friedrichs II.,** dem einzigen Überrest der Kaiserburg, die Friedrich II. 1218 an der höchsten Stelle des Hügels errichten ließ. Hier soll er seinen Berater Per delle Vigne, wie Dante im Inferno beklagt, unschuldig eingesperrt und geblendet haben. Vom Turm aus reicht die Sicht an klaren Tagen bis zum Meer und zur Apenninenkette.

Die Kirche **San Domenico** geht auf einen Um- und Erweiterungsbau von 1330 zurück. Im einschiffigen Inneren wurde der offene Dachstuhl beibehalten (Seitenkapellen 17. Jh.). Eine Freskenfolge des 18. Jh. zeigt Szenen aus dem Leben des Hl. Dominikus. Die rechte Presbyteriumskapelle beherbergt außer einem Altarbild von Giusto d' Andrea (spätes 15. Jh.) das Grabmal des 1461 verstorbenen Florentiner Arztes Giovanni Chellini. Nach einem Entwurf von Donatello, der zu den Patienten Chellinis zählte, führte es Bernardo Rosselino aus.

Reisen & Genießen

Hotels und Restaurants...

... in Pistoia

Für die Übernachtung inmitten der historischen Altstadt von Pistoia empfehlen wir das ruhige, in Domnähe gelegene preiswerte Hotel Leon Bianco, dessen Garage allerdings fünf Fußminuten enfernt liegt:
Hotel Leon Bianco***
Via Panciatichi 2
Tel. 0573 266 75/6
www.hotelleonbianco.it

Die Botta Gaia gleich hinter dem Baptisterium ist ein angenehmes Lokal mit Terrasse, in dem man gute lokale Gerichte und Weine auch glasweise bekommt:
Enacoteca-Osteria La Botte Gaia
Via del Lastrone 17
Tel. 0573 36 56 02
So geschl.

Stilvoll und gut speist man abends in einem Restaurant unweit des Ospedale del Ceppo, in dem man sich auch für Degustationsmenüs entscheiden kann:
Enacoteca Baldo Vino
Piazza San Lorenzo 5
Tel. 0573 215 91
mittags und So geschl.

... in Prato

Das kleine Kunstzentrum Prato besucht man meist von Florenz oder Montecatini aus. Wenn Sie in Prato übernachten möchten, empfehlen wir ein in Domnähe gelegenes Hotel in der Fußgängerzone, an Wochenenden Angebote für jüngere Paare:
Albergo Giardino
Via Magnolfi 2–6
Tel. 0574 261 89
www.giardinohotel.com

... in Montecatini Terme

Traditionsreiches, elegantes Grandhotel inmitten eines Palmengartens mit Pool:
Hotel Vittoria****
Viale della Libertà 2a
Tel. 0572 792 71
www.hotelvittoria.it

Im eleganten historischen Zentrum eine schlichte Unterkunft nahe dem Kurhaus:
Albergo Umbria**
Via delle Saline 19
Tel. 0572 713 69
www.albergo-umbria.it

... in Monsummano Terme

Das noble und sehr ruhig gelegene Grotta Giusti ging aus einer Villa des 18. Jh. hervor; weitläufiger Park mit Pool.
Grotta Giusti****
Via Grotta Giusti 171
Tel. 0572 907 71
www.grottagiustispa.com

... in Artiminio

Auf dem Gelände der Medici-Villa La Ferdinanda (s. S. 158) liegt inmitten von Weinbergen das Hotel
Paggeria Medicea****
Viale Papa Giovanni XXIII 3
Tel. 0558 751 41
www.artimino.it

In der Nähe lockt das Restaurant Delfina mit rustikalem Ambiente und schöner Terrasse. Toscanische Küche in bester Qualität, allerdings nicht ganz billig.
Delfina
Via della Chiesa 1
Tel. 0558 71 80 74
www.dadelfina.it
Mo geschl.

Florenz und Umgebung

Florenz

Karte s. S. 157
Cityplan S. 166/167

Geschichte

Reisende, die während eines Ferienaufenthalts in der Toscana auch Florenz besuchen, müssen sich beschränken. Es empfiehlt sich, selbst unter den herausragenden Werken noch eine engere Auswahl zu treffen, sich auf einige Bau- und Bildwerke zu konzentrieren, die aus jener Epoche des Mittelalters stammen, als die anderen toscanischen Städte noch nicht zur provinziellen Bedeutungslosigkeit herabgesunken waren, sondern als selbstständige Kunstzentren ein Gegengewicht zu Florenz bildeten und mit ihm in wechselseitiger Beziehung standen. Wie Pisa, Lucca und Pistoia liegt Florenz in der fruchtbaren westtoscanischen Ebene und war wie jene Städte eine Gründung der Römer. Anders als Fiesole war Florenz keine Etruskerstadt.

Von Cäsar 59 v. Chr. als Veteranenkolonie an der Via Cassia gegründet, besaß Florentia (›die blühen möge‹) ein Kapitol, Thermen und Theater. Die schachbrettförmige römische Anlage bildete die Grundlage der mittelalterlichen Stadt. Sie ist noch heute im Luftbild oder auf dem Stadtplan ablesbar.

Nach dem Zerfall des Weströmischen Reichs widerfuhr Florenz das Schicksal der anderen Städte Etruriens: Verwüstungen durch Völker des Nordens. Erst nachdem die Langobarden um 568 die Toscana erobert hatten, gab es Anzeichen für ein wieder beginnendes städtisches Leben. Kirchen wurden errichtet, von denen vier – darunter Or San Michele – dem Erzengel Michael, dem Schutzheiligen der Langobarden, geweiht wurden. Im 9. Jh., zur Zeit der Karolingerherrschaft, stieg die Einwohnerzahl auf etwa 15 000 an.

Auch wenn sich Florenz im 11. Jh. noch immer nicht wirtschaftlich mit Lucca und Pisa messen konnte, so erlebte die Stadt bereits eine erste kulturelle Blütezeit, in der die Bauten der Protorenaissance errichtet wurden.

Diesen Bauten, dem Baptisterium und San Miniato, hatte Florenz in den kommenden zwei Jahrhunderten nichts Gleichwertiges zur Seite zu stellen. Erst mit der Errichtung der Dominikanerkirche Santa Maria Novella (1246) beginnt eine neue Periode der Kunstgeschichte dieser Stadt. Im 12. und frühen 13. Jh., als in Pisa der Dom erweitert, Campanile, Baptisterium und Camposanto erbaut wurden, als man auch in Lucca, Pistoia oder Prato Dome und Bürgerkirchen errichtete, entstand in Florenz kein Bauwerk gleichen Ranges. Während sich Pisa und Lucca zu Zentren der Bildhauerkunst und Malerei entfalteten, ist für Florenz kaum eine Skulptur, kein Tafelgemälde bezeugt. Man beschränkte sich auf die Errichtung verhältnismäßig bescheidener Kirchen wie San Jacopo sopr'Arno, erbaute eine neue Mauer (ab 1173), die erstmals auch ein Gebiet jenseits des Arno umschloss, und legte neue Brücken an: Ponte alla Carraia (1218–20), Ponte alle Grazie (1232) und Ponte a Santa Trinita (1252).

Florenz ★★
Besonders sehenswert:
Baptisterium San Giovanni,
Dom Santa Maria del Fiore,
Or San Michele,
Piazza Signoria,
Uffizien,
Santa Maria Novella,
San Lorenzo,
Santa Croce,
San Miniato al Monte,
Santa Maria del Carmine

APT
Via Manzoni 16
50121 Firenze
Tel. 055 233 20
www.comune.firenze.it, www.firenzeturismo.it

Piazza Stazione 4
(Ostseite des Hauptbahnhof)
Tel. 055 21 22 45

Via Cavour 1r
Tel. 055 29 08 32

◁ Vor dem Palazzo Vecchio in Florenz

Museen in Florenz
Wichtige Webseite zu den staatlichen Florentiner Museen und Villen der Umgebung: www.polomuseale.firenze.it

Gebührenpflichtige Vorbestellung von Eintrittskarten wichtiger Museen (dringend zu raten für Uffizien, Accademia und Cappelle Medicee): Tel. 055 29 48 83 www.florence-tickets.com Auch Vorverkauf an den Reservierungskassen möglich, keine Reservierung per E-Mail

In dieser fast zwei Jahrhunderte andauernden künstlerischen Pause schuf Florenz die wirtschaftlichen und politischen Voraussetzungen für seine spätere kulturelle Vormachtstellung. So galt es, durch Verträge Absatzmärkte zu schaffen, die Handelswege zu sichern, ein Landgebiet aufzubauen, Kastelle zu erobern, den Landadel einzubürgern. Was Florenz von anderen Städten unterscheidet, ist die Zielstrebigkeit und Skrupellosigkeit, mit der die spätere Kunststadt ihre Wirtschafts- und Machtpolitik verfolgte. Ungeheuerliches geschah: 1125 zerstörte die Arnostadt aus nichtigem Anlass ihre Rivalin Fiesole auf dem nahen Hügel bis auf die Fundamente. Dieser Schritt verhalf der Stadt zu einem doppelten Contado. Florenz war die erste mittelalterliche Stadt, die – über ein kaiserlich-königliches Privileg sich hinwegsetzend – 1252 Goldmünzen prägte.

Das Florentiner Handwerk zeichnete sich durch industrielle Fertigungsmethoden und Vielseitigkeit aus. Außer der Woll- und Seidenmanufaktur waren die Goldschmiedekunst, die Verarbeitung von Leder, Metall und Marmor wichtige Erwerbszweige. Als günstig für den Handel erwies sich inzwischen auch die geografische Lage, nachdem die Frankenstraße als Verkehrsweg zurücktrat und die Via Cassia wieder instand gesetzt wurde.

In keiner anderen toscanischen Kommune erreichten die Gewerbetreibenden, die Handwerker und Kaufleute, vergleichbaren politischen Einfluss. Dies kommt u. a . darin zum Ausdruck, dass sie sich früh – schon im 12. Jh. – zu Zünften, *arti,* zusammenschlossen und sodann – seit 1282 – die Regierung bildeten, das sogenannte Priorat: Dieses bestand aus den Vorstehern der sieben Hauptzünfte *(priores septem artium)* und dem *gonfaloniere di giustizia,* dem Bannerträger des Rechts. Es bildete bis zur Zeit der Medici die formale Grundlage der Regierung. Das Priorat fiel in den Beginn der großen Epoche der Stadtbaukunst: Profane und kirchliche Baumaßnahmen wurden zu den wichtigsten Aufgaben der Kommune. Die Gemeinde beschloss nicht nur große Bauprojekte wie die Kirchen Santa Croce oder Santa Maria Novella, selbst konstruktive und ästhetische Details – so beim Dombau – wurden unter Anteilnahme der Öffentlichkeit von hierzu eigens berufenen Gremien beraten.

Durch Zuzug vom Land kam die Stadt Ende des 13. Jh. auf etwa 100 000 Einwohner. 1283 beschloss das Priorat, die große Mauer, den letzten, südlich des Arno noch heute weitgehend erhaltenen Verteidigungsring, zu bauen. Mit 8,5 km Länge und 73 Türmen umschloss er alle Vororte und ließ dennoch freien Raum für Gartenanlagen.

Im 14. Jh. setzte das wirtschaftlich erstarkte, zu den größten europäischen Städten zählende Florenz seine Hegemoniebestrebungen fort durch Kauf und Eroberungen von Pistoia (1329), Prato (1351), San Gimignano (1354), Volterra (1361), Arezzo (1380), Pisa (1406), Cortona (1411) und Livorno (1420). Doch das 14. Jh. brachte auch Florenz wirtschaftliche Einbußen, machtpolitische Niederlagen und Katastrophen. Die Bankhäuser der Peruzzi und Bardi meldeten Bankrott an, die Stadt verlor zwei Schlachten gegen Pisaner und Lucche-

Blick über den Arno

ser Ghibellinen (1315 und 1325), sie wurden von einer Arno-Überschwemmung (1333), von Hungersnöten (1315–17) und von Pestepidemien (u. a. 1340, 1348, 1371–74) heimgesucht.

Soziale Spannungen zwischen Adel und Bürgertum übertrugen sich auf Wohlhabende *(popolo grasso)* und Mittellose *(popolo minuto)*, die 1378 im Aufstand der ciompi, der Wollkämmer, einen Höhepunkt fanden. Am Ende des Jahrhunderts wurde Florenz von einer Oligarchie regiert, den Optimaten aus führenden Florentiner Familien – von Rinaldo degli Albizzi, Gino Capponi, Angiolo Pandolfini, Niccolò da Uzzano. Das sich gegen diese Herrschaft auflehnende Volk fand Unterstützung durch eine verhältnismäßig junge Patrizierfamilie – den Medici. So kam es schließlich zur Verbannung Cosimos durch Rinaldo degli Albizzi und seiner triumphalen Rückkehr als *pater patriae*, Vater des Vaterlandes, 1434.

Zur Zeit der ersten Medici besaß das Stadtzentrum bereits weitgehend die Gestalt, wie sie uns überliefert wurde. Die Renaissance konzentrierte sich weniger auf öffentliche Gebäude, vielmehr waren mächtige Geschlechter – die Medici, die Strozzi, die Pitti, die Antinori – bedacht, ihre Paläste wirkungsvoll zur Geltung zu bringen. Das 15. Jh. schuf Bauten und Platzanlagen außerhalb des monumentalen Stadtkerns, so etwa die Kirchen Santo Spirito und San Lorenzo, oder das Ospedale degli Innocenti. Die neuen Platz- und Raumvorstellungen, die Vornehmheit und Leichtigkeit dieser Architektur trugen wesent-

0
100
200 m
A11/12 Lucca, Pisa
Viale F. Redi
Palazzo delle Mostre
Viale Spa
Viale Filippo Strozzi
Pza. della Indipendenza
Via Santa Caterina
Viale Belfiore
Viale Fratelli Rosselli
Via Luigi Alamanni
Via Valfonda
Palazzo dei Congressi
Via Guelfa
Via Faenza
Stazione Centrale
Via della Scala
Il Prato
Via Fiume
Via Nazionale
Via dell'Ariento
Mercato
Via S. Antonino
i
Pza. della Stazione
Via San
9
10
Via dei Panzani
Via dei Conti
Via dei Cerretani
Lungarno Amerigo Vespucci
Via Palazzuolo
Borgo Ognissanti
Pza. Santa Maria Novella
1
Moro
Via dei Pecori
Via dei Fossi
Via del
Via della Spada
Via Tornabuoni
Pza. della Repubblica
Via Roma
Via della Vigna Nuova
Via Calimala
4
Arno
Lungarno Soderini
Lungarno Corsini
S. Trinità
Via Porta Rossa
Via delle Terme
SAN FREDIANO
Lungarno Guicciardini
17
Lungarno Acciaioli
Via Porta Santa Maria
A1 Bologna, Rom
Pza. del Carmine
Via dei Serragli
16
Viale Aleardo Aleardi
20
Santo Spirito
Pza. Torquato Tasso
Pza. Santo Spirito
Lungarno To
Via Costa di San Gi
Via dei Guicciardini
Via del Campuccio
SANTO SPIRITO
Pza. dei Pitti
Viale Petrarca
Giardino Torrigiani
18
Forte di Belvede
Museo Zoologico
Giardino di Bòboli
Via dei Serragli
Via Romana
19
Porta Romana
Viale Nicolò Machiavelli
Via di Leonardo

Florenz

1 Baptisterium San Giovanni
2 Dom Santa Maria del Fiore
3 Campanile
4 Or San Michele
5 Palazzo Vecchio
6 Loggia dei Lanzi
7 Uffizien
8 Bargello
9 Santa Maria Novella
10 San Lorenzo mit Biblioteca Laurenziana
11 Palazzo Medici
12 Kloster San Marco
13 Galleria dell' Accademia
14 Santa Croce
15 San Miniato al Monte
16 Ponte Vecchio
17 Ponte Santa Trinita
18 Palazzo Pitti
19 Boboli-Gärten
20 Santa Maria del Carmine

lich zum Bild von Florenz als Stadt der Renaissance bei – eine geläufige Apostrophierung, die angesichts der großen Leistungen des Mittelalters zu einseitig ist. Der von der Renaissance ausgehende Glanz hat lange Zeit den Blick für die Leistungen des Trecento verstellt.

Einen neuen städtebaulichen Akzent im Zentrum setzte erst wieder Cosimo I., als Florenz zur Residenzstadt des Großherzogtums geworden war, indem er Vasari die Uffizien errichten ließ. Dem großzügigen Projekt musste freilich die romanische Kirche San Pier Scheraggio und ein dicht bebautes Gebiet geopfert werden – eine Maßnahme, die angesichts des Ergebnisses vertretbar erscheint. Dies lässt sich von den einschneidenden Veränderungen im 19. Jh., als Florenz vorübergehend Hauptstadt des Königreiches Italien sein musste, nicht sagen. Die Anlage der Piazza della Repubblica, für die der Mercato Vecchio abgerissen wurde, die Vergrößerung der Piazza San Giovanni durch Versetzung des Bischofspalasts, die Fassadengestaltung des Doms und des kulissenhaft wirkenden Versicherungsgebäudes gegenüber vom Palazzo Vecchio, alle diese Baumaßnahmen bestätigen die Vorurteile gegen das 19. Jh. – trotz aller Neubewertung, die historisierende Architektur und Stadtbaukunst in jüngster Zeit auch erfahren haben mag. Das hier anders lautende Urteil mag darin begründet sein, dass wir in Florenz nicht den Maßstab der Nachkriegsarchitektur, sondern den des Mittelalters und der Renaissance zugrunde legen.

Baptisterium San Giovanni

Die dem Hl. Johannes geweihte **Taufkirche (1)** und die Klosterkirche San Miniato al Monte sind die ältesten mittelalterlichen Bauten der Stadt. Ihren Stil bezeichnet man als Protorenaissance, denn sie wurde zum Vorbild für die Renaissancearchitektur. Das Baptisterium entstand in seiner heutigen Gestalt vermutlich zwischen 1059 und 1150.

In der Marmorverkleidung trifft man erstmals typisch florentinischen Gestaltungsmöglichkeiten. Das untere Geschoss ist mit Pilastern, das zweite mit Blendbögen über eckigen Stützen besetzt. Über dem Gesims erhebt sich ein zurückgesetztes Attikageschoss, das kanellierte Pilaster zieren. Wie im etwa gleichzeitig begonnenen Pisaner Dom werden die Bögen um den ganzen Bau herumgeführt. Während diese jedoch in Pisa auf Lisenen bzw. auf überlängten, dünnen Säulen ruhen, die Fenster- und Portalgeschoss zusammenfassen, sondert in Florenz ein Gebälk das Portal- vom Fenstergeschoss ab. Dadurch konnten die Pilaster und Stützen die Proportion antiker Säulen annehmen.

Baptisterium San Giovanni
Tel. 055 230 02 85
www.florentinermuseen.com
Mo–Sa 12–19, So/Fei und 1. Sa im Monat 8.30–14 Uhr

Anders als in Pisa wurde in Florenz auch nicht mit massiven Marmorblöcken gebaut, sondern mit Bruchgestein, dem dünne, etwa 4 bis 5 cm starke Platten vorgelegt sind. Dabei verzichtete man auf Vielfarbigkeit und beschränkte sich auf zwei Farben: den weißen Carrara-Marmor und den Verde di Prato, d. h., man ›zeichnete‹ mit dunklem Grün auf Weiß. So ist unter den Fenstern eine Zwerchgalerie angedeutet, wie man sie etwa vom Pisaner Dom kennt.

Während die grün-weiße Streifung in Pisa, Lucca oder Pistoia keine Rücksicht auf die architektonische Gliederung nahm, waren die Florentiner bestrebt, sich der architektonischen Gliederung anzupassen. Daher verlaufen die horizontalen Streifen des zweiten Geschosses genau auf der Höhe der Fensterbänke und unterstützen somit die architektonische Struktur. Man begegnet hier zum ersten Mal der florentinischen Fähigkeit zu abstrahieren, die Gesetze der Fläche zu wahren und mit einfachen geometrischen Formen zu komponieren.

Baptisterium, Detail von Andrea Pisanos großem Bronzeportal

Für die Baumeister der Frührenaissance waren die Bauten der Protorenaissance in ihrer Vorbildfunktion wichtiger als die Ruinen der römischen Antike. Brunelleschi übernahm fast unverändert die exakt geometrische Form der Bögen (wie man sie in dieser präzisen Art nur von Florenz kennt), die antikisierenden Pilaster, die zierlichen Fensterumrahmungen. Die eigentümliche Leichtigkeit und Klarheit der Frührenaissance sind das Erbe dieses ersten Florentiner Baustils, den ein unbekannter, wahrlich schöpferischer Baumeister schuf.

An der äußeren Ausstattung fallen besonders die großen Bronzetüren ins Auge. Das große **Bronzeportal (A,** s. S. 171) schuf Andrea Pisano. Die oberen Felder schildern das Leben Johannes' des Täufers, Schutzpatron von Florenz, die unteren acht Felder zeigen die christlichen und weltlichen Tugenden. Von Giotto übernahm Andrea Pisano den auf das Wesentliche sich konzentrierenden, verhaltenen Erzählstil und die in einfachen Umrissen wiedergegebenen Figuren, die er jedoch mit der Linienschönheit der französischen Gotik zu verbinden suchte. Sein Reliefstil wird vorbildhaft für ein ganzes Jahrhundert bis hin zu den Bildhauern der Frührenaissance, so auch Lorenzo Ghiberti, der die zweite und dritte Baptisteriumstür schuf.

Die zweite **Bronzetür (B)** von Lorenzo Ghiberti stellt das Leben Jesu (von der ›Verkündigung‹ bis zur ›Gefangennahme von Petrus und Johannes‹) mit den vier Evangelisten und den vier Kirchenvätern dar. Dem Auftrag ging 1401 ein Wettbewerb voran, an dem u. a. auch Brunelleschi und Jacopo della Quercia teilnahmen. Ghiberti hielt sich im Vierpassrahmen und bei der flachen Bildbühne eng an das Vorbild der Bronzetür Andrea Pisanos (dies wird besonders bei den frühesten Feldern, z. B. der ›Verkündigung‹ deutlich). Ghibertis Gestalten erscheinen jedoch freier, gelöster, die gotische Linie erfasst nicht nur das Gewand, sie versetzt die gesamte Figur in Schwingung.

Die sogenannte **Paradiestür (C)** schuf Lorenzo Ghiberti zwischen 1426–52. Das alttestamentarische Geschehen wird hier in nur noch zehn Relieffeldern erzählt. Die Bronzereliefs sind durch Kopien ersetzt, die Originale sind – soweit bereits restauriert – im Dommuseum ausgestellt.

Dargestellt sind (oben links beginnend): ›Die Geschichte von Adam und Eva‹; ›Kain und Abel‹; die ›Arche, das Dankopfer und die Trunkenheit Noahs‹; die ›Opferung Isaaks‹; die ›Geschichte von Jakob und Esau‹; ›Joseph in Ägypten‹; Moses empfängt die Gesetzestafeln‹; ›Jesua erobert Jericho‹; ›David und Goliath‹; ›Besuch der Königin von Saba bei Salomo‹.

Es ist nicht immer leicht, die einzelnen Teilszenen zu identifizieren. Bei den Geschichten Josephs wird beispielsweise oben rechts im Hintergrund gezeigt, wie die Brüder Joseph aus dem Brunnen holen und verkaufen, unten links wie der Becher im Sack des Benjamin gefunden wird und die Brüder seine Unschuld beteuern, vorne rechts wie Benjamin vor Joseph geführt wird, oben links wie Joseph sich mit seinen Brüdern aussöhnt. Der Stil Ghibertis hat sich gegenüber der früheren Bronzetür wesentlich verändert. Es sind stets mehrere Szenen und eine Vielzahl von Figuren in den nunmehr rechteckigen Bildfeldern vereint. Figurenmaßstab und Reliefhöhe nehmen kontinuierlich ab, die vorderen Figuren sind dabei fast vollplastisch, die hinteren, in größerer Entfernung gesehen, extrem flach.

In den Rahmenleisten sieht man Adam und Eva (oben), Noah und seine Frau (unten); in den Nischen Propheten und Helden. Unter den Bronzeköpfen findet sich auch ein Selbstbildnis Ghibertis (rechte Leiste des linken Türflügels, dritter Kopf von unten).

Im Innern wurde der Marmorfußboden im 12. Jh. mit einfachen Mustern begonnen, im 13. und 14. Jh. fortgeführt. Das Kuppelmosaik begann vermutlich ein venezianischer Meister in den 20er-Jahren des 13. Jh.; seit der Mitte des 13. Jh. wirkten auch Florentiner Künstler mit. Auf der Seite der Chorkapelle sieht man eine Darstellung des ›Jüngsten Gerichts‹. In sechs weiteren Zonen sind dargestellt: Christus, umgeben von der Hierarchie der Engel, die Schöpfungsge-

Baptisterium, Ausschnitt aus der Geschichte des Joseph von Lorenzo Ghiberti auf der Paradiestür. Der 1378 in Florenz geborene Lorenzo Ghiberti war zugleich Bildhauer, Goldschmied, Maler, Architekt und in hohem Alter zudem Autor eines kunsttheoretischen Werks, der ›Commentarii‹, eine unvollendet gebliebene Geschichte der Kunst seit der Antike, in der er auch sein eigenes Leben und seine Werke vorstellte. Sein künstlerisches Hauptwerk, die beiden Baptisteriumstüren in Florenz, entstand in einer langen, 50-jährigen Arbeitszeit und konnte dennoch nur mit einer großen Zahl von Mitarbeitern und Lehrlingen bewältigt werden

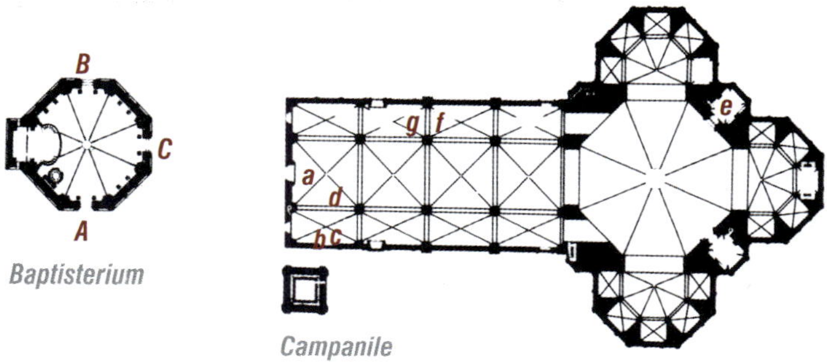

Baptisterium, Grundriss (links)

A Bronzeportal, Andrea Pisano (1303–36)
B Bronzetür, Lorenzo Ghiberti (1403–24)
C Paradiestür, Ghiberti (1426–52)

Dom Santa Maria del Fiore, Grundriss (rechts)

a Zifferblatt, Paolo Uccello (1443)
b Tondo mit Büste Brunelleschis (1447)
c Skulptur des Daniel, Donatello (um 1408)
d Zugang zu den Überresten der Vorgängerkirche (4./5. Jh.)
e Neue Sakristei
f Gemaltes Reiterstandbild des Condottiere John Hawkwood, Paolo Uccello (1436)
g Gemaltes Reiterstandbild des Niccolò da Tolentino, Andrea del Castagno (1456)

schichte, die Geschichte der frühen Menschheit bis zur Sintflut, das Leben Jesu, das Leben Johannes des Täufers und die Geschichte Josephs von Ägypten. Besonders gut erhalten sind die 1255 begonnenen Mosaike der Chorkapelle mit dem ›Lamm Gottes‹ im Mittelpunkt der Wölbung. Zur Ausstattung zählt das Grabmal für den Gegenpapst Johannes XXIII. (Baldassare Coscia), eine Gemeinschaftsarbeit von Donatello und Michelozzo (um 1424–27).

Dom Santa Maria del Fiore

Der riesige **Dom (2)** wurde 1296 von dem damaligen Stadt- und Dombaumeister Arnolfo di Cambio in kleineren Dimensionen begonnen, nach Unterbrechungen ab 1350 unter der Leitung von Francesco Talenti und Giovanni di Lapo Ghini fortgeführt.

Mit einer Länge von 153 m und einer Breite von 38 m ist der Florentiner Dom nach der römischen Peterskirche, der Londoner Saint Paul's Cathedral und dem Mailänder Dom die viertgrößte Kirche der Christenheit. Wie die älteren Dome der rivalisierenden Städte Pisa und Siena verbindet Santa Maria del Fiore ein basilikales Langhaus mit drei Kreuzarmen und einer Kuppel. Trotz der Länge sind auf jeder Seite nur drei Langhausarkaden ausgebildet, die so weit gespannt sind, dass eine hallenartige Wirkung entsteht. Im Gegensatz zur Kirche Santa Maria Novella (s. S. 185) herrscht im Dom die Strenge klarer Gliederung. Die Ausmaße spätantiker Basiliken verbinden sich mit gotischem Formengut und toscanischer Raumvorstellung. Dazu kam der Anspruch, den riesigen Bau mit Gewölben und einer Kuppel zu beschließen. Einwölbungen und Kuppel aber stellten die Baumeister vor Schwierigkeiten, die über Jahrzehnte hinweg nicht befriedigend gelöst werden konnten. Die gewaltige Ostpartie besteht aus einem Oktogon mit drei Konchen. Ein Tambour hebt die Kuppel hoch über das Langhaus und das Häusermeer empor: Das war eine der wesentlichen Neuerungen gegenüber allen älteren Kirchen, etwa den Domen zu Pisa oder Siena. So konnte die Kuppel zum Wahrzeichen der Stadt werden.

Dom Santa Maria del Fiore

www.operaduomo.firenze.it
Mo–Mi, Fr 10–17, Do 10–15.30, Sa 10–16.45, So/Fei 13.30–17 Uhr

Zur Ausführung der **Kuppel** und **Laterne** kam es erst 1418–66. Die Planung war – nach einem gewonnenen Wettbewerb – Brunelleschi übertragen worden, die Bauleitung musste er jedoch mit Ghiberti teilen. Als der Wettbewerb für den Kuppelbau ausgeschrieben wurde, ging es vor allem um die Konstruktion und technische Durchführung. Besondere Schwierigkeiten bereitete das extrem hohe Gerüst. Brunelleschis genialer Einfall war es, auf ein solches Bodengerüst, das im Zentrum der Kuppel eine Höhe von 100 m hätte erreichen müssen, ganz zu verzichten. Er schlug statt dessen ein Klettergerüst vor, das von der allmählich emporwachsenden Kuppel selbst getragen werden sollte. Die Kuppel ist zweischalig: Die innere Kuppelschale ca. 4 m dick, die zum Schutz gedachte äußere Schale dagegen nur 80 cm.

Wer heute die Stufen zur Laterne hinaufsteigt, geht denselben beschwerlichen Weg zwischen beiden Kuppelschalen wie einst die Bauarbeiter. Brunelleschi bildete die Kuppel steiler aus als ursprünglich geplant. So erhielt sie ihre nach oben strebende Gestalt. Ihre Krümmung ist so bemessen, dass sie sich dem Blick nicht entzieht, auch wenn man in der Nähe des Doms steht. Die **Fassadengestaltung** stammt aus dem 19. Jh.

Besonders sehenswert ist im Innern die **Neue Sakristei (e,** *sagrestia delle messe),* in der Lorenzo il Magnifico vor der Pazzi-Verschwörung 1478 flüchtete. Das Bronzeportal ist ein Werk von Luca della Robbia unter Mithilfe von Michelozzo und Maso di Bartolomeo (1448–67). Dargestellt sind Maria als Patronin der Kirche und der Stadt, die vier Evangelisten und Kirchenväter. In der Lünette über dem Portal sieht man ein Relief in glasierter Terracotta: ›Auferstehung Christi‹, um 1442–45. Es ist die erste Arbeit, bei der Luca della Robbia die alte Technik der Majolika (Fayence) auf ein plastisches Bildwerk übertrug. Bedeutend sind die Sakristeischränke mit Intarsien sowie der Fries der Girlanden haltenden Putten (ab 1435). Die Schränke der Eingangs- und Fensterwand gestaltete Giuliano da Maiano (1463–65).

Im linken Seitenschiff befindet sich das Fresko eines **Reiterstandbildes (f)** von Paolo Uccello (1436). Uccello überrascht mit perspektivischen Effekten, großer Plastizität der Figuren, Klarheit und Härte der Linienführung, wie sie Florenz zumindest in dieser Verbindung und Überbetonung noch nicht kannte. Das in Grisaille gemalte Denkmal zeigt den englischen Condottiere John Hawkwood, der mit seinen englischen Söldnern für verschiedene Staaten gekämpft hatte, zuletzt erfolgreich für Florenz.

Ein weiteres gemaltes **Reiterstandbild (g)** von Niccolò da Tolentino (dem Sieger von der Schlacht von San Romano) schuf Andrea del Castagno 1456. Dem Geschlossenen und Statischen Uccellos setzt Andrea del Castagno Bewegung, unruhige Linienführung und dekorativen Reichtum entgegen.

Als Giotto 1334 Dombaumeister wurde, begann er mit dem Bau eines neuen **Campanile (3),** obgleich der alte Turm an der Nordseite noch stand. Die Marmordekoration ist um die Farbe Rot zu einem Dreiklang erweitert. Die zweite Zone mit den Nischen für Statuen

◁ *Beim Bau der Kuppel für den Dom stand der Architekt Brunelleschi vor einer extrem schwierigen Aufgabe: Der Kuppeltambour ist 41–45 m weit gespannt, und der Kuppelansatz beginnt in schwindelerregender Höhe, 50 m über dem Bodenniveau*

wurde von Andrea Pisano entworfen, die drei oberen Geschosse kamen erst 1343 bis 1359 hinzu. Bedeutend ist der plastische Schmuck. Die Reliefs stammen von Andrea Pisano und Luca della Robbia. Die Nischenstatuen von Propheten und Sibyllen sind von Donatello, Nanni di Banco u. a. Am Turm selbst sind jeweils nur Kopien zu sehen (die Originale gelangten ins Museo dell' Opera del Duomo).

Von der Piazza del Duomo zur Piazza della Signoria

Der **Or San Michele (4),** ein einzigartiges Bauwerk, war zugleich städtischer Getreidespeicher und Oratorium. Errichtet wurde es zwischen 1336 und 1350. Sein Name ist von San Michele in Orto (ital. *orto* = Garten) abzuleiten. Das Untergeschoss war für den Marktbetrieb bestimmt und daher geöffnet. Erst 1380 wurde der Getreidemarkt verlagert, das Untergeschoss geschlossen und zum Oratorium bestimmt. Nur die beiden oberen Geschosse dienten weiterhin, bis ins 16. Jh., als Getreidespeicher für Notzeiten.

Im 14. Jh. erhielt das Gebäude noch eine dritte Funktion: Es wurde Zentrum der Florentiner Zünfte. Den wichtigsten Zünften und auch der Parte Guelfa wurde je eine Nische zur Verfügung gestellt mit der Verpflichtung, dem jeweiligen Schutzheiligen eine Statue zu errichten. So stehen in den 14 Nischen Bildwerke von Ghiberti, Donatello, Nanni di Banco und anderen, die meisten aus der Zeit zwischen 1406 und 1426.

Im Innern des Oratoriums erkennt man links noch die Öffnungen der Getreideschächte. Im rechten Seitenschiff steht ein Marmortabernakel, ausgeführt 1355–59 von Orcagna, dessen ›Glanz und Schönheit‹ zur Verlegung des Getreidemarkts führte. Das Altarbild ›Madonna der Gnaden‹ von Bernardo Daddi (1347) ersetzt ein verbranntes wundertätiges Gnadenbild. Im linken Seitenschiff steht eine Marmorgruppe ›Anna selbdritt‹ von Francesco da Sangallo (um 1526).

An der **Piazza della Signoria** erhebt sich der **Palazzo Vecchio (5),** Symbol der Städtefreiheit und zugleich eines der eindrucksvollsten Monumente italienischer Profanarchitektur des Trecento. Der vordere Teil zur Platzseite wurde 1299–1314 erbaut, Vasari zufolge nach Plänen des Arnolfo di Cambio. Zu mehrfachen Erweiterungen kam es in den folgenden drei Jahrhunderten. Dieser Palast diente ursprünglich den mit der Regierung beauftragten Vorstehern der Zünfte (den Prioren) als Amtssitz und Wohnung und war zugleich Versammlungsort der Räte. Im 16. Jh. bezogen ihn die Medici als herzoglichen Palast. Erst seit der Übersiedelung der Fürstenfamilie in den Palazzo Pitti bezeichnete man das Gebäude als Palazzo Vecchio. Heute ist er Sitz der Stadtverwaltung und des Bürgermeisters.

Vorbild war der Stadtpalast von Volterra: hier wie dort ein dreigeschossiger Palast mit Turm und Zinnenkranz. Während der Volterraner Palast jedoch von Galerien umfangen wird, handelt es sich hier

Museo dell' Opera del Duomo
Via della Canonica
Tel. 055 230 28 85
www.operaduomo.firenze.it
Mo–Sa 9–19.30, So/Fei 9–13.40 Uhr

Palazzo Vecchio
Quartieri Monumentali
Fr–Mi 9–24 (Do bis 14) Uhr

Zu den Besonderheiten des Palazzo Vecchio gehört der Wehrgang und die Art, wie der Turm aus dem Wehrgang herauswächst und damit ein Stück über dem Platz hängt. Den Hof gestaltete Michelozzo 1453 im Stil der Frührenaissance um. Für die Hochzeit des Francesco de' Medici mit Johanna von Österreich 1565 schmückte man die Säulen mit einem Stuckmantel, die Wände mit Fresken österreichisch-habsburgischer Städte, die Gewölbe mit Grotesken. Die Porphyrschale in der Hofmitte trägt die Bronzefigur einer Putte, die einen Delphin hält, eine Kopie nach dem Original von Verrochio (1476–80), das im Innern des Palasts aufbewahrt wird

um einen geschlossenen Baukörper mit nur kleinen Eingängen. Eine von Vasari entworfene Treppe führt in den ›Saal der Fünfhundert‹, das Studierzimmer Francescos I., die großherzoglichen Appartements und die Säle aus republikanischer Zeit.

Vor dem Palazzo stehen die Kopie des ›David‹ von Michelangelo aus dem Jahr 1504 (Original in der Accademia) und ein Nachguss nach ›Judith und Holofernes‹ von Donatello, um 1455–60 (Original im Innern des Palasts). Beide Gestalten, Judith wie auch David, haben durch einen Mord ihr Land befreit und symbolisieren damit die republikanische Freiheit. Der Neptun-Brunnen (1563–75) wurde anlässlich der erwähnten Hochzeit Francesco de' Medicis an Ammannati in Auftrag gegeben. Neptun, der Gott der Meere, spielt auf die neue Seeherrschaft des Großherzogtums Toscana an.

Die Piazza schmückt weiterhin das bronzene Reiterdenkmal von Großherzog Cosimo I. de' Medici, entworfen und ausgeführt durch Giambologna (1587–95). Es ist das erste Reiterdenkmal, das nicht mehr als Grabmal verstanden werden kann, da es weder in einem Kirchenraum noch in unmittelbarer Nachbarschaft einer Kirche (wie noch Donatellos oder Verrocchios Reiterstandbilder in Padua oder Venedig) steht.

An der Westseite der Piazza della Signoria öffnet sich noch vor den Uffizien die **Loggia dei Lanzi (6),** eine große dreijochige offene Halle. In diesem Repräsentationsbau hielt der Stadtstaat Kundgebungen und Empfänge ab. Mit ihren weiten Gewölben auf hohen Pfeilern wurde sie 1376–81 von der Dombauhütte unter der Leitung von Benci di Cione und Simone Talenti errichtet. Vorläufer waren die kleineren Stadtloggien von San Gimignano, Massa Marittima und Montalcino, die ihrerseits auf Loggien der Adelsfamilien zurückgehen. Die Bezeichnung ›Loggia dei Lanzi‹ kam erst im 16. Jh. auf, als hier die Schweizer Garde Cosimos I., die lanzichenecchi (Landsknechte), untergebracht war. Unter der ersten Arkade steht die Bronzeskulptur des ›Perseus‹, von Benvenuto Cellini (1545–54). Es war ein Auftrag Großherzogs Cosimo I., der sich mit dem Helden Perseus, der Andromeda befreite, identifizieren konnte. Unter der rechten Arkade steht die Marmorgruppe ›Raub der Sabinerinnen‹ von Giambologna (1583), die in ihrer Drehung und konsequenten Vielansichtigkeit ein Hauptwerk des Manierismus ist.

Galleria degli Uffizi

Uffizien
Loggiato degli Uffizi
Tel. 055 265 43 21
www.uffizi.com, www.virtualuffizi.com
Di–So 8.15–18.50 Uhr
Ticketvorbestellung s. auch S. 164
Der Verbindungsgang zwischen Uffizien und Palazzo Pitti, der Corridoio Vasariano, ist aus konservatorischen Gründen nicht immer zugänglich (geschl. So, 31. Dez., 1. Mai und 25. Dez.).

Das Gebäude der **Uffizien (7),** in dem die weltberühmte Gemäldesammlung untergebracht ist, wurde als zentrales Verwaltungsgebäude für die verschiedenen Ministerien des Großherzogtums Toscana (ital. *ufficio* = Amt, Büro) 1559 bis 1580 von Giorgio Vasari errichtet. Im Ostflügel des Obergeschosses ließ Francesco I. 1580 die großherzogliche Kunstsammlung unterbringen, aus der außer der Gemäldegalerie der Uffizien auch die Sammlungen des Archäologischen Museums und des Bargello hervorgingen.

Der hier beschriebene Rundgang stellt einige Hauptwerke florentinischer und sienesischer Malerei vor, beginnend im Saal 2, in dem drei großformatige Madonnentafeln um 1300 zur vergleichenden Betrachtung einladen. Cimabues ›Thronende Muttergottes‹ (rechte Wand) entstand um 1285 für den Hochaltar von Santa Trinita. Die Muttergottesgestalt geht auf ein byzantinisches Vorbild zurück. Die Tafel entstand an der Wende zweier Epochen: dem ausklingenden hohen Mittelalter und dem Trecento, der Giotto-Zeit. Einerseits thront die Muttergottes noch unnahbar und majestätisch, andererseits gehen die Gestalten der oberen Zone, auch die Engel, mit dem Betrachter bereits Blickkontakt ein. Ungeachtet ihrer »abstrakten Hoheit« (Robert Oertel) zeugt diese Tafel von neueren Gestaltungsprinzipien, die zugleich typisch Florentinisch sind: Überschaubarkeit (in der Thronarchitektur), räumliche Logik und Formenklarheit. Die Symmetrie erfasst selbst die Gewand- und Flügelfalten der Engel. Die Propheten und Vorfahren Christi in der Sockelzone sind von einer zu dieser Zeit ungewöhnlichen Plastizität.

Duccios ›Thronende Muttergottes‹ (linke Wand) entstand 1285 für Santa Maria Novella. Der Sienese Duccio ging von demselben byzantinischen Typus der Hodegetria, der Wegweiserin, aus, doch ist die Wirkung völlig anders. Das Blau des Mantels lässt die Madonna flach, fast körperlos erscheinen und verstärkt die Erinnerung an eine Ikone. Die Melodie der Saumlinie verleiht der Tafel einen lyrischen Ton.

Giottos ›Thronende Muttergottes‹ stammt aus der Ognissanti-Kirche (um 1310, in der Raum-Mitte): Unschwer wird man das Neuartige erkennen: die körperliche Schwere, das Voluminöse, die physische Präsenz der Gestalten, das fixierende Augenpaar der Madonna. Das Haupt ist nicht mehr graziös geneigt, keine sich verselbstständigende Linie lenkt von der Formenstrenge ab. Eindringlich wenden sich die Engel und Heiligen der Muttergottes zu. Bei Giotto denkt man weniger an eine Muttergottes-Ikone, als vielmehr an ein plastisches Kultbild, das wie aus einem Block gemeißelt scheint. Eine solch statuarische Körperlichkeit hat wenig gemeinsam mit dem Schönheitsideal nordischer Gotik. Nur der Thron erinnert daran, dass die Tafel zur Zeit der großen französischen Kathedralen entstand. Trotzdem dominierte bei Giotto die Sicht auf das Materielle nie über die geistige Schau.

Detail aus Giottos ›Thronender Muttergottes‹ in den Uffizien: Den Engeln wurde bei schlichter Formgebung eine atmende Körperlichkeit zuteil, die von außergewöhnlicher Gestaltungskraft zeugt

Saal 3 zeigt sienesische Malerei des 14. Jh. Die Kunst Giottos, der persönliche Stil eines einzelnen, hat ein ganzes Jahrhundert geprägt. Dies gilt auch für die sienesischen Maler, von denen Pietro Lorenzetti am stärksten durch den neuen Stil beeinflusst wurde. Dies zeigen die ›Thronende Madonna‹ (datiert 1340, links vom Eingang) oder die Tafeln der ›Seligen Humilitas mit Szenen aus ihrem Leben‹ (an der Wand gegenüber, 1341). Pietros Bruder Ambrogio, der um 1332 die ›Szenen aus dem Leben des Hl. Nikolaus‹ schuf, geht mit der schweren Formensprache Giottos freier um, auch wenn sie für ihn Grundlage seines Stils blieb. Ambrogio ist ein großer Erzähler, gleichzeitig beseelt von lyrischer Empfindungsgabe. In der Hafenszene mit dem ›Kornwunder‹ rückt er die Figuren dicht gedrängt an den linken Bildrand, um die Weite des Meers anzudeuten und in aller Ausführlichkeit das Entladen der Schiffe zu schildern. Bei Ambrogios ›Darstellung im Tempel‹ (1342) ist der Raum bereits nach den Gesetzen der Perspektive geordnet.

Die ›Verkündigung‹ ist eines der Hauptwerke des Sienesen Simone Martini, der von allen toscanischen Malern des 14. Jh. am meisten vom Geist der Gotik durchdrungen ist (Abb. S. 178). Davon zeugen das Schwebende, das Geziert-Höfische der Figuren, die verfeinerten Gesichtszüge, vor allem aber die harmonische Linienschwingung, die gleichermaßen Körper und Gewand erfasst und dabei plastische und räumliche Werte zurücknimmt.

Die Tafel der ›Verkündigung‹ von Simone Martini entstand 1333 für den Sieneser Dom. Die Heiligen der Seitentafel führte wohl Lippo Memmi aus

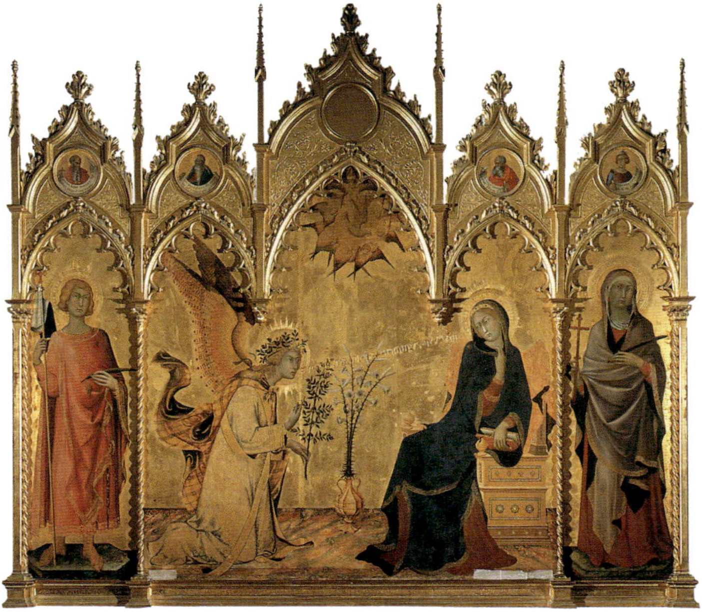

Säle 5 und 6 zeigen Florentiner Maler des internationalen Stils der Gotik. Die ›Anbetung der Könige‹ führte 1423 Gentile da Fabriano aus. Der in den Marken gebürtige Maler vergnügt sich in einer fast naiven Freude an der Schilderung des Kostbaren und Seltenen, ohne wie die Toscaner nach Problemen des Raums und des Körperaufbaus zu fragen. Beinahe wichtiger als die Anbetung selbst ist ihm die prunkvolle Zurschaustellung des festlichen Zugs, die Darstellung von Tieren, Brokatstoffen und Juwelen. Dabei wird reichlich Gold und auch Stuck verwendet.

In **Saal 7** sieht man die Tafel ›Anna selbdritt‹, eine Gemeinschaftsarbeit von Masolino und dem 18 Jahre jüngeren Masaccio. Masolino, dessen Stil noch in der internationalen Gotik verwurzelt ist, war für die Gesamtkomposition verantwortlich. Von seiner Hand stammen die Gestalt der Anna und drei oder vier Engel. Der 23-jährige Masaccio schuf die monumentale Muttergottesfigur, den kräftigen Christusknaben, den oberen Engel rechts (zumindest die Hand) und den in perspektivischer Verkürzung gesehenen oberen Engel in der Mitte. Der Figurenstil Masaccios steht in größtem Gegensatz zum Prunkhaften und Schönlinigen eines Gentile da Fabriano, mit dessen ›Anbetung der Könige‹ (Saal 5–6) die Tafel ungefähr gleichzeitig, um 1425, entstand.

Paolo Uccellos ›Die Schlacht von San Romano‹ (um 1456), ist die mittlere von drei Tafeln, die das ehemalige Schlafzimmer von Piero, später von Lorenzo de' Medici schmückten. Dargestellt ist ein Sieg der Florentiner bei einem der zahlreichen Kämpfe gegen die verbündeten Truppen Sienas und Mailands. Uccello führte von Masaccio aufgeworfene Darstellungsprobleme (Perspektive, Plastizität der Figuren) ins Extreme weiter. Akribisch beschäftigte er sich mit der perspektivischen Raumkonstruktion, mit dem damit verbundenen plastischen Figurenaufbau, mit der Vereinfachung des Umrisses, der Reduzierung des Volumens auf kubische Formen. Selbst am Boden liegende Lanzen bilden perspektivische Fluchtlinien.

Von Domenico Veneziano, dem Lehrer Piero della Francescas, stammt die Tafel ›Madonna mit dem Kinde, dem Heiligen Franz von Assisi, Johannes dem Täufer, Zenobius und Lucia‹ (um 1445). Die Muttergottes und die vier Heiligen sind nicht mehr wie bei einem Polyptychon auf gesonderten Tafeln dargestellt. Aus ihren Nischen gleichsam hervorgetreten, stehen sie gemeinsam in einem Raum, vor einer Loggia, deren Spitzbogen noch an ein Triptychon erinnert. Die Tafel kann als eine frühe Form der ›Sacra conversazione‹ angesehen werden.

Piero della Francesca schuf das frei stehende ›Bildnis des Herzogenpaars von Urbino‹ (um 1465). Pieros jahrzehntelanges Ringen um Farb- und Formprobleme ist diesen späten Porträts kaum noch anzusehen. Wie selbstverständlich verbindet sich die ins Detail gehende, an den Niederländern geschulte, naturalistische Sichtweise mit den regelmäßigen idealen Formen, etwa der runden Stirn der Herzogin oder dem Hut des Herzogs. Piero wählte die zu dieser Zeit übliche Profildarstellung. Wie von der Höhe eines Kastells blickt der Betrachter auf das sich weit erstreckende Territorium. In der Stilisierung der Hügel wie auch in der Erfassung des Atmosphärischen zeigen sich die besonderen, in dieser Verbindung nur Piero della Francesca eigenen Fähigkeiten. Auf den Rückseiten der Porträts sieht man die Triumphwagen des Herzogs und der Herzogin.

Das früheste der in **Saal 8** versammelten Gemälde Filippo Lippis ist die um 1437 entstandene Predella (gleich rechts vom Eingang, das zugehörige Altarbild befindet sich im Louvre). Die mittlere Predellen-Tafel zeigt die ›Verkündigung des Tods der Maria‹ (der herbeieilende Petrus erinnert an Masaccios Typus), die linke ein ›Wunder des Hl. Fredianus‹, der den Serchio umleitet, um Lucca vor einer Überschwemmung zu bewahren, die rechte zeigt den ›Hl. Augustinus in seiner Zelle‹. Klar und übersichtlich wirkt die Architektur mit ihren großen leeren Wandflächen. Zur Tiefe des Raums tragen die starken Verkürzungen und die Schlagschatten des Vordergrunds bei. In den Figuren zeigt sich bereits Filippos Vorliebe für die schöne, geschwungene Linie, die auch in Florenz zu einem wesentlichen Ausdrucksmittel wurde. Davon zeugen die zahlreichen Werke Filippos in diesem Saal wie auch die Gemälde Botticellis.

Sandro Botticellis ›Geburt der Venus‹ (um 1485) in den **Sälen 10 bis 14** zeigt die Ankunft der aus dem Schaum geborenen Liebesgöttin an den zyprischen Gestaden. Zephirwinde haben ihre Muschel an die Küste getrieben. Hora, in ihrem blumenbestickten Gewand als

Sandro Botticelli, ›Geburt der Venus‹

Genius des Frühlings gekennzeichnet, reicht ihr einen Mantel. Wie eine Heiligengestalt nimmt Venus, dem Betrachter frontal zugewandt, die Mitte der Komposition ein. Tatsächlich war Botticellis ›Venus‹ für den damaligen Betrachter eine Art Kultbild. Im Sinne der neoplatonischen Lehre des Marsilio Ficinos verkörpert Venus die himmlische Liebe, das sehnende Verlangen nach göttlicher Schönheit und nach dem Guten.

Botticellis ›Primavera‹ (um 1482) stammt ebenso wie die ›Geburt der Venus‹ aus der Villa di Castello (s. S. 218) des Lorenzo di Pier Francesco de' Medici (aus der Nebenlinie). Das Thema entzieht sich einer genaueren Deutung. Wahrscheinlich verkörpert die mittlere Gestalt ebenfalls Venus (als Humanitas). Benennen lassen sich immerhin Merkur, der die Nebel zerteilt, die drei Grazien (ein Antikenzitat), die blumenspendende Flora und der Zephirwind, der wie ein Schatten eine Nymphe verfolgt. Angerührt durch den Zauber dieses Bildes stellen sich Gedanken an Jugend und Liebe, an Frühling und das Goldene Zeitalter ein. Die allen Gestalten Botticellis eigene Schwermut erinnert an die Vergänglichkeit des Schönen und – im Einklang mit platonischem Gedankengut – an die Sehnsucht nach dem Verlorenen.

Der große Flügelaltar von Hugo van der Goes (um 1476–78) entstand im Auftrag Tommaso Portinaris, der Leiter der Brügger Medici-Bank war. Mit dem Schiff sandte man die Tafeln nach Florenz. Es ist leicht nachvollziehbar, dass dieses Werk von gewaltigen Ausmaßen unter den Florentiner Künstlern Aufsehen erregte. Wohl kaum zuvor hatten sie eine Malerei gesehen, in der Blumen und Stroh, entlaubte Bäume und kostbare Gewänder in solchen Details erfasst waren. Vor allem aber beeindruckten die bäuerlichen Gesichtszüge der Hirten. Davon zeugt u. a. Ghirlandaios ›Anbetung der Hirten‹ in Santa Trinita.

Saal 15 zeigt Leonardo da Vincis ›Anbetung der Könige‹. Hier sind nicht – wie häufig bei diesem Thema – märchenhaft-höfische Pracht, Bürgerstolz oder die minuziöse Schilderung des Alltäglichen das eigentliche Thema, sondern das Wunder der Erscheinung. Die daran Teilhabenden werfen sich in Verehrung des Christuskinds zu Boden. Vom erhellenden Licht geblendet, beschirmt einer der Könige sein Gesicht. Leonardo interpretiert das Licht als etwas Geistiges, das in die Dunkelheit einbricht, das Dunkle hingegen als das Umhüllende, das Bergende, aus dem die vom Licht berührten Gestalten emportauchen. Insofern geht die Funktion von Leonardos Hell-Dunkel über die vorwiegend raumbildende Funktion der frühen niederländischen Malerei (1481) weit hinaus. Da die Tafel bei der Abreise Leonardos nach Mailand unvollendet blieb, kann man einen Einblick in den Arbeitsprozess des Künstlers gewinnen.

Die ›Verkündigung‹ und die ›Taufe Christi‹ (rechte Wand und Hauptwand rechts) gehören zu einer Gruppe von Gemälden, die aus der Werkstatt Andrea del Verrocchios hervorgingen. An der Ausführung der ›Verkündigung‹ war auch der junge Leonardo wesentlich beteiligt. Seine Hand ist vor allem in der linken Bildhälfte erkennbar: beim Verkündigungsengel (die Spitzen des Flügels sind jedoch grob übermalt), beim Landschaftshintergrund, bei den Pflanzen des Vordergrunds (die

Leonardo da Vinci, ›Die Anbetung der Könige‹

Bargello, Innenhof

alle zur Verkündigungs-Symbolik gehören). Die Gestalt der Jungfrau wurde möglicherweise von Verrocchio oder einem anderen Werkstattmitglied angelegt, doch von Leonardo ausgeführt. Bei der ›Taufe Christi‹ ist der Anteil Leonardos geringer. Seine weichere Modellierung, seine sensibel bewegte Linienführung erkennt man im linken Engel und in der dunstigen Felsenlandschaft des Hintergrunds.

Mit diesem Raum endet zunächst die chronologische Präsentation der toscanischen Gemälde des Trecento und der Frührenaissance. Die Gemälde der Hochrenaissance begegnen dem Besucher erst wieder in Saal 23. Für einen weiteren Gang durch die Uffizien folgen einige wenige Hinweise. Die **Tribuna (Saal 18)** war von Anfang an für die Aufnahme der berühmtesten Kunstwerke der Medici-Sammlung bestimmt. Sie wurde 1581 nach Plänen von Buontalenti errichtet.

In Michelangelos Tondo ›Die Heilige Familie‹ in **Saal 25** erkennt man das Werk eines Bildhauers. Die Gruppe könnte aus einem Marmorblock gemeißelt worden sein. Das Schwellende der Muskeln, der Marmorglanz des Inkarnats, die metallisch harte Gewandung unterstützen die plastischen Werte. Auf eine detaillierte Landschaftsschilderung mit Gebüsch, Bäumen und Gebäuden verzichtet Michelangelo; er konzentriert sich stets auf die menschliche Gestalt.

Weitere, unbedingt sehenswerte Werke in den anschließenden Räumen sind das Bildnis von Papst Leo X. mit den Kardinälen Giulio de' Medici (der spätere Papst Clemens VII.) und Luigi de' Rossi.

Nach der Betrachtung der Florentiner Malerei des Cinquecento muss das Andersartige Tizians und der Venezianer auffallen. Nicht extreme Körperhaltungen und Bewegungen sind das Thema von Tizians ›Venus von Urbino‹ (1538) in **Saal 28,** sondern Ruhe und natürliche Schönheit. Ein größerer Gegensatz zu Botticellis ›Geburt der Venus‹ oder zu Michelangelos Doni-Tondo ist kaum denkbar. Die Realisierung eines solchen auf bewegtes Linienspiel, auf kühne Perspektiven und Konstruktionen verzichtenden Bilds wäre in Florenz undenkbar gewesen. Dass dieser Frauenakt ohne Pose, ohne Richtungskontraste so daliegen konnte, dazu bedurfte es des venezianischen Lichts und einer besonderen Farb- und Malkultur, wie sie im 16. Jh. kein Florentiner erreichte.

Museo Nazionale del Bargello
Via del Proconsolo 4
Tel. 055 23 88-606
www.firenzemusei.it/bargello/
tgl. 8.15–17 Uhr; 1., 3. und 5. So im Monat sowie 2. und 4. Mo, 1. Jan., 1. Mai und 25. Dez. geschl.

Bargello

Dieser älteste Florentiner **Kommunalpalast (8)** wurde zwischen 1254 und 1261 für die Regierung des *primo popolo* erbaut. Dabei bezog man einen bereits bestehenden Turm, La Volognana genannt, mit ein und erhöhte ihn auf 54 m. Das Gebäude war Sitz des *capitano del popolo,* seit 1260 auch des Podestà. 1502 nahm die Gerichtsbehörde hier ihren Sitz, ab 1574 zusätzlich der Polizeihauptmann, der Bargello, nach dem der Palast benannt ist. Ursprünglich war es ein einziger zweigeschossiger Baublock, der 1340 erhöht und durch drei Flügel um einen Innenhof erweitert wurde. In den Dreipassfenstern des alten Teils zeigt sich zum ersten Mal in Florenz der Einfluss der Zisterziensergotik von San Galgano (s. S. 359). Bis in das 19. Jh. hinein trug der Palazzo in zwei Reihen Holzgalerien, deren Konsolen erhalten blieben.

Zur Entlastung der Uffizien richtete man 1859 ein Museum für Skulpturen und Kleinkunst ein, das **Museo Nazionale del Bargello.** Neben bedeutenden Arbeiten der Bildhauerkunst ist die Sammlung reich an Goldschmiede- und Elfenbeinarbeiten, Teppichen, Waffen etc.

In der zweischiffigen **Halle des Erdgeschosses (a)** steht der ›Trunkene Bacchus‹ (1497), Michelangelos frühste frei stehende Figur. Mit diesem virtuos gemeißelten Marmorwerk trat der 22-Jährige in Wettbewerb mit den Bildhauern des Altertums. Davon zeugen die weiche Behandlung des Steins und die schwellenden Körperformen. Er überwand – wie es Vasari ausdrückte – die »trockene, harte und scharfkantige Manier«. Doch bei keiner antiken Skulptur findet sich das durch die Trunkenheit verursachte unsichere, schwankende Stehen. Beim Relief ›Madonna mit dem Kind und dem Johannesknaben‹ (Tondo Pitti, 1504) hat Michelangelo in der Gestalt der Jungfrau alles Zarte und Liebliche vermieden. Der Blick ist prophetisch in die Ferne gerichtet. Von besonderem Reiz ist der Wechsel vollendeter und grob bearbeiteter Partien. Die Marmorbüste des ›Brutus‹ schuf Michelangelo 1530 nach dem Vorbild einer römischen Caracalla-Büste, doch stellt er mehr das Massige und Kraftvolle heraus. Die Büste soll Lorenzino de' Medici verherrlichen, den von Florentiner Patrioten als *bruto nuovo* gefeierten Mörder des Tyrannen Alessandro de' Medici.

Der große **Saal des Consiglio Generale (d)** wurde nachträglich (1340) erhöht und eingewölbt. Vor dem linken Wandpfeiler steht der sogenannte ›Marmor-David‹, den der junge Donatello um 1408/09 für den Florentiner Dom schuf. Während das eng anliegende, in langen Kurven fallende Gewand noch ein Erbteil der Gotik und Ghibertis ist, entfaltet sich der gedrehte Körper in einem entschiedenen Kontrapost, in einer neuen, Donatello eigentümlichen Freiheit. Das Emporwachsen sowie die eiförmige Kopfform mit charakteristischem kleinen Kinn und dem Knoten vor der Brust verbindet die Figur mit dem ›Hl. Georg‹, um 1415–17 (im Tabernakel, an der Rückwand des Saales). Im dazugehörigen Marmorrelief mit dem ›Drachenkampf des Georg‹ (1417) wird erstmals das Prinzip der Zentralperspektive angewendet: Die horizontalen Linien der Loggia treffen sich in der Bildmitte. Obschon die Relieftiefe nur gering ist, entsteht für das Auge ein Tiefenraum. Es ist dies das erste Beispiel eines *relievo schiacciato*. Bei den Reliefs für den Wettbewerb zur Ausführung der zweiten Baptisteriumstür (rechte Längswand, hinteres Joch) haben Brunelleschi und Ghiberti dagegen noch in der traditionellen Relieftechnik gearbeitet. Mit diesem berühmten Wettbewerb des Jahrs 1401, an dem außerdem noch Jacopo della Quercia und vier andere Bildhauer teilnahmen, lässt man üblicherweise die Frührenaissance beginnen.

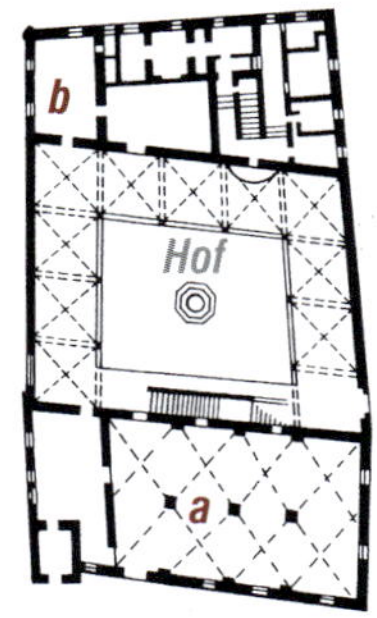

Bargello, Erdgeschoss

a Halle des Erdgeschosses
b Sala del Trecento

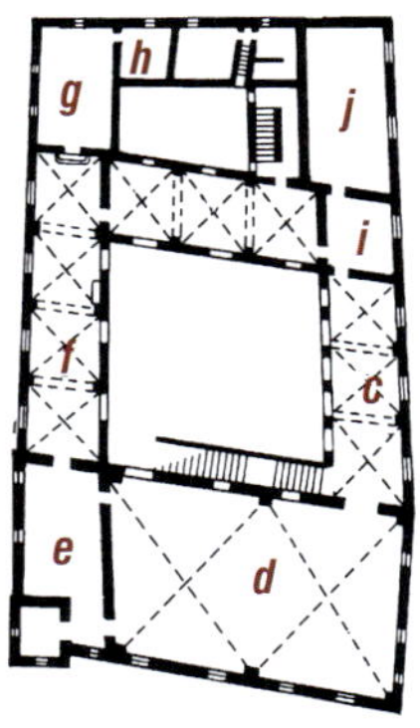

Bargello, erstes Obergeschoss

c Loggia
d Saal des Consiglio Generale
e Zimmer des Turmhauses
f Großer Saal des Podestà
g Cappella del Podestà
h Sakristei
i Stiftung Giovanni Bruzzichelli (1983)
j Majolika

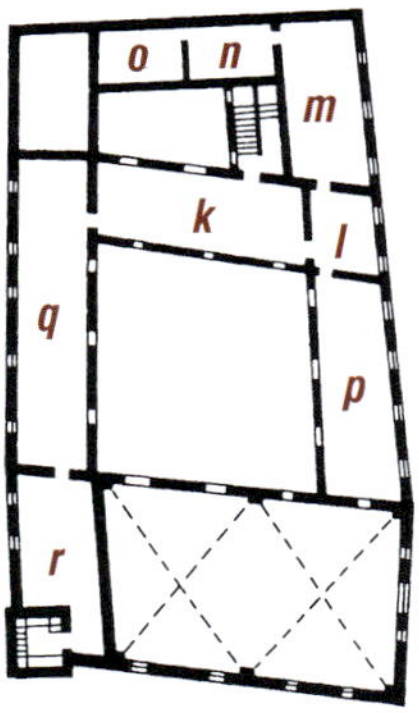

Bargello, zweites Obergeschoss

k Saal des Giovanni della Robbia
l Saal des Andrea della Robbia
m Saal des Verrocchio
n, o Medaillensammlung der Medici
p Saal der Kleinbronzen
q Saal der Waffen
r Textilien

Dass sich im Quattrocento kein einheitlicher Stil durchsetzen konnte, lehrt bereits der Vergleich dieser Konkurrenz-Reliefs. Die Ausschreibung stand unter dem Thema der ›Opferung Isaaks‹. Brunelleschis Relief (links) zeigt die dramatischere Auffassung: Die Messerspitze berührt bereits den Hals des aufschreienden Knaben, der Engel umfasst mit starker Hand den Arm Abrahams. Die Nebenfiguren sind in der unteren Zone zurückgeblieben. Brunelleschi brach mit der Tradition, indem er durch seine Figuren ein neues Körpergefühl vermittelte (man beachte die extreme Haltung des Wasserschöpfenden). Brunelleschi reiht die einzelnen Bildelemente noch neben- und untereinander. Bei Ghiberti trägt vor allem der Felsenhintergrund zur Geschlossenheit der Komposition bei, aber auch ein Gleichklang zwischen den Gestalten. Man bewundert die Schönheit des gotischen Faltenwurfs ebenso wie den antikisierenden Knabenakt. Der mit gotischen Elementen arbeitende Bildhauer ist zugleich der fortschrittlichere, indem er die Szene aus der Gebundenheit der Fläche löst. Gewonnen hat den Wettbewerb Ghiberti – vielleicht auch deshalb, weil er 8 % weniger von der kostbaren Bronze verwendete als sein Konkurrent Brunelleschi.

Bargello, Bronze-David von Verrocchio (links, um 1472–75) und die ca. vier Jahrzehnte früher entstandene Fassung von Donatello (rechts)

Donatellos Bronze-David (um 1433–43, im linken hinteren Teil der Halle) ist die erste frei stehende Aktfigur nachantiker Zeit. Der ›David‹ war nicht mehr wie der Hl. Georg für eine Nische bestimmt, sondern wahrscheinlich als Brunnenfigur konzipiert. Als frei stehende Figur gehörte er zur Gattung der Statuen, wie sie die Antike, nicht aber das Mittelalter kannte. Dieser David ist Donatellos harmonischste Schöpfung. In den weiteren Sälen wird vor allem Kunsthandwerk ausgestellt. Der Reichtum an französischen Werken der Kleinkunst ist einer Stiftung des Antiquars Louis Carrand zu verdanken.

In die **Cappella del Podestà (g)** führte man die zum Tode Verurteilten, bevor sie im Hof des Bargello hingerichtet wurden. Die Wandmalereien (um 1330–40) von einem Nachfolger Giottos zeigen daher u. a. Szenen aus dem Leben der Büßerin Maria Magdalena, der die Kapelle geweiht war, das ›Jüngstes Gericht‹ (Stirnwand oben), mit ›Paradies‹ (Stirnwand unten) und ›Hölle‹ (Eingangswand).

In zwei Sälen des zweiten Obergeschosses sind glasierte Terracotten von Giovanni und Andrea della Robbia zu sehen. Besondere Beachtung verdient **Saal 14 (m)** mit Florentiner Skulptur aus der 2. Hälfte des 15. Jh., wobei Verrocchios frei stehender Bronze-David (d; um 1472–75) sich zum Vergleich mit Donatellos Version anbietet. Hier handelt es sich nicht mehr um ein mit der Antike wetteiferndes Idealbild, vielmehr um einen selbstbewusst lächelnden Knaben, dessen Brustkorb sich durch das Lederhemd abzeichnet. Bei Verrocchios Marmorbüste einer Dame mit Blumenstrauß (1475–80) ist man nicht sicher, ob die subtile Ausführung der Hände ebenso wie die des Gewandes nicht Verrocchios Schüler, Leonardo da Vinci, zuzuschreiben ist.

Santa Maria Novella

Die **Dominikanerkirche (9)** zählt zu den Hauptkirchen von Florenz. Mit ihrem Bau begann man 1246, stellte sie aber nach einer Planänderung erst um 1300 fertig. Die Fassade wurde um 1350 im Untergeschoss mit traditioneller Florentiner Marmor-Inkrustation verkleidet. Den oberen Abschluss der Fassade finanzierte 1458 der Florentiner Kaufmann Giovanni Rucellai (dessen Insignien, geblähte Segel, man im Fries erkennt). Den Entwurf lieferte Leon Battista Alberti. Dieser bereicherte zunächst das Untergeschoss um Eckpilaster und klassische Architekturmotive wie Halbsäulen, verkröpftes Gebälk, für das mittlere Portal auch ein Tonnengewölbe. Die schmale mittlere Zone (die Attika) ebenso wie das Obergeschoss mit Giebel und Voluten sind Erfindungen Albertis. Lediglich die Rose war bereits vorhanden. Der Dreiecksgiebel und die Voluten wurden Vorbild für zahlreiche Fassaden der Renaissance und des Barock.

Santa Maria Novella
Mo–Do 9.30–17, Fr 13–17, So/Fei 13.30–17 Uhr

Das Innere ist ein basilikaler Raum mit Querschiff und fünf Chorkapellen. Damit folgt der Grundriss dem Vorbild der Zisterzienser-

Santa Maria Novella, Grundriss
- a Cappella Filippo Strozzi
- b Hauptchorkapelle
- c Cappella Gondi
- d Cappella Strozzi di Mantova
- e Sakristei
- f Hl. Dreifaltigkeit, Masaccio (um 1427)
- g Marmorkanzel, Brunelleschi (1443)
- h Chiostro Verde
- i Spanische Kapelle

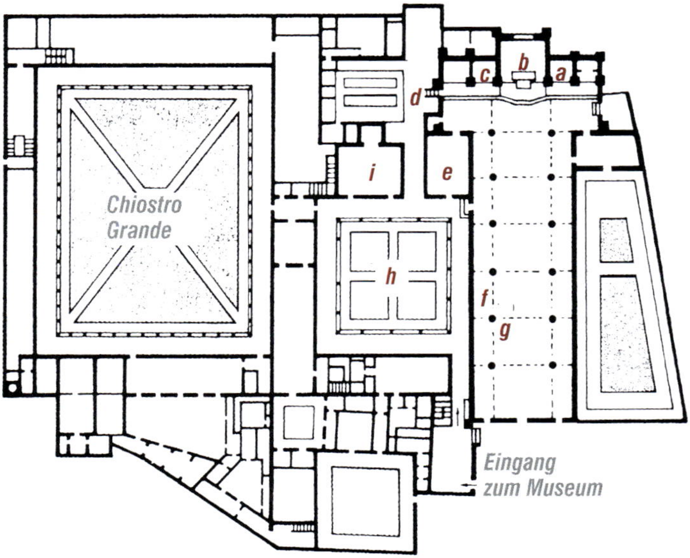

Santa Maria Novella, Hauptchorkapelle, Detail aus ›Geschichten aus dem Marienleben‹: Die mädchenhafte Frau im Profil ist vermutlich Giovanna Tornabuoni, die hier erstmals bei einer Zeremonie den offiziellen Platz der verstorbenen Mutter einnimmt

kirchen (vgl. San Galgano, s. S. 359). Die Kirche ist nicht – wie bei Bettelordenskirchen üblich – flach gedeckt, sondern trägt gotisches Kreuzrippengewölbe. Trotz der gotischen Stilelemente ist der Raumeindruck jedoch grundverschieden im Vergleich mit den Zisterzienserkirchen oder Kathedralen des Nordens. Die weiten Arkaden geben den Blick frei auf geschlossene Wandflächen und die Gewölbe der Seitenschiffe. Das Auge kann von den Stützen zu den Rippen, zu den Scheid- und Gurtbögen gleiten.

Die Ausstattung ist reich an Werken aus der Frührenaissance. Die **Cappella Filippo Strozzi (a)** wurde 1487–1502 durch Filippino Lippi mit Fresken ausgemalt. An der rechten Seitenwand sieht man Szenen aus dem Leben des Apostels Philipp (›Bändigung eines Drachen, der den Sohn des Königs getötet hat‹, darüber ›Kreuztod des Heiligen‹), an der linken Seitenwand Szenen aus dem Leben des Evangelisten Johannes (›Erweckung der Drusiana‹, darüber ›Martyrium des Heiligen unter Domitian‹). Die Fresken gehören in die letzte, den Manierismus vorbereitende Phase der Florentiner Frührenaissance, was die Heftigkeit der Gebärden, das Erregte der Linie, das illusionistisch-effektvolle Spiel zwischen Bild und Wandebene, das Überladene der Architektur zeigen. Die Linie erfährt hier, ähnlich wie beim späten Botticelli, ihre letzte extreme Ausdruckssteigerung. Hinter dem Altar befindet sich das Grabmal des Filippo Strozzi von Benedetto da Maiano (1491–93). Auch das Glasfenster wurde nach einem Entwurf von Filippino Lippi ausgeführt. Die Freskenausmalung der **Hauptchorkapelle (b)** war ein Auftrag des Florentiner Kaufmanns Giovanni Tornabuoni. Ausgeführt hat sie Domenico Ghirlandaio 1485–90 unter Mithilfe der Werkstatt. Die linke Seitenwand zeigt ›Geschichten aus dem Leben Mariens‹. Im unteren Feld links sieht man ›Joachims Opfer wird vom Priester zurückgewiesen‹. Die Personen im Vordergrund zeigen Züge von Mitgliedern der Familie Tornabuoni (links) und des Malers (rechts). Im Hintergrund erheben sich Florentiner Renaissance-Paläste. Die Loggia ähnelt Brunelleschis Findelhaus. In der ›Geburt Mariens‹ (rechts davon) trägt die junge Frau im Goldbrokatkleid die Züge von Ludovica Tornabuoni, der 15-jährig im Kindbett verstorbenen Tochter des Auftraggebers. Der zweite Streifen zeigt die ›Darstellung im Tempel‹ und die ›Vermählung Mariens‹, ein dritter die ›Anbetung der Könige‹ und den ›Kindermord‹, die Lünette ›Tod und Himmelfahrt Mariens‹.

Thema der rechten Seitenwand ist das Leben Johannes des Täufers. Im unteren Feld rechts verkündet der Engel Zacharias die Geburt eines Sohns. Viele der Nebenpersonen konnten identifiziert werden, u. a. acht Mitglieder der Familie Tornabuoni und die Humanisten Marsilio Ficino, Cristoforo Landino, Angelo Poliziano und Gentile de' Bechi (untere Gruppe links). Links davon wird die ›Heimsuchung‹, die Begegnung zwischen Maria und Elisabeth, illustriert. Auf einem zweiten Streifen erkennt der Betrachter die ›Geburt des Täufers‹, die ›Namensgebung durch den verstummten Zacharias‹, auf einem dritten Streifen die ›Predigt des Täufers‹, ›Taufe Christi‹, in der Lünette das ›Gastmahl des Herodes‹.

An Fantasie und Fabulierlust hat es dem Maler des Florentiner Bürgertums nicht gemangelt, wohl aber an einer alles durchdringenden Gestaltungskraft. In der ›Geburt Mariens‹ oder der ›Geburt Johannes' des

Santa Maria Novella, Detail der ›Geschichten aus dem Marienleben‹ von Domenico Ghirlandaio. Dieser Ausschnitt entstammt der ›Geburt Mariens‹. Das Kleid der Wasser eingießenden Magd entspricht einer kunsttheoretischen Forderung Leon Battista Albertis, nach der die Gewandung wie von einem Windstoß aufgebläht dargestellt werden solle. In den Intarsien der Wandvertäfelung ist ein Teil der Malersignatur zu erkennen: ›Grillandai‹

Santa Maria Novella: Diese Szene aus den ›Geschichten aus dem Marienleben‹ zeigt den Tempelgang Mariens. Der Auftraggeber Giovanni Tornabuoni verlangte »einen reich ausgeschmückten Bildzyklus mit Figuren, Gebäuden, Kastellen, Städten, Gebirgen, Hügeln, Ebenen, Steinen, Tieren, Vögeln, Wild vielerlei und jeglicher Art ... ganz nach Gutdünken des erwähnten Giovanni.« Zu Ghirlandaios Mitarbeitern zählte der 16-jährige Michelangelo. Hat er womöglich die Figur des auf der Stufe Sitzenden ausgeführt?

Täufers‹ finden sich neben stocksteif dastehenden Bürgersfrauen auch Dienerinnen, die nach dem Vorbild antiker Mänaden unvermittelt Bewegung ins Bild bringen, deren Gewand wie von einem Windstoß aufgebläht scheint, wie eine theoretische Forderung Albertis lautet.

Die **Cappella Gondi (c)** erhielt ihr Marmordekor 1503–08 durch Giuliano da Sangallo. Das Holzkruzifix stammt von Brunelleschi (um 1410–15), der Christus erstmals ohne Lendentuch darstellte. Vasari berichtet, Brunelleschi habe dieses Werk geschaffen, um Donatellos realistischen Christus am Kreuz in Santa Croce zu korrigieren.

Die **Cappella Strozzi di Mantova (d)** wurde um 1340–50 angebaut. Das 1357 datierte Polyptychon von Andrea Orcagna ist ein charakteristisches Werk der Jahrhundertmitte im konservativen Figurenstil. Die gleichzeitigen Fresken schuf Nardo di Cione, ein Bruder Orcagnas. An der Stirnwand sieht man eine Darstellung des ›Jüngsten Gerichts‹; erweitert wird dieses einer Grabkapelle angemessene Thema um Darstellungen des ›Paradieses‹ (linke Seitenwand) und der ›Hölle‹ (gegenüber). Wie in Dantes ›Inferno‹ ist die Hölle in neun Höllenkreise aufgeteilt, wobei jeder der Verdammten die ihm gemäße Strafe erleidet. Darauf weisen ausdrücklich die Inschriften hin, so z. B. »Hier bestraft man die Sünder der Fleischeslust« *(i peccatori carnali)*. Ein Porträt Dantes, dessen Schriften von den Dominikanern zwei Jahrzehnte zuvor noch bekämpft wurden, erscheint unter den Seligen. Das gemalte Kruzifix der **Sakristei (e)** wurde als ein Frühwerk von Giotto erkannt (seit 1987 in Restaurierung). Im linken Seitenschiff befindet sich ein Fresko der **Hl. Dreifaltigkeit (f)** von Masaccio (um 1427). Die Dreieinigkeit (Gottvater, der Gekreuzigte und der Heilige Geist in der nicht leicht erkennbaren Gestalt der Taube über dem Haupt Christi) wird von Maria und Johannes sowie den knienden Stiftern (dem Gonfaloniere Lenzi und seiner Gemahlin) umgeben. Das Skelett spielt auf die Vergänglichkeit an. Der Sarkophag trägt die Worte: »Ich war, was du bist – was ich bin, wirst du sein«. Die Kapellenarchitektur wurde wahrscheinlich von Brunelleschi entworfen, denn sie zeigt dessen Formensprache (kassettiertes Gewölbe, Pilaster, Säulen, Gebälk). Auch die von Brunelleschi gefundenen Gesetze der Linearperspektive kommen – zum ersten Mal bei einem Werk der Malerei – zur Anwendung. Kapelle und Sarkophag finden einen gemeinsamen Fluchtpunkt in der Augenhöhe des Betrachters, in der Mitte der Stufe, auf der die Stifter knien. Die **Marmorkanzel (g)** des zweiten linken Pfeilers entwarf Brunelleschi 1443. Sie wurde von seinen Schülern ausgeführt.

Das **Kloster Santa Maria Novella** (Städtisches Museum) hat links von der Kirchenfassade einen eigenen Zugang. Der **Chiostro Verde (h,** ›Grüner Kreuzgang‹, benannt nach der vorherrschenden Farbe der Fresken) wurde zwischen 1330 und 1350 erbaut. Das Thema der Fresken ist die Schöpfungsgeschichte und die frühe Geschichte der Menschheit. Bei der Ausführung (1425–50) waren mindestens vier Meister beteiligt, darunter Paolo Uccello, der die ›Erschaffung der Tiere‹, ›Erschaffung Adams und Evas‹, ›Sintflut‹ und die ›Trunkenheit Noahs‹ schuf.

Der 1348–55 erbaute Kapitelsaal, die **Spanische Kapelle (i),** birgt Fresken von Andrea da Firenze (1365–67). Das von Dominikanerpatres entwickelte Bildprogramm lässt sich so zusammenfassen: Durch den Opfertod Christi (mittlere Wand) wird dem Menschen der Weg zum Heil ermöglicht. Er wird dabei durch die Kirche geleitet, vor allem auch durch die Dominikaner (rechte Wand). Um ein Verständnis des Opfertods und der übrigen Glaubensinhalte bemühen sich die Theologen, voran wiederum ein Dominikaner, Thomas von Aquin (linke Wand). Beim ›Triumph des Hl. Thomas von Aquin‹ handelt es sich um ein Bild gewordenes Lehrgebäude, wie es für die Dominikaner charakteristisch ist. Thomas von Aquin thront inmitten von kleiner dargestellten Evangelisten und Propheten. Über ihm fliegen die Sieben Tugenden, zu seinen Füßen hocken Häretiker. Im Chorgestühl sitzen Personifikationen der theologischen Wissenschaften und der Freien Künste, zu ihren Füssen Vertreter einer jeden Disziplin.

Beim ›Weg zum Heil über Christus und die Dominikaner‹ thront vor dem Florentiner Dom (als Symbol der Kirche) der Papst, umgeben vom Kaiser und anderen geistlichen und weltlichen Würdenträgern. Hunde, deren schwarz-weiße Fleckung dem Gewand der Dominikaner (der *domini canes,* der Hunde des Herrn) entspricht, jagen Wölfe und Füchse, während die Heiligen Thomas von Aquin, Petrus Martyr und Dominikus mit Häretikern disputieren. Dominikus weist auf die Paradiespforten, wo Petrus die Seligen empfängt.

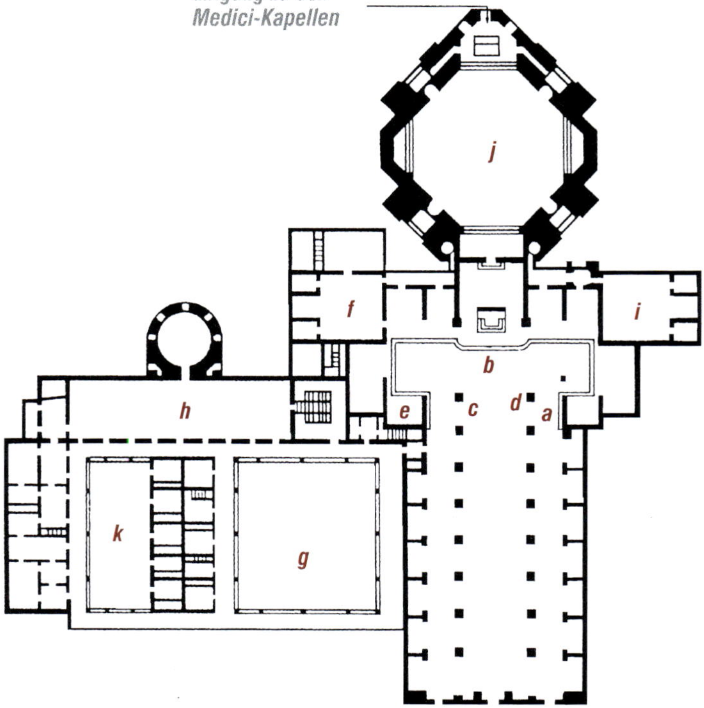

San Lorenzo, Grundriss

a Sakraments-Tabernakel, Desiderio da Settignano (um 1460–62)
b Gedenkplatte
c, d Bronzekanzeln, Donatello (1460–67)
e Verkündigung, Filippo Lippi (um 1437)
f Alte Sakristei, Brunelleschi (um 1419–22)
g Primo Chiostro
h Biblioteca Laurenziana
i Neue Sakristei, Michelangelo
j Fürstenkapelle
k Secondo Chiostro

San Lorenzo

San Lorenzo

tgl. 10–17 Uhr, So/Fei geschl.

Als erster Kirchenbau der Renaissance war **San Lorenzo (10)** die Haus- und Grabkirche der Medici. Erbaut wurde sie zwischen 1421 und 1469, im Wesentlichen nach Plänen von Filippo Brunelleschi. Vorgängerkirchen reichen bis in die frühchristliche Zeit zurück. Der Neubau sollte eine noch bestehende Kirche des 11. Jh. ersetzen. Als Brunelleschi 1421 die Bauleitung übernahm, war nach traditionellem Grundrissschema bereits mit dem Querschiff und den Chorkapellen begonnen worden. Durch die Folge von Monolith-Säulen und Rundbögen fühlt man sich an den Raumeindruck frühchristlicher Basiliken erinnert. Darüber hinaus weist jedoch die Vierungskuppel darauf hin, dass Brunelleschi gleichzeitig an die verbreitete mittelalterliche Bautradition speziell in der Toscana anknüpfte (Dome von Pisa, Siena und Florenz). So ist diese Kirche eine Synthese frühchristlicher und spätmittelalterlicher Bauvorstellungen, vorbereitet durch die Protorenaissance: Die Leichtigkeit und Anmut, die Regelmäßigkeit und Präzision der Ausführung lassen sich auf das Baptisterium und San Miniato al Monte zurückführen. Typisch für Brunelleschi ist der Einsatz von blau-gräulichem Sandstein *(pietra serena)* im Kontrast zu den weiß getünchten Wänden. Dadurch entsteht der etwas kühle Eindruck, der sich auch bei zahlreichen Nachfolgebauten einstellt.

Das **Sakraments-Tabernakel (a)** von Desiderio da Settignano (um 1460–62) am Ende des rechten Seitenschiffs ist eines der schönsten Zeugnisse der verfeinerten dekorreichen Bildhauerkunst der Jahrhundertmitte. Meisterhaft sind die Oberflächenbehandlung und die weichen Übergänge.

Die runde **Gedenkplatte (b)** in der Vierung markiert das Grab Cosimos d. Ä. in der Krypta. Die Platte aus verschiedenen Materialien (Marmor, Porphyr, Serpentin, *pietra serena* und Messing) ist ein Frühwerk Andrea Verrocchios. Cosimo wird hier offiziell (per decreto publico) »Pater Patriae« genannt.

Die beiden **Bronzekanzeln (c, d)** sind Donatellos letztes Werk, um 1460–67. Sie entstanden im Auftrag Cosimos d. Ä. Schüler führten die Arbeiten nach dem Tod des Meisters 1466 zu Ende. Thema sind die Passion Christi und die Erfüllung der Heilsbotschaft. Bei der linken Kanzel (c) stammt die ›Beweinung‹ wohl aus Donatellos Hand. Die anderen Reliefs wurden nach Entwürfen des an einer fortschreitenden Lähmung erkrankten Donatello ausgeführt (›Geißelung‹ und ›Johannes der Evangelist‹, Ergänzung des 17. Jh. in bronziertem Holz).

In der Alten Sakristei von San Lorenzo in Florenz sind Gewölbe und Wand aufeinanderbezogen, indem jeder der Bögen von einem Pilaster aufgefangen wird. Brunelleschi knüpft damit an die romanische und gotische Tradition an, indem zwischen Gewölbe und Wand eine anschauliche Verbindung besteht. In der Antike wie auch beim Florentiner Baptisterium waren Gewölbe bzw. Kuppel vollkommen von der Wand getrennt

Die **rechte Kanzel (d)** lässt Donatellos Hand deutlicher erkennen. Dargestellt sind außer den Passionsszenen das ›Martyrium des Hl. Laurentius‹ (›Verspottung Christi‹ und ›Hl. Lukas‹ aus bronziertem Holz, 17. Jh.). Beide Kanzeln erinnern in ihrer Form und in ihrem Dekor an antike Sarkophage. Die Szenen interpretierte Donatello in persönlicher Sicht. So erscheint der Christus der ›Auferstehung‹ (rechte Kanzel) nicht als Sieger über den Tod, sondern in seiner schweren Leiblichkeit noch eingehüllt in Leichentücher.

Fra' Filippo Lippis **›Verkündigung‹ (e,** um 1437) gehört zu den Werken der Frührenaissance, in denen sich Raumtiefe, Körperlichkeit der Figuren und Linienspiel sehr glücklich verbinden. Hinzu kommen helle, körperlos wirkende Farben.

Die **Alte Sakristei (f)** gilt als Stiftung von Giovanni di Bicci de' Medici, dem Vater Cosimos. Mit dieser Sakristei, die den Medici als Grablege diente, schuf Brunelleschi um 1419–22 den ersten Zentralraum der Renaissance. Der quadratische Raum besteht aus drei gleich hohen Abschnitten. Der untere Teil hat annähernd die Form eines halben Würfels. Darüber schließt sich die Pendentif-Zone an, sodann die Halbkugel der zwölfgeteilten Melonenkuppel (Schirmkuppel). Gewölbe und Wand sind aufeinander bezogen, indem jeder der Bögen von einem Pilaster aufgefangen wird, wobei die Zahl der Kanneluren der Breite des Bogens entspricht.

Der Zentralbau des Hauptraums wird in der Chorkapelle in verkleinerter Dimension wiederholt. Die Chorwand (mit Bogen, Portalen und Blendbögen) erinnert an die Front eines römischen Triumphbogens. Im Gesamtbild störend wirken dabei die kräftig hervortretenden Tabernakel der Portale (nach Plänen Donatellos nachträglich hinzugefügt). In diesem aus geometrischen Vorstellungen, aus antiken Formelementen und in gotischer Systematik hervorgegangenen Raum hatte die Ausstattung ursprünglich keinen Platz. Erst 1434 wurde Donatello mit den polychromen Stuckreliefs beauftragt. Aufmerksamkeit verdienen Donatellos Bronzetüren (1437–43). Unter dem Marmortisch steht der Sarkophag des Giovanni di Bicci de' Medici und seiner Frau Piccarda Bueri (um 1433). In der linken Seitenwand ist das Doppelgrabmal der Söhne Cosimos de' Medici, Giovanni (gestorben 1436) und Piero der Gichtige (gestorben 1469) eingelassen: ein mit verschiedenen Materialien äußerst raffiniert ausgeführtes Werk von Andrea Verrocchio (1469–72).

Der **Kreuzgang (g)** entstand 1457 im Stil Brunelleschis. Von der oberen Loggia hat man einen schönen Blick auf die Domkuppel und findet von dort aus Zugang zur Biblioteca Laurenziana.

Biblioteca Laurenziana

Piazza S. Lorenzo 9
Tel. 055 21 15 90
www.bml.firenze.sbn.it
Mo, Mi Fr 8–14 (Di und Do bis 17.30) Uhr, Sa/So geschl.

Die **Biblioteca Laurenziana (h),** die Bibliothek Michelangelos (begonnen 1524) sollte die wertvolle Büchersammlung von Papst Clemens VII. (Giulio de' Medici) aufnehmen. Das Vestibül gehört zu den eigenwilligsten Räumen, die je realisiert wurden. Nirgendwo stehen Formen im gewohnten architektonischen Zusammenhang, der Raum ist extrem steil, die überdimensionierte Freitreppe steht in keinem maßvollen Verhältnis zur Grundfläche des Raums. Die Säulen-

San Lorenzo: Die weibliche Gestalt des Lorenzo-Grabmals in der Neuen Sakristei wird als ›Morgen‹ gedeutet. Michelangelos zeitgenössischer Biograf nannte die Liegeskulpturen die »alles verzehrende Zeit«. Ebenso sah sie Michelangelo, denn es hat sich ein Skizzenblatt erhalten, auf dem er notiert hatte: »Himmel und Erde, Tag und Nacht sprechen und sagen: Wir haben mit unserem schnellen Lauf den Herzog Giuliano zum Tode geführt ...«

paare stehen nicht wie üblich vor, sondern in der Wand. Der Besucher spürt, dass er in einem Vorraum steht, dabei nicht auf der Ebene des Hauptraums, sondern auf der des Untergeschosses. Wenn er die Treppe emporschreitet, muss er dabei den Widerstand der konvexen Formen der Stufen überwinden, die sich ihm wie ein Lavastrom entgegendrängen. Auf der obersten Stufe steht er bereits direkt vor der Schwelle zur Bibliothek, wo ihn eine vergleichsweise gelöste, harmonische Atmosphäre empfängt. Zu der Streckung des Raums setzen die schlichten gliedernden Pilaster ein Gegengewicht (Lesepulte nach Entwürfen von Michelangelo).

Medici-Kapellen

Der Eingang zum Komplex der **Neuen Sakristei (i)** und **Fürstenkapelle (j)** liegt an der Piazza Madonna Aldobrandini. Man gelangt zunächst in Buontalentis Krypta (Unterbau der Fürstenkapelle) und dann in das Mausoleum der Medici-Großherzöge *(cappella dei principi)*. Es ist der prunkvollste und kostspieligste Florentiner Raum, der am deutlichsten vom Reichtum und der Macht der Medici-Herzöge zeugt und im 18. Jh. als Weltwunder bestaunt wurde. 1608 begonnen, wurde die *pietra dura*-Dekoration erst im 20. Jh. abgeschlossen.

Michelangelos Neue Sakristei zählt zu den Schlüsselwerken manieristischer Architektur. In diesem Wallfahrtsort der Kunst erwartet man besondere Eindrücke, wird jedoch zunächst nur mit der frostigen Kühle einer Grabkapelle konfrontiert. Architektur und Ausstattung wurden zum ersten Mal seit der Frührenaissance von einem ein-

Neue Sakristei und Fürstenkapelle (Cappelle Medicee)

tgl. 8.15–13.50 Uhr; 2. und 4. So sowie 1., 3. und 5. Mo im Monat, 1. Mai, 25. und 31. Dez. geschl. Ticket-Vorbestellung s. S. 164

zigen Künstler konzipiert: von einem Bildhauer, der die Formensprache der Architektur zum Instrumentarium seines Ausdruckswillens umgebildet hat. Die Zeit, in der die Gesetze der klassischen Baukunst Gültigkeit besaßen, die Früh- und Hochrenaissance, ging mit diesem Raum zu Ende. Begonnen hatte diese Periode mit Brunelleschis Alter Sakristei. Und in Auseinandersetzung mit dieser schuf Michelangelo die Neue Sakristei. Er war dabei an identische, bereits angelegte Fundamente und eine vom Auftraggeber gewünschte ähnliche Wandgliederung gebunden. Gebundenheit aber bedeutete für Michelangelo eine Herausforderung, deren er bedurfte, um seine schöpferische Fantasie in Bahnen zu lenken, die sich dem Realisierbaren annäherten.

Rechts steht das Grabmal für Giuliano de' Medici (1478–1516), Sohn des Lorenzo Il Magnifico. Er war Generalissimus der Kirche (daher der Kommandostab). Gegenüber ruht sein Neffe Lorenzo de' Medici (1492–1519), der als Herzog von Urbino 28-jährig in geistiger Umnachtung starb. Michelangelo zeigt ihn in nachdenklicher Haltung, die das kontemplative Dasein *(vita passiva)* verkörpern soll, während Giuliano die *vita activa* verkörpert. Die Liegefiguren wurden schon zu Lebzeiten Michelangelos als Allegorien der Tageszeiten gedeutet (Vasari, 1550). Die weibliche Figur der ›Nacht‹ auf dem Sarkophag Giulianos (rechts) ist durch ihre Attribute (Mondsichel, Eule, Mohnbündel, Maske des Traumgesichts) als einzige eindeutig bestimmbar. Die männliche Gegenfigur gilt als ›Tag‹. Die aus dem Schlaf sich lösende weibliche Gestalt des Lorenzo-Grabmals wird als ›Morgen‹ (oder ›Morgenröte‹) gedeutet, die ältere, männliche Figur als ›Abend‹. Michelangelos Weltbild und Lebensgefühl erlaubten keine ungebundene Entfaltung der Lebenskräfte. So steht den Sitzfiguren der jungverstorbenen Herzöge kein Freiraum zur Verfügung. Sie sind eingezwängt in Nischen, gebunden an den architektonischen Zusammenhang. Bezogen sind sie auf etwas Außer-ihnen-Seiendes: das Kultbild der Kapelle, die Muttergottes-Skulptur.

Palazzo Medici

Der **Palazzo Medici (11),** der Familienpalast der Medici (Via Cavour 1), wurde um 1444 im Auftrag von Cosimo d. Ä. durch Michelozzo begonnen. Er war zugleich Verwaltungszentrum seines Handels- und Bankhauses. Vier Flügel sind um einen Innenhof angeordnet, die drei Geschosse sind – wie in Florenz üblich – durch Gesimse auf Höhe der Fensterbänke getrennt. Neu dagegen sind die ausgewogenen Proportionen, das Regelmäßig-Symmetrische der Anlage, das antikisierende Abschlussgesims, die entschiedene Differenzierung der kontinuierlich abnehmenden Geschosshöhe und die Gestaltung des Hofs in der Art eines Kreuzgangs (was möglich war, weil die Treppe ins Innere verlegt wurde). Dem ursprünglich kubischen Bau wurden 1584 sieben Fensterachsen hinzugefügt. Die Konsolen an den

Palazzo Medici
Via Cavour 1
Do–Di 9–19 Uhr

stark hervortretenden Fensterumrahmungen sind die berühmten, im 16. Jh. oft nachgebildeten ›knienden Fenster‹, die vermutlich Michelangelo entworfen hat.

Zur **Palastkapelle** gelangt man vom Hof aus über eine Treppe. Die 1459–60 von Benozzo Gozzoli ausgeführten Fresken zeigen den ›Zug der Heiligen Drei Könige‹. Das Thema nimmt Bezug zum Altarbild der Kapelle, zu Filippo Lippis ›Geburt Christi‹ (Kopie, Original in Berlin). Die märchenhafte Pracht, die Darstellungsmittel und auch viele Einzelheiten (Kostümierung, Kopftypen) wurden durch Gentile da Fabrianos ›Anbetung der Könige‹ in den Uffizien inspiriert. Drei Jahrzehnte nach Masaccios Erneuerung begegnet dem Betrachter noch einmal eine Felsenlandschaft im Stil des 14. Jh. In den drei Königen glaubt man Porträts des byzantinischen Kaisers Johannes Paläologos (Rückwand), des Patrirachen von Konstantinopel (linke Wand) sowie des jugendlichen Lorenzo Il Magnifico (rechte Wand) zu erkennen. Mit Sicherheit identifizierbar sind das Selbstbildnis des Malers (rechte Längswand, mit Signatur auf dem Hut) und in derselben Gruppe der an der Spitze des Gefolges auf einem Schimmel reitende Piero de' Medici (Wappen und *impresa* am Zaumzeug). Ob der Reitende links von ihm Cosimo darstellt, ist fraglich.

Kloster San Marco

Ein wenig weiter die Via Cavour hinunter öffnet sich die Piazza San Marco mit dem Kloster **San Marco (12).** Der schlichte Saalbau der Trecento-Kirche wurde durch barocke Umbauten wesentlich verändert. Von besonderem Interesse ist das Klostergebäude mit Fresken und Altarbildern Fra' Angelicos (Zugang rechts von der Fassade, Staatliches Museum). Das Dominikanerkloster San Marco ist dem Mäzenatentum Cosimos de' Medici zu verdanken. Nach seiner Rückkehr aus dem Exil, 1434, veranlasste er, dass Papst Eugen IV. den Dominikaner-Observanten aus Fiesole das zerfallende Klostergebäude der Silvestriner übertrug. Cosimos bevorzugter Architekt Michelozzo plante den Umbau. Zwei der Prioren des Klosters sind mit der Geschichte der Stadt eng verbunden und traten in Gegnerschaft zu den Medici: Der heilig gesprochene Antoninus war Gründungsprior des Klosters und wurde dennoch zu Cosimos Gegner. Als Erzbischof von Florenz protestierte er unter Androhung der Exkommunikation gegen die Pläne Cosimos, eine Verfassungsänderung zu seinen Gunsten durchzuführen. Der Dominikanerprediger Savonarola bekämpfte in seinen Predigten die »geheime Tyrannis« Lorenzo Il Magnificos, obschon dieser ihn 1490 nach Florenz gerufen hatte.

In der **Pilgerherberge (a,** rechts vom Eingang in den Klosterhof) werden Tafelgemälde des Fra' Angelico gezeigt, darunter das Tabernakel der Leineweberzunft von 1433–35. Im **Kapitelsaal (b,** gegenüber) hinterließ Fra' Angelico ein großes Kreuzigungsfresko. Im **Kleinen Refektorium (c)** findet sich ein Fresko des ›Letzten Abendmahls‹

Museo di San Marco

Piazza San Marco 3
Tel. 055 23 88-608/704
www.firenzemusei.it/sanmarco
Mo–Fr 8.15–13.50, Sa, So/Fei 8.15–18.50 Uhr; 2. und 4. Mo sowie 1. 3. und 5. So im Monat, 1. Mai, 25. und 31. Dez. geschl.

Kloster San Marco, Detail des Tabernakels der Leinweberzunft von Fra' Angelico. Wahrscheinlich hat Ghiberti, der den Rahmen für das Tabernakel entwarf, ein plastisches Modell für diesen Engel wie auch für die Heiligengestalten auf den Flügeln erstellt

von Domenico Ghirlandaio, eine Variante seines Freskos von 1480 im Kloster Ognissanti.

Eine Treppe (frühes Beispiel einer gewölbten Renaissance-Treppe) führt ins Obergeschoss. Unter einem offenen Dachstuhl liegen die tonnengewölbten Zellen. Gleich dem Eingang gegenüber sieht man Fra' Angelicos Fresko der ›Verkündigung‹, um 1450. Eine offene Loggia bildet den szenischen Raum für die einfach umrissenen Gestalten. Jede der Zellen enthält ein Fresko von Fra' Angelico oder einem seiner Mitarbeiter (um 1440–41). Als Werke des Meisters anerkannt werden die Fresken der Zellen der linken Seite des linken Korridors: 1 ›Jesus erscheint Maria Magdalena‹, 3 ›Verkündigung‹, 6 ›Transfiguration‹, 7 ›Dornenkrönung‹, 9 ›Krönung Mariä‹ und 10 ›Darstellung im Tempel‹. Sie zeichnen sich durch Zurückhaltung im Dekor, Sparsamkeit der Aus-

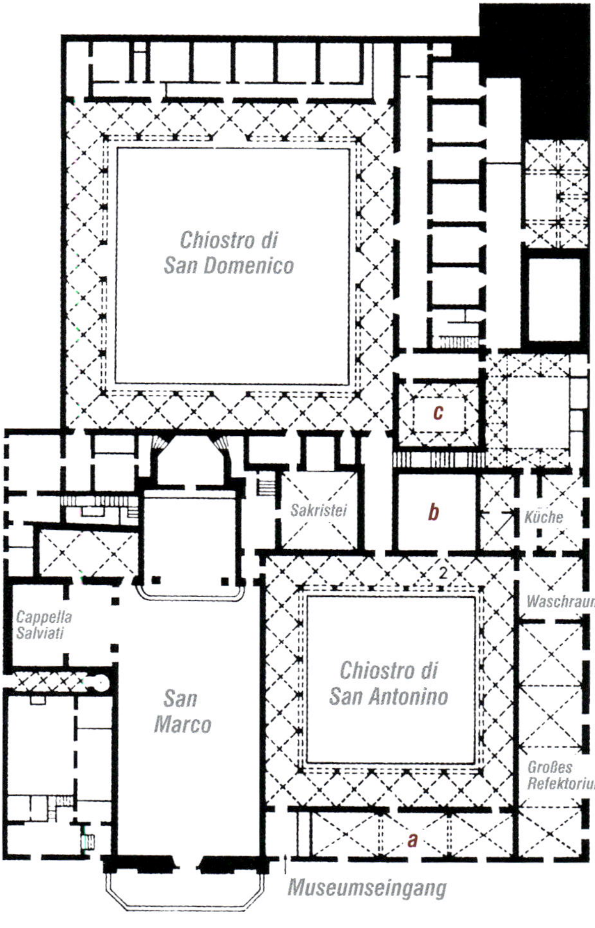

Kloster San Marco, Grundriss

- *a Pilgerherberge mit Tafelgemälde von Fra' Angelico*
- *b Kapitelsaal mit Kreuzigungsfresko von Fra' Angelico*
- *c Kleines Refektorium mit Fresko des ›Letzten Abendmahls‹ von Domenico Ghirlandaio*

Die Loggia in Fra' Angelicos ›Verkündigung‹ entspricht der Schlichtheit des Klostergebäudes von San Marco. Das Fresko empfängt den Besucher, der die Treppe zum Refektorium hochsteigt

drucksmittel und strengen Bildaufbau aus. Die ›Kreuzigung Christi‹ gegenüber der 7. Zelle ist ein spätes Werk von Fra' Angelico (1450).

Drei Zellen am Ende des Korridors standen dem Prior zur Verfügung. Sie wurden zur Erinnerungsstätte an Savonarola (mit Porträts, Darstellungen seiner Hinrichtung – er wurde mit zwei Gefährten auf der Piazza Signoria enthauptet und anschließend verbrannt – sowie Fresken von Fra' Bartolomeo, der unter dem Eindruck Savonarolas in San Marco eingetreten war). Die ›Kreuzigung Christi‹ in der Zelle 29 wurde Fra' Angelicos jungem Mitarbeiter Benozzo Gozzoli zugeschrieben.

Der Bibliotheksaal Michelozzos ist der erste der Renaissance und galt als Vorbild für viele spätere Bauten. Er war für Cosimos berühmte Büchersammlung bestimmt, die dann zum Grundbestand der Biblioteca Laurenziana wurde.

Galleria dell' Accademia

Von der Piazza San Marco aus gelangt man auch schnell zur **Galleria dell' Accademia (13).** Die Florentiner Kunstakademie wurde 1562 durch Großherzog Cosimo I. gegründet. Die 1784 angeschlossene Gallerie (Eingang Via Ricasoli 60) war ursprünglich für die Kunststudenten bestimmt. Zum Besitz zählt außer den **Skulpturen Michelangelos** eine beachtenswerte **Sammlung toscanischer Malerei** des 13. bis 16. Jh., darunter Werke von Fra' Bartolomeo und Filippino Lippi (Saal 1), die ›Hochzeitstruhe Adimari‹, um 1450 (Saal 2), Gemälde von Botticelli und Sebastiano Mainardi (Säle 3 und 4) sowie frühe Florentinische Tafelmalerei des 13. und 14. Jh.

Galleria dell' Accademia

Via Ricasoli 60
Tel. 055 23 88-612
www.firenzemusei.it/accademia
Di–So 8.15–18.50 Uhr; 1. Mai, 25. und 31. Dez. geschl.
Ticket-Vorbestellung s. auch S. 164

Im Hauptsaal stehen die vier unvollendet gebliebenen **›Sklaven‹** (›Gefangenen‹) Michelangelos. Sie waren für das Julius-Grabmal in der Peterskirche in Rom vorgesehen und entstanden in Michelangelos Florentiner Atelier um 1519. Die noch im Block stehengebliebenen Figuren sind in der Ausführung verschieden weit fortgeschritten und ermöglichen so einen Einblick in den Arbeitsprozess des Künstlers: Am wenigsten fortgeschritten sind der Atlant (zweiter links) und der Erwachende (vorn rechts), am weitesten der Bärtige (hinten rechts). Michelangelo (oder ein ausführender Mitarbeiter) ging gewöhnlich den Block nicht von allen vier Seiten an (wie etwa altgriechische Bildhauer), sondern konzentrierte sich auf die Vorderseite und hob – wie bei einem Relief – eine Schicht nach der anderen ab. Zunächst arbeitete er mit dem Spitzmeißel, dann mit dem Schabeisen. Eine Ausnahme bilden die beiden Gefangenen, die als Eckpfeiler gedacht waren und daher von beiden Seiten bearbeitet werden mussten. Die Gestalt, das innere Bild, löst sich allmählich aus dem Stein, sie versucht sich – so könnte man interpretieren – aus dem Gefängnis der Materie zu befreien. Dies nämlich ist das eigentliche Thema der ›Gefangenen‹: Sie lehnen sich gegen ihr Schicksal auf, ohne jedoch – davon zeugen die Schwere ihrer Körperformen, die Anstrengung, das Versteinerte ihrer Bewegungen – je ihre Freiheit zu erlangen. Michelangelo hat wie kein zweiter unter der Gebundenheit des Daseins an die Materie gelitten. Der freie Wille, die platonische »göttlich hohe Seele« – so Michelangelos Worte – »ist ausgeliefert an die Zeit und in diese morsche, müde Hülle eingekerkert«.

Den ebenfalls unvollendet gebliebenen ›Matthäus‹ schuf Michelangelo 1503–06 für den Florentiner Dom. Bei der ›Pietà Palestrina‹ ist umstritten, ob Michelangelo oder ein ihm nahe stehender Bildhauer die Skulptur ausführte.

Michelangelos kolossale Marmorstatue des **›David‹** ist ein Jugendwerk, das 1501–04 entstand. Bei flüchtigem Hinsehen könnte man es als ein Werk der Antike einstufen. Standmotiv und Details der Körperwiedergabe sind griechischen Statuen des 4. Jh. verwandt, nicht antikisch sind indes das große, energisch nach links geworfene Haupt, der Furcht erregende Blick, die großen kämpferischen Hände. In der Antike wurde bis ins 3. Jh. n. Chr. niemals ein Körperteil, auch nicht der Kopf, hervorgehoben. Der ›David‹ war für den Aussenbau des Doms vorgesehen. Dazu musste Michelangelo einen relativ schmalen Steinblock von extremer Höhe (über 4 m) und geringer Tiefe bearbeiten, den überdies bereits in Carrara ein Steinmetz verhauen hatte. Um so bewundernswerter ist es, dass sich aus diesem unproportionierten Block eine klassisch wirkende Statue herausschält.

Das Thema der ›Sklaven‹, die Spannung zwischen geistiger Form und dem ungestalteten Materiellen ist beim ›David‹ noch nicht spürbar. Hier ist es der Konflikt zwischen dem nach außen drängenden Willen und dem in sich selbst ruhenden schönen Körper. Schon gleich nach ihrer Vollendung erhob man die Figur zum Symbol und Wunschbild der neu konstituierten, von den Großmächten bedrohten Florentiner Republik. Der den Goliath besiegende David ist selbst ein Gigant, ausgezeichnet durch die Schönheit eines autonomen Körpers und übermenschliche Willenskraft. Ein Bild gewordenes Symbol der Autonomie und Stärke bedarf nicht mehr der Attribute, die den Hirtenknaben des Alten Testaments als Tyrannenmörder kennzeichnen. Es fehlt das Haupt des Goliath; die Schleuder, von beiden Händen gehalten, ist hinter dem Rücken kaum sichtbar.

Santa Croce

Bereits kurz nach dem Tod des Hl. Franziskus (1226) entstand im Osten der Stadt ein Vorgängerbau von **Santa Croce (14)** mit bescheidenen Ausmaßen. Der Neubau wurde 1295 begonnen – laut Vasari nach Plänen von Arnolfo di Cambio; um 1385 war er beendet. Der Campanile wurde erst 1842 errichtet, die Marmorfassade entstand 1863 nach einem Entwurf des 17. Jh. Keinem Besucher dürfte das Einzigartige des Innenraums entgehen, den man gleich beim Eintreten in seiner ganzen Tiefenausdehnung (116 m) und Breite erfasst. Mit diesem

Santa Croce
Piazza Santa Croce
www.santacroce opera.it
Ende Okt.–Ostern Mo–Sa 9.30–17, So/Fei 13–17 Uhr

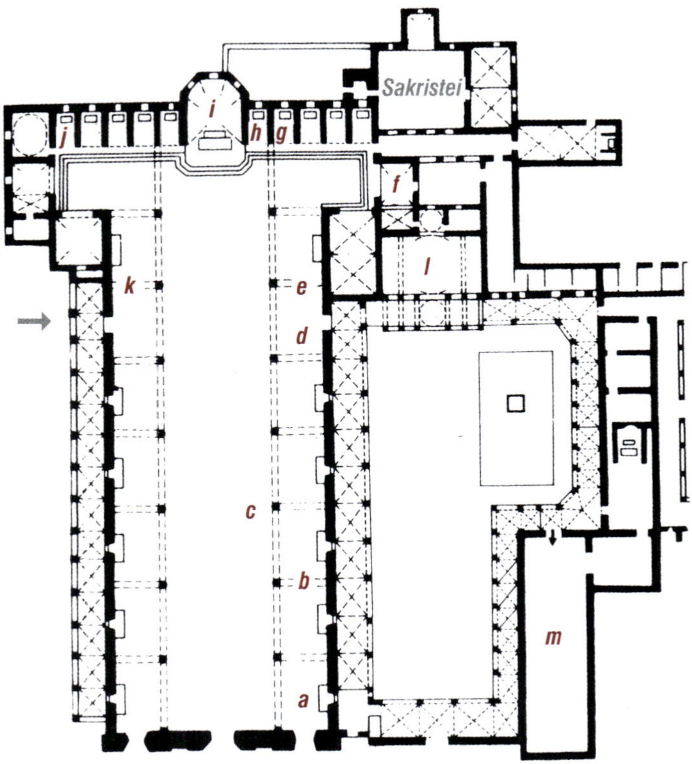

Santa Croce, Grundriss

- a Grabmal Michelangelos
- b Kenotaph Dantes
- c Kanzel, Benedetto da Maiano (um 1474/75)
- d Verkündigung, Macigno-Relief von Donatello (1433–35)
- e Grabmal von Leonardo Bruni
- f Cappella Baroncelli
- g Cappella Peruzzi
- h Cappella Bardi
- i Hauptchorkapelle
- j Cappella Bardi di Vernio
- k Grabmal von Carlo Marsuppini
- l Cappella Pazzi
- m Refektorium

Santa Croce

Raum von gewaltigem Ausmaß übertrafen die Franziskaner die Größe von Santa Maria Novella, der einige Jahrzehnte zuvor begonnenen Kirche des Dominikanerordens. Indem auf Gewölbe verzichtet wurde, konnte das Mittelschiff eine Breite von 19,5 m erreichen (zum Vergleich: Das Mittelschiff der Kathedrale von Reims misst 12 m). Großartig die trotz der extremen Breite verwirklichte Geschlossenheit und Festigkeit des Raumeindrucks. Im Gegensatz zu Santa Maria Novella ist hier den Arkaden durch ihre Umspannung von Laufgang und Lisenen die anschauliche Bewegungsenergie genommen. Der Unterschied zu den gotischen Kirchenräumen des Nordens ist offenkundig. Die Gotik mit Rippengewölben ist den Chorkapellen vorbehalten.

Santa Croce ist die an Kunstwerken reichste Florentiner Kirche mit zahlreichen Glasgemälden und Grabstätten der Entstehungszeit. Vasari modernisierte 1566–84 den Raum und ergänzte die Seitenschiffe um die Altäre. Seit dem 16. Jh. wurde die Kirche zum Pantheon der Florentiner erhoben, denn hier liegen Michelangelo, Macchiavelli, Galileo Galilei, der Patriot und Dichter Alfieri, die Komponisten Rossini und Cherubini begraben.

Gleich rechts befindet sich das **Grabmal Michelangelos (a),** dessen Leichnam Großherzog Cosimo I. aus Rom holen ließ. Vasari schuf das Grabmal 1564. Man erkennt Personifikationen der Malerei (links), der Skulptur (Mitte) und der Architektur.

Der **Kenotaph Dantes (b,** 1829) schließt sich direkt daneben an. Der Dichter starb in Ravenna und liegt dort begraben. Eine **Kanzel** (c) von Benedetto da Maiano (1474/75) steht am dritten Pfeiler des rechten Seitenschiffs. Die Reliefs zeigen Szenen aus dem Leben des Hl. Franziskus. Darunter Personifikationen von ›Glaube‹, ›Hoffnung‹, ›Liebe‹, ›Stärke‹ und ›Gerechtigkeit‹.

Ebenfalls im rechten Seitenschiff befindet sich eine **›Verkündigung‹** (d), ein Macigno-Relief, das Donatello um 1433–35 erarbeitete. Sowohl die Figuren als auch die Ornamentik des Rahmenwerks sind der griechisch-römischen Antike verpflichtet. In keinem anderen Werk kam Donatello dem klassischen Menschenbild näher als in diesem. Maria ist eine Gestalt voller Würde, Gelöstheit und Anmut. Vor dem strengen Achsengerüst der Felder des Hintergrunds bilden die einander zugewandten Personen eine imaginäre Diagonale – vom Engel zum Haupt Mariens aufsteigend. Die Verbindung der Personen wird allein durch die Komposition geschaffen. Ein solches Gestaltungselement war jedoch der Antike ebensowenig bekannt, wie die demutsvollen Gesten und der beseelte Gesichtsausdruck. In dieser Spiritualität erweist sich Donatello als Erbe der Gotik. Nur ihm gelang die Synthese von antiker Körperhaftigkeit und dem Geistig-Beseelten der mittelalterlichen Kultur.

Das **Grabmal des Leonardo Bruni (e)** schuf Bernardo Rossellino um 1445–50. Der lorbeerbekränzte Verstorbene war Staatskanzler von Florenz, übersetzte Aristoteles und verfasste die ›Storia fiorentina‹, die er – wie bei seiner Begräbnisfeier – in den Händen hält.

In der 1328 angebauten **Cappella Baroncelli (f),** sieht man Wandfresken von Taddeo Gaddi, einem der engsten Nachfolger Giottos (1332). Dennoch zeigt sich eine neue Belebung durch aufwändig gestaltete, turmhohe Gebäude, gewagte perspektivische Verkürzungen und bewegte Figuren. Die ›Verkündigung an die Hirten‹ neben dem Fenster ist das erste Nachtbild der Florentiner Malerei. Das Altar-Retabel mit der ›Krönung Mariens‹ ist zwar von Giotto signiert, wurde jedoch dessenungeachtet von seiner Werkstatt ausgeführt.

Die Wandmalereien der **Cappella Peruzzi (g)** wurden hauptsächlich in Temperatechnik und nur zum Teil in der Freskentechnik ausgeführt und sind daher nur sehr schlecht erhalten. Sie zählen zu den gesicherten späten Werken Giottos (um 1326–36). An der linken Wand sieht man die Geschichte Johannes des Täufers, an der rechten Wand die Geschichte Johannes des Evangelisten (Johannes auf Patmos, Erweckung der Drusiana, seine Himmelfahrt). Die Gestalten sind jetzt voluminöser und weicher modelliert, wirken belebter und bewegen sich freier im Raum als etwa Giottos Fresken in Padua. Die Bildbühne hat sich geweitet, die Architektur steht nicht mehr parallel zur Bildfläche. Eine neue Spannung ergibt sich durch den stärkeren perspektivischen Sog und eine freier rhythmisierte Komposition. Dieses großartige Zeugnis von Giottos Spätstil war von außerordentlichem Einfluss auf spätere Maler, allen voran Masaccio.

Die **Cappella Bardi (h)** zieren Fresken mit Szenen aus dem Leben des Hl. Franziskus, die Giotto oder Mitglieder seiner Werkstatt um 1315–20 ausführten. An der linken Wand erkennt man die ›Lossagung vom Vater‹, ›der Heilige erscheint den Brüdern in Arles‹, ›Tod des Heiligen‹, an der rechten Wand die ›Bestätigung der Ordensregel durch Honorius III.‹, die ›Feuerprobe vor dem Sultan‹, ›Visionen des Bruders Augustin und des Bischofs von Assisi‹. Komposition und Figurenaufbau sind bei diesen älteren Fresken gegenüber der Peruzzi-Kapelle vereinfacht, die Bildbühne zeigt weniger Tiefe, den einzelnen Szenen liegt ein geometrisches Ordnungsschema zugrunde. Eine leichte Monotonie ist feststellbar, von der nur einzelne Figuren, etwa der eingeschlafene Wächter in der ›Vision des Bischofs von Assisi‹ frei sind.

Die **Hauptchorkapelle (i)** mit ihren Wandmalereien stiftete die Familie Alberti: Agnolo Gaddi verwirklichte dann die ›Legende des Heiligen Kreuzes‹ um 1390. An der Außenwand der Chorkapelle, über der Bardi-Kapelle, malte Giotto das Fresko ›Stigmatisierung des Hl. Franz‹. Nach dem Hl. Kreuz (ital. *santa croce)* der Vision des Hl. Franziskus in La Verna, erhielt die Kirche ihren Namen.

Die **Cappella Bardi di Vernio (j)** stattete Maso di Banco an der rechten Wand mit heute stark restaurierten Fresken aus (um 1340). Dargestellt sind Szenen aus dem Leben des Hl. Sylvester: ›Taufe des Konstantin‹, ›Erweckung eines Stiers vor Kaiserin Helena‹. Die dritte Szene zeigt, wie der Heilige zwei Magier erweckt, die von einem Drachen vergiftet worden waren, und dabei dem Drachen das Maul schließt. Eine surrealistisch anmutende Ruinenlandschaft evoziert den Ort des

Die Pazzi-Kapelle in Santa Croce sollte der stadtbekannten Familie der Pazzi als Begräbniskapelle dienen. Dazu kam es allerdings nicht mehr, da die Pazzi nach dem Anschlag auf die Medici hingerichtet oder vertrieben wurden

Wunders, das Forum Romanum. In der Wandnische gegenüber wird im Fresko gezeigt, wie der beim Jüngsten Gericht auferstehende, noch mit Totenhaube bekleidete, Andrea Bardi zu Christus betet, wobei der Sarkophag nicht im Bild dargestellt wird, sondern wirklich unter dem Bild zu finden ist.

Im linken Seitenschiff steht das **Grabmal des** Humanisten **Carlo Marsuppini (k),** das Desiderio da Settignano zwischen 1453 und 1464 schuf.

Durch den Kirchenraum gelangt man zu den **Klosterhöfen** und dem **Museo dell' Opera di Santa Croce.** Die um 1430 wohl nach Plänen Brunelleschis begonnene **Pazzi-Kapelle (l)** war Kapitelsaal des Klosters. In seinen zierlich-leichten Formen ist dieser Saal eine der glücklichsten Schöpfungen der Frührenaissance. Der Innenraum ist in seiner Struktur der Alten Sakristei von San Lorenzo verwandt, jedoch bereichert um kurze tonnengewölbte Seitenarme. Wie dort ist die Choröffnung von einem Bogen umfangen, der hier an den übrigen Wänden als Blendbogen wiederholt wird.

Museo dell' Opera di Santa Croce

Do–Di 10–12.30 und 14.30–18.30, Winter 10–12.30 und 14.30–18.30 Uhr

Die Terrakotta-Arbeiten kommen aus der Werkstatt von Luca della Robbia. Im Fries sieht man Darstellungen des Christus-Lamms und Seraphim. Dem ikonografischen Programm liegt die Vorstellung vom Himmlischen Jerusalem zugrunde. Mehrfach, in den Fensterrahmen und in den Aposteltonden, in den runden Kuppelfenstern und in den Rippen, wiederholt sich die Zwölfzahl der Apokalypse (»Und die Mauern der Stadt hatten zwölf Grundsteine und darauf zwölf Namen der zwölf Apostel des Lammes«).

In diesem Raum finden sich in der leeren Fläche der Choröffnung wohl zum ersten Mal die Maßverhältnisse nach dem Goldenen Schnitt: Diese Fläche wird sowohl im Hauptraum als auch in der Chorkapelle wiederholt. In keinem anderen Raum dürfte deutlicher werden, wie nahe sich im Florenz der Renaissance Kunst und Wissenschaft standen. Die neoplatonische Ideenlehre, nach der die regelmäßigen geometrischen Formen (Kreis, Kugel, etc.) in ihrer Vollkommenheit die göttliche Harmonie des Universums wiederspiegeln, scheint hier vorweggenommen zu sein. Die Pazzi-Kapelle ist die Summe aus einer Bau-Technologie, aus Geometrie und Perspektivenlehre, aus archäologischen Studien, Theologie und platonischer Philosophie. Selbst die Astronomie wurde miteinbezogen. Die kleine Kuppel über der Chorkapelle trägt die Darstellung einer astrologischen Konstellation, die jedoch noch nicht gedeutet werden konnte.

Die Kunstsammlung im **Refektorium (m)** und den angrenzenden Räumen bietet schöne Stücke: Das große gemalte Kruzifix, ein Hauptwerk Cimabues (um 1280–85), wurde bei der Flut von 1966 schwer beschädigt. Von Cimabue, dem wohl bedeutendsten italienischen Maler der zweiten Hälfte des 13. Jh. weiß man nur, dass er Florentiner war, dass sein offizieller Name Cenni di Pepo lautete, dass er sich 1272 in Rom aufhielt und 1301/02 im Pisaner Dom das Apsismosaik vollendete. Sein gesamtes übriges Œuvre wurde ihm auf stilkritischem Weg zugewiesen, ohne das man dabei auf Widerspruch zu überliefer-

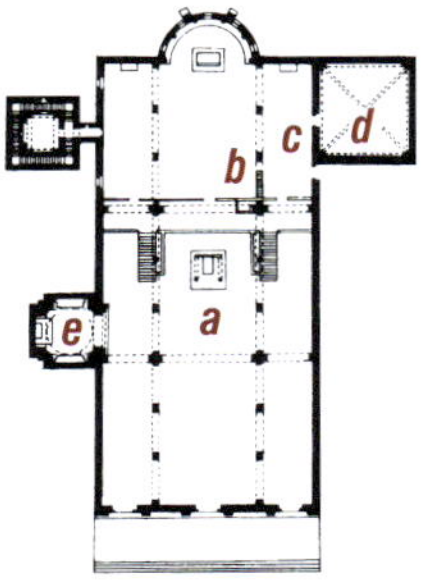

San Miniato al Monte, Grundriss

- *a Marmor-Ziborium, Michelozzo (1448)*
- *b Chorschranken und Kanzel*
- *c Heiligen-darstellungen*
- *d Sakristei*
- *e Kapelle des Kardinals von Portugal*

ten, meist auf Vasari zurückgehenden Zuschreibungen stieß. Neben dem gemalten Kruzifix werden ihm die Tafelkreuze in Arezzo (San Domenico), die ›Maestà‹ der Uffizien in Florenz, die Fresken im Chor und im Querschiff der Oberkirche und die ›Thronende Madonna‹ in der Unterkirche von San Francesco in Assisi eindeutig zugeschrieben.

An der Schmalwand des Refektoriums sieht man ein abgelöstes Fresko von Taddeo Gaddi (um 1340), frühestes Gemälde des ›Abendmahls‹ der Florentiner *cenacoli.* An der rechten Längswand: ›Triumph des Todes‹, Freskenfragmente von Andrea Orcagna (um 1360). Donatellos vergoldete Bronzestatue des Hl. Ludwig von Toulouse (1423) stand bis 1463 in der Nische der Parte Guelfa in Or San Michele.

San Miniato al Monte

Von Santa Croce aus kann man einen Ausflug zur Piazzale Michelangelo jenseits des Arno machen. Noch etwas oberhalb der Piazzale liegt eine der schönsten Kirchen in Florenz, von der aus sich auch ein schöner Rundblick über die Stadt und die Hügel des Oltrarno bietet. Erbaut wurde die Kirche **San Miniato al Monte (15)** über der Grabstätte des Hl. Minias, der das Martyrium 250 unter Kaiser Decius erlitt. Nach Gründung einer Benediktinerabtei cluniazensischer Reform 1013 (oder 1018) entstand der heutige Bau, der um 1207 vollendet war.

Die Fassade ist ein schönes Beispiel der Florentiner Protorenaissance. Wie das Baptisterium wurde sie mit Marmorplatten belegt. Die Blendbögen und Halbsäulen der unteren Zone regten Brunelleschi zu den Arkadenformen des Ospedale degli Innocenti an. Wie auch viele

San Miniato al Monte, Innenansicht

San Miniato al Monte

romanische Landkirchen ist San Miniato eine basilikale Anlage mit drei flach gedeckten Schiffen (Dachstuhl 1329 erneuert) ohne Querhaus. Die erhöhte Lage des Chors über einer Krypta ist für Abteikirchen charakteristisch. Außergewöhnlich ist die Unterteilung durch Schwibbögen (schwebende Bögen) und der damit einhergehende Stützenwechsel von Säulen und Pfeilern. Dies führte zu einer in der Toscana ungewöhnlichen Strukturierung und Rhythmisierung des Raums. Vollkommen regelmäßig und präzis ausgeführt sind die Mittelschiffarkaden. Sieben der korinthischen Kapitelle sind antik, eines ist byzantinisch, die restlichen stammen aus der Erbauungszeit des Langhauses. Besonders kostbar sind die Einlegearbeiten des Fußbodens (u. a. die Tierkreiszeichen) von 1207. Die Säulen und Pfeilervorlagen wurden 1858 mit einem Marmor imitierenden Stuckmantel überzogen, als auch die Mittelschiffwände ihre Bemalung und der Dachstuhl von 1322 seine kräftige Farbgebung erhielten.

Beim Eintritt in das Kircheninnere fällt das tonnengewölbte **Marmor-Ziborium (a)** von Michelozzo auf, das Piero de' Medici 1448 stiftete (auf dem Fries Pieros Devise: *semper* = immer). Es wurde für das Kreuz errichtet, das Giovanni Gualberto darin bestärkt haben soll, auf die Rache des Brudermords zu verzichten. Die Majolika-Kassetten und auch die farbig glasierten Dachziegel sind von Luca della Robbia. Die Altartafeln malte Agnolo Gaddi um 1396.

Kostbarstes Beispiel Florentinischer Marmor-Inkrustation sind die Chorschranken und die dazugehörige **Kanzel (b;** 2. Hälfte 12. Jh.). Die **Heiligendarstellungen (c)** im Chor, rechts vom Eingang in die Sakristei, sind die ältesten Florentiner Fresken (wohl frühes 13. Jh.).

Die 1387 angebaute **Sakristei (d)** wurde durch Spinello Aretino mit (stark überarbeiteten) Fresken zum Leben des Hl. Benedikt ausgemalt.

Die **Kapelle des Kardinals von Portugal (e)** entstand 1461–66 im Auftrag König Alfons V. von Portugal für seinen in Florenz verstorbenen Neffen, Kardinal Jacob von Lusitanien. Die Pläne lieferte der Brunelleschi-Schüler Antonio Manetti. Die bildhauerischen Arbeiten stammen von Antonio Rossellino, der von seinem Bruder Bernardo unterstützt wurde. Die Grabkapelle vereinigt christliches und antikes Gedankengut. Am Sockel entdeckt man außer Engeln und Putten auch die Darstellung eines Mithras-Opfers. Der leere Thron gegenüber ist als Hinweis auf den noch leeren Richterstuhl des Jüngsten Gerichts zu verstehen. Die freskierten Engel, die den Vorhang ziehen, und das Altargemälde (Kopie; Original in den Uffizien) sind von Antonio und Piero Pollaiolo, die Terracotta-Tondi im Gewölbe (Darstellungen des Hl. Geistes, vier Kardinaltugenden) schuf Luca della Robbia.

Rechts von der Kirche steht der **Palazzo dei Vescovi,** die ehemalige Sommerresidenz der Florentiner Bischöfe, die jetzt Teil des 1295 erbauten Klosters ist.

Ponte Vecchio und Ponte Santa Trinità

Die älteste Brücke der Stadt, der **Ponte Vecchio (16)** überquert den Arno an seiner schmalsten Stelle. Der jetzige Steinbau stammt von 1342. Seit dem 13. Jh. sind Läden und Werkstätten der Handwerker bezeugt, darunter auch der Metzger. Beim Einmarsch der Alliierten am 4. August 1944 sprengte die deutsche Besatzung sämtliche Arnobrücken. Nur der Ponte Vecchio blieb verschont, weil durch die Zerstörung der Häuser am Brückenkopf der Zugang gesperrt werden sollte.

Vom Ponte Vecchio aus hat man auch einen schönen Blick auf den **Ponte Santa Trinità (17),** der 1567–70 möglicherweise nach einer Idee Michelangelos von Ammannati erbaut wurde. Die hochästhetische Formgebung leitet sich ganz aus der Konstruktion her. Nach der Sprengung 1945 wurde sie in den Jahren 1954–57 nach Original-plänen und mit dem im Arno ausgebaggerten Material minutiös rekonstruiert.

Nachdem 1565 die beiden großherzöglichen Paläste (Palazzo Vecchio und Palazzo Pitti) durch einen Korridor verbunden worden waren, der auch über den Ponte Vecchio führte, duldete Großherzog Ferdinand I. nicht länger die ›schmutzigen‹ Handwerker unterhalb des Verbindungsgangs. 1593 wurden sämtliche Läden – bei verdoppelter Miete – den Goldschmieden und Juwelieren überlassen

Palazzo Pitti

Palazzo Pitti (Galleria Palatina)
Piazza Pitti 1
Tel. 055 23 88-614
www.firenzemusei.it/palatina
im Sommer Di–So 8.15–18.50 Uhr

Über die Via de' Guicciardini gelangt man zum **Palazzo Pitti (18).** Begonnen wurde dieser riesige Palast 1457 für den Kaufmann Luca Pitti. Zunächst kleiner dimensioniert, umfasste er nur die mittleren sieben Achsen. Im Jahre 1549 wurde er von Eleonora von Toledo, der Gemahlin von Cosimo I., erworben. Als Cosimo I. die Herrschaft seinem Sohn Francesco überließ, zog er sich in den Pitti zurück. Francesco hingegen bewohnte weiter den Palazzo Ducale, den man fortan Palazzo Vecchio nannte.

In mehrfach erweiterter Gestalt diente der Palast drei Jahrhunderte lang (bis 1859) als Residenz den toscanischen Großherzögen (während des napoleonischen Zwischenspiels auch der Königin von Etrurien). Bis 1946 bewohnten ihn dann Mitglieder der königlichen Familie des Hauses Savoyen. Vieles dieses höchst originellen Palasts spricht dafür, dass Brunelleschi die Ideen lieferte. Der Kernbau unterscheidet sich von den übrigen Frührenaissance-Palästen sowohl durch die regelmäßige, an einen römischen Aquädukt erinnernde Bogenfolge der Obergeschosse, als auch durch die Überdimensionierung. 1559 erhielt Ammannati den Auftrag, den Palast zur Parkseite hin zu erweitern. Erst im 17. Jh. wurde die Fassade auf ihre heutige Ausdehnung verlängert, im 18. Jh. schließlich die vortretenden Seitenflügel angebaut. Der Hof ist ein hoch interessantes Beispiel manieristischer Architektur und ihrer Mehrdeutigkeit. Ammannati variierte spielerisch ein römisches Vorbild, den Palazzo Farnese, indem er Wand und Säulen mit Rustika überzog, sodass es den Anschein hat, als ob mit den Rustikaquadern die Wand vor die Säule trete.

Mehrere Museen sind im Pitti-Palast untergebracht. Zu den bedeutendsten Gemäldesammlungen überhaupt zählt die **Galleria Palatina** (Palastgalerie), die ehemals private Sammlung der toscanischen Großherzöge. Wie die meisten fürstlichen Galerien konzentriert sie sich auf die großen Epochen von der Hochrenaissance bis zum Barock. Zu ihrem Besitz zählen nicht weniger als elf Gemälde von Raffael und zehn von Tizian.

Die zum Palazzo Pitti gehörenden **Boboli-Gärten (19,** Eintrittsgebühr) zählten mit ihren Laubengängen und Bosketten, ihren Terrassen und Zypressenalleen, mit den Treppen, Brunnen und dem Amphitheater zu den schönsten Gärten *all' italiana.* Man genießt herrliche Ausblicke auf die Stadt und auf die nahen Hügel.

Santa Maria del Carmine

Kirche und Kloster **Santa Maria del Carmine (20)** wurden 1268 für die Karmelitermönche begonnen. Nach einem Brand im Jahre 1771 wurden außer der Sakristei und Cappella Corsini auch die Brancacci-Kapelle gerettet. Die jetzige Barockkirche stammt aus dem Übergang zum Klassizismus (1771–75).

Die **Brancacci-Kapelle** hat einen getrennten Eingang rechts der Kirche. Stifter des Freskenzyklus war der Seidenhändler Francesco Brancacci, der den Auftrag zunächst an Masolino vergab. Dieser zog 1427 den jungen Masaccio als Mitarbeiter hinzu. Als Masolino 1428 nach Rom abreiste und Masaccio ihm im selben Jahr folgte, blieben die Fresken zunächst unvollendet. Erst 1480–85 ergänzte Filippino Lippi den Zyklus. Masolino, wie später auch Filippino Lippi versuchten, sich dem Stil Masaccios anzugleichen. Hier werden die Fresken in einer Reihenfolge dargestellt, die es dem Betrachter erleichtert, die verschiedenen Stile der drei Malerpersönlichkeiten zu unterscheiden.

Cappella Brancacci
Piazza del Carmine
Voranmeldung: Tel. 055 22 38 21 95, 055 276 82 24
Mo, Mi–Sa 10–17, So/Fei 13–17 Uhr

Der ›**Sündenfall**‹ **(k)** am linken Eingangspfeiler ist von Masolino, der wesentlich durch den Stil der internationalen Gotik geprägt wurde. Davon zeugen die weiche graziöse Linienführung und die wenig standfeste Haltung. Ganz anders dagegen Masaccios ›**Vertreibung aus dem Paradies**‹ **(a)** am Pfeiler gegenüber. Man muss zurück bis in die Zeit des Bildhauers Giovanni Pisano gehen, um derartigen Verzweiflungsgesten und einem ähnlich starken Schmerzensausdruck zu begegnen. Zum ersten Mal sind die Figuren von einer genau lokalisierbaren Lichtquelle erfasst. Das von rechts, scheinbar durch das Kapellenfenster einfallende Licht dient nicht allein der Modellierung, es bindet auch die Figuren an den Raum.

Santa Maria del Carmine, Brancacci-Kapelle: In diesem Detail aus Masaccios Szene ›Vertreibung aus dem Paradies‹ sind an den verschiedenen Blautönen des Hintergrunds deutlich die Grenzen des Tagewerks zu erkennen

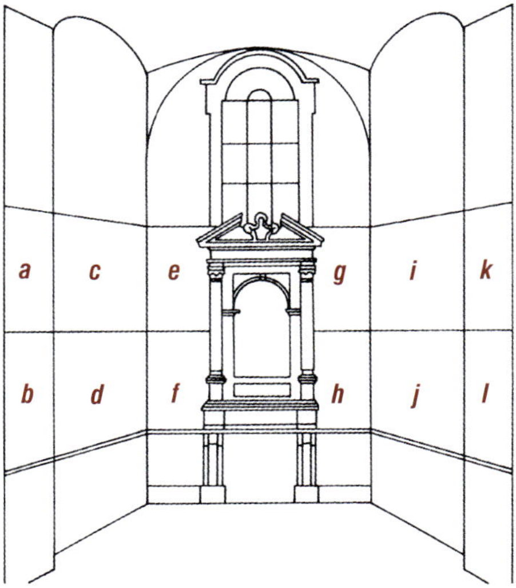

Santa Maria del Carmini, Brancacci-Kapelle, Wandschema

- a Vertreibung aus dem Paradies, Masaccio
- b Paulus besucht Petrus im Gefängnis, Filippino Lippi
- c Tempelsteuer, Masaccio
- d Petrus erweckt den vor 14 Jahren verstorbenen Sohn des Gouverneurs von Antiochien – zum Lohn wird Petrus eine Kirche mit Kathedra erbaut, Masaccio
- e Predigt des Petrus in Jerusalem, Masolino
- f Schattenheilung, Masaccio
- g Taufe der Neubekehrten, Masaccio
- h Verteilung der Güter in der Gemeinschaft, Masaccio
- i Lahmenheilung – Petrus erweckt in Joppe die Jüngerin Tabitha zum Leben, Masaccio bzw. Masolino
- j Petrus und Paulus im Disput mit dem Magier Simon vor Kaiser Nero – Kreuzigung Petri, Filippino Lippi
- k Sündenfall, Masolino
- l Ein Engel befreit Petrus aus dem Gefängnis, Filippino Lippi

Eine der bekanntesten Szenen ist Masaccios ›**Tempelsteuer**‹ **(c)** an der linken Wand. In der Bildmitte verlangt der Steuereintreiber die Doppeldrachme. Christus gebietet Petrus, einen Fisch zu fangen, in dessen Maul er eine Münze finden werde (am linken Bildrand: Petrus mit dem Fisch). Rechts erscheint Petrus zum dritten Mal und übergibt dem Steuereinnehmer das verlangte Geldstück. In der Monumentalität der Figuren, in ihrer Würde und ihrer ausdrucksvollen knappen Gestik erweist sich Masaccio hier als Giottos eigentlicher Nachfolger. Gewandfülle und Faltenwurf verweisen zusätzlich auf Donatello. Anders als bei Giotto und seinen Nachfolgern im 14. Jh. ist der Raum nicht nur eine flache Bildbühne für die Figuren. Es ist der in der Unendlichkeit sich verlierende, nach Gesetzen der Zentralperspektive konstruierte Raum, der jetzt gegenüber den Figuren ein ganz anderes Gewicht erhält.

Masolinos ›Predigt des Petrus in Jerusalem‹ **(e)** links vom Fenster ermöglicht eine Konfrontation mit Masaccios **›Taufe der Neubekehrten‹ (g)** an der anderen Fensterseite. Vasari hat die Gestalt des nackten, vor Kälte zitternden Jünglings bewundert. In Masaccios **›Verteilung der Güter in der Gemeinschaft‹ (h)** fällt Aninas zu Füssen Petri tot zu Boden, da er einen Teil aus dem Erlös eines Grundstücks der Gemeinschaft vorenthielt. In der **›Schattenheilung‹ (f)** ist das Geschehen in das zeitgenössische Florenz verlagert. Wie von übernatürlichen Kräften geleitet, schreitet Petrus direkt auf den Betrachter zu. Nicht sein Schatten heilt, sondern das Licht. Auch Bettlern und Ausgestoßenen, dies sagt das Bild, wird die Gnade Gottes zuteil.

Das obere Bildfeld der rechten Wand vereinigt zwei Begebenheiten. Die **›Lahmenheilung‹** (links) ist eine Gemeinschaftsarbeit von Masaccio und Masolino. Von Masolino sind die Figuren des Vordergrunds und das **›Schöne Tor‹ (i)**, von Masaccios jedoch die Gebäude im Hintergrund. Wie in den anderen Fresken der Kapelle erkennt man deutlich die Grenzen der Tagewerke. Im Bildfeld darunter werden wiederum zwei Szenen vereinigt: rechts **›Petrus und Paulus im Disput mit dem Magier Simon vor Kaiser Nero‹**, links davon die **›Kreuzigung Petri‹ (j).** Beide Szenen malte Filippino Lippi, Sohn Filippo Lippis, um 1483–85. Obschon Filippino sich dem Stil Masaccios anzugleichen versuchte, sind die Gesichtszüge porträthafter und schärfer umrissen. Chrakteristisch für das späte 15. Jh. ist auch der Ausblick auf die Parklandschaft. Aus Filippino Lippis Hand stammen schließlich auch die stimmungsvollen Fresken an den Pfeilern: **›Paulus besucht Petrus im Gefängnis‹ (b)** und **›Ein Engel befreit Petrus aus dem Gefängnis‹ (l).**

Santa Maria del Carmine, Brancacci-Kapelle: ›Die Tempelsteuer‹ von Masaccio

Das Bildfeld **(d)** zeigt links ›Petrus erweckt den 14 Jahre zuvor verstorbenen Sohn des Gouverneurs von Antiochien‹ und rechts, wie Petrus als Lohn dafür eine Kathedra erhält, ›damit er von allen gesehen und gehört werde‹. Masaccio hinterließ dieses Fresko unvollendet. Von Filippino Lippi ergänzt wurden die vier stehenden Personen ganz links, der zum Leben erweckte Knabe und die Männer, rechts von dem Grünbekleideten, sowie die mittlere Abschlusswand mit dem Ausblick auf den Park. Die gesamte Teilszene mit dem thronenden Petrus ist wiederum von Masaccio.

Fiesole

Fiesole ★

APT
Via Portigiani 3
50014 Fiesole
Tel. 055 59 87 20
www.comune.fiesole.fi.it

Die auf dem Sattel eines Bergrückens zwischen dem Arno- und Mugnone-Tal gelegene Stadt ist älter als Florenz: Sie wurde im 8. oder 7. Jh. v. Chr. von den Etruskern gegründet. Fiesole zählte zu den bedeutendsten Städten des etruskischen Stammlandes, ohne dass es freilich Hinweise gibt, dass dieser Ort mit einer in ganz Etrurien geachteten Priesterschaft dem Zwölferbündnis beigetreten wäre. Ihre in Resten erhaltene Mauer aus mächtigen, sorgfältig gehauenen Quadern hat einen Umfang von 3 km. Während Fiesole noch im 3. Jh. v. Chr. mit Rom gegen einfallende Gallier verbündet war, schloss es sich 90 v. Chr. dem Italiker-Aufstand an und wurde *ferro ignique* bestraft. Ein Jahrzehnt später degradierte Sulla die Stadt wegen ihrer Teilnahme am Krieg auf seiten des Marius zur *colonia.*

Von der wieder aufblühenden Römerstadt zeugen das 3000 Zuschauer fassende Theater, die Thermenanlagen und viele Funde im Museo Civico. In der Völkerwanderungszeit erlitt die Stadt die übli-

Fiesole
1 Dom San Romolo
2 Palazzo Pretorio
3 Oratorium Santa Maria Primerana
4 Priesterseminar
5 Palazzo Vescovile
6 Museo Bandini
7 Archäologischer Park und Museo Civico
8 Sant' Alessandro
9 San Francesco
10 San Domenico
11 Badia Fiesolana

Blick auf die sattelförmigen Hügel von Fiesole

chen Verwüstungen, sie wurde von Goten und Byzantinern umkämpft. 539 ließ Belisar, der Befehlshaber der oströmischen Truppen, die Bewohner aushungern.

Seit 492 war Fiesole Diözese. Kirche und Palast des Bischofs lagen bis 1028 auf halber Höhe des Bergs, an der Stelle der Badia Fiesolana. Kaiser Lothar stärkte um 823 die Macht der Bischöfe, indem er ihnen die weltliche Herrschaft über die zum Kastell geschrumpfte Stadt übergab. Die Rechte der Bischöfe erweiterten sich zu Anfang des 12. Jh. auf die sich ausdehnende Stadt und die nächste Umgebung, während die Grafen von Fiesole die Rechte über das Landgebiet der sich weitgehend mit der Diözese deckenden Grafschaft innehatten.

Im Gegensatz zu den meisten anderen toscanischen Städten konnte sich in Fiesole das Bürgertum nicht entfalten. Das durch die Lage im entsumpften Tal und dem schiffbaren Arno begünstigte Florenz hingegen entwickelte im 11. Jh. seine Wirtschaft und seine militärische Macht. 1125 zerstören aus nichtigem Anlass Florentiner Truppen die Rivalin auf dem Berge. Lediglich Dom und Bischofspalast blieben verschont. Fiesole, das den Charakter einer Stadt, seine wirtschaftliche und politische Bedeutung verloren hatte, wurde dann im 15. Jh. Villenvorort der Florentiner.

Fiesole ist heute in seiner einzigartigen Hügellage ein stadtnahes Ausflugsziel und mit Florenz (Piazza Stazione, Piazza San Marco) durch die städtische Buslinie 7 verbunden. Auf halber Höhe des Hügels liegen San Domenico (Bushaltestelle) und die architektonisch interessante Badia Fiesolana. Landschaftlich schön eingebettet ist die Ausgrabungszone und besondere Ausblicke genießt man auf dem Weg zum Franiskanerkonvent San Francesco. Das benachbarte Sant' Alessandro ist häufig geschlossen (Information bei der Gemeindeverwaltung im Palazzo Pretorio).

An der Piazza Mino da Fiesole

Der im 1028 begonnene **Dom San Romolo (1)** erhielt seine heutige Gestalt nach Erweiterungsbauten im 13. und 14. Jh. sowie durch eine wenig befriedigende Restaurierung in den Jahren 1878 bis 1883. Der Campanile trägt das Datum 1213, wurde jedoch im 18. und 19. Jh. überarbeitet. Bei der dreischiffigen Basilika sind die Mittelschiffarkaden aus geometrisch-exakten Halbkreisen konstruiert, wie sie für die Florentiner Protorenaissance charakteristisch sind. Zwei der Kapitelle sind römischen Ursprungs. Unter dem erhöhten Chor öffnet sich eine dreischiffige, kreuzgratgewölbte Krypta mit Fresken des 15. Jh. Das kunstvoll gearbeitete Eisengitter entstand 1349. In der Krypta wurden 1990 Reste des kapitolinischen Tempels der Römerstadt entdeckt.

Die Salutati-Kapelle (im rechten Teil des erhöhten Chors) birgt das Grabmal des Bischofs Leonardo Salutati (mit dessen Porträtbüste), das Mino da Fiesole um 1464 schuf. Von ihm stammt auch der marmorne Altaraufsatz. Am Hauptaltar steht ein Polyptychon von Bicci di Lorenzo (1450).

Die dem Dom vorgelagerte Piazza Mino da Fiesole liegt an der Stelle des römischen Forums. Das Zentrum der Römerstadt befand sich also nicht im heutigen Ausgrabungsbereich. An der östlichen Schmalseite der Piazza steht der **Palazzo Pretorio (2),** ein mehrfach veränderter Kommunalpalast des 14. Jh. mit vorgebautem Portikus und einer Loggia aus dem 15. Jh. Die Fassade ist mit Wappen der Podestà geschmückt. Das Denkmal vor dem Palast (von Oreste Calzolari,

Das sich an den Hügel anlehnende Teatro Romano im Archäologischen Park von Fiesole ließ Kaiser Claudius (41–54 n. Chr.) aus pietra serena errichten, durch Septimus Severus (193–211 n. Chr.) wurde es erneuert. Die üblichen Gebäudeteile sind erkennbar: der etwa 2500–3000 Personen fassende Zuschauerraum (cavea), der von einem halbkreisförmigen bedeckten Korridor umgeben war, das Halbrund der orchestra, das von einer dekorierten Mauer gestützte Bühnenpodium (proscenium), die Bühnenwand (scenae frons) und auch ein kleiner hufeisenförmiger Raum für die Winde zum Heben des Vorhangs

1906) zeigt die Begegnung zwischen König Vittorio Emmanuele und Garibaldi an der Brücke von Teano.

Das **Oratorium Santa Maria Primerana (3)** geht auf das hohe Mittelalter zurück, wurde im 16. Jh. erneuert und mit einem Portikus versehen (1585). Das Innere ist mit Fresken und einem Holzkruzifix des 14. Jh. ausgestattet. Vom Ende des 17. Jh. stammt das mächtige Gebäude des **Priesterseminars (4).** Den gegenüberliegenden **Palazzo Vescovile (5)** errichtete man zunächst gleichzeitig mit dem Dom, erneuerte ihn jedoch mehrmals. Die Fassade ist von 1675.

Das 1913 erbaute **Museo Bandini (6)** geht auf die Sammlung des Kanonikers Angiolo Bandini zurück, der im 18. Jh. u. a. Bibliothekar der Laurenziana war. Es zeigt Altartafeln von Bernardo Daddi und Lorenzo Monaco, allegorische Darstellungen vom Triumph Amors, der Keuschheit, der Zeit und der Göttlichkeit, die Jacopo del Selaio zugeschrieben wurden, eine Madonnenskulptur aus dem Umkreis von Nicola Pisano, Majolika-Arbeiten sowie Möbelstücke.

Museo Bandini

Via Dupré 1
Tel. 055 596 12 93
Sommer tgl. 10–19 Uhr; im Winter tgl. außer Di 10–17 Uhr

Archäologischer Park

Via Portigiani 27
Tel. 055 596 12 76
März tgl. 10–18, April–Sept. 10–19, Okt. Mi–Mo 10–18, Nov.–Feb. Mi–Mo 10–14 Uhr.

Archäologischer Park und Museo Civico

Ältestes Monument des **Archäologischen Parks (7)** ist der im 3. Jh. v. Chr. errichtete Tempel im Nordwesten des Grabungsgebiets, einer der wenigen etruskischen Tempel, von denen mehr als die Fundamente erhalten blieben. Er bestand aus einer mittleren Cella, die von zwei Nebenräumen *(alae)* umgeben war. Die Außenmauern verlängerten sich zu Anten, zwischen denen zwei Säulen standen. Reste des rot bemalten Wandverputzes, der Terracotta-Dekoration und Opfergaben werden im Museco Civio gezeigt. Ein Brand zerstörte den Tempel im 1. Jh. (wahrscheinlich während des Bundesgenossenkriegs 90 v. Chr.) und man erneuerte ihn sodann in gleicher Form, doch in etwas größeren Maßen und auf höherem Bodenniveau. Wie man gut erkennen kann, setzten die Römer die neuen Mauern in nunmehr glatt geschnittenen größeren Blöcken parallel zu den etruskischen Mauern, die aus Bruchstein und kleineren, grob behauenen Blöcken bestanden. Hinzu kam eine breite Zugangstreppe, links vom Tempel auch eine Halle mit zwei Zugängen und einem vorgebauten Portikus, dessen Säulenbasen erhalten blieben. Vor den Podiumsstufen, auf der Cella, stehen noch der etruskische Opferaltar sowie – etwas weiter entfernt – der etwas größere römische Altar.

Der Thermenkomplex stammt ebenfalls aus der frühen Kaiserzeit und wurde später, vor allem unter Hadrian (117–138 n. Chr.), auf eine Fläche von 4500 m^2 erweitert. Erhalten bzw. rekonstruiert wurden: ein großes rechteckiges Schwimmbecken, ein von drei Portiken umschlossener Hof mit zwei weiteren Becken, das Frigidarium mit einem durch (rekonstruierte) Bögen abgesonderten Becken, das Tepidarium, ein kleiner Umkleideraum, ein kleines Becken, das Caldarium mit rekonstruiertem Hohlraum unter dem Boden (Hypokausten) und in der Wand eingelassenen Röhren für die Beheizung, einem

Museo Civico (Archeologisches Museum)
Via Portigiani 1
Tel. 055 596 12 93
tgl. März und Okt. 10–18, April–Sept. bis 19, Nov.–Feb. bia 14 Uhr

rechteckigen und einem halbkreisförmigen Becken, die Heizöfen und die Latrinen.

Das Ausgrabungsgelände wird im Norden von einem gut erhaltenen Abschnitt der etruskischen Stadtmauer des 3. Jh. v. Chr. begrenzt. Von einem Vorbau in der Nähe der Thermen erkennt man, dass hier große, regelmäßig behauene Blöcke aus *pietra serena* verwendet wurden. Innerhalb des Ausgrabungsgeländes liegt auch das 1912–14 im klassizistischen Stil errichtete **Museo Civico,** das auf Funde aus Fiesole und Umgebung spezialisierte Archäologische Museum, das im Antiquarium aber auch Kleinkunst anderer Herkunft zeigt.

Fiesoles Kirchen

Anstelle der heutigen Kirche **Sant' Alessandro (8)** stand bereits in etruskischer Zeit ein Heiligtum, von dem zwei Zisternen erhalten blieben. Ein römischer, dem Bacchus geweihter Tempel wurde zu Beginn des 6. Jh. unter Theoderich in eine christliche Kirche umgewandelt. Dabei wurden die Arkaden mit den Säulen aus griechischem Marmor

Badia Fiesolana, der (nicht ausgeführten) Fassadenwand wurde die kleine Marmorfassade im florentinischen Inkrustationsstil der Protorenaissance unverändert eingefügt (links)

von der Insel Euböa (mit vermutlich original griechischen ionischen Kapitellen) beibehalten. Spätere Umgestaltungen bildete man inzwischen weitgehend zurück. Die äußere Gestalt mit der klassizistischen Fassade erhielt die Kirche 1815–17.

Die höchste Stelle des Hügels (346 m) wurde in der Antike von der Akropolis eingenommen, heute von der Kirche und dem Konvent **San Francesco (9).** Die Franziskaner bezogen 1399 ein bereits bestehendes Klostergebäude, das dann mehrfach verändert wurde. Man besichtigt den stimmungsvollen kleinen Kreuzgang, eine ethnografische Sammlung, die aus franziskanischer Missionstätigkeit hervorging, und die einschiffige Kirche, zu deren Ausstattung eine ›Verkündigung‹ von Raffaellino del Garbo aus der Mitte des 15. Jh. gehört.

Die Kirche **San Domenico (10)** unterhalb des Zentrums wurde 1406–35 errichtet (Campanile 1611, Vorhalle 1632), das einschiffige Innere im 17. und frühen 18. Jh. barockisiert. Die erste Kapelle links enthält das ehemalige Hochaltarbild der Kirche: die ›Thronende Madonna zwischen Dominikaner-Heiligen‹, ein wohl um 1425–28 entstandenes Frühwerk von Fra' Angelico, das in der Bemühung um Plastizität der Figuren noch den Einfluss von Masaccio erkennen lässt. Bevor er 1437 nach San Marco in Florenz ging, lebte der berühmte Maler Fra' Angelico hier in den Hügeln von Fiesole. Der Hintergrund des Bilds wurde von Lorenzo di Credi 1501 übermalt, wobei das ursprüngliche Polyptychon den jetzigen Rahmen erhielt. Die Predellen-Tafeln sind Kopien nach Originalen der National Gallery in London.

Das Kloster und Kirche der **Badia Fiesolana (11,** 1458) stiftete Cosimo de' Medici, der auch auf die architektonische Gestaltung einwirkte. Laut Vasari soll Brunelleschi das Modell für Kirche und Konventsgebäude geliefert haben, doch war Brunelleschi 12 Jahre vor Baubeginn bereits verstorben. Die Forschung spricht den Entwurf daher Alberti, Michelozzo (dem Hausarchitekten der Medici) oder auch Bernardino Rossellino (der die Ausführung leitete) zu. Sie gehörte zur Kirche einer Camaldulenserabtei, die anstelle des bald nach 1028 abgetragenen alten Fiesolaner Doms errichtet wurde. Den Camaldulensern folgten im 13. Jh. Benediktiner, 1439 Augustiner-Chorherren. Seit 1973 ist die Badia Sitz der Europa-Universität.

Badia Fiesolana, Grundriss

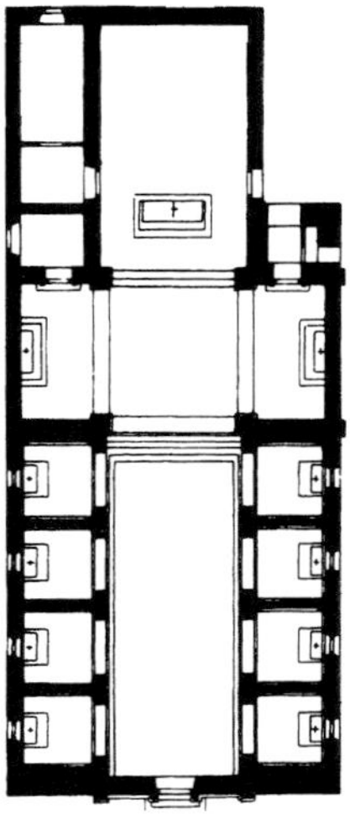

Das Innere zählt mit seinen klaren Maßverhältnissen, mit der Sparsamkeit und Einfachheit der architektonischen Mittel zu den bedeutendsten Kirchenräumen der Frührenaissance. Das schmale Querschiff gehört jedoch nicht dem Typus der Basilika an, denn es fehlen die Seitenschiffe und der Obergaden mit eingelassenen Fenstern. Stattdessen wird das Mittelschiff von Seitenkapellen begleitet, tragen Langhaus, Chor und Querschiff Tonnengewölbe. Eine solche Anlage war in der Toscana ungewöhnlich; sie avanciert – über Sant' Andrea in Mantua und Il Gesù in Rom – zum bevorzugten Kirchenbautypus der Barockzeit. Wie in den Kirchen Brunelleschis werden auch hier Pilaster, Bögen und Gesimse durch *pietra serena* als strukturierende Elemente betont und auf jegliche weitere Dekoration verzichtet.

Karte s. S. 157

Villen der Medici in der Umgebung von Florenz

Villa Medicea La Petraia

Villa Medicea La Petraia

Via della Petraia 40, Località Castello Tel. 055 45 26 91 www.polomuseale.firenze.it/musei/petraia tgl. März 8.15–17.30 Uhr; April, Mai, Sept., Okt. 8.15–18.30 Uhr; Nov. –Feb. 8.15–16.30 Uhr; Juni–Aug. 8.15–19.30 Uhr; 2. und 3. Mo im Monat geschl.

Im Florentiner Vorort Castello, nordwestlich des Zentrums in Richtung Sesto Fiorentino liegt die Villa Medicea La Petraia (Karte s. S. 157). Die Villa geht aus einem Kastell hervor, das im 14. Jh. den Brunelleschi, im 15. Jh. den Strozzi und Salutati gehörte. 1532 erwarben die Medici den Besitz. Zum Umbau der Villa Medicea La Petraia kam es 1575 durch Buontalenti im Auftrag von Ferdinando de' Medici. Die Anlage um einen quadratischen Innenhof bewahrte ihren alten Verteidigungsturm, der fortan als Belvedere diente. Den Garten *all' italiana* entwarf Niccolò Tribolo. König Vittorio Emanuele II. ließ 1859 das Innere teilweise neu gestalten; der Innenhof erhielt ein Glasdach und wurde als Tanzsaal benutzt.

Die Fresken des Innenhofs, die Begebenheiten aus dem Hause Medici und der Ritter des St. Stephan-Ordens wiedergeben, gab Großherzog Ferdinando II. bei Baldassare Franceschini in Auftrag (ausgeführt 1636–48). Die Ausstattung der Räume stammt aus der Zeit Vittorio Emanuels II. Auf dem Rundgang trifft man u. a. auf die bronzene Brunnenstatue der ›Venus‹, die Giambologna 1572 für die Villa Castello schuf, die im 18. Jh. jedoch in den Park von La Petraia gelangte.

Die **Villa Corsini** (unterhalb der Villa Petraia) wurde 1687 von der Florentiner Familie der Corsini erworben. Antonio Ferri vergrößerte und barockisierte sie später.

Villa Medicea di Castello

Villa Medicea di Castello

Castello Nur der Park ist zu besichtigen

Unweit der Villa La Petraia liegt die Villa Medicea di Castello (im gleichnamigen Ort). 1472 erwarben Lorenzo und Giovanni di Pier Francesco de' Medici (aus der Nebenlinie) das Landgut, das sie in eine Villa umwandeln ließen. Für diese Villa malte Sandro Botticelli – im Auftrage des Lorenzo di Pier Francesco – die ›Geburt der Venus‹ und ›Der Frühling‹. Beide Werke sind heute in den Uffizien zu sehen. Großherzog Cosimo I. verbrachte hier seine Jugend- und Altersjahre. 1538 beauftragte er Tribolo mit der Gestaltung des berühmt gewordenen Gartens mit Fontänen und Wasserspielen, mit Grotten, Labyrinthen, Marmor- und Bronzestatuen, die Giambologna und Ammannati schufen. Das Werk Tribolos wurde nach dessen Tod 1550 von Buontalenti fortgesetzt. Die Figurengruppe des zentralen Brunnens stellt Herkules im Kampf mit dem Riesen Antäus dar (von Ammannati, 1559–60).

Heute ist die Villa Sitz der **Accademia della Crusca.** Die bereits 1582 in Florenz gegründete Akademie hat sich die ›Pflege und Reinigung‹ der italienischen Sprache zur Aufgabe gemacht.

Tomba La Montagnola

Bei **Sesto Fiorentino** im Park der Villa Manfredi (Via Fratelli Roselli 15) kann man eines der interessantesten etruskischen Gräber der Toscana besichtigen: die 1959 entdeckte Tomba La Montagnola, ein Kuppelgrab auf zylindrischem Unterbau (sogenanntes Tholos-Grab), dessen ›falsches Gewölbe‹ von einem Pfeiler gestützt wird. Während des zweiten Punischen Kriegs waren Soldaten Hannibals in das Grab eingedrungen, hatten die wertvollen Beigaben geraubt und Kritzeleien in phönizischer Schrift hinterlassen.

Tomba Montagnola
www.comune.sesto-fiorentino.fi.it
Tel. 055 449 63 77

Villa Medicea La Petraia

Karte s. S. 157

Ausflug ins Mugello

Kolossalstatue von Giambologna in Park der Villa Demidoff

Villa Demidoff
Via Fiorentina 282, Pratolino
Tel. 055 40 91 55
parcomediceo dipratolino@ provincia.fi.it
Park April–Sept. Do–So 10–20, März und Okt. So/Fei 10–18 Uhr

Villa Medicea La Caffagiolo
Informationen zur Zugänglichkeit:
Tel. 055 248 05 88 und 055 845 87 93
www.mugello-info.com

Castello di Trebbio
Besichtigung nur in Ausnahmefällen, Informationen unter Tel. 055 84 80 88

Auch bei einem Ausflug ins Mugello (Karte s. S. 157) kann man noch die ein oder andere Medici-Villa besichtigen. Der Garten der **Villa Demidoff** in **Pratolino** war bereits für Reisende vom 16. bis zum 18. Jh. eine der Hauptattraktionen der Toscana, er galt als Wunder der Gartenbaukunst. Im »Garten der Sinne« (Montaigne) delektierte man sich an antiken Statuen, bestaunte von Wasser bewegte Automaten, vernahm künstlichen Vogelgesang und Musik aus hydraulischen Orgeln. Heute ist der halb verwilderte Park nur an bestimmten Tagen für Besucher geöffnet. Angelegt wurde er zusammen mit dem Bau einer Villa für Großherzog Francesco de' Medici (ab 1569) und seine Geliebte, Bianca Cappello. Die Pläne lieferte der Hofarchitekt der Medici, Bernardo Buontalenti.

Die Statuen des Parks wurden bereits ab der Mitte des 17. Jh. in die Boboli-Gärten gebracht. Die Aufklärung stand den elitären Vergnügungen skeptisch gegenüber. Großherzog Ferdinand II. soll geäußert haben, mit dem Geld für Pratolino habe man 100 Hospitäler bauen können. 1819 wurde der Park in einen englischen Garten umgewandelt, bald darauf die Villa abgebrochen. Fürst Demidoff kaufte damals das Anwesen und richtete das Pagenhaus als Wohnsitz ein. Von dem einstigen Glanz blieb außer der Kapelle und der Pagerie im Wesentlichen nur Giambolognas Kolossalstatue des sich im Wasser spiegelnden Apennin übrig. Die gewaltigen Dimensionen der Statue (ein Fuß misst 2,80 m) waren nur durch einen eisenverstärkten Ziegelsteinbau erreichbar. Einige Gliedmaßen wie Hände und Füße bestehen aus Haustein, Bart und Haare aus Stalaktiten. Anregungen zur Idee dieses Giganten lieferten Giambologna antike Bergpersonifikationen.

25 km nördlich von Florenz auf der SS 65 erreicht man die Medici-Villa von **Caffaggiolo.** Cosimo de' Medici d. Ä., dessen Vorfahren aus dem Mugello stammten, ließ 1451 durch seinen Hausarchitekten Michelozzo diesen Landsitz im Stil einer Festung mit Wehrgängen, ursprünglich zwei Wachtürmen und nicht mehr erhaltenen Verteidigungsmauern errichten. Michelozzo entwarf außerdem den Garten und die Bauernhöfe. Cosimo hielt sich häufig in Caffaggiolo auf, beschnitt selbst die Reben, empfing hier die Päpste Eugen IV. und Pius II. Seine Enkel Lorenzo und Giuliano verbrachten einen Teil ihrer Jugend hier.

Ca. 2 km vor Caffaggiolo liegt die **Villa Medicea Il Trebbio.** Michelozzo baute für Cosimo de' Medici d. Ä. das auf der Höhe eines bewaldeten Hügels idyllisch gelegene Kastell des 14. Jh. in eine ›Villa‹ um, wobei er den wehrhaften Charakter insbesondere beim Wachturm bewahrte. Gewöhnlich ist allerdings keine Innenbesichtigung möglich.

Inmitten eines Waldgebiets liegt das **Franziskanerkonvent Bosco ai Frati** (neuerdings auch von der SS 65 aus erreichbar). Die Klosteranlage war ursprünglich eine Stiftung der Ubaldini. Nachdem die Medici 1420 einen Großteil des Besitzes erworben hatten, beauftragte

Cosimo 1427 Michelozzo mit Aus- und Umbau der bestehenden Anlage und übertrug sie den Franziskanern der Observanz. Das gotische Kreuzrippengewölbe des einschiffigen Innenraums stammt, anders als man vermuten möchte, nicht aus dem Trecento, sondern ist Werk des Renaissance-Architekten und Donatello-Mitarbeiters Michelozzo, der auch der Baumeister des Klosters San Marco und des Palazzo Medici in Florenz war. Am Fries erkennt man die Wappenkugeln, die palle, der Medici. Im Kapitelsaal wird ein ausdrucksstarkes Holzkruzifix aufbewahrt, als dessen Urheber wohl kaum ein anderer als Donatello in Frage kommt.

Holzkruzifix von Donatello im Franziskanerkonvent Bosco ai Frati

Scarperia, einst bekannt als Waffenschmiede, wurde 1306 durch Florenz als Bollwerk gegen das Feudalgeschlecht der Ubaldini gegründet: ein befestigter Ort, eine *terra murata* auf regelmäßigem Grundriss. Aus der Gründungszeit stammt noch der Palazzo dei Vicari, der Sitz der Florentiner Vikare, die an der Fassade ihre Wappen hinterließen. Von besonderer Atmosphäre ist das kleine, kreuzrippengewölbte Oratorium der Madonna di Piazza. Es war seit 1326 Sitz einer Bruderschaft, der Compagnia della Madonna di Piazza. Unter einem Marmor-Tabernakel des 15. Jh. befindet sich das verehrte Madonnenbild (1. Hälfte des 14. Jh.), vermutlich von Jacopo di Casentino (Jacopo Landini), der auch als Maler der Fresken gilt. In der Probsteikirche, der ehemaligen Augustinerkirche (dem Palazzo dei Vicari gegenüber), hängt ein Marmortondo ›Muttergottes mit Kind‹ von Benedetto da Maiano (rechts vom Hauptaltar).

Die romanische **Pieve di Sant' Agata** (3,5 km nordwestlich von Scarperia) ist von einfachster Konstruktion. Der Dachstuhl ruht auf den gemauerten Säulen, die den Raum in drei Schiffe gliedern. Das Taufbecken wurde aus Platten einer Kanzel von 1175 zusammengesetzt.

Vom Pratomagno ins obere Arno-Tal

Abbazia di Vallombrosa

In der Einsamkeit der Wälder des Pratomagno (Karte s. S. 157) liegt die Abbazia di Vallombrosa, das Mutterkloster der Vallombrosaner. Abtei und Orden sind eine Gründung des Giovanni Gualberto. Dieser junge Florentinische Adlige aus der Familie Visdomini war ein Vorkämpfer gegen die Verweltlichung der Kirche. Um 1028 zog er sich – zusammen mit einem Freund – in die Wälder von Vallombrosa zurück. Hier trafen sie auf zwei Mönche, die die Abtei von Settimò verlassen hatten, um ein Einsiedlerleben zu führen. Eine erste Kapelle und kleine Hütten wurden errichtet. Als nach einigen Jahren weitere Eremiten hinzukamen, gründete Giovanni Gualberto eine neue Klostergemeinschaft, die in strengerer Auslegung den Regeln des Hl. Benedikt folgte. Es kam zum Bau einer Holzkirche und einer beschei-

Abbazia di Vallombrosa
Tel. 055 86 22 51
www.vallombrosa.it
www.monaci.org

Pieve San Pietro di Gropina

denen Klosteranlage. 1055 erhielt die Gemeinschaft die päpstliche Anerkennung als selbstständige Benediktinerkongregation. Giovanni Gualberto verstarb 1073 im hohen Alter von 88 Jahren. Bereits nach zwanzig Jahren, 1093, wurde er heiliggesprochen. Der schnell wachsende Orden wurde reich mit Schenkungen bedacht, ihre Äbte zu Grafen von Magnale, im 15. Jh. auch zu Markgrafen von Canneto und Monteverdi ernannt.

Die heutige Klosteranlage ist trotz ihres festungsartigen Charakters im Wesentlichen aus nachmittelalterlicher Zeit. Sie geht auf einen Neubau von 1450–70 zurück. Nachdem die Truppen Kaiser Karls V. (1529) das Kloster zerstört hatten, kam es zu einer ersten Erneuerung, der mehrere Erweiterungen und Umbauten folgten. Den barocken Aspekt erhielten die romanische Kirche und das Kloster im 17. Jh. durch Alfonso Parigi und Gherardo Silvani. Aus mittelalterlicher Zeit blieben im Wesentlichen nur noch der Campanile und ein Verteidungsturm erhalten.

Die Ausstattung der Kirche stammt größtenteils aus der Barockzeit. Decken und Kuppel freskierte Antonio Fabrini 1750 (u. a. ›Esther und Ahasver‹ und ›Mariae Himmelfahrt‹). Die dem Ordensgründer geweihte Cappella Giovanni Gualberto wurde 1695–1700 ausgeschmückt. Das Gewölbefresko malte Allandro Gherardini.

Der Rundgang durch das Klostergebäude führt den Besucher auch in die große Küche mit offenem Kamin.

San Pietro in Cascia, Mittelteil des Triptychons von Masaccio

Die **Pieve di San Pietro** in **Cascia** am südlichen Stadtrand von Reggello zählt zu den wenigen romanischen Landkirchen des 13. Jh. mit Vorhalle. Der Campanile hatte ursprünglich die Funktion eines Verteidigungsturms. Im dreischiffigen Innern finden sich einfach bearbeitete Kapitelle von kompositem Typus, aber auch ein figürliches Kapitell mit vier Rittern. Zur Ausstattung gehören ein kleines Holzkruzifix aus dem Umkreis von Giovanni Pisano und ein 1961 in der nahe gelegenen Kirche San Giovenale entdecktes Triptychon. Es ist 1422 datiert und wird von der Forschung nahezu einhellig dem 21-jährigen Masaccio zugeschrieben.

San Pietro di Gropina

Bei **Loro Ciuffenna,** einem charakteristischen, gut erhaltenen Pratomagno-Dorf im Tal der Ciuffenna, liegt eine der schönsten romanischen Landkirchen der östlichen Toscana: die **Pieve San Pietro di Gropina.** Sie war ein Geschenk Karls des Großen an die Abtei von Nonantola bei Modena im Jahre 780. Der Bau der jetzigen Kirche wurde wohl Ende des 12. oder Anfang des 13. Jh. begonnen. Erst 1232 baute man den Campanile. Bei Ausgrabungen fand man Teile der Fundamente von zwei Vorgängerbauten und römische Fund-stücke. Wie bei den Kirchen des Casentino (z. B. Pieve di Romena, s. S. 258) ist die Apsis innen und außen mit Blendbögen versehen und die schwellenden Säulen des Innern stehen auf Basen. Anders jedoch als bei den Casentiner Kirchen ist die äußere Apsis mit einer Zwerchgalerie ausgestattet, einem in Pisa und Lucca sehr beliebten Motiv.

Die Säulen des Innern stehen in unregelmäßigem Abstand. Ein Säulenpaar ist durch Pfeiler ersetzt. Die Kapitelle der rechten Seite sind von einfacherer, volkstümlicher Formensprache. Sie dürften im Gegensatz zu den Kapitellen der linken Seite von einheimischen Steinmetzen ausgearbeitet worden sein. Auch thematisch unterscheiden sich die beiden Säulenreihen. Rechts die archaischen Themen, wie zum Beispiel ›Schwein mit Ferkel‹ (erste Säule), ›Kampf der Tugenden und Laster‹ (als Turnierreiter, zweite Säule), ›Kämpfende Tiere‹ (dritte, fünfte und sechste Säule), ›Weinreben‹ (vierte Säule). Links fanden außer Dämonen auch biblische Themen Aufnahme: ›Christus in der Mandorla‹, ›Samsons Kampf mit dem Löwen‹. Die Kanzel ruht auf einem verknoteten Säulenpaar – ein Motiv, das uns bereits bei der Zwerchgalerie der Apsis begegnete. Die Flachreliefs zeigen Seraphim, eine zweischwänzige Sirene, einen von Schlangen bedrohten Mann sowie ornamentalen Schmuck. In der Mitte des Kanzelkastens sieht man die Evangelistensymbole: Johannes-Adler, Matthäus-Engel, Markus-Löwe.

San Giovanni Valdarno

Weiter den Arno flussaufwärts liegt die Industriestadt San Giovanni Valdarno, die ein historisches Zentrum auf regelmäßigem rechteckigen Grundriss besitzt. Der Ort wurde von Florenz als Kastell, als *terra murata* gegründet, um die Macht der Ubertini von Arezzo einzuschränken. Die Piazza Cavour und Piazza Masaccio sind so eng miteinander verbunden, dass sie fast wie ein einziger großer Platz wirken, in dessen Mitte der **Palazzo Comunale** steht. Laut Vasari soll Arnolfo di Cambio den Kern errichtet haben (um 1300), der im 16. Jh. ringsum mit doppelten Loggiengeschossen umgeben wurde. Die Wappen (zum Teil direkt in die Wand gemeißelt) ließen die Vikare anbringen, die von 1409 bis 1772 den Ort regierten. Gegenüber der Hauptfassade befindet sich die Kirche **San Giovanni Battista** aus der ersten Hälfte des 14. Jh. mit später vorgebautem Portikus. An der anschließenden Piazza Masaccio von links nach rechts betrachtet der **Palazzetto Ricorboli** (15. Jh.), das auf das 14. Jh. zurückgehende Oratorium San Lorenzo und – an der Stirnseite – die **Basilica Santa Maria delle Grazie** mit einer klassizistischen Fassade. Die Rotunde im hinteren Teil baute man im 19. Jh. an. Durch die Kirche gelangt man zu einer kleinen Gemäldesammlung im **Museo della Basilica:** Sie enthält einige gute Werke u. a. von Mariotto di Nardo, Paolo Schiavo, Matteo di Cristofano. Hauptwerk ist Fra' Angelicos ›Verkündigung‹.

Museo della Basilica
Piazza Masaccio
Tel. 055 94 12 65
www.basilicadellegrazie.it
Mi–So 10–13 und 14.30–18.30 Uhr

Am Corso Italia 83 steht **Masaccios Geburtshaus,** der hier im Jahre 1401 als Sohn eines Notars zur Welt gekommenen Malers Masaccio (eig. Tommaso di Ser Giovanni di Simone Guidi Cassai) und mit Ghiberti, Brunelleschi und Donatello zu den Begründern der italienischen Renaissance zählt. Seine Lehrzeit verbrachte er wahrscheinlich bei Masolino, mit dem zusammen er den Freskenzyklus in der Brancacci-Kapelle von Santa Maria del Carmine in Florenz ausführte. Auf nur sechs Jahre konzentrierte sich das künstlerische Schaffen dieses großen Malers, der Anfang 1428 im Alter von nur 27 Jahren verstarb.

Geburtshaus Masaccios
Corso Italia 83
nur bei Ausstellungen geöffnet, Informationen unter Tel. 055 912 14 21

Reisen & Genießen

Einkaufen

Suchen Sie ein Souvenir oder ein nicht alltägliches Mitbringsel? Dann schauen Sie doch einmal in den historischen Räumen der sogenannten Apotheke von Santa Maria Novella vorbei. Die Officina Farmaceutica ist wohl mehr eine Luxusdrogerie als eine Apotheke im modernen Sinne. Hier finden Sie Präparate aus den Heilpflanzen der Florentiner Hügel, jede Art von Seifen, Cremes, Parfums, Essenzen, Pflegemittel – allesamt nach alter Rezeptur aus natürlichen Rohstoffen hergestellt. Die *farmacia* war einst Hoflieferantin der Medici-Großherzöge. Katharina de' Medici, die spätere Gemahlin Heinrichs II. von Frankreich, soll ein eigens für sie ersonnenes Duftwasser mit an den französischen Hof genommen und damit die französische Tradition der Parfumherstellung (einschließlich des Eau de Cologne) begründet haben:

L' Officina Farmaceutica di
Santa Maria Novella
Via della Scala 16
Tel. 055 21 62 76
Mo–Sa 9.30–19.30 Uhr
www.deltagift.com.br/
santamarianovella/

Trippa alla fiorentina

Sie ist nicht jedermanns Sache, aber (nicht nur) die Florentiner reißen sie den Händlern aus den Fingern: die *trippa alla fiorentina,* ein schmackhaftes heißes Kuttelgericht, verpackt in einem Brötchen. Man bekommt die bekannteste Spezialität der Stadt an vielen Verkaufsständen im historischen Zentrum und ursprünglich gebliebenen Stadtvierteln.

Parken

Den eigenen Wagen lässt man in Florenz am besten in einer der vielen Privatgaragen oder auf dem großen bewachten Parkplatz der Fortezza di Basso nahe dem Hauptbahnhof.

Übernachten in Florenz…

Unübertrefflich wegen seiner idealen Lage für Besichtigungen, bietet das zwischen Dom und Palazzo Vecchio gelegene Hotel Brunelleschi höchsten Komfort, der keine Wünsche offen lässt:

Hotel Brunelleschi****
Piazza S. Elisabetta 3
Tel. 055 273 70
www.hotelbrunelleschi.it

Wenn Sie der Perfektion in jeder Hinsicht die noble Atmosphäre eines Adelspalastes des 16 Jh. vorziehen, gibt es ein Haus mit erlesenen Antiquitäten und Kunstwerken, das noch von der Besitzerfamilie selbst bewohnt wird (kein Restaurant):

Monna Lisa****
Borgo Pinti 27
Tel. 055 247 97 51
www.monnalisa.it

Domnähe und ruhige Lage auch im
Hotel Benivieni***
Via delle Oche 5
Tel. 055 238 21 33
www.hotelbenivieni.it

Ein größeres, sehr elegantes Haus beim Bargello mit exzellentem Service und Restaurant:

Grand Hotel Cavour***
Via del Proconsolo 3
Tel. 055 28 24 61
www.hotelcavour.com

Direkt hinter der Loggia des Serviten-Drittordens, stilvoll eingerichtet:
Loggiato dei Serviti***
Piazza Santissima Annunziata 3
Tel. 055 28 95 92
www.loggiatodeiservitihotel.it

Ein einfaches Haus in zentralster Lage, jedoch ruhig und äußerst preiswert ist das
Hotel Firenze**
Piazza dei Donati 4 (Corso)
Tel. 055 21 42 03, 055 26 83 01
www.hotelfirenze-fi.it

Auf einem Hügel am Rande der Stadt mit faszinierendem Blick vom Turm über Park und Pool auf die Stadt:
Torre di Bellosguardo****
Via Roti Michelozzi 2
Tel. 055 229 81 45
www.torrebellosguardo.com

... und in der Umgebung

Auf halbem Weg nach Fiesole finden Sie die einstige Villa des deutschen Malers Arnold Böcklin, heute eine vornehm eingerichtete Pension. Von der Terrasse genießt man einen herrlichen Blick auf die Stadt am Arno, besonders schön bei Sonnenaufgang:
Bencista***
Via Benedetto da Maiano 4
Tel. 055 591 63
bencista@vol.it

Auf den Hügeln nördlich von Florenz liegt ein elegantes Komforthotel mit Park:
Demidoff****
Via S. Jacopo 51a
50036 Pratolino
Tel. 055 40 97 72
www.hotel-demidoff.com

Unterkunft findet man auch in der Abbazia di Vallombrosa, Tel. 0 55 86 20 29, und dem angeschlossenen
Albergo La Foresta
Via S. Giovanni Gualberto 2
50066 Vallombrosa
Tel. 055 86 20 34, 055 862 23 89
www.albergolaforesta.it

Restaurants

Wer eine Küche erleben möchten, die toscanische Tradition mit Kreativität und hohem Qualitätsanspruch verbindet, sollte sich um einen Tisch im legendären Cibreo bemühen, das zu den besten und originellsten Restaurants der Toscana zählt, wenn es auch deutlich teurer ist als vergleichbare. Ähnliche Gerichte für weniger Geld, im angeschlossenen Bistrot Cibreino.
Cibreo
Via dei Macci 118r
Tel. 055 234 11 00
So und Mo geschl.

Aber man kann in Florenz auch preiswert originelle Gerichte genießen. Unsere Empfehlung, wenn man sich mit einfachstem Service in kargen Kellerräumen begnügt, ist das Pentola d' Oro. Signore Alessi hat Rezepte aus der Zeit des toscanischen Großherzogtums und auch der Bauern erforscht:
La Pentola d' Oro
Via di Mezzo 24r
Tel. 055 24 18 21
So geschl.

Trauben von Menschen begehren Abend für Abend Einlass, um auf hundertjährigen Holzbänken unter Schinken zu sitzen und sich durch reiche Portionen, Qualität der Produkte und eine überwältigende Freundlichkeit in die ländliche Toscana von einst versetzt zu fühlen. Die Brüder Latini bringen von ihrem Landgut im Chianti eigenen Wein und Olivenöl mit und stiften einen renommierten Literaturpreis:
Fiaschetteria Il Latini
Via dei Palchetti 6r
Tel. 055 21 09 16
Mo und im Aug. geschl.

In kaum einer italienischen Region gibt es so vielfältige Antipasti wie in der Toscana

Es ist nicht leicht, in einer Hochburg des Tourismus Lokale mit gutem Preis-Leistungs-Verhältnis zu finden, zumal im historischen Zentrum von Florenz. In nächster Nähe zu den Uffizien versteckt sich eine auch von Florentinern gern besuchte Trattoria, in der wir gute Erfahrungen machten:
Antico Fattore
Via Lambertesca 1/3r
Tel. 055 28 89 75
Mo geschl.

Wer besten Fisch essen will, der ist hier am Ponte della Victoria genau richtig:
Vittorio
Via delle Fonderia 52
Tel. 055 22 56 57
Mi und im Aug. geschl.

Ausflüge mit Linienbussen

Auch ohne Auto lässt sich von Florenz aus mit öffentlichen Linienbussen die Toscana erkunden. Informationen bei :

CAP
Largo F.lli Alinari 9
Tel. 055 21 46 37 (Mo–Fr 14.30–16.30 Uhr)
www.capautolinee.it
Busse nach Prato, Poggio a Caiano, Carmignano, Impruneta, ins Mugello

CAT
Via Nazionale 15r
Tel. 055 283 00
Tiber-Tal (Sansepolcro), Casentino

COPIT
Piazza Santa Maria Novella
Tel. 055 21 54 51
Abetone-Pass, Careggi, Vinci, Cerreto Guidi, Poggio a Caiano und Carmignano

LAZZI
Piazza Stazione
Tel. 055 21 51 55 (Mo–Sa 6.10–20.15 Uhr)
www.lazzi.it
Prato, Pistoia, Pescia, Lucca, Flughafen Pisa, Seebäder der Tyrrh. Küste (Viareggio etc.)

SITA
Via S. Caterina da Siena 15r
(in der Nähe vom Bahnhof)
Tel. 055 21 47 21
www.sita-on-online.it
Mugello (Borgo d' Elsa), San Gimignano, Siena, Chianti (Greve, Radda), Volterra

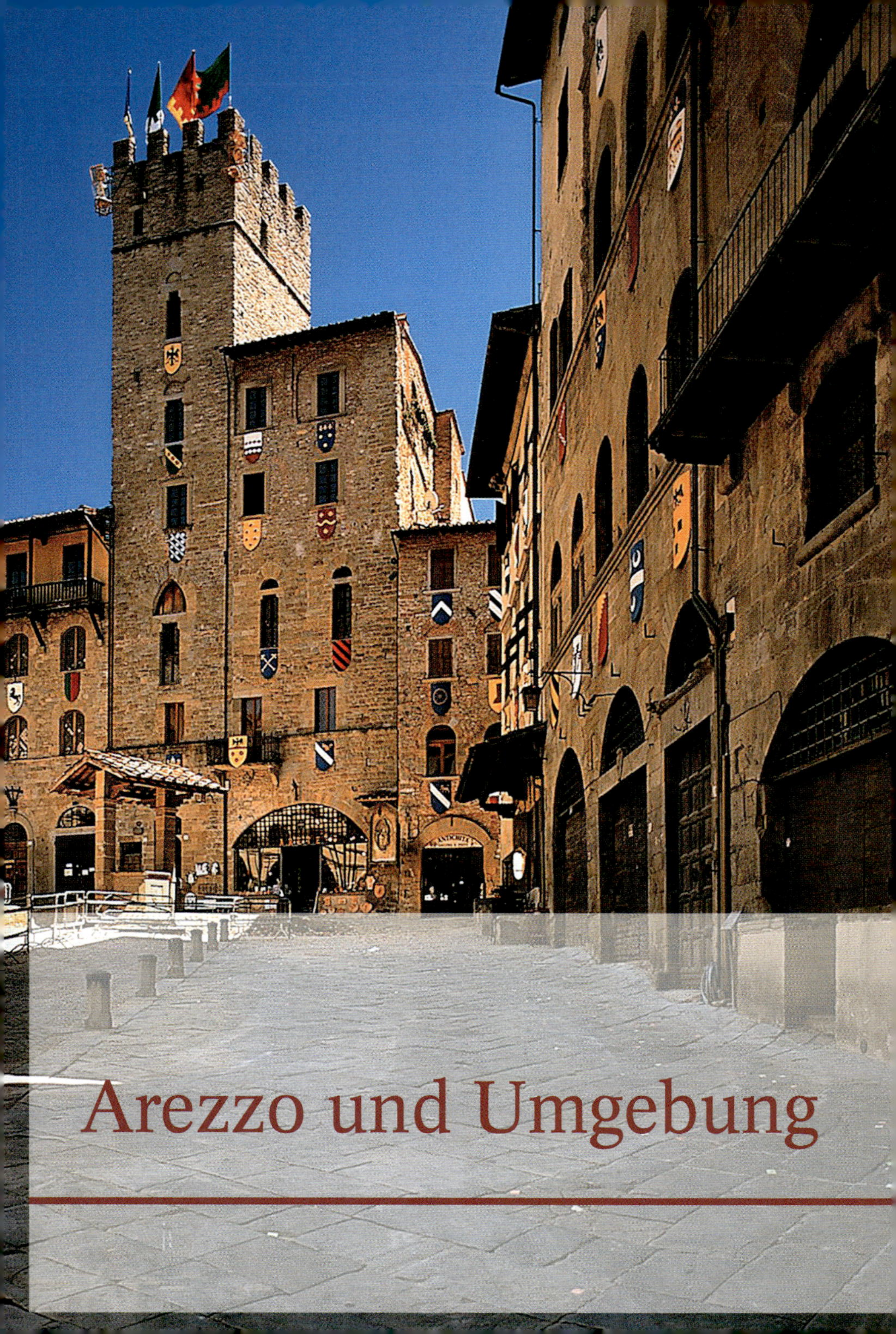

Arezzo und Umgebung

Arezzo

Karte S. 266
Cityplan S. 230

Geschichte

Arezzo ★★

Besonders sehenswert:
San Francesco,
Pieve Santa Maria,
Assunta,
Dom,
Casa di Giorgio Vasari

APT
Piazza della Repubblica 28
52100 Arezzo
Tel. 0575 37 76 78
www.apt.arezzo.it

Arezzo zeichnet sich durch eine äußerst verkehrsgünstige Lage im Zentrum der Apenninenhalbinsel aus. Bereits in römischer Zeit verband die Via Cassia Arretium mit Rom und Florenz. Die Stadt liegt inmitten einer muschelförmigen fruchtbaren Ebene. Diese ist von Bergketten umrandet, die sich jedoch zu den Nachbargebieten – zum Arno-Tal, zum Casentino, zum Valdichiana – hin öffnen und auch zum oberen Tiber-Tal leichten Zugang ermöglichen.

Seit dem 7. Jh. v. Chr. besiedelten die Etrusker den Hügel. Ihre erste elipsenförmige Mauer umfasste ein relativ kleines Gebiet, das im Süden bis zur Via Albergotti reichte. Die Stadt der Toten, die Nekropole, lag auf einer Erhebung westlich der Stadt, auf dem Poggio del Sole. Von den bis ins 6. vorchristliche Jh. zurückreichenden Funden ist eine Auswahl im Archäologischen Museum zu sehen. Töpferkunst und Metallverarbeitung waren hoch entwickelt. Die bedeutendsten Zeugnisse der Etruskerstadt, der Bronzeguss der Chimäre (um 500 v. Chr.) und die Minervastatue (3. Jh. v. Chr.) wurden bereits beim Bau der Festung im 16. Jh. gefunden und von den Großherzögen nach Florenz geholt, wo sie heute im Archäologischen Museum zu sehen sind.

In ihrer zweiten Blütezeit unter Kaiser Augustus wurde die Stadt in der wirtschaftlichen Entwickung durch einen Freund und Minister des Kaisers unterstützt – durch Gaius Cilinius Maecenas, dem aus aretinisch-etruskischer Adelsfamilie stammenden Förderer von Horaz und Vergil, jenem ›Mäzen‹, dessen Name im Wortschatz aller europäischen Sprachen Aufnahme fand. Arezzo erhielt die üblichen öffentlichen Gebäude – ein Forum, Theater, Thermalbäder, von denen einzig das Amphitheater noch eine gewisse Vorstellung vermittelt. Die Römerstadt dehnte sich beträchtlich nach Süden zur Ebene hin aus.

Wie in den anderen Städten Etruriens hatte sich in Arezzo bereits im 3. Jh. eine christliche Gemeinde gebildet. Die Stadt erhielt um 270 einen Bischofssitz. Zweiter Bischof war der Hl. Donatus, der 304 unter der Verfolgung von Diokletian das Martyrium erlitt. Donatus wurde auf dem Hügel von Pionta (weit vor den Toren der Stadt) bestattet. Über seinem Grab errichtete sein Nachfolger Gelasius eine Gedächtnisstätte und eine dem Hl. Stephan geweihte Kirche, die um 1000 durch den ersten Dom erneuert wurde. Kathedrale und Bischofspalast blieben bis 1203 auf dem Hügel von Pionta. Weltlichen Feudalherren vergleichbar, residierten hier die Bischöfe in einem befestigten Palast, während sich die nach dem Untergang des Römischen Reichs schrumpfende Bevölkerung auf den Stadthügel im Bereich der jetzigen Fortezza zurückzog. Seit der Völkerwanderungszeit übernahmen die Bischöfe die Verteidigung der Stadt. Der Hügel von Pionta

◁ Arezzo, Piazza Grande

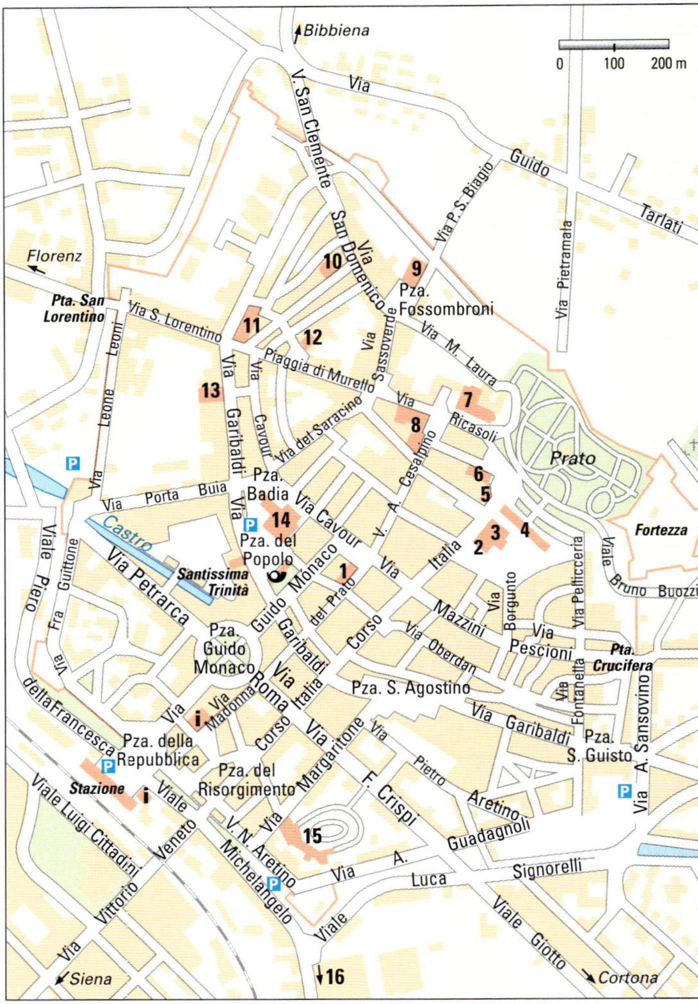

Arezzo

1 San Francesco
2 Pieve di Santa Maria Assunta
3 Palazzo della Fraternità dei Laici
4 Palazzo delle Logge
5 Palazzo Pretorio
6 Casa del Petrarca
7 Dom
8 Palazzo Comunale
9 San Domenico
10 Casa di Giorgio Vasari
11 Museo Medioevale e Moderno
12 Santa Maria in Gradi
13 Santissima Annunziata
14 Badia
15 Amphitheater
16 Santa Maria delle Grazie

wurde allmählich zum politischen Zentrum: Die Bischöfe übten seit Mitte des 10. Jh. die Herrschaft über Stadt und Grafschaft aus, obwohl erst Bischof Arnold (1052–62) offiziell die gräflichen Rechte der Steuereinnahme und Münzprägung innehatte.

Nach Pisa und Lucca war Arezzo die dritte toscanische Stadt, die sich das Recht nahm, ihre Konsuln zu wählen. Wie Florenz und andere freie Kommunen waren auch die Aretiner bestrebt, die Feudalherren – und somit auch den Bischof und die Benediktinermönche von Torrita – im Stadtgebiet anzusiedeln. Ein erster Versuch, den Bischof durch Belagerung seiner Festung zum Verlassen des Pionta-Hügels zu bewegen (1111), schlug durch das Eingreifen kaiserlicher Truppen fehl. Kaiser Heinrich V. ließ die Mauern der Stadt abreißen und die aufsässige Bevölkerung ausplündern. Doch wenig später entschloss sich Bischof Buionus, wieder in der Stadt zu residieren. Papst Innozenz III. ordnete dann 1203 die Verlegung der Kathedrale an. 1277 begannen die Bischöfe ihren jetzigen Bau auf dem Stadthügel.

Die wirtschaftliche Entwicklung führte zu einem Bevölkerungswachstum, das sich in der mehrfachen Erweiterung des Mauerrings spiegelt. Die frühmittelalterliche Einwohnerschaft hatte sich noch auf den Colle di San Donato zurückgezogen; nach der Zerstörung der Stadt durch Heinrich V. 1111 war ein wesentlich größerer Mauerkreis erforderlich. Doch auch dieser erwies sich bereits am Ende des 12. Jh. als zu klein. 1194–1200 wird eine Mauer angelegt, deren Verlauf die halbkreisförmige Via Garibaldi wiedergibt. Das folgende letzte und größte mittelalterliche Befestigungswerk von 1317 bis 1337 umfasste mit 107 ha eine nochmals verdoppelte Stadtfläche.

Im 12. und 13. Jh. – der vierten Blütezeit – erhielt Arezzo jenes Stadtbild, das in der Struktur und in vielen Einzelgebäuden noch weitgehend erhalten blieb. Noch bevor der neue Dom begonnen wurde, bauten die Bürger – wohl seit dem Ende des 12. Jh. – die Pieve Santa Maria Assunta. Die merkwürdige Situation, dass eine Stadt neben und in Konkurrenz zum Dom eine Pieve, d. h. eine Pfarrkirche mit Taufrecht, besitzt, ist aus der damaligen entfernten Lage des Doms auf dem Hügel von Pionta und aus der Rivalität zwischen den Bürgern und dem Feudalherren zu verstehen.

Neue periphere Zentren bildeten im 13. Jh. die Franziskaner, Dominikaner und Augustiner mit ihren Ordenskirchen und zugehörigen Plätzen. Zu dieser Zeit erhielt Arezzo eine Universität, die zu den führenden Italiens zählte. Ein namentlich bekannter Maler, Margaritone d' Arezzo (dokumentiert 1266) wirkte in dieser Stadt, ohne dass sich wie in Florenz oder Siena eine eigenständige Malschule bildete. In der Auseinandersetzung zwischen Ghibellinen und Guelfen konnten sich in Arezzo die kaisertreuen Ghibellinen durchsetzen. Kriege mit dem immer mächtiger werdenden Florenz waren unvermeidlich. 1289 wurde Arezzo bei Campaldino im Casentino besiegt. Bei der Schlacht, an der auf Florentiner Seite auch Dante teilnahm, fielen 1700 Aretiner, darunter der mit ins Feld gezogene Bischof Ubertini, dessen Helm die Florentiner als Trophäe an ihrem Baptisterium zur Schau stellten.

Giorgio Vasari

Heute ist uns der Architekt (geb. 1511 in Arezzo, gest. 1574 in Florenz) besonders durch seine erstmals 1550 erschienenen Lebensbeschreibungen der Künstler, ›Le Vite dei più excellenti Pittori, Scultori e Architettori‹, gegenwärtig. Dieses wichtigste Quellenwerk der Kunstgeschichte erfasste erstmals systematisch die Entwicklung der italienischen Kunst von Cimabue bis zu Vasaris Gegenwart. 1555 beauftragte Cosimo I. Vasari mit der Leitung des gesamten Bauwesens am großherzoglichen Hof. So plante er u. a. auch das Verwaltungsgebäude der Uffizien und freskierte mit seinen Mitarbeitern die Appartements des Palazzo Vecchio. In Arezzo malte er sein Haus, in das er sein Leben lang zurückkehrte, ebenfalls mit Fresken aus

In einer schwierigen wirtschaftlichen Lage verliehen die Aretiner 1321 ihrem Bischof Guido Tarlati die Stadtherrschaft; er eroberte eine Reihe von Adelskastellen und führte die Stadt zu neuem wirtschaftlichen Erfolg. Nach dem Tod des Bischofs im Jahre 1328 konnten Mitglieder seiner Familie die Freiheit der Stadt noch einige Zeit aufrecht erhalten, doch bald wurde Arezzo zum Spielball auswärtiger Söldnerheere. 1337 wurde die Stadt ein erstes Mal, 1384 endgültig für 40 000 Gulden an Florenz verkauft. Von nun an war Arezzo nicht nur politisch, sondern auch in kultureller Hinsicht eng an Florenz gebunden.

Die Florentiner Bernardo Rossellino, Giuliano und Benedetto da Maiano sowie in Florenz geschulte einheimische Architekten schufen Paläste und Kirchen im Stil der Frührenaissance. Zwei Söhne der Stadt, der Humanist Leonardo Bruni (1369–1444) und der Maler-Architekt Giorgio Vasari (1511–74) werden zu Florentinern par excellence: In ihren Schriften ›Geschichte von Florenz‹ und den ›Lebensbeschreibungen der ausgezeichnetsten Maler, Bildhauer und Architekten‹ stellen sie die politische beziehungsweise künstlerische Vormachtstellung von Florenz heraus.

Am Anfang des Rundgangs durch Arezzo steht die im heutigen Stadtzentrum gelegene Kirche San Francesco mit den berühmten Fresken von Piero della Francesca. Von hier führt der Weg den Stadthügel aufwärts zur Pieve di Santa Maria Assunta und zur Piazza Grande. An der höchsten Stelle des Hügels lädt die Fortezza zu Ausblicken auf die Stadt und die Umgebung ein, der darunter liegende Park zu einer Pause im Grünen. Nach dem Dom sollte man sich noch die Kirche San Domenico anschauen. Wer über mehr Zeit verfügt, wird auch das Haus Vasaris, das Museo Medievale e Moderno sowie die in unserem Rundgang angeführten drei Renaissance-Kirchen besichtigen können. Dem archäologisch Interessierten sei der Besuch des Museo Archeologico nahe gelegt. Eine besonders schöne Frührenaissance-Kirche ist Santa Maria delle Grazie, die jedoch am bequemsten mit dem Auto zu erreichen ist.

San Francesco

Mo–Fr 9–18.30, Sa bis 17.30, So/Fei 13–17.30 Uhr; 1. Jan., 25. Dez, 13. Juni und 4. Okt. (franziskanische Feiertage) geschl. Ticketreservierung zur Besichtigung des Freskenzyklus von Piero della Francesca: Tel. 0575 29 90 71, 0575 35 27 27 www.pierodella francesca.it

San Francesco

Die **Franziskanerkirche (1)** von Arezzo ist ein typisches Beispiel einer einschiffigen Bettelordenskirche mit drei Chorkapellen und offenem Dachstuhl (der ursprünglich etwa 1 m höher ansetzte). Sie wurde vermutlich 1318 begonnen und knapp 60 Jahre später 1377 vollendet. Erst im 15. und 16. Jh. kamen die Seitenkapellen hinzu.

Bereits 1217, noch zu Lebzeiten des Hl. Franziskus (gest. 1226), hatten die Franziskaner außerhalb der Stadtmauern von Arezzo ein Haus bezogen, 1232 beim Poggio del Sole (südwestlich der Stadt) ein erstes Konventsgebäude errichtet. Um in engeren Kontakt mit der Stadtbevölkerung zu gelangen, erbauten sie seit 1290 die jetzige Kirche, die die beträchtliche Länge von 53 m erreicht. Das abschüssige

San Francesco, Grundriss

- a *Rundfenster, Guillaume de Marcillat (1524) Mystisches Verlöbnis der Hl. Katharina von Alexandrien, Meister der Hochzeitstruhe Adimari (1450)*
- b *Szenen aus dem Leben des Hl. Bernhardin, Lorentino d' Arezzo (1463)*
- c *Zwei Heilige, Nachfolger Andrea del Castagnos (zweite Hälfte 15. Jh.)*
- d *Verkündigung, Spinello Aretino (um 1387)*
- e *Guasconi-Kapelle mit Fresken von Spinello Aretino (1390–1400)*
- f *Hauptchorkapelle*
- g *Tarlati-Kapelle*
- h *Grabmal des Rechtsgelehrten Francesco Rosselli, Michele da Firenze (15. Jh.)*
- i *Wunder des Hl. Antonius von Padua, Lorentino d' Arezzo (1480)*

Gelände bot Gelegenheit zum Bau einer Unterkirche. Die Pläne für Kirche und Konventsgebäude lieferte Fra' Giovanni da Pistoia. Um 1600 wurde der Campanile hinzugefügt.

Die Kirche erhielt im 17. Jh. die übliche Ausstattung mit großen Barockaltären, wobei die Fresken des Langhauses vollständig übertüncht wurden (nicht betroffen waren die Fresken von Piero della Francesca im Chor). Nachdem man den Kirchenraum im 19. Jh. zeitweise als Kaserne benutzt hatte, konnten 1900–11 die Reste der ursprünglichen Bemalung freigelegt werden.

Die berühmten Fresken der Kreuzlegende führte Piero della Francesca etwa 1453 bis 1459 in der **Hauptchorkapelle (f)** im Auftrag der Familie Bacci aus, die das Patrozinium dieser Kapelle besaßen. Ihre Grabstätte befindet sich unterhalb der Kapelle in der Unterkirche. Zunächst war der Auftrag allerdings an den älteren und konventionelleren Florentiner Bicci di Lorenzo vergeben worden, der mit der Ausmalung des Gewölbes und des Chorbogens begann. Nach dessen Tod 1452 setzte Piero die Arbeiten fort, indem er zunächst die Malereien im Gewölbe ergänzte. Die Fresken an den Wänden erzählen die Geschichte vom Kreuz Christi, wie sie – mit Ausnahmen – Jacobus de Voragine in der ›Legenda Aurea‹ überliefert hat. Die Anordnung der Szenen im Chor entspricht nicht dem chronologischen Ablauf des Geschehens. Es beginnt – leider schwer erkennbar – im oberen Lünettenfeld der rechten Wand:

San Francesco, Hauptchorkapelle, Bildfeld II: Die Szene zeigt die Anbetung des Kreuzes durch die Königin von Saba. Die Gewänder, deren Falten den Kanneluren von Säulenschäften gleichen, unterstreichen ihr säulenhaftes Stehen. Die langen, auf dem Boden aufliegenden Schleppen (im Gegensatz zu den modisch kurzen Röcken der Reitknechte) weisen auf die Richtung des Wegs hin, den die Königin mit ihrem Gefolge nahm. Zu den schönsten Einfällen Pieros gehören die Knechte, die sich spiegelbildlich gegenüberstehen, wobei die Farben ihrer Strümpfe und ihrer Röcke wie in einem Wappen diagonal vertauscht sind. Wie bei Giotto akzentuieren Baumkronen die Figurengruppen. Piero erlaubt sich jedoch, auch dem inhaltlich Unwichtigen, den Reitknechten, Gewicht zu verleihen

I: Der sterbende Adam (dessen Kopf Eva stützt, rechts im Bild) schickt seinen Sohn Seth zum Tor des irdischen Paradieses, um das Öl vom Baum der Barmherzigkeit zu erbitten. Seth erhält indes vom Erzengel Michael einen Zweig vom Baum der Erkenntnis (dargestellt in der kleinen Hintergrundszene), den er nach dem Tod Adams in dessen Mund pflanzt (linke Szene). Nicht dargestellt wird, wie dann aus dem Zweig ein schöner Baum wird, den König Salomon fällen lässt, um ihn zum Bau eines Tempels zu verwenden. Doch stets ist das Holz entweder zu kurz oder zu lang, so dass man schließlich daraus einen Steg über einen See baut.

II: Die Königin von Saba, mit ihrem Gefolge auf dem Weg zu König Salomon, erkennt die Heiligkeit des Holzes und kniet anbetend nieder.

III: Sie begegnet Salomon in seinem Palast und prophezeit ihm, »dass an jenem Holz einer hangen werde, durch dessen Tod der Juden Reich sollte verderbt werden«.

IV: Die Legende erzählt: Salomon ließ das Holz vergraben. Ein sich über dem Holz bildender Teich mit heilkräftigem Wasser spülte jedoch das Holz wieder frei; aus diesem wird dann das Kreuz Christi gefertigt. Schwer zu entscheiden ist, ob hier das Vergraben des Holzes dargestellt wird oder der Abtransport des freigespülten Holzes.

V: Ein Engel verkündet Maria die Geburt Christi.

VI: Nach dem Tod Christi vergräbt man abermals das Kreuzholz. Als der im Zelt lagernde Kaiser Konstantin von einem Heer unter der Führung des Maxentius bedroht wird, erscheint ihm in der Nacht vor der Schlacht im Traum ein Kreuz, und er vernimmt Worte: »In diesem Zeichen wirst du siegen«.

VII: Konstantin besiegt Maxentius bei der Milvischen Brücke.

VIII: Konstantin bekehrt sich zum Christentum und sandte seine Mutter Helena nach Jerusalem, um das vergrabene Heilige Kreuz aufzufinden. Der einzige, der den Ort des Kreuzes kannte, war der Levit Judas, der die Stelle jedoch nicht verraten wollte. Nachdem Helena ihn sieben Tage in einem Brunnen hatte hungern lassen, zeigt er endlich die Stelle auf Golgatha.

IX: Die drei Kreuze von Golgatha werden zu Tage gefördert.

X: Das wahre Heilige Kreuz erweist sich darin, dass es einen Toten zum Leben erweckt.

XI: Helena ließ sodann das Kreuz nach Jerusalem bringen. Dreihundert Jahre später raubte es der Perserkönig Chosroes. Um das Kreuz wiederzuerlangen, besiegt der byzantinische Kaiser Heraklius den Perserfürsten im Jahre 627. In der rechten Bildhälfte wird gezeigt, wie Heraklius den Sohn des Fürsten erdolcht und diesen selbst enthauptet.

XII: Heraklius bringt das Kreuz nach Jerusalem zurück. Damit die verschlossenen Tore sich öffnen, nähert sich der Kaiser der Stadt demütig wie Christus: ohne Rüstung, barfüßig und entblößten Hauptes. Die Bürger von Jerusalem knien vor dem Kreuz nieder.

Die Kreuzlegende ist ein franziskanisches Thema. Franz von Assisi hatte in La Verna (s. S. 254) die Vision des Kreuzes empfangen. In der größten und bedeutendsten Franziskanerkirche der Toscana, Santa Croce in Florenz, war die Geschichte vom Heiligen Kreuz bereits

San Francesco, Schema der Hauptchorkapelle

San Francesco, Hauptchorkapelle, Bildfeld III: Die Szene zeigt die Begegnung im Palast des Salomon. Der Palast Salomons spiegelt modernste Florentiner Architekturformen wider (etwa Michelozzos Tabernakel in Santissima Annunziata in Florenz). Die zentrale Gruppe des Königs und der Königin wird in zwei räumlich gesehenen Halbkreisen von Beratern und Hofdamen umgeben, sodass sich hier eine Männer- und Frauenwelt gegenübersteht

in der Hauptchorkapelle dargestellt worden. Hier, in Arezzo, wurden nur wenige Szenen der Legende ausgewählt. Man verzichtete auf eine fortlaufende Erzählweise zugunsten ästhetischer und thematischer Entsprechungen im Chorraum. In den unteren Bildfeldern der Seitenwände sind die für das Christentum siegreichen Schlachten gegenübergestellt, in der zweiten Reihe die höfischen Szenen mit der Königin von Saba und der Hl. Helena. Dabei wird Rom zu Jerusalem in Bezug gesetzt. In den Lünetten stehen sich Anfang und Ende der Legende gegenüber: rechts die Stammeseltern (Adam und Eva, Seth), links das Volk von Jerusalem.

Piero della Francesca

Der bedeutendste toscanische Maler in der Mitte des Quattrocento wurde zwischen 1415 und 1420 im damals noch umbrischen Sansepolcro geboren und war 1439 in Florenz Mitarbeiter Domenico Venezianos. Bald jedoch kehrte Piero in seine Heimatstadt zurück, wo er einen Sitz im Gemeinderat hatte. In Arezzo schuf er sein Hauptwerk, die Fresken der Kreuzlegende in San Francesco. Mehrere Reisen führten ihn zu den Fürstenhöfen von Ferrara, Rimini und Urbino. Er war einer der ersten Maler in Italien, die für den Naturalismus und die Öltechnik der Niederländer aufgeschlossen waren. Seine Bemühungen um körperhafte Figuren, um einen nach den Gesetzen der Perspektive geordneten Bildraum, fanden in seinen späten Jahren in theoretischen Schriften über regelmäßige Körper und die Bildperspektive ihren Niederschlag. Er starb 1492 – wahrscheinlich erblindet – in Sansepolcro.

Piero della Francesca beschränkte sich auf eine schmale Bildbühne, deren Hintergrund – Berge, Bäume, Architektur – dazu dienen, die Handlung zu akzentuieren. Den Gestalten ist eine feierliche Stille zu eigen. Selbst in den Schlachtbildern scheint der Bewegungsablauf aufgehalten. Der Maler, der in späteren Jahren Schriften über die Perspektive (›De Prospectiva Pingendi‹) und über regelmäßige Körper (›De Corporibus Regularibus‹) verfasste, war fasziniert von der Schönheit einfacher Formen. Obschon er virtuos die Perspektive beherrschte, vermied er es, eine tiefe Bildbühne zu schaffen, in der sich die Figuren – wie häufig bei Florentiner Malern seiner Zeit – verlieren. Die Flächigkeit der Wand wird trotz einer perspektivischen Bildkonstruktion mit tiefem Augenpunkt gewahrt. Dies liegt vor allem an der Farb- und Lichtbehandlung. Das Licht entspricht in jedem der Freskenbilder dem natürlichen Lichteinfall durch das Chorfenster. Es breitet sich über fast den gesamten Zyklus in gleichmäßiger Helligkeit ohne starke Schattenbildung aus und nimmt den Gestalten ihre Schwere. Auch die Nebenpersonen – so die Männer, die das Holz für das Kreuz tragen (IV) – scheinen von der Bedeutung ihres Tuns ›erleuchtet‹ zu sein. Pieros Licht bringt zum Ausdruck, dass nicht, wie so oft in der europäischen Bildwelt seit dem 13. Jh., alleine die vornehmen Personen am Heilsgeschehen teilhaben, sondern ebenso Menschen aus dem Volk mit alltäglichem Erscheinungsbild.

Die geometrische Vollkommenheit erhebt die Gestalten über das Alltägliche, sie lässt sie – wie es Salmi ausgedrückt hat – zu einem »Symbol göttlicher Vollkommenheit werden, welche der Mensch zu erreichen sucht«. Die Größe von Pieros Kunst ist darin zu sehen, dass sie Gegensätzliches zu vereinen vermag: die Stilisierung zu regelmäßigen Körpern und zugleich eine detaillierte Naturbeobachtung, die von Giotto ererbten Gesetze der wenig tiefen Bildbühne und die perspektivische Raumkonstruktion, den vollen Akkord kontrastierender Farben und ein alles verbindendes Licht. Keine der einzelnen Komponenten wird abgeschwächt oder vernachlässigt. So entsteht die Piero della Francesca eigentümliche, unvergleichliche Spannung.

Erläuterungen zu den einzelnen Szenen des Freskenzyklus:

I: Im Zentrum des Bildteils steht der Baum des Paradieses, dessen Stamm die Mittelachse des Gemäldes bildet. Ursprünglich trug er *a secco* aufgetragene Blätter, die kaum noch erkennbar sind. In der Lünette auf der gegenüberliegenden Wand (XII) findet der Baum sein

Gegengewicht in dem vom Kaiser getragenen Kreuz Christi, das aus einem Zweig dieses Baumes hervorging.

II: Bei einer Betrachtung von Bildfeld II dürfte es nicht schwerfallen, in den Umrisslinien der Frauen mehrmals die typische Dreiecksform zu erkennen, zu sehen, wie ihr Hals die Form eines Zylinders annimmt, wie die begleitenden Frauen eine Art halbkreisförmige Apsis hinter der knienden Königin bilden. Die geometrische Form trägt zur Monumentalität der Gestalten bei.

III: Die Protagonisten bilden mit ihren diagonal gegenüberstehenden, perspektivisch verkleinerten (gegengeschlechtlichen) Pendants eine Kreuzform (die wiederum räumlich gesehen wird), in deren Schnittpunkt Salomon steht. Piero definiert den Bildraum gewöhnlich weniger durch die Architektur als durch die Figuren. Im Gegensatz zu zahlreichen anderen Frührenaissance-Künstlern (etwa Filippo Lippi) vermeidet er dabei, dass sich der Bildraum in der unendlichen Tiefe verliert. Die Auftraggeber haben bei der Auswahl dieser Begegnungsszene wahrscheinlich an ein erneutes Treffen zwischen Ost- und Westkirche gedacht, dem angesichts der aktuellen politischen Ereignisse, der Einnahme von Konstantinopel durch die Türken (1453), besondere Bedeutung zukam.

IV: Das Tragen des Holzes, aus dem das Kreuz entstehen wird, weist auf den zukünftigen Gang Christi nach Golgatha hin. Die Maserung deutet über dem Kopf eines Trägers die Dornenkrone an. Hier, an der schlecht beleuchteten Wand neben dem Fenster, wurden auffallend helle Farben gewählt. Ausgeführt hat dieses Fresko (wie auch Bildfeld VIII) Pieros Mitarbeiter Giovanni da Piamonte.

V: Schwierig ist die Verkündigungsszene in den Zyklus einzuordnen, da der Kreuztod Christi nicht dargestellt wird. So hat man diese Szene bereits als ›Botschaft des Himmels an Kaiserin Helena‹ und als ›Verkündigung des Todes‹ an Maria gedeutet. Doch war die Kernszene der Kreuzlegende, der Tod Christi am Kreuz, durch das Tafelkreuz im Chor präsent, brauchte also nicht ein weiteres Mal im Freskenzyklus erscheinen. So wird hier die Geburt des Erlösers angekündigt, der dann am Kreuz den Tod auf sich nahm. Die ›Verkündigung der Geburt Christi‹ fand ihr Pendant in einer anderen göttlichen Eingebung durch einen Engel, nämlich den ›Traum Konstantins‹ (VI).

VI: Schon Vasari bewunderte dieses vielleicht großartigste Nachtstück in der Renaissancemalerei. In Analogie zur ›Verkündigung‹ wird Konstantin durch einen Engel die Eingebung übermittelt. Er erscheint im Sturzflug (ein Motiv, das Tintoretto aufgriff) und ist ebenso wie die sich diagonal gegenüberstehenden Wächter im Gegenlicht erfasst.

VII: An der Spitze des von links kommenden feierlichen Heereszugs reitet Konstantin (mit byzantinischem Kaiserhut), das kleine Kreuz vorantragend. Bemerkenswert ist dessen Ähnlichkeit mit dem byzantinischen Kaiser Johannes Paläologos, der während des Konzils der Ost- und Westkirche 1439 in Florenz weilte, und auf dem jetzt die Hoffnungen zur Rückeroberung des von den Türken eingenommenen Konstantinopel ruhten.

VIII: Bildbestimmend ist der Kontrast zwischen den Vertikalen und der pyramidalen Form der Balken. Die gröbere Ausführung, etwa in der Wiedergabe der Haare, ist auf einen Gehilfen zurückzuführen.

IX: In der weiß gekleideten Gestalt mit dem roten Baretthut, der die Grabungsarbeiten zu beaufsichtigen scheint, ist ein Selbstbildnis Pieros zu sehen. Derselbe markante Gesichtstypus erscheint jedenfalls mehrmals im Werk Pieros (Polyptychon der Misericordia und Auferstehungs-Fresko in Sansepolcro).

X: Der Tempel erinnert mit seiner Marmor-Inkrustation und den Goldkugeln an venezianische Frührenaissancearchitektur. Die ungewöhnlichen Kopfbedeckungen, vor allem der auffallend hohe, nach oben hin sich verbreiternde Hut, die kurzen schwarzen Stiefel, dürfte Piero 1439 bei den Byzantinern in Florenz kennen gelernt haben.

XI: Dies ist das einzige der breitformatigen Fresken, das nicht zweigeteilt ist und wohl daher in der Komposition unübersichtlicher und schwächer erscheint. Das dichte Schlachtgeschehen und einige Gesten, sind römischen Schlachtdarstellungen auf Sarkophagen entnommen. Rechts steht der leere Thron, neben den der Perserkönig in Verspottung der göttlichen Dreifaltigkeit das Kreuz Christi und einen Hahn aufgestellt hatte. Dass der Perserkönig, der enthauptet werden wird, sich als Gottvater verstand, macht Piero befremdend überdeutlich, indem er ihm die Züge Gottvaters verlieh (Verkündigungsszene, V).

XII: Es ist von der Komposition her das konventionellste der Fresken, möglicherweise hielt sich Piero hier an eine bereits vorhandene Sinopie von Bicci di Lorenzo.

XIII und **XIV:** Rechts vom Chorfenster hat Piero in der oberen Reihe einen Propheten dargestellt. Das Pendant links wurde von Giovanni da Piamonte ausgeführt. Das im Chor hängende Tafelkreuz mit Franziskus, der die Füße Christi küsst, ist aus dem 13. Jh.

◁ Die Wände der Hauptchorkapelle von San Francesco malte Piero della Francesca mit Legendenszenen vom Kreuze Christi aus. Die Kreuzigung Christi fehlt jedoch in der Szenenfolge. Dafür stand auf der Chorschranke ein gemaltes Kruzifix des späten 13. Jh., bei dem der Hl. Franziskus die Füße Christi küsst. Jetzt hängt dieses Tafelkreuz in der Chorkapelle

Um die Piazza Grande

Pieve di Santa Maria Assunta (2)

Bei der Pieve di Santa Maria Assunta handelt es sich um eine Pfarr- und Taufkirche, die über die anderen Kirchen der Stadt Recht sprach. Der Titel ›Pieve‹ ist bereits für einen Vorgängerbau im Jahr 1008 bezeugt. Die Kirche wurde vermutlich in der Mitte des 12. Jh. begonnen und im 13. Jh. umgebaut. Den Campanile, den so genannten Turm der hundert Löcher (in Wirklichkeit sind es 80 Öffnungen), vollendete man 1330.

Die Fassade besteht aus zwei Schichten: der hinteren Fassadenwand aus der älteren Bauzeit des 12. Jh. und den vorgesetzten Blendarkaden und Zwerchgalerien der späteren Bauphase des 13. Jh. Es fällt auf, dass die vorgeblendete jüngere Schicht nicht ganz mit der hinteren korrespondiert. Daher befindet sich das mittlere Portal des 13. Jh. nicht in der Achse des Rundfensters. Bei den Zwerchgalerien wird

Pieve di Santa Maria Assunta, Grundriss

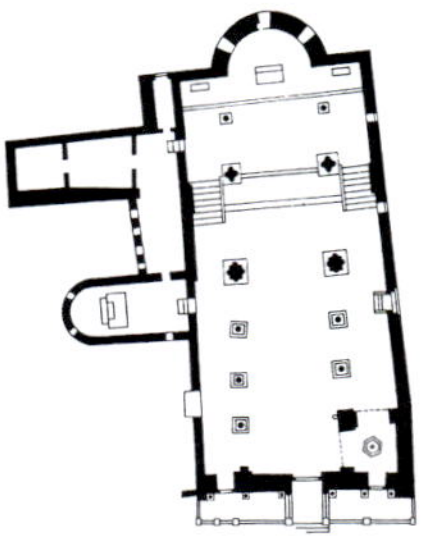

Piazza Grande mit der Apsis der Pieve, dem Palazzo del Tribunale, dem Palazzo della Fraternità dei Laici und Vasaris Palazzo delle Logge

der Säulenabstand nach oben hin dichter: Die zwölf kleinen Säulen der ersten Galerie werden im folgenden Geschoss verdoppelt und in der Abschlussgalerie (mit Architrav statt Bögen) dann auf 32 erweitert. Der Reichtum der ornamentierten Säulen- und Kapitellformen erinnert an die Romanik der westlichen Toscana, insbesondere an den Dom und an San Michele von Lucca. Doch wurde in Arezzo auf farbige Inkrustation verzichtet. Die Schauwand nimmt keine Rücksicht auf den Querschnitt des dahinter liegenden Langhauses mit seinen niedrigen Seitenschiffen. Bezeichnenderweise fehlt ein krönender Giebel: Dadurch konnte die rechteckige, seitlich und oben gerahmte, wie ein Bild wirkende Form bewahrt werden.

Reich ist der **Fassadenschmuck.** Das mittlere Portal zeigt im Türsturz und im Tympanon die ›Himmelfahrt Mariens‹, laut einer Inschrift vom Priester Marchio 1216 geschaffen. Am Portalbogen sind die zwölf Monate mit ihren charakteristischen Arbeiten dargestellt. Der unbekannte Bildhauer in der Nachfolge Antelamis hatte bereits Kenntnisse der gotischen Skulptur Frankreichs erworben. Am rechten Portal zeigt das Tympanonrelief die ›Taufe Christi‹. Das Datum ist als 1221 oder 1227 zu lesen. Das linke Portal schmücken Trauben und Weinranken. Die Portalskulptur ist – wie das gesamte Bauwerk – durch Zerbröckelung des Sandsteins äußerst gefährdet.

Der unregelmäßige, verzogene Grundriss dürfte auf die Schwierigkeiten des Geländes zurückzuführen sein. Im basilikalen Langhaus mit offenem Dachstuhl tragen auffallend hohe Rundstützen einfach gestufte spitzbogige Scheidbögen, darüber ein Lichtgaden mit zweigeteilten Fenstern (Biforien). Ein außen nicht in Erscheinung tretendes Querhaus bildet mit dem Mittelschiff eine Vierung, über der sich auf Pendentifs eine Holzkuppel erhebt, die vermutlich in Stein geplant war. Das Presbyterium liegt erhöht über einer im 19. Jh. erneuerten Krypta. Die Zwerchgalerie der Chorseitenwände (erneuert) wiederholt das Motiv der Außenfassade. Dies erlaubt den Schluss, dass die Chorpartie der zweiten Bauphase des 13. Jh. angehört.

Die beiden **Reliefs** an der Innenfassade rechts des Mittelportals und an der linken Langhauswand mit der ›Geburt Christi‹ und der ›Anbetung der Könige‹ sind schwer einer Bildhauerschule zuzuordnen, dürften aber kaum vor dem 13. Jh. entstanden sein.

Das **Taufbecken** (in der Turmkapelle), mit drei Reliefszenen aus dem Leben Johannes des Täufers stammt von dem sienesischen Bildhauer Giovanni d' Agostino (erste Hälfte 14. Jh.). Beachtenswert sind auch die **Kapitelle** der vorderen Vierungspfeiler, die mit Köpfen geschmückt sind.

Das **Polyptychon** des Altars schuf Pietro Lorenzetti. Auf den größeren Tafeln sieht man die Muttergottes mit Kind zwischen Johannes dem Evangelisten, dem Heiligen Donatus, Johannes dem Täufer und dem Evangelisten Matthäus, die ›Verkündigung‹ und die ›Himmelfahrt Mariens‹. Pietro Lorenzetti nahm den Auftrag 1319 von Bischof Tarlati an. Damit ist dies vermutlich Lorenzettis erstes Werk. Im Vergleich zu Duccio ist es spontaner, lebhafter. Pietro wählt einen hellen Brokatstoff, nicht das traditionelle Blau. Blockhaft erscheint der Körper des Kinds, während bei der Muttergottes der Körper hinter dem Gewand zurücktritt. Die Schulterdrehung der Mutter, die intensive Hinwendung und der Blickkontakt sind von den Skulpturen Giovanni Pisanos beeinflusst.

Kunstsammlung Ivan Bruschi

Im alten Palazzo del Capitano kann man die Kunstsammlung des 1962 verstorbenen Aretiner Antiquitätenhändlers Ivan Bruschi besichtigen (Corso Italia 14, Tel. 0575 268 01, www. fondazionebruschi.it Di–So 10–13, 15–18 Uhr).

Piazza Grande

Die Piazza Grande bildete sich im frühen Mittelalter außerhalb des damaligen Mauerkreises als trapezförmiger Marktplatz, den man um 1280 herum Platea Communis, Gemeindeplatz, nannte. Mit Ausnahme der Nordseite erhielt die Piazza ihr heutiges Aussehen im Wesentlichen während des 13. und 14. Jh. Das älteste Gebäude am Platz ist die Pieve, an die sich rechts der Palazzo del Tribunale, der Justizpalast, anschließt (errichtet im 17. Jh. von Francesco Cevrotti). Die Treppe (1780) nimmt die Stufung und kegelförmige Gestalt des Apsidendaches der Pieve auf, während der Palazzo die Geschosshöhe des wiederum rechts anschließenden Palazzo della Fraternità dei Laici übernimmt.

Palazzo della Fraternità dei Laici (3)

Den Palazzo della Fraternità dei Laici erbaute die 1262 gegründete Bruderschaft Santa Maria della Misericordia. Die Fassade entstand in verschiedenen Bauperioden: 1375–77 das Untergeschoss in gotischen Formen, 1433 das obere Geschoss bis zum Dach, nach einem

Die Gedichtsammlung ›Il canzoniere‹ (hrsg. 1470) des Dichters und Humanisten Francesco Petrarca ist von weltliterarischer Bedeutung: Sie übte in den folgenden Jahrhunderten sehr starke Wirkung auf die europäische Lyrik aus

Entwurf von Bernardo Rossellino. Formen der Frührenaissance – speziell Doppelpilaster und Figurennischen, die an Brunelleschi und Donatello erinnern – verbinden sich mit einem gotischen Formenelement, dem Bogen, der die Schutzmantelmadonna umgibt. Dieses Relief stammt – wie auch die beiden Heiligen – ebenfalls von Bernardo Rossellino. Ein Terrakotta-Modell befindet sich im Museo Medioevale e Moderno. Am Balkon über dem Gebälk sieht man Vasen, zu deren Formen Donatello inspirierte (1460). Erst im 16. Jh. entstand der Glockenturm nach Plänen von Giorgio Vasari (Uhr 1552). Der Palast diente seit 1786 dem Zivilgericht. Die ursprüngliche Ausstattung ist nicht erhalten.

Palazzo delle Logge und Palazzo Pretorio

Die Nordseite des Platzes wird vom **Palazzo delle Logge (4)** eingenommen, ausgeführt 1573–95 nach Plänen Giorgio Vasaris »zur Ehre und zum öffentlichen Nutzen der Stadt«. Diese überdimensioniert breite Loggia verbindet den Hauptplatz der Stadt mit ihrer Hauptstraße, dem Corso d' Italia. Vor der Loggia steht eine Rekonstruktion des ehemaligen Schandpfahls. An den beiden weiteren Seiten wird der Platz von mittelalterlichen Häusern und Turmstümpfen des 13. und 14. Jh. gesäumt. Die Holzbalkone gehörten auch zum Straßenbild anderer Städte, wurden jedoch häufig durch Baugesetze eingeschränkt. An der Ostseite ist ein Turm des 13. Jh. hervorzuheben, dem sich rechts der Palazzo Làpoli (ebenfalls 13. Jh.) anschließt. An der Südseite sieht man das **Turmhaus der Còfani** (Turm 13. Jh.).

Aus drei Adelspalästen ging der heutige **Palazzo Pretorio (5)** hervor. Seit 1290 war er vorübergehend Sitz des Capitano di Giustizia gewesen, später der florentinischen Vikare. Von 1404 bis 1926 diente er als Gefängnis. Heute beherbergt er die Stadtbibliothek mit einer Handschriftensammlung. An der Fassade zur Via dei Pileati wurden nach einem Beschluss der Kommune von 1434 zahlreiche Wappen verschiedener Florentiner Podestà und Capitani di Giustizia angebracht. Aus späterer Zeit stammt das großherzogliche Medici-Wappen.

Casa del Petrarca (6)

Casa Petrarca
Via dell' Orto 28
Tel. 0575 247 00
www.accademiapetrarca.it
März–Okt. tgl. 9.30–18.30, Nov.–März Di–So 10–12.30 und 15–17 Uhr

Die sogenannte Casa del Petrarca stammt aus dem 16. Jh. und ist Sitz der Accademia Petrarca di Lettere, Arti e Scienze. Der große Humanist und Dichter Francesco Petrarca wurde am 20. Juli 1304 in Arezzo in der kleinen Villa dell' Orto geboren, ohne dass man weiß, an welcher Stelle sich sein Geburtshaus befand. Petrarcas Eltern waren Exil-Florentiner, die wenige Monate nach der Geburt ihres Sohnes nach Florenz zurückkehrten. Petrarca selbst wuchs in Florenz und Avignon auf. Er besuchte nur einmal – auf dem Weg nach Rom – die Stadt seiner Geburt, die sich nichtsdestotrotz stolz *Città di Petrarca* nennt.

Dom San Donato

Steigt man den Corso Italia weiter hoch, erreicht man den nahen **Dom (7),** der dem Hl. Donatus geweiht ist und 1277 begonnen wurde. Das Langhaus wurde 1510, die Fassade erst 1896–1914 gestaltet. Der Campanile von 1857 erhielt seinen oberen Abschluss mit Rundfenstern und Spitze 1934–37. Anders als die Bischofskirchen von Pisa, Lucca, Florenz und Siena wurde der im Macigno-Gestein erbaute Dom von Arezzo nicht mit Marmor verkleidet. Ohne Querschiff und Kuppel entstand er unter dem Eindruck der Bettelordenskirchen, insbesondere von Santa Maria Novella in Florenz. Der Einfluss der neuen Ordensarchitektur zeigt sich am Außenbau an der schlichten Wandgestaltung durch (stark ergänzte) Bogenfriese und Lisenen, aber auch in den schlanken Fenstern (bei denen allerdings behutsam Polychromie eingesetzt wurde, und zwar nicht mit verschiedenfarbigem Marmor, sondern mit Travertin und Sandstein).

Dom San Donato
tgl. 7–12.30,
15–18.30 Uhr

Museo Diocesano
Piazzetta dietro il Duomo
z. Zt. geschl., auf Anfrage geöffnet:
Tel. 0575 182 27 70
info@oparezzo.it

Im Tympanon des Seitenportals am Dom steht eine Terrakotta-Gruppe ›Muttergottes zwischen dem Hl. Donatus und dem Sel. Gregor X.‹, ein Werk des ›Weichen Stils‹ um 1400. Sie wurde Niccolò di Luca Spinelli (Niccolò d' Arezzo), dem Bruder von Spinello Aretino, zugeschrieben

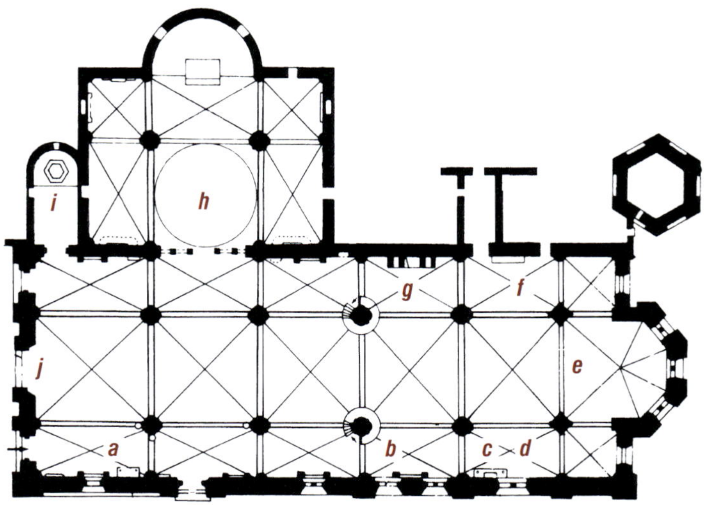

Dom, Grundriss

- a Grabmal von Papst Gregor X. (um 1320–30)
- b Tempelreinigung, Glasfenster von Guillaume de Marcillat (1518–24)
- c Tarlati-Kapelle
- d Auferstehung des Lazarus, Glasfenster von Guillaume de Marcillat (1518–24)
- e Hauptaltar mit Grab des Hl. Donatus (zweite Hälfte des 14. Jh.)
- f Hl. Magdalena, Piero della Francesca (um 1459)
- g Orgelempore, Giorgio Vasari (1535)
- h Cappella della Madonna del Conforto (1796–1817)
- i Taufbecken
- j Pfingstwunder, Glasfenster von Guillaume de Marcillat

Das dreischiffige Innere spiegelt in der Wölbung den Anspruch einer Kathedrale wider und ist der Entstehungszeit entsprechend mit einem Kreuzrippengewölbe ausgestattet. Die Bögen und Rippen ruhen auf runden und polygonalen Pfeilervorlagen. In den weit gespannten und hohen Arkaden, die dem Raum fast die Wirkung einer Hallenkirche geben, zeigt sich wiederum die Beeinflussung durch die wenige Jahre zuvor begonnene Florentiner Dominikanerkirche Santa Maria Novella. Wie dort sind auch hier die Obergadenfenster kreisförmig (Oculi). Der Dom besitzt zahlreiche Glasfenster von Guillaume de Marcillat (1518–24). Marcillat malte 1521–27 auch das erste linke Seitenschiffgewölbe und die ersten drei Mittelschiffgewölbe aus (unter dem Eindruck von Michelangelos Sixtinischer Decke). Die Gewölbefresken des vierten bis sechsten Joches stammen von Salvi Castellucci (1661). Von den 26 Kapellen des 14. und 15. Jh. blieb allein die **Marmorkapelle der Tarlati (c)** erhalten. Giovanni d' Agostino errichtete sie 1334 für Ciuccio Tarlati, einen Vetter Guido Tarlatis. Die

Fresken malte ein Aretiner Meister, der sogenannte Maestro del Vescovado.

Der Hauptaltar mit dem **Grab des Hl. Donatus (e),** eines der reichsten Marmorwerke Italiens, ist ein Gemeinschaftswerk florentinischer und aretinischer Künstler aus der zweiten Hälfte des 14. Jh. (Mensa vor 1289). Für den großen Marmoraufsatz und das Grab des Hl. Donatus (auf der Rückseite) sind zwischen 1369 und 1379 einige Bildhauer namentlich dokumentiert. Die Gebeine des Hl. Donatus wurden 1340 von der alten Kathedrale in den neuen Dom überführt. Insgesamt 16 Reliefs schildern das Leben des Heiligen, der während der Verfolgung unter Diokletian nach Arezzo floh, wo er zum zweiten Bischof ernannt wurde (an der Rückseite u. a. ›Tötung des Drachen, der einen Brunnen vergiftet hatte‹ und ›Zusammenfügen eines zerbrochenen Kelchs‹). Die übrigen szenischen Reliefs sind dem Leben Mariens entnommen.

Piero della Francesca, ›Hl. Magdalena‹

Im linken Seitenschiff sieht man die **›Hl. Magdalena‹ (f),** ein Fresko von Piero della Francesca, um 1459. Die Heilige zählt zu den schönsten Frauengestalten Pieros, vergleichbar mit der Muttergottes in der ›Verkündigungsszene‹ in San Francesco.

Links anschließend steht der Kenotaph des 1327 verstorbenen Bischofs Guido Tarlati von den sienesischen Bildhauern Agostino di Giovanni und Agnolo di Ventura (um 1330). Im vertikalen Aufbau und im Reliefstil steht das Grabmal in der Tradition des Sienesen Tino di Camaino. Guido Tarlati war Bischof von Arezzo, zugleich Signore der Stadt, Heeresführer und kaiserlicher Vikar. Die großen Ereignisse im Leben dieses Ghibellinenführers – machtpolitische Erfolge und kriegerische Unternehmungen – werden in 16 Reliefs vorgeführt und inschriftlich in einer Ausführlichkeit erläutert, wie zuvor nur in der römischen Antike (Trajanssäule) üblich war.

Die **Cappella della Madonna del Conforto (h),** der ›Muttergottes des Trosts‹, entstand 1796–1817 nach einem Marienwunder. Sie ist ein Beispiel historisierender Bauweise bereits im 18. Jh. Die dreischiffige Kapelle im Typus einer Hallenkirche besitzt gotische Pfeiler mit Diensten und ein gotisches Rippengewölbe, doch eine klassizistische rippenförmige Kuppel – wie auch die Ausstattung vorwiegend klassizistisch ist. Auf dem rechten Altar steht ein Kruzifix mit den Heiligen Donatus und Franziskus von Andrea della Robbia.

Palazzo Comunale (8)

Im Jahre 1333 errichtete man den Palazzo Comunale für die Regierung der Priori, die Vorsteher der Zünfte, die sich nach Florentiner Vorbild bildete. Der Palazzo hatte somit dieselbe Funktion wie der Palazzo Vecchio in Florenz. Nach der Eingliederung Arezzos in den Staatsbereich von Florenz (1384), wurde der Palast zum Sitz der Stadtverwaltung erklärt. Infolge der Umbauten des 15. und 16. Jh. und einer freien Restaurierung im Stil des 14. Jh. blieb von der ursprünglichen Gestalt nur weniges (an der Fassade zur Via Ricasoli) erhalten.

Entlang der Via Garibaldi

San Domenico (9)

San Domenico
Mo–Sa 7–13 und 15.30–18, So/Fei 8–13, 15.30–18 Uhr

Die Kirche San Domenico wurde 1275 begonnen, wahrscheinlich nach Plänen von Florentiner Dominikanerbrüdern, und im frühen 14. Jh. vollendet. Das relativ gut erhaltene einschiffige Gotteshaus von äußerst schlichter Gestalt gehört zu den eindrucksvollsten Bettelordenskirchen des 13. Jh. Die originelle Fassade (in die der kleine Glockenturm miteinbezogen wurde) ist vermutlich nicht ganz vollendet, der Portalvorbau modern. Der lang gestreckte Innenraum trägt einen offenen Dachstuhl. Die Fenstergruppe der mittleren Chorkapelle erinnert an die kurz vorher entstandene Florentiner Domkirche Santa Maria Novella. Man stattete die Kirche im 16./17. Jh. mit großen Altären aus, wobei man die Wandmalerei übertünchte. Vor einigen Jahrzehnten wurde die Freskenbemalung – soweit erhalten – freigelegt.

Die Kreuzigung von Parri di Spinello, dem Sohn des Spinello Aretino, befindet sich an der Eingangswand. Neben Maria und Johannes sind die Heiligen Dominikus und Nikolaus von Bari – wenn auch stark beschädigt – dargestellt. In der vorzüglich erhaltenen, koloristisch interessanten Lünette sieht man ›Der Hl. Nikolaus beschenkt die Töchter eines armen Mannes mit Geld, um sie vor der Schande zu bewahren‹, ›Der Hl. Nikolaus rettet zwei unschuldig zum Tod verurteilte vor der Hinrichtung‹. Das im internationalen ›Weichen Stil‹ ausgeführte Fresko dürfte um 1440 entstanden sein. Von den gotischen Kapellen-Tabernakeln der Kirche blieb das der Capella Dragonelli als einziges erhalten. Ausgeführt wurde es um 1368 von dem

San Domenico

Florentiner Giovanni di Francesco, der auch am Hauptaltar des Doms arbeitete. Das Fresko ›Christus unter den Schriftgelehrten‹ ist von Gregorio und Donato d' Arezzo aus dem 14. Jh. Das gemalte Kruzifix, ein frühes Werk von Cimabue, entstand vermutlich noch vor Baubeginn der Kirche um 1260–70. Es entspricht dem von Giunta Pisano entwickelten Typus des ›Christus patiens‹.

Casa di Giorgio Vasari
Via XX. Settembre 55
Tel. 0575 40 90 40
Mi–Mo 9–19, So bis 13 Uhr

Casa di Giorgio Vasari (10)

Das Wohnhaus von Giorgio Vasari (Via XX. Settembre 55) ist eines der interessantesten Künstlerhäuser des 16. Jh. Vasari erwarb es 1540, als es sich noch im Bau befand. Er selbst stattete die Haupträume mit Fresken und Ölgemälden aus. Auch nachdem Vasari ein Haus in Florenz bezogen hatte, kehrte er immer wieder hierher zurück. Nach seinem Tod brachte man Vasaris Kunstsammlung nach Florenz, weshalb nur wenige der hier ausgestellten Kunstwerke (hauptsächlich Gemälde von Vasaris Zeitgenossen) aus seinem Besitz stammen.

In der **Camera della Fama** (Zimmer des Ruhms) sieht man am Gewölbe Allegorien des Ruhms (über der Weltkugel) und der Künste (Malerei, Bildhauerei, Poesie, Architektur). In den Lünetten befinden sich Künstlerporträts von Michelangelo, Andrea del Sarto, Lazzaro Vasari (Urgroßvater Giorgios), Giorgio Vasari, Luca Signorelli, Spinello Aretino und Bartolomeo della Gatta.

Die Öl- und Temperagemälde der Kassettendecke in der **Sala del Camino** haben den Lebensweg und die Tätigkeit des Menschen, insbesondere des Künstlers zum Thema. Der Mensch wird geleitet von Tugenden und steht unter dem Einfluss der Gestirne. Die künstlerischen Unternehmungen bedürfen des Friedens und Wohlstands. So kämpft im zentralen achteckigen Bildfeld die ›Tugend‹ mit dem wechselhaften ›Glück‹ (mit aufgeblähtem Segel), das in die Tiefe stürzt. Seitlich dieses Bilds sind die vier Lebensalter des Menschen von der Kindheit bis zum Greisenalter dargestellt, die zugleich die vier Jahreszeiten symbolisieren. Am Deckenrand die olympischen Götter, die als Planeten im christlichen Weltbild weiterleben und denen die Tierkreiszeichen zugeordnet sind: Jupiter, Saturn, Mond (Diana), Sonne (Apollo), Mars, Merkur, Venus und außerdem – aus Gründen der Symmetrie – Amor. In der oberen Zone: die Tugenden, speziell die des Künstlers.

Der Kamin trägt die Inschrift »Ignem Gladio ne fodito – Homo Vapor Est« (Steche mit dem Schwert nicht ins Feuer – Der Mensch ist Rauch). Über dem Kamin (mit seinem offenen Feuer) betrachtet man einen Brand des antiken Rom. Davor steht dann eine Statue der Venus, so als sei sie aus der untergegangenen Antike in die Neuzeit hinübergerettet worden. Es handelt sich jedoch um das Werk eines zeitgenössischen Künstlers: um Ammannatis Stuckmodell für eine Bronzestatue, die zugleich Kopie eines antiken Werks ist. Man wird diese in voller Absicht als Torso geschaffene Venus wohl als Sinnbild des antiken Schönheitsideals verstehen können, als eine der beiden Quellen, aus denen der Künstler schöpft. Die andere Quelle ist die Natur, die auf der Wand gegenüber durch die Diana von Ephesus verkörpert wird. Die Sockelzone in monochromer Malerei schmücken Begebenheiten großer Maler der Antike: Parrhasios siegt über Zeuxis, indem er ihn durch einen gemalten Vorhang täuscht – Alexander der Große schenkt dem Maler Apelles seine Lieblingssklavin, da dieser sie so vortrefflich gemalt hatte – Protogenes wirft einen Schwamm auf die Leinwand, damit gelingt ihm endlich, den Schleim des Hundes wiederzugeben – Timanthes malt die Opferung der Iphigenie – Zeuxis nimmt die fünf schönsten Mädchen von Agrigent zum Modell für Helena.

In der **Camera d' Apollo** werden Apollo (im Zentrum des Gewölbes) und die Musen (nicht alle identifizierbar) dargestellt. In einer der Musen soll Vasari seine Gemahlin, Nicolosa Baci, dargestellt haben (Zwickel an der Fensterwand).

Museo Medioevale e Moderno (11)

Das im Palazzo Bruni-Ciocchi (Via San Lorentino 8) untergebrachte Museo Medioevale e Moderno wurde 1445 für Donato Bruni, Sohn des Florentiner Kanzlers Leonardo Bruni, erbaut. Als Architekten vermutet man Bernardo Rossellino, der das untere Geschoss eines älteren Palasts einbezog. Das 1958 eingerichtete Museum enthält Werke des 13.–19. Jh., vor allem von Aretiner Künstlern. Kunst des 20. Jh. findet man im Museo d' Arte Contemporaneo. In der Halle des Erdgeschosses erwarten den Besucher romanische und gotische Skulpturen, u. a. der 1988 gefundene ›Erzengel Michael‹ vom Stadttor San Michele, das zum Mauerkreis des 14. Jh. gehörte. Im 1. Obergeschoss **(Saal 1)** sind vier Tafeln von Margaritone, dem führenden Meister Arezzos, aus der zweiten Hälfte des 13. Jh. ausgestellt. Der Künstler fand jedoch keinen Anschluss an die Erneuerungen der Florentiner und Sienesen. Es sind ein Tafelkreuz (um 1260–69), eine ›Thronende Muttergottes‹ (um 1250) und eine Tafel des Hl. Franziskus (1270–75) erhalten. An der Ausgangswand hängt ein gemaltes Kruzifix, in der starken Ausschwingung von Giunta Pisano und bereits auch von Cimabue beeinflusst.

Saal 2 zeigt abgelöste Fresken von Giovanni d' Agnolo di Balduccio, u. a. eine Schutzmantelmadonna von 1414. In **Saal 3** findet man Werke des Aretiners Spinello Aretino (um 1346–1410) und seinem Sohn Parri di Spinello (1387–1453). Ein Freskenfragment zeigt den ›Kampf zwischen Engeln und Teufeln‹ (aus dem Oratorium Sant' Agnolo, das nach diesem Fresko Sant' Agnolo dei Diavoli genannt wird). Parri di Spinello ist u. a. mit einer ›Schutzmantelmadonna‹ (1435–37) von der Fraternità dei Laici vertreten, wobei die Madonna hier unüblicherweise mit dem Christuskind im Arm dargestellt ist.

Museo d' Arte Medioevale e Moderna

Via San Lorentino 8
Tel. 0575 40 90 50
tgl. 9–19, So bis 12.30 Uhr

Zu den weniger bekannten, doch beachtenswerten Malern aus der Zeit der Frührenaissance gehört der Florentiner Camaldulensermönch Bartolomeo della Gatta (1448–1502), der hauptsächlich in Arezzo wirkte. Die beiden anlässlich einer Pest gemalten Darstellungen des Hl. Rochus (Stirnwand rechts vom Eintretenden) in **Saal 4,** zeigen den Heiligen vor einer Stadtansicht in starker perspektivischer Verkürzung (man erkennt u. a. das Gebäude der Fraternità dei Laici). An der Wand gegenüber steht ein in Italien seltener Flügelaltar mit geschnitztem Kruzifix (spätes 15. Jh.).

Die Galerie zeigt eines der **Hauptwerke Giorgio Vasaris:** ›Das Gastmahl des Ahasver‹ von 1548 (7,12 × 1,80 m) aus dem Oratorium Sante Flora e Lucilla. Im **2. Obergeschoss** befinden sich u. a. Spätwerke von Signorelli, wie beispielsweise die ›Muttergottes mit Kind und Heiligen‹, sein letztes, sehr erstarrt und artifiziell wirkendes Werk, das zwischen 1519 und 1523 noch von dem über 70-Jährigen ausgeführt wurde. Zurzeit nicht ausgestellt ist das Terracotta-Modell der Schutzmantelmadonna für das Relief am Palazzo della Fraternità dei Laici, 1443, von Bernardo Rossellino.

Santa Maria in Gradi und Santissima Annunziata

An der Stelle einer bescheidenen romanischen Kirche errichtete Bartolomeo Ammannati, Florentiner Architekt und Bildhauer, 1592 die **Kirche Santa Maria in Gradi (12).** Der einschiffige Innenraum mit abwechselnd großen und kleinen Kapellen (zwischen den Pilasterpaaren) ist von Albertis Sant' Andrea-Kirche in Mantova abzuleiten. Traditionell ist die zweigeschossige Wandgliederung. Holzdecke und Altäre sind aus der ersten Hälfte des 18. Jh.

Die der Jungfrau der Verkündigung geweihte Renaissance-Kirche **Santissima Annunziata (13)** wurde 1490/91 anstelle eines Oratoriums aus dem 14. Jh. wahrscheinlich nach einem Entwurf von Bartolomeo della Gatta begonnen. Antonio da Sangallo d. Ä. veränderte und vollendete den Bau 1517. Vom Oratorium blieben das rechte Portal und das Fresko mit der ›Verkündigung‹ von Spinello Aretino (um 1370). Die Fassade wurde nicht ausgeführt. Der dreischiffige Innenraum zeigt beispielhaft den in der Hochrenaissance noch vorherrschenden konservativen, stark dem Quattrocento verpflichteten Baustil. Auf dem Marmorhochaltar von 1599/1600 steht die Terrakotta-Skulptur einer ›Madonna mit Kind‹ von Michele da Firenze (1433–38).

Badia (14)

Badia, Grundriss

Die Badia ist eine ehemalige, den Heiligen Flora und Lucilla geweihte Benediktinerkirche. Im 13. Jh. zwang man nicht nur den Landadel, sondern auch geistliche Feudalherren des Aretiner Contado dazu, Wohnung in der Stadt zu nehmen: So auch die Benediktiner, deren erste Kirche des 14. Jh. in der Mitte des 16. Jh. durch Giorgio Vasari nach dem Vorbild venezianischer Kreuzkuppelkirchen grundlegend verändert wurde. Das Innere gestaltet eine Abfolge von zwei Zentralräumen mit flachen Kuppeln (in der zweiten ein Scheinarchitekturbild auf Leinwand von Andrea Pozzo, 1703). Wie bei den Florentiner Uffizien verwendete Vasari auch hier – als Durchgang zu den Seitenkapellen – den so genannten syrischen Bogen. An der Eingangswand malte Bartolomeo della Gatta 1476 das Fresko des ›Hl. Laurentius‹.

Im rechten Arm der hinteren Vierung hängt ein gemaltes Kruzifix von Segna di Bonaventura (wahrscheinlich 1369). Den Hochaltar setzte Giorgio Vasari aus verschiedenen Materialien (Marmor, Travertin, Holz) zusammen, wie es für den Manierismus charakteristisch ist. Das Mittelbild stellt die ›Berufung Petri‹ von Vasari dar, der den Altar für seine eigene Grabstätte im Chor der Pieve bestimmt hatte. Von dort kam der Altar 1864 hierher.

Amphitheater und Museo Archeologico

Museo Archeologico
Via Margaritone 10
Tel. 0575 208 82
www.comune.arezzo.it
tgl. 8.30–19.30 Uhr

Die Römer errichteten das **Amphitheater (14)** Anfang des 2. Jh. v. Chr., das 8000–10 000 Zuschauern Eintritt gewährte. Mit einer Länge von 122 m war es vermutlich das größte Etruriens. Im Mittelalter gehörte die Ruine dem Geschlecht der Azzi, die es 1363 an Bernardo Tolomei, den Gründer des Benediktinerordens von Monte Oliveto, verkauften. Die Olivetaner erbauten in einem Teil der Tribünenkonstruktion Ende des 15. Jh. ein Kloster. Bis ins 18. Jh. diente das Theater als Steinbruch, u. a. zum Bau der letzten Stadtmauer. 1934 wurde in den ehemaligen Klosterräumen das nach Maecenas benannte **Museo Archeologico Mecenate (15)** eingerichtet. Grundbestand ist die Antikensammlung der Fraternità dei Laici. Das Museum zeigt Funde aus vorgeschichtlicher, etruskischer und römischer Zeit aus Arezzo und der Provinz.

In den Räumen, die rechts von Raum 4 abgehen, werden Aretiner Vasen ausgestellt. Es handelt sich um in Arezzo hergestellte Tongefäße, nach ihrer Farbe auch **Korallenvasen** genannt. In ihrer sehr feinen Ausführung sind es charakteristische Erzeugnisse des Klassizismus unter Kaiser Augustus. Von ca. 25 v. Chr. bis 30 n. Chr. gehörten sie zu den begehrtesten Exportartikeln der Stadt. Da auch das Militär beliefert wurde, finden sich Aretinische Vasen (meist allerdings unverziert) im gesamten Gebiet des römischen Reichs. Erhalten blieben ca. 1000 Namensstempel von Werkstätten, von denen nur 14 Reliefvasen herstellten. Die bekannteste Werkstatt war die des M. Perennius. Für die Reliefs verwendete man Stempel, mit denen die einzelnen Figuren der Form aufgedrückt wurden.

In mehreren Räumen zeugen **Bronzestatuen** von der Bedeutung Arezzos als Zentrum der Bronzeherstellung. Die Produktion ist vom 8. Jh. v. Chr. bis in die römische Zeit dokumentiert. Bekanntestes Zeugnis ist die ›Chimäre von Arezzo‹, deren Original ins Archäologische Museum von Florenz gelangte.

Korallenvase

In Saal 1 des Obergeschosses sind attische und etruskische Keramik und etruskische Kanopen ohne Provenienz zu sehen. Im letzten Raum rechts steht ein außergewöhnlich schönes Goldglasporträt eines römischen Senators. Die Toga weist auf eine Datierung in die Mitte des 3. Jh. n. Chr. hin. Auf eine transparente türkisfarbene Schicht wurden feine Gold- und Silberplättchen gelegt. Die Schattierung erreichte man durch Einritzungen. Während des Zweiten Weltkriegs erlitten die Museumsräume Bombenschäden. Klosterkirche und Campanile wurden zerstört, aber inzwischen wieder rekonstruiert.

Santa Maria delle Grazie (16)

Außerhalb des historischen Stadtzentrums liegt die Kirche Santa Maria delle Grazie (vom Bahnhofsplatz über den Viale Michelangelo und den Viale Mecenate erreichbar). Hier befand sich in römischer (vielleicht auch schon in etruskischer) Zeit ein vermutlich Apollo geweihtes ländliches Heiligtum, dessen Quelle Kranke, vor allem Kinder, zu heilen vermochte. Auch nach der Christianisierung suchten Aretiner und Auswärtige die Hilfe des wundertätigen Wassers. Der Hl. Bernhardin von Siena erfuhr bei seinen Predigten in Arezzo von dem heidnischen Kult, zerstörte die Quelle, die man ›Fons Tecta‹ nannte, und beauftragte um 1430 den Aretiner Maler Parri di Spinello, eine Schutz-

Den Marmoraltar von Santa Maria delle Grazie schuf Andrea della Robbia Ende des 15. Jh. Die Majolika-Rahmung für das Schutzmantel-Marienbild gestaltete er in Form eines Früchtekranzes

mantelmadonna, die ›Madonna delle Grazie‹ zu malen. Zwischen 1435 und 1444 wurde die einschiffige Kirche nach Plänen von Domenico Faltore im gotischem Stil mit Kreuzrippengewölben errichtet. 1478–82 erbaute Benedetto da Maiano den Portikus und die Loggia, die zu den zierlichsten Schöpfungen der Frührenaissance zählt. Rechts von der Kirche wurde 1450–56 das **Oratorio di San Bernardino** errichtet.

Reisen & Genießen

Hotels

Die meisten guten Hotels liegen in Arezzo außerhalb der historischen Altstadt. Empfehlen möchten wir das zentrale Cavaliere Palace Hotel. Das Haus ist ruhig und zentralgelegen, 100 m vom Bahnhof; alle Sehenswürdigkeiten sind gut zu Fuß zu erreichen (Garage):

Cavaliere Palace Hotel ****
Via Madonna del Prato 83
Tel. 0575 268 36
www.cavalierehotels.com

Originell ist ein von den Reisen Bruce Chatwins inspiriertes Haus mit nur sieben traumhaften Zimmern bzw. Suiten, ausgestattet mit Möbeln aus fernen Ländern:

Hotel Patio****
Via Cavour 23
Tel. 0575 40 19 62
www.hotelpatio.it

Das Hotel Continentale am Fuß der mittelalterlichen Stadt blickt auf eine lange Tradition zurück, liegt jedoch an einer verkehrsreichen Piazza.

Continentale***
Piazza Guido Monaco 7
Tel. 0575 202 51
www.hotelcontinentale.com

Für einfachere Ansprüche bietet korrekte Zimmer in zentraler Lage das

Astoria**
Via Guido Monaco 54
Tel. 0575 243 61

Ein gepflegtes ›Bed and Breakfast‹ im Umkreis der Piazza Grande:

Camera con Vista
Via Oberdan 75
Tel. 0575 36 18 92
www.cameraconvista.info

Restaurants

Einer der schönsten Orte, um mittags oder abends halb im Freien zu essen, sind die Loggien Vasaris an der Piazza Grande, z. B. das Restaurant

La Lancia d'Oro
Piazza Grande 18/19
Tel. 0575 210 33
www.loggevasari.it

In diesem Familienbetrieb werden traditionelle toscanische Gerichte serviert:

Saraceno
Via Mazzini 6
Tel. 0575 276 44

Authentische einheimische Küche bietet auch ein einfaches Lokal nahe der Piazza Grande:

Enoteca La Torre di Gnicche
Piaggia San Martino 8
Tel. 0575 35 20 35

Casentino

Karte S. 266

Das Casentino, vom noch jungen Arno durchflossen, ist nur über wenige Zufahrtsstraßen erreichbar: von Florenz und dem Mugello aus über den Consuma-Pass oder die SS 556, von der Romagna über den Mandrioli- oder La Calla-Pass und – am bequemsten – von Arezzo durch das zunächst enge Arno-Tal, das sich allmählich weitet. Unsere Route folgt der Hauptstraße von Süden nach Norden mit Abstechern zu den Klöstern La Verna und Camaldoli.

Die dreischiffige romanische **Pieve a Sietina** (Gemeinde Copolona) ist vor allem wegen ihrer Fresken des 16. Jh. sehenswert, seit 1995 aber für mehrere Jahre wegen Restaurierungsarbeiten unzugänglich.

Die **Pieve a Socana** (Abb. S. 31) bei der Ortschaft Pieve Socana ist bereits im Jahre 1056 als Taufkirche erwähnt, der 28 weitere Kirchen unterstellt waren. Eigentümlich der Campanile, oktogonal im oberen und rund im unteren Teil; er ist wohl römischen Ursprungs und diente vielleicht als Wachtturm einer *statio* oder als Signalturm. Bei Ausgrabungen 1972–76 fand man unter der Apsis die breite Freitreppe einer etruskischen Tempelanlage (etwa 6. Jh. v. Chr.), die in römischer Zeit weiterbenutzt wurde. Vor der Apsis wurde ein großer Opferaltar freigelegt. Im rechten Seitenschiff hat man das Fußbodenniveau einer ca. 50 cm tiefer liegenden frühmittelalterlichen Kirche (8. Jh.) mit drei Apsiden ausgegraben, zu der u. a. eine Säulenbasis und ein Altar gehören. Auch wenn keine Kirche aus früh-christlicher Zeit nachgewiesen werden konnte, ist doch mit einer Kontinuität dieses Kulturorts von etruskischer Zeit bis in die Gegenwart zu rechnen.

Bibbiena

Der lebendige Ort ist das wirtschaftliche Zentrum des Casentino. Im Mittelalter war er im Besitz der Bischöfe von Arezzo und gelangte 1360 in florentinische Hand. Erhalten blieben einige Renaissancepaläste, darunter der **Palazzo Dovizi** (Via Dovizi 26), Familienpalast der Familie Dovizi, aus der Kardinal Bernardo Dovizi (genannt Bibbiena, 1470–1520) hervorging. Bibbiena war Sekretär Leos X. und Freund Raffaels. Dem Palast gegenüber befindet sich die Franziskanerkirche **San Lorenzo,** die man 1474 erneuerte. Zu den Ausstattungsstücken im Innern gehören glasierte Terracotta-Retabeln von Andrea della Robbia mit den Wappen von Kardinal Bernardo Dovizi und Papst Leo X.

Im höchsten Teil des Ortes liegen der **Palazzo Pretorio** (14. Jh.), der **Palazzo Comunale** (16. Jh.) und der **Uhrenturm,** der mit einem weiteren Turm zur mittelalterlichen Rocca Tarlati gehörte. Die Kirche **Santi Ippollito e Donato,** auf das 12. Jh. zurückgehend, hat ihre ursprüngliche Struktur durch Restaurierungen zurückgewonnen. Zur Ausstattung gehört ein Triptychon von Bicci di Lorenzo (1435).

Außerhalb liegt das Kloster **Santa Maria del Sasso,** das den Dominikanern von San Marco seit 1468 als Hospiz diente. Nach einem Brand (1486) wurde die Kirche nach Plänen von Giuliano da Maiano erneuert. Vorbild für den tonnengewölbten, einschiffigen Raum mit Querschiff war bis in viele Einzelheiten die Badia Fiesolana (s. S. 217), die man in kleinerem Maßstab weitgehend wiederholte.

Kloster La Verna

Abbazia di La Verna
www.abbazie.com/laverna

Die franziskanische Erinnerungsstätte La Verna liegt 1128 m hoch am Monte Penna inmitten dichter Nadelwälder, ist jedoch von Bibbiena oder Pieve di Santo Stefano aus auf einer gut ausgebauten Straße leicht zu erreichen. Die Mönche errichteten das Kloster »auf dem nackten Felsen zwischen Arno und Tiber« (Dante), auf dem Franziskus von Assisi bereits 1214 eine Einsiedelei gegründet hatte, zu der er mehrmals zurürckkehrte und 1224 die Stigmatisation empfing. Franziskus hatte den Felsen 1213 von Graf Orlando Cattani di Chiusi als Geschenk erhalten. Papst Innozenz IV. unterstellte das Kloster dem Heiligen Stuhl. Eugen IV. übergab es der Kommune von Florenz, die die Wollweberzunft mit der Protektion beauftragte. 1866 kam es zur Auflösung des Konvents. Erst mit den Lateranverträgen 1933 wurde es dem Ordensgeneral der Franziskaner unterstellt. Das Konvent umfasst fünf Kreuzgänge, Dormitorien mit Zellen für über 100 Fratres sowie Refektorien, Hospital, Bibliothek, Wirtschaftsgebäude etc.

Die **Chiesa Maggiore (1),** auch Basilica genannt, war eine Stiftung der Schlossherren von Chiusi, des Grafen Tarlato di Pietramala und seiner Gemahlin Giovanna im Jahr der Pest 1348. Die 1451 weitergeführte Kirche vollendete man erst 1509 aus Mitteln der Florentiner Wollweberzunft. Durch einen Portikus von 1536–38 gelangt man in einen einschiffigen Innenraum mit Querschiff und Seitenkapellen.

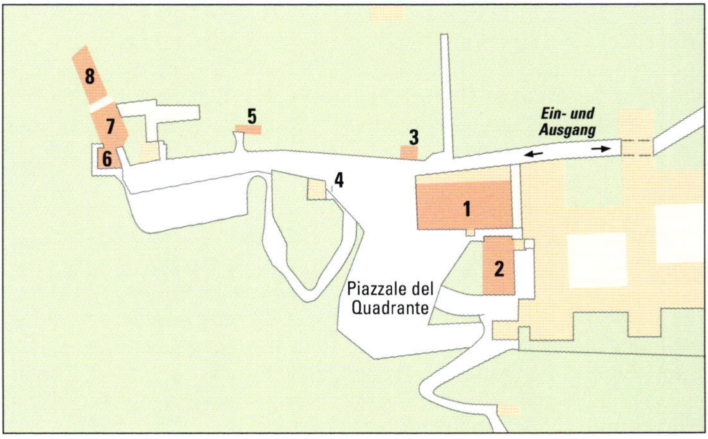

La Verna
1 Chiesa Maggiore
2 Cappella Santa Maria degli Angeli
3 Cappella del Conte Checco
4 Freskierter Korridor
5 Grotte
6 Cappella di San Sebastiano
7 Zelle des San Francesco
8 Chiesa delle Stimmate

Die Terrakotta-Retabeln von Andrea della Robbia (1479 und 1480) zählen zu den schönsten seiner umfangreichen Produktion: im linken Ziborium die ›Verkündigung‹, im rechten die ›Geburt Christi‹. Das Chorgestühl stammt von Baccio d' Agnolo (begonnen 1495).

Die Kapelle **Santa Maria degli Angeli (2)** mit asymmetrischer Vorhalle begann Franziskus selbst um 1216, sie wurde jedoch 1250 und auch später noch verändert und erweitert. Die Fassade schmücken Wappen der Protektoren (Eugen IV., Republik Florenz, Arte della Lana). Im Innern blieb die Grabplatte des Stifters Graf Orlando Cattani erhalten. Die Altäre werden von Terrakotta-Arbeiten des Andrea della Robbia bereichert, gestiftet von der Florentiner Familie Bartolli-Rucellai. Hervorzuheben ist im zweiten, älteren Abschnitt der Kirche das Altar-Retabel der ›Himmelfahrt Mariens‹ (verbunden mit der Gürtelspende an den ungläubigen Thomas) in zurückhaltender Farbgebung, bei der Blau und Weiß dominieren.

Ein freskierter **Korridor (4)** führt zur **Chiesa delle Stimmate (8,** Kirche der Stigmata), in die täglich die Fratres um 15 Uhr zum Gebet ziehen. Sie wurde 1263 als Stiftung des Grafen Simone da Battifolle gestiftet und steht an der Stelle, an der Franziskus das Wunder der Stigmatisation empfing (Stein mit Inschrift im Innern). An der Innenfassade über dem Portal hängt ein Madonnen-Tondo von Luca della Robbia, über dem Hochaltar die ›Kreuzigung Christi mit Heiligen‹ von Andrea della Robbia (wahrscheinlich 1486). Das Chorgestühl zieren Intarsien von 1523. Leider bleibt das Museum nach einem Diebstahl auf unbestimmte Zeit geschlossen.

Blick auf Poppi

Den Arno weiter flussaufwärts

Poppi

Castello
Tel. 0575 50 22 20
www.castellodipoppi.it
Sommer tgl. 10–18 Uhr

Der Ort Poppi konnte sein geschlossenes Ortsbild vorbildlich erhalten (Abb. S. 255). Ausgangspunkt der Besichtigung ist die **Piazza Amerighi** mit der Kirche **Madonna del Morbo,** einem kleinen, 1657 begonnenen oktogonalen Zentralbau mit vorgebautem Portikus. Das Gnadenbild ist vom so genannten ›Pseudo Pier Francesco Fiorentino‹ (der sich stilistisch eng an Filippo Lippi anschloss). Die Via Conte Guidi führt zum **Kastell** der Grafen Guidi (dem späteren Palazzo Pretorio). Das Kastell war Hauptsitz dieser mächtigsten Feudalherren der östlichen Toscana, die sich lange den Expansionsbestrebungen von Florenz widersetzen konnten. Erst 1440, nach der Schlacht von Anghiari, konnte das Territorium der Guidi dem Florentinischen Staat ganz einverleibt werden. Die Anfänge des Kastells gehen auf das 12. Jh. zurück. In der jetzigen Gestalt wurde es seit 1274 errichtet (rechter Teil), sodann 1291 links vom Turm mit zwei Biforienreihen erweitert, wobei gleichzeitig die Höhe angeglichen wurde. Laut Vasari soll der Florentinische Dom- und Stadtbaumeister Arnolfo di Cambio die Pläne dazu geliefert haben, was nicht unwahrscheinlich erscheint, wenn man beobachtet, wie sehr die Fensterformen und Details Arnolfos Palazzo Vecchio in Florenz gleichen. Im Innenhof mit seinen charakteristischen Außentreppen und Laufgängen brachte man zahlreiche Wappen (auch in Majolika) der Florentiner Vikare an. Am Beginn der Treppe – wie auch vor dem Kastell – sieht man das Machtsymbol der Florentiner: der *marzocco,* der Florentinische Löwe. Am Ende der Treppe, im zweiten Obergeschoss, zeigt eine Bildsäule des späten 15. Jh. den mutmaßlichen Bauherren des Kastells, Guido di Simeone di Battifolle. Die kreuzgratgewölbte Kapelle des zweiten Obergeschosses schmücken Fresken von Taddeo Gaddi: ›Johannes der Evangelist erweckt Drusiana‹, ›Himmelfahrt des Evangelisten‹, ›Geburt Johannes des Täufers‹, ›Gastmahl des Herodes‹. Die Bibliothek des Kastells besitzt 519 Manuskripte und 784 Inkunabeln.

Taddeo Gaddis Fresko ›Die tanzende Salome‹ aus dem ›Gastmahl des Herodes‹ in der Kapelle des Kastells

Zurückgekehrt zur Piazza Amerighi, führt die beiderseitig von Laubengängen gesäumte Via Cavour zur ehemaligen Vallombrosaner-Abteikirche **San Fidele** (jetzt Pfarrkirche), 1185–95 erbaut, doch mehrfach umgestaltet und 1928–34 wenig befriedigend restauriert. Als Campanile dient ein ehemaliger Wehrturm der Stadtbefestigung. Das gemalte Kruzifix über dem Hauptaltar ist wahrscheinlich ein Werk in der Nachfolge des Guido da Siena aus dem späten 13. Jh.

Camaldoli

Die Abtei und Einsiedelei Camaldoli sind von Poppi (ca. 15 km) und von Bibbiena aus (über Serravalle) zu erreichen. Das Gebiet um Camaldoli war – so die Überlieferung – ein Geschenk des Grafen Maldolo an den Hl. Romuald (Camaldoli bedeutet angeblich Cà Máldoli,

Haus des Maldolo). Wahrscheinlich war es jedoch Bischof Teobaldo von Arezzo, der dem Heiligen das Land einschließlich des kleinen Kastells Fontebuona gestiftet hatte. Romuald (um 952–1027) war zunächst Mönch im Kloster Sant' Apollinare in Classe bei Ravenna, führte später ein Einsiedlerleben bei Venedig, floh von dort mit dem Dogen Pietro Orseolo und lebte sodann in den Pyrenäen in einer Gemeinschaft von Einsiedlern. Um 987 kehrte Romuald nach Italien zurück. Überzeugt davon, dass das Mönchswesen erneuerungsbedürftig sei, reformierte er mehrere Klöster und Einsiedeleien und gründete schließlich Camaldoli, das Mutterkloster der Camaldulenser. Diese befolgten die Regeln des Hl. Benedikt, doch in einer strengeren, am Eremitenleben orientierten Auslegung. Die ersten Mönche lebten zunächst ausschließlich in der höher gelegenen Einsiedelei (in Eremo di Camaldoli). An der Stelle der heutigen großen Klosteranlage, bei der Quelle **Fontebuona,** ließ Romuald für Pilger, Gäste und Kranke ein Hospiz erbauen. Später erst kam ein Konvent hinzu, in dem bis zu 100 Mönche lebten. Zweimal brachen Brände aus (1203 und 1276), mehrmals wurde das Kloster geplündert. Seine Glanzzeit erlebte Camaldoli zur Zeit der Frührenaissance, als sich florentinische Humanisten um Lorenzo de' Medici hierher zurückzogen, um philosophische Gespräche zu führen. Zeugnis davon geben die von Cristoforo Landino verfassten ›Disputationes Camaldulenses‹ (1480). Bekannt wurde Camaldoli auch durch die 1520 gegründete Druckerei.

Die Einsiedelei Eremo di Camaldoli umfasste anfangs nur fünf Zellen und ein kleines Oratorium. Heute gehören zur Eremitage 20 kleine Häuser, jeweils mit Schlafzimmer, Studierstube, kleiner Kapelle, Vorratsschuppen und Gemüsegärtchen. Die Mönche verließen ihr Haus nur zur Messe und zum Chorgebet, dies allerdings mehrmals am Tag

Zur Straße hin liegt die lange Front des Gästetraktes. Dahinter der so genannte **Kreuzgang** des Grafen Maldolo: ein quadratischer Hof mit romanischen Säulen- und Pfeilerportiken, die jedoch aufgrund ihrer Kapitellformen nicht dem 11. Jh., sondern dem 13. Jh. angehören. Von hier aus hat man Zugang zur **Cappella dello Spirito Santo,** ebenfalls 13. Jh., und einem zweiten Kreuzgang **(Chiostro dei Fanciulli)** mit schlanken Säulen aus dem 15. Jh. Die Kirche **Santi Donati e Ilariano** wurde 1509–24 an der Stelle des ursprünglichen Baus des 11. Jh. erneuert. Das barockisierte Innere zeigt Fresken von Santo Pacini, um 1776, und mehrere Altargemälde von Giorgio Vasari (1538–40).

Etwa 6 km weiter, auf einer Höhe von 1104 m, liegt inmitten von dichten Wäldern die ursprüngliche, vom Hl. Romuald gegründete Einsiedelei **Eremo di Camaldoli.** In einigen der Häuser haben sich auch Gäste vorübergehend aufgehalten, darunter Franz von Assisi und Karl Borromäus. Zu besichtigen ist das Haus des Hl. Romuald. Die Kirche San Salvatore ist ebenfalls eine Gründung Romualds. Sie wurde mehrfach erneuert, zuletzt zur Zeit des Barock.

Romena und Umgebung

Zweigt man vom Arno in Richtung Castel San Niccolò ab, trifft man in der Ortschaft **Strada** auf die **Pieve di San Martino a Vado.** Sie wurde um 1170–80 errichtet, 1745 barockisiert, dann aber 1971 in ursprünglicher Gestalt weitgehend wiederhergestellt. Die sehr vereinfachten figürlichen Kapitelle mit ionischen Voluten ähneln denen von Stia und Romena.

Die **Pieve di San Pietro** in **Romena** ist die architektonisch interessanteste Kirche des Casentino (Schlüssel im Haus gegenüber). Die basilikaartige Kirche mit drei gestaffelten Schiffen (ohne Obergadenfenster) und einer einzigen Apsis wurde 1152 an der Stelle einer früheren Kirche erbaut. »Im Hungersjahr 1152 schuf Pfarrer Albericus diesen Bau«, lautet die Inschrift auf einem Kapitell. 1678 wurde die Kirche im Westen um zwei Joche gekürzt. Sie zählt zu einer Gruppe von Kirchen des Casentino, die statt rechteckiger oder runder Stützen antikisierende Säulen mit Entasis (Schwellung), Sockel und Basis besitzen. Bei San Pietro enden die Seitenschiffe in kleinen, tonnengewölbten Räumen, die letzten Langhausarkaden sind kleiner. Der Apsis sind innen und außen zwei Reihen von Blendarkaden vorgelegt (die sich im Außenbau auch an den Stirnwänden der Seitenschiffe) fortsetzen. Dies verleiht den klaren Grundformen eine plastische Belebung wie sie in toscanischen Landkirchen selten anzutreffen ist.

Kapitel in der Pieve San Pietro

Wie sich an den ausdrucksstarken, grob bearbeiteten Kapitellen und einigen architektonischen Details ablesen lässt, schuf dieselbe Gruppe von Steinmetzen drei weitere Kirchen des Casentino: in Stia, Strada und Montemignaio. Die Steinmetze waren aber auch am Bau von Gropina beteiligt (Kapitelle der rechten Säulenreihe). Vermutlich handelt es sich um eine lombardische Bautruppe, die auf ihren Wanderungen auch durch die Auvergne und benachbarte französische Landschaften zog (Salvini). Grabungen haben gezeigt, dass der Vorgängerbau des 8. oder 9. Jh. drei Apsiden besaß. Von diesem Bau wurde die rechte Außenwand und ein Teil der linken Wand beim Neubau beibehalten.

Das **Castello di Romena** dominiert einen Hügel, der bereits in etruskischer und römischer Zeit besiedelt war. Erbaut wurde es um 1000 von den Grafen Guidi. 1357 erwarben es die Florentiner, bevor es im 20. Jh. in Privatbesitz überging. Von den 14 Türmen und drei Mauerringen blieben nur wenige erhalten, so der Bergfried, der Gefängnisturm, ein Torturm und Teile einer Umfassungsmauer.

Stia

Das benachbarte Stia zeichnet sich durch ein geschlossenes Ortsbild aus. An der zentralen von Laubengängen gesäumten, lang gestreckten Piazza Tanucci verbirgt sich hinter einer klassizistischen Fassade des 18. Jh. die romanische **Pieve di Santa Maria Assunta.** Die Seitenschiffe der 1160 errichteten Pieve wölbte man vermutlich erst 1636 ein. Die Säulen mit Basen und Entasis, der Kapitellschmuck und andere Einzelheiten weisen auf die Urheberschaft derselben Steinmetze hin, die auch die Pieve von Romena gebaut haben. Oberhalb des Ortes liegen die **Ruinen des Kastells von Porciano,** das zu den Besitztümern der Guidi gehörte.

Über die Straße nach Londa gelangt man nach ca. 4 km zur Kirche **Santa Maria delle Grazie,** einem zierlichen Bau der Frührenaissance, der einst zur Fattoria des Ospedale Nuovo Fiorentino gehörte. Hinter der Kirche befindet sich ein kleiner zweigeschossiger Kreuzgang, ebenfalls aus der Zeit der Frührenaissance.

Castello di Porciano
Stia
Tel. 0575 58 26 35
www.castellodi porciano.com
Mai–Okt. So/Fei 10–12, 16–19 Uhr; sonst nur n. V.

Val Tiberina

Monterchi

Bei einer Fahrt ins Obere Tiber-Tal sollte man den kleinen Ort Monterchi auf einem Hügel im Cerfone-Tal nicht links liegen lassen. Er wurde durch ein einziges Werk zum Wallfahrtsort der Kunst: Piero della Francescas ›**Madonna del Parto**‹. Man entdeckte das Fresko 1888 in der Friedhofskapelle von Monterchi. 1992 wurde für das Werk in einem ehemaligen Schulgebäude ein kleines **Museum** im Ortszentrum eingerichtet. Und dort soll es nach dem Willen der Bewohner auch bleiben. Das Denkmalamt hingegen möchte die Madonna wieder in die Kapelle zurückbringen, auch wenn diese nicht mehr die alte ist; nach einem Erdbeben Anfang des 20. Jh. musste sie erneuert werden. Dann würden wie früher wieder schwangere Frauen die Madonna aufsuchen und um Beistand bitten. Es handelt sich nämlich, wie der Name Madonna del Parto besagt, um eine Madonna der Niederkunft.

Museo Madonna del Parto
Via Reglia 1
Monterchi
Tel. 0575 707 13
www.comune monterchi.it
tgl. April–Sept. 9–19, Okt. 9–13, 14–19, Nov.–März 9–13, 14–17 Uhr

Die Madonna steht im Zentrum des Freskos, unter dem Zeltbaldachin, den Engel vor ihr öffnen. Und dennoch entzieht sie sich dem Kultbildhaften, indem sie nicht in strenger Frontalität dargestellt wird. Sie ist leicht zur Seite gedreht, wodurch sich deutlich ihr schwangerer Zustand zeigt. Sie schaut den Betrachter nicht direkt an, stattdessen stellen die Engel den Blickkontakt her. Keineswegs ist sie eine unnahbare Kultfigur in den Gewändern einer Königin, vielmehr eine junge Frau vom Land, die ihren linken Arm in die Hüfte stemmt. Ihr einfach geschnittenes blaues Gewand ist bar jeglicher Zierformen. Allein ihr Zelt ist im Innern mit Pelz besetzt. Und dieser dient weniger der Magd des Herren als der ›Frucht ihres Bauches‹.

Die Schwangeren, die zu dieser Madonna pilgerten, konnten sich mit einer Frau ihresgleichen identifizieren, während die Madonna gleichzeitig eine Verbindung zu Gott schuf, indem ihr werdendes Kind Christus, der Erlöser ist. Wie stets bei Piero della Francesca entsteht eine Spannung zwischen dem alltäglich Erfahrbaren und der Welt des Idealen und Sakralen. So verwendet er auch hier einen anachronistischen Bedeutungsmaßstab: Die Engel sind deutlich kleiner, ihre Umrisse vollkommen symmetrisch. Der Künstler konnte hierzu dieselbe Schablone seitenverkehrt wiederverwenden. So wird ihre Individualität auf heraldisch wirkende Gebärdefiguren reduziert.

Anghiari

Museo Taglieschi delle Arti e Tradizioni Popolari
Piazza Mameli 16
Tel. 0575 78 80 01
www.anghiari.it
Mo–Sa 9–18, So/Fei 10–19 Uhr

Mittelalterliche Häuser und einige Renaissancepaläste bestimmen das Bild von Anghiari, das bekannt wurde durch die gleichnamige Schlacht bei der 1440 Florenz die milanesischen Visconti besiegte und sich damit die Herrschaft über die östliche Toscana sicherte.

In der Pfarrkirche **Santa Maria delle Grazie** (17. Jh.) findet man ein Abendmahl-Gemälde von Antonio Sogliani (1531) und eine Madonnen-skulptur aus Holz von Tino di Camaino, 1316. Im Palazzo Taglieschi wurde ein **Museum** eingerichtet, das sich auf die Volkskupltur des oberen Tiber-Tals (darunter eine Holzskulptur von Jacopo della Quercia) konzentriert. Außerhalb der Ortschaft liegt die Kirche **Santo Stefano,** ein Ziegelsteinbau auf quadratischem Grundriss, der wahrscheinlich in der Zeit der Herrschaft von Byzanz, im 7/8. Jh., errichtet wurde.

Sansepolcro

Sansepolcro ★
Besonders sehenswert: Museo Civico

Nach der Überlieferung bildete sich der mittelalterliche Borgo um ein 934 gegründetes Oratorium zur Aufbewahrung von Reliquien, die Pilger vom Heiligen Land mitgebracht hatten. *Borgo Sansepolcro,* wie der Ort lange hieß, erlangte die Kommunalfreiheit, wurde dann seit dem 14. Jh. in Folge von den della Faggiuola, den Tarlati, der Stadt Perugia, von Città di Castello und vom Kirchenstaat beherrscht. 1441

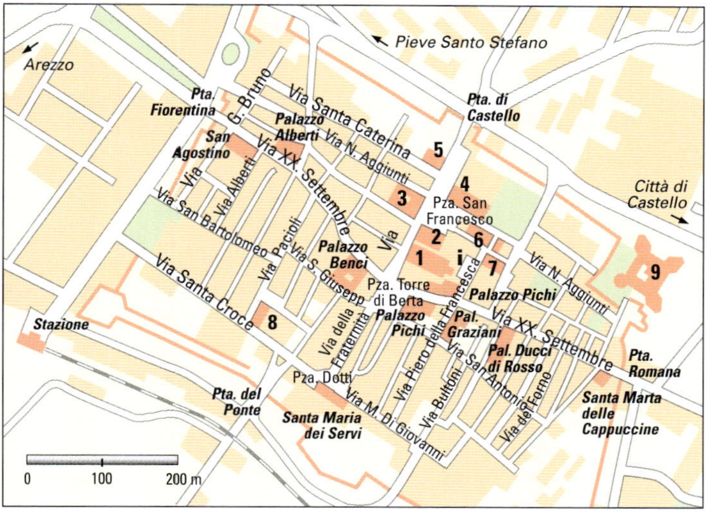

Sansepolcro

1 Dom
2 Palazzo delle Laudi
3 Museo Civico
4 San Francesco
5 Santa Maria delle Grazie
6 Casa di Piero della Francesca
7 Oratorio San Rocco
8 San Lorenzo
9 Fortezza Medicea

erwarb Florenz den Ort für 25 000 Gulden. Zwischen 1415 und 1420 wurde hier Piero della Francesca, einer der großen Maler der Frührenaissance, als Sohn eines Schuhmachers geboren.

Dom und Palazzo delle Laudi

Der **Dom (1)** wurde im frühen 14. Jh. errichtet. An seiner Stelle stand eine 1002 von Camaldulensern begonnene Abteikirche. Als im Jahre 1515 Sansepolcro einen Bischofssitz erhielt, erhob man die Kirche zur Kathedrale und gestaltete sie von 1583 bis 1859 mehrmals um. Der heutige, etwas nüchtern wirkende Innenraum ist das Ergebnis einer Restaurierung von 1936–45, die das spätromanische Aussehen des frühen 14. Jh. wiederzugewinnen versuchte.

Bedeutendes Werk der Ausstattung ist das überlebensgroße **Holzkruzifix** in der linken Chorkapelle. Wie bei anderen frühen Kruzifixen ist es äußerst schwierig, Entstehungszeit und Herkunftsland zu bestimmen. Der Typus entspricht dem Volto Santo in Lucca (S. 108). Doch ist es wahrscheinlich älter als dieser. Nach neuerer Forschung wurde der Volto Santo 1179 von Lucca nach San Sepolcro transferiert. Demnach ist das Werk in Lucca ein Kopie des Originals in San Sepolcro, das zwischen 904 und 1019 zu datieren ist. Christus ist mit einer gegürtelten Ärmeltunica bekleidet, was als königliches Gewand in Anspielung auf den Weltenrichter am jüngsten Tag zu interpretieren ist. Die bei der Restaurierung von 1989 freigelegte Farbfassung (über Leintuch und Gips) stammt aus dem 12. Jh., ist also nicht ursprünglich.

Links vom Dom schließt sich der 1595 begonnene **Palazzo delle Laudi (2)** mit stattlichem Innenhof (ab 1609) an, der sich durch drei

Loggiengeschosse auszeichnet. Der heutige Sitz der Gemeindeverwaltung wird nach der Compagnia delle Laudi (*laudi* = Lobpreisungen) benannt, die hier ihren Sitz hatte und zugleich ein Pfandhaus unterhielt. Der Portikus diente als bedeckter Markt. Vorbild für die zeittypischen hohen Arkaden war Vasaris Loggia in Arezzo.

Museo Civico (3)

Im Museo Civico (im ehemaligen Palazzo Comunale) beanspruchen die **Werke von Piero della Francesca** in der **Sala della Resurrezione** unser Hauptinteresse. Das Polyptychon ist Pieros ältestes erhaltenes Werk, entstanden für die Bruderschaft Santa Maria della Misericordia, die sich als zentrale Tafel eine ›Madonna della Misericordia‹ (Schutzmantelmadonna) wünschten. Der Vertrag wurde 1445 geschlossen. Erst 17 Jahre später, 1462, dürfte das Werk vollendet gewesen sein. Nach Auflösung der Bruderschaft wurden die einzelnen Teile getrennt. Der langen Entstehungszeit entsprechend sind stilistische Unterschiede unverkennbar, vor allem zwischen den Heiligen auf der linken Bildseite (Sebastian und Johannes der Täufer) und den später entstandenen Figuren auf der rechten Seite (Johannes der Evangelist und Bernhardin von Siena, der erst im Jahre 1450 heilig gesprochen wurde), die durch eine andere Maltechnik weicher und plastischer wirken. Die Verwendung von Öl als Bindemittel, mit dem Piero noch wenig Erfahrung hatte, führte zur schnellen Trocknung und damit Bildung von Krakelüren. Für die Predellen-Tafeln und die äußeren Heiligentafeln versicherte sich Piero der Hilfe eines Mitarbeiters.

Piero hat versucht, den wohl von der Bruderschaft gewünschten Goldgrund mit den neuen künstlerischen Vorstellungen von Bildraum, Volumen der Figuren und Zentralperspektive zu verbinden. Die Schutzsuchenden sind in einem räumlich gesehenen Kreis angeordnet, der dem Rund des Abschlussbogens der Tafel entspricht. So trägt die Anordnung der Figuren zusammen mit dem sich verjüngenden dunklen Marmorsockel dazu bei, den Bildraum zu schaffen. In der bekrönenden Kreuzigungstafel wenden sich Maria und Johannes dem Gekreuzigten zu und schaffen dadurch einen Bildraum, den sie mit ausdrucksstarken Gebärden füllen. Einen solchen Bildraum gab es auch noch nicht bei Masaccio, obwohl sich Piero hier deutlich vor Masaccios Kreuzigungstafel im Neapler Museo Capodimonte verneigt.

Museo Civico
Via Aggiunti 65
Tel. 0575 73 22 18
www.museo sansepolcro.it
tgl. 9.30–13.30, 14.30–18 Uhr; 16. Sept.–14. Juni 9.30–13, 14.30–18 Uhr

Der in der linken Gruppe zuhinterst kniende Gläubige, der seinen Kopf stark nach hinten neigt, wird als ein Selbstbildnis Pieros gesehen. Im Rotgekleideten sieht man ein Bildnis von Giovanni Bacci, dem Auftraggeber der Fresken der Kreuzlegende in Arezzo.

Das Fresko der ›**Auferstehung Christi**‹ schuf Piero della Francesca um 1460 wahrscheinlich für diesen Raum, zumindest aber für diesen Kommunalpalast. Christus steht hier nicht wie gewöhnlich im geöffneten Grab, er entschwebt diesem auch nicht, sondern verharrt in beherrschender Pose als Sinnbild der Überwindung des Tods. Die Kraft des Ausdrucks gelingt Piero nicht nur durch die streng aufrechte Haltung und den unerschütterlichen Blick Christi, sondern auch durch seine Platzierung exakt in der Mittelachse des Bildes. Dies verleiht der gesamten Komposition Stabilität. Im Gegensatz dazu stehen die divergierenden Körperachsen der Wächter: drei schlafend, in jeweils verschiedener Position, der vierte, vom Wunder der Erscheinung ergriffen, zu Boden stürzend.

Das Bild hat zwei perspektivische Fluchtpunkte: die schlafenden Wächter sind in leichter Untersicht dargestellt, Christus hingegen in strenger Frontalität. Verbunden sind die fünf Gestalten durch die Bildkomposition. Man erkennt ein Dreieck, dessen Spitze im Haupte Christi liegt. Wenn dieses sich wenig aufdrängt, so deshalb, weil es von anderen Dreiecksformen überlagert wird, jeweils mit der Basis an der Bildunterkante: Eines ergibt sich aus den Bilddiagonalen und hat seine Spitze im Bereich des Nabels Christi. Ein weiteres Dreieck bilden die Umrisslinien der Arme Christi und kulminiert im Kreuz der Fahne. Die Bildgeometrie ist bei Piero nie Selbstzweck. Sie hat entscheidenden Anteil an der inhaltlichen Aussage, in diesem Fall, indem sie dem Bild einen Höhenzug verleiht, der dem Thema der Auferstehung entspricht. Die Gestalten allerdings verharren in der für Piero unverwechselbaren unbeweglichen Art. Dabei wird Christus nicht als der soeben aus dem Grab Auferstehende gezeigt, er gleicht vielmehr einer Statue des Auferstandenen.

Die Bäume des Hintergrunds sind auf der linken Bildseite kahl, rechts dagegen grün belaubt: In der winterlich abgestorbenen und frühlingshaft erwachenden Natur wiederholt sich der Gegensatz zwischen Tod und Auferstehung. Piero zeigt kein Interesse an klassisch-hellenistischen Vorbildern, indem er etwa eine der damals bekannten antiken Skulpturen zitiert. Die Schwerelosigkeit Christi erinnert an archaische Statuen. Zugleich kennzeichnen Christus irdische Züge, die weder aus der Antike ableitbar sind noch dem überlieferten gotischen Schönheitsideal entsprechen. Bei Piero bedeutet Schönheit nicht Vornehmheit oder Zierde (etwa im Sinne der höfischen Gotik), sondern Einfachheit und Regelmäßigkeit der Formen: Eine Formenschönheit, wie sie auch von den Neoplatonikern und in den zeitgenössischen Kunsttheorien erhoben wurde. So ist dieses Fresko mehr als die Darstellung eines christlichen Glaubensinhalts und der damit verbundenen Erneuerung des Lebens im Bild der wieder erwachenden Natur. Die formale Gestaltung – das Geistige der Komposition, die Regelmäßigkeit und Schönheit der Einzelformen – lässt diese ›Auferstehung‹ zu einer Synthese von christlichem Denken und Humanismus werden und ist darin zugleich ein Symbol der Erneuerung der Künste zur Zeit der Renaissance. Aldous Huxley mag diese exemplarische Bedeutung mitgesehen haben, als er die ›Auferstehung‹ das »schönste Gemälde der Welt« bezeichnete. Für die Stadt des ›Heiligen Grabes‹, für Sansepolcro, wurde dieses Fresko ihres Kommunalpalasts zum Stadtwappen.

Die Madonna des Polyptychons von Piero della Francesca im Museo Civico steht unbeweglich wie ein archaisches Kultbild. Sie ist mehr als doppelt so groß wie die Gläubigen vor dem Goldgrund und breitet ihren schützenden Mantel aus, der die Knienden wie eine große muschelförmige Nische umfängt

Von Piero della Francesca stammt auch das erst 1954 entdeckte Freskenfragment eines Heiligen, wahrscheinlich des Julianus. Wie auch ein Engel in San Francesco in Arezzo erinnert der Ausdruck dieses Heiligen an spätantike bzw. frühchristliche Bildnisse. Im selben Saal stellt man auch Chorgestühl aus der Kirche San Francesco (zweite Hälfte 15. Jh.) aus. Die Intarsien wurden mit perspektivischen Studien von Piero della Francesca in Verbindung gebracht (Salmi).

Andere beachtenswerte Werke des Museums: ein weiteres Polyptychon mit der **›Auferstehung Christi‹**, ein sienesisches Werk des 14. Jh. in der Nachfolge der Brüder Lorenzetti. Die mittlere Tafel hatte Piero della Francesca vor Augen, als er sein Auferstehungsfresko im Museo Civico schuf. Weiterhin findet man eine Votivtafel mit einer Ansicht von Sansepolcro (einschließlich der Festungsanlage) von der Bruderschaft ›del Crocefisso‹. Die Inschrift weist auf eine überstandene Pest und eine Pilgerfahrt nach Loreto hin. Die Bestimmung eines romanischen Steinfrieses mit Adler, Fabelwesen und Kriegern, ist nicht bekannt (um 1200–1230). Ein Prozessionsbanner von Luca Signorelli, um 1505, zeigt auf der einen Seite die Kreuzigung Christi, auf der Gegenseite die Heiligen Eligius und Antonius Abbas mit den knienden Mitgliedern der Antoniusbruderschaft.

Weitere Sehenswürdigkeiten

Die Kirche **San Francesco (4)** wurde 1258 erbaut. Vom ursprünglichen Bau stammt noch die Fassade mit Portal und dem erneuerten Rundfenster. Das Innere wurde 1764 barockisiert. Von der früheren Ausstattung blieb nur der gotische Sandsteinaltar von 1304 erhalten. Man beachte den Campanile, den Piero della Francesca u. a. auf dem Fresko der ›Erprobung des Heiligen Kreuzes‹ in Arezzo wiedergab. Auch **Santa Maria delle Grazie (5)**, begonnen 1518, wurde im Innern umgestaltet (1899). Das Altarbild ›Madonna delle Grazie‹ (mit einer Ansicht von Sansepolcro) ist von Raffaellino del Colle.

Die **Casa di Piero della Francesca (6)** war nicht (wie man lange annahm) das Geburtshaus des Malers, sondern dessen Wohnhaus, das der recht begüterte Künstler vielleicht sogar nach eigenen Plänen für sich erbauen ließ. In einigen Details (Portalumrahmung) erinnert er an Michelozzos Palastbauten, während die prachtvolle Pilasterumrahmung der Obergeschossfenster an den Palazzo Ducale in Urbino denken lässt (›*facciata ad ali*‹ von Francesco di Giorgio Martini). Im **Oratorio San Rocca (7)** steht eine Kopie vom Heiligen Grab Albertis in San Pancrazio, Florenz. Die Kirche **San Lorenzio (8)** überrascht mit einem Altargemälde von Rosso Fiorentino: ›Die Beweinung Christi‹ von 1527/28.

Die **Fortezza Medicea (9)** wurde in der ersten Hälfte des 16. Jh. – möglicherweise nach Plänen von Giuliano da Sangallo – unter Einbeziehung einer älteren Festung des 14. Jh. errichtet.

Valdichiana

Karte S. 266
Cityplan Cortona S. 268

Castiglion Fiorentino

Der Beiname Fiorentino mag im Gebiet von Arezzo erstaunen. Tatsächlich hieß der Ort im Mittelalter Castiglion Fiorentino, als er noch im Besitz von Arezzo war, Castilione Aretino, und wurde 1345 nach der Einnahme durch Perugia zu Castiglion Perugino. Nachdem er kurze Zeit dem Kirchenstaat und erneut Arezzo unterstellt war, erhielt er mit der Einnahme durch Florenz 1384 seinen heutigen Namen.

In der gut erhaltenen Altstadt, an der zentralen Piazza del Municipio, gewährt die sogenannte **Loggia Vasaris** (zweite Hälfte 16. Jh.) einen Ausblick auf die Valdichiana. Gegenüber steht der **Palazzo Comunale** vom Anfang des 16. Jh., der 1935 weitgehend erneuert wurde. Rechts davon führt eine Straße hoch zum **Cassero**, einem mehrfach umgebauten Stadtpalast mit einem Wehrturm des 12. Jh., der der Stadtsilhouette einen besonderen Akzent verleiht. Er ist Sitz der kleinen, aber sehenswerten **Pinacoteca**. Zum Bestand gehören Werke aus San Francesco und der Collegiata, u. a. ein Tafelkreuz des 13. Jh. von einem unbekannten Meister aus Arezzo, eine Franziskus-Tafel aus der Werkstatt des Margaritone d' Arezzo (um 1280), eine ›Madonna mit Kind‹ von Taddeo Gaddi und die ›Stigmatisation des Hl. Franziskus‹, ein Hauptwerk von Bartolomeo della Gatta von 1486. Ferner eine gotische Reliquienbüste aus vergoldetem Silber der Hl. Ursula sowie ein französisches Kreuzreliquiar. Es ist geplant, dem Museum etruskische Funde aus jüngeren Grabungen in der Umgebung anzugliedern.

Pinacoteca Comunale
Via del Tribunale 8
Tel. 0575 65 74 66
April–Sept. Di–So 10–12.30, 16–18.30, Okt.–März 10–12.30, 15.30–18 Uhr

Castiglion Fiorentino, Pinacoteca Comunale: Links die ›Madonna mit Kind‹ von Taddeo Gaddi, rechts die ›Stigmatisation des Hl. Franziskus‹ von Bartolomeo della Gatta

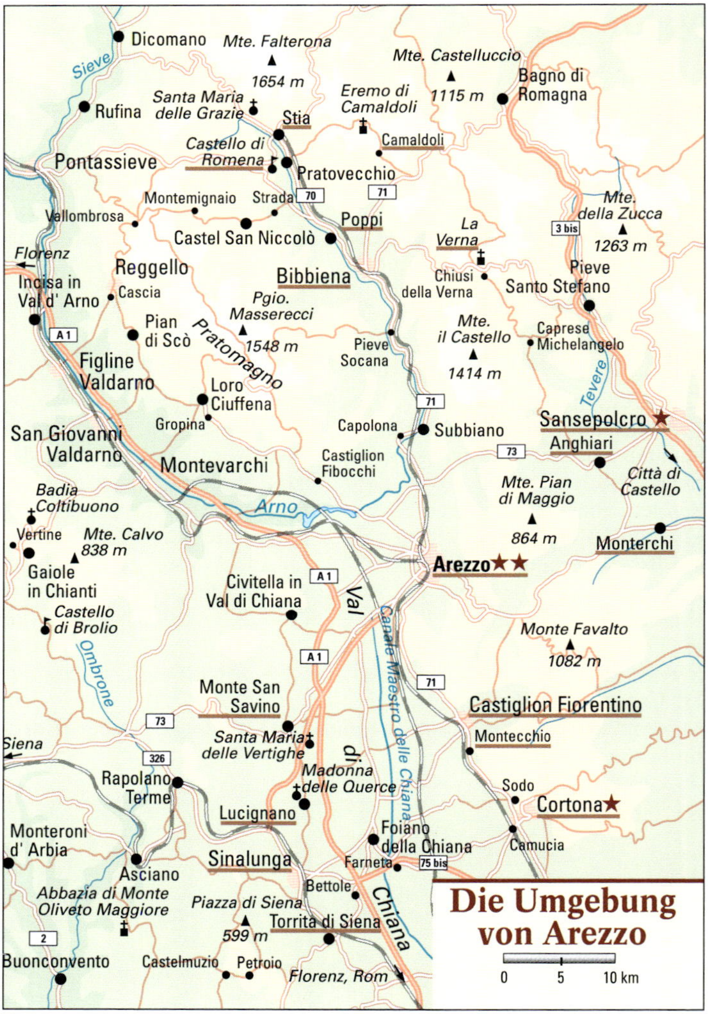

Die Umgebung von Arezzo

Von der Piazza del Comune führt die Via San Michele und der links abgehende Vicolo del Repente zur **Piazza della Collegiata**, die von drei Kirchen umstanden wird: der Collegiata, einem klassizistischen Bau des 19. Jh. mit Altargemälden von Bartolomeo della Gatta, Segna di Bonaventura, Lorenzo di Credi sowie einer ›Verkündigung‹ der della Robbia, der Pieve von 1451 mit einem Fresko von Signorelli (1483) und Il Gesù, einem barocken Oratorium des 17. Jh. Über den Corso Italia gelangt man zur Porta Fiorentina und vorab rechts zur Kirche San Francesco aus der zweiten Hälfte des 13. Jh. Unterhalb der Stadt, in der Ebene, liegt die Wallfahrtskirche Madonna della Consolazione, ein Zentralbau, der angeblich nach Plänen von Antonio da Sangallo d. J. 1565–1608 errichtet wurde. Das wundertätige Muttergottesbild brachte man mit Luca Signorelli in Verbindung.

Das gut erhaltene **Castello di Montecchio Vesponi** (nach 3 km an der Landstraße SS 71 nach Cortona) ist in seiner jetzigen Gestalt aus dem 13. Jh., doch seit dem 11. Jh. dokumentiert als Besitz der Aretiner Familie Guisponi, die sich später Vesponi nannte. Es fiel im späten 14. Jh. in die Hand der Florentiner, die es ihrem verdienstvollen Condottiere John Hawkwood als Lehen übertrugen.

Cortona

Cortona ★
Besonders sehenswert: Museo dell' Accademia Etrusca, Museo Diocesano, Madonna del Calcinaio, Etruskische Gräber

APT
Via Nazionale 42
Tel. 0575 63 03 52
www.cortonaweb.net, www.comunedicortona.it/cultura

An der Grenze zu Umbrien liegt Cortona an einem Hang des Gebirgszugs, der das Chiana- vom Tiber-Tal trennt. Von dieser alten Etruskerstadt genießt man einen einzigartigen Blick auf das Chiana-Tal. Er reicht bis Sinalunga und Monte San Savino, bis zum Trasimenischen See und zum Amiata-Berg.

Im 7. Jh. v. Chr. auf ursprünglich umbrisch besiedeltem Gebiet gegründet, zählte Cortona zu den bedeutendsten Zentren des etruskischen Stammlands, wohl ohne – wie auch Fiesole – dem Zwölferbündnis anzugehören. Von der Etruskerstadt zeugen, außer Fundstücken des Archäologischen Museums, auch noch die gut erhaltenen Mauern (2600 m) des 4. Jh. v. Chr. und Gräber der Umgebung.

310 v. Chr. schloss Cortona gemeinsam mit Perugia und Arezzo einen 30-jährigen Frieden mit Rom. Während des Bundesgenossen-Kriegs, 89 v. Chr., erhielten die Cortonesen, wie alle Bewohner Italiens, das römische Bürgerrecht. Die Römerstadt erlangte nicht die Bedeutung von Arezzo, Fiesole, Lucca oder Florenz. Dies kommt auch darin zum Ausdruck, dass sie keinen Bischofssitz erhielt.

Nach dem Untergang des Weströmischen Reichs erlitt Cortona das Schicksal des übrigen Etrurien. 450 n. Chr. wurde es von den Goten zerstört. Sie wird bis ins 11. Jh. in keinem Dokument erwähnt. Ende des 12. Jh. gelangten die Bürger zur politischen Autonomie. Der Ort geriet 1258 für drei Jahre unter die Herrschaft von Arezzo. 1325, als Cortona eine Diözese erhielt, übernahmen die Casali die Stadtherrschaft. 1409 verkauften sie ihren Besitz an den König von Neapel, der ihn 1411 gegen eine hohe Summe, 60 000 Gulden, an Florenz weitergab. 1538 wurde Cortona dem Herzogtum Toscana eingegliedert.

Zentrum der Stadt ist die Piazza della Repubblica, zugleich Ausgangspunkt für die Besichtigungsgänge, die immer wieder zu dieser Piazza zurückführen. Neben dem weitgehend gut erhaltenen Ortsbild, dem Blick von der Fortezza in die Valdichiana sind die Museen Hauptattraktion des Orts. Der **Palazzo Comunale (1)** an der Piazza della Repubblica wurde vermutlich im frühen 13. Jh. begonnen (erste Erwähnung 1236), und zwar mit dem rechten Teil, dessen Untergeschoss durch die spätere Freitreppe verdeckt wird. Indem man die Via Roma überbrückte, erweiterten die Bauherren den Palast im 14. Jh. nach links. 1509 setzte man den Turm auf und stockte das Gebäude auf, um dann im späteren 16. Jh. die Fenster zu verändern. Zu eingreifenden Restaurierungsarbeiten kam es 1896. Die noch heute vom Gemeinderat benutzte, auf das 13. Jh. zurückgehende, im 19. Jh. historisierend veränderte Sala del Consiglio (Ratssaal) kann besichtigt werden.

Der **Palazzo del Popolo (2)** auf der gegenüberliegenden Platzseite war ehemals Sitz des Capitano del Popolo. 1267 errichtet, wurde er mehrfach, insbesondere 1514, umgebaut.

Palazzo Casali (3)

Museo dell' Academia Etrusca e della Città di Cortona

Tel. 0575 63 04 15
www.cortonamaec.org
April–Okt. tgl. 10–19 (Nov.–März bis 17) Uhr, Mo geschl. außer Fei
Hier Infos zum Archäologischen Park (in Vorbereitung)

Der Palazzo Casali (früher: Palazzo Pretorio) an der Piazza Signorelli ist nach dem Geschlecht der Casali benannt, die 1325 die Stadtherrschaft über Cortona übernahmen. Nachdem Cortona 1411 zu Florenz und später zum Großherzogtum Toscana gelangt war, kam es 1613–1621 zur Erweiterung und Modernisierung des Palastes, der als Verwaltungszentrum diente. In dieser Zeit entstand auch die Fassade, während die rechte Flanke älter ist.

Der Palast ist Sitz der Accademia Etrusca, einer renommierten, bereits 1727 gegründeten Institution, zu deren korrespondierenden Mitgliedern Montesquieu und Voltaire zählten. Das der Akademie angeschlossene **Museo dell' Accademia Etrusca e della Città di Cortona** geht auf die Sammlung der Accademia Etrusca des 18. Jh. zurück. Sie wurde bis in die Gegenwart durch Funde in der Umgebung Cortonas erweitert.

Cortona

1 Palazzo Comunale
2 Palazzo del Popolo
3 Palazzo Casali
4 Palazzo Fierli-Petrella
5 Palazzo Mancini
6 Dom Santa Maria
7 Museo Diocesano
8 San Francesco
9 San Niccolò
10 Santa Margherita
11 Fortezza Medicea
12 San Domenico
13 Santa Maria Nuova
14 Madonna del Calcinaio

Cortona, Palazzo Comunale

In den unteren Stockwerken dokumeniert die **topografische Abteilung** die etruskische und römische Besiedlung des Territoriums von Cortona in vorgeschichtlicher Zeit, der Zeit der Etrusker bis zur Zeit der römischen Herrschaft (u. a. Tréstina und Fabrecce, die römische Villa Ossaia). Im Raum 6 sieht man die Beigaben der beiden großen archaischen Tumulusgräber Melone I und II, in Raum 8 die drittgrößte etruskische Schrifttafel (Tabula Cortonensis).

In den oberen Geschossen betritt man **die historischen Räume der Accademia Etrusca**, u. a. die Bibliothek des 18. Jh. Zu den Schwerpunkten zählen etruskische Kleinbronzen. Unter den Gemälden entdeckt man einen Madonnentondo von Pinturicchio, einen 1523 datierten Tondo ›Madonna mit den Schutzheiligen von Cortona‹ (Francesco Signorelli zugeschrieben), ferner Tafeln von Bartolomeo della Gatta und Pietro Berrettini. Raum 16 ist der Malerei von Gino Severini (1883–1966) gewidmet, der in Cortona geboren wurde. Im dritten Geschoss trifft man auf eine **ägyptische Sammlung** mit Mumien, Kanopen sowie einem Totenschiff.

Berühmtes Stück des Museums (Raum 5) ist der 1840 bei Cortona gefundene etruskische **Bronzeleuchter** aus dem 5. oder 4. vorchristlichen Jahrhundert. Er hing einst in einem Grab oder einem Tempel. Mit einem Gewicht von 58 kg ist er das größte bekannte Exemplar einer Gattung, die von den Etruskern auch exportiert wurde. Die Widmungsinschrift an die Götter Tinia und Uni (sie entsprechen Jupiter und Juno) auf einem angelöteten Plättchen wurde wahrscheinlich erst später hinzugefügt. Die 16 Ölschalen, in denen Dochte brannten, waren mit der Hauptschale durch kleine Öffnungen verbunden, sodass nur diese nachgefüllt werden mussten. Zwischen den Schälchen maskenartige Stierköpfe mit menschlichen Gesichtern. Am unteren Rand erkennt man abwechselnd Silene, die Aullos und Syrinx blasen, und Harpyen. Es folgen ein Wellenband, über dem Delphine springen, und ein Band kämpfender Tiere. Im Zentrum ein Gorgonenhaupt.

Die Tafel der **›Muse Polyhymnia‹** (Raum 2 der Accademia) galt lange als ein besonders schönes Beispiel römischer Malerei des 1. Jh. n. Chr. Es dürfte sich jedoch um eine Fälschung des 18. Jh. handeln.

An der Piazza Signorelli liegt auch der **Palazzo Fierli-Petrella (4)**, der frühere Palazzo Tommasoni, 15. Jh., der ursprünglich offene Arkaden im Erdgeschoss hatte. Über die Via Dardano gelangt man zum **Palazzo Mancini (5)**. Hier blieb das Untergeschoss mit der sogenannten ›Totentür‹ in mittelalterlicher Gestalt erhalten. Der obere Teil ist im 16. Jh. umgebaut worden.

Dom Santa Maria (6)

Der Dom Santa Maria, im 11. Jh. als Pieve gegründet, wurde Ende des 15. Jh. von Giuliano da Maiano im Renaissancestil weitgehend erneuert. Vom romanischen Bau erkennt man an der Fassade einige übernommene Bauelemente, z. B. eine Stütze mit Kapitell und ein schmales Fenster sowie den ursprünglichen Umriss. Der Campanile kam erst 1566 hinzu. Aus dem 16. Jh. stammt auch die Loggia an der Südflanke. Der florentinisch wirkende, dreischiffige Innenraum wird durch weite Arkaden auf schlanken Säulen mit hohen Zwischenstücken in drei Schiffe gegliedert. Erst 1701 wurde das Mittelschiff mit einer geschlossenen Tonne eingewölbt und 1887 ausgemalt.

Den barocken Hauptaltar mit Marmor-Ziborium schuf Francesco Mazzuoli 1664. In der Chorkapelle hängen Gemälde von Allori (linke Wand), Cigoli (rechte Wand) sowie die ›Kreuzigung‹ und der ›Ungläubige Thomas‹ aus der Schule des Luca Signorelli. An der linken Seitenschiffwand steht außerdem noch ein Tabernakel von Ciuccio di Nuccio (1491).

Diözesanmuseum (7)

Museo Diocesano
Piazza del Duomo
Tel. 0575 628 30
April–Okt. tgl. 10–19 (Nov.–März bis 17) Uhr; Okt.–März Mo geschl. außer Fei

Die Kunstsammlung der Diözese Cortona – das Museo Diocesano – ist in der ehemaligen Jesuitenkirche (erbaut 1497–1505 als Baptisterium) und in dem links anschließenden Gebäude untergebracht. Sie birgt bedeutende Werke von Pietro Lorenzetti, Fra' Angelico und Luca Signorelli. In dem L-förmigen Saal rechts vom Kassenraum steht ein römischer Sarkophag (zweite Hälfte 2. Jh.) mit einer Kampfszene (›Kampf der Kentauren und Lapithen‹), der 1240 unter den Mauern des Doms gefunden worden sein soll. Brunelleschi und Donatello diente er in der Renaissance als Studienobjekt. Die Freskenfragmente an beiden Wandseiten aus der zerstörten Kirche Santa Margherita werden Pietro Lorenzetti zugeschrieben.

Das Altarbild **›Beweinung Christi‹** malte Luca Signorelli wohl unmittelbar nach Beendigung der Fresken in Orvieto 1502. Mit den Fresken hat das Altarbild die dramatische Grundstimmung und den starken Schmerzensausdruck gemeinsam. Den Leichnam Christi soll Signorelli – so Vasari – nach seinem von der Pest dahingerafften Sohn gemalt haben. Die Predellen-Tafel mit der ›Geißelung Christi‹ ver-

Luca Signorelli, ›Beweinung Christi‹

deutlicht, dass ein Hauptinteresse Signorellis dem Aufbau des menschlichen Körpers galt, den er in einer Vielzahl von extremen Posen und Bewegungen variierte und in einer etwas artifiziellen, symmetrischen Choreografie in einen betont perspektivisch konstruierten Raum setzte. Daneben besaß er die Fähigkeit, nach dem Vorbild Peruginos die Atmosphäre einer Landschaft zu erfassen und sie mit phantasievoller Architektur zu bereichern (die Stadt Jerusalem im Hintergrund). Er war zudem aufgeschlossen für die neuen realistischen Strömungen, die durch den 1485 in Florenz eingetroffenen Portinari-Altar des Hugo van der Goes ausgelöst wurden, indem er den beiden Männern rechts (Josef von Arimathia und Nikodemus) pointiert lebensnahe Gesichtszüge verlieh. Wenn er dann noch auf merkwürdig antiquierte Art Goldbrokatstoffe mit dem Gemälde verarbeitet, stellt sich natürlich die Frage, wie er seine verschiedenartigen Fähigkeiten zu einer künstlerischen Einheit bringen konnte. Man fragt sich, ob er mit der Zurschaustellung seines virtuosen Könnens den Anschluss an seine Zeit nicht verlieren wollte. Oder galt es nur, dem Geschmack der Auftraggeber entgegenzukommen? In Auseinander-

Fra' Angelico, ›Verkündigung‹ im Museo Diocesano

setzung mit dem Portinari-Altar entstand auch Signorellis ›**Anbetung der Hirten**‹ (unter starker Beteiligung der Werkstatt). Ein Gemälde desselben Themas in einem bunteren Kolorit hängt im links anschließenden Raum.

Signorellis ›**Apostelkommunion**‹ ist auf das Jahr 1512 datiert, wobei das Thema in der italienischen Kunst selten ist. Signorelli kannte wahrscheinlich eine Darstellung von Joos van Wassenhoven (Giusto di Gand) in Urbino, auf der Christus stehend den Aposteln die Kommunion erteilt. Es ist dem Bild anzusehen, dass es ein Jahrzehnt später als die ›Beweinung Christi‹ entstand. Neu im Werk Signorellis sind die schwere Pfeiler- und Gewölbearchitektur, der engere Bildausschnitt und die damit verbundene, etwas gemäßigtere Fluchtperspektive, der Verzicht auf sich verselbstständigende Details (wie z. B. Landschaftsausschnitte), die größeren Figuren im Verhältnis zur Architektur und schließlich – in Kontrast zum Strengen der Symmetrie – die lockere Zusammenfassung der Apostel in Teilgruppen und zugleich zu einer rhythmisch wogenden, kreisförmigen Gesamtgestalt. Signorelli hat sich hier – in Auseinandersetzung mit den Erneuerungen der Hochrenaissance durch Fra' Bartolomeo, Bramante und auch Leonardo da Vinci – um eine neue bildliche Einheit bemüht, ohne seine früheren Eigenheiten (Kopftypen, von Modellfigürchen, manechini, abzuleitende extreme Körperhaltungen) aufzugeben. Eine psychologische Studie hinterließ Signorelli in der Gestalt des Judas, der seinen Blick abwendet und die ihm gereichte Hostie in den Umhängebeutel steckt.

Der eigentliche Kirchenraum (erbaut zwischen 1497 und 1505, die Kassettendecke stammt aus dem Jahr 1536) war ursprünglich die Taufkirche Cortonas und wurde später den Jesuiten überlassen. An der Stirnwand hängt die ›**Verkündigung**‹ von Fra' Angelico, eines der glücklichsten Werke des Dominikaner-Malers, der hier eine asymmetrische Komposition wagte. Vor dem Nachthimmel und dem Dunkelgrün des Gartens (dem geschlossenen Schloss) hebt sich hell, wie künstlich ausgeleuchtet, die Loggia ab. Unwirklich wie die Beleuchtung wirken das Zierliche, fast Puppenhafte der Figuren. Äußerst bildwirksam, in der oberen linken Ecke – als Ausgangspunkt einer Gegendiagonale, zugleich unmittelbar über dem perspektivischen Fluchtpunkt – hat Fra' Angelico die kleine Szene der Vertreibung aus dem Paradies gesetzt. Damit wird angedeutet: In dieses Paradies zurückkehren kann der Mensch allein durch die Fleischwerdung Christi. Hier dient die perspektivische Flucht in die räumliche Tiefe dem Zurück zum Anfang der menschlichen Zeit. Nur selten trifft man auf einen solchen, mit dem Bildinhalt konform gehenden Einsatz der neu entdeckten Gestaltungsmittel. Die Gestaltung war nur einem Künstler möglich, der zugleich in zwei Epochen stand, der einerseits berührt wurde von den Erneuerungen eines Brunelleschi, Donatello und Masaccio, der aber zugleich – wie auch Ghiberti – die Linienschönheit der Gotik für sein Verständnis der religiösen Inhalte wiederentdeckte.

Auf ein ikonographisches Detail sei hingewiesen. Im Zwickel der Loggia erscheint als Relief nicht Gottvater, der die Taube des Heiligen Geistes aussendet, sondern ein Prophet (wohl Jesaia), der den Erlöser vorausgesagt hat. Fra' Angelico wird auch das Polyptychon an der rechten Wand zugesprochen. Das große bemalte Kruzifix ist von Pietro Lorenzetti, der hier ebenso wie in seinen szenischen Darstellungen stark unter dem Eindruck Giottos stand.

An der linken Wand sieht man die ›Himmelfahrt Mariens‹ von Bartolomeo della Gatta (1480–85), von einem heutigen Kunsthistoriker, Antonio Paolucci, als eines der schönsten Gemälde des italienischen Quattrocento bezeichnet. Den anschließenden Sakristeiraum schmückt eine Madonnentafel von Pietro Lorenzetti (um 1310–20), die in der Art, wie es sich z. B. die Engel an der Thronlehne bequem machen, noch stark an Duccio erinnert. Die Treppe führt herunter zur Unterkirche mit Fresken nach Entwürfen von Giorgio Vasari. Dem Eingang gegenüber, in einem Tabernakel, befindet sich ein kleineres, ausgeschnittenes gemaltes Kruzifix von Pietro Lorenzetti.

Vom Diözesanmuseum führt die Via del Gesù zur Via Roma. Über altes Steinplattenpflaster wandernd, kann der Besucher die ruhige Atmosphäre einfangen, die die mittelalterlichen Häuser mit ihren charakteristischen Holzvorbauten ausstrahlen.

Zu den Kirchen von Cortona

San Francesco (8) zählt zu den frühesten Kirchen des Franziskanerordens, errichtet 1245 unter dem Ordensgeneral Fra' Elias Coppi, der hier 1253 seine Ruhestätte fand. Das Innere (für längere Zeit in Restaurierung) wurde im 17. Jh. umgestaltet. Nicht zu sehen ist durch diesen Umstand u. a. das Reliquiar vom Hl. Kreuz, eine byzantinische Elfenbeinarbeit des 10. Jh. mit einem Rahmen aus dem 16. Jh. am Hauptaltar. Dies war ein Geschenk des byzantinischen Kaisers an Fra' Elias.

Die kleine, schlichte Kirche **San Nicolò (9)** ist aus dem 15. Jh. und im Innern mit einer Kassettendecke des 18. Jh. ausgestattet. Als Altarbild dient das von Luca Signorelli um 1510–20 gemalte Prozessionsbanner der Bruderschaft San Nicolò. Auf der Vorderseite befindet sich eine seltene Darstellung in Art einer Pietà: Ein Engel stützt über dem geschlossenen Sarkophag den toten Christus, dem Heilige und Engel Mitleid und Verehrung bezeugen.

Die Via Santa Croce führt zur höher gelegenen Wallfahrtskirche **Santa Margherita (10)**, die der Stadtheiligen von Cortona, der 1297 verstorbenen Margherita di Laviano, geweiht ist. Vom Zentrum aus ist sie über die Via Santa Margherita mit der Kreuzwegstation, deren Mosaiken Gino Severini entworfen hat, zu erreichen. Der Neubau von 1856–97 ist an der Stelle einer Kirche des 13. Jh. errichtet, von der noch die Fassadenrose stammt. Im Innern blieb das Grab der Hl. Margherita erhalten, das in der Art der Gräber von Tino da Camaino (1362) gestaltet ist.

Oberhalb der Kirche, an der höchsten Stelle des Stadthügels (651 m), steht die wehrhafte **Fortezza Medicea (11)**, die auch Fortezza del Girifalco genannt wird. Sie wurde unter Großherzog Cosimo I. 1556 auf den Überresten einer älteren Festung des 13. Jh. errichtet, bei der schon etruskisches Mauerwerk einbezogen worden war.

San Domenico (12) liegt außerhalb der Stadtmauer an der Porta Berarda. Die Anfang des 15. Jh. erbaute Kirche ist somit ein spätes Beispiel einer einschiffigen Kirche der Bettelordensgotik. Über dem Hauptaltar hängt ein Polyptychon von Lorenzo di Niccolò Gerini von 1402 mit der ›Krönung Mariens‹, das auch im Rahmenwerk vollständig erhalten blieb. Das Werk aus San Marco in Florenz wurde 1438 auf Wunsch von Cosimo de' Medici als nicht mehr zeitgemäßes Werk nach Cortona gegeben und durch ein neues Altarbild von Fra' Angelico ersetzt. An der linken Wand sieht man eine ›Madonna mit zwei Dominikaner-Heiligen‹, abgelöstes Fresko – wohl eine Werkstattarbeit – von Fra' Angelico.

Auch Santa Maria Nuova (13), ein quadratischer Zentralbau, der mit einer halbkugelförmigen Kuppel auf hohem Rundtambour (17. Jh.) bekrönt ist, liegt außerhalb der Stadtmauern. Nachdem Cristofanello das Gotteshaus 1550 begonnen hatte, wurde es von Vasari nach dem Vorbild der Madonna del Calcinaio vollständig umgewandelt.

Madonna del Calcinaio (14)

Die isoliert stehende Kirche Madonna del Calcinaio liegt unterhalb der Stadt. Man erreicht sie über die kurvenreiche Straße nach Camucia, ca. 2,5 km vom Stadtzentrum entfernt. Sie wurde ab 1485 nach Plänen von Francesco di Giorgio Martini erbaut. Anlass dafür, dass man die Kirche am Hang und über einem Wasserlauf errichtete, war ein wundertätig gewordenes Madonnenbild an den Wänden eines Kalkbeckens (*calcinaio*), das die Schuhmacherzunft zum Gerben benutzte. Dass für die Pläne und die Bauleitung Francesco di Giorgio Martini verpflichtet wurde, geht auf die Initiative von Luca Signorelli zurück, der eigens nach Gubbio reiste, um den im Dienst des Herzogs von Urbino stehenden Architekten für diese Aufgabe zu gewinnen. Der Bau wurde im Wesentlichen 1485–90 ausgeführt. Allerdings begann man erst nach einer längeren Unterbrechung (1509), sieben Jahre nach dem Tod des Architekten, mit der Einwölbung der Kuppel.

Madonna del Calcinaio, Grundriss

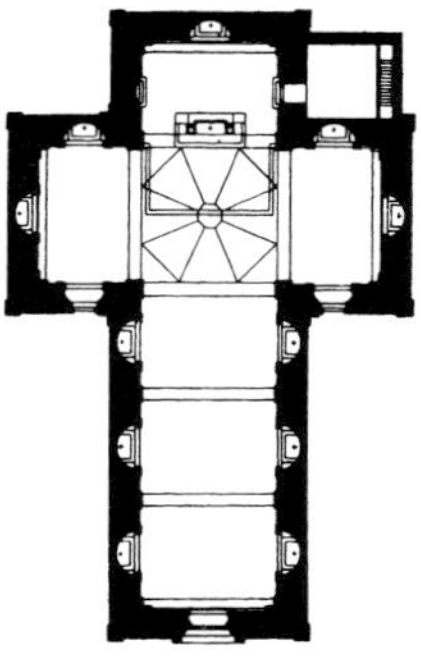

Die **Anlage** hat die Form eines lateinischen Kreuzes. Sie verbindet einen Zentralbau mit einem Langhaus. Schon der Außenbau zeichnet sich durch eine einfache, klare Formensprache aus. Auf stärkere plastische Artikulation wurde verzichtet. Gesimse und Flachpilaster unterteilen die Wandflächen in übereinander gestaffelte rechteckige Felder, wobei eine monotone Dreiteilung vermieden wird, in dem die beiden unteren Felder durch ein kräftigeres Gesims zusammengefasst sind. Die äußeren Pilaster betonen das Kantige des Baukörpers. Zu den wenigen Schmuckformen gehören die Fassadenrose, das Hauptportal (von Bernardino Covatti, 1543) und die Fenster in Form von

Madonna del Calcinaio: Vor welchen Schwierigkeiten ein Architekt steht, der ein ›perfektes‹ Gebilde im Sinne der damaligen Kunsttraktate schaffen möchte (wie sie auch Francesco di Giorgio Martini verfasste), zeigt beispielsweise die Anordnung der Fenster, die nicht immer in der Mitte der Wandpfeiler platziert sind. Die Erklärung für diese Unregelmäßigkeit findet man bei einem Blick auf den Grundriss auf S. 267: Die Fenster sitzen innen exakt inmitten eines Jochs. Wegen der beträchtlichen Mauerstärke war dies jedoch nicht gleichermaßen auch am Außenbau möglich

Ädikulä. Die Tonnengewölbe treten am Außenbau nicht in Erscheinung, wohl aber die hoch auf einem Tambour sitzende, geteilte Kuppel. Sie setzt zu dem ›liegenden‹ Baukörper einen kräftigen, wenn auch nicht ganz ebenbürtigen Gegenakzent.

Der **Innenraum** präsentiert sich noch regelmäßiger und in ebenso großer Klarheit, nunmehr als eine Vielzahl miteinander verbundener, hohler kubischer Körper, wenngleich jetzt zum Kubischen das Rund der Tonnen und der Altarnischen (in Stärke der Mauern) hinzukommt. Ähnlich wie bei dem großen Vorbild, Brunelleschis Bau von Santo Spirito in Florenz, stehen das Kubische und Flache im Kontrast zu den nach außen drängenden Rundformen der Tonnengewölbe und Nischen. Wie sehr dieser Bau eines sienesischen Architekten in der Florentiner Tradition steht, lehrt auch ein Blick in den hohen Kuppeltambour: Auch hier betonen Lisenen die Kanten und zugleich die Wandflächen des Oktogons. Es ist dies ein Gestaltungsprinzip, das bereits im Innern des Florentiner Doms begegnet. Wie bei der späteren Wallfahrtskirche Madonna di San Biagio bei Montepulciano

(s. S. 351) betonen Pilaster und relativ flache Gesimse (im Innern aus *pietra serena*) den geometrischen Körper. Gewölbe und Kuppel sind von ungewöhnlicher Höhe.

Den Hauptaltar ziert das künstlerisch bescheidene Bild der wundertätigen Madonna. Die Altararchitektur von Covatti wiederholt die Formen des Fassadenportals. Das Rundfenster der Innenfassade mit der Schutzmantelmadonna ist von Guillaume de Marcillat (1516).

Etruskische Gräber in der Umgebung von Cortona

Die sogenannte **Tanella di Pitagora** liegt auf der Straße nach Arezzo (Wegweiser ›Grotta di Pitagora‹, kurzer Fußweg entlang der Mauer eines Privathauses). Die Entstehungszeit ist ungeklärt (eventuell 4. Jh. v. Chr.). Auf einer runden Plattform erhebt sich ein zylinderförmiger Bau mit einer relativ kleinen, rechteckigen Grabkammer. In den Nischen standen Aschenurnen. Bedeckt wird die Kammer durch ein falsches Gewölbe in Form von übereinander geschichteten, ausgehöhlten Steinblöcken. Der Name des Grabs (›des Pythagoras‹) ist auf eine Verwechslung von Cortona mit Crotone (in Süditalien) zurückzuführen. Dort soll Pythagoras sich des öfteren aufgehalten haben.

Die **Melone di Camucia** liegt im Vorort Camucia, an der nach Siena führenden Via Laureana. Das bereits 1842 von dem Archäologen A. François entdeckte Tumulusgrab (in Form einer Melone) ist eines der größten Gräber der Etrusker. Es hat einen Durchmesser von 70 m und war 14 m hoch. Im hinteren Teil liegen je zwei Grabkammern axial hintereinander. Die Grabbeigaben (vom 7. bis 2. Jh. v. Chr.) gelangten ins Archäologische Museum von Florenz.

Die **Melone I del Sodo** erreicht man vom Zentrum von Camucia aus auf der Straße nach Arezzo, biegt nach ca. 2 km bei der Kreuzung links ab (Wegweiser ›Ipogeo Etrusco‹, am zweiten Wegweiser befindet sich die Klingel für den Kustoden). Auch dies ist ein Tumulusgrab, doch von herkömmlichem Grundriss. Durch einen Dromos und ein Vestibül gelangt man in einen zentralen Raum, von dem aus sich fünf Grabkammern öffnen. Wie üblich wird das Gewölbe durch vorkragende flache Steinplatten gebildet. In der benachbarten, weniger gut erhaltenen Grabanlage auf ähnlichem Grundriss, der **Melone II del Sodo**, wurden Skulpturen gefunden.

Von Cortona ins Tal der Chiana

Auf dem Weg von Cortona hinunter ins Chiana-Tal trifft man auf die **Abbazia di Farneta**, die vor der Jahrtausendwende von Benediktinern gegründet wurde. Erhalten blieben nur ein Teil der Kirche in Form eines griechischen T und vor allem die nach 1940 ausgegrabene Krypta auf interessantem Grundriss: Sie besitzt drei Apsiden mit je drei bzw. vier Nebenabsiden.

Melone II del Sodo
Tel. 0575 612 56
Di–So 8.30–13.30 Uhr

Museo Comunale del Cassero
Piazza Gamurrini
Tel. 0575 84 94 18
April–Okt. Di–Fr 10–13, Sa, So, Fei auch 15.30–19 Uhr

Monte San Savino

Von Farneta aus jenseits der Chiana liegt Monte San Savino. Als mittelalterliches Kastell befand sich der Ort im Besitz der Familie Uberti und fiel 1385 an Florenz. An der Piazza Gianfrancesco Gamurrini steht der **Cassero**, ein sienesischer Festungsbau von 1383, der jetzt Ort kultureller Veranstaltungen ist und demnächst ein Museum beherbergen wird. Am Corso, mit Hausnummer 36, befindet sich im **Palazzo del Monte** der heutige Sitz der Stadtverwaltung. Man erbaute ihn für die bedeutendste Familie des Orts, die del Monte, aus der Papst Julius III. (Antonio del Monte) hervorging. Die kräftige Rustika im Untergeschoss dürfte auf Antonio da Sangallo d. Ä. zurückgehen, während das Obergeschoss und auch die Rückseite Nanni di Baccio Bigio zugeschrieben wird. Durch den Korridor des Palazzo gelangt man zu einem hängenden Garten mit Blick auf die Rückfront.

Die **Loggia dei Mercanti** (dem Palazzo gegenüber) gilt als ein Werk des Andrea Contucci, der sich nach seinem Geburtsort Sansovino nannte. Sie war ebenfalls ein Auftrag der del Monte und trägt daher deren Wappen. Albertis Loggia Rucellai in Florenz war Vorbild sowohl in formaler Hinsicht als auch in ihrer Funktion als öffentliche Loggia. In der **Chiesa della Misericordia** (auf der rechten Corso-Seite) befindet sich links vom Eingang das Grabmal des Fabbiano del Monte, des Bauherren des Palazzo del Monte. Die Liegefigur, 1498,

Monte San Savino

Lucignano, San Francesco

fertigte vermutlich Sansovino an. Etwas weiter den Corso entlang steht links der **Palazzo Pretorio**, Sitz der Florentiner Vikare und bis 1822 Gefängnis der Stadt. Die im 14. Jh. errichtete Kirche **Sant' Agostino** wurde im 16. Jh. vergrößert und umgestaltet. Die Fassade mit spätromanischem Portal entstand nach Plänen von Sansovino, die Fensterrose mit einem Glasfenster schuf möglicherweise Guillaume de Marcillat um 1510–20. Die Westwand schmücken die ›Kreuzigung Christi‹, die ›Anbetung der Könige‹ und andere Fresken von Spinello Aretino oder seinem Umkreis. Hauptaltargemälde ist die ›Himmelfahrt Mariens‹ von Vasari (1539) nach dem Kompositionsschema von Andrea del Sartos Himmelfahrts-Gemälden im Palazzo Pitti in Florenz.

Lucignano

Der Straßenverlauf in drei konzentrisch verlaufenden elliptischen Ringen veranschaulicht die Entwicklung von Lucignano aus einem mit Wehrmauern geschlossenen Kastell. Im Zentrum steht wirkungsvoll die **Collegiata San Michele**, ein Spätrenaissancebau auf kreuzförmigem Grundriss mit Kuppel, die Orazio Porta 1594 erbaute. Im Innern stehen u. a. sienesische Holzskulpturen des 14./15. Jh. und ein Hauptaltar nach Entwurf von Andrea Pozzo. Der **Palazzo Comunale** ist zugleich Sitz des **Museo Comunale**. In der Sala della Cancelleria, in der das Gericht tagte, sieht man neben einer ›Maestà‹ (einer thronenden Muttergottes mit Heiligen) einen Freskenzyklus mit berühmten Gestalten der Antike und des Alten Testaments, darunter Cäsar, Noah, Pompeius, Salomo. Zum Bestand des Museums gehört außer Gemälden (u. a. eine qualitätsvolle Kreuzigung vom ›Meister der blauen

Museo Comunale
Piazza del Tribunale
Tel. 0575 83 80 01
www.comune.lucignano.ar.it
April–Sept. Mi–Mo 10–13 und 14–18 (Sa/So bis 19) Uhr; Okt.–März Mo 10–13, Mi–Fr 10–13 und 14–17 (Sa/So bis 18) Uhr, Di geschl.

Lucignano, Palazzo Comunale, Detail des Freskenzyklus in der Sala della Cancelleria

Kreuze‹ aus der ersten Hälfte des 13. Jh.) auch der Albero d'Oro, ein Reliquiar in Bauform (um 1350 begonnen, vollendet erst 1471). An der Ausführung nahmen sienesische, florentinische und aretinische Goldschmiede teil. Nach einem Diebstahl 1914 wurden die Teile auf einem Acker wieder gefunden und konnten neu zusammengesetzt werden. Aus dem 13. Jh. stammt die Kirche **San Francesco** mit einer grün-weiß gestreiften Marmorfassade.

Sinalunga und Torrita di Siena

An der Hauptpiazza von **Sinalunga** (dem mittelalterlichen Asinalunga) stehen die Collegiata, errichtet aus dem Baumaterial der abgerissenen Rocca (im linken Querschiff ›Madonna mit Heiligen‹, Spätwerk von Sodoma) und die Kirche Santa Croce (Backsteinfassade 18. Jh., Altarbild aus der Schule Signorellis). Außerhalb der Ortschaft (ca. 800 m, Wegweiser ›Santuario Madonna del Refugio‹) liegt die Franziskanerkirche **San Bernardino**. Die achteckige Kapelle schmücken Gemälde sienesischer Maler, u. a. die ›Taufe Jesu‹ von Guidoccio Cozzarelli und die ›Verkündigung‹ von Benvenuto di Giovanni (beide 1470).

Torrita di Siena geht aus einem mittelalterlichen Kastell hervor, das Siena als Bollwerk gegen Montepulciano diente. Mehrmals wurden die Mauern verstärkt, zuletzt nach Plänen von Baldassare Peruzzi (1528). Im Zentrum steht der Palazzo Pretorio, von dem allein der Turm sein mittelalterliches Aussehen bewahren konnte. Daneben erhebt sich die schlichte, einschiffige Backsteinkirche Sante Flora e Lucilla aus dem späten 13. Jh. Im Innern, an der rechten Wand, kann das Relief mit Christus und Engeln als ein eigenhändiges Werk Donatellos aus dem Oratorio della Madonna delle Nevi betrachtet werden. Ein Hauptwerk sienesischer Malerei der Gegenreformation ist die ›Verkündigung‹ von Francesco Vanni, 1592.

Reisen & Genießen

Hotels und Restaurants…

… in Gargonza

Wie fast überall in der Toscana lässt sich auch in der in der Umgebung von Arezzo angenehm wohnen. Eine originelle Unterkunftsmöglichkeit bietet das mittelalterliche befestigte Dorf Gargonza 8,5 Kilometer westlich von Monte San Savino. Das Kastell wurde vollständig zu einer Residenz mit Zimmern und Appartements umgebaut, in denen man sich selbst verpflegen kann. Den Gästen stehen aber auch ein Restaurant, ein Pool und der übliche Hotelsevice zur Verfügung:

Castello di Gargonza
Tel. 0575 84 70 21
www.gargonza.it

Ein luxuröses Hotel in einem Herrenhaus aus dem 14. Jh. in schönster Umgebung zwei Kilometer von Sinalunga. Ausgezeichnetes Restaurant in einem stimmungsvollen Gewölberaum, großzügiger Pool und ausgedehnter Park:
Locanda dell' Amorosa ****
Loc. L' Amorosa
Tel. 0577 67 72 11
www.amorosa.it

... in Cortona

Von Cortona aus lässt sich gut das Chiana-Tal erkunden und Ausflüge ins umbrische Gebiet unternehmen.

Zu den besten Hotels der Viersterne-Kategorie in Cortona zählt ein sehr eleganter Renaissancepalast der Altstadt mit langer Geschichte:
San Michele****
Via Guelfa 15
Tel. 0575 60 43 48
www.hotelsanmichele.net

Im historischen Zentrum der Stadt findet man das
Hotel Italia***
Via Ghibellina 7
Tel. 0575 63 02 54
www.planhotel.com
und das einfachere
Athens*
Via Sant' Antonio 12
Tel. 0575 60 35 08

Zu den ersten Hotel-Adressen in der näheren Umgebung zählt das noble Il Falconiere. Von der Terrasse hat man einen weiten Ausblick auf die Weinberge und das Chiana-Tal, schöner Pool:
Il Falconiere****
San Martino a Bocena
Tel. 0575 60 43 48
www.ilfalconiere.com

Eine Hotel-Villa des 17. Jh. mit hohem Komfort, wunderschönem Park und Pool, unterhalb von Cortona:
Relais Villa Baldelli****
San Pietro in Cegliolo
Tel. 0575 61 24 06
www.villabaldelli.it

... in Poppi

Gegenüber dem Kastell empfehlen wir ein preiswertes Hotel, eingerichtet in einem mittelalterlichen Palast. Das Restaurant des Hauses ist auch bei Einheimischen sehr beliebt:
Casentino**
Piazza Repubblica 6
Tel. 0575 52 90 90

Unterkunftsmöglichkeit in einem Kloster gibt es im:
Monastero della Santissima Annunziata
Via Morandini 44
Tel. 0575 52 90 59

... in Sansepolcro

Im historischen Zentrum liegt das seit dem 19. Jh. bestehende
Hotel Fiorentino***
Via L. Pacioli 60
Tel. 0575 74 03 50
www.albergofiorentino.com

Ebenfalls zentral liegt das preisgünstigere
Orfeo**
Viale Diaz 12
Tel. 0575 74 20 61

Siena

Stadt der Gotik

Cityplan S. 291

Siena ist in Stadtstruktur und Geisteshaltung der Gegenpol zu Florenz. Während die Arno-Stadt sich in der Ebene ausbreitet, wurde Siena auf drei schmalen Hügeln erbaut. Das Stadtbild von Florenz prägten mehrere Epochen von der Römerzeit bis ins 19. Jh. Siena dagegen ist ein Stadtkunstwerk vorwiegend der Gotik, das auf frühere Bebauung wenig Rücksicht zu nehmen brauchte. Die Hügel waren in etruskischer und römischer Zeit spärlich besiedelt, die Romanik errichtete nur wenige erhaltenswerte Kirchen, und auch die Renaissancepaläste haben den gotischen Charakter der Stadt kaum verändert.

Keine Stadt der Ebene konnte ihre mittelalterliche Gestalt so unversehrt erhalten wie Siena. Die Stadt verdankt ihren einstigen Reichtum dem Handel auf der Frankenstraße. Als diese Lebensader am Ende des Mittelalters an Bedeutung verlor, weil die Handelszüge den unbeschwerlicheren Weg durch die weitgehend entsumpften Ebenen vorzogen und die Stadt dann 1555–59 dem Herzogtum Toscana eingegliedert wurde, trennte man sie vom reichen Norden durch eine Zollgrenze. Isoliert in einem wenig fruchtbaren Hügelgebiet gelegen war Siena die Möglichkeit städtebaulicher Entwicklung genommen.

Auch heute, wo die Stadt durch die Superstrada Anschluss an Florenz und das Autobahnnetz gefunden hat, behindern enge Gassen und steil abfallende Hügel den Warentransport. Als die Sienesen sich 1956 – als erste Bürger einer größeren italienischen Stadt – dazu entschlossen, das Zentrum vom Autoverkehr freizuhalten, bedeutete dies einen freiwilligen Verzicht auf schnelles wirtschaftliches Wachstum zu Gunsten der Erhaltung historischer Bausubstanz und der Möglichkeit, dieses einzigartige Stadtensemble als Fußgänger erleben zu können.

Anders als die von den Römern gegründeten Städte der Ebene konnte die Hügelstadt nicht nach einem gleichförmigen Bebauungsschema errichtet werden. Doch ist Siena nicht ›regellos‹ gewachsen. Das Stadtbild ist das Ergebnis jahrhundertelanger Planung. Die Entwicklung des Stadtorganismus überließen die Bürger nicht individuellen Interessen: Sie regelten es durch tausende von Verordnungen. Bauvorschriften sind in Siena zahlreicher erhalten als in jeder anderen Stadt.

Siena ★★

Besonders sehenswert: Palazzo Pubblico, Dom Santa Maria, Museo dell' Opera Metropolitana, Pinacoteca Nazionale, San Domenico, Santa Maria dei Servi

APT

Via di Città 43
53100 Siena
Tel. 0577 422 09
und als Filiale
Piazza del Campo
Tel. 0577 28 05 51

www.terresiena.it (offizielle Webseite des APT für die Stadt und die weitere Umgebung, nützlich für Hotelsuche und aktuelle Museumsöffnungszeiten)

aptsiena@turismo.toscana.it (Infos zu Kirchen, Monumenten und Museen)

www.grandtour.it
www.comune.siena.it

Geschichte

Die Hügelstadt ist geschichtlich jünger als Florenz oder Fiesole. Sie war kein Etrusker-Zentrum, und es gibt keine archäologischen oder literarischen Hinweise für eine römische Stadt von einiger Bedeutung. Lediglich die Tatsache, dass der Ort früh, vielleicht schon 313, einen Bischofssitz erhielt, lässt vermuten, dass Siena zumindest in der späten Kaiserzeit eine Stadt war. In einem Verzeichnis von 24 römischen Militärkolonien, die während des Triumvirats und unter Kaiser Augustus gegründet wurden, wird auch eine Colonia Sena Julia erwähnt.

◁ Siena, Blick auf den Dom

Tacitus und Plinius nannten diese Kolonie Urbs Lupata, Stadt der Wölfin, eine Bezeichnung, welche die Sienesen des Mittelalters an den gemeinsamen Ursprung mit einer anderen Stadt der Wölfin, mit Rom, glauben ließ und die zu der Gründungslegende führte: Aschinus und Senius, die Söhne des Remus, flohen vor ihrem Oheim Romulus auf die Sieneser Hügel und gründeten hier das Kastell Senio. Bei ihrer Flucht führten sie die römische Wölfin mit. Seit Ende des 13. Jh. war die Wölfin Sienas Wahrzeichen. Auch die Herkunft der ›balzana‹, des weiß-schwarzen Stadtwappens, erklärt diese Gründungslegende: Das Pferd des Senius trug eine weiße, das des Aschinus eine schwarze Satteldecke. – Doch helfen uns diese Legenden leider nicht über das Dunkel der frühen Geschichte hinweg

Erst 751 n. Chr. wird Siena zum ersten Mal urkundlich erwähnt. Sie betraf den jahrhundertelangen Streit der Bischöfe von Arezzo und Siena um die Rechte auf einige Kirchen. Zu dieser Zeit, als Tuszien von den Langobarden beherrscht wurde, war Siena Sitz eines Gastalden, den die Karolinger durch einen Grafen ablösten.

Seit dem 11. Jh. bekämpften die Bischöfe die Grafen und brachten eine Zeitlang als Grafen-Bischöfe die Stadt in ihre Gewalt. Wie in anderen ober- und mittelitalienischen Städten suchten die zu Ansehen und erstem Wohlstand gelangten Bürger die Befugnisse des Bischofs einzuschränken, indem sie selbst gewählte Konsuln mit den Regierungsgeschäften beauftragten.

Als 1147 ein Bischof aus der Stadt vertrieben wurde, bedeutete dies den Sieg der Kommune. Die Adligen siedelten sich innerhalb der Mauern an und waren in dieser Stadt zu kaufmännischen Unternehmungen bereit. Sie vereinigten sich mit bürgerlichen Kaufleuten zu Handelsgesellschaften wie der Grande Tavola. Die *milites et mercatores senese,* die Ritter und Kaufleute von Siena, handelten mit Textilien und Geld auf den Märkten Europas und des Orients. Im Geldgeschäft waren sie anderen Städten gegenüber im Vorsprung, sie wurden die bevorzugten Bankiers des Heiligen Stuhls.

Für die Handelsstadt war es wichtig, das Landgebiet, den *contado* zu erweitern, die Wege zu sichern und von Zöllen freizuhalten. Der Konflikt mit anderen Stadtstaaten, insbesondere mit Florenz, war unvermeidlich: Kriegerische Auseinandersetzungen sind seit 1114 bezeugt, sie währten – sieht man von Zeiten des Waffenstillstands ab – bis 1555, als Siena vor der Übermacht kapitulieren musste. Die sienesische Republik hatte selbst andere Städte, so Massa Marittima und Chiusi, vorübergehend auch Montepulciano und Poggibonsi, in ihr Territorium eingegliedert.

Die Rivalität zu Florenz wurde durch den Zwist zwischen Guelfen und Ghibellinen im 13. Jh. verstärkt. Siena war neben Pisa die klassische Stadt der Ghibellinen, Anhängerin einer kaiserfreundlichen Politik. Kaiser Friedrich Barbarossa verdankte Siena die Rechte der Gerichtsbarkeit, Münzprägung und freien Wahl der Konsuln (1186).

Eine längere Friedenszeit zwischen 1235 und 1254 wirkte sich für Sienas Wirtschaft günstig aus, der Kaufmannsstand gewann an Einfluss, so dass sich 1236 eine Regierung bildete, in der der Adel nicht mehr bevorzugt war: Dem ›Rat der Vierundzwanzig‹ gehörten neben zwölf adligen Ghibellinen – aus jedem Stadtdrittel vier – zwölf *popolani* aus der Schicht des Großbürgertums an – ebenfalls aus jedem Terzo vier.

Die Auseinandersetzung zwischen Ghibellinen und Guelfen fanden 1260 einen Höhepunkt in der Schlacht von Montaperti (12 km südlich von Siena) – eine Schlacht, die jahrhundertelang im Bewusstsein der Florentiner und Sienesen blieb. Siena errang damals den größten Sieg seiner Geschichte. Wie eine Chronik berichtet, hatten die Florentiner ihre Lager unweit von Siena aufgeschlagen. Sie forderten den Abriss der Mauern und die Übergabe der Stadt. Im Augenblick

Piazza del Campo, Sienas Mittelpunkt

der höchsten Not wandten sich die Sienesen an die Hl. Jungfrau: Sie legten im Dom vor dem Altarbild der Muttergottes mit den großen Augen (jetzt im Dommuseum) die Schlüssel der Stadt nieder. 10 000 Florentiner ließen ihr Leben auf dem Schlachtfeld, 15 000 wurden gefangen genommen, darunter der Maler Coppo di Marcovaldo. In einem einzigartigen religiösen Akt nannte sich Siena nach diesem Sieg fortan ›Civitas Virginis‹, Stadt der Jungfrau. Dies hinderte den Papst freilich nicht, über die gesamte Bevölkerung das Interdikt auszusprechen. Die Stadt geriet in wirtschaftliche Bedrängnis. Säumige Kreditnehmer zahlten unterm Kirchenbann stehenden Bankiers ihre Schulden nicht zurück.

Die Schlacht von Montaperti bedeutete Triumph und Sieg der Ghibellinen. Doch Triumph und Sieg waren nur von kurzer Dauer: 1266 fiel König Manfred in der Schlacht von Benevento, 1268 ließ Karl von Anjou Konradin enthaupten, 1269 wurde Siena durch Florentinische Truppen in der Ebene zwischen Colle di Val d' Elsa und Monteriggioni besiegt. Provenzano Salvani, Held von Montaperti, Haupt der sienesischen Ghibellinen, wurde gefangengenommen und hingerichtet. Die anderen Ghibellinen-Anführer wanderten nach Arezzo aus, die guelfischen Exilierten, die *fuorisciti,* kehrten nach Siena zurück und setzten den ghibellinischen ›Rat der Vierundzwanzig‹ ab. Meh-

Das Tafelbild mit der Ansicht einer ›Stadt am Meer‹ gehört zu den Kostbarkeiten der Pinacoteca Nazionale in Siena. Wahrscheinlich war der Maler jedoch nicht Ambrogio Lorenzetti, wie man bisher annahm, sondern der sienesische Maler Sassetta, der ein Jahrhundert später wirkte

rere guelfische Regierungsformen folgten aufeinander, von denen der Neunerrat, den längsten Bestand (1287–1355) hatte. Zu diesem Rat hatten nur wohlhabende Kaufleute guelfischer Partei Zutritt. Der Adel war von der Regierung ausgeschlossen. Diese Regierung der Kaufleute achtete vor allem auf die Wahrung des Friedens – notwendige Voraussetzung für Handelsgeschäfte.

In den langen Jahren der Sicherheit und des Wohlstands erlebte Siena seine große Epoche der Kunst: Duccio di Buoninsegna, Simone Martini, Pietro und Ambrogio Lorenzetti sind die Maler jener Zeit, deren Stil von späteren Generationen bis ins 15. Jh. fortgeführt wird. Nicola und Giovanni Pisano berief man als Bildhauer und Baumeister von Pisa. Die Stadt gewann das Aussehen, wie es uns weitgehend erhalten blieb. Die Mehrzahl der gotischen Häuser und Paläste entstanden in jenen sechs Jahrzehnten. Große Baumaßnahmen konnten verwirklicht werden. Doch 1348 wütete die Pest in einem solch verheerenden Ausmaß, dass sie zwei Drittel der Bewohner dahinraffte.

Die entvölkerte Stadt konnte das ehrgeizige Projekt der ›Grande Cattedrale‹ nicht zu Ende führen. In den Jahren der wirtschaftlichen Schwierigkeiten und allgemeinen Unzufriedenheit nach dem Schwarzen Tod gelang es den vom Neunerrat ausgeschlossenen Kreisen, dem Adel und den unteren Volksschichten, eine Regierung von zwölf Vertretern der *popolani* zu bilden, zu der erstmals auch kleine Kaufleute Zutritt hatten (1355–68). Doch diese Regierung hatte, wie verschiedene folgende, keinen längeren Bestand. Zweimal befand sich Siena unter der Herrschaft eines Signore: 1399 trugen die Sienesen, gleichsam aus Ermüdung, die Signoria Gian Galeazzo Visconti an, der im Lauf seines Lebens Herr von mehreren Städten wurde. Ein Jahrhundert später verstand es Pandolfo Petrucci, eine der schillerndsten Gestalten der Renaissance, die Macht über den Stadtstaat zu erlangen (1502–12).

Nach dem Tod des Magnifico, wie die Sienesen ihren Stadtherren nannten, setzten dessen Söhne und Neffen die Regierung fort. Als der von Papst Clemens VII. Medici favorisierte Fabio Petrucci vor den Libertini fliehen musste, hatte sich Siena päpstlicher und Florentinischer Truppen zu erwehren. Wie vor der Schlacht bei Montaperti übergaben die Bürger die Schlüssel der Stadt beim Bilde der Muttergottes, das inzwischen von Duccios ›Maestà‹ (heute im Dommuseum) ersetzt worden war.

Die Zeit arbeitete gegen Siena. Nachdem die Frankenstraße durch neue Verkehrswege abgelöst war, entriss Florenz »der Konkurrentin einen Markt nach dem anderen« (Werner Goez). Aber auch die politische Entwicklung Europas ließ Stadtstaaten von der Größenordnung Sienas keine Existenzmöglichkeit.

Das Ende von Siena leitete Kaiser Karl V. ein. Als dieser zum zweiten Mal einen Angriff plante, bot Herzog Cosimo I. die Finanzierung des Feldzugs an. Bei der Belagerung der Stadt stand die gesamte Bürgerschaft in Waffen, selbst drei Frauenbataillone nahmen an der Verteidigung teil. Da die Mauern nicht zu stürmen waren, schnitten die kaiserlichen Truppen Siena vom Hinterland ab, mit dem Ziel, die Einwohner auszuhungern. Wenig ruhmvoll waren die letzten Monate der Stadt: Bauern, die versuchten Nahrungsmittel zu bringen, wurden erhängt. Um ihre Freiheit zu bewahren, scheute man sich nicht, alle zur Verteidigung unnützen Münder aus der Stadt zu entfernen. Zunächst schickte man die Waisenkinder des Ospedale della Scala hinaus. Vor den Toren überließ man sie ihrem Schicksal, was meist den Tod bedeutete. Um weitere Bewohner auszuweisen, wählte man den Befehlshaber der Sieneser Truppen, Blaise de Montluc, für einen Monat zum Diktator.

Als das Brot auch nicht mehr für die französischen Soldaten reichte, musste die Stadt kapitulieren. Der Anführer der Florentinischen Truppen, Marquis de Marignano, wurde mit Festdekorationen empfangen. Auf dem Einzugstor, der Porta Camollia, las er die Worte, die noch heute den vom Norden Eintretenden empfangen: »*Cor magis tibi Siena pandit*« (Weiter öffnet Siena dir das Herz). Doch über 600 Sienesen waren nicht bereit, ihre Freiheit aufzugeben. Sie verließen mit ihren Familien die Stadt, um nach Montalcino zu ziehen.

In Montalcino prägten diese letzten Verteidiger des freien Staats Münzen. Sie hielten die Republik Siena formell vier weitere Jahre aufrecht. Doch König Philipp II. von Spanien musste 1559 Siena mit seinem gesamten Staatsgebiet – einschließlich Montalcino – seinem Gläubiger Cosimo I. überlassen. Der Mediceer errichtete im Westen der Stadt eine gewaltige Fortezza, die nun als Wappen nicht mehr die Wölfin, sondern die palle der Medici trug. Die ehemals kaisertreue Stadt hatte durch das Eingreifen kaiserlicher Truppen ihre Eigenstaatlichkeit verloren.

Pandolfo Petrucci

»Gleich anderen zeitgenössischen Tyrannen ließ er einflussreiche Männer, die ihm zuwider waren, durch gedungene Mörder wegräumen und machte sich sogar des Mordes an seinem Schwiegervater schuldig. Die Menge verzieh ihm, denn er schonte sie dadurch, dass er das Geld für seine Macht und seinen Prunk von den begüterten Bürgern nahm, kirchlichen Besitz einzog und den Frieden für Siena dadurch erkaufte, dass er Florenz Montepulciano und die festen Orte Sienas im Tal der Chiana überließ. Das sollte sich später rächen.«

Titus Burckhardt

Der Palio

Dieser Verlust der Eigenstaatlichkeit und vier Jahrhunderte zuvor der großartige Sieg bei Montaperti sind die beiden Ereignisse, die den *popolo senese* am meisten geprägt haben. Wer den Palio, seine Vorbereitungen und Nachfeiern erlebt, gewinnt den Eindruck dass sich die Stadt mit der politischen Realität – dem Verlust der Autonomie – nicht abfinden konnte. Man würde den Palio missverstehen, sähe man in ihm eines der folkloristischen Feste, wie man sie auf altes Brauchtum zurückgehend, in vielen Fremdenverkehrsorten erneut ins Leben gerufen hat. Der Palio ist das Fest ausschließlich der Sienesen, an dem wir Fremde als Zuschauer teilhaben können.

Dieses zweimal jährlich wiederkehrende Ereignis wird nicht allein aus dem kurzen Pferderennen auf der Piazza del Campo verständlich. Es hat seine Wurzeln in den Nachbarschaftsgemeinschaften, den Contraden. Wir kennen Contraden auch aus anderen italienischen Städten; hier in dieser auf schmalen Höhenzügen errichteten, stark strukturierten Stadt konnten sich Züge der mittelalterlichen Wehr- und Lebensgemeinschaften erhalten. Jede der 17 Contraden verehrt ihren Schutzheiligen, besitzt eine Kirche, ein Haus der Kommunikation, ein kleines Museum für Siegestrophäen, Urkunden und historische Kostüme, einen Brunnen, in dem der *contradaiolo* seine weltliche Taufe empfängt. Die Contrade begleitet den Sienesen von der Geburt bis zum Tod, sie nimmt an allen wichtigen Ereignissen seines Lebens Anteil.

Zehn der 17 Contraden sind jeweils zu einem Wettkampf zugelassen (es sind die sieben, die beim vorangegangenen Palio aussetzen mussten und drei durch das Los bestimmte). Schon Tage zuvor verwandelt die Stadt sich in eine mittelalterliche Kommune. Die Pferde werden verlost, man schmückt die Palazzi, Proberennen werden abgehalten. Am Vorabend findet in Erwartung des Sieges vor dem Hause einer jeden Contrada ein Festessen statt. Spätestens an diesem Abend wird deutlich, dass der Palio mit leistungsbezogenen Sportkämpfen wenig gemeinsam hat. Man traut seinen Ohren kaum, wenn der für vier Tage gewählte, mit diktatorischen Machtbefugnissen ausgestattete *capitano* in seiner offiziellen Rede auf die Wundermittel des Tierarzts hofft, wenn er von einer großen Summe spricht, die dem *fantino,* dem Reiter, als Prämie und Bestechungsgeld für seine Kumpanen versprochen wird. Wie die mittelalterlichen Söldner werden die *fantini* zum Kampf gemietet, die meisten stammen aus Sardinien, Süditalien oder den Maremmen. Wenn dann der Contraden-Priester ankündigt, er werde – wie einst in Zeiten der Not – in der Messe zur Jungfrau Maria für den Sieg beten, ist die Parallele zu Wesenszügen der mittelalterlichen Sienesen offenkundig – zur Handelstüchtigkeit und zum Vertrauen auf ihre Schutzherrin, der zu Ehren der Palio seit 1147 veranstaltet wird.

Tag und Nacht wird das Pferd vom *barbaresco,* dem Reitknecht, bewacht, um es vor Vergiftungen durch verfeindete Contraden zu schützen. Am Tag des Rennens wird das Pferd in der Contraden-Kirche gesegnet. Nach dem historischen Umzug mit den berühmten Fah-

Der Palio auf der Piazza del Campo ▷

nenschwingern folgt dann der Höhepunkt, der eigentliche Palio, der seinen Namen von der Siegestrophäe, dem *pallium* erhielt. In der spannungsgeladenen Atmosphäre auf der überfüllten Piazza ist ein halbwegs glatter Start oft nur nach mehreren Wiederholungen möglich. Den ohne Sattel reitenden *fantini* bietet sich die letzte Gelegenheit für Absprachen. Beim Lauf selbst ist dann jede Behinderung einschließlich der Verletzung mit dem Ochsenziemer erlaubt. An der gefürchteten Curva di San Martino kommt es häufig zum Sturz. Selbst wenn der Reiter auf der Strecke bleiben sollte – entscheidend ist, welches Pferd nach drei Umläufen als erstes das Ziel erreicht. Der nun einsetzende Jubel gilt dem Helden des Tages und dem Pferd. In wenigen Stunden überfluten die Farben der siegreichen Contrada die Stadt, des Feierns ist kein Ende. Über Tage hinaus hört man die Trommelwirbel der Umzüge. Nur eine einzige Trophäe ist zu gewinnen, beim Palio gibt es keinen zweiten Platz, nur Sieger und Besiegte.

Mittelalterliche Wasserversorgung

Die Fonte Gaia, die Fonte Branda, die Brunnen der 17 Contraden – alle diese Brunnen erwecken den Eindruck, Siena könne verschwenderisch mit ihrem Trinkwasser umgehen. Tatsächlich wurde die Stadt jedoch auf trokkenen Lehmhügeln erbaut, und auch die Umgebung ist wasserarm. Das Trinkwasser muss von weither, vom Amiata, in die Stadt geleitet werden. Welche Bedeutung die Wasserversorgung für die mittelalterliche Commune besaß, zeigen die ›bottini‹, ein 25 km langes Netz von unterirdischen Stollen. Sie führten das kostbare Wasser zu den zahlreichen Stadtbrunnen und waren mit mehreren Zisternen verbunden. Der Siena-Besucher kann bei einer Führung einen Eindruck von dieser höchst suggestiven unterirdischen Stadt gewinnen, die schon Kaiser Karl V. nach seinem Einzug in Siena beeindruckte.

Piazza del Campo

Inmitten der engen Gassen der Stadt öffnet sich einer der eindrucksvollsten Plätze des italienischen Mittelalters in überraschender Weite – die Piazza del Campo **(1).** Die Anlage in der Form eines antiken Theaters wäre geeignet, den Stadtpalast an der ›Bühnenwand‹ so weit hervorragen zu lassen, dass die übrigen Gebäude sich ihm unterordnen. Doch anders als auf Plätzen der Barockzeit und des 19. Jh. wird der Blick des Betrachters nicht auf ein einziges Gebäude gelenkt. Jede Zurschaustellung, jede Machtdokumentation wird vermieden: der Palazzo Pubblico steht nicht auf einem Podest und nimmt auch nicht die Mitte der Längswand ein. Er ist von den übrigen Gebäuden des Platzes nicht isoliert; er überragt sie nicht oder nur unwesentlich. Er fügt sich – und dies ist ein charakteristischer Zug mittelalterlicher Platzgestaltung – in das Ensemble ein. Ausgezeichnet wird er allein durch besondere Formen und ebensolches Baumaterial. Wenn nun ein Glied dieses Ensembles, der Turm des Stadtpalasts, die Gebäude der gesamten Stadt überragt, ist dies als bildhafter Ausdruck zu verstehen: Wie die Wohntürme des Adels Symbol der Unabhängigkeit und Macht einer Familie waren, so ist der Turm des Kommunalpalasts, dessen Bekrönung aus hellem Travertin über den Dächern von Siena zu schweben scheint, Symbol der Städtefreiheit.

Nach Beendigung der Pest 1348 gelobten die Bürger Sienas den Bau der **Cappella di Piazza,** die 1352 von den Baumeistern der Dom-Opera begonnen wurde. Der Renaissanceschmuck stammt von Antonio Federighi (1463–68), die Skulpturen von verschiedenen Meistern vom Ende des 14. Jh. Den Altar schmückt ein stark restauriertes Fresko von Sodoma (1539). Die **Fonte Gaia,** den Brunnen, führte Jacopo della Quercia 1409 bis 1419 aus. Die stark verwitterten Skulpturen sind im Ospedale di Santa Maria della Scala ausgestellt. Sie wurden 1868 durch verfälschende Kopien ersetzt.

Siena

1 Piazza del Campo
2 Palazzo Pubblico
3 Palazzo Sansedoni
4 Loggia della Mercanzia
5 Palazzo del Magnifico
6 Dom Santa Maria, Baptisterium
7 Museo dell' Opera Metropolitana
8 Palazzo Arcivescovile
9 Ospedale di Santa Maria della Scala
10 San Sebastiano in Valle Piatta
11 Palazzo del Capitano di Giustizia
12 Palazzo delle Papesse
13 Palazzo Chigi-Saracini
14 Pinacoteca Nazionale
15 Sant' Agostino
16 Palazzo Pollini
17 Palazzo Tolomei
18 Piazza Salimbeni
19 Santa Maria di Provenzano
20 San Francesco
21 Oratorium des Hl. Bernhardin
22 Chiesa di Fontegiusta
23 Casa di Santa Catarina
24 Fonte Branda
25 San Domenico
26 Palazzo Piccolomini
27 Loggia del Papa
28 Santa Maria dei Servi
29 Chiesa dell' Osservanza

Palazzo Pubblico

Museo Civico – Palazzo Comunale

Piazza del Campo
Tel. 0577 411 69, 0577 29 23 68
16. März–31. Okt. tgl. 10–19 (Rest des Jahres bis 18) Uhr, 25. Dez. geschl., 31. Dez. 12–18 Uhr
Detaillierte Öffnungszeiten und Eintrittstarife, auch zu anderen städtischen Museen: www.comune.siena.it/museocivico

Der **Stadtpalast (2)** wurde 1297 begonnen, etwa gleichzeitig mit dem Palazzo Vecchio in Florenz. Um den Palazzo zwischen den drei Terzi auf dem abschüssigen Gelände des *campo fori* zu errichten, waren Substruktionen und Erdaufschüttungen notwendig. Ursprünglich war nur der Mittelblock bis zum dritten Geschoss geplant. Ein schon bestehendes Zollhaus bezog man in den Bau mit ein. Dem 1305 aufgestockten Obergeschoss fügte man 1307 die Seitenflügel hinzu, deren obere Geschosse erst 1680 hinzukamen.

Der Regierungspalast eines Stadtstaats hatte mehrere Aufgaben zu erfüllen: Neben den Amtsräumen des Neunerrats beherbergte er das Oberste Gericht, war Wohnung und Amtssitz des Podestà und besaß einen großen Versammlungssaal für den Stadtrat. Diesen Saal verwandelte man 1560 in ein später barockisiertes, noch heute benutztes Theater.

Auf dem Erdgeschoss in Travertin-Blöcken ruhen die leichter wirkenden Backsteingeschosse, die sich in ihrem Charakter mit den sich im Laufe des Tags verändernden Lichtverhältnissen wandeln. Nach Sonnenuntergang gewinnt die Wand an Plastizität, sie leuchtet in einem warmen dunklen Farbton. Fenster und Portale sind mit den charakteristischen Bogenformen der sienesischen Profanarchitektur geschmückt. Im Untergeschoss finden wir den so genannten sienesischen Bogen: Über einem gedrückten Segmentbogen spannt sich ein vorgeblendeter Spitzbogen. In den Obergeschossen fällt das Licht durch dreigeteilte Fenster mit eingestellten Säulchen, die von Spitzbögen umfangen sind. In den Bogenfeldern sieht man das weißschwarze Stadtwappen, die *balzana*, im obersten Geschoss des Mittelblocks zwischen altertümlichen zweigeteilten Fenstern das Christus-Monogramm des Hl. Bernhardin von Siena. Es erinnert an die Predigten des Franziskaner-Heiligen auf dem Campo, als Kirche und Piazza San Francesco die Menge nicht mehr zu fassen vermochten. Im zweiten Geschoss prunkt das großherzogliche Wappen.

Palazzo Pubblico, Grundriss, erster Stock

a–d Museumsräume mit vorwiegend sienesischer Malerei
e Sala del Risorgimento
f Sala di Balia
g Sala dei Cardinali
h Sala del Concistoro
k Kapelle
l Sala del Mappamondo
m Sala della Pace Beschreibung
n Sala dei Pilastri

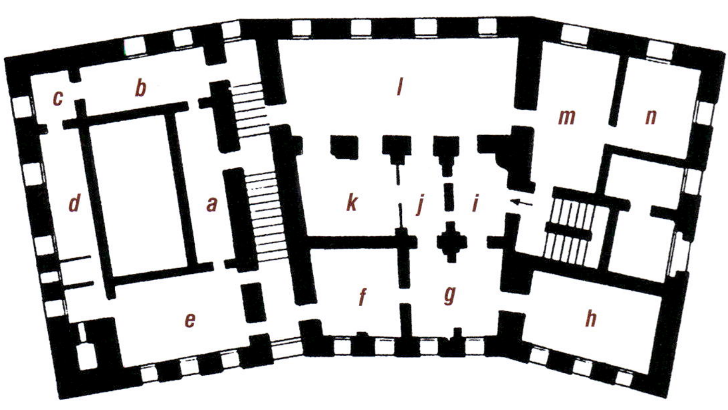

Im ersten Obergeschoss des Palazzo Pubblico befindet sich das **Museo Civico.** Durch vier Museumsräume **(a–d)** mit vorwiegend sienesischer Malerei des 16. bis 19. Jh. gelangt man in die **Sala del Risorgimento (e),** die Fresken mit Begebenheiten aus dem Leben Vittorio Emanueles II. (Ende 19. Jh.) zeigt.

Eine Treppe führt zur Loggia des Obergeschosses mit Resten der Fonte Gaia von Jacopo della Quercia. Die Reliefs zeigen u. a. Personifikationen der Tugenden, die Erschaffung Adams und die Vertreibung aus dem Paradies.

Zurück im Hauptgeschoss schließen sich weitere Säle an: Die **Sala di Balia (f)** mit Fresken von Spinello Aretino, seinem letzten Werk, das er 1407 ausführte und das er mit Hilfe seines Sohns Parri Martino di Bartolomeo 1408 vollendete. Es werden Szenen aus dem Leben von Papst Alexander III. (Giovanni Bandinelli aus Siena, Gegenspieler von Kaiser Friedrich I. Barbarossa) dargestellt.

Die **Sala dei Cardinali (g)** wird das Vorzimmer zur Sala del Concistoro genannt. Über dem Eingang sieht man ein Ambrogio Lorenzetti nahe stehendes Fresko mit drei Heiligen, die einen Stifter einer nicht mehr erhaltenen Madonna empfehlen. Zu einem abgelösten Fresko ›Madonna und Heilige‹ wird die Sinopie gezeigt.

Die **Sala del Concistoro (h)** ist nach der Ratsversammlung benannt, die auch noch nach dem Ende der Republik 1555 die Geschicke der Stadt Siena mitentschied. Die Decke ist mit allegorischen Darstellungen, Gerechtigkeit (Justitia) umgeben von Vaterlandsliebe (Amor Patriae) und gegenseitigem Wohlwollen (Mutua Benevolentia) ausgestattet. Der Fries zeigt Ereignisse von vorbildhaften Männern der Antike, die ihr Leben dem Vaterland opferten.

Im **Durchgangsraum (i)** vor der Kapelle steht die Sienesische Wölfin mit dem Zwillingspaar (in Anlehnung an die Wölfin auf dem Kapitol in Rom) von Giovanni di Turino (1429–30). Früher stand die Wölfin auf einer Säule vor dem Palazzo Pubblico, wurde aber dort durch eine Kopie ersetzt. Über dem Eingang hat das schlecht erhaltene Fresko ›Thronende Madonna mit Kind‹ des Ambrogio Lorenzetti (um 1335) von der Loggia des Palazzo Pubblico Platz gefunden.

Den **Vorraum (j)** sowie die **Kapelle (k)** selbst schmücken Fresken von Taddeo di Bartolo. Heidnische Götter, allegorische Tugenden, vorbildliche Gestalten aus der römischen Geschichte, eine Ansicht Roms, der Philosoph Aristoteles, der wegweisende Christphorus und der helfende Ambrogio Sansedoni, der beim Papst erreichte, dass das über Siena verhängte Interdikt aufgehoben wurde – all diese Gestalten fanden im Vorraum Platz, während in der Kapelle selbst ein Marienzyklus von Bartolo zu sehen ist.

Sala del Mappamondo (l)

Die große Sala del Mappamondo **(l)** wurde benannt nach einer verloren gegangenen runden, drehbaren Karte des sienesischen Staats von Ambrogio Lorenzetti (an der rechten Schmalwand, wo noch

Palazzo Pubblico, ›Maestà‹ von Simone Martini in der Sala del Mappamondo. Die Muttergottes ist nicht mehr durch byzantinische Stilisierung ausgezeichnet, sondern durch eine hochvornehme, prunkvolle Gewandung (mit äußerst belebtem Faltenspiel) und einem aristokratischen Habitus. Sie, die Himmelskönigin, erscheint wie eine irdische Königin mit ihrem Hofstaat.

Drehspuren erkennbar sind). In diesem Saal versammelte sich der Rat der sienesischen Republik, um die wichtigsten politischen Entscheidungen zu treffen. Daher war die ›Regierung der Neun‹ darauf bedacht, dass auch in diesem Saal die Schutzherrin des Stadtstaats, die Jungfrau Maria, zugegen war, und gab dem damals noch wenig bekannten **Simone Martini** den Auftrag für das große Fresko ›Maestà‹, das dieser 1315 oder 1316 beendete.

Maestà (Majestät) ist der übliche Ausdruck für die thronende, mit himmlischem Hofstaat umgebene Madonna. Eine Schar von Engeln, Heiligen und Aposteln versammelt sich um den Thron der Muttergottes. Auf ähnliche Weise hatte bereits Duccio wenige Jahre zuvor eine Maestà als Altarbild für den Sieneser Dom gemalt. Simone kam nicht umhin, auf diese Tafel zu antworten. Und es scheint, dass der Rat der Republik mit seinem Maestà-Bild hinter dem Altarbild des Doms nicht zurückstehen wollte und dieselbe Zahl von Figuren verlangte. Trotzdem musste Simone Martini die Zahl der Engel reduzieren, um außer Petrus und Paulus auch jene zehn Apostel unter die Heiligenschar aufzunehmen, die beim Altar auf gesonderten kleinen Täfelchen angebracht waren.

Ebenso wie Duccio lässt Simone die vier Stadtheiligen mit ihren Bittschriften (von links: Ansanus, Savinus, Crescentius und Viktor) in vorderster Reihe knien – gemeinsam mit den Engeln, die der Muttergottes Körbe mit Blumen reichen. Die umgebenden Heiligen und Engel behalten auch hier gebührenden Abstand zur Muttergottes. Sie ist auf beiden Darstellungen in der Bildmitte isoliert, und sitzt jeweils nicht frontal, sondern nach rechts gewendet.

Trotz der vielen Gemeinsamkeiten bestehen auch zahlreiche Unterschiede zwischen den kurz hintereinander entstandenen Werken. Diese Unterschiede kennzeichnen zugleich zwei verschiedene Epochen. Simone Martini hat zwar – hierin Giotto nachstrebend – einen einheitlichen Bildraum geschaffen, der sich kontinuierlich verjüngt. Dazu trägt außer dem Stufenpodest vor allem der Baldachin bei. Er verkürzt sich nach den Regeln der Zentralperspektive, ohne aber eine starre Kastenform zu bilden (wie sie Giotto gewählt hätte), denn er besteht aus locker hängendem Stoff.

Einheitlich ist auch der Größenmaßstab: Jetzt überragt die Muttergottes ihr Gefolge nicht mehr durch physische Größe. Die Vorstellung, dass Heiligkeit und Frömmigkeit mit Vornehmheit, Aristokratie und Wohlstand gleichzusetzen sind, nimmt in der italienischen Kunst hier bei Simone Martini ihren Anfang. Sie wird jahrhundertelang, auch in der Zeit der Renaissance, Gültigkeit behalten und nur ausnahmsweise durch ›Revolutionäre‹ wie Masaccio oder Donatello in Frage gestellt werden.

So ist denn auch der Thron nicht nur äußerst kunstvoll, sondern auch kostbar vergoldet. Seine Formen sind französischer Kathedralbaukunst entnommen und erinnern eher an ein Werk der Goldschmiedekunst oder einen gotischen Flügelaltar. Die Vorliebe Simones für das Kostbare zeigt sich auch darin, dass er nicht nur in der Technik des *buon fresco* arbeitete, sondern ebenso mit *a secco* aufgetragenen, farbintensiveren Temperafarben malte. Darüber hinaus trug er reichlich Blattgold auf, machte – nicht anders als ein Goldschmied – Einritzungen und Punzierungen, brachte Edelsteine (Lapislazuli, Azzurit, Malachit), farbigen Glasfluss, Metallplättchen und sogar eine Gemme an, hob stellenweise den Verputz reliefartig etwas hervor und fügte in einer Collage bei den Schriftrollen des Jesuskinds und des Hieronymus jeweils ein Stück Papier ein, das mit Tinte beschriftet ist.

Das Fresko ist leider nur mäßig gut erhalten. Es war von Anfang an durch Wandfeuchtigkeit gefährdet. Simone Martini musste 1321 eigens nach Siena reisen, um das Werk selbst zu restaurieren. Dabei erneuerte er die Köpfe der Muttergottes, des Kindes, der dem Thron am nächsten stehenden Heiligen Apollonia und Katharina, die der knienden Engel und der knienden Heiligen Ansanus und Crescentius. Man sieht es diesen etwas kleineren Köpfen an, dass Simone sich in den sechs Jahren stilistisch entwickelt hatte. Die Farben sind heller, die von ihm geliebte harmonisch schwingende schöne Linie, ein Erbteil der französischen Gotik, ist ausgeprägter. Die Haartracht der Männer entspricht der neuesten Mode.

An der gegenüberliegenden Wand sieht man ›Guidoriccio da Fogliano, Anführer der Sienesen, reitet zur Belagerung des Kastells Montemassi im Jahre 1328‹. Das Fresko galt bisher unangefochten als das in den Rechnungsbüchern belegte Werk Simone Martinis, für das er am 2. Mai 1330 mit 16 Lire entlohnt wurde. Autorenschaft und Entstehungszeit wurden jetzt angezweifelt, ob zu Recht, kann definitiv erst nach Entfernung späterer Malschichten entschieden werden. Der bereits untersuchte linke Teil mit dem Kastell von Montemassi scheint jedenfalls im 15. oder 16. Jh. übermalt worden zu sein. Auch wenn das Fresko gewisse künstlerische Mängel zeigt (so scheint der Reiter fast über dem Boden zu schweben), zeugt es dennoch von einer außergewöhnlichen Imagination. Der Kapitän reitet in einer kargen Landschaft zwischen menschenleeren Heerlagern und Kastellen.

Unterhalb dieses Freskos wurde 1982 ein bisher unbekanntes Werk freigelegt, das die Übergabe eines Kastells, wahrscheinlich von Arcidosso, an Siena zeigt. Die Forschung ist sich über die außergewöhnliche Qualität der Malweise einig, insbesondere des in perspektivischer Sicht wiedergegebenen Kastells. Doch erstaunlich kontrovers wird die Frage der Autorenschaft diskutiert. Duccio oder einen seiner unbekannten Nachfolger, Simone Martini, dessen Mitarbeiter Memmo di Filippuccio und Pietro Lorenzetti zieht man in Betracht.

Der Fensterwand gegenüber Wandzeichnungen in rötlicher Farbe. Links der hl. Paulus, umgeben von den sieben Kardinaltugenden. Mit seinem Schwert weist er auf die sienesischen Truppen (die seinen Namen tragen) in dem großen Schlachtengemälde. Hier ist der Sieg eines sienesischen Heeres (angeführt von Giordano Orsini) über ein englisches Heer in der Valdichiana dargestellt. Die Kastelle der Valdichiana sind namentlich genannt, so Torrita, Apparita di Lucignano, Sinalunga, Bettole. Autor dieser noch im Jahr der Schlacht 1363 freskierten Zeichnung ist Lippo di Vanni. Rechts davon wird der Sieg der Sienesen über die Florentiner bei Poggio Imperiale im Jahre 1479 gezeigt. Die Zeichnung von Giovanni di Cristofano und Francesco d' Andrea stammt von 1480. An den Pfeilern: Darstellungen sienesischer Heiliger und Seliger. Von links nach rechts: ›Sel. Bernardo Tolomei‹ von Sodoma (1533), ›Hl. Bernhardin‹ von Sano di Pietro (1460), ›Hl. Katharina‹ von Vecchietta (1461), ›Sel. Ambrogio Sansedoni‹ (mit Stadtmodell), wahrscheinlich von Bartolomeo di David (dokumentiert 1507–1532) und fragmentarisch ›Der Selige Andrea Gallerani‹.

Sala della Pace (m)

Die Sala della Pace, der Sitzungssaal der ›Regierung der Neun‹, malte **Ambrogio Lorenzetti** 1337–39 mit den berühmten Fresken der ›Guten und schlechten Regierung‹ aus. Der Fensterseite gegenüber sieht man die allegorische Darstellung der ›Guten Regierung‹: Die große bärtige, sitzende Gestalt mit Zepter und Schild personifiziert die ›Gute Regierung‹ *(buon governo)* bzw. die Kommune Siena. Das Gewand hat die weiß-schwarzen Farben des Stadtwappens. Das Haupt ist von

Palazzo Pubblico, Ausschnitt aus der ›Auswirkung der Guten Regierung auf dem Land‹ von Ambrogio Lorenzetti in der Sala della Pace

den Lettern CSCCV umgeben (das weiteres C ist nachträglich hinzugefügt), den Anfangsbuchstaben von ›Comune Senarum, Civitas Virginis‹ (Kommune der Sienesen, Stadt der Jungfrau).

Auf ihrem Schild erkennt man die Jungfrau mit Kind, die Schutzpatronin der Stadt. Die Füße der ›Guten Regierung‹ ruhen auf der Sienesischen Wölfin, die das Zwillingspaar Aschinus und Senius säugt. Über ihr schweben die christlichen Tugenden ›Glaube‹, ›Liebe‹ und ›Hoffnung‹. Zu ihren Seiten sitzen vier weltliche Tugenden sowie ›Friede‹ und ›Hochherzigkeit‹, die im Gegensatz zu den geistigen Tugenden in voller Körperlichkeit wiedergegeben sind. Die berühmte Gestalt des sich bequem anlehnenden ›Friedens‹ *(pax, pace)* gab dem Saal den Namen. Die ›Gerechtigkeit‹ sitzt ein zweites Mal links im Bild. Sie bringt die Waage, die von der über ihr schwebenden ›Weisheit‹ gehalten wird, ins Gleichgewicht. Als austeilende (soziale) Gerechtigkeit krönt sie einen Verdienstvollen und enthauptet einen Übeltäter, als ausgleichende (private) Gerechtigkeit tauscht sie Güter (nach Aristoteles, Nikomachische Ethik). Die ›Eintracht‹ vereint in ihrer Hand zwei Schnüre, die von den Waagschalen ausgehen, und die dann zu einer Schnur vereint von 24 Bürgern gehalten wird, um die rechte Hand der ›Guten Regierung‹ zu binden. Die Vierundzwanzig verkörpern die Regierung von 1236 bis 1270 und nicht die zeitgenössische ›Regierung der Neun‹.

An der Eingangswand wird die ›Auswirkung der guten Regierung auf Stadt und Land‹ dargestellt: Ein Bild der Feste und des Alltagslebens im gotischen Siena und in der hügeligen Crete im Süden der Stadt. Es ist ein großartiges Dokument vom Leben unter der ›Sicherheit‹ vor dem Ausbruch der großen Pest 1348. An der gegenüberlie-

Torre del Mangia
tgl. 10–19, 1. Nov.–15. März 10–16 Uhr

genden Wand zeigt ein bedauernswerterweise stark zerstörtes Fresko die ›Schlechte Regierung‹ und ihre Auswirkungen. Die gehörnte ›Tyrannis‹ mit Dolch und vergiftetem Becher wird von Lastern umgeben. Über ihrem Haupt ›Eitelkeit‹, ›Hochmut‹ und ›Geiz‹, unter ihr die gefesselte ›Gerechtigkeit‹.

Zum Abschluss kann man sich in der **Sala dei Pilastri (n)** u. a. noch Skulpturen aus der Werkstatt des Jacopo della Quercia anschauen.

Torre del Mangia

Obschon der Stadtturm (1325–44) an einer der niedrigsten Stellen der Stadt errichtet wurde, überragt der Turm alle anderen Bauwerke der Umgebung. Das Risiko der Ausführung dieser kühnen Konstruktion trugen die Baumeister zu jener Zeit selbst. Nach dem Vorbild des Turms des Palazzo Vecchio in Florenz bildet eine auf Konsolen ruhende zinnenbewehrte Plattform den ersten Abschluss, auf der sich ein ebenfalls zinnenbekränztes Tabernakel erhebt. Die Bekrönung aus Travertin über dem Ziegelsteinschaft ließen die Baumeister nach einem Holzmodell des Malers Lippo Memmi ausführen. Seit etwa 1400 wird der Turm nach dem Glöckner Mangiaguadagni ›Torre del Mangia‹ genannt. Die große Glocke von 1666, die der Maria Assunta geweiht ist und daher ›Sunto‹ genannt wird, ertönt nur bei besonderen Anlässen. Der Aufstieg auf den Turm belohnt bei klarer Sicht mit grandiosen Ausblicken (400 Stufen, Eintrittskarten an der Kasse zum Museo Civico).

Von der Piazza del Campo zum Dom

Dem Palazzo Pubblico gegenüber steht der **Palazzo Sansedoni (3).** Mehrere Privathäuser verschiedener Familien fasste Agostino di Giovanni 1339 zu einem einzigen Palast zusammen, dessen Fassade der Rundung des Platzes folgt. Die Fensterformen sind dem Palazzo Pubblico angeglichen – so schrieb es 1297 ein Gesetz für alle Häuser des Campo vor.

Die **Loggia della Mercanzia (4),** an der zentralen Croce del Travaglio, wurde 1417–44 in Formen der Gotik und Frührenaissance von Sano di Matteo und Pietro del Minella errichtet. Das Obergeschoss setzte man erst im 17. Jh. auf. Die rechte Marmorbank von Antonio Federighi ist mit fünf Darstellungen von Römern (u. a. Cicero und Cato) versehen, die für die Handelsherren als vorbildliche Bürger gelten konnten.

Auf dem direkten Weg zum Dom über die Via dei Pellegrini kommt man zuerst auf die Piazza San Giovanni und steht vor dem **Palazzo del Magnifico (5).** 1509 ließ ihn der Stadtherr Sienas, Pandolfo Petrucci (Il Magnifico), nach Plänen von Giacomo Cozzarelli errichten. Wendet der Besucher sich dann nach Westen, steht er vor der Chorfassade des Doms und dem Baptisterium San Giovanni.

Baptisterium San Giovanni (6)

Als 1316 der Domchor erweitert wurde, waren auf dem steil abfallenden Hügel Substruktionen erforderlich. So bot sich die Errichtung einer Unterkirche – des Baptisteriums – an (ausgeführt bis 1325). Die Fassade kam erst 1382 hinzu. Obschon nicht fertiggestellt, wirkt sie in ihrer klaren Gliederung und zurückhaltenden Plastizität einheitlicher als die aufwändige, nach mehrfach geänderten Plänen ausgeführte Hauptfassade des Doms.

Im Innern ruhen weit gespannte Gewölbe, wie sie für das 14. Jh. charakteristisch sind, auf voluminösen Pfeilern. Die Freskenausstattung erhielt der Raum um 1450–60 durch Vecchietta und andere. An der Ausschmückung des 1417 begonnenen Taufbeckens haben Jacopo della Quercia, Donatello und Ghiberti mitgewirkt. Wenn auch diese drei Frührenaissancebildhauer der ersten Generation um eine einheitliche Wirkung bemüht waren, finden sich dennoch bei einem Stilvergleich einige Unterschiede. Der vierte der beteiligten Künstler, Giovanni Turino, stand stark unter dem Einfluss von Ghibertis erster Florentiner Baptisteriumstür. Die Reliefs zeigen Szenen aus dem Leben Johannes des Täufers. An der Seite gegenüber dem Altar beginnend:

1. ›Ein Engel verkündet Zacharias die Geburt des Täufers‹, von Jacopo della Quercia (1428/29); 2. und 3. ›Geburt‹ und ›Predigt des Täufers‹, von Giovanni di Turino (1427); 4. ›Taufe Christi‹, von Lorenzo Ghiberti; 5. ›Gefangennahme des Johannes‹, wiederum von Ghiberti unter Mithilfe von Giuliano di Ser Andrea; 6. ›Enthauptung des Täufers und Gelage des Herodes‹, von Donatello (1427), der 1429 auch zwei der sechs Eckstatuetten schuf: ›Glaube‹ (mit Kelch) und ›Hoffnung‹ (daneben rechts). Das Marmor-Tabernakel entwarf Jacopo della Quercia 1427, der auch die Nischen-Statuetten der Propheten und die Marmor-Statuette Johannes des Täufers (auf der Spitze) schuf. Zwischen den Tabernakel-Giebeln: Bronzeengel von Donatello.

Bei den Treppen beim Baptisterium ist der Zugang zur sogenannten **Krypta** des Doms. Als im Oktober 2003 die Duccio-Ausstellung eröffnete, konnten die Besucher erstmals die zwei Jahre zuvor entdeckte und von Geröll befreite Unterkirche des Doms betreten und dort die eindrucksvollen Wandmalereien mit der Passion Christi bewundern. Es handelt sich um Seccomalerei (also keine Fresken) in einem Umfang von 180 m^2, die um 1270– 90 ausgeführt wurde, und zwar kurz vor dem Auftreten Duccios. Stilistische Unterschiede lassen auf vier verschiedene Malerpersönlichkeiten aus der Generation des Guido da Siena schließen. Man hat dafür die Namen von wenig bekannten Künstlern vorgeschlagen (u. a. Diotisalvi di Speme, Guido da Graziano, Rinaldo da Siena).

Neben den üblichen Passionsszenen findet man an einem Pfeiler die in einem apokryphen Evangelium geschilderte ›Flucht nach Ägypten‹, bei der die Muttergottes Datteln pflückt.

Baptisterium San Giovanni
Krypta
Piazza del Duomo
Tel. 0577 28 30 48
www.operaduomo.siena.it
tgl. Juni–Aug. 9.30–20 (Sept./Okt. bis 19), Nov.–Febr. 10–17 Uhr

Die Farben waren kaum dem Licht ausgesetzt und konnten sich daher in außergewöhnlicher Frische erhalten (nur das Hintergrundblau und einige Rottöne gingen verloren) – man sprach vom ›Wunder von Siena‹. Diese einst gewölbte Unterkirche war keine Krypta im üblichen Sinne, sondern diente wahrscheinlich als repräsentativer Eingang zum Dom vom Stadtzentrum aus und bot Pilgern Unterkunft. Aber schon wenige Jahrzehnte nach der Errichtung wurde der Raum wieder zugeschüttet und in die Fundamentierung des Doms einbezogen. Stattdessen wurde im Zuge der Domverlängerung das Baptisterium errichtet.

Dom Santa Maria

Der um 1210 begonnene **Dom (6)** ist das Ergebnis einer nahezu 100-jährigen Bauzeit und mehrfacher Planänderungen. Da die Anfänge des Dombaus kaum dokumentiert sind, ist die Baugeschichte nicht ohne hypothetische Rekonstruktionen darstellbar. Sienas Kathedrale stand ursprünglich auf dem Hügel des Castelvecchio (südöstlich des Domhügels, bei der heutigen Via Castelvecchio). Sie war dem hl. Bartholomäus geweiht, wurde im 9. Jh. auf den heutigen Domhügel verlegt, auf dem Reste eines langobardischen Kastells ausgegraben wurden.

Der Dom geht in seiner jetzigen Gestalt mit Querschiff, Kuppel und flachem Chorabschluss auf einen spätromanischen Bau vom Anfang des 13. Jh. zurück. Von diesem Urbau sind nur noch das Langhaus (ohne Gewölbe) und der Kuppelraum erhalten. Vorbild für diese kreuzförmige Anlage, die mehrfach erweitert worden ist, war der Pisaner Dom: 1316 verlängerte man den Chor nach Osten. Dazu war wegen des abschüssigen Geländes der Bau einer Unterkirche – der Taufkirche San Giovanni – erforderlich. Außerdem wurde das Querschiff verbreitert und verlängert, das Langhaus 1469 erhöht. So kommt es, dass wir im Innern heute einen Teil der Kuppelaußenwand sehen können.

Dom Santa Maria
1.–15. März und Okt.–1. Nov. tgl. 10.30–19.30 (16. März–Sept. bis 20), Fei 13.30–18, 3. Nov.–Febr. tgl. 10.30–18 Uhr Informationen zum Dom und anderen Gebäuden unter der Verwaltung der Opera della Metropolitana: www.operaduomo.siena.it

Die Ausführung der Marmorfassade (seit 1284) leitete bis 1297 der aus Pisa berufene Giovanni Pisano. Dieser Bildhauer, der zugleich Architekt war, schuf die erste italienische Fassade mit einem Skulpturen-Zyklus im Sinne der französischen Gotik. Originale der Skulpturen sind im Dommuseum (s. S. 307) zu sehen. Sie wurde – nach verändertem Plan – erst im späteren 14. Jh. vollendet. 1258 hatten nachweislich die Zisterzienser von San Galgano die Leitung des Dombaus inne. Dies führte zu der irrtümlichen Annahme, der Dom folge in seiner Struktur der Kirche von San Galgano.

Das basilikale Langhaus ist im Innern durch hohe rundbogige Arkaden, die auf quadratischen Säulen mit halbkreisförmigen Vorlagen ruhen, in drei Schiffe geteilt. Wie bei der Pistoieser und Luccheser Romanik sind Wände und Pfeiler mit abwechselnd dunkelgrünen und weißen Marmorstreifen belebt, eine Farbenkombination, die an das sienesische Stadtwappen, die *balzana,* erinnert. Unter dem stark hervortretenden Gesims sind zwischen den Kragsteinen 171 Papstbüsten

Dom Santa Maria

des 15. und 16. Jh. aufgestellt. Der Kuppelraum hat einen ungewöhnlichen, sechseckigen Grundriss. Er fügt sich nur schwer in die Jochfolge des Lang- und Querhauses ein.

Der Dom von Siena gehört zu den mit Bildwerken am reichsten ausgestatteten Kirchen der Christenheit. Einzigartig die **›Gemälde‹ des Marmorfußbodens,** der »schönste und prächtigste Fußboden aller Zeiten« (Vasari). Leider ist jedoch ein großer Teil der Marmorintarsien (vor allem im Bereich der Vierung und des Altarraumes) gewöhnlich abgedeckt, um ihn vor weiterer Abnutzung zu bewahren, und wird nur noch bei besonderen Anlässen ganz gezeigt (siehe Schaubild im Dommuseum).

Die Arbeiten sind seit 1369 dokumentiert. Die ältesten Felder (Rad der Fortuna, Sienesische Wölfin) wurden jedoch im Laufe der Jahrhunderte fast vollständig erneuert. Die Mehrzahl entstand in der Zeit der Früh- und Hochrenaissance, wurde ebenfalls zum Teil überarbeitet oder durch Neuschöpfungen ersetzt.

Dem Fußboden liegt ein Bildprogramm zugrunde, das in einer Art Weltgeschichte Heidentum, Judentum und Christentum umfasst. Es beginnt bereits auf dem Stufenpodest vor der Fassade, wo u. a. ein Pharisäer und ein Zöllner einem Tempel zugewandt, doch als Heiden und Juden vom Betreten des Kirchenraums ausgeschlossen sind.

Im Langhaus ist neben geschichtlichen und zeitpolitischen Aussagen das heidnische Denken der Antike insoweit dargestellt, als es durch ihre Philosophen half, das Christentum vorauszusagen. So zeigt das erste Feld des Mittelschiffs (1488) Hermes Trismegistos, den als Gott verehrten legendären Verfasser esoterischer Schriften, der sein Wissen Vertretern des Ostens und des Westens weitergibt.

Es folgen im Mittelschiff: Die ›Sienesische Wölfin‹, umgeben von Wappenzeichen der verbündeten Städte (1373, 1865 erneuert); das ›Rad mit dem römischen Reichsadler‹ (Hinweis auf Rom als den Mittelpunkt der Welt); der ›Berg der Weisheit‹: Die verführerische Fortuna mit Füllhorn steht unsicher auf einer Kugel und einem Boot mit gebrochenem Mast. Ihr Segel ist vom günstigen Wind gebläht. Einsichtige wenden sich ihr ab, steigen den steinigen, von Schlangen bedrohten Pfad der Tugend zum Gipfel der Weisheit hinauf. Fortuna reicht dem Sokrates die Palme, dem Crates, der die irdischen Schätze ins Meer schüttet, ein Buch (Entwurf von Pinturicchio, 1505); das ›Rad der Fortuna‹, an das sich diejenigen klammern, denen sich das Glück abgekehrt hat. In den Ecken sieht man antike Philosophen (1372, 1865 erneuert).

In den beiden Seitenschiffen senden die Sibyllen Sprüche als verschlüsselte Hinweise auf Christus aus. Zugleich repräsentieren sie ihre Ursprungsländer in allen damals bekannten Weltgegenden (ausgeführt 1482/83).

In der Vierung, in den Querschiffen und im Altarraum ist das Alte Testament dargestellt, also das Judentum, dem die Göttliche Offenbarung zuteil wurde. In einigen Feldern wird auch die Zeitgeschichte miteinbezogen. Linkes Querschiff: ›Verbannung des Herodes‹ (nach Flavius Josephus), nach einem Entwurf von Bastiano di Francesco (1485), wobei die Bergstadt im Hintergrund an Siena erinnert; ›Bethlehemitischer Kindermord‹, wohl von Matteo di Giovanni (1483): Eine grazile Renaissanceloggia bildet die Kulisse für das grausame Geschehen; ›Die Geschichten Judiths‹: Im Zeltlager die Enthauptung des Holofernes, vom Lager kehrt die von einer Dienerin begleitete Judith mit dem Haupt des Holofernes in die Stadt Bethulia zurück.

Auf der Mittelachse sieht man das 1423 ausgeführte Rundbild mit König David als Psalmendichter und musizierenden Knaben, flankiert vom jungen David mit der Schleuder und dem fallenden Goliath (u. a. Domenico di Niccolò zugeschrieben). Im Chor: ›Wanderung der Juden in das Gelobte Land‹ (1544) und ›Isaakopfer‹ (1547) von Domenico Beccafumi. Im rechten Teil des Chores beeindruckt der ›Tod des Absolom‹ (1447) in seiner bewegten Linienführung. Auf der Flucht vor den Soldaten seines Vaters David, gegen den er sich erhoben hatte, verfing sich sein langes Haar in einem Baumast.

In den Feldern des 15. Jh. dominieren die Linien. Sie wurden normalerweise in den Marmor eingeritzt und mit Teer ausgefüllt. Beccafumi dagegen legte wie bei einem Mosaik verschieden hell getönte Marmorstücke nebeneinander. Die Abtönungen erinnern an Sepia-Zeichnungen.

Detail des Marmorfußbodens im Dom. Die Allegorie des ›Bergs der Weisheit‹ entstand nach Entwürfen von Pinturicchio um 1505 ▷

SOCRATES
HVC PROPERATE VIRI
SALEBROSVM SCANDITE
MONTEM
PVLCHRA LABORIS ERVNT
PREMIA PALMA QVIES
CRATES

Zur weiteren Ausstattung zählt direkt neben dem Eingangsportal rechts ein **Weihwasserbecken (a)** von Antonio Federighi (1462–63). 1659–62 wurde eine Votivkapelle des 15. Jh. für das Bild der ›Madonna del Voto‹ (zweite Hälfte 13. Jh.) im Auftrag von Papst Alexander VII. aus der sienesischen Familie Chigi erneuert. Die Entwürfe für die **Cappella del Voto** (Cappella Chigi, **b)** lieferte Gian Lorenzo Bernini, der auch die Skulpturen des Hieronymus und der Maria Magdalena links und rechts vom Eingang schuf: hochbarocke Bildwerke voller Leidenschaft und sinnlicher Hingabe. Man beachte auch außerhalb der Kapelle die Votivgaben, die bis in die Gegenwart reichen (Sturzhelme, Doktorhüte nach bestandenem Examen etc.).

Den **Hochaltar (c)** von Peruzzi (1506–32) überdacht ein Bronze-Ziborium von Lorenzo di Pietro, genannt Il Vecchietta, das seit 1506 Duccios ›Maestà‹ ersetzt. Zwei Kerzen tragende Engel von Giovanni di Stefano, 1489. Außerdem sind hier zu sehen: zwei weitere aus Bronze von Francesco di Giorgio Martini (1497–99) sowie an den Pfeilern acht Kerzen tragende Bronzeengel von Domenico Beccafumi, der auch die (z. T. ergänzten) Fresken der Apsis malte.

Das große **Rundfenster** an der Stirnwand (mit Tod, Himmelfahrt und Krönung Mariens) wurde ab 1287/88 nach einem Entwurf Duccios ausgeführt. Das Original wurde ins Museo dell' Opera Metroplitana gebracht und ist hier durch eine Nachbildung ersetzt, dessen Glas in Deutschland gefertigt wurde. .

Von den ursprünglich 90 Sitzen des Chorgestühls (1363–97) sind 36 an den Seitenwänden erhalten. Die Intarsien stammen von Fra' Giovanni da Verona (1503). Wie wir aus der Vertragsurkunde wissen, wurde die **Kanzel (d)** 1266–68 von Nicola Pisano und seinen Gehilfen Arnolfo di Cambio, Donato und Lapo di Ricevuto sowie seinem

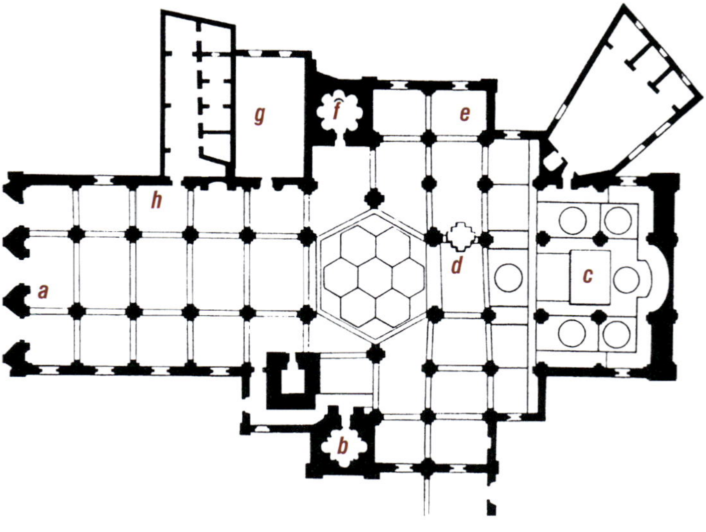

Dom Santa Maria, Grundriss

a Weihwasserbecken, Antonio Federighi (1462/63)
b Cappella Chigi, Gian Lorenzo Bernini
c Hochaltar, Peruzzi (1506–32)
d Kanzel, Nicola Pisano (1266–68)
e Grabmal von Kardinal Riccardo Petroni, Tino di Camaino (1317/18)
f Johanneskapelle
g Libreria Piccolomini
h Piccolomini-Altar, Andrea Bregno (1481)

Sohn Giovanni ausgeführt. Diese zweite der vier großen Kanzeln der Pisani erweitert das Programm jener älteren des Pisaner Baptisteriums (s. S. 71) um die Personifikation der Sieben freien Künste (an der Basis der Mittelsäule), die jetzt gemeinsam mit den Tugenden, deren Zahl auf acht erhöht wurde, die Szenen des Evangeliums tragen. Auch wenn es schwer ist, den Anteil der Arbeiten Nicolas von dem seiner Gehilfen abzugrenzen, lässt sich doch erkennen, dass sich sein Stil gewandelt hat. Die Reliefs schildern mehr Einzelheiten. Unter Einfluss der französischen Gotik wirken die Figuren geschmeidiger, fallen die Gewänder weicher.

Das **Grabmal des Kardinals Riccardo Petroni (e)** im linken Querschiff stammt von dem sienesischen Bildhauer Tino di Camaino (1317/18). Im Boden ist die bronzene Grabplatte des Bischofs Giovanni Pecci von Donatello (1456) eingelassen.

Die für eine Armreliquie Johannes des Täufers 1482 von Giovanni di Stefano erbaute **Johanneskapelle (f)** enthält eine Bronzestatue Johannes' des Täufers, erstes Werk Donatellos nach seiner Rückkehr aus Padua (1457). Die Renaissancekapelle beherbergt weiterhin eine Statue der Hl. Katharina von Alexandrien von Neroccio (1487, rechts), einen Freskenzyklus von Pinturicchio (1504/05) mit Szenen aus dem Leben des Täufers sowie zwei Porträts des Auftraggebers der Kapelle, Albert Aringhieri, als jugendlicher Ritter (links) und als Malteserritter auf Rhodos. Die ›Taufe Christi‹ (obere Reihe), die ›Enthauptung des Täufers‹, teilweise auch die ›Geburt des Täufers‹ übermalte Il Rustichino im 17. Jh. ›Johannes im Kerker‹ wurde 1868 erneuert.

Die **Libreria Piccolomini (g)** stiftete Kardinal Francesco Todeschini Piccolomini, der spätere Papst Pius III., 1495 zum Andenken an seinen Onkel Papst Pius II., dessen wertvolle Handschriftensammlung die Bibliothek aufnehmen sollte. Der Eingang wird von einer reich verzierten Marmorarchitektur eingefasst. Darüber sieht man die ›Krönung von Papst Pius III.‹, ein Fresko von Pinturicchio (1504). Auch die berühmten Fresken im Innern schuf Pinturicchio. Sie schildern das kirchenpolitische Wirken von Papst Pius II. aus der sienesischen Familie Piccolomini: Der humanistisch gebildete Enea Silvio Piccolomini (1405–1464) ließ die Idealstadt Pienza erbauen, verfasste historische und literarische Schriften, darunter auch erotische Komödien. Dies schließt nicht aus, dass er gleichzeitig ein glühender Verehrer des Hl. Bernhardin und der Hl. Katharina von Siena war.

Die Freskenfolge beginnt rechts von der Fensterwand: 1. Der 27-jährige Piccolomini begibt sich zum Konzil nach Basel. Durch einen Sturm wird das Schiff an die afrikanische Küste verschlagen; 2. Piccolomini als Botschafter des Konzils vor König Jakob I. von Schottland; 3. Piccolomini wird in Frankfurt a. M. von Kaiser Friedrich III. zum Dichter gekrönt; 4. Piccolomini als Botschafter des Kaisers bei Papst Eugen IV.; 5. Piccolomini führt als Erzbischof von Siena die Verlobten Friedrich III. und Eleonora von Aragonien bei der Porta Camollia zusammen; 6. Piccolomini erhält aus den Händen von Papst Calixtus III. den Kardinalshut; 7. Krönung zum Papst; 8. Pius II. ruft

Libreria Piccolomini
tgl. 10.30–19.30 (Juni–Aug. bis 20), So, Fei 13.30–17 Uhr

Pinturicchios Fresko ›Der kranke Papst Pius II. in Ancona, um den Kreuzzug zu beschleunigen‹ in der Libreria Piccolomini

in Mantua zum Kreuzzug gegen die Türken auf; 9. Pius II. spricht Katharina von Siena heilig; 10. Der kranke Pius II. in Ancona, um den Kreuzzug zu beschleunigen.

Die Keramikfliesen des Fußbodens zeigen die Mondsicheln des Piccolomini-Wappens. In der Mitte der Bibliothek überrascht die von Francesco Todeschini Piccolomini erworbene Figurengruppe ›Drei Grazien‹, eine römische Kopie nach griechischem Vorbild. In Schaukästen werden Choralbücher mit Miniaturen, u. a. von Liberale da Verona (1455–78) und Girolamo da Cremona (1468–74) gezeigt.

Zum Bau des **Piccolomini-Altars (h)** veranlasste Kardinal Francesco Piccolomini 1481 Andrea Bregno. Der junge Michelangelo erhielt den Auftrag zu 15 Marmorstatuetten, von denen er den Hl. Petrus (rechts unten) und den Hl. Paulus (links unten) vermutlich eigenhändig ausführte. Die übrigen Statuetten dürften von Baccio da Montelupo nach Entwürfen Michelangelos gefertigt worden sein. 1655 wurde die Muttergottesstatue in der mittleren Attikanische eingefügt. Die S-förmige Schwingung verweist auf die Zeit um 1400 und ist vermutlich ein Jugendwerk des Jacopo della Quercia. Das Altarbild der ›Nährenden Muttergottes‹ ist aus dem späten 14. Jh., wohl von Paolo Giovanni Fei.

Duomo Nuovo und Museo dell' Opera Metropolitana

1339 begannen die Sienesen den gigantischen Bau des **Duomo Nuovo,** für den der bestehende Dom als Querschiff dienen sollte. Als nach der Pest von 1348 die begonnenen Teile Neigungen und Risse zeigten, musste aufgrund des Gutachtens eines Florentiner Baumeisters das Projekt aufgegeben werden; gefährdete Teile wurden abgerissen. Die erhaltenen Fragmente geben eine Vorstellung von der Größe und Weite, die eine Kathedrale des 14. Jh. erreichen konnte. Unüblicherweise begann man in Siena schon während der Rohbauarbeiten mit der Marmorverkleidung und dem Skulpturenschmuck.

Museo dell' Opera del Duomo
Piazza del Duomo
Tel. 0577 28 30 48
www.operaduomo.siena.it
tgl. Juni–Aug. 9.30–20 (März–Mai, Sept./Okt. bis 19), Nov.–Febr. 10–17 Uhr

Das **Museo dell' Opera Metropolitana (7,** Dommuseum) wurde 1870 in drei Seitenschiffjochen des unvollendeten neuen Doms eingebaut. Der **große Saal des Erdgeschosses** zeigt u. a. die von Giovanni Pisano und seinen Mitarbeitern geschaffenen überlebensgrossen Originalskulpturen der Domfassade (1284–97), die im Laufe der Zeit durch originalgetreue Kopien ersetzt wurden. Es ist stets problematisch, mittelalterliche Skulpturen außerhalb ihres eigentlichen Aufstellungsorts zu betrachten. Im Gegensatz zu antiken Statuen mit stärkerer Autonomie bedürfen sie des architektonischen Halts, denn die Betrachtung aus der Nähe und der falsche Blickwinkel ergeben ein verzerrtes Bild. So wirken die für Giovanni Pisano charakteristischen Drehungen des Kopfes hier übertrieben. Durch die nahe Betrachtung gewinnt man jedoch einen Einblick in den Entstehungsprozess, erkennt den Einsatz der verschiedenen Werkzeuge, so des laufenden Bohrers oder des von Giovanni neu eingeführten Schlageisens.

Dargestellt sind biblische Gestalten: Moses und seine Schwester Mirjam, die Propheten, Philosophen der Antike (Platon, Aristoteles) und eine Sibylle. Dieser fast willkürlich anmutenden Auswahl liegt dennoch ein Programm zugrunde: Aus den Äußerungen all dieser Gestalten konnten Interpretationen herausgelesen werden, die die Jungfräulichkeit Mariens (der der Dom geweiht ist) und die Fleischwerdung Christi voraussagten. Von Giovanni Pisanos Fassade stammen auch die kaum deutbaren Halbfiguren von Tieren.

Blickpunkt des Saales ist das große Rundfenster Duccios aus der Kathedrale. Es zeigt den Tod Mariens, ihre Himmelfahrt und ihre Krönung. Der Entwurf stammt von Duccio (1287) und gilt damit als eine seiner frühesten Arbeiten. Ein Madonnenrelief Donatellos vom Seitenportal des Doms zeichnet sich durch virtuose Behandlung des *relievo schiacciato* und eine kühne Perspektivenkonstruktion aus. Es bietet sich ein Vergleich mit einem etwa zur gleichen Zeit entstandenen Relief von Jacopo della Quercia an: ›Antonius Abbas empfiehlt Kardinal Antonio Casini der Muttergottes‹, dem letzten Werk des 1438 verstorbenen sienesischen Bildhauers, bei dem kräftige Körperformen und schwere Gewänder vorherrschen.

Das wichtigste Werk des Museums befindet sich in Saal 1 des **ersten Obergeschosses:** Duccios Hauptaltarbild des Doms mit der ›Maestà‹. Es war ursprünglich zweiseitig bemalt und ist hier (nicht ganz vollständig) mit der Haupttafel und 49 Szenen aus dem Leben Jesu und Mariens ausgestellt. Fast zwei Jahrhunderte stand es im Chor des Doms. Am 9. Oktober 1308 unterzeichnete Duccio den Vertrag, bereits am 9. Juni 1311 wurde das Werk in einer Prozession, begleitet von Musik und Glockengeläut durch die Straßen Sienas zum Dom getragen.

Die Vorderseite zeigte die Thronende Muttergottes, die Schutzpatronin Sienas, umgeben von Engeln, Aposteln und Heiligen, darunter die vier knienden und fürbittenden Stadtheiligen Sienas (Ansanus, Savinus, Crescentius und Viktor). Die lateinische Inschrift auf dem Thronsockel weist auf die Bedeutung der Muttergottes für den Frieden der Stadt hin: »Heilige Muttergottes – gewähre Siena Frieden und Duccio Leben – der dich gemalt hat.« Die Tafeln mit den Passionsszenen (an der Eingangswand) bildeten ursprünglich die Rückseite des Altars. An der Längswand folgen die bekrönenden Tafeln der Vorderseite (Szenen um den Tod Mariens), dann die der Rückseite (Erscheinungen Christi nach der Auferstehung), anschließend dann die Predellen-Tafeln der Vorderseite (Kindheit Jesu) und der Rückseite (öffentliches Wirken Jesu). Nachdem der Altar 1771 zerlegt und zersägt worden war, gelangten einige Predellen-Tafeln in auswärtige Museen oder gingen verloren.

Die Haupttafel im außergewöhnlichen Querformat misst 3,70 × 4,50 m und ist damit weitaus größer als die üblichen mittelalterlichen Retabeln. Sie sollte von allen im Dom Versammelten gesehen werden. Streng symmetrisch ist der Aufbau.

Bei den szenischen Darstellungen wird man kaum ein durchgehendes Kompositionsschema finden. Überraschend ist die Vielfalt von Darstellungsmöglichkeiten. Das mag an Duccios verschiedenen Vorlagen liegen (wohl byzantinische Miniaturen), dürfte aber auch auf seine Persönlichkeit zurückzuführen sein: Die Systematik eines durchgehenden Kompositionsprinzips lag ihm fern, ganz im Unterschied zu Giotto, der aus der Bildtradition extrem selektiv seine Szenarien und Kompositionsprinzipien entwickelte. Dagegen wirkt Duccio fast regellos. Doch bei jeder einzelnen Szene spürt man sein darstellerisches Anliegen, seine Einfühlsamkeit, seine emotionale Beteiligung am Geschehen. Für ihn ist auch die Realisierung im materiellen Sinn entscheidend: die Kostbarkeit der Materialien, das Selbstleuchten der Farben und des Golds. Er teilt noch die im Mittelalter verbreitete Vorstellung, dass dem Heiligen auf der materiellen Ebene das Leuchtende und Erleuchtende, auch das Dauerhafte, Kostbare und Seltene zu entsprechen hat. Daneben sucht er die Schönheit der Linie, die beispielsweise bei den Mantelsäumen einen fast abstrakten Ausdruckswert bekommt.

Betrachtet man die gesamte Szenenfolge, bemerkt man einerseits, dass Duccio an dem überlieferten ikonografischen Schema und an den traditionellen Darstellungsmitteln festhält. Immer kehren dieselben architektonischen Versatzstücke als Kulisse wieder, immer ist es

Duccios ›Maestà‹ im Museo dell' Opera Metropolitana: Kultbildhaft, ohne ihr Kind oder den Betrachter anzuschauen, herausgehoben durch ihre Größe, sitzt die Muttergottes auf ihrem Thron. Gekleidet ist sie im traditionellen tiefblauen Mantel. Wie auf byzantinischen Ikonen hat sie ihr Haupt zu ihrer linken Schulter geneigt. Das Christuskind wird weder segnend noch kindlich verspielt gezeigt, es nimmt Blickkontakt mit dem Betrachter auf. Durch seine zur Mutter entgegengesetzte Haltung entsteht ein Spannungsfeld, das über den Bildraum hinaus bis zum Betrachter reicht

der stereotype Kasten für den Innenraum, dieselbe formelhaft stilisierte Landschaft mit den zerklüfteten Felspartien. Andererseits gibt der Künstler auch das kleinste Detail naturgetreu wieder. Auf ruhigere Bildsequenzen (Christus vor Pilatus und Kaiphas) folgen Szenen, die durch eine überaus kühne, einprägsame Gestaltung die Aufmerksamkeit erregen: etwa die ›Gefangennahme‹, wo der von einem Baum überhöhte Christus die unbewegliche Mittelachse bildet, während links der erregte Petrus, rechts die Gruppe der fliehenden Apostel von Christus weg aus dem Bild drängen; oder die ›Kreuzigung Christi‹, bei der die beiden Gruppen, links die Trauernden, rechts die römischen Soldaten und Juden, wie ein Vorhang auseinander gerissen werden.

Die Frage der Mitarbeit von Gehilfen ist häufig diskutiert worden. Einerseits sah der Vertrag vor, Duccio müsse eigenhändig (»suis manibus«) das Werk ausführen, andererseits widersprach es den mittelalterlichen Werkstattgepflogenheiten, dass nicht auch Gehilfen zur Seite standen, zumal wenn für die Ausführung eines so umfangreichen Werkes ein Zeitraum von nur 30 Monaten zur Verfügung stand.

Nicht zu übersehen sind Unterschiede des Stils und des Temperaments (so wechselt beispielsweise das Größenverhältnis der Figuren zum Szenario). Dies lässt auf die Beteiligung verschiedener Mitarbeiter schließen, unter denen man den Meister von Città di Castello, Ugolino di Neri, Segna di Bonaventura, bei den Tafeln der Rückseite auch Pietro und Ambrogio Lorenzetti sowie Simone Martini vermutet.

Ein weiteres Werk in diesem Saal, Duccios frühe ›Muttergottes mit Kind‹ aus Crevole (1283), verdeutlicht, welche Entwicklung Duccio in rund 25 Jahren bis zur ›Maestà‹ vollzogen hat. Der ›Geburt Mariens‹ von Pietro Lorenzetti (1342) hingegen ist kaum noch anzusehen, dass ihr Maler seine künstlerischen Anfänge einmal bei Duccio nahm. Es ist Pietros letztes gesichertes Werk. Der zeitliche Abstand zu Duccios ›Maestà‹ beträgt mehr als drei Jahrzehnte. Außergewöhnlich kühn ist die Raumkonstruktion. Die Tafel ist dreigeteilt, doch dargestellt sind zwei Räume: links das Vorzimmer der wartenden Männer, in dem der Knabe Joachim die Nachricht von der Geburt übermittelt. Dieses Zimmer gibt einen Ausblick frei auf einen anschließenden Raum und einen hohen Innenhof. Rechts das Zimmer der Wöchnerin und der Frauen, das durch einen Rahmenpfosten zweigeteilt ist. Die Flucht der Bodenfliesen zeigt: Pietro Lorenzetti kennt zwar perspektivische Verjüngungen, doch gibt es noch keinen einheitlichen Fluchtpunkt. Daher steht den Figuren ein weiterer Aktionsraum zur Verfügung, der nach den Regeln der Zentralperspektive eigentlich nicht vorhanden wäre. Die Gelassenheit, mit der die Personen agieren, erinnert an das große Vorbild Giotto, von dem die Figur der Helferin, die Wasser in das Becken gießt, übernommen wurde.

In der **Sala Jacopo della Quercia** (rechts anschließend) findet der Besucher eine Gruppe von Holzskulpturen von Jacopo della Quercia, der selbst die qualitätvolle Muttergottes mit Kind ausgeführt haben dürfte, während die Heiligen Antonius Abbas, Bartholomäus, Johannes der Täufer und Petrus seiner Werkstatt angehören.

In der **Cappella del Crocifisso** (anschließend) steht ein Holzkruzifix des 14. Jh. mit später (1415) entstandenen Figuren der trauernden Maria und Johannes von Domenico di Niccolò, auch Domenico dei Cori genannt, der stilistisch mit Jacopo della Quercia verwandt ist. Die Skulptur ›Johannes der Täufer‹ von Francesco di Giorgio Martini dürfte unter dem Einfluss Donatellos entstanden sein. Die links von der Maestà sich anschließende **Sala dei Cartoni** zeigt Zeichnungen und Fotografien vom Marmorfußboden des Doms, den Originalentwurf Beccafumis zum Bodenfeld der ›Opferung Isaaks‹ sowie illustrierte Antiphonare, Psalterien und Graduale des 13. bis 15. Jh.

In der **Sala del Tresoro** (rechts vom Treppenhaus), im Saal des Kirchenschatzes, sieht man an der rechten Längswand in der mittleren Vitrine ein kleines, qualitätvolles Astkruzifix, höchstwahrscheinlich von Giovanni Pisano. In derselben Vitrine (rechts): die Büsten der ›Heiligen Ansanus, Viktor und Crescentius‹ von Francesco di Domenico, genannt Valdambrino (1408–09). Es sind Fragmente von ursprünglich vier ganzfigurigen Skulpturen der sienesischen Stadtheiligen. Durch die weiche plastische Belebung erscheinen die Figuren außergewöhnlich lebensnah.

Die **Sala della Madonna degli Occhi Grossi** birgt die ›Madonna mit den großen Augen‹, eines der ältesten Zeugnisse sienesischer Malerei (um 1225–30) vom Meister von Tresa. Sie war das Hauptaltarbild des Doms, vor dem die Sienesen vor der Schlacht von Montaperti die Schlüssel der Stadttore hinterlegten. 1311 wurde die Tafel durch Duccios ›Maestà‹ ersetzt. Von Sano di Pietro sind die Tafeln des Hl. Bernhardin von Siena mit den Predigten auf dem Campo und auf der Piazza San Francesco (an der hinteren Schmalwand).

Der Eingangswand gegenüber befindet sich eine ›Muttergottes mit Kind‹ von Sassetta (um 1435) und die ›Erscheinung des Hl. Franziskus auf dem Kapitel von Arles‹ von Giovanni di Paolo (1440-45), an der Eingangswand ein Polyptychon von Ambrogio Lorenzetti.

In einer der Nischen der **Sala dei Parati** sieht man den ›Traum der Unschuld‹, eine Skulptur des Sienesen Giovanni Dupré. Von diesem Saal führt eine Treppe auf die Fassade des Neuen Doms, von wo aus man einen eindrucksvollen Blick auf den Dom und den Campo genießen kann.

Domplatz und Terzo di Città

Der **Erzbischöfliche Palast (8)** wurde erst 1718–23 in Stilformen des Trecento errichtet. Er ist Beispiel einer historisierenden Architektur aus der Barockzeit.

Ospedale di Santa Maria della Scala (9)

Das schräg gegenüberliegende Ospedale di Santa Maria della Scala, ein im 13. bis 14. Jh. erbautes Hospital, wird ›della Scala‹ genannt, weil es gegenüber der Domtreppe liegt. Erwähnt findet man das Hospital zum ersten Mal im Jahr 1090. Es hatte von Anfang an mehrere Funktionen: Es beherbergte Pilger, widmete sich der Almosenspende und nahm Waisen- und Findelkinder auf. Bis zur Gegenwart diente es als Krankenhaus. Nachdem immer mehr Abteilungen in den Neubau außerhalb der Stadt verlegt wurden, lassen sich die Stadtherren zurzeit die weiträumigen Hospitalgebäude zu einem riesigen Museumskomplex ausbauen, der mehrere Sammlungen – wahrscheinlich auch die Pinacoteca Nazionale – beherbergen soll.

Die **Sala del Pellegrinaio** ist der älteste lang gestreckte Herbergs- bzw. Krankensaal, der in Italien nach französischen Vorbildern erbaut wurde (begonnen um 1330–40, eingewölbt 1405). Die Fresken gab der damalige Rektor des Hospitals, Giovanni di Francesco Buzzichelli in Auftrag. An der Ausführung nahmen bedeutende Sieneser Maler des 15. Jh. teil. Dargestellt sind die Aufgaben des Hospitals – Krankenpflege, Betreuung der Waisenkinder – sowie die legendäre Gründungsgeschichte. An der linken Wand sieht man die ›Vision der Mutter des Sel. Sorore von der Gründung des Hospitals, die Übergabe des ersten Waisenkindes und die religiöse Erziehung der Waisenkinder‹ von Lorenzo Vecchietta, der in Florenz seine Ausbildung erhielt und unter dem Einfluss von Masaccio und Paolo Uccello stand. Dann die ›Spende des Bischofs zum Bau des Hospitals‹ von Domenico di Bartolo 1442–43 und ›Der Sel. Agostino Novello setzt den ersten Rektor des Hospitals ein‹ von Priamo della Quercia (einem Bruder von Jacopo della Quercia, 1442) sowie ›Papst Cölestin III. verleiht dem Hospital Autonomie gegenüber dem Klerus‹ von Domenico di Bartolo (1442).

Museo Santa Maria della Scala

Piazza del Duomo 2
Tel. 0577 53 45 11
www.santamariadellascala.com
tgl. 10.30–18.30 Uhr

Die Sala wurde 1575–77 um das letzte Joch erweitert. Dargestellt ist hier links die ›Vergütung der Ammen mit Getreide‹ (aus den hospitaleigenen Mühlen), rechts die ›Bezahlung der Ammen mit Geld‹.

Die anschließenden Fresken der rechten Wand malte Domenico di Bartolo: ›Armenspeisung‹ (1443–44), ›Aufnahme und Erziehung der Waisenkinder, die Ausstattung der Mädchen mit einer Mitgift und ihre Vermählung‹ (1441–42), ›Almosenverteilung an die sich schämenden Armen‹ (1441). Bei der ›Krankenpflege‹ (1440–41) erkennt man zwei Räume des Hospitals, u. a. die Sala del Pellegrinaio. In der Bildmitte steht der Rektor, Stifter und der Chirurg des Hospitals. Links prüfen Ärzte ein Uringefäß.

Die **Cappella di Sacro Chiodo** erbaute man noch vor dem Tod des Gründers Giovanni Buzzichelli, um die aus Byzanz erworbenen Reliquien zu beherbergen, u. a. den Hl. Knoten (der der Kapelle den Namen gab). Die Kapelle schmücken Fresken von Lorenzo Vecchietta mit den Glaubenssätzen. In einem der Untergeschosse des Ospedale sind auch die originalen Überreste des bildhauerischen Schmucks der Fonte Gaia (des Brunnens auf der Piazza del Campo) ausgestellt, die Jacopo della Quercia 1414–19 ausführte. Die freistehenden Figuren der Acca Laurentia, der Rhea Silvia, der Pflegemutter und leiblichen Mutter von Romulus, und Remus (auf die bei der Nachbildung des Brunnens verzichtet wurde) ebenso wie die Reliefs, beispielsweise der Temperantia, zeugen von einer bewegten, kraftvoll nach außen drängenden, nahezu barock anmutenden plastischen Gestaltung, die im frühen Quattrocento außergewöhnlich ist. Die einschiffige, lang gestreckte Spitalkirche **Santissima Annunziata** wurde 1252 errichtet, 1466 erneuert. Das große Chorfresko von 1713 zeigt Christus bei der Krankenheilung am Teich von Bethesda. Die Scheinarchitektur erweitert den Raum kulissenartig. Das Orgelgehäuse kam 1518 hinzu.

Das Ospedale della Scala ist auch Sitz des **Museo Nazionale Archeologico** (Zugang mit derselben Eintrittskarte). Gezeigt werden unter anderem Fundstücke aus verschiedenen etruskischen Privatsammlungen. Die topografische Abteilung beschränkt sich auf die Stadt Siena und ihr Territorium.

Auf dem Weg zur Pinacoteca Nazionale

Palazzo delle Papesse Centro d' Arte Contemporanea
Via di Città 126
Tel. 0577 220 71
www.papesse.org (zu aktuellen Ausstellungen)
Di–So 11–19 Uhr

Zum Besuch von **San Sebastiano in Valle Piatta (10)** steigt man hinab ins Tal. Die Kirche ist ein Zentralbau in Form eines griechischen Kreuzes, Anfang des 16. Jh. von Girolamo Ponzi errichtet. (Falls geschlossen, wende man sich an die benachbarte Contrada della Selva, zu der die Kirche gehört.) Die Hanglage erforderte eine große gewölbte Unterkirche als Substruktionsbau.

Der **Palazzo del Capitano di Giustizia (11)** wurde um 1300 als Privatpalast erbaut. 1359 von der Kommune erworben, befindet er sich seit 1457 wieder in Privatbesitz und wurde 1840 restauriert.

Der **Palazzo Piccolomini** wird zur Unterscheidung vom Palazzo Piccolomini im Terzo San Martino (vgl. S. 322) auch **Palazzo delle**

Papesse (12), Palast der Päpstinnen. Er wurde 1460–95 für Caterina Piccolomini, Schwester von Papst Pius II., wohl nach Plänen von Bernardo Rossellino im Stil der Florentiner Frührenaissance erbaut und 1864 restauriert. Wie man an der linken Flanke erkennt, handelt es sich um einen mit Travertin verblendeten Backsteinbau. Der Palast ist Sitz des **Centro d' Arte Contemporanea.** Es folgt ein gotischer Backsteinpalast des 14. Jh.

Der **Palazzo Chigi-Saracini (13)** wurde im 12. Jh. begonnen; in seiner jetzigen äußeren Gestalt geht er auf das 14. Jh. zurück und wurde im 18. Jh. teilweise erneuert. Die Fassade zieren sienesische Bogenformen (vgl. mit Palazzo Pubblico). Der Palast beherbergt seit 1932 die Accademia Musicale Chigiana, die Konzerte und Meisterkurse veranstaltet. Im Innern zeigt man eine Gemäldegalerie sienesischer Meister des 13. und 14. Jh.

Pinacoteca Nazionale (14)

Die sehr bedeutende Gemäldesammlung der Pinacoteca Nazionale ist in einem Palast aus der ersten Hälfte des 15. Jh. untergebracht, dem Palazzo Buonsignori. Die Auswahl konzentriert sich auf die Malerei Sienas von den Anfängen im 13. Jh. bis in die Barockzeit.

Raum 1: Der Raum zeigt die ältesten erhaltenen Werke sienesischer Tafelmalerei: ein bemaltes Kruzifix und Dossale mit dem ›Thronenden Christus‹ aus dem Jahre 1215 (der Eingangswand gegenüber), das der **Meister von Tressa** schuf, der auch die ›Madonna degli occhi grossi‹ (im Dommuseum) gemalt hat.

Beispiel einer Byzanz verpflichteten Malerei ist das Dossale mit dem ›Einzug in Jerusalem‹, der ›Verklärung Christi‹ und der ›Auferweckung des Lazarus‹ (um 1280). Die Dynamik der Gesten und die kompositionelle Gestaltung lassen bereits an Duccio denken, wenn sie auch einer deutlich früheren Entwicklungsstufe angehören. Man hat diese Tafel mit dem ersten namentlich bekannten Maler Sienas, mit Guido da Siena, in Verbindung gebracht.

Raum 2: Die Tafel mit dem thronenden Petrus gilt in der neueren Forschung als ein Spätwerk von **Guido da Graziano** (dokumentiert 1278–1302), der wohl bereits im künstlerischen Kontakt mit Cimabue stand. Er setzt Figuren, Landschaft und Architekturkulisse in anderer Proportion zueinander, er liebt rhythmische Anordnung, starke Akzente, Bewegungskontraste und ausgeprägte Plastizität.

Als Werk **Guido da Sienas** gilt das Retabel ›Madonna mit Kind und den Heiligen Franziskus, Johannes dem Täufer, Johannes dem Evangelisten und Maria Magdalena‹ (Inv. 7). Wenn auch starrer und schematischer in der Ausführung als die Madonnentafel in San Domenico.

Raum 3/4: Die Vielseitigkeit von **Duccios** schöpferischer Kraft, seine Fähigkeit, zu erzählen und die Dinge dramatisch zu vergegenwärtigen, lässt sich in der Sammlung seiner Werke in diesen beiden Sälen nicht ermessen, wohl aber die außergewöhnliche Qualität seiner Maltechnik. Das noch vor der ›Maestà‹, um 1305, entstandene Polyp-

Pinacoteca Nazionale
Via San Pietro 29
Tel. 0577 28 11 61
Di–Sa 10–18, Mo, So/Fei 9–13 Uhr

Duccios ›Franziskanermadonna‹ in der Pinacoteca Nazionale ist eine Art Schutzmantelmadonna: Maria breitet ihren Mantel über die unter ihr knieenden, in wesentlich kleinerem Maßstab wiedergegebenen Franziskaner aus, während das Christuskind sie segnet

Duccio di Buoninsegna

Drei Jahrzehnte war Duccio di Buoninsegna der führende Maler Sienas, der eine Reihe andere Maler geprägt hat, von denen einige ihre Abhängigkeit nicht überwinden konnten, andere – so Simone Martini und die Brüder Lorenzetti – jedoch ihren eigenen Weg fanden. Duccios Erfindungsgabe, seine handwerklich-malerischen Fähigkeiten waren so außergewöhnlich, dass er trotz eines sehr fragwürdigen Lebenswandels, der ihn mehrmals mit den Gesetzen in Konflikt brachte, den wohl bedeutendsten Auftrag erhielt, der in dieser Stadt an einen Maler vergeben wurde: die ›Maestà‹ für den Dom.

tychon ›Madonna mit Kind mit den Heiligen Augustinus, Paulus, Petrus und Dominikus‹ (Eingangswand, Inv. 28) gilt beispielsweise als Werk Duccios, jedoch war in stärkerem Maße die Werkstatt beteiligt. Duccio selbst dürfte nur die Gesichtszüge der Madonna und die weich modellierten Kopf- und Körperformen des Kindes ausgeführt haben.

Um einen Qualitätsmaßstab zu gewinnen und zu verstehen, warum viele der Tafeln nur als Arbeit von Duccios Werkstatt oder seines Umkreises gelten, sei auf die ›Franziskanermadonna‹ in Saal 4 (rechts neben dem Eingang) verwiesen – eine trotz ihres schlechten Zustands nie angezweifelte, von Duccio gemalte kleine Tafel, fast eine Miniatur. Eine Diagonale verbindet das Gegensätzliche: die hoheitsvoll thronende, unnahbare Madonna, die ihre Ergebenen nicht anblickt, und die Schutzbedürftigen, die sich vor ihr verneigen, das Kind anbeten und ihre Füße küssen.

Außer der lokalen, byzantinisierenden Tradition des Guido da Siena findet der Betrachter auch Züge von Cimabue (dessen Gehilfe Duccio wahrscheinlich in Assisi war) und sogar von französischen Kunstströmungen (durch Miniaturenmalerei vermittelt). Auf Cimabue zurückzuführen ist die abgestufte, weiche Modellierung mit Glanzlichtern, die bei den Fratres die Kopfform und selbst die in den Kutten sich abmalenden Körperformen herausarbeitet. Wie Giottos Figuren zeichnen auch die Duccios das Organisch-Fließende aus. Hinzu kommt eine – bei aller Stilisierung – frappierende Natürlichkeit. Diese ist zugleich auch Erbteil der französischen Gotik, die auch in der Ornamentik des von Engeln gehaltenen Vorhangs sowie im Linienspiel am Mantelsaum Mariens offenkundig wird.

Die Madonnentafel (Inv. 583), die man bei flüchtigem Hinsehen noch für eine Tafel Duccios halten mag, ist mit hoher Wahrscheinlichkeit ein Werk Simone Martinis. Von Duccio übernommen ist der byzantisierende Typus der Madonna mit dem Gesicht in Dreiviertel-Ansicht, der nach unten gezogenen Nase, den mandelförmigen Augen. Doch sind diese östlichen Gesichtszüge dadurch gemildert, dass die Augen nicht mehr in eine unbestimmbare Ferne schauen. Das Kind schaut wohl auf einen der Heiligen der verloren gegangenen Nebentafeln. Es hat zwar ähnlich weich-rundliche Körperformen wie bei Duccio, doch an den Haarlocken oder etwa dem Ohr erkennt man, dass bei Simone die Linie ein wichtigeres Gestaltungsmittel wurde.

Raum 5: Die ›Madonna della Misericordia‹ (Schutzmantelmadonna, der Eingangswand gegenüber) wurde früher Niccolò di Segna zugeschrieben, dürfte jedoch ein Frühwerk des **Simone Martini** sein. Ein erheblicher Qualitätsunterschied besteht zwischen der Gestalt der Muttergottes (weiche Behandlung ihres Gesichts und ihres durch das Gewand sich abzeichnenden freien Stehens) und den eher hölzern wiedergegebenen Schutzsuchenden.

Das große Polyptychon stammt ursprünglich aus der Kirche Sant' Agostino in Siena. Dargestellt ist der Sel. Agostino Novello, Mitglied und Generalprior der Augustinereremiten, der sich in die nahe Siena gelegene Einsiedelei von San Leonardo al Lago zurückzog. Agostino Novello wurde schon zu seinen Lebzeiten als Wundertäter verehrt. Da es zur Ordenspolitik gehörte, den Kult eines ›Heiligen‹ des eigenen Ordens zu propagieren, ist Agostino mit regelrechtem Heiligenschein dargestellt, obschon er noch nicht heilig gesprochen war. Ein Engel flüstert ihm eine Eingebung zu. Die Nebentafeln zeigen vier seiner Wundertaten vor jeweils anderer Architektur- oder Landschaftskulisse. Links sieht man, wie Agostino ein Kind vor einem Wolf rettet oder vor dem Sturz vom Balkon bewahrt, rechts rettet er einen gestürzten Reiter und einen aus der Wiege gefallenen Säugling. Der ›Heilige‹ erscheint jeweils wie ein vom Himmel entsandter Schutzengel. Die dreigeteilte Tafel gehörte zum Grabaltar des Augustinermönchs. Sie dürfte bei den Feierlichkeiten zu seinen Ehren 1324 vollendet gewesen sein.

›Der Selige Agostino Novello rettet ein vom Balkon herabstürzendes Kind‹, Tafel eines Polyptychons von Simone Martini

Pinacoteca Nazionale, zwei Ausschnitte aus dem Polyptychon der Karmeliterkirche in Siena von Pietro Lorenzetti. Die Predella erzählt ausführlich die Ordensgeschichte: links ›Ein Engel verkündet Sobach die Geburt seines Sohnes Elias‹, rechts das ›Leben der Karmeliter als Eremiten in der Wüste‹ (eine kleine Thebais). Der schwarzweiße Habit erinnert an das Gewand des Elias, das dieser halb verbrannt bei seiner Himmelfahrt im Feuerwagen seinem Sohn Elisäus herabwarf. Auf der Brunneneinfassung sieht man ein Stilleben mit Gläsern

Über ›Madonna mit Kind‹ von Ambrogio Lorenzetti:

»Unter den zahlreichen unvergesslichen Schönheiten, die Ambrogio wiedergegeben hat, zeichnet sich keine durch eine solche mystische Hingabe aus, keine glüht vor Glauben mehr als diese. Die Blumen, die schönen Hände, das Volumen des wunderbaren Körpers, das zugleich zarte und strenge Gesicht, alles verblasst vor diesem Blick, der eine Synthese ist von Schönheit und Glaube.«
Lionello Venturi

Raum 7: Gleichzeitig mit Simone Martini wirkten in Siena die Brüder **Pietro und Ambrogio Lorenzetti.** Sie gehören nach Nicola und Giovanni Pisano, nach Cimabue, Duccio und Giotto zu den letzten großen, schöpferischen Künstlern, die die Kunst eines ganzen Jahrhunderts beeinflussten. Auch sie gingen höchstwahrscheinlich aus der Werkstatt Duccios hervor.

Pietros ausgesprochene Vorliebe für strenge Umrisse (die er von Giotto übernahm) findet sich bereits ausgeprägt im Polyptychon aus der Karmeliterkirche in Siena, das zu seinen bedeutendsten Werken zählt. Es wurde hier größtenteils rekonstruiert. Weitere Tafeln befinden sich in amerikanischen Museen.

Auf der Haupttafel sitzt die bekrönte Madonna auf einem breiten Thron, umgeben von Engeln, dem Hl. Nikolaus (dem Schutzpatron des Karmeliterordens) und dem Propheten Elias, der auf dem Berg Karmel die Propheten des Baal besiegt hatte. Wenn das Christuskind sich der Mutter anschmiegt und zugleich Blick und Hand auf den Propheten richtet, so deshalb, weil Elias von den Karmelitern als ihr Stammvater beansprucht wurde. So zählt das Bildprogramm dieses Altars zur Öffentlichkeitsarbeit eines Ordens, der nach seiner Übersiedlung in den Westen (nach 1261) um Anerkennung rang. Die mittlere, breite Predella-Tafel zeigt den ›Zug des Patriarchen von Jerusalem‹ im Jahr 1210 zu den Karmelitern in ihrer Einsiedelei, um ihrem ersten Prior Bruchard die Ordensregel zu überreichen. Es folgen die ›Anerkennung der Ordensregel durch Papst Honorius III.‹ (drei andere Päpste erscheinen als geistige Wesen im Bild, um den Vorgang zu legitimieren) und die ›Überreichung des weißen Ordensgewands durch Papst Honorius IV.‹.

Ein stummer, emotionaler Bezug zeichnet die Madonnentafel von Pietros Bruder Ambrogio aus, die ›Madonna mit Kind zwischen den Heiligen Magdalena und Dorothea‹, bei der das Kind sich an die Wange der Mutter schmiegt. Die Hl. Dorothea, die der Muttergottes einen Blumenstrauß reicht, ist eine der reinsten Verkörperungen des weiblichen Schönheitsideals von Ambrogio.

Die ›Verkündigung‹ von Ambrogio Lorenzetti zählt zu den erstaunlichsten Raumschöpfungen vor Brunelleschis wissenschaftlicher Ergründung der Zentralperspektive. Doch endet die Perspektivenkonstruktion abrupt vor dem Goldgrund. Der perspektivisch gesehene Raum ist hier nicht Ordnungssystem des gesamten Bilds, Grundlage der Darstellung, sondern – pointiert ausgedrückt – selbst Darstellungsgegenstand, der das Irdische des Gemachs hervorhebt und vor dem die Personen das Geschehen verkörpern. Die beiden Gestalten des Engels und der Maria bleiben in ihrer kompakten, statuenhaften Körperlichkeit und physischen Schwere von der perspektivischen Flucht unberührt. Das betont Blockhafte lässt an den Sieneser Bildhauer Tino di Camaino denken: Bei beiden Künstlern ist das plastische Volumen von organischen Kräften belebt, beide streben nicht – wie häufig die Florentiner – nach der Stereometrie der Form, sondern nach einem hohen Ausdruck an Lebenskraft und starker Emotionalität. Bei der Verkündigung ist offensichtlich nicht die Freude über die frohe Botschaft das Thema, sondern Demut, die sich in der Geste der verschränkten Arme äußert, und zudem auch Trauer über das zukünftige Leid. Maria scheint den Engel nicht wahrzunehmen. Ihr Blick ist zum Ursprung der Botschaft gerichtet, zu Gott, der im Zwickel des Bildrahmens erscheint. Das sich in dem ernst-verhaltenen Gesichtsausdruck abzeichnende Leid wird dadurch verstärkt, dass der Engel, wie gewöhnlich bei der Verkündigung des Tods an Maria, einen Palmwedel trägt. Hier ist diese ›Märtyrerpalme‹ als Hinweis auf die zukünftige Leidensgeschichte zu verstehen.

Pinacoteca Nazionale, Detail aus der ›Verkündigung‹ von Ambrogio Lorenzetti

Der Olivenkranz könnte den Sieg über den Tod andeuten, den Sieg auch über die zu erlösende Sünde. Auffallen muss, dass der Engel zwei Flügelpaare hat, ein geschlossenes und ein geöffnetes. Offensichtlich handelt es sich bei einem der Flügelpaare um eine Korrektur.

Die Inschrift nennt die Namen des Malers und die Namen der Beamten des Ufficcio della Gabella von Siena (darunter den mit Verwaltungsaufgaben betrauten Zisterziensermönch Francesco von San Galgano), die das Bild 1344 für den Palazzo Pubblico in Auftrag gaben. Damit ist dies das letzte gesicherte Werk Ambrogios, bevor sich seine Spuren im Pestjahr 1348 verlieren.

Die **Räume 12–19** sind der sienischen Malerei des 15. Jahrhunderts gewidmet: Im Gegensatz zu den Malern von Florenz haben die Sienesen nie allein der rationalen Raum- und Körperkonstruktion vertraut, vielmehr stets ihr ›gotisches‹ Erbe gewahrt, in dem sie bis in die Zeit der Frührenaissance die Schönheit der Linie, die Kostbarkeit der Materialien (inklusive des Goldgrundes) und auch die überlieferte Erzählfreude pflegten. Auch die andachtsvolle, intime Grundstimmung wurde beibehalten. Dies lässt auf eine unveränderte religiöse Haltung schließen. In Siena hielt sich bis in Quattrocento ein Mystizismus, der sich in der Malerei noch weitgehend der Bildsprache des Trecento bediente. Die künstlerischen Erneuerungen des 15. Jh. zeigen sich allenfalls im Detail und in der Frische der Beobachtung, so in den Predellentafeln zur ›Kreuzigung Christi‹ des extrem traditionsbewussten **Giovanni di Paolo.** Da wird ausführlich erzählt, wie neidische Mönche versuchen, das Kloster zu zerstören, und dabei von Wölfen angefallen werden (zweite Szene von rechts). Neben den altertümlichen zerklüfteten Felsen in ihrer nervös-vibrierenden Liniensprache gibt es bereits vedutenhafte, ›natürlich‹ erscheinende Landschaftsausschnitte. Bei der ›Madonna dell' Umilità‹ verbindet sich die melodische, noch der Gotik verhaftete Linienführung mit einem Landschaftshintergrund, der wie ein Schachbrett geordnet ist und zudem noch in perspektivischer Flucht gezeigt wird, dabei wiederholt die Rundung des Horizonts die Kreisform des Heiligenscheins der Madonna. Hier mangelte es also keineswegs an Bewusstsein ›modernen‹ Bildgestaltens.

Raum 13: Ein charakteristischer Maler Sienas ist auch **Sassetta,** der im Allgemeinen dem internationalen gotischen Stil eines Gentile da Fabriano verpflichtet ist. Doch im ›Letzten Abendmahl‹ setzt er nicht mehr den gotischen Spitzbogen ein, sondern den Rundbogen und konzipiert den Raum in nüchterner, konsequenter perspektivischer Sicht. Wenn bei der ›Versuchung des Hl. Antonius‹, die Körper als plastische Volumina auffasst, zeugt dies vom Einfluss Masaccios. Die an die Crete Senesi erinnernde kahle Hügellandschaft dürfte jeden Siena-Besucher an Ambrogio Lorenzettis Fresko der ›Guten Regierung‹ im Palazzo Pubblico denken lassen. Hier wird die Landschaft jedoch mit regelmäßig gesetzten Baumgruppen verziert, ganz wie sie uns von der heutigen Toscana vertraut ist. Das Atmosphärische der Himmels mit den lang gezogenen Wolken fand hier eine der ersten Realisierungen.

Man kann im **Dachgeschoss** den Rundgang mit Beispielen der Malerei Oberitaliens und nördlich der Alpen aus der Sammlung Spannocchi (Lorenzo Lotto, Paris Bordone, Francesco Maffei, Martin Schongauer, Albrecht Dürer) erweitern. Der ›Hl. Hieronymus‹ von Albrecht Dürer von 1514 wurde früher – nach der Reinigung ist dies kaum noch nachvollziehbar – von einigen Forschern dem jungen Rembrandt zugewiesen.

Die **Säle des ersten Obergeschosses** zeigen Malerei des späten 15. und des 16. Jh. Die bedeutendsten Malerpersönlichkeiten im Siena des 16. Jh. waren Sodoma und Beccafumi. **Domenico Beccafumi** (1486–1551) gehört zu den ausgeprägtesten Malern des toscanischen Manierismus. Seine reifen Werke wie die ›Geburt Christi‹ (Raum 29) zeichnen sich durch eine eigenwillige, oft willkürlich erscheinende Lichtinszenierung aus, die sich mit einer reichen, wenn auch in ihrer Intensität reduzierten Palette von Buntfarben verbindet, sodass es zu ungewöhnlichen Effekten kommt. Bei den Kartons für den Fußboden des Sieneser Domes (Raum 30) musste Beccafumi seine malerischen Fähigkeiten auf ein Medium übertragen, das bisher vorwiegend durch die Linie bestimmt war. **Sodoma** gehörte zu den beliebtesten Malern des 19. Jh. Man bewunderte sein Kolorit und die oft leicht süßliche Gesichtszüge. Als Hauptwerk galt das Freskenfragment ›Christus an der Geißelsäule‹ (Raum 31): der mitleiderregende Gesichtsausdruck verbindet sich hier mit einem michelangelesken Körperideal.

Im südlichen Terzo di Città

Die Ordenskirche **Sant' Agostino (15)** wurde von Augustinermönchen 1258 errichtet. Das Innere barockisierte der Neapolitaner Luigi Vanvitelli 1755.

In der rechten äußeren Chorkapelle, der Cappella Bicchi, wurden 1978 unter dem barocken Verputz bedeutende Fresken des Francesco di Giorgio Martini entdeckt: ›Geburt Mariae‹, ›Anbetung Christi‹. Die fast monochromen Fresken (mit Resten farbiger *a secco*-Malerei) werden auf die Zeit um 1490 datiert. Zuvor hatte Luca Signorelli begonnen, die Kapelle auszumalen. Von ihm sind die Medaillons mit der ›Erythräischen Sibylle‹ und der ›Tiburtinischen Sibylle‹ in den Lünetten.

Auch die Cappella Piccolomini enthält bedeutende Gemälde: Die ›Maestà‹, ein Fresko von Ambrogio Lorenzetti, das vielleicht von einem Gehilfen um 1340–48 ausgeführt worden ist; am Altar sieht man die ›Anbetung der Könige‹ von Sodoma (16. Jh.). Den ›Bethlehemitischen Kindermord‹ malte Matteo di Giovanni 1482. Er ist zurzeit im Museo Civico des Palazzo Pubblico ausgestellt.

Der **Palazzo Pollini (16)** ist ein Renaissancepalast, der nach Plänen des sienesischen Architekten und Malers Baldassare Peruzzi (1481–1536) errichtet wurde.

Terzo di Camollia

Der 1205 bezeugte **Palazzo Tolomei (17)** dürfte in seiner jetzigen regelmäßigen Gestalt auf das 14. Jh. zurückgehen, Portal und Fenster des Untergeschosses sind das Ergebnis von Restaurierungen des 19. und 20. Jh.

Um die **Piazza Salimbeni (18)** gruppieren sich drei Paläste. Der Palazzo Salimbeni wurde im 14. Jh. errichtet, 1879 vergrößert und durch Restaurierung verändert. Vor dem Palast im Zentrum der Piazza steht ein Denkmal für den Ökonomen Sallustio Bandini (1677–1760). Die linke Platzseite belebt der Palazzo Tantucci (von Riccio, 1548), auf der rechten Platzseite sieht man den Palazzo Spanocchi, den Giuliano da Maiano 1473 im Stile der Florentiner Frührenaissance errichtete (1880 verändert).

Die Kirche **Santa Maria di Provenzano (19)** erbaute Flaminio del Turco im Jahre 1594 nach Plänen von Damiano Schiffardini. Dem einschiffigen Raum mit kurzem Querschiff sitzt eine Kuppel auf rundem Tambour auf. Die Kirche wurde zu Ehren der ›Madonna di Provenzano‹ (auf dem Hochaltar) errichtet, eine Terracotta-Arbeit, die sich nach der Überlieferung einst im Besitz des Provenzano Salvani, des Anführers der Sienesen bei der Schlacht von Montaperti (1260) befunden haben soll. Die Verehrung der Sieneser für die Madonna ist so groß, dass ihr zu Ehren alljährlich am 2. Juli der Palio stattfindet.

San Francesco und Oratorium des Hl. Bernhardin

Die charakteristische **Bettelordenskirche San Francesco (20)** auf T-förmigem Grundriss besitzt ein offenes Sparrendach. Der Größe dieser Kirche entsprechend gehen vom Querhaus sechs Chornebenkapellen aus, während es bei kleineren Kirchen gewöhnlich nur zwei Nebenkapellen gibt. 1326 wurde der Bau nach Entwürfen von Agostino di Giovanni und Agnolo di Ventura begonnen, 1475 beendet. Während der Campanile 1765 entstand, setzte man die Fassade erst 1894–1913 vor. Die weiß-schwarze Streifung des Innern täuscht Marmorverkleidung vor. Man betritt die Kirche durch das Renaissanceportal von Francesco di Giorgio Martini. Es stammt von der Fassade der Kirche, wurde zu Anfang des 20. Jh. entfernt, um es durch das jetzige neogotische Portal zu ersetzen.

Die Kirche birgt die Grabkapelle der Familie Tolomei mit einem romanischen Holzkruzifix. Die im Boden eingelassene Grabplatte (kurz vor der Vierung) war nach der Überlieferung für Pia Tolomei bestimmt. Als Witwe von Baldo Piccolomini heiratete sie Nello Pannocchioeschi, der sie eifersüchtig in einem Kastell der Maremmen gefangen hielt.

Die Holzskulptur ›Hl. Franziskus‹ (1. Hälfte 15. Jh.) wird – wohl nicht zu Recht – Francesco di Valdambrino zugeschrieben wurden. Die Medaillons mit Bildnissen von Vittoria Forteguerri und Silvio Piccolomini, den Eltern von Papst Pius II., stellte wohl Antonio Federighi her.

In der ersten Kapelle des linken Querarms sieht man die ›Kreuzigung Christi‹, die Pietro Lorenzetti nach seiner Rückkehr aus Assisi um 1331 malte. Das Fresko gehörte zu einem Zyklus, den zum größten Teil sein Bruder Ambrogio im Kapitelsaal des Klosters ausführte. Die schon von Ghiberti bewunderten Fresken wurden im 18. Jh. übertüncht. Nur wenige Fresken, darunter diese ›Kreuzigung‹, blieben verschont. Sie wurden 1857 von der Wand gelöst und in den Querschiffkapellen angebracht. Im Vergleich zu Lorenzettis vielfiguriger ›Kreuzigung‹ in Assisi, an die einige Details (wie die klagenden Engel) erinnern, sind hier die Darstellungsmittel knapper, ist vor allem der Umriss gefasster bemessen, ohne dass auf Gefühlsäußerungen und differenzierte Charakterisierung verzichtet wird.

Die dritte Kapelle des Querarms zeigt zwei Fresken von Ambrogio Lorenzetti, ebenfalls aus dem Kapitelsaal. Den ›Empfang des Hl. Ludwig von Toulouse durch Papst Bonifaz VIII.‹: In Gegenwart seines Bruders, König Robert von Neapel, legt der Heilige vor dem Papst die Ordensgelübde ab und verzichtet damit auf seinen Thron. Erstaunlich ist die Raumkonzeption und die Regie dieser vielfigurigen Szene, bei der aus der Masse der Statisten die Hauptpersonen deutlich erkennbar sind (durch räumliche Erhöhung des Papsts, durch Isolation des Heiligen oder auch nur durch die auffallende, das Kinn aufstützende Körperhaltung bei König Robert). In der vordersten Reihe sind die Kardinäle platziert. Das neugierige Volk steht in der obersten, doch zugleich hintersten Reihe, zudem dicht gedrängt und in einem gesonderten Raum, der dem ganzen Bild zusätzliche Tiefe verleiht. Das zweite Fresko stellt das ›Martyrium von sieben Franziskanern in Ceuta‹ dar: Das Ereignis fand in Marokko vor dem Sultan statt. Erneut hat Ambrogio Lorenzetti ein Raumgebilde mit drei Ebenen geschaffen: Auf der oberen Ebene, inmitten einer Loggia, thront der Sultan mit dem Zepter, eine Ebene darunter stehen Priester, Krieger und Neugierige in einer Vielfalt von Kostümen, Gesten und Gefühlsausdrücken, auf der unteren Ebene neben den Henkern und Märtyrern schauen auch Frauen und Männer zu. Lorenzetti erspart dem Betrachter nicht den Anblick abgeschlagener Köpfe und eines blutrünstigen Henkers, der nach getaner Arbeit sein Schwert in die Scheide steckt. Neben dramatischen Effekten und dem Stilmittel der *varietà* sind es jene detaillierten Beobachtungen, die bereits Ghibertis Bewunderung erregten.

Das im 15. Jh. errichtete **Oratorium des Hl. Bernhardin (21)** ist an der Stelle errichtet, wo der berühmte Franziskaner-Prediger gewöhnlich betete. Im Obergeschoss des Oratoriums befinden sich Fresken von Sodoma, Beccafumi und anderen.

Chiesa di Fontegiusta (22)

Die Chiesa di Fontegiusta liegt ganz im Nordwesten Sienas an der Porta Camollia. Sie wurde 1482–84 nach Plänen von Francesco di Cristofero Fedeli und Giacomo di Giovanni errichtet. Die dreischiffige, dreijochige Hallenkirche mit Kreuzgratgewölben steht auf quadratischem Grundriss. Die schlichte Fassade stattete Urbano da Cortona 1489 mit einem Marmorportal aus. Zu den Hauptausstattungsstücken zählen auf dem Hauptaltar ein Marmor-Tabernakel von Marrina (Mitarbeiter von Michele Civili, 1509–19) und an der linken Seitenwand das Fresko ›Eine Sibylle kündigt Kaiser Augustus die Geburt des Erlösers an‹ von Baltassare Peruzzi, um 1528.

Casa di Santa Caterina und Fonte Branda

Nach Heiligsprechung der Catarina Benincasa 1461 wurde ihr Geburtshaus, die **Casa di Santa Catarina (23),** in eine Gedenkstätte mit Oratorien umgewandelt. Die Loggia baute man 1533 nach Plänen von Pelori, den Portikus stifteten 1941 die Gemeinden Italiens. In der ehemaligen Küche mit Überresten des Herdes, ist das sogenannte obere Oratorium eingerichtet. Über dem Renaissance-Gestühl hängen 17 Gemälde mit Szenen aus dem Leben der Hl. Katharina, des Hl. Bernhardin, der sel. Ambrogio Sansedoni, Giovanni Colombini und Andrea Gallerani. Das Oratorio des Crocefisso entstand im ehemaligen Garten, das Oratorio delle Camere im Schlafzimmer der Heiligen (Fresken von 1896). Das untere Oratorium (auch Oratorio di Santa Caterina Fontebranda genannt) wurde 1473 im ehemaligen Färberladen des Vaters errichtet. Es gehört der *Contrada dell' Oca* (Contrada der Gans). Die Holzstatue der Hl. Katharina schuf Neroccio, um 1474.

Das schon 1048 erwähnte Brunnenhaus, **Fonte Branda (24),** wurde in seiner jetzigen Form mit Spitzbogen und Zinnen 1246 errichtet.

Casa di Santa Caterina
Costa di Sant' Antonio
tgl. 9–12.30, 15–18 Uhr

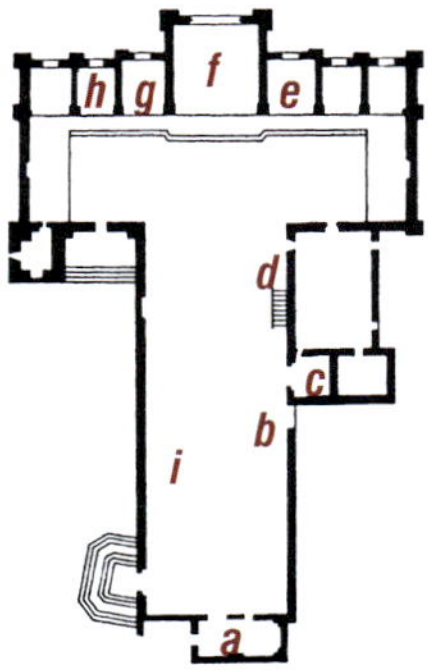

San Domenico, Grundriss

a Kapelle
b Geburt Mariens, A. Casolani (1584)
c Kapelle der Hl. Katharina
d Geburt Christi, Francesco di Giorgio Martini
e Madonna mit Kind, Hieronymus und Johannes d.T., Matteo di Giovanni (2. Hälfte 15. Jh.)
f Ziborium und Leuchterengel, Giuliano da Maiano (1475)
g Ein Ritter wird von Johannes d. T. der Muttergottes empfohlen, Pietro Lorenzetti (?)
h rechts Hl. Barbara, Katharina von Alexandrien und Maria Magdalena/Anbetung der Könige, Matteo di Giovanni (1479), links Thronende Muttergottes/Pietà, Benvenuto di Giovanni)
i Hl. Hyazinth, Francesco Vanni

San Domenico (25)

Der imposante Backsteinbau San Domenico erhebt sich seit 1225 an der Piazza San Domenico (um 1254 war das Langhaus vollendet).

In einer kreuzgewölbten **Kapelle (a)** findet der Besucher das älteste Bildnis der Hl. Katharina. Andrea Vanni malte das Fresko entweder schon zu Lebzeiten oder bald nach dem Tod der Heiligen 1380.

Die **Kapelle der Hl. Katharina (c)** errichtete man 1488. Das Marmor-Tabernakel von Giovanni di Stefano (1466) birgt das Haupt der in Rom verstorbenen und bestatteten Heiligen (Reliquiar erst 1950). Links und rechts vom Altar sieht man Fresken von Sodoma, ›Ohnmacht und Ekstase der Heiligen (1526), ebenso an der linken Kapellenwand: ›Die Heilige spendet dem zum Tode verurteilten Niccolò di Tuldo Trost‹. Die rechte Kapellenwand schmückt ein Wandgemälde in Öl von Francesco Vanni, 1593, ›Die Heilige befreit eine Besessene von Dämonen‹. Am Eingangsbogen zur Kapelle weitere Fresken von Sodoma (›Die Heiligen Lukas und Hieronymus‹) und Ölgemälde von Francesco Vanni (›Die Seligen Raimondo da Capua, der Beichtvater der Hl. Katharina und Tommaso Nacci‹).

Die **›Geburt Christi‹ (d)** malte um 1490–95 Francesco di Giorgio Martini. Der zerfallene Triumphbogen wie auch Ochs und Esel symbolisieren die alte Welt und das überwundene Heiden- und Judentum.

Bedeutendstes Werk der Ausstattung ist die auch die Muttergottestafel von Guido da Siena. Guido war ein Vorläufer Duccios. Die Tafel muss aus stilistischen Erwägungen um 1260 entstanden sein. Die Jahreszahl auf der Tafel, 1221, sollte wahrscheinlich an den Tod des Hl. Dominikus erinnern, der 1221 verstarb.

Terzo di San Martino

Der **Palazzo Piccolomini (26)** wurde 1469 nach Plänen von Bernardo Rossellino erbaut. Der Florentiner Architekt orientierte sich – wie beim Palazzo Piccolomini in Pienza (s. S. 342) – an Albertis Palazzo Rucellai in Florenz. An der Fassade erscheint das Wappen der Piccolomini-Päpste Pius II. und Pius III. Der Palast ist Sitz des **Staatsarchivs.** Ausgestellt sind Einbandtäfelchen der Rechnungsbücher der Biccherna, der sienesischen Finanzverwaltung. Sie reichen von 1258 bis 1610. Zu den Malern dieser Täfelchen zählen die Brüder Lorenzetti, Giovanni di Paolo und Domenico Beccafumi.

Die **Loggia del Papa (27)** entstand im Auftrag von Papst Pius II., der sie 1462 durch Antonio Federighi errichten ließ.

Über die Via di Pantaneto und die Via Roma gelangt man zur Kirche **Santa Maria dei Servi (28).** Die Ordenskirche der Serviten wurde im 13. Jh. begonnen. Wie man an der Fassade erkennt, verbreitete und erhöhte man die Kirche (wohl im 14. Jh.), wölbte 1473–1528 Mittelschiff und Querhaus ein und baute es unter Verwendung von Säulen im Renaissancestil um. So präsentiert sich das Innere als eine drei-

Um das Querschiff San Domenicos zu errichten, war der Bau einer weiträumigen gewölbten Unterkirche erforderlich, in der Tote bestattet wurden (Chiesa dei Morti genannt). Die Unterkirche wurde zu Beginn des 14. Jh. begonnen, doch erst 1467 konnte die große Trennwand zwischen Langhaus und Querschiff abgerissen werden. Vor allem der Anblick des Chorhaupts beeindruckt

schiffige Säulenbasilika mit vielen variierten ionischen Kapitellen, der Querschiff und Chorkapellen des 14. Jh. angefügt sind. Der Campanile des 13. Jh. wurde 1926 erneuert. Die ›Madonna del Bardone‹ führte der Florentiner Maler Coppo di Marcovaldo aus, ein Nachfolger Duccios übermalte Anfang des 14. Jh. die Gesichter.

Chiesa dell' Osservanza

Nordöstlich der Stadtmauern liegt die **Chiesa dell' Osservanza (29),** erbaut 1474–90 wohl nach Plänen Giacomo Cozzarellis an der Stelle, wo zu Anfang des 15. Jh. der Hl. Bernhardin eine Kirche gründete. Das einschiffige, mit zwei Flachkuppeln gewölbte Langhaus ist von acht Seitenkapellen umgeben, über dem Presbyterium wölbt sich eine Kuppel. Nach einem Bombenangriff 1944 baute man die Kirche aus alten Backsteinen wieder auf, wobei auch der Stuck und die Terrakotta-Dekorationen der Innenfassade, der Gewölbe und der Kuppel erneuert wurden.

In der dritten Kapelle rechts findet man ein Reliquiar des Hl. Bernhardin von Francesco d' Antonio (1454). Die vierte Kapelle rechts birgt eine ›Madonna mit dem Hl. Ambrosius und dem Hl. Hieronymus‹, Triptychon eines unbekannten Meisters, der nach diesem Werk Maestro dell' Osservanza genannt wird (1436).

Andrea della Robbia schuf zwei Terrakotta-Gruppen für die Osservanza: die ›Verkündigung‹ auf den Pfeilern des Triumphbogens und die ›Krönung Mariens‹ in der zweiten Kapelle links. Die Sakristei ist mit einer ›Pietà‹ von Giacomo Cozzarelli, wohl vom Ende 15. Jh. bestückt. In einem kleinen Museum ist u. a. ein im letzten Weltkrieg beschädigter Christuskopf von Laudi di Pietro (1337) zu sehen. Von der Terrasse ergibt sich eine wunderbare Aussicht über Siena.

Reisen & Genießen

Anreise

Siena ist von vielen anderen Orten der Toscana mit Linienbussen zu erreichen, die alle an der Kirche San Domenico halten (z. B. SITA, Auskunft Tel. 0577 28 90 69).

Mit dem Auto gelangt man nach Siena am einfachsten über die Westtangente der SS 2 Firenze–Siena, die man bei der Ausfahrt ›San Marco‹ verlässt, um einen der ausgewiesenen Parkplätze anzusteuern: bei der Fortezza Santa Barbara im Westen der Stadt, eine Tiefgarage im Süden bei der Porta San Marco (Parcheggio Duomo) oder den Parcheggio Santa Caterina. Von hier sind es zur Piazza del Campo und dem Dom zu Fuß ca. 10–15 Minuten.

Siena als Aufenthaltsort

Das Stadtkunstwerk Siena, architektonisch unverwechselbar und überreich an Kunstwerken, erschließt sich nicht in einem Tagesausflug, sodass sich ein längerer Aufenthalt empfiehlt. So hat man Muße auch für das, was nicht leicht zugänglich ist, etwa die verfeinerte Malerei des Trecento und Quattrocento in der Pinacoteca Nazionale.

Eindrucksvoll ist das verzweigte Tunnelsystem der *botini*, das Siena früher mit Trinkwasser versorgte (s. S. 290) und, wenn es der Wasserstand erlaubt, besichtigt werden kann (Info: Associazione La Diana, Tel. 36 63 58 81 81, www.ladianasiena.it).

Siena ist außerdem ein idealer Ausgangspunkt für Ausflüge in die schönsten Gegenden der Toscana. Von hier führen Straßen in alle Himmelsrichtungen: im Norden und Westen in die Chianti-Hügel, in die Val d' Elsa, nach San Gimignano und Volterra, im Süden nach Massa Marittima und in die Maremma, im Südosten nach Pienza und Montalcino. Selbst Arezzo und Florenz erreicht man recht gut von Siena aus.

Hotels im Zentrum von Siena...

Die Auswahl an Übernachtungsmöglichkeiten innerhalb der Stadtmauern ist eher beschränkt. Die erste Adresse ist das nahe des Campo gelegene, sehr teure, eine glanzvolle Vergangenheit mit modernem Komfort und Stil vereinende

Grand Hotel Continental*****
Banchi di Sopra 85
Tel. 0577 560 11
www.royaldemeure.com

Ebenfalls im historischen Zentrum empfängt ein wunderschöner mit Fresken ausgestatteter Renaissancepalast seit 1920 anspruchsvolle Gäste (Garagenbenutzung):

Palazzo Ravizza***
Via Pian dei Mantellini 34
Tel. 0577 28 04 62
www.palazzoravizza.it

Im Stadtdrittel San Martino wurde ein schmales mittelalterliches Turmhaus zu einem kleinen Hotel umgebaut. Das Haus hat bei vier Geschossen zwar keinen Lift und nur wenige Zimmer, dafür aber Charme:

Antica Torre***
Via Fieravecchia 7
Tel. 0577 22 22 55
www.anticatorresiena.it

Einfaches, ideal gelegenes Hotel mittlerer Preisklasse, wenn auch nicht immer perfekt im Service, die meisten Zimmer erlauben einen schönen Ausblick ins Tal:

Duomo***
Via Stalloreggi 38
Tel. 0577 28 90 88
www.hotelduomo.it

Traditionshaus am Rande der Altstadt, 15 Gehminuten vom Campo mit 22 stilvoll

eingerichteten Zimmer und allem Komfort. Fragen Sie nach einem Zimmer zum bezaubernden Garten hin!
Hotel Santa Caterina***
Via E. S. Piccolomini 7
Tel. 0577 22 11 05
www.hscsiena.it

Ein preiswertes, gut mit dem Auto zu erreichendes Hotel in Campo-Nähe mit bequemer Ausstattung und Parkmöglichkeit:
Piccolo Hotel Il Palio**
Piazza del Sale 19
Tel. 0577 28 11 31
www.piccolohotelilpalio.it

Hinter dem Campo liegt das einfache
Piccolo Hotel Etruria**
Via delle Donzelle 3
Tel. 0577 28 80 88
www.hoteletruria.com

... und außerhalb

In einer herrschaftlichen Villa des späten 18. Jh. auf einem Hügel, 2,5 Kilometer vom Stadtzentrum entfernt, ein in langjähriger Familientradition geführtes nobles Haus mit allem Komfort, Zimmer auch im Gartenhäuschen im herrlichen Park mit Pool:
Villa Scacciapensieri****
Via di Scacciapensieri 10
Tel. 0577 414 41
www.villascacciapensieri.it

Auf einem grünen Hügel, zentrumsnah:
Castagneto Hotel***
Via dei Cappuccini 39
Tel. 0577 451 03
www.castagnetohotel.it

Restaurants und Trattorien

Trattorien und Cafés laden auf der Piazza del Campo zum Essen. Natürlich darf man auf einem der schönsten Plätze der Welt keine großen kulinarischen Ansprüche stellen. Ausnahmen in Qualität und Preis:
Al Mangia
Piazza del Campo 42
Tel. 0577 28 11 21
Traditionell toscanische Gerichte kommen hier in Gewölben auf den Tisch, die schon von den Etruskern in den Tuffgestein geschlagen wurden:
Antica Osteria da Divo
Via Franciosa 25
Tel. 0577 28 60 54
www.osteriadadivo.it

Traditionelle sienesische Küche genießt man auch im Gemäuer eines mittelalterlichen Palastes:
Medio Evo
Via de' Rossi 40
Tel. 0577 28 03 15

Fast schon Kultstatus genießt Gianni Brunellis Lokal nahe der Piazza del Campo, der seine Rezepte bereits durch ein Buch weithin bekannt gemacht hat:
Osteria Le Logge
Via del Porione 33
Tel. 0577 480 13
So geschl.

Ein Restaurant beim ältesten Stadthügel Castello, in dem man neben traditionellen sienesischen Spezialitäten auch vegetarische Gerichte auftischt:
Castelvecchio
Via Castelvecchio 65
Tel. 0577 495 86
So geschl.

Noch vor einigen Jahrzehnten war Fisch im Landesinnern der Toscana nahezu tabu. Jetzt hat sich ausgerechnet ein traditionsreiches, schon seit 1830 bestehendes Lokal auf frischen Meeresfisch spezialisiert:
Enoteca Ristorante Ai Tre Cristi
Vicolo di Provenzano 1–7
Tel. 0577 28 06 08
www.trecristi.com

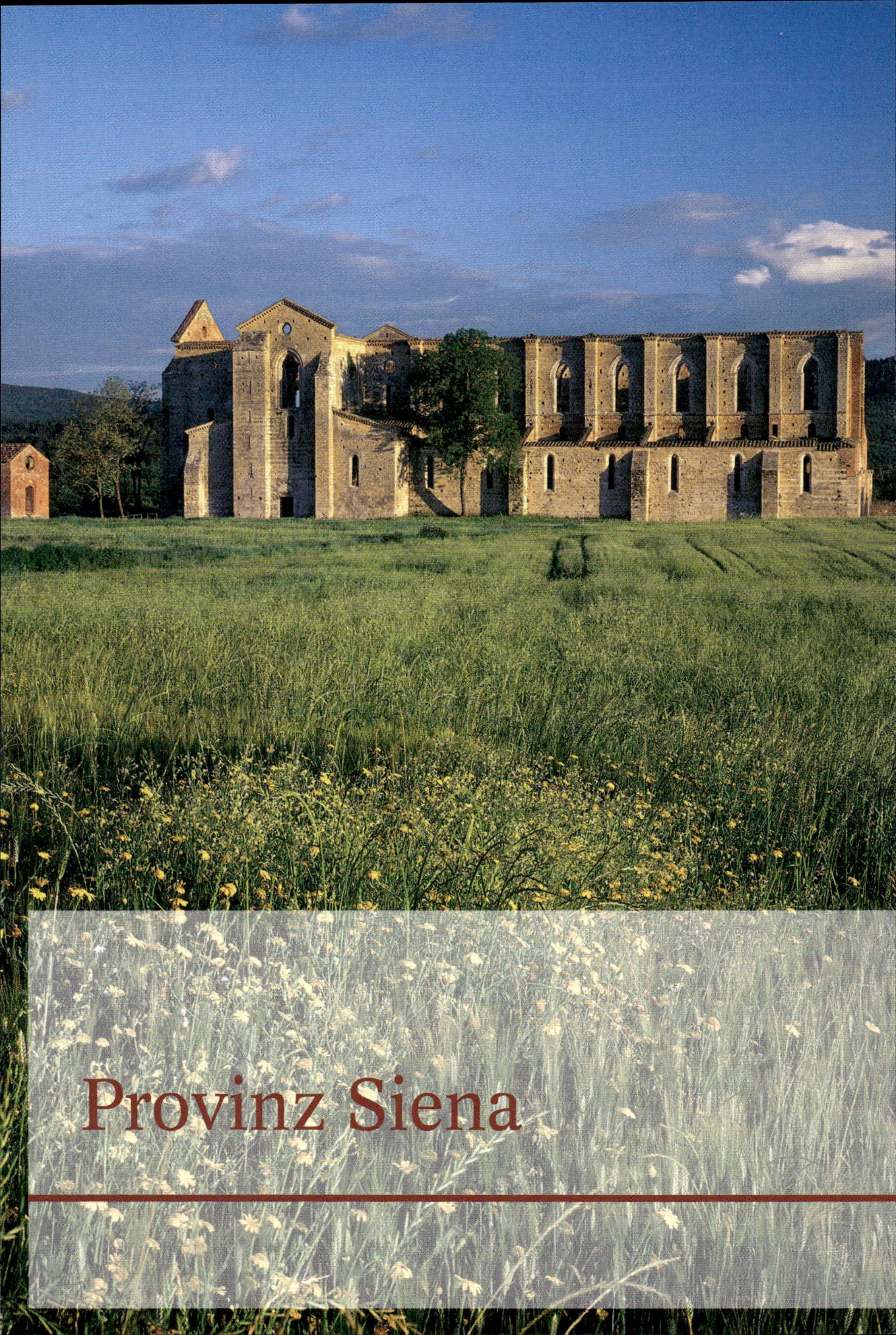

Provinz Siena

Nach Montalcino und Sant' Antimo

Karte S. 328

Murlo

Wer an etruskischer Kultur interessiert ist, wird das **Antiquarium** in Murlo besuchen in der ehemaligen Residenz der Bischöfe von Siena. Es zeigt Fundstücke vom **Poggio Civitate,** einer schwierig zu deutenden Bauanlage, die in der etruskischen Architektur eine Sonderstellung einnimmt. Vier Trakte von über 60 m Seitenlänge umstanden einen nahezu quadratischen Innenhof, der dreiseitig von Portiken eingefasst war. Wie eine Apsis öffnet sich an der Westseite eine quadratische Ausbuchtung. Wozu aber diente der Baukomplex, war er eine Kultstätte? Heute nimmt man an, es sei die Residenz eines Fürsten gewesen. Vielleicht war die Anlage auch für politische Versammlungen etruskischer Stadtstaaten bestimmt. Der Poggio Civitate liegt im Zentrum Etruriens an den Ausläufern der Colline Metallifere, am Kreuzungspunkt wichtiger Straßen für den Metalltransport.

Mehrere Bauphasen lassen sich unterscheiden. Die älteren Mauern des 7. Jh. v. Chr., wurden um 600 v. Chr. durch Brand zerstört. Um 580 v. Chr. kam es zu einem Wiederaufbau. Der gesamte Bau wurde dann um 525 v. Chr. absichtlich bis auf die Grundmauern abgetragen und mit einem Schutzwall umfriedet. Verlegten die Bewohner ihren Sitz oder geschah dies aus strategischen Erwägungen durch das nahe gelegene, expandierende Chiusi? Glücklicherweise wurde der Bauschmuck vergraben. So fand man außergewöhnliche große Akroterfiguren aus Terrakotta in Tiergestalt, in Menschengestalt (sitzende bärtige Gottheiten?) oder als Sphinx. Sie sind mit halbrunden Dachziegeln fest verbunden. Interessant sind die Friesplatten aus Terracotta mit den Themen Pferderennen, Bankettszene, Versammlungsszene und Prozession. Daneben fand man auch Keramik (etruskische, ebenso auch griechische Importstücke), Gegenstände aus Gold, Silber und Elfenbein. Auch eine Töpferwerkstätte konnte ausfindig gemacht werden. Weitere Fundstücke im Antiquarium stammen aus der Nekropole des nahen Poggio Aguzzo (7. Jh. v. Chr.).

Antiquarium di Poggio Civitate
Tel. 0577 81 42 13
www.comune.murlo.siena.it
tgl. außer Mo April–Juni und Sept. 10–13, 15–19 Uhr; Nov. bis März 10–13, 15–17 Uhr (Nov.–Feb. Di–Fr nur vormittags); Juli/Aug. 10–19 Uhr
Das schwer auffindbare Ausgrabungsgebiet selbst ist nur durch eine 3 km lange Wanderung zugänglich.

Buonconvento

Buonconvento hat noch sehr gut seine auf einem regelmäßigen Rechteck verlaufenden Stadtmauern erhalten, die die Sienesen errichtet haben, und zwar nicht nur zum Schutz dieses Orts, sondern auch als Bollwerk der Republik. In Buonconvento starb im Laufe des 24. August 1313 Kaiser Heinrich VII. auf seinem Italienfeldzug. Wer Freude an älterer sienesischer Malerei hat, sollte unbedingt hier Halt machen: Im **Museo d' Arte Sacra della Val d' Arbia** (im Bruderschaftsgebäude der Misericordi, Via Soccini 17) hängt ein Meisterwerk des jungen Duccio, eine ›Madonna mit Kind‹, von gleicher Qualität in der male-

◁ *Abtei San Galgano*

Museo d' Arte Sacra
April–Okt. Di–So 10–13, 15–18 (im Winter bis 17) Uhr

rischen Ausführung wie Duccios Franziskaner-Madonna in der Pinacoteca in Siena. Außerdem werden Tafeln von Pietro Lorenzetti, Luca di Tommè, Matteo di Giovanni und anderen gezeigt. Dem Museum gegenüber liegt die Kirche **Santi Pietro e Paolo,** 1705 erneuert, mit einer Madonnentafel von Matteo di Giovanni, um 1480–90 (rechte Wand) und einer ›Sacra Conversazione‹ von Pietro di Francesco di Orioli (linke Wand, früher Pacchiarotti zugeschrieben).

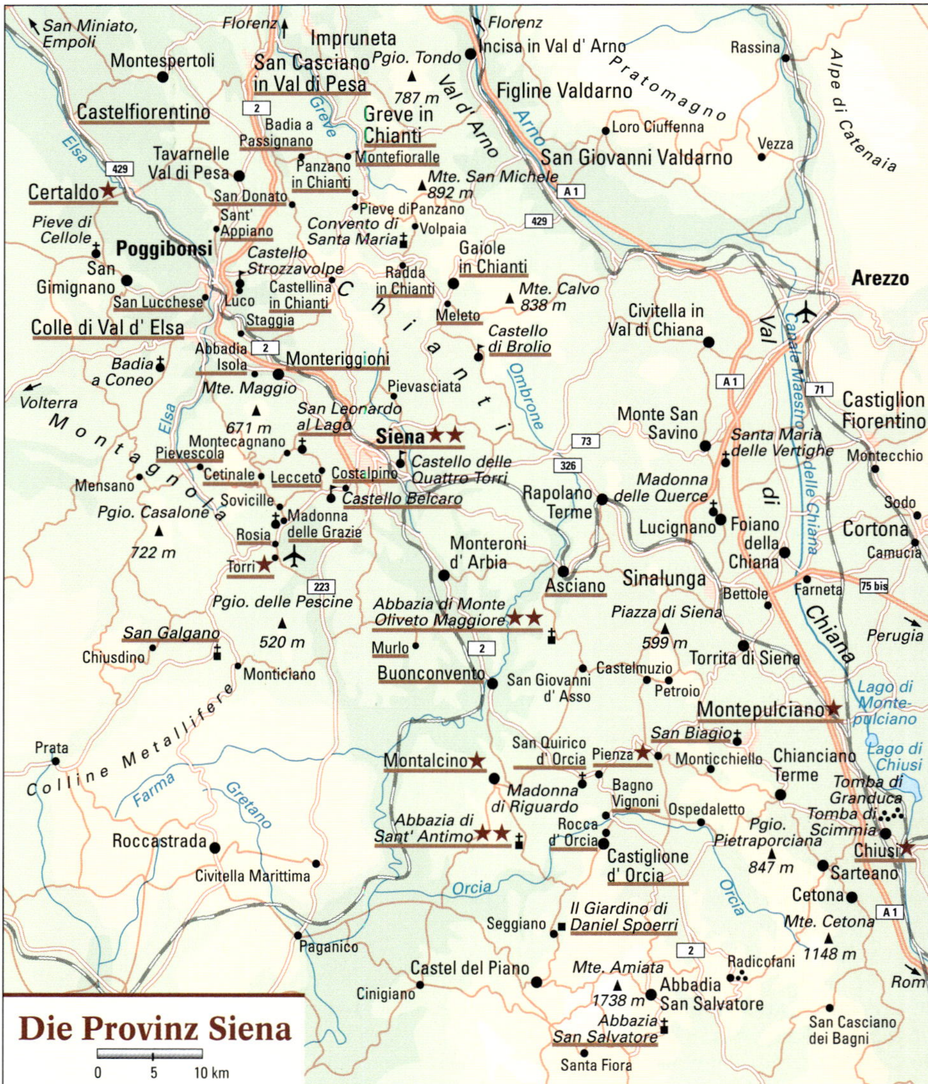

Die Provinz Siena

Montalcino

Ursprünglich im Besitz der Abtei von Sant' Antimo, gehörte Montalcino seit der Schlacht von Montaperti (1260) zur Republik Siena. Als diese 1555 vor den Truppen Kaiser Karls V. kapitulierte, zogen 600 sienesische Patrioten mit ihren Familien hierher, in der Hoffnung, die republikanische Freiheit aufrecht erhalten zu können. Doch bereits 1559 unterwarfen sie sich dem Großherzog der Toscana, Cosimo de' Medici.

Ein Besuch der Stadt lohnt sich vor allen Dingen wegen seiner herrlichen Lage auf einem Hügel über dem Orcia-Tal und seiner gut erhaltenen Bausubstanz, vielleicht auch, um den berühmten Rotwein, den Brunello in der Enothek der Rocca zu kosten. Die **Rocca,** ein gewaltiger, im Mittelalter uneinnehmbarer Festungsbau, wurde 1361 von Siena angelegt, wobei u.a. zwei Türme einer älteren Anlage miteinbezogen wurden. Die äußeren Bastionen fügte man erst 1559 unter Cosimo I. hinzu. In einem Raum über der Enothek wird die von Sodoma gemalte Standarte der sienesischen Republik aufbewahrt.

Im Ortszentrum trifft man zunächst auf die Kirche **Sant' Egidio** von 1325, eine Schwibbogenkirche auf runden Wandpfeilern, deren romanische Kapitelle von einer abgerissenen Kirche im Bereich der Festung stammen. Am linken Altar hängt ein Francesco di Valdambrino zugeschriebenes Holzkruzifix.

Der **Palazzo dei Priori** wurde in seinem ältesten Teil 1285 errichtet. Erst im 16. Jh. setzte man das Glockengeschoss des Turms auf.

Montalcino ★

Pro Loco
Costa del Municipio 8
53024 Montalcino
Tel. 0577 84 93 31
www.proloco montalcino.it

Rocca
Di–So 9–18 Uhr

Montalcino

Museo Civico e Diocesano d' Arte Sacra
Via Ricasoli 31
Tel. 0577 84 60 14
April–Dez. Di–So 10–18, Jan.–März 10–13, 14–16 Uhr

Bei der Loggia erkennt man zwei ältere Spitzbögen von sienesischem Typus des 14. Jh. und vier im 16. Jh. hinzugefügte Rundbögen in Spätrenaissanceformen.

Die Kirche **Sant' Agostino** ist ein typischer Bettelordensbau des 14. Jh., in der viele Fresken der Entstehungszeit (u. a. die ›Auferstehung Christi‹, Szenen aus dem Leben des Hl. Augustinus) erhalten blieben. Die Chornebenkapellen wurden erst in späterer Zeit geschlossen.

Rechts der Fassade befindet sich der Eingang zum jüngst renovierten Konventsgebäude von Sant' Agostino (Via Ricasoli 31). Der Konvent ist nun Sitz des **Museo Civico e Diocesano di Arte Sacra.** In den vereinten Sammlungen, deren Exponate in den letzten Jahren zum Teil in Siena restauriert wurden, sind bedeutende sienesische Holzbildwerke zu sehen, darunter drei herausragende Verkündigungsgruppen. Eine Gruppe schuf der *maestro sottile* (Lorenzo Maitani), der an der Domfassade von Orvieto arbeitete, um 1300. Bei der zweiten Gruppe ist der Engel 1369 signiert, und zwar von einem Meister namens Angelo, während die etwas älter wirkende Muttergottes das Datum 1370 trägt und möglicherweise von einem weiteren Bildhauer stammt. Eine dritte, überlebensgroße Gruppe aus dem späteren 14. Jh. aus der Kirche Sant' Antonio zeichnet sich durch voluminöse Gewandung der Figuren aus. Sie wurde Domenico dei Cori zugeschrieben, dürfte jedoch von einem der Meister stammen, die an der Cappella di Piazza am Campo von Siena arbeiteten. – Unter den Altargemälden sind hervorzuheben: eine Muttergottes-Tafel eines unbekannten sienesischen Malers des 13. Jh., einige Tafeln eines Polyptychons von Bartolomeo di Fredi, darunter die ›Kreuzabnahme‹ und die ›Krönung Mariens‹ (1382), weiterhin die ›Madonna dell' Umilità‹, Frühwerk von Sano di Pietro (um 1440) noch unter dem Einfluss von Sassetta.

Der klassizistische **Dom** wurde 1818–32 an Stelle der alten Pieve erbaut. Das Altarbild der ›Unbefleckten Empfängnis Mariens‹ malte Francesco Vanni, einer der bedeutendsten Barockmaler Sienas. Von der Terrasse des **Santuario della Santissima Maria dell' Soccorso** bietet sich ein fantastischer Ausblick auf das Umland.

Abbazia di Sant' Antimo

Abbazia di Sant' Antimo ★★

Abbazia di Sant' Antimo
Tel. 0577 83 56 59
www.antimo.it
tgl. 10.30–12.30, 15–18.30, So/Fei 9.15–10.45, 15–18 Uhr

Dem Besucher, der sich der im gold-gelben Travertin erbauten Kirche nähert, bietet sich aus der Ferne ein besonderer Anblick: Vor der Schräge der Hügelsilhouette kommen die Waagerechte des schlanken Baukörpers, die Senkrechte des von einer Zypresse begleiteten Campanile eindrucksvoll zur Geltung. Die 813 zum ersten Mal erwähnte, vielleicht von Karl dem Großen gegründete Benediktinerabtei zählte im Mittelalter zu den reichsten der Toscana. Sie erhielt Schenkungen von den Karolingern, später auch vom Landadel. Der Abt hatte seinen Sitz eine Zeitlang auf dem nahe gelegenen Hügel: Der Name des heutigen Dorfs **Castelnuovo dell' Abate** lässt auf eine befestigte Residenz schließen. Bereits Ende des 13. Jh. begann der Niedergang.

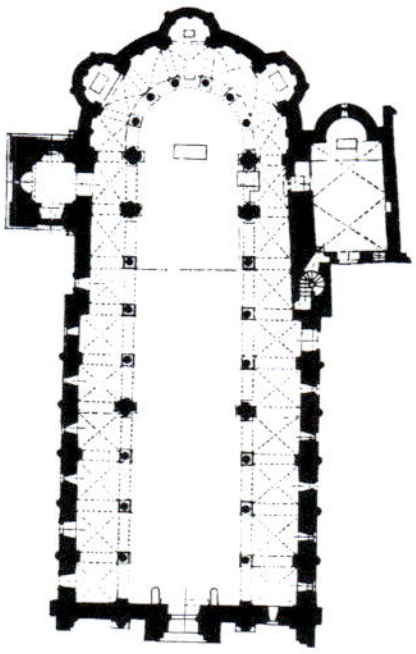

Sant' Antimo, Grundriss

Unten: Am Außenbau das Kapitell einer zweileibigen Löwin, ausgeführt wohl von Lombarden im frühen 12. Jh., die auch die weicher geformten Kapitelle im Chorumgang schufen. Lombardisch sind auch die Reliefs ›Muttergottes mit Kind‹ und ›Chimäre‹ am Glockenturm, der vermutlich älter ist als die Kirche

1462 ließ Papst Pius II. die Abtei aufheben. Die Klostergebäude zerfielen bis auf wenige Überreste, allein die Kirche blieb in ausgezeichnetem Zustand erhalten.

Nach einer Schenkungsinschrift auf den Altarstufen wurde die Kirche vor 1118 begonnen. 1260 stellte man die Arbeiten ein, ohne dass der Bau vollendet war. Das Gotteshaus ist in seiner Struktur keineswegs typisch toscanisch: Die dreischiffige Emporenbasilika ohne Querschiff besitzt als Besonderheit einen Chorumgang mit drei Kapellen sowie Kreuzgratgewölbe in den Seitenschiffen. Für das Mittelschiff war ursprünglich ein Tonnengewölbe vorgesehen, die Vorlagen für die Auflage der Gurtbögen wurden bereits angelegt. Chorumgang und Gewölbe gelten jedoch als Merkmale einiger romanischer Kirchen Frankreichs, die Gewölbeform findet man auch in Oberitalien. Der steil anmutende Innenraum sowie der Wechsel von Säulen und Stützen im Viererrhythmus sind in der Toscana ungewöhnlich. Sie ermöglichten sich durch die weiten geistig-künstlerischen und politischen Beziehungen des Klosters.

Trotz des französischen Chorumgangs, trotz der Wölbung der Seitenschiffe und des steilen Mittelschiffs zeugt der Bau von italienischem Formgefühl. Dies zeigt sich in der Geschlossenheit der Wandflächen, in der Art, wie im Außenbau der Mittelschiffkörper von den Seitenschiffen entschieden abgesetzt wird, in der Isolierung des Glockenturms, im glatten Schnitt der Bögen und Fenster, im Verzicht auf Strukturierung und plastische Belebung durch Gesimse und Wulste. Zu dieser Verbindung italienischer Strenge mit französischen Elementen findet sich weder in Italien noch in Frankreich Vergleichbares.

Es ist schwer zu entscheiden, ob der Bau beim Chor (im Osten) oder an der Eingangswand (im Westen) begonnen wurde. Die älteren, kleineren Emporenöffnungen liegen im Westen, gleichzeitig finden sich dort jedoch die jünger wirkenden Kapitelle und das relativ spät, um 1250, zu datierende Hauptportal. Einige Kapitelle mit Tierschädeln, Pflanzenmotiven, mit Schachbrett- und Flechtbandmustern sind äußerst präzise ausgeführt, andere sind weicher geformt. Diese Kapitelle des Chorumgangs stammen wahrscheinlich aus der Hand von lombardischen Bildhauern. Von ihnen deutlich zu unterscheiden ist das Kapitell mit dem Motiv ›Daniel in der Löwengrube‹ (zweite Säule rechts), das dem Meister von Cabestany zugeschrieben wird.

Die sich rechts an die Kirche anschließende sogenannte **Karolingische Kapelle** stammt möglicherweise noch aus der Gründungszeit des Klosters, vor 813. Das Mauerwerk aus roh behauenen Steinen in unregelmäßigen Reihen, in dieser noch im 11. Jh. üblich, unterscheidet sich deutlich von den glatt geschnittenen Quadern des Kirchenbaus des 12. Jh. Das **Hauptportal** wird wie das Kapitell ›Daniel in der Löwengrube‹ im Innenraum dem Meister von Cabestany zugeschrieben. Das ursprünglich geplante Doppelportal wurde geteilt und eine Hälfte für die Kirche Santa Maria Assunta in San Quirico d' Orcia

In den Crete Senesi

verwendet. Der Türsturz ist das Werk eines pisanischen Meisters. Zur Ausstattung der Kirche gehört ein großes romanisches Holzkruzifix mit originaler Fassung aus dem späten 12. oder Anfang des 13. Jh. Im rechten Seitenschiff beachte man die in originaler Fassung erhaltene Holzskulptur ›Thronende Madonna mit Kind‹ (14. Jh).

Crete Senesi und Monte Oliveto Maggiore

Asciano

Ascanio ★

Palazzo Corboli Museo Archeologico (Etrusco) e d' Arte Sacra
Corso Matteotti 122
Tel. 0577 71 95 29
April–Okt. Di–So 10.30–13, 15–18.30 (im Winter nur bis 17.30) Uhr

Wohl kaum ein Reisender vermutet in dieser etwas abgelegenen, in karger Landschaft am Rande der Crete erbauten kleinen Stadt gleich drei sehenswerte Museen. Der erhöht über dem Ombrone-Tal liegende Borgo wurde als Lehen der Grafen Scialenga im 9. Jh. erwähnt und gelangte 1285 in den Besitz von Siena. Die ehemalige Stiftskirche Sant' Agata ist ein einschiffiger Travertin-Bau, dessen kreuzgratgewölbter, z. T. überkuppelter Ostteil wohl auf das 11. oder frühe 12. Jh. zurückgeht. In der Vierung vermitteln Trompen zum Rund des Tambours, der recht originell mit Säulchen und einem Konsol-Gesims geschmückt ist. Aus späterer Zeit (um 1300) stammt das Langhaus, wohl noch später wurde die Fassade mit ihren hohen spitzbogigen Blendarkaden angelegt. Der Grundriss veranschaulicht, dass das Langhaus nicht exakt an den Ostteil anschließt, denn es war ursprünglich schmaler. Es entstand in seiner jetzigen Form erst im 13. Jh.

Links von der Fassade befindet sich das ehemalige **Oratorio della Compagnia di Santa Croce.** Das **Museo Etrusco** im Oratorio San Bernardino enthält etruskische Grabbeigaben, vorwiegend aus der Nekropole von Poggio Pinci (ca. 5 km östlich von Asciano).

Zu der ursprünglichen Ausstattung des **Palazzo Corboli,** dem Sitz des 2002 eröffneten **Museo d' Arte Sacra,** gehören Fresken, u. a. die ›Vier Jahreszeiten‹ aus dem Umkreis von Ambrogio Lorenzetti. Zum Museum zählen Werke von hoher Qualität: eine ›Muttergottes mit Kind‹ von Segna di Bonaventura; ein Triptychon mit ›Michaels Drachenkampf‹ von Ambrogio Lorenzetti (um 1330–40); eine ›Muttergottes mit Kind und einem Stifter‹ von Barna da Siena, dem Maler der Fresken in der Collegiata von San Gimignano (s. S. 378), um 1340–50; weiterhin die ›Geburt Mariens‹ vom Maestro della Osservanza oder Sassetta, um 1430–50, in enger Anlehnung an Pietro Lorenzettis Tafel desselben Themas im Dommuseum von Siena; die ›Anbetung der Hirten‹ von Pietro di Giovanni d' Ambrogio, einem Schüler Sassettas. Matteo di Giovanni ist mit zwei Altartafeln aus der 2. Hälfte 15. Jh. vertreten. Die Skulpturengruppe der ›Verkündigung‹ aus dem frühen 15. Jh. zählt zu den Hauptwerken von Francesco di Valdambrino.

Asciano, Madonna der Verkündigungsgruppe von Francesco Valdambrino im Museo d' Arte Sacra

Museo Cassioli
Asciano
Tel. 0577 71 72 33
April–Okt. Do–So
10.30–13, 15–18
(Nov.–März Sa/So
bis 17.30) Uhr

Das 1991 eingerichtete **Museo Cassioli** zeigt Gemälde und Zeichnungen aus dem Nachlass von Amos Cassioli (1832–92) und dessen Sohn Giuseppe (1865–1942).

Die Fahrt nach Monte Oliveto über die SS 451 führt nach ca. 4 km am Palazzo Venturi vorbei: Diese Villa der ersten Hälfte des 16. Jh. wurde möglicherweise von Peruzzi geplant. Wie bei einigen Bauernhäusern der Region oder auch bei der Villa ›La Buoninsegna‹ bei Rapolano sind beide Geschosse durch Loggien geöffnet.

Abbazia di Monte Oliveto Maggiore

Abbazia di Monte Oliveto Maggiore ★★

Inmitten der kargen Crete-Landschaft steht das Kloster-Kastell von Monte Oliveto Maggiore, grandios in der Anlage, bescheiden im Baumaterial und architektonischen Details. Zur Ausstattung zählt einer der ansprechendsten Freskenzyklen der Toscana. Das Mutterkloster der Olivetaner ist noch heute Sitz des Generalabts.

Abbazia di Monte Oliveto Maggiore
www.monte-oliveto.com
tgl. 9.15–12, 15.15–17.00 (im Sommer bis 18) Uhr
Infos zur Unterkunft im Kloster:
Tel. 0577 70 76 11

Monte Oliveto wurde 1319 von Bernardo Tolomei (1272–1348) gegründet. Im Jahr 1313 zogen sich drei Sieneser Adlige – Giovanni Tolomei, der Rechtsgelehrter der Universität war und sich später Bernardo nannte, Patrizio Patrizi und Ambrogio Piccolomini – in die ›Wüste von Accona‹ zurück und gründeten dieses Kloster, das sie Monte Oliveto, Ölberg, nannten. Sie führten ein asketisches Leben unter strenger Auslegung der Regeln des Hl. Benedikt (»Bete und arbeite«): »Die Gründungsurkunde des ersten Olivetanerklosters trägt das Datum vom 26. März 1319, der Tag, an dem Bernhard mit seinen beiden Freunden Ambrogio und Patrizio im Dom zu Arezzo das Ordenskleid der Benediktiner erhielt.« (Bonifazius M. Scheidhauer): 1344 bestätigt Papst Clemens VI. die neue Kongregation. Um Verwechslungen mit Klöstern gleichen Namens auszuschließen, wurde die Abtei später Monte Oliveto Maggiore genannt.

Abbazia di Monte Oliveto Maggiore, Grundriss

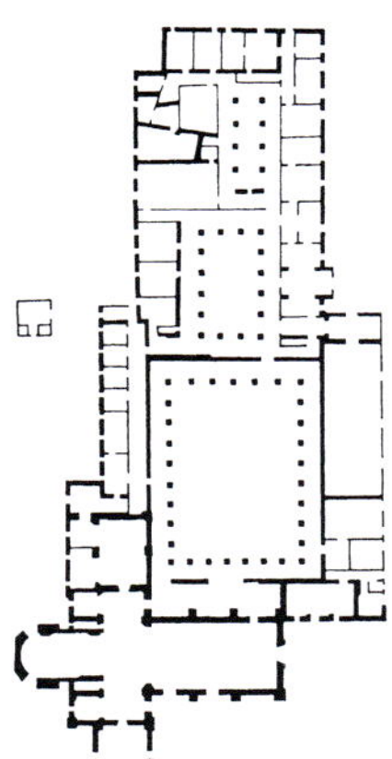

Die Klosteranlage in Backstein entstand in mehreren Bauphasen seit 1387. Folgende Daten sind gesichert: Refektorium 1387–90, Wehrturm 1393, Kirche 1400–17, großer Kreuzgang 1426–43, Bibliothek 1513–14. Über den Ein- und Ausgängen zum Klosterkomplex begrüßen und verabschieden den Besucher jeweils ein Majolika-Relief aus der Werkstatt Luca della Robbias.

Fresken im großen Kreuzgang

Die Fresken von Luca Signorelli (1497/98) und Sodoma (ab 1504) das Leben des Hl. Benedikt, des großen Ordensgründers, wie es Gregor der Große erzählt hat und von der ›Legenda aurea‹ übernommen wurde. Als Signorelli 1497 die Arbeiten aufnahm, begann er nicht mit der Jugendgeschichte des Heiligen, sondern mit späteren Begebenheiten, den Szenen 20 bis 28 an der Westseite. Fortgesetzt wurden die Arbeiten von Sodoma, der mit seinen Gehilfen alle anderen Szenen ausführte. Der Zyklus beginnt an der Ostseite beim Eingang zur Kirche:

Abbazia Monte Oliveto Maggiore, Fresken über das ›Leben des Hl. Benedikt‹, Bildfeld 19 von Sodoma: Der Ausschnitt zeigt sieben junge Frauen, die der unwürdige Priester Florentius zum Kloster entsandt hat, damit sie mit ihren Reizen Benedikt und seine Möche verführen

1 Benedikt verlässt das Elternhaus in Norcia und reitet in Begleitung seiner Amme Cirilla zum Studium nach Rom. Links die Eltern mit der kleinen Schwester Scholastika. Das Motiv des Schimmels und des sich rückwärts wendenden Reiters wurde von Pinturicchios Fresko in der Piccolomini-Bibliothek des Sieneser Doms angeregt.

2 Er verlässt die römische Schule, um Einsiedler zu werden. Im Hintergrund sieht man das Castel Sant' Angelo.

3 Er fügt auf wunderbare Weise einen zerbrochenen Trog wieder zusammen, den seine Amme im Dorf Affile zerbrochen hatte. Die Dorfbewohner hängen den Trog am Kircheneingang auf (Hintergrund rechts). Benedikt macht sich auf den Weg zur Einsiedelei in Subiaco. In der rechten Bildhälfte lässt sich ein Selbstbildnis Sodomas erkennen – im hochvornehmen, hermelingefütterten Gewand eines Mailänder Adligen, der ins Kloster eingetreten war. Der Abt hatte Sodoma das Gewand zum Geschenk gemacht. Man beachte die Tiere, die Sodoma begleiten: die Dachse und seinen ›sprechenden Raben‹.

4 In Subiaco gibt der Mönch Romanus Benedikt den Eremitenhabit.

5 In seiner Höhle erhält Benedikt von Romanus seine Speise in einem Korb, an dem das Glöckchen hing, das der Teufel mit einem Stein zerschmetterte.

6 Ein Priester bringt auf Gottes Eingebung hin dem fastenden Benedikt am Osterfest ein Essen.

7 Benedikt unterweist Bauern in der göttlichen Lehre.

8 Vom Geist der Unreinheit versucht, überwindet er die Versuchung, indem er sich nackt in einem Dornengestrüpp wälzt. Der Erzengel Michael bekämpft die verführerische Teuflin.

9 Der Heilige erfüllt den Wunsch einiger Eremiten, ihr Abt zu werden.

10 Mit dem Kreuzzeichen zerbricht Benedikt einen Becher mit Wein, der ihn vergiften sollte.

11 Benedikt errichtet zwölf Klöster.

12 Er empfängt die römischen Jünglinge Maurus und Placidius.

13 Er befreit einen vom Dämon besessenen Mönch.

14 Auf die Bitte seiner Mönche hin lässt er eine Quelle auf der Höhe des Bergs entspringen.

15 Eine auf den Grund des Sees gefallene Axt lässt er an den Stiel zurückkehren.

Der Ausschnitt aus Bildfeld 25 von Signorelli zeigt, wie zwei Mönche gegen die Regel verstoßen, indem sie sich außerhalb des Klosters bewirten lassen

16 Bei der Errettung des Placidius schreitet Maurus auf dem Wasser.
17 Benedikt verwandelt eine verborgene Flasche Wein in eine Schlange.
18 Der Priester Florentius versucht, Benedikt zu vergiften.
19 Florentius lässt sieben Freudenmädchen unter dem Fenster des Klosters tanzen.
20 Benedikt schickt Maurus nach Frankreich und Placidius nach Sizilien. Dieses Fresko wurde als einziges 1540 von Bartolomeo Neroni, genannt Riccio, gemalt.
Jetzt beginnen die **Fresken Signorellis:**
21 Gott bestraft den Priester Florentius.
22 Benedikt lehrt die Einwohner von Monte Cassino das Evangelium.
23 Er verjagt den Teufel von einem Baustein.
24 Er erweckt einen bereits begrabenen Mönch zum Leben.
25 Er sagt den Mönchen, wo und wann sie außerhalb der Klostermauern gegessen haben.
26 Benedikt weist einen Pilger zurecht, der das Fasten gebrochen hatte.
27 Er entdeckt die Täuschung des Gotenkönigs Totila, der seinen Schildträger in seiner Kleidung zu Benedikt geschickt hatte.
28 Benedikt empfängt Totila.
Weitere **Fresken von Sodoma:**
29 Benedikt sagt die Zerstörung von Monte Cassino voraus.
30 Benedikt erhält Mehl in Fülle und speist damit die Mönche.
31 Er erscheint zwei Mönchen in Terracina und gibt ihnen die Anweisung zum Bau eines Klosters.
32 Bei der Totenmesse zweier exkommunizierter Nonnen steigen diese aus dem Grabe auf; der Hl. Benedikt erteilt ihnen die Absolution.
33 Benedikt lässt einem toten Mönch, den die geweihte Erde nicht aufnehmen wollte, eine Hostie auflegen.
34 Er vergibt einem Mönch, der dem Kloster entfliehen wollte und einem Drachen begegnete.
35 Benedikt befreit einen von den Goten gefesselten Bauern durch einen einzigen Blick.

Im Durchgang zur Kirche: ›Kreuztragung‹ und ›Geißelung‹, Fresken von Sodoma, entstanden nach Beendigung des Benedikt-Zyklus.

Die Kirche ist ein einschiffiger Raum mit Querschiff (1400–17), das 1772 barockisiert wurde. Die Intarsien des Chorgestühls gehören zu den bedeutendsten ihrer Art. Sie wurden von Fra' Giovanni da Verona 1503–05 ausgeführt, wobei die mittlere Reihe aus dem 17. Jh. stammt.

Der Besuch weiterer Klosterräume (Refektorium, Bibliothek, Apotheke, Kapitelsaal) ist nur auf Ersuchen und in Begleitung eines Mönchs möglich.

Luca Signorelli

Der 1440/50 in Cortona geborene und dort 1523 verstorbene Maler Luca Signorelli zählt zu den großen Freskanten des ausgehenden 15. Jh. Tätig war er vor allem in der Südtoscana und in Umbrien. Beeinflusst von Piero della Francesca und Verrocchio fand er zu seinen Figuren in extremen, bisweilen gewollt wirkenden Haltungen.

Sodoma

Der als Sohn eines Schuhmachers im Piemont geborene Sodoma (eig. Giovanni Antonio Bazzi, 1477–1549) kam 1500 auf Einladung der Familie Spanocchi nach Siena und arbeitete 1505–08 in Monte Oliveto Maggiore. Reisen führten ihn nach Rom und Florenz. In seinem Werk zeigen sich Einflüsse Signorellis und Leonardos, von dem er die Art, Gegenstände zu umgrenzen, übernahm. Er bevorzugte eine Buntfarbigkeit, wie sie auch die Florentiner Manieristen um Rosso Fiorentino anstrebten. Die gefälligen Umrisse, der leicht süßliche Gesichtsausdruck seiner Figuren machten ihn im 18./19. Jh. zu einem der beliebtesten Maler des Cinquecento.

San Quirico d' Orcia

Ufficio Turistico
Piazza Chigi 2
53027 San Quirico d' Orcia
Tel. 0577 89 97 11
ufficioturistico@
comunesanquirico.it

Auf einer bereits von Etruskern besiedelten Höhe über dem Orcia-Tal bildete sich das römische Dorf Vicus Alecinus, aus dem der Borgo San Quirico e Giovanni in Orsenna hervorging. Der verkehrsgünstig an der Frankenstraße gelegene Ort war im 12. Jh. Sitz eines staufischen Vikars. 1256 wurde San Quirico d' Orcia dem sienesischen Staat eingegliedert.

Die **Collegiata** ist bereits in langobardischer Zeit (712) als Pieve d' Orsenna erwähnt. 1648 erhob man sie zur Kollegiatskirche mit einem Probst und ursprünglich sechs Kanonikern. Die heutige einschiffige Kirche in Travertin-Gestein mit flach schließendem Chor entstand etwa am Ende des 12. Jh. Sie wurde 1298 durch das Querschiff erweitert. Erst 1798–1806 erbaute man den Campanile.

Das Fassadenportal mit gestuftem Gewände, in dem schlanke Säulchen stehen, ist das älteste der drei Portale (noch aus dem 12. Jh.); am Türsturz ›Kämpfende Ungeheuer‹. Das Querschiffsportal mit gotischem Wimperg ist auf das Jahr 1298 datiert (Inschrift auf dem Türzsturz). Die auf Löwen stehenden Atlanten des Seitenportals tragen eine kurze Vorhalle. Diese Figuren (wie auch der Atlant des reich profilierten Fensters rechts des Portals) dürften von derselben Werkstatt aus dem Umkreis des Giovanni Pisano stammen, die auch an der Fassade der Kirche von Massa Marittima arbeitete.

Im Innern der Kirche blieben nach der Restaurierung 1936 von der Barockdekoration und dem Gewölbe (1732) nur noch Reste erhalten. An der linken Wand sieht man den Grabstein des Grafen Heinrich von Nassau, der hier 1451 auf der Rückkehr von der Pilgerfahrt nach Rom verstarb. Im linken Querschiff befindet sich ein Triptychon von Sano di Pietro um 1450–80. Das Chorgestühl ist von Antonio Barili.

Das Chorgestühl entstand 1483–1502 ursprünglichfür eine Kapelle des Doms von Siena entstand. Erst 1794 kam es nach San Quirico, wobei ein Teil verlorenging. Die Entwürfe für die originellen und kühnen Intarsien könnten auf Luca Signorelli zurückgehen.

San Quirico d' Orcia, Collegiata, Detail aus den Intarsienarbeiten für das Chorgestühl

Der im Zweiten Weltkrieg stark beschädigte **Palazzo Chigi** wurde seit 1679 im Auftrag von Kardinal Flavio Chigi, einem Neffen des sienesischen Papsts Alexander VII., von Carlo Fontana errichtet. In der Kirche **Santa Maria in Vitaleta** steht eine Verkündigungsgruppe aus Holz, die Francesco di Valdambrino und seiner Werkstatt zugeschrieben wurde (wohl frühes 15. Jh.).

Die **Orti Leonini,** die Leoninischen Gärten, wurden 1540 durch Diomede Leoni für Kardinal Flavio Chigi angelegt. Sie sind ein frühes Beispiel italienischer Gartenbaukunst.

Im **Antico Ospedale,** einem kleinen Hospitalgebäude (mit Innenhof), das früher eine Dependence des Hospitals Santa Maria della Scala in Siena war, fanden vor allem Rompilger Unterschlupf und Quartier. Die romanische Kirche **Santa Maria Assunta** überrascht mit einem schönen Portal.

In der Umgebung

Südlich der Stadt trifft man auf die Heilquellen von **Bagno Vignoni,** die bereits in der römischen Antike genutzt wurden. Das große rechteckige Außenbecken, bekannt durch Tarkowskys Film ›Nostalgia‹, existiert schon seit 1262; es wird benannt nach der Hl. Katharina von Siena, die sich hier mit ihrer Mutter aufgehalten haben soll.

Das **Kastell Spedaletto** war ein befestigter Kornspeicher des Ospedale della Scala in Siena und diente wahrscheinlich ebenfalls als Hospital. Ausgezeichnet erhalten blieben die mittelalterlichen Türme und Mauern. Hoch oben auf einem Hügel liegt **Castiglione d' Orcia.** Über der Piazza Vecchietta – benannt nach dem sienesischen Maler und Bildhauer, der hier geboren wurde – erheben sich die Ruinen der Burg der Aldobrandeschi, denen von 1174 bis 1250 das Gebiet gehörte. Auf imposante Reste einer mittelalterlichen Burg, der Rocca Tentennano, trifft man auch in dem Borgo **Rocca d' Orcia.**

San Quirico d' Orcia, Collegiata

Pienza

Pienza ★
Besonders sehenswert: Dom Santa Maria Assunta, Palazzo Piccolomini

Pro Loco
Piazza Dante Aligheri
53026 Pienza
Tel. 0578 74 90 71
www.comunedipienza.it

Auf einem Hügel über dem Orcia-Tal liegt westlich von Montepulciano dieser aus einem frühmittelalterlichen Kastell hervorgegangene Borgo, der ursprünglich Corsignano hieß. 1405 wurde hier Enea Silvio Piccolomini geboren, dessen kirchliches Wirken die Wandbilder der Libreria Piccolomini des Sieneser Doms schildern (s. S. 305). Nachdem dieser Humanist als Pius II. auf den Heiligen Stuhl gelangt war, beauftragte er Bernardo Rossellino, seinen Geburtsort in eine Bischofsresidenz, eine Idealstadt zu verwandeln. Dieses einzigartige urbanistische Unternehmen schilderte der Papst in seinen Commentari. Er ließ nicht nur den Dom, den Kommunalpalast und seinen eigenen Familienpalast anlegen, er bedrängte Kardinäle und andere Würdenträger, sich an dem Projekt zu beteiligen, in diesem abgelegenen Dorf Paläste zu errichten. Alle diese Bauten entstanden in der relativ kurzen Zeit zwischen 1459, dem Jahr der Auftragserteilung an Rossellino, und 1462, als der Papst den Namen des Orts nach Pius in Pienza ändern ließ, ihn gleichzeitig zur Stadt ernannte und die Diözese Pienza begründete.

Der Dom und die wichtigsten Paläste sind um einen zentralen, trapezförmigen Platz angeordnet. Der Palazzo Piccolomini und der gegenüberliegende Bischofspalast stehen schräg zueinander. Es entsteht ein ungewöhnlicher perspektivischer Eindruck, so, als wenn der Fluchtpunkt des Bilds sich nicht vor, sondern hinter dem Betrachter befände. Diese ›umgekehrte Perspektive‹ führt zur »Steigerung der monumentalen Wirkung« (Ludwig Heydenreich). Auf diesem in rechteckige Felder unterteilten Platz beachte man die Position der Gebäude, ihre Größe, den unterschiedlichen dekorativen Aufwand sowie den Einsatz verschiedener Baustile und -materialien (Travertin, Alberese, Ziegelsteine). Wir nehmen eine hierarchische Abstufung wahr: Der durch das Travertin-Gestein, durch die Würdeform der Säulen ausgezeichnete Dom beherrscht den Platz. In zweiter Position steht der ebenso große monumentale Familienpalast des päpstlichen Bauherrn, der Palazzo Piccolomini. Bescheidener wirken der Bischofspalast, der Palazzo Comunale, die übrigen Familienpaläste, so der kleine Palazzo Lolli und die nicht direkt am Platz selbst liegenden Paläste des Domkapitels, der Ammannati und Atrabatense.

Dom Santa Maria Assunta

Dom Santa Maria Assunta
tgl. 8–12.30, 14–19 Uhr

Der **Dom (1)** wurde 1460–62 nach Plänen von Bernardo Rossellino errichtet. Er hat eine ungewöhnliche Position: Er ist nicht geostet, sondern zeigt mit dem Chor nach Süden, Richtung Monte Amiata. Wie der Bauhistoriker Jan Pieper 1978 durch Zufall entdeckte, ist die Kirche außerdem so angelegt, dass an den Tagen der Tag- und Nachtgleiche, den Äquinoktien am 21. März und 23. September, mittags »der

Schatten der Fassade auf die Neunfelderdecke der Piazza fällt und diese gänzlich ausfüllt ... Die Anlage ist also im Kern ein Kalenderbau, der als eine kolossale Sonnenuhr den Lauf der Zeit und den Wechsel von Licht und Schatten abbildet ...«. Pieper stellte fest, dass die Kirche nicht ganz genau nach Süden, sondern nach dem damaligen, noch nicht korrigierten Kompass um 12°30 nach Osten hin verschoben und dabei zugleich auf den Monte Amiata hin ausgerichtet ist. Den Berechnungen ist dabei noch der damalig geltende Julianische Kalender zugrundegelegt.

Für den Bau der Kirche am Abhang waren Substruktionen nötig, die im Lauf der Zeit zur Senkung des Chors führten. Die Kirche verbindet Stilmittel der Renaissance, der italienischen und nordischen Gotik. Eigenwillig und völlig neuartig ist die Fassade. Sie folgt dem Geist Leon Battista Albertis, der Rossellinos architektonischer Lehrer war. Der Dreiecksgiebel (mit päpstlichem Wappen) lässt an antike Tempelarchitektur denken. Die Blendbögen des ersten Obergeschosses und die übereinander gestellten Säulen erinnern an das Schema eines römischen Triumphbogens. Die Portale stehen mit ihren regelmäßigen Bögen in der Tradition toscanischer Landkirchen, speziell im Landgebiet von Florenz. Die Portalumrahmungen und die Fensterädikulä (d. h. die Giebel und Säulchenumrahmung) finden sich bereits in der Florentiner Protorenaissance (Baptisterium, San Miniato al Monte).

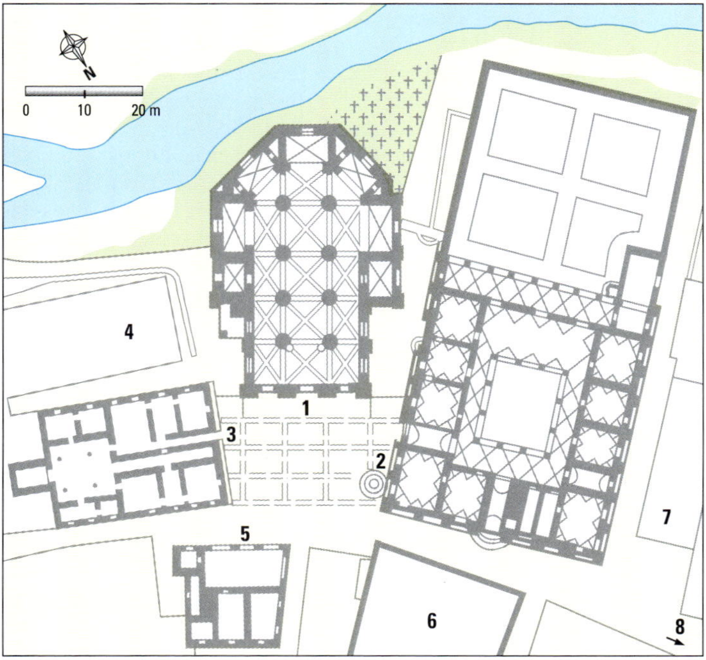

Pienza

1 Dom Santa Maria Assunta
2 Palazzo Piccolomini
3 Palazzo Vescovile
4 Casa dei Canonici
5 Palazzo Comunale
6 Palazzo Ammannati
7 San Francesco
8 Pieve San Vito di Corsignano

Pienza, Piazza Pio II

Die dreischiffige Kirche mit kurzem Querhaus ist keine Basilika, sondern eine Hallenkirche mit drei gleich hohen Schiffen und Querschiff. Vorbild für diese in Italien ungewöhnliche Lösung waren das Querhaus des Sieneser Doms und vor allem die Hallenkirchen nördlich der Alpen. Diese hatte Pius II. auf seinen Reisen in Deutschland kennengelernt und wegen ihrer Lichtfülle bewundert. Für Italien typisch sind jedoch die schweren Pfeiler und die breiten Gurtbögen, eigenwillig sind die nicht-gotischen Kapitelle und die extrem hohen Kämpferstücke. Auf nordische Baukunst zurückzuführen sind auch die Chorkapellen sowie die Fenster mit ihrem spätgotischen Maßwerk.

Die Ausstattung entstand mit dem Kirchenbau um 1460–64. Die bildhauerischen Arbeiten wurden der Rossellino-Werkstatt, die Altarretabel sienesischen Malern übertragen. In Giovanni di Paolo, Il Vecchietta, Matteo di Giovanni und Sano di Pietro lernt man die bedeutendsten Vertreter der sienesischen Malerei aus der Mitte des 15. Jh. kennen, die noch weitgehend dem gotischen Trecento-Stil verpflichtet waren.

Palazzo Piccolomini
Piazza Pio II
Tel. 0578 74 83 92
www.palazzopiccolominipienza.it
Führungen Di–So 10–18.30 (16. Okt.–14. März bis 16.30 Uhr

Weitere Sehenswürdigkeiten

Bernardo Rossellino erstellte auch die Pläne für den **Palazzo Piccolomini (2,** erbaut 1460–62) an der Ostflanke des Doms. Vorbild für die Fassade war Albertis Palazzo Rucellai in Florenz: Wie dort werden die drei Geschosse durch übereinander gestellte Pilaster gegliedert. Die Gartenfront hingegen, die Südseite des Palasts, wird von drei übereinander angeordneten Säulenloggien eingenommen (ein Motiv der Villenarchitektur). Diese Loggien geben den Blick auf das Orcia-

Tal und den Monte Amiata frei: eine Aussicht, die der Papst seit seiner Kindheit liebte. Den Loggien sind die auf Substruktionen angelegten hängenden Gärten vorgelagert. Einige Räume, z. T. später verändert, sind zu besichtigen. Vor dem Palazzo steht ein ebenfalls von Rossellino entworfener Brunnen.

Der gegenüber gelegene **Palazzo Vescovile (3),** der Bischofspalast, gehört zu den Palästen, deren Bau Pius II. anregte. Er wurde als Familienpalast von Rodrigo Borgia, dem späteren Papst Alexander VI., in Auftrag gegeben. Die Fassadengestaltung geht besonders bei den Fensterkreuzen auf das Vorbild römischer Frührenaissancepaläste zurück (z. B. Palazzo Venezia). Das im Bischofspalast eingerichtete **Museo Diocesano** präsentiert eine Sammlung flämischer Wanddteppiche des 15. und 16. Jh., sienesische Tafelgemälde, Skulpturen und Choralbücher. Herausragend ist ein Kruzifix aus Buchsbaum (14. Jh.) und der Chormantel (Pluviale) von Pius II. mit feinster Seidenstickerei. Bei der ›Madonna von Monticchiello‹ von Pietro Lorenzetti drückt sich in Gestik und Mimik eine intensive Mutter-Kind-Beziehung aus. Es ist eines der ersten Beispiele für einen wortlosen, allein durch die Körpersprache zum Ausdruck gebrachter Dialog zwischen heiligen Gestalten. Die sich an den Bischofspalast anschließende **Casa dei Canonici (4),** das Kanonikerhaus, war Sitz des Domkapitels.

Dem Dom gegenüber hat der **Palazzo Comunale (5)** seinen Platz. Die offene Loggia erinnert an einige Stadtpaläste des 14. Jh., der Turm mit Aufsatz entspricht dem Florentiner Stadtturm des Palazzo Vecchio. Der unvollendet gebliebene **Palazzo Ammannati (6)** links da-

Museo Diocesano di Arte Sacra

Corso Il Rossellino
Tel. 05 78 74 99 05
tgl. außer Mo 10–13, 15–19 (Nov.–Mitte März bis 18) Uhr

Pienza, Palazzo Piccolomini. Der quadratische Innenhof ist von einem Säulengang umgeben

San Vito di Corsignano, ›Zug der Heiligen Drei Könige‹ im Türsturz des rechten Seitenportals

von zählt zu den Palästen, deren Bau ebenfalls Pius II. anlegte. Errichtet wurde er im Auftrag von Kardinal Giacomo Ammannati, einem Freund des Papsts. Aus der Zeit vor der Umstrukturierung Pienzas stammt noch die Kirche **San Francesco (7)** hinter dem Palazzo Piccolomini, deren Inneres ein einschiffiger flach gedeckter Raum vom Ende des 13. Jh. bildet. Einige Fresken aus dem Leben des Hl. Franziskus (um 1400) blieben erhalten. Der Kreuzgang, der heute zu einem Hotel gehört, stammt aus dem 15. Jh.

Unterhalb von Pienza, im Orcia-Tal (etwa 1 km vom westlichen Stadttor entfernt), liegt die alte Taufkirche des Orts, die Pieve **San Vito di Corsignano (8),** in der Pius II. getauft wurde. Wie so oft, wurde auch diese Taufkirche bei einer Quelle errichtet (›prope frontem Rustiliani‹, so ein Dokument des 8. Jh.). In der jetzigen Gestalt erbauten sie vermutlich lombardische Baumeister um 1200. Darauf weisen u. a. die Bogenfriese hin, die unter der Giebelschräge der Fassade verlaufen und der reiche Skulpturenschmuck. Die Kirche ist nicht vollständig erhalten, es fehlen das letzte Joch und die Apsis. Der Campanile, von seltener zylindrischer Form, ging aus einem Vorgängerbau wohl aus dem 11. Jh. hervor.

Pienzas Umgebung

Das Kloster **Sant' Anna in Camprenna** – wenige Kilometer nördlich von Pienza – wurde (wie zuvor Monte Oliveto Maggiore) von Bernardo Tolomei gegründet (1324). Das Refektorium des bescheidenen Konventsgebäudes malte der junge Sodoma innerhalb eines Jahres 1503–04 mit Fresken aus. Zu den schönsten Fresken zählen die ›Approbation der Ordensregel der Olivetaner durch Bischof Guido Tarlati von Arezzo‹, ›Anna selbdritt mit zwei Olivetanern‹ und die ›Wunderbare Brotvermehrung‹ in drei Szenen. Es sind die frühesten Arbeiten Sodomas, der hier noch in der Organisation des Bildraums, in der Figurenbildung oder in der Vorliebe für detailreiche Hintergründe auf der Stilstufe Peruginos oder Pinturicchios steht.

In **Castelmuzio** steht die Kirche San Bernardino (mit Gemälden von Giovanni di Paolo und Matteo di Giovanni), außerhalb der Ortschaft die im Außenbau gut erhaltene romanische Pieve Santo Stefano in Cennano (mit drei Apsiden). Die kleine Ortschaft **Petroio** konnte die mittelalterlichen Mauern und Türme des Kastells bewahren. Die Pfarrkirche birgt Gemälde von Taddeo di Bartolo und Sano di Pietro.

Östlich von Pienza liegt, hoch auf einem Berg, der bereits von Karl V. umkämpfte kleine Ort **Monticchiello,** dem die mittelalterlichen Verteidigungsanlagen noch vollständig erhalten geblieben sind. Hier wurde auch das *teatro povero* geboren, eine Form des Straßentheaters der armen Leute. Vor der stimmungsvollen Kulisse der alten Mauern und Gebäude und mit einem weiten Blick ins fruchtbare Tal der Tresa führen die Dorfbewohner noch heute in alter Tradition die mittelalterlichen Legenden einer sehr bewegten Stadtgeschichte auf.

Sant' Anna in Camprenna
Tel. 0578 74 83 03
tgl. 11–12.30, 18–19.30 Uhr

Montepulciano

Cityplan S. 346

Geschichte

Inmitten einer fruchtbaren Ebene zwischen dem Chiana- und Orcia-Tal erhebt sich der Mons Politianus. Auf dem Rücken des steilabfallenden, lang gestreckten Hügels verläuft die Hauptstraße, der Corso. Wie in Siena führen querverlaufende schmale Gassen, die man hier chiassi nennt, zu den tiefer liegenden Nebenstraßen. Doch im Gegensatz zu vielen anderen toscanischen Bergstädten wurde Montepulciano nicht allein durch das Mittelalter geprägt: Die kleine Stadt überrascht mit eindrucksvollen Renaissancepalästen, mit Barockkirchen und einem Theater. Dass bedeutende Renaissancebaumeister wie Michelozzo, Antonio da Sangallo d. Ä. und Vignola in dieser Stadt wirkten, ist auf einen Anachronismus zurückzuführen: In Montepulciano hielt sich bis ins 18. Jh. eine frühmittelalterliche Gesellschaftsstruktur. Jene Künstler arbeiteten im Auftrag von Adelsfamilien, die seit dem Mittelalter die politische Führung der Kommune innehatten. Ein Bürgertum konnte sich in dieser Landgemeinde nicht entfalten. Die Interessen der Bauern, die sich andernorts in Statuten niederschlugen, wurden stets vom Adel unterdrückt. So war die im langobardischen Kastell begründete Feudalstruktur der Grund, dass Montepulciano auf künstlerischem Gebiet Anschluss an die Neuzeit fand.

Montepulciano ★
Besonders sehenswert: Dom, Palazzo Nobili Tarugi, Palazzo Comunale, Madonna di San Biagio

Pro Loco
Via di Gracciano 59a
53045 Montepulciano
Tel. 0578 75 73 41
www.prolocomontepulciano.it

Zu den Bauherren, die im 16. Jh. ihre Paläste von in Rom geschulten Architekten errichten ließen, zählten zwei Kardinäle aus alten Familien, die beide Papst wurden: Giovanni Maria del Monte, der spätere Julius III. (1550–55), und Marcello Cervini, sein Nachfolger Marcellus II. (1555). Auf einen weiteren Kardinal, auf Roberto Bellarmino, den heilig gesprochenen berüchtigten Ankläger von Galileo Galilei, Giordano Bruno und Tommaso Campanella, sind die Jesuitenkirche und andere Barockbauten zurückzuführen. Die mächtigste Familie war die del Pecora, die in der zweiten Hälfte des 14. Jh. die Signoria über die Landgemeinde innehatte.

Vom 13. bis 15. Jh. wusste Montepulciano die Rivalität von Florenz und Siena zu nutzen, indem es abwechselnd bei beiden Städten Schutz suchte. Nachdem Florenz der Kommune 1208 die Unabhängigkeit zugesichert hatte, wurde sie 1269, nach dem Sieg von Montaperti, von Siena eingenommen. Unter dem Schutz der Anjou lehnte sie sich 1267 gegen diese Stadt auf und unterwarf sich ihr erneut 1294. Seit 1390 war Montepulciano an Florenz gebunden – eine Ausnahme bilden die Jahre 1495 und 1511, als es sich während des Exils der Medici Siena anschloss. Mit Florenz trat Montepulciano ins Großherzogtum ein. Ferdinando I. vermachte die Stadt seiner Gemahlin Christina von Lothringen, die sie seit 1609 regierte. Nach ihrem Tod, 1636, kehrte Montepulciano ins Großherzogtum zurück. Im 16. Jh. war die Versumpfung des Chiana-Tals soweit fortgeschritten, dass 1561 der Bischofs-

Montepulciano

1 Porta al Prato
2 Palazzo Avignonesi
3 Palazzo Tarugi
4 Palazzo Bucelli
5 Palazzo Cocconi
6 Sant' Agostino
7 Torre di Pulcinella
8 Logge del Mercato
9 Palazzo Cervini
10 Palazzo Gagnoni-Grugni
11 Chiesa del Gesù
12 Teatro Poliziano
13 Casa del Poliziano
14 Porta della Farina
15 Santa Maria dei Servi
16 Fortezza Medicea
17 Dom
18 Palazzo Contucci
19 Palazzo Nobili Tarugi
20 Palazzo Comunale
21 Palazzo del Capitano del Popolo
22 Palazzo Neri-Orselli mit Museo Civico
23 Palazzo Ricci
24 Palazzo Benincasa
25 San Francesco
26 Santa Lucia
27 Madonna di San Biagio

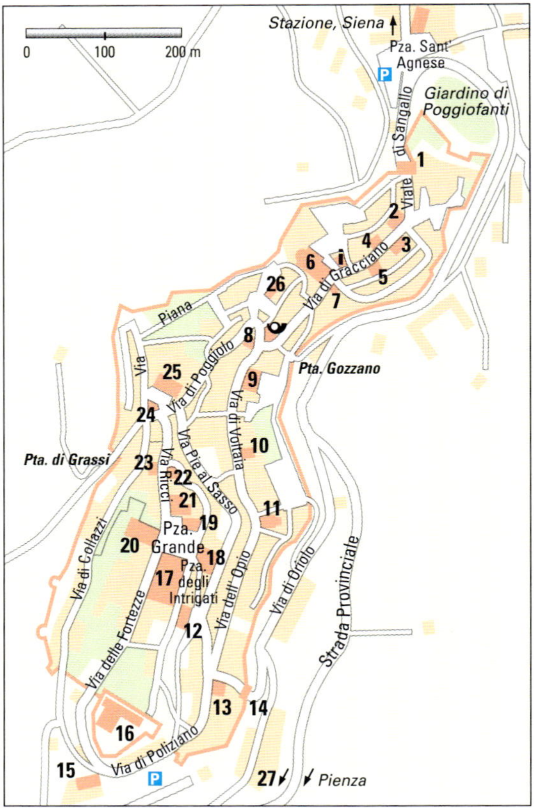

sitz von Chiusi nach Montepulciano verlegt wurde und dieses Stadtrechte erhielt. Montepulciano ist Geburtsort des Agnolo Ambrogini, des am Hofe Lorenzos des Prächtigen wirkenden Verfassers des ›Orfeo‹, der sich nach dem alten Namen seiner Heimatstadt Politianus (Poliziano) nannte.

Stadtrundgang

Durch die **Porta al Prato (1),** die in der ersten Hälfte des 16. Jh. entstand und Teil der Befestigungsanlage von Antonio da Sangallo d. Ä. war, betritt man das Städtchen. An der Piazza Savonarola steht der über ovalem Grundriss errichtete Zentralbau von San Bernardino, entstanden um 1700 nach Plänen Andrea Pozzos. Der Löwe auf der Piazza – der *marzocco* – wurde 1511 von den Florentinern als ihr Hoheitszeichen anstelle der sienesischen Wölfin aufgestellt (1856 erneuert).

An der Via Gracciano nel Corso folgen kurz aufeinander vier Paläste: Zunächst der **Renaissancepalast Avignonesi (2,** Nr. 91) mit seiner streng gegliederten Fassade (etwa Mitte 16. Jh.), der dem Architekten Vignola zugeschrieben wird. Letzterer oder Antonio da Sangallo d. Ä. erbaute den **Palazzo Tarugi (3,** Nr. 70). Der **Palazzo Bucelli (4,** Nr. 73), aus der Mitte des 17. Jh., folgt der Krümmung der Straße. Der Bauherr, Pietro Bucelli, sammelte etruskische und römische Altertümer, die ins Archäologische Museum von Florenz gelangten. In den Sockel des Palastes ließ er etruskische Aschenurnen und römische Inschriften einmauern. Der **Palazzo Cocconi (5,** Nr. 26) schließlich, ehemals im Besitz der del Pecora, gilt als ein Werk von Antonio da Sangallo d. Ä. (um 1518–34). Dieser jüngere Bruder und engste Mitarbeiter des Giuliano da Sangallo entwarf in Montepulciano mehrere Paläste. Es »sind variationsreiche Kombinationen römischer und toskanischer Strukturelemente, wobei Antonios Neigung zu schwerer Formbildung deutlich hervortritt; sie verleiht seinen Fassaden eine blockhaft-einfache Monumentalität; vor der flach bossierten Wand der Obergeschosse stehen kräftig profilierte Ädikulenfenster römischer Provenienzen« (Ludwig Heydenreich).

Die anschließende rechterhand gelegene Kirche **Sant' Agostino (6)** wurde 1427 nach Plänen Michelozzos begonnen. Die Fassade verbindet Stilelemente der Gotik (spitzbogige Nischen, Wimperge und Fialen) und der Frührenaissance (Pilaster, Gebälk und Dreiecksgiebel). Die Terrakotta-Gruppe im Bogenfeld ›Muttergottes mit Kind zwischen Johannes dem Täufer und dem Hl. Augustinus‹ ist ebenfalls von Michelozzo. Den einschiffigen Innenraum gestaltete man im späten 18. Jh. um. Auf dem Hochaltar steht ein Holzkruzifix des 15. Jh., das früher gelegentlich Donatello zugeschrieben wurde. Am dritten Altar links sieht man die ›Kreuzigung‹ von Lorenzo di Credi. Der Kirche gegenüber kann man an der **Torre di Pulcinella (7)** die gleichnamige Figur aus der Commedia dell' arte die Stunden schlagen sehen. Dem Corso wieder folgend stößt man auf die Piazza delle Erbe, den ehemaligen Gemüse- und Kräutermarkt mit den **Logge del Mercato (8),** die einst als Getreidehalle dienten (Ippolito Scalza zugeschrieben, zweite Hälfte 16. Jh.). Zwei interessante, wenngleich unvollendete Paläste sieht man an der Fortsetzung des Corso (Via Voltaia nel Corso): Zunächst den **Palazzo Cervini (9,** Nr. 21) mit vorspringenden Flügeln, der vermutlich nach Plänen von Antonio da Sangallo d. Ä. um 1518–34 errichtet wurde. Auftraggeber war Marcello Cervini, der spätere Papst Marcellus II.; dann folgt der **Palazzo Gagnoni-Grugni (10),** Vignola zugeschrieben, Mitte 16. Jh.

Die nahe gelegene **Chiesa del Gesù (11)** verwirklicht den Typus eines barocken Zentralbaus. Begonnen um 1690 von Giovanni Battista Origone, führte Andrea Pozzo den Bau 1702–14 fort und malte auch die Scheinarchitekturen. In südwestlicher Richtung folgt das **Teatro Poliziano (12),** errichtet 1793–95 von Giacomo und Sebastiano Barchi. Der Zuschauerraum ist mit vier Logenrängen und klassizistischer Dekoration von Giuseppe Castagnoli ausgestattet.

Der italienische Humanist und Dichter Poliziano war Kanzler unter Lorenzo de' Medici und gilt heute als Begründer der Textkritik

Noch einmal weiter südlich steht die **Casa del Poliziano (13),** ein mehrfach verändertes Haus des 14. Jh., in dem 1454 Angiolo Ambrogini, genannt Politianus (Poliziano), geboren wurde. Der benachbarte Palazzo Angelotti (16. Jh.) zeichnet sich durch kräftige Rustikaquader am Portal und an den Ecken aus. Die Porta di Cagnano dahinter wird auch **Porta della Farina (14)** genannt und ist wie die Porta al Prato Teil der Stadtmauer des 14. Jh. Über die Via del Poliziano geht es weiter zur Kirche **Santa Maria dei Servi (15)** aus dem 14. Jh., deren Inneres um 1700 durch Andrea Pozzo eindrucksvoll barockisiert wurde. Von der ursprünglichen Ausstattung blieben die Muttergottestafel eines engen Duccio-Nachfolgers (Anfang 14. Jh.) und die ›Madonna della Santoreggia‹, ein sienesisches Fresko des 14. Jh. (am zweiten Altar links), erhalten. Die **Fortezza Medicea (16)** gegenüber baute man 1885 in freier Nachschöpfung mittelalterlicher Formen wieder auf.

Dom (17)

Bei einem Spaziergang zurück in Richtung Norden gelangt der Besucher an der Piazza Grande zum Dom. Der heutige Bau geht auf das Jahr 1594 zurück, als man nach Plänen Ippolito Scalzas mit einem Neubau begann, der nach Verlegung des Bischofssitzes von Chiusi nach Montepulciano (1561) als neuer repräsentativer Bau die alte Pieve Santa Maria ersetzen sollte (sie wurde mit Ausnahme des später veränderten Campanile abgerissen). Erst 1680 waren die Arbeiten abgeschlossen, die Fassade blieb im Rohzustand. Die dreischiffige Anlage besitzt ein nicht ausladendes Querhaus, Seitenkapellen und Vierungskuppel.

An der Innenfassade rechts vom Hauptportal sieht man eine Liegefigur des Bartolomeo Aragazzi, Sekretär von Papst Martin V. Sie ist Teil des Grabmonuments, das um 1437–38 von Michelozzo als erstes Renaissance-Grabmonument eines Humanisten geschaffen wurde und als Vorbild für das Grab Leonardo Brunis (Florenz, S. Croce) diente. Beim Abriss der Pieve wurde das Aragazzi-Monument auseinander genommen. Dabei gingen einige Teile verloren: Zwei Engelsfiguren gelangten beispielsweise im 19. Jh. ins Victoria and Albert Museum nach London. Im Dom verblieben am ersten Pfeilerpaar Reliefs des Sarkophags, ›Bartolomeo Aragazzi verabschiedet sich von der Familie‹, und ›Die Muttergottes segnet die Aragazzi-Familie‹, am südöstlichen Vierungspfeiler die Figur eines Heiligen, vermutlich des Bartholomäus, Namenspatron des Verstorbenen. Den Hauptaltar säumen die Statuen ›Glaube‹ und ›Weisheit‹. Michelozzo, zugleich Architekt und Bildhauer, war eine Zeitlang Mitarbeiter Donatellos. Doch ist sein bildhauerischer Stil von einer nahezu klassizistisch anmutenden Kühle, wie sie Donatello fremd war. Die Reliefs sind deutlich von der Ara Pacis des Augustus inspiriert.

Auf der Altarmensa steht – über dem Sockel des Aragazzi-Monuments (mit Girlanden haltenden Putten) – ein großes, vollständig er-

Montepulciano, Piazza Grande

haltenes Triptychon des Sienesen Taddeo di Bartolo (1401). Im Zentrum die ›**Himmelfahrt Mariens**‹. Die zentrale Szene wird begleitet von Heiligen (rechts hält die Hl. Antilla das Stadtmodell). Der Altar war ein Auftrag von Bartolomeo Aragazzi. In einer Zeit, als Montepulciano schon politisch Florenz unterstand (seit 1390), ging dieser wichtige Auftrag an einen sienesischen Künstler.

An den westlichen Vierungspfeilern sieht man farbig gefasste Holzskulpturen der ›**Verkündigung**‹ eines sienesischen Bildhauers aus dem Umkreis von Francesco Valdambrino (um 1430). In der ersten Kapelle links befindet sich ein Majolika-Tabernakel aus der Werkstatt des Andrea della Robbia. Das eingefügte Marmor-Relief ist eine florentinische Arbeit des späten 15. Jh., das aus einem Marmorblock bestehende Taufbecken ein sienesisches Werk (14. Jh.).

Rund um den Dom

Links vom Dom sieht man den **Palazzo Contucci (18),** der 1519 von Antonio da Sangallo d. Ä. für Kardinal Giovanni Maria del Monte begonnen wurde. Das Obergeschoss mit römischen Ädikulä-Fenstern fügte Baldassare Peruzzi hinzu, das abschließende Halbgeschoss folgte erst 1690, nachdem die Familie Contucci, den Palast erworben hatte. In der großen Sala sieht man perspektivische Scheinarchitektur des späten 17. Jh. von Andrea Pozzo.

Turm des Palazzo Comunale
Mo–Sa 8–13.30 Uhr

Palazzo Neri-Orselli Museo Civico
Via Ricci 10
Tel. 0578 71 73 00
21. März–6. Jan. Di–So (7. Jan.–20. März nur Sa/So) 10–13 und 15–18 Uhr

An der Nordseite der Piazza erhebt sich der ungewöhnlich monumental wirkende und plastisch formulierte **Palazzo Nobili Tarugi (19)** mit kolossalen Halbsäulen ionischer Ordnung. Er wird meist Antonio da Sangallo d. Ä. zugeschrieben; wegen der offensichtlichen Auseinandersetzung mit Bramante erwägt man außerdem die Mitwirkung von Peruzzi oder Vignola. Ursprünglich öffnete sich nicht nur das Erdgeschoss, sondern auch das Obergeschoss in eine später vermauerte Loggia. Der Brunnen auf der Piazza Grande entstand 1520, Löwen halten hier das Medici-Wappen auf dem von zwei toscanischen Säulen getragenen Gebälk. Im Westen steht schließlich der **Palazzo Comunale (20),** der 1440–65 nach Entwürfen des Florentiner Renaissancearchitekten Michelozzo grundlegend erneuert und erweitert wurde. 1965 veröffentlichte man die Baupläne Michelozzos, bis dahin hatte man den Palast in der jetzigen Gestalt für ein Gebäude des 14. Jh. gehalten. In der Tradition der toscanischen Stadtpaläste stehend, erinnert er mit dem Wehrgang, dem Zinnenkranz, dem Turm und Turmaufsatz an den Florentiner Palazzo Vecchio, wenngleich die asymmetrische Anlage und regelmäßige Ausführung des Palasts durch Michelozzo – wie wir heute deutlich sehen – einen Hinweis auf die späte Entstehungszeit geben. Bei einer jüngeren Restaurierung wurde ein Innenhof des 14. Jh. freigelegt. Vom Turm genießt man einen weiten Ausblick, der bei günstigem Wetter bis zum Monte Amiata und zum Trasimenischen See reicht.

Von der Piazza Grande zu Santa Lucia

Wendet man sich ein weiteres Mal Richtung Norden, steht man vor dem **Palazzo del Capitano del Popolo (21)** aus dem 14. Jh., der heute als Gerichtsgebäude dient. Seine Fenster wurden später verändert. An ihn schließt sich der **Palazzo Neri-Orselli** mit dem **Museo Civico (22)** an, ein Backsteinbau des 14. Jh., den horizontal verlaufende Bänder aus Travertin gliedern. Die sienesischen Portal- und Fensterbögen wurden später verändert. Das Museo Civico ist mit Majolika-Arbeiten der della Robbia und einer kleinen Sammlung von Gemälden des 13. bis 18. Jh. bestückt: eine Franziskus-Tafel von Margaritone d' Arezzo, Mitte 13. Jh., eine Angelo Puccinelli zugeschriebene ›Krönung Mariens‹ und Porträts von Paris Bordone, Bronzino und Sustermans.

Schräg gegenüber des Museums lohnt ein Blick auf den **Palazzo Ricci (23)** aus der ersten Hälfte 16. Jh. Am Ende der Via Ricci erregt der **Palazzo Benincasa (24)** Aufmerksamkeit, der aus Ziegelsteinen mit Travertin-Verstärkungen errichtet wurde. Das Barockportal bekrönt eine Büste des Gian Gastone de' Medici. Dahinter liegt die aus dem 14. Jh. stammende und im 18. Jh. stark veränderte Kirche **San Francesco (25)** an einer kleinen Piazza, die eine schöne Aussicht auf das Chiana- und Orcia-Tal bietet. Die letzte Kirche auf dem Rundweg ist **Santa Lucia (26),** ein Barockbau von Flaminio del Turco (1653). In einer Kapelle des rechten Kreuzarms hängt eine ›Madonna della Misericordia‹ (Schutzmantelmadonna) von Signorelli.

Madonna di San Biagio

2,5 km vom Ortzentrum von Montepulciano entfernt Richtung Pienza liegt die 1518–40 von Antonio da Sangallo d. Ä. errichtete bedeutende Wallfahrtskirche **Madonna di San Biagio (27).** Es handelt sich um einen Zentralbau über dem Grundriss eines griechischen Kreuzes, dem nur im Süden eine Apsis hinzugefügt wurde. Diese – von innen nicht sichtbar – dient als Sakristei. Die Kirche entstand unter dem Einfluss von Giuliano da Sangallos Santa Maria delle Carceri

Madonna di San Biagio

in Prato (1484) und von Bramantes Plänen für die Peterskirche in Rom (1506). Abweichend vom Zentralbauschema waren zwei Türme geplant, von denen jedoch einer nicht ausgeführt wurde. Der Baukörper ist auf geometrische Formen (Quader, Zylinder, Halbkugel) reduziert. Die Wände sind durch flache Pilaster sparsam gegliedert. Die Kirche ist ein Beispiel des »reinen, schmucklosen Stils« (Erich Hubala), der sich in der Nachfolge Bramantes Hochrenaissancebauten bildete. In der Reinheit der Formensprache, der allseitig freien Lage in leicht gewellter Hügellandschaft zählt diese Kirche aus goldgelb schimmerndem Travertin-Gestein zu den eindrucksvollsten Zentralbauten des 16. Jh. Einige der zur ursprünglichen Ausstattung gehörigen Altargemälde gingen bei einem Kunstraub verloren. Die nahe gelegene **Canonica,** das Priesterhaus, mit zwei Loggien übereinander, wurde 1594 nach Plänen von Antonio da Sangallo d. Ä. nach dessen Tod errichtet. Auch der Brunnen geht auf seinen Entwurf zurück.

Chiusi

Chiusi ★

Die Stadt liegt auf dem Plateau eines breiten Tuffsteinhügels am südlichen Ende des Chiana-Tals. Schon in etruskischer Zeit war sie mit Tarquinia, Populonia und Vetulonia durch Straßen verbunden; die Chiana war damals noch schiffbar. Der vielleicht von Umbrern gegründete Ort gehörte zu den bedeutendsten Etruskerzentren des Zwölfstädtebunds. Die etruskische Stadt erreichte ihre Blüte später als die Küstenstädte, erst im 6. Jh. v. Chr. Vom Reichtum dieser Zeit zeugen außer importierter griechischer Keramik (wie etwa die berühmte François-Vase in Florenz, um 570 v. Chr.) auch bedeutende eigene Kunsterzeugnisse, die in vielen etruskischen Sammlungen vertreten sind: außer in Chiusi vor allem in den Archäologischen Museen von Florenz und Siena. Einem der Könige von Chiusi, Lars Porsenna, gelang es als Verbündeter des Tarquinius Superbus vorübergehend Rom einzunehmen. Als Bundesgenossin der aufstehenden Tiberstadt wird Clusium – wie die Römer die Stadt nannten – 296 v. Chr. römische Militärstation. Mit der Verleihung des Bürgerrechts an alle Bewohner Italiens 98 v. Chr. erlosch die etruskische Kultur auch dieser Stadt. Die meisten der alteingesessenen Familien zogen nach Rom.

Im 4. Jh. n. Chr. erhielt die Stadt einen Bischofssitz. Durch die Versumpfung der Chiana etwa seit dem 10. Jh. konnte die mittelalterliche Stadt sich nur bescheiden entfalten. Chiusi war nur kurze Zeit, von 1334 bis 1355, freie Kommune, im 12. Jh. war sie Orvieto, im 13. Jh. Siena unterworfen. 1416 gelangte Siena erneut in den Besitz von Chiusi, indem es die Stadt dem König von Neapel abkaufte. Die fortschreitende Versumpfung der Chiana und die damit verbundene Malariagefahr führten dazu, dass 1561 der Bischofssitz von Chiusi nach Montepulciano verlegt wurde.

In der von mittelalterlichen Mauern umgürteten Stadt, deren regelmäßiger Grundriss auf die etruskisch-römische Zeit zurückzuführen ist, sind besonders der Dom und das Museum mit den vielen etruskischen Fundstücken hervorzuheben. Den **Dom** bildet eine basilikale Anlage des 12. Jh. mit 18 römischen Säulen und einem offenen Dachstuhl (die Mosaik vortäuschenden Malereien sind aus dem 19. Jh.). Im Dommuseum kann der Besucher Antiphonare mit Miniaturen verschiedener Meister (1458–83) bewundern. Die gestohlenen Antiphonare kamen 1988 nach Chiusi zurück.

Das **Museo Nazionale Etrusco** gehört zu den sehenswertesten archäologischen Museen in der Toscana. Die etruskische Abteilung enthält Masken aus Bronzeblech oder Impasto in gelbem Ton, die am Hals von Aschenurnen angebracht wurden (7. Jh. v. Chr.) sowie sogenannte Kanopen, Aschenurnen, die menschliche Körper darstellen mit Köpfen als Deckel und Armen (7. Jh. bis erste Hälfte 6. Jh. v. Chr.). Auf anderen Urnen wiederum steht der Verstorbene als Statuette auf dem Deckel. Die Cippi (reliefverzierte Grabsteine aus dem 6. und 5. Jh. v. Chr., die zumeist aus *pietra fètida,* Stinkstein, gefertigt sind) wurden in Grabkammern oder in den zu den Grabkammern führenden Gängen gefunden. Sie symbolisieren möglicherweise das Grab.

Chiusi, Etruskische Aschenurne im Museo Nazionale Etrusco

Museo Archeologico Nazionale
Via Porsenna
Tel. 0 57 82 01 77
9–20 Uhr; Besuch der Nekropolen auf Anfrage im Museum

Etruskische Gräber in der Umgebung

Da die Gräber verschlossen sind, frage man im Museum nach einem Kustoden. Aus konservatorischen Gründen kann zurzeit nur die Tomba della Pellegrina sowie die bescheidenere Tomba del Leone besichtigt werden.

Die **Tomba della Pellegrina** ist ein 1928 entdecktes, spätes Ganggrab, (Mitte 3. bis Mitte 2. Jh. v. Chr.). In den Nischen und Zellen stehen noch Aschenurnen und Sarkophage.

Die **Tomba della Scimmia,** das Grab des Affen, liegt nordöstlich von Chiusi. Das aus der ersten Hälfte des 5. Jh. v. Chr. stammende Grab gliedert sich in Atrium (Hauptraum) und drei Nebenräume mit Klinen. Im Atrium sieht man einen gemalten Fries mit Darstellungen von Spielen, einer Abschiedsszene und Wettkämpfen.

Die **Tomba del Granduca** noch ein wenig weiter nordöstlich wurde 1818 in einem großherzoglichen Gut mit originaler Tür und Gewölben aus Travertin-Quadern entdeckt. Die kleine Kammer enthält acht Aschenurnen aus dem 3. oder 2. Jh. v. Chr.

Die **Tomba del Colle,** auch *Tomba Casucini* genannt (vom Anfang des 5. Jh. v. Chr.) besitzt eine vorzüglich erhaltene zweiflügelige Tür aus Travertin-Gestein. Beide Kammern sind mit Wandmalereien – Tempera auf Tuffstein – ausgestattet.

Nach dem Besuch der Gräber bitte man den Kustoden, die *piscina* besichtigen zu können. Es handelt sich hierbei um ein Wasserreservoir aus römischer Zeit mit interessanter zweigeteilter Wölbung.

Ausflug an den Monte Amiata

Radicofani

Von Radicofani aus bieten sich faszinierende Blicke in alle Himmelsrichtungen. Der Ort nahm an der Cassia, der einst wichtigsten Nord-Südverbindung Italiens, eine Schlüsselstellung ein und war in seiner strategisch wichtigen Position entsprechend von der Abtei San Salvatore, dem Kirchenstaat und Siena umkämpft. Das Basaltgestein verleiht dem Ortsbild etwas Düsteres. Die spätromanische Kirche **San Pietro** des 13. Jh. im Zentrum wurde im Zweiten Weltkrieg zerstört, 1946 wieder aufgebaut. Nach zwei einschiffigen Jochen folgt ein dreischiffiger Teil, dessen mittleres Schiff ein schweres Kreuzrippengewölbe trägt. Zur Ausstattung gehören drei Majolika-Retabeln von Andrea della Robbia und eine Francesco di Valdambrino zugeschriebene Holzmadonna (zweite Nische rechts). Eine weitere Majolika-Arbeit von Andrea della Robbia findet sich in der Kirche **Sant' Agata** (14. Jh.).

Oberhalb von Radicofani stehen die Überreste der 1154 von Papst Hadrian VI. errichteten **Rocca,** die durch Großherzog Cosimo I. erneuert wurde. In dieser Burg verschanzte sich der aus Siena vertriebene Bandit Ghino di Tacco, dessen Geschichte Boccaccio im Decamerone erzählt. Unterhalb des Orts, an der Durchfahrtsstraße, liegt eine von Großherzog Ferdinando I. als Jagdsitz erbaute **Villa,** die sehr bald (noch unter Ferdinando) zur Post- und Zollstation (mit Herberge) an der Grenze zwischen dem Großherzogtum Toscana und dem Kirchenstaat avancierte und daher Palazzo La Posta genannt wurde. Die Entwürfe für diese eigenwillige Medici-Villa mit zwei übereinander gestellten Loggien an der Front werden Buontalenti und Simone Genga zugeschrieben.

Abbazia San Salvatore

An einem Südhang des Monte Amiata liegt in 812 m über dem Meeresspiegel eine der ältesten Abteien der Toscana – die Abbazia San Salvatore. 743 gründete sie der Langobardenkönig Ratchis. Der Landsitz dieses reichen Benediktinerklosters reichte bis zur thyrrhenischen Küste. Nachdem das Klostergebäude für wenige Jahre den Camaldulensern übertragen war, bezogen es 1228 Zisterziensermönche. Im Jahr 1036 wurde die jetzige einschiffige Kirche mit Querschiff in Anwesenheit von 18 Bischöfen und Kardinälen geweiht. Die Fassade mit zwei Türmen (von denen der rechte unvollendet blieb) dürfte aus der Zeit stammen, als das Kloster auf die Zisterzienser überging.

Das Innere wurde 1229 und 1590 erneuert. An der rechten Wand hängt ein bedeutendes Holzkruzifix des 12. Jh., verwandt mit dem von Sant' Antimo (s. S. 330). Vom 1036 geweihten Neubau vermittelt allein die Krypta noch eine Vorstellung davon, wie es damals hier aus-

Die Krypta der Abbazia San Salvatore

gesehen haben mag. Mit 13 Schiffen zählt die sie zu den eindrucksvollsten Bauten der Vorromanik. Sie dehnte sich ursprünglich in westlicher und östlicher Richtung noch weiter aus, ihre Apsiden schlossen halbkreisförmig und waren auf kleeblattförmigem Grundriss angelegt. Bemerkenswert sind die auf Sockeln und Basen stehenden 36 Monolith-Säulen: sie sind sehr unterschiedlich gestaltet, teilweise auch kanneliert oder spiralförmig gedreht. Die meisten Kapitelle entsprechen dem lombardisch-kubischen Typus, einige dem byzantinischen Korbkapitell. Vielfältig ist der figürliche und ornamentale Schmuck (u. a. Ochsenköpfe, Pferde). Auf ihren Abdeckplatten ruhen Kreuzgratgewölbe. – Das Klostergebäude blieb nicht erhalten.

Im Besitz der Mönche von San Salvatore war ursprünglich auch der benachbarte Borgo, der den Namen des Klosters, **Abbadia San Salvatore,** trägt. Der aus einem Kastell hervorgegangene, in Trachyt erbaute Ort konnte seine mittelalterliche Struktur und Bausubstanz weitgehend erhalten. Der Ort ist seit dem Mittelalter ein bedeutendes Zentrum des Zinnoberabbaus.

APT
Piazzale Michelangelo
53021 Abbadia San Salvatore
Tel. 0577 77 58 11
www.amiata turismo.it

Wer von Abbadia San Salvatore in die Maremmen fährt, kommt gewöhnlich am Städtchen **Santa Fiora** vorbei, einst Zentrum der Erzgewinnung. Wie nahezu die gesamte Südtoscana war der Ort im Besitz der Aldobrandeschi, deren Kastell teilweise erhalten blieb. Dem

Il Giardino di Daniel Spoerri

Tel. 0564 95 08 05 www.daniel spoerri.org Ostern–Okt. Di–So 11–20 Uhr und n. V. Man erreicht den Garten in einer Fahrt mit grandiosen Ausblicken über Montalcino und Sant' Antimo oder über San Quirico d' Orcia und Bagno Vignoni. Bei Seggiano fährt man Richtung Castel del Piano, biegt nach 500 m links Richtung Pescina ab. Nach 600 m liegt der Garten auf der linken Seite gegenüber dem Fußballplatz (›campo sportivo‹). Eine andere, nicht ganz so beeindruckende Route führt von den Maremmen kommend an Castel del Piano vorbei und biegt kurz von Seggiano Richtung Pescina und ›Campo Sportivo‹ ab (erste Abzweigung nach Pescina ignorieren).

Kastell angelehnt ist der Palazzo Cesarini-Sforza, der über der mittelalterlichen Festung errichtet wurde. Die kunstgeschichtlich interessanteste Kirche ist die dreischiffige romanische Pieve Sante Fiora e Lucilla, die mit mehreren Terracotta-Arbeiten aus der della Robbia-Werkstatt ausgestattet ist.

Il Giardino di Daniel Spoerri

Bei **Seggiano,** an den westlichen Ausläufern des Monte Amiata, ließ sich 1991 der Schweizer Bildhauer Daniel Spoerri nieder und begann, um sein Wohnhaus einen 16 ha großen Landschafts- und Kunstpark anzulegen. Er stellte eigene Bronzeskulpturen auf und bald auch bildhauerische Arbeiten und Installationen befreundeter Künstler wie Arman, J. R. Soto oder Tinguely – immer mit dem Ziel Kunst und Natur zu verschmelzen und »in diese Natur nicht nur Schönes, sondern auch Schreckliches, Trauriges, Anziehendes und Abstoßendes zu projezieren, das uns erinnert, dass auch wir nur Natur sind, mit allem Schönen und Erschreckenden« (Spoerri). Der Besucher trifft auf seinen Rundgängen auch auf die für diese Gegend und Höhenlage (650 m) typische, auf Schrifttafeln erläuterte Vegetation, darunter eine nur hier heimische Olivenbaumart, die Olivastra von Seggiano.

Il Giardino di Daniel Spoerri

In die Montagnola

Castello di Belcaro
Privatbesitz
Besichtigung n.V.:
Tel. 0577 39 42 37

Villa Chigi Le Volte.
Mo–Fr 9–13 Uhr

Ein Ausflug in die Montagnola führt den Besucher in einen weniger bekannten Teil im Herzen der Toscana, zu einer großenteils noch bewaldeten Hügelkette im Westen von Siena. Sie führt zu den Einsiedeleien von Lecceto und San Leonardo al Lago, zu romanischen Kirchen, zu dem unbedingt sehenswerten Kreuzgang von Torri und darüber hinaus zu bedeutenden Beispielen der Villenarchitektur aus der Zeit der Renaissance.

Am Anfang der Landstraße nach Roccastrada (SS 73) weisen mehrmals gelbe Wegweiser auf das **Castello Belcaro** hin, das zugleich Kastell und Villa ist. Die Ursprünge liegen im späten 12. Jh., und auch die heutige Villa ist noch wie eine Burg von Wehrmauern umschlossen. Das mittelalterliche Kastell wurde mehrmals geplündert und zerstört. Eine Zeitlang war es durch Einfluss der Hl. Katharina von Siena zum Frauenkloster umfunktioniert. Erst nachdem es 1525 in Besitz der Familie Turamini gelangte, wurde Baldassare Peruzzi mit dem Bau der Villa beauftragt.

Am Hof stehen sich Herrenhaus und Wirtschaftsgebäude gegenüber, im hinteren Teil eine Kapelle und eine Gartenloggia, deren Gewölbemalereien auf Peruzzi oder auf Giorgio di Giovanni zurückgehen sollen. Die Malereien wurden 1865 in einer sehr freien Restaurierung erneuert. In den Seitengewölben sollen Blattranken eine Gartenlaube assoziieren. Daneben schließt sich eine Vielzahl von kleinformatigen mythologischen Szenen an, so z. B. die ›Drei Grazien‹ im Zentrum des mittleren Gewölbes. Im Vestibül des Hauptgebäudes sieht man die Darstellung des Paris-Urteils (nur mit Sondergenehmigung zu besichtigen). Einen Ausblick auf Siena bietet der Rundgang auf den Wehrmauern.

Die **Villa Chigi Le Volte** (auf der SS 73 nach Costalpino, kurz vor Volte Basse links abbiegen, Wegweiser, Besichtigungsmöglichkeit vormittags) ist das Erstlingswerk Peruzzis, erbaut 1504–09 für Sigismondo Chigi, den Bruder Agostinos, für den Peruzzi 1509 die berühmte Villa Farnesina in Rom baute: Die Anlage könnte gleichermaßen als ›Generalprobe‹ für die Farnesina angesehen werden (Carlo Cresti). Ihren Beinamen ›Le Volte‹ erhielt sie nach den Gewölben der Innenräume. – Zur Villa gehörte auch die Kirche San Bartolomeo, die ebenfalls von Peruzzi errichtet wurde.

Inmitten von Steineichenwäldern trifft man auf ein befestigtes Kloster, den **Eremo Lecceto,** der angeblich vom Hl. Augustinus als Einsiedelei gegründet worden war. Die 1228 geweihte Kirche wurde 1317–44 erweitert und teilweise barockisiert. Unter dem Portikus der Kirche finden sich schlecht erhaltene monochrome Fresken (u. a. ›Hölle und Paradies‹, eine ›Allegorie von Krieg und Frieden‹ sowie Werke der ›Barmherzigkeit‹) von einem sienesischen Meister um 1400, eventuell Paolo di Neri. Der große zweigeschossige Kreuzgang stammt aus dem frühen 15. Jh., der Alte Kreuzgang des 13. Jh. gehört zur Klausur.

Die Einsiedelei **San Leonardo al Lago** gilt als Gründung von Benediktinern (1119) und wurde 1144 den Augustinern übertragen. Der selige Agostino Novello, Kunstfreunden durch Simone Martinis Altarbild in der Pinacoteca von Siena bekannt, zog sich am Ende seines Lebens hierher zurück. Die Kirche, ein einschiffiger, kreuzrippengewölbter Raum des 14. Jh., besitzt einen wenig bekannten, sehr schönen Freskenzyklus mit Szenen aus dem Leben Mariens. Er wurde um 1360–70 ausgeführt, höchstwahrscheinlich durch Lippo Vanni, einem Nachfolger der Lorenzetti-Brüder, der hauptsächlich durch Miniaturen und eines der Schlachtenfresken im Palazzo Pubblico von Siena bekannt wurde. Am Chorbogen sieht man die ›Himmelfahrt Mariens‹, am linken Pfeiler den ›Hl. Leonardus und seine Wundertaten‹ (Befreiung eines Eingekerkerten, Errettung eines Erhängten), am rechten Pfeiler wiederum den ›Hl. Augustinus‹. Es wird gezeigt, wie dem die Hl. Monica begleitenden Augustinus die göttliche Inspiration zuteil wird. Den Chor schmücken die ›Verkündigung‹, das ›Verlöbnis Mariens‹ sowie im Gewölbe Engel und Seraphim. Im Refektorium wurde ein Kreuzigungs-Fresko von Giovanni di Paolo freigelegt. Die Lücke entstand durch Einbau eines Zwischengeschosses.

Über kleine Straßen gelangt der Besucher von San Leonardo aus nach **Cetinale** zur gleichnamigen römischen Barockvilla auf sienesischem Boden. Carlo Fontana erbaute sie für Kardinal Flavio Chigi (einen Neffen von Papst Alexander VII.). Von der Villa getrennt ist die ›Thebais‹, eine künstlich angelegte Einsiedelei, im 18. Jh. eine Attraktion für Reisende, die heute leider dem Verfall preisgegeben ist.

Überwindet man dann die bewaldeten Bergrücken der Montagnola, gelangt man zur Pieve San Giovanni Battista in **Pievescola.** Sie ist ein Bau aus der zweiten Hälfte des 12. Jh. und repräsentiert den Typus einer dreischiffigen Kirche, deren Schiffe jeweils in einer Apsis münden. Die Form der Pfeiler (mit Ausnahme des ersten Säulenpaars) lässt darauf schließen, dass für die Kirche ursprünglich ein Gewölbe vorgesehen war. Das Drillingsfenster der Fassade entspricht dem pisanisch-lucchesischen Typus. Es ist neben den Apsidenfenstern die einzige Lichtquelle. Die mächtige, dreigeschossige Villa La Súvera gehört zum Besitz der Chigi (zwischenzeitlich auch von Papst Julius II. della Rovere). Sie geht auf das 15. Jh. zurück, wurde um 1510–30 zu einer L-förmigen Anlage erweitert. Heute dient die Villa als Hotel.

San Leonardo al Lago (Eremo)
Di–So 9.30–16.30 Uhr

Abtei von Torri
Privatbesitz, bitte erfragen Sie Besichtigungsmöglichkeiten vor Ort oder bei: Pro Loco Sovicille, Tel. 0577 31 45 03, oder im Rathaus, 0577 58 21 11

Bei Madonna delle Grazie lohnt eine weitere Pieve einen Zwischenstopp. Die **Pieve San Giovanni Battista di Ponte allo Spino** ist eine dreischiffige Anlage mit drei Apsiden, doch ohne Obergaden (um 1200). Die Ausführung der qualitätvollen figürlichen und vegetabilen Kapitelle ist eventuell von Sant' Antimo beeinflusst. Reste eines kleinen Kreuzgangs blieben erhalten.

Die später veränderte **Pieve San Giovanni a Rosia** aus dem 13. Jh. besitzt ein 1332 datiertes Taufbecken, das Andrea Pisano zugeschrieben wird. Auf dem Hauptaltar sieht man eine ›Madonna mit den Heiligen Sebastian und Antonius Abbas‹, die Guidoccio Cozzarelli, ein

Torri, Kreuzgang der Vallombrosanerabtei

begabter Nachfolger von Matteo di Giovanni, wohl um 1461 erarbeitete. Am Campanile von lucchesischem Typus fällt auf, dass die Öffnungen geschossweise zunehmen.

Ein Abstecher führt zur früheren Vallombrosanerabtei von **Torri** (Privatbesitz), die von Giovanni Gualberto im frühen 11. Jh. gegründet wurde. Zu dem wenigen Erhaltenen zählt der dreigeschossige romanische Kreuzgang, der wohl schönste der Toscana. Im Erdgeschoss (um 1200) setzte man nach pisanischer Art dunklen und weissen Marmor ein und krönte die Säulen mit fein ausgearbeiteten Kapitellen. Der obere Teil aus Backstein kam erst 13. oder 14. Jh. hinzu. Die dazugehörige Kirche Santa Mustiola, ein spätromanischer Bau aus dem 13. Jh., birgt in ihrem Innern eine Madonnentafel von Luca di Tommè.

Abbazia di San Galgano

Abbazia di San Galgano ★

Der Reformorden der Zisterzienser gelangte erst relativ spät in die Toscana und nach Umbrien. Die Abtei von San Galgano war die erste und einzige Neugründung im Gebiet der Toscana, da die Zisterzienser üblicherweise bereits bestehende Klosteranlagen der Benediktiner (San Salvatore am Monte Amiata, San Salvatore bei Settimo) bezogen. Die Mönche von San Galgano gelangten sehr bald zu großem Landbesitz. Sie wurden mit Notariats- und Verwaltungsarbeiten betraut und leiteten u. a. auch den Dombau in Siena.

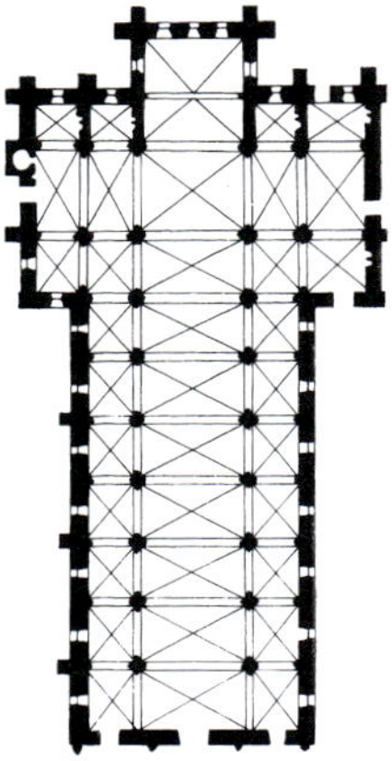

Abbazia di San Galgano, Grundriss (oben), Ruinen des alten Klosters (rechts und S. 326)

Mit dem Bau der Kirche begannen sie 1224 nach dem Vorbild der Mutterkirche von Casamari in Latium. Diese lehnte sich ihrerseits eng an die burgundische Bauweise an. So ist San Galgano nach dem üblichen Schema der Zisterzienserkirchen angelegt. Sie besteht aus drei Schiffen, einem Querschiff und einer flach schließenden Chorkapelle auf der Form eines lateinischen Kreuzes. Als Besonderheit schließt sich an das Querschiff der westlichen Seite ein Nebenschiff an.

Der Wandaufbau des Mittelschiffs ist nicht einheitlich. Der ältere Ostteil ist viergeschossig: Auf die Arkadenzone folgt das Triforium, darüber spitzbogige Fenster und zuoberst Rundfenster. Im Westen hingegen ist der Wandaufbau nur dreigeschossig. Eine weitere Eigenart zeigt sich in der Verwendung von zwei Baumaterialien, von Travertin für die tragenden und gliedernden Teile, und von Ziegelsteinen für den Maueraufbau und die Gewölbe. Als ein Bau in der Tradition der Zisterziensergotik sind die Wände durch Vorlagen und Dienste gegliedert. Mit diesem Gliederungssystem stellt die Kirche in Mittelitalien eine Art Fremdkörper dar, der keine direkte Nachfolge gefunden hat. Doch mit diesem Bau wurden zum ersten Mal gotische Stilelemente in der Toscana eingeführt.

Der Verfall der Abtei begann schon bald nach 1500. Ende des 18. Jh. stürzten Gewölbe und Glockenturm ein. Vom Konventsgebäude blieb nur wenig erhalten: der Kapitelsaal, dessen Rippengewölbe auf niederen Säulen ruht, das Skriptorium und Teile des rekonstruierten Kreuzgangs.

Abbazia di San Galgano

www.sangalgano.org
Tag und Nacht geöffnet

Oratorio di San Galgano sul Montesiepi

Das nahe Oratorio di San Galgano sul Montesiepi gehört zu den seltenen Beispielen romanischer Rundbauten in Mittelitalien. Beim Mauerwerk wechseln Schichten von Ziegel- und Hausteinen ab. Die Kuppel ist rippenlos. Ein junger Edelmann namens Galgano hatte die Vision, dass der Erzengel Michael ihn auf den Montesiepi führte. Daraufhin beschloss er, sich vom ritterlichen Leben abzukehren und Einsiedler zu werden. Kurz vor seinem Tod im Jahr 1181 ließ er das Oratorium errichten. Ein (modernes) Schwert im Boden des Oratoriums erinnert an das legendäre Schwert, das Galgano in einen Felsblock stieß, aus dem es nicht mehr gelöst werden konnte.

In der Anfang des 14. Jh. angebauten Kapelle malte Ambrogio Lorenzetti um 1334 mehrere, teilweise schlecht erhaltene Fresken. Beim Ablosen von der Wand traten ihre Sinopien hervor. Die ›Maestà‹ zeigt die thronende Muttergottes mit Kind, umgeben von Heiligen; vor dem Thron eine liegende weibliche Gestalt, die Eva verkörpert, ferner Personifikationen der Nächsten- und der Gottesliebe. Die Sinopie zur ›Verkündigung‹ zeigt eine vor den Worten des Engels zurückweichende Jungfrau – mit ausdrucksstarker Gebärde, wie er sie im Fresko nicht auszuführen wagte. Unter den Fresken mit Szenen aus dem Leben des Hl. Galgano findet sich jene, wie der Heilige sein Schwert Michael übergibt, der ihn ermutigt, seinen Weg zum Himmel fortzusetzen.

Oratorio di San Galgano sul Montesiepi

Ausflüge ins Chianti und Val di Pesa

Certosa di Pontignano
Pontignano 5
Vagliagli
Tel. 0577 354 71
certosa@unisi.it

Das Hügelgebiet des Chianti war stets Bauernland, in dem die Feudalherren ihre Kastelle und Fattorien unterhielten. Das Gebiet ist ärmer an Monumenten und Kunstwerken als etwa das Elsa-Tal, das durch die Frankenstraße belebt war. Und so fährt man ins Chianti, wenn man – von der Kunst ermüdet – sich landschaftlichen Eindrücken hingeben möchte oder Ausschau nach guten Restaurants, Hotels oder Weingütern hält.

Zu den wenigen Sehenswürdigkeiten von einiger Bedeutung zählt die **Certosa di Pontignano** 7 km nordöstlich von Siena. Die eindrucksvolle Kartause umfasst drei Kreuzgänge, eine Kirche und eine Kapelle. Gegründet wurde sie 1343 von Bindo Petroni. 1810 wurde das Kloster aufgelöst, seit 1959 gehört es zum Besitz der Universität Siena und dient als Gästehaus und Tagungsort. Der erste Kreuzgang mit Pfeiler-Arkaden ist aus dem 16. Jh. Von hier aus hat man Zugang zur Kirche mit Fresken zur Ordensgeschichte von Poccetti u. a. aus dem frühen 17. Jh. Die angrenzende Kapelle schmückt die ›Kreuzigung‹ von Francesco Vanni. Der älteste zweite kleine Kreuzgang stammt aus dem 15. Jh. Links und rechts vom dritten Kreuzgang findet man die für den Kartäuserorden charakteristischen Häuser, die jeweils nur von einem Mönch bewohnt wurden.

Die Ortschaft Vagliali inmitten von Weinfeldern. Im Hintergrund die dicht bewaldeten Monti del Chianti

Bei **Pievasciata** zwischen Siena und Vagliali wurde der **Parco Sculture del Chianti** angelegt. Wie beim Park der Villa Celle bei Pistoia soll es zu einem Zusammenspiel von Natur und Kunst kommen. Dazu ließ der Initiator und Förderer des Projekts, Piero Giadrossi, ein Waldstück in den ursprünglichen Zustand zurückversetzen und Künstler aus aller Welt Kunstwerke in situ zu schaffen. Weitere Werke fanden in der ehemaligen Ziegelei von Pievasciata ihren Ort, wenige Schritte vom Park entfernt.

Eines der ältesten und strategisch wichtigsten Kastelle ist das **Castello di Brolio.** Es wurde um 1000 angelegt, gelangte im 12. Jh. in den Besitz der Ricasoli, wurde von Florenz und Siena heftig umkämpft, um dann schließlich dem Florentinischen Staat einverleibt zu werden. Im 19. Jh. ließ Baron Bettino Ricasoli die Burg in gotisierendem Stil umbauen. Der Baron, der von 1809–80 zweiter Ministerpräsident des vereinten Italiens war, widmete sich auch der Verbesserung des Weinanbaus und kreierte die klassische Komposition des roten Chianti. Sein Weingut entwickelte sich zu einem der größten der Toscana.

Weiter in nordwestlicher Richtung passiert man das **Castello di Meleto,** einen auf das Mittelalter zurückgehenden befestigten Gutshof *(fattoria),* der mächtige Rundtürme erhielt (umgebaut im 16. und 17. Jh., Innenhof im Renaissancestil), und gelangt so zur Ortschaft **Gaiole,** die sich zum Marktort entwickelte. Etwas außerhalb liegt die romanische Pieve di Spaltenna (12. Jh.). Das Dörfchen **Vertine** ist eines der charakteristisch befestigten Chianti-Dörfer, das sich einst im Besitz der Ricasoli befand.

Die ehemalige Benediktinerabtei **Badia a Coltibuono** im waldigen Grenzgebiet zu Arezzo ging, wohl 1049 gegründet, 1115 an die Vallombrosaner über. Nach der Klosterauflösung 1810 blieb nur noch die mehrfach umgebaute, in den 1980er-Jahren restaurierte Kirche mit oktogonaler Kuppel und mächtigem Campanile erhalten.

Radda in Chianti besitzt ein noch intaktes mittelalterliches Ortsbild. Seit dem frühen 13. Jh. gehörte es zu Florenz und wurde 1415 Hauptort der Lega del Chianti. Diesem Umstand verdankt Radda auch den Besitz eines Palazzo del Podestà aus dem 16. Jh.

Auf einem Hügel bei **Castellina in Chianti** (578 m) fand man 1902 den großen Grabtumulus einer Fürstenfamilie aus dem 7. Jh. v. Chr. (an der Straße nach Greve). Er hat einen Durchmesser von 53 m und eine Höhe von 40 m. Vier mit Kragsteinen bedeckte Grabkammern (davon drei mit kreuzförmig angeordneten Nebenkammern) und jeweils ein Dromos sind den vier Himmelsrichtungen nach angeordnet. Im 16. Jh. legte man die Befestigungsanlagen an wie die Rocca, heute Sitz der Gemeindeverwaltung. Das Museo Archologico del Chianti Senese dokumentiert die Präsenz der Etrusker im Gebiet des Chianti.

Ein Musterbeispiel toscanischer Formenklarheit ist die romanische Pieve von **San Donato in Poggio** aus der zweiten Hälfte des 12. Jh. (Straße nach Castellina). Von der einstigen Stiftskirche *(collegiata)* mit ihrem Priesterkollegium hingen 12 Suffragankirchen ab.

Die Skulptur ›Xaris‹ von Adriano Visintin im Skulpturenpark von Pievasciata

Parco Sculture del Chianti

Tel. 0577 35 71 51
www.chiantisculpturepark.it
April–Okt. 10 Uhr–Sonnenuntergang
Von Siena aus Richtung Vagliali, nach 8 km rechts ab nach Pievasciata

Castello di Brolio

Tel. 036 204 89
www.ricasoli.it
tgl. 10–12, 15–18 (Winter bis 17) Uhr

Museo Archeologico del Chianti Senese

Piazza del Comune
Castellina in Chianti
Tel. 0577 74 20 90
www.museoarcheologicodelchianti.it
April–Okt. tgl. außer Mi 10–18.30, Nov.–März So 11–18, März Sa/So 10–13, 15.30–18.30 Uhr

Die **Badia a Passignano** weiter nördlich von San Donato war eine Vallombrosanerabtei, die Giovanni Gualberto 1040 gründete, der hier am 12. Juli 1073 verstarb (Grabplatte in der linken Chorkapelle). Nach der Auflösung durch Napoleon 1810 bezogen die Vallombrosaner erst wieder 1986 das Kloster. Die Kirche wurde 1598–1600 durch Domenico Cresti, genannt Passignano, umgestaltet und zum Teil auch ausgemalt. Im linken Querschiff sieht man Szenen aus der Lebensgeschichte des Hl. Giovanni Gualberto von Alessandro Allori und seiner Werkstatt. Vom Klostergebäude besichtigt man u. a. einen Kreuzgang des 15. Jh. Das Refektorium statteten Domenico und Davide Ghirlandaio 1476 mit einem Abendmahl-Fresko aus. Sein äußeres, kulissenhaftes Erscheinungsbild als Kastell mit Wehrtürmen erhielt das Klostergebäude erst 1870, als es in Privatbesitz überging.

Bevor man zum Marktort Greve fährt, sollte man noch einen Blick in die Pieve von San Leolino bei **Panzano** aus dem 13. Jh. werfen. Die späteren Veränderungen wurden größtenteils wieder rückgängig gemacht. Im 16. Jh. baute man ihr einen Portikus vor. Im Innern findet der Besucher u. a. ein Altar-Retabel aus der Zeit um 1260–80 von einem Luccheser Meister, vermutlich Meliore di Jacopo.

Greve bildete sich als Marktort an der Kreuzung der Chiantigiana mit einer einst wichtigen Verbindung zwischen dem oberen Arno-Tal (Figline) und dem Pesa-Tal. Der zentrale, asymmetrische Platz ist von Laubengängen umgeben. In der Pfarrkirche des 19. Jh. hängt eine Madonnentafel des 13. Jh. vom ›Meister von Greve‹. Älter ist das benachbarte, höher gelegene kleine **Montefioralle,** Geburtsort des Seefahrers Amerigo Vespucci, nach dessen Vorname Amerika benannt wurde.

San Casciano in Val di Pesa

Schon fast vor den Toren von Florenz im Pesa-Tal liegt San Casciano. Hier wurde das **Oratorium Santa Maria della Misericordia** 1304 als Dominikanerkirche Santa Maria sul Prato erbaut. 1609 überließen die Dominikaner die Kirche der Bruderschaft der Misericordia. Wichtigstes Kunstwerk ist ein kleineres gemaltes Kruzifix von Simone Martini (oder einem sehr begabten Nachfolger). Die Kanzel schuf der Pisaner Giovanni Balducci (Nachfolger des Andrea Pisano) in der ersten Hälfte des 14. Jh. Über dem Altar hängt eine Madonnentafel von Ugolino di Neri (zweite Hälfte 14. Jh.). Sie war Teil eines Polyptychons, zu dem auch die Petrus- und Franziskus-Tafeln gehörten.

Das 1989 eröffnete **Museo d' Arte Sacra** (Via Roma 31) beherbergt die profanierte Kirche Santa Maria del Gesù. Die beiden Hauptwerke stammen aus der Kirche Sant' Angelo in Vico l' Abbate. Das Dossale mit Szenen des Hl. Michael wurde jüngst dem ersten namentlich bekannt gewordenen Florentiner Maler Coppo di Marcovaldo zugeschrieben. Das erste bekannt gewordene Werk von Ambrogio Lorenzetti ist die auf 1319 datierte ›Thronende Muttergottes mit Kind‹, dargestellt in einer altertümlich wirkenden Frontalität. Allerdings vermit-

Oratorium Santa Maria della Misericordia

zugänglich auf Anfrage beim Kustoden, Tel. 0558 22 95 58, 0558 202 35

Museo d' Arte Sacra

Chiesa di Santa Maria del Gesù, Via Roma
Tel. 0558 22 94 44
Mai–Sept. Sa 17–19.30, So/Fei 10–12.30, 16.30–19.30 Uhr; Okt.–April Sa 16.30–19, So/Fei 10–12.30, 16–19 Uhr

Monteriggioni

telt die entwickelte Räumlichkeit und die lebendige Gestaltung des Kinds einen äußerst fortschrittlichen Eindruck. Am Altar wurde eine Madonnentafel von Lippo di Beniveni aufgestellt (1310–15). Ein Osterleuchter aus Alabaster könnte von dem aus Sant' Antimo (s. S. 330) bekannt gewordenen Meister von Cabestany stammen.

Ausflug ins Val d' Elsa

Durch das fruchtbare Elsa-Tal führte im Mittelalter zeitweise der Hauptverkehr zwischen Norditalien und Rom. Es gehörte daher zu den kulturell reichsten Landstrichen der Toscana. Als Grenzgebiet der Territorien von Florenz und Siena heftig umkämpft, bauten beide Städte Festungsanlagen, von denen Monteriggioni und Staggia noch eine Vorstellung vermitteln.

Schon aus weiter Ferne erkennt man die turmbewehrten Mauern von **Monteriggioni.** Es ist ein 1203 von Siena nahe der Grenze zum Florentiner Territorium gegründetes Kastell als Bollwerk gegen Angriffe aus dem Norden. Monteriggioni wurde zwar aus strategischen Gründen erbaut, war jedoch nicht nur eine Festung, sondern diente auch der Zivilbevölkerung als Wohnort. Man nannte einen solchen neu gegründeten, bewohnbaren Ort *terra murata,* oder auch *cittadella.* Die 14 Türme der *cerchia tonda* verglich bereits Dante mit Giganten. Sie wurden erst 1260, nach Sienas Sieg über die Florentiner bei Montaperti hinzugefügt. Sieben der Türme sind Rekonstruktionen. Hinter den stolzen Mauern verbirgt sich eine kleine, äußerst bescheidene Ortschaft mit einer Pfarrkirche aus der Übergangszeit von der Romanik zur Gotik.

Unweit von Monteriggioni liegt die ehemalige Benediktinerabtei, die **Abbadia Isola.** Sie wurde auf einer ›Insel‹ inmitten eines Sumpfgebiets 1001 gegründet und erhielt daher den Beinamen Isola. Schon im 15. Jh. begann der Niedergang des Klosters, bis es im 18. Jh. ganz aufgelöst wurde. Die dreischiffige Kirche wurde in der jetzigen Form im 12. Jh. errichtet. An der Fassade erkennt man pisanisch-lucchesische Gestaltungsmotive. Der Stützenwechsel weist jedoch darauf hin, dass wahrscheinlich lombardische Werkleute die Kirche gebaut haben. Die querschifflose Basilika besitzt eine Krypta und drei Schiffe, die in Apsiden enden. Zur Ausstattung gehören ein marmornes Taufbecken von 1419 und ein langobardischer Sarkophag. Das wichtigste Stück des ehemaligen Inventars, eine Madonnentafel Duccios oder seines Umkreises, wird aus Sicherheitsgründen im Museo Civico von Colle di Val d' Elsa ausgestellt. Vom Kreuzgang blieb eine Seite mit der Abtswohnung erhalten.

Das Kastell **Staggia** wurde 1361 von Florenz aus Feudalbesitz erworben, um Angriffe der Sienesen abzuwehren (ähnlich wie Monteriggioni Schutz vor Florenz bieten sollte). Die teilweise noch erhaltenen Mauern mit ihren Türmen errichtete man 1372, während die eigentliche Festungsanlage aus dem 15. Jh. stammt. Zur Ausstattung der stark restaurierten romanischen Pieve gehörte eine Altartafel mit der ›Kommunion der Hl. Magdalena‹ von Antonio Pollaiuolo. Sie wird in einer kleinen Kunstsammlung des Pfarrhauses gezeigt.

Colle di Val d' Elsa

Die Stadt befand sich bis ins 12. Jh. im Besitz der Bischöfe von Volterra, konnte sodann ihre kommunale Freiheit erlangen, geriet aber 1233 unter die Herrschaft von Florenz. Erst 1599 erhielt Colle einen Bischofssitz, damit verbunden den Titel einer Stadt. Während sich die Unterstadt den heutigen Erfordernissen von Industrie und Gewerbe (Kristallverarbeitung) öffnete und damit viel von der mittelalterlichen Bausubstanz preisgab, konnte die Oberstadt weitgehend den Aspekt des mittelalterlichen Kastells, das einst im Besitz der Pitticiano war, erhalten.

In der Unterstadt, Colle Basso oder Il Piano genannt, ist vor allem die Kirche **Sant' Agostino** sehenswert. Die Fassade des 13. Jh. blieb unvollendet. Das Innere wurde im 16. Jh. nach Plänen von Antonio da Sangallo d. Ä. umgebaut. Der Campanile stammt aus dem Jahr 1900. In der Via di Spugna erbaute einer der renommiertesten italienischen Architekten des 20. Jh., Giovanni Michelucci, das Stahl- und Glasgebäude des Monte dei Paschi di Siena.

In dominierender Position auf einem lang gestreckten Hügel dehnt sich die Oberstadt, Colle Alto, aus. Man erreicht sie vom Großparkplatz (direkt unterhalb der Oberstadt) über Treppen oder aber man nimmt den Weg durch die **Porta Nuova,** die zur Befestigungsanlage des 16. Jh. gehört. Vorbei an der Kirche Santa Caterina aus dem 14. Jh. gelangt man durch einen Torbogen des Palazzo Campana in das mauerumgürtete Castello. Der **Palazzo Campana** ist ein beachtliches Beispiel einer gemäßigten manieristischen Architektur, erbaut 1539 durch Baccio d' Agnolo. Im **Palazzo Pretorio** wurde das **Museo Archeologico R. Bianchi-Bandinelli** eingerichtet. Es zeigt etruskische Funde aus der Umgebung (San Gimignano, Monteriggioni, Barbarino Val d' Elsa etc.). Der Dom wurde ab 1603 errichtet und erhielt 1815 seine Fassade.

Zu dem aus drei Palästen bestehenden Komplex des **Palazzo Vescovile** (Bischofspalast) gehört das Museo d' Arte Sacra (Via del Castello 29). Der rechts folgende **Palazzo dei Priori** (mit Sgrafitti des 16. Jh.) beherbergt das **Museo Civico,** zu dem eine Außentreppe führt. Ein Hauptwerk ist die Muttergottes mit Kind von einem frühen Nachfolger Duccios, der nach der Herkunft dieser Tafel aus der Abbadia a Isola ›Meister der Badia a Isola‹ genannt wird. Zu den Museumsräumen gehört auch die Cappella San Giuseppe mit Fresken von Simone Ferri, (erste Hälfte 16. Jh.). Auf der linken Seite der Via del Castel-

Museo Archeologico Bianchi-Bandinelli

Piazza del Duomo
Tel. 0577 92 29 54
www.museocolle.it
Mai–Sept. 10.30–12.30, 16.30–19.30, sonst 15.30–17.30, Sa, So, Fei 10–12, 15.30–18.30 Uhr, Mo geschl.

Museo Civico

Via del Cristallo
Tel. 0577 92 38 88
Mai–Sept. 10.30–12.30, 16.30–19.30, sonst 15.30–17.30, Sa, So, Fei 10.30–12.30, 15.30–18.30 Uhr, Mo geschl.

lo (Nr. 64) folgt das jüngst restaurierte **Ospedale del Ricovero** aus dem 13. Jh. Wie bei Hospitälern des Mittelalters üblich, öffnet sich im Erdgeschoss eine Loggia (für Notunterkünfte, zur Armenspeisung etc.). Im Innern des Gebäudes wurde 1695 ein Theater eingerichtet. Auf der rechten Straßenseite (Nr. 63) steht ein Turmhaus des Arnolfo di Cambio, der in Colle geboren wurde. Den Rückweg kann man über die rechts abgehende Via Romite nehmen und gelangt dabei in die ca. 100 m lange, gewölbte, tunnelartige **Via delle Volte.**

Die **Badia a Coneo** erreicht man auf der SS 68 von Colle di Val d' Elsa nach Volterra, wenn man links dem Wegweiser nach Quartaia und Casole d'Elsa folgt. Die 1124 geweihte romanische Kirche Santa Maria gehört zu einer ehemaligen Vallombrosanerabtei, von der nur Reste erhalten sind. Der flach gedeckte einschiffige Bau besitzt ein gewölbtes Querschiff und einen oktogonalen Vierungsturm. Außen erkennt man an der Apsis, aber auch am Vierungstambour Bogenfriese auf Konsolen in Form von Köpfen. Die Ostpartie wurde mit groben behauenen Steinlagen begonnen, dann mit glatt und dicht gefugten Quadern fortgeführt.

San Lucchese

Die isoliert auf einem Hügel bei Poggibonsi errichtete Franziskanerkirche San Lucchese ist dem Hl. Lucchesius, dem Stadtpatron von Poggibonsi geweiht. Lucchesius (um 1181–1260) war ein vermögender Kaufmann, der sich als Angehöriger des franziskanischen Drittordens schon sehr früh der Kranken- und Armenpflege widmete. Vermählt war er mit der Sel. Bonna.

Die ursprünglich in romanischen Formen für die Camaldulenser errichtete Kirche wurde 1213 (noch zu Lebzeiten des Franziskus von Assisi und auch des Lucchesius) den Franziskanern überlassen, die sie um 1300 vergrößerten, umbauten und ihr ein neues Konventsgebäude anbauten. Reste des romanischen Vorgängerbaus sind noch an der Fassade und an der linken Seitenflanke erkennbar. Das einschiffige Innere ist nach Schäden im letzten Weltkrieg als einfache Bettelordenskirche mit offenem Dachstuhl und drei kreuzrippengewölbten Chorkapellen rekonstruiert worden, wobei auch einige neue Fenster eingesetzt wurden. An der Seitenwand rechts sieht man das Fresko **›Martyrium des Hl. Andreas‹** und darüber, in einer Nische, ein in Freskomalerei wiedergegebenes Triptychon. Beide Werke werden dem Sienesen Bartolo di Fredi zugeschrieben.

Die **Sakristei** ist mit kleinen Malereien von Aposteln und Heiligen (darunter die erste Darstellung des Hl. Lucchesius) aus dem frühen 14. Jh. ausgestattet. Im linken Querschiff, an der linken Wand, Fresken von Cennino Cennini und Taddeo Gaddi, 14. Jh., mit Szenen aus dem Leben des Hl. Stephan (Der Teufel raubt den soeben geborenen Stephan; er ersetzt ihn durch einen Teufel; er entfernt ihn auf einer Barke von seinen Eltern; Bischof Julianus findet Stephan, der von einer Hirschkuh gesäugt wird). Das Fresko ›Der Hl. Nikolaus beschenkt drei Mädchen‹ (wobei die Gestalt des Heiligen verlorenging) malte Bartolo di Fredi.

An drei Wänden der **Kapelle** werden die Wunder des Hl. Lucchesius in Fresken von 1910 dargestellt. An der **linken Langhauswand** steht ein Majolika-Altaraufsatz von Giovanni della Robbia (1514) mit Darstellungen der Unbefleckten Empfängnis, der Heiligen Franziskus und Antonius von Padua. Die Predella zeigt die ›Vogelpredigt des Hl. Franziskus‹, ›Mariae Verkündigung‹, ›Antonius von Padua predigt den Fischen in Rimini‹. Das Dossale schmückt die ›Krönung Mariens‹.

Im **Refektorium** malte Gerino da Pistoia (ein Schüler Raffaels) zwei Fresken, darunter die ›Wunderbare Brotvermehrung‹ (1513).

Vom **Friedhof** (links von der Kirche) genießt man einen schönen Blick auf die mittelalterlichen Ruinen von Poggibonsi und die **Rocca di Poggio Imperiale,** eine unter Lorenzo Il Magnifico de' Medici begonnene, unvollendet gebliebene Festungsanlage auf dem gegenüberliegenden Hügel. Architekt war Giuliano da Sangallo, der Teile der Stadtmauer und ein Portal des mittelalterlichen Vorgängerorts von Poggibonsi (Podium Bontii) der Anlage einverleibte. Von hier aus erkennt man auch das kleine **Castello di Strozzavolpe** (14. Jh.) und die mittelalterliche Ortschaft **Luco** (Wachtturm und Kirche des 12. Jh.).

Den Elsa entlang

Die romanische **Pieve Sant' Appiano** liegt etwa 5 km nördlich von Poggibonsi. Sie ist eine der ältesten der Val d' Elsa und wurde bereits im 8. Jh. gegründet. Wer den Innenraum betreten hat, erkennt, dass der Bau nicht aus einem einzigen Zeitraum stammt, sondern sowohl frühromanische als auch romanische Bauweise miteinander verbindet. Die linke Mittelschiffwand und die Chorkapelle sind älter, wohl aus dem 11. Jh. Der rechte Teil mit den weiter stehenden, gemauerten Säulen und entsprechend höheren Arkaden wurde nach Einsturz des Campanile (1171) erneuert. Man beachte die andere Mauertechnik und – anders als man erwarten würde – die nunmehr kleineren Fenster.

Certaldo

Die Kleinstadt Certaldo entstand um das ehemalige **Kastell** der Grafen Alberti von Prato. Noch heute nennt man die Oberstadt Il Castello. Die gradlinige, mit Backsteinbauten gesäumte Via Boccaccio führt zum **Palazzo Pretorio,** einst Residenz der Alberti, seit 1293 dann, als Certaldo in den Machtbereich von Florenz geriet, Sitz der Podestà und der Florentiner Vikare. Der mit zahlreichen Wappen geschmückte Bau entstand in mehreren Bauphasen (Loggia 1445).

Nicht weit vom liegt die Kirche **Santi Tommaso e Prospero,** in der Benozzo Gozzolis Fresken vom Tabernakel der Gerichteten zu be-

Certaldo ★

Pro Loco
Via Boccaccio 16
50052 Certaldo
Tel. 0571 65 27 30
www.proloco
certaldo.it

Blick auf Certaldo

Museo Civico
Piazzetta del Vicario
Tel. 0571 66 12 19
www.comune.certaldo.fi.it

Museo di Arte Sacra
Piazza SS. Jacopo e Filippo 2
Tel. 0571 65 27 96
www.sistemamusealecertaldo.it

Casa del Boccaccio
Via Boccaccio
Tel. 0571 66 42 08
www.casaboccaccio.it

sichtigen ist. Als Benozzo Gozzoli 1466 in der Augustinerkirche in San Gimignano arbeitete, malte er zusammen mit seinem Gehilfen Giusto d' Andrea für das Vikariat von Certaldo die Fresken des Tabernakels der Gerichteten *(tabernacolo dei giustiziati)*, an dem die zu Tode Verurteilten auf ihrem Weg zur Richtstätte vorbeigeführt wurden, um ihren Seelenfrieden zu finden. Wegen der Feuchtigkeit mussten die Fresken 1957 abgelöst werden; sie sind jetzt mit den Sinopien in der profanierten Kirche Santi Tommaso e Prospero ausgestellt, während das Tabernakel noch am Ufer des Flüsschens Agliena erhalten blieb. Man erzählt, Gozzoli habe die Fresken geschaffen, um seinen Schüler, der ein Leintuch gestohlen hatte, vor der Verurteilung durch den Vikar zu bewahren.

Im Konventsgebäude Santi Jacopo e Filippo wurde 2001 das **Museo di Arte Sacra** eröffnet. Zu den Hauptwerken zählen ein Holzkruzifix des 13. Jh. und zwei frühe Zeugnisse Florentiner Tafelmalerei. Beide zeigen die Thronende Muttergottes mit Kind: die ältere wird dem Maestro del Bigallo zugeschrieben, um 1240–45, die jüngere ist von Meliore, um 1270–75.

In Certaldo starb 1375 der italienische Dichter Boccaccio. Sein reiches literarisches Werk krönte der Humanist und Rechtsgelehrte mit der Novellensammlung des ›Decamerone‹, mit dem er die italienische Novelle zur Kunstform erhob. Vom **Haus Boccaccios** in der Via Boccaccio bietet sich eine weite Aussicht auf das Elsa-Tal.

Castelfiorentino

Biblioteca Comunale
Via Tilli 41
Tel. 0571 640 19
Mo, Mi, Fr 9–13, Di und Do 15–19 Uhr

Der Name Castelfiorentino weist darauf hin, dass der Ort als florentinisches Kastell, als Bollwerk gegen Siena errichtet wurde (erste Erwähnung 1149). An der von Certaldo kommenden Straße liegt rechts die Barockkirche **Santa Verdiana.** Sie wurde zu Beginn des 18. Jh. an der Stelle einer Pieve erbaut. Ab 1771 wurde die breit gelagerte Fassade mit dem Portikus hinzugefügt, der Campanile 1805. Die Kirche soll als Museum eingerichtet werden. Gegenüber liegt die 1213 begonnene Kirche San Francesco, die mehrfach umgebaut und zuletzt barockisiert wurde. Einige Fresken des 14. Jh. blieben erhalten, mussten jedoch abgelöst werden, nachdem im November 1966 ebenso wie der Arno auch der Elsa-Fluss über seine Ufer trat und verheerende Schäden anrichtete.

Sehenswert sind in Castelfiorentino vor allem die Fresken von Benozzo Gozzoli, die mit ihren Sinopien in der Pinakothek der **Biblioteca Comunale** ausgestellt sind (im oberen, älteren Ortsteil, Via Tilli). Es handelt sich um abgelöste und auf neuen Trägern aufgezogene Fresken von zwei großen Tabernakeln, die beide von Ser Grazia, dem Prior des Klosters Santa Maria in Castelnuovo, in Auftrag gegeben wurden. Das Tabernakel Madonna delle Tosse (aus Castelnuovo) malte Gozzoli 1484 aus. An der Stirnwand ein fingiertes Altar-Retabel, hinter dem Engel einen Vorhang ausbreiten. Gozzoli hat sich hier um eine illusionistische Täuschung bemüht, indem er auf die Predella scheinbar eine kleine Tafel mit dem Antlitz Christi stellte. An der linken Wand sieht man den ›Tod Mariens‹ (mit Bildnis des Stifters) und rechts die ›Himmelfahrt Mariens‹ (in Verbindung mit der Gürtelspende an den Hl. Thomas).

Das zweite, innen und außen bemalte Tabernakel (aus Castel-fiorentino) entstand 1491 unter Mitwirkung von Benozzos Sohn Alessio. Die 1965 abgelösten Fresken konnten mit dem rekonstruierten Tabernakel in dem zu niedrigen Museumsraum nicht in voller Höhe präsentiert werden. Die szenische Bildfolge zeigt Begebenheiten aus dem Leben Mariens, von der ›Vertreibung Joachims aus dem Tempel‹ bis zur ›Anbetung der Könige‹ (nur noch in Spuren erhalten).

Reisen & Genießen

Hotels und Restaurants…

… südöstlich von Siena

Der Landstrich zwischen Siena, Valdichiana und Monte Amiata ist eine Toscana wie aus dem Bilderbuch. Wer hier sein Quartier nimmt, der hat es nicht weit zu künstlerischen Höhepunkten wie der Abteikirche Sant' Antimo, der ›Idealstadt‹ Pienza oder Arezzo.

Das Städtchen Pienza, noch vor wenigen Jahrzehnten ein gottverlassener Fleck mit nur einer einzigen, bescheidenen Trattoria, bietet im ehemaligen Franziskanerkonvent, der gleichzeitig mit dem Dom und der übrigen ›Idealstadt‹ erbaut wurde, ein äußerst ansprechendes Hotel, in dessen Kreuzgang man sich gerne aufhält:
Il Chiostro di Pienza***
Corso Rossellino 26
Tel. 0578 74 84 00
www.relaisilchiostrodipienza.com

Beim Besuch des Skulpturengartens von Daniel Spoerri bei Seggiano kann man mittags in der Trattoria ›Non solo Eat Art…‹ essen. Als Liebhaber guter Küche hat Spoerri den Küchenchef Roberto Rossi verpflichtet, der auch im nahen Pescina ein sehr gutes Restaurant (mit Zimmern) betreibt:
Il Silene
www.ilsilene.it
Tel. 0564 095 08 05

Bei Chiusi lockt eine Hotel-Villa des 19. Jh. mit großem Park in wunderschöner Umgebung zu einem Aufenthalt:
Il Patriarca***
Querce al Pino km 4
Tel. 0578 27 44 07
www.ilpatriarca.it

In Montepulciano findet man bald nach dem Stadttor das älteste Hotel am Platz in einem Palast des 16. Jh.:
Il Marzocco***
Piazza Savonarola 18
Tel. 0578 75 72 62
www.albergoilmarzocco.it

Bei Cetona, südlich von Chiusi, wurde in einem alten Franziskanerkonvent (gegründet 1212 zu Lebzeiten des hl. Franziskus) ein bemerkenswertes Restaurant eingerichtet (auch Zimmer), das zu den besten der Toscana gehört. Mit dem erzielten Gewinn wird das Projekt ›Mondo X‹ finanziert, das drogenabhängigen Jugendlichen eine Zukunft ermöglichen will. Das Brot wird im Hause selbst gebacken; Fleisch, Gemüse, Käse, Schinken, Olivenöl und Kräuter stammen aus eigener Landwirtschaft, in der die jugendlichen Mitglieder der Bruderschaft arbeiten:
La Frateria di Padre Elegio
Via S. Francesco 2
Tel. 0578 23 82 61, 0578 23 82 15
www.lafrateria.it
Di geschl.

… im Chianti

Obschon die lokalen Sehenswürdigkeiten nicht allzu reich gesät sind, bevorzugen viele die Chianti-Hügel für ihren Ferienaufenthalt. Von Castellina in Chianti aus ist Siena in kaum 30 Minuten, Florenz in einer knappen Stunde zu erreichen. Eine der ersten Adressen in der Nähe ist die einsam gelegene, stilvolle Hotelanlage einer ehemaligen Fattoria mit mehreren Häuschen:
Tenuta di Ricavo****
Loc. Ricavo
Tel. 0577 74 02 21
www.ricavo.com

Natursteinhäuser in ruhiger Lage nahe Castellina mit schönem Pool:
Salivolpi***
Via Fiorentina 89
Tel. 0577 74 04 84
www.hotelsalivolpi.com

Direkt an der Chiantigiana liegt folgende hübsche Unterkunft (5 Zimmer, 3 Apartments. Das alte Anwesen wurde liebevoll renoviert, ohne seinen rustikalen Charme zu verlieren. Nach einer Stadtbesichtigung von Siena kann man im Schwimmbad im Garten noch eine kleine Runde drehen. Im Haus selbst wird nur Frühstück serviert, das Restaurant Pietrafitta ist nur 50 m vom Haus entfernt.

Residenzia del Sogno
Loc. Pietrafitta 50
Tel. 0577 74 13 94
www.residenziadelsogno.com

Nicht allzu teuer wohnt man in der Ortschaft Leonino bei Castellina in einem ehemaligen Bauernhaus mit rustikalen Zimmern, umgeben von Weinbergen, Oliven- und Zypressenhainen:
Hotel Belvedere di San Leonino
Loc. Leonino
Tel. 0577 74 08 87
www.hotelsanleonino.com

Ein volkstümliches Lokal mit guter authentischer Küche im Zentrum von Castellina:
Antica Trattoria La Torre
Piazza del Comune
Tel. 0577 74 02 36
Fr geschl.

Eine Osteria in schönster Umgebung, geliebt von Toscanern für ihre guten Fleischgerichte (z. B. *bistecca alla fiorentina).*
Osteria alla Piazza
Loc. La Piazza
Tel. 0577 73 35 80

Bei Gaiole wurde in einem Kloster aus dem 11. Jh. ein Hotel mit allem Komfort eingerichtet, hervorragendes Restaurant:
Castello di Spaltenna****
Loc. Spaltenna
Tel. 0577 74 94 83
www.spaltenna.it

Das Ambiente der ehemaligen Abtei bei Gaiole im hohen Teil des Chianti ist äußerst angenehm, die Küche auf hohem Niveau. Weine und Olivenöl der Badia wurden vielfach prämiert.
Badia a Coltibuono
Loc. Badia
Tel. 0577 74 94 24
www.coltibuono.com

Bei Castelnuovo Berardenga wurde eine komplette mittelalterliche Ortschaft zu einer exklusiven Hotelanlage umgebaut:
Relais Borgo San Felice****
Loc. San Felice
Tel. 0577 39 64
www.borgosanfelice.com

… im Val d' Elsa

Außerst verkehrsgünstig liegt Poggibonsi. Florenz, Siena, San Gimignano und Volterra sind schnell zu erreichen. Poggibonsi selbst ist als Aufenthaltsort wenig attraktiv. Wir erwähnen die Stadt als Orientierungspunkt, empfehlen stattdessen Hotels in der Nachbarschaft. Oberhalb Poggibonsi thront ruhig auf einem Hügel eine Renaissancevilla mit Aussicht und hohem Komfort:
Villa San Lucchese****
Loc. San Lucchese
Tel. 0577 93 71 19
www.villasanlucchese.com

Preiswerter, weil einfach im Service, wohnt man in einer herrschaftlichen, etwas kargen Villa des 16. Jh. Überwältigend ist hier die Aussicht, ein Pool im Garten erfrischt. Im familiär geführten Restaurant kocht die Mutter traditionelle toscanische Gerichte.
Villa Lecchi***
Loc. Staggia Senese
Tel. 0577 93 00 90
www.villalecchi.com

Im mittelalterlichen Palazzo Renieri aus dem 15. Jh. in der Oberstadt von Colle di Val d' Elsa liegt das
Hotel Arnolfo***
Via Campana 8
Tel. 0577 92 20 20
www.hotelarnolfo.it

Weinkauf

Weingüter im Gebiet des Chianti Classico listet die Website des Consorzio Gallo Nero: www.chianticlassico.com, Tel. 055 822 85.

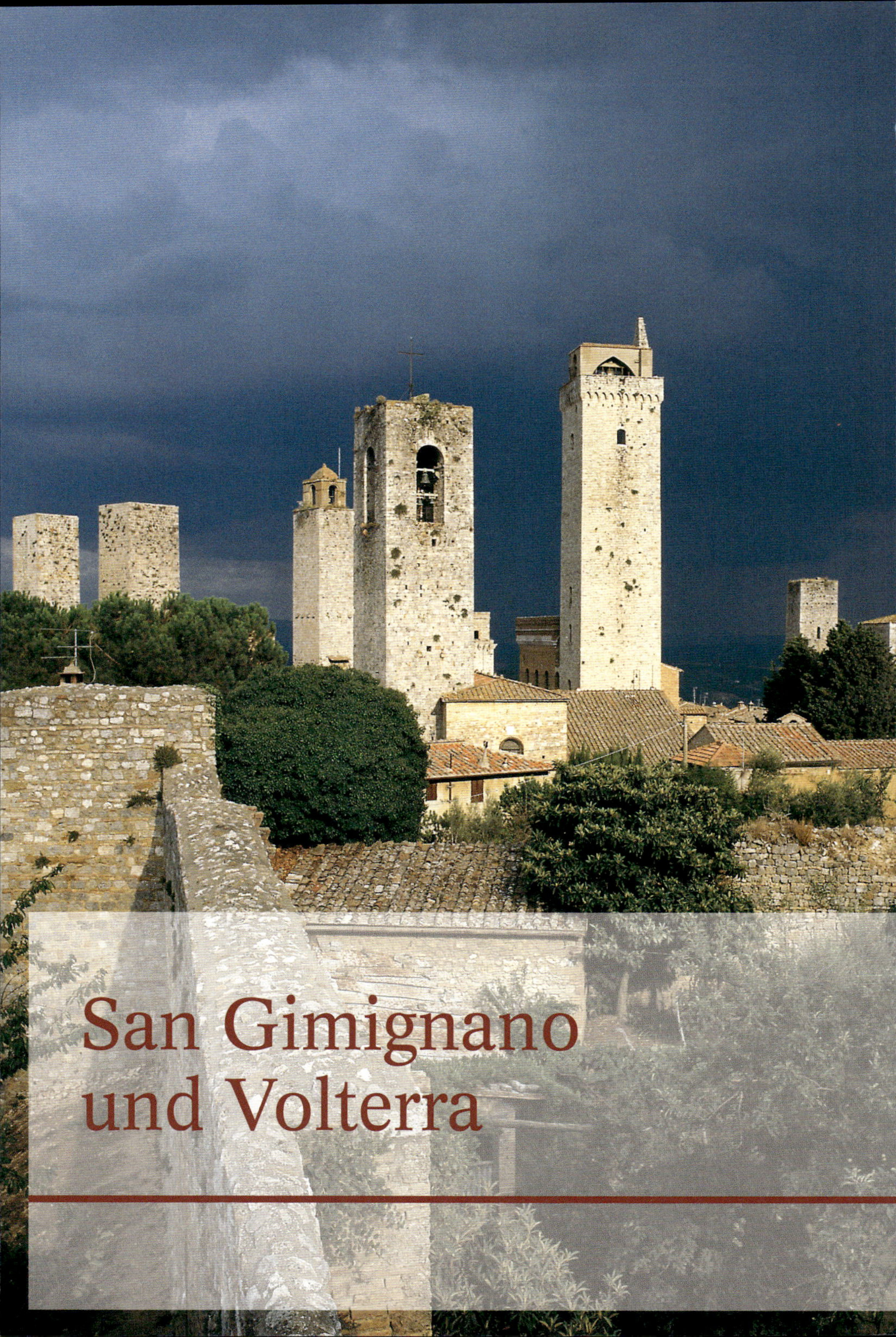

San Gimignano und Volterra

San Gimignano

Karte Innenklappe vorn
Cityplan S. 376

Geschichte

Die kleine Bergstadt zeichnet sich durch ein nahezu authentisches mittelalterliches Stadtbild aus. San Gimignano besitzt noch einige der mittelalterlichen Geschlechtertürme, die in anderen Städten nur als Stümpfe erhalten blieben. Wie Siena verdankt die Stadt ihre Existenz der Frankenstraße, jenem Hauptverkehrsweg des mittelalterlichen Italiens, auf dem Händler und Pilger vom Norden nach Rom zogen. Der Ort bildete sich als Marktstätte zwischen dem frühmittelalterlichen Castello (an der Stelle des ehemaligen Dominikanerklosters) und der Pieve, dem Vorgängerbau der Collegiata. Ende des 10. oder Anfang des 11. Jh. wurde ein erster Mauerkreis angelegt, dessen Verlauf drei noch erhaltene Stadttore markieren: im Norden der Arco della Cancelleria, im Osten die Porta Santo Stefano, im Süden der Arco dei Becci. Vom 11. Jh. an dehnte sich das Stadtgebiet entlang der Frankenstraße in nördlicher und südlicher Richtung aus.

An die Existenz des frühmittelalterlichen Castello erinnern die Via di Castello, eine der ältesten Straßen, und die Kirche San Lorenzo in Ponte, die bei der Zugbrücke lag. Das Kastell gehörte mindestens seit dem Jahr 929 den Bischöfen von Volterra, und es waren auch die Bischöfe, die die Herrschaft über die sich ausdehnende Stadt ausübten. Den von den Bürgern gewählten Konsuln gelang es erst 1199, Verträge ohne Zustimmung des Bischofs zu unterzeichnen.

Obschon San Gimignano nie Bischofssitz war, sondern zur Diözese Volterra gehörte (die 1783 nach Colle Val d' Elsa verlegt wurde) und somit auch keine Stadtrechte erlangte, verlief die politische Entwicklung der Landkommune in ähnlichen Schritten wie die der großen Städte. Die Regierung der Konsuln wurde durch den Podestà abgelöst, dem ein kleiner und ein großer Rat zur Seite standen. Dem großen Rat gehörten 1200 Mitglieder an, eine bemerkenswert hohe Zahl bei einer etwa 6000 Personen zählenden Einwohnerschaft.

Bis ins 14. Jh. hatte die freie Kommune mit den Bischöfen von Volterra in langjährigen Kriegen um Besitzrechte zu streiten. Sie musste gegen die Nachbarorte Castelfiorentino, gegen Colle und Poggibonsi zu Felde ziehen und nahm auf Seiten des guelfischen Florenz an den großen Machtkämpfen des 13. Jh. teil. Die Kämpfe zwischen Guelfen und Ghibellinen setzten sich auch in San Gimignano innerhalb der Stadtmauern fort. Zwischen den Salvucci und Ardinghelli kam es zu blutigen Familienfehden. Im 14. Jh. konnte sich eine Kommune von der Größenordnung San Gimignanos nicht mehr neben den Großmächten behaupten. Geschwächt durch die Pest von 1348, durch Kriegsverluste und Geschlechterfehden, begab sich die Stadt 1352 unter den Schutz von Florenz.

San Gimignano ★
Besonders sehenswert: Collegiata Santa Maria Assunta, Palazzo del Popolo, Sant' Agostino

APT Pro Loco
Piazza Duomo 1
53037 San Gimignano
Tel. 0577 94 00 08
www.sangimignano.com

◁ *San Gimignano. Eine mittelalterliche Entstehungslegende sieht den Ursprung der Stadt im Castello: Silvius, ein in die Verschwörung des Catilina verwickelter junger Römer, floh zusammen mit Mucius ins Elsa-Tal und gründete das Castello, das man Silvia nannte. Auf eine römische Gründung von San Gimignano gibt es jedoch keinen archäologischen Hinweis. Doch wurden in der Umgebung des Stadthügels, so bei der Pieve von Cellole, Gräber gefunden, die von einer spärlichen etruskischen Besiedlung zeugen*

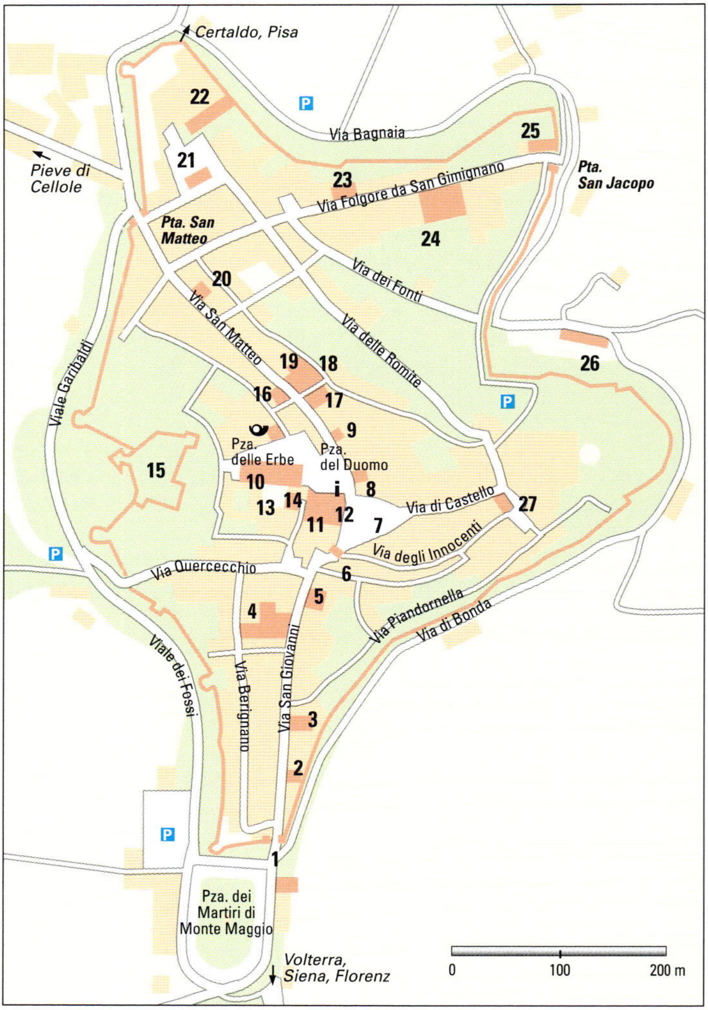

San Gimignano

1 Porta San Giovanni
2 Tabernakel
3 San Francesco
4 Palazzo Pratellesi
5 Torre dei Campatelli
6 Arco dei Becci
7 Piazza della Cisterna
8 Palazzo del Podestà
9 Zwillingstürme der Salvucci
10 Collegiata Santa Maria Assunta
11 Palazzo del Popolo
12 Loggia
13 Piazza Pecori
14 Museo d' Arte Sacra e Museo Etrusco
15 Rocca
16 Arco della Cancelleria
17 Palazzo della Cancelleria
18 San Bartolo
19 Turmhaus Pesciolini
20 Palazzo Tinacci
21 San Pietro
22 Sant' Agostino
23 Spezieria di Santa Fina
24 Ospedale di Santa Fina
25 San Jacopo
26 Fonti
27 San Lorenzo

160 Jahre hatte die Blütezeit der Stadt gewährt. Der wirtschaftliche Wohlstand beruhte auf Handel und dem Anbau von Safran, mit dem man Seidenstoffe färbte. Im Spätmittelalter verlor die Frankenstraße allmählich an Bedeutung. Der Handel zog die bequemeren Wege durch die weitgehend entsumpften Ebenen vor. Die Stadt, die einst Gesetze gegen übertriebenen Luxus erlassen hatte, verarmte. Hochrenaissance und Barock hinterließen so gut wie keine Spuren. 1563 verordnete Großherzog Cosimo I., dass »auch nicht geringe Summen« für sakrale oder profane Baumaßnahmen dieses Orts anzusetzen seien.

San Gimignano war niemals ein eigenständiges Kunstzentrum. Die Fresken und Altartafeln malten Künstler aus Siena und Florenz. Die Paläste und Kirchen zeigen pisanische, sienesische, lucchesische und florentinische Stilmerkmale. So hat man den Ort bereits ein »Architekturmuseum der Toscana« genannt. Weniger als in den großen Städten achtete man auf einheitliches Baumaterial. Wir finden roh behauene Sandsteine, fein bearbeitete Travertin-Quader und Backsteine, oft willkürlich in einem Gebäude nebeneinander verwendet. In ihren armen Jahrhunderten versuchten die Sangimignaneser den Verfall ihrer Häuser mit nur einfachsten Mitteln, oft nur mit Bruchgestein aufzuhalten. Diese Mischung von Stilen und Materialien mag gelegentlich enttäuschen. Doch die Stadt bietet außer ihren sogenannten ›Schönen Türmen‹ Einzelkunstwerke von hohem Rang, ein auch in den Nebengassen außergewöhnlich intaktes Stadtbild. Nach großzügigen Restaurationsmaßnahmen durch die Unesco kann die Bausubstanz als erhalten gelten. Sie wird auch in Zukunft – zumindest innerhalb des Mauerkreises – kaum Veränderungen erfahren. Man kann den übersichtlichen Ort mit seinen Sehens-würdigkeiten in zwei, drei Stunden – bei einem Zwischenaufenthalt auf dem Weg von Florenz nach Siena – kennen lernen. Doch erst bei einem längeren Verweilen erschließt sich dem Besucher die Ruhe der Morgen- und Abendstunden, die reizvolle Lage inmitten von Weinbergen und Ölbäumen.

Von der Porta San Giovanni zur Collegiata

Man betritt die Stadt häufig durch die **Porta San Giovanni (1)**, die im Mittelalter das Hauptzugangstor war. Sie wurde zusammen mit dem Wachthaus bei der Erneuerung der Stadtmauer (nach 1252) errichtet. Die Via San Giovanni führt ins Zentrum des Orts. Am Haus Nr. 45 trifft man auf ein **Tabernakel (2)** mit einem Fresko von Sebastiano Mainardi (um 1500).

Von der Kirche **San Francesco (3)** blieb nur der untere Teil der Travertin-Fassade mit pisanischen Blendarkaden über Säulen und grüner Marmorstreifung erhalten. Erbaut wurde die Kirche 1230 von den Johannitern. In der Kirchenruine richtete eine Weinkellerei aus San Gimignano einen Verkaufsraum ein.

Porta San Giovanni

Der **Palazzo Pratellesi (4,** Via San Giovanni 14) stammt aus dem 14. Jh. und ist im ersten Obergeschoss mit gotischen Biforien ausgestattet. Auf der rechten Straßenseite, Via San Giovanni 13, passiert man einen Geschlechterturm des 13. Jh., die **Torre dei Campatelli (5).**

Der **Arco dei Becci (6)** war ein Stadttor vom ersten Mauerkreis. Am Beginn der rechts einmündenden Via degli Innocenti sieht man die Torre dei Becci, die sich über Resten der alten Stadtmauer erhebt. Durch den Arco gelangt man auf die **Piazza della Cisterna (7),** die das Zentrum der Stadt bildet. Sie wurde über einer großen Zisterne von 1276 angelegt, wobei man die Brunneneinfassung von 1346 erneuerte. Von den mittelalterlichen Palästen und Türmen seien die folgenden hervorgehoben: an der Südseite die Casa Razzi, die jetzt Sitz der Banca Toscana ist (Haus Nr. 10). Der ältere linke Teil ist der Stumpf eines Geschlechterturms wohl von Anfang des 13. Jh. Links anschließend: die Casa Salvestrini (Haus Nr. 9), ein ehemaliges Findelhaus, das jetzt das Albergo Cisterna beherbergt. Wiederum links anschließend: der Palazzo Tortoli (Haus Nr. 7, 14. Jh.), dessen Untergeschoss aus Travertin erbaut ist, das Obergeschoss hingegen aus Ziegelsteinen, die eine gelb-rote Streifung bilden. Sienesisch geprägt sind die Doppelfenster mit eingestellten Säulchen. Links davon steht noch der Turmstumpf des Capitano del Popolo aus der ersten Hälfte des 13. Jh. An der gegenüberliegenden Platzseite erhebt sich die Torre del Diavolo (Teufelsturm), wohl Anfang 14. Jh. Seinen Namen erhielt der Turm durch die Legende, derzufolge bei einer Abwesenheit des Bauherren der Teufel den oberen Aufsatz hinzugefügt hat. Die Zwillingstürme der Ardinghelli (13. Jh.), die zu den führenden Familien der Stadt gehörten, schließen das Bild an der Westseite.

Der alte **Palazzo del Podestà (8)** – er befindet sich bereits an der Piazza del Duomo – wurde 1239 errichtet, 1337 erweitert und besitzt eine große Loggia im Untergeschoss. Der 51 m hohe Turm wird ›Rognosa‹ (›Räudige‹) genannt. Die **Zwillingstürme der Salvucci (9)** stammen wie alle anderen Geschlechtertürme aus dem 13. Jh. Die Familie der Salvucci stand während des 14. Jh. in ständiger Fehde mit dem Ardinghelli, deren Türme sich nur wenige Meter entfernt in den Himmel recken.

Collegiata Santa Maria Assunta

Die romanische dreischiffige Säulenbasilika **Santa Maria Assunta (10),** ursprünglich ohne Querschiff, wurde in der ersten Hälfte des 12. Jh. errichtet und 1148 durch Papst Eugen III. geweiht. Der Name Collegiata besagt, dass es sich hier um eine Kollegiatskirche handelt, der ein Probst, ein Archidiakon und ein Kapitel von anfangs sechs, später zwölf Diakonen vorstanden. Es gelang den Pröpsten von San Gimignano gleichwohl nicht, hier einen Bischofsstuhl und eine Kurie einzurichten. Trotzdem genoss die Collegiata zahlreiche Privilegien, etwa den Zehnten einzutreiben oder den Kirchenbann und das Interdikt zu verhängen.

Im 14. Jh. wölbte man die Kirche ein, erhöhte die Langhauswände und schloss die Seitenschiffenster. Am Außenbau erkennt man noch die alten Fensterformen und die ursprüngliche Höhe des Schiffs. Im 15. Jh. erfuhr das Innere mehrfache Veränderungen, insbesondere 1446 durch Giuliano da Maiano, der das Querschiff mit den sechs Kapellen anlegte, den Chor verlängerte und auch die Kapellen der Seitenschiffe schuf. Die schwarz-weiße Streifung des Inneren ist aufgemalt. Die Fassade blieb unvollendet.

Die Collegiata besitzt zwei große **Freskenzyklen.** Den Themen des Alten Testaments von dem Sienesen Bartolo di Fredi (1367) im linken Seitenschiff sind im rechten Seitenschiff Themen des Neuen Testaments gegenübergestellt.

Die Themen des Neuen Testaments beschreiben einen der ausführlichsten Leben-Jesu-Zyklen der italienischen Malerei. Er reichte ursprünglich von der ›Verkündigung der Geburt‹ bis zum ›Pfingstwunder‹, das nur noch in Spuren erhalten ist. Ghiberti bezeichnete einen gewissen Barna als Urheber der Fresken, Vasari berichtete jedoch ein Jahrhundert später, dass dieser Barna da Siena während der Arbeiten an den Fresken 1381 vom Gerüst gefallen und verstorben sei. Das Datum kann indes aus stilistischen Erwägungen und auf Grund von neuerlich aufgefundenen Dokumenten nicht aufrechterhalten werden. Die Fresken müssen sehr viel früher, zwischen 1333 und 1341 entstanden sein, und zwar von einem Maler, der Simone Martini sehr nahe stand. Es dürfte der urkundlich erwähnte *compagno* Simones sein, in dem einige Forscher Lippo Memmi, andere dessen Bruder Frederico vermuten.

Collegiata Santa Maria Assunta
Piazza Pecori 1
April–Okt. Mo–Fr 9.30–19.10, Sa 9.30–17.10, So/Fei 12.30–17.10 Uhr; Nov.–März Mo–Sa 9.30–16.40, So/Fei 12.30–16.40 Uhr

Zugang zur Collegiata und Eintrittskarten an der Piazza Pecori

Collegiata, Fresken der linken Langhauswand

1 Erschaffung der Welt
2 Erschaffung von Adam
3 Adam im Paradies
4 Erschaffung von Eva
5 Verbot, vom Baum der Erkenntnis zu essen
6 Vertreibung aus dem Paradies
7 Kain tötet Abel
8 Noah baut die Arche
9 Die Tiere betreten die Arche
10 Dankopfer Noahs
11 Noahs Trunkenheit
12 Aufbruch von Abraham und Loth nach Kanaan
13 Abraham trennt sich von Loth
14 Traum Josephs
15 Joseph im Brunnen
16 Joseph lässt die Brüder festnehmen
17 Joseph wird von den Brüdern erkannt
18 Moses verwandelt den Stab in eine Schlange
19 Durchzug durch das Rote Meer
20 Moses auf dem Berg Sinai
21 Gott und Satan versuchen Hiob
22 Ermordung der Diener und Tiere Hiobs
23 Das Haus des Hiob wird zerstört
24 Hiob dankt Gott
25 Hiob wird von den Freunden gestärkt

Wer auch immer die Fresken malte: Die Linienführung ist weniger gotisch stilisiert als bei Simone, dafür ist die Komposition klarer und übersichtlicher, oft von dramatischer Spannung, so dass auch ein Einfluss der Giotto-Schule und auch Pietro Lorenzettis zu verspüren ist. Den Gestalten ist eine ausdrucksvolle Körpersprache eigen (beispielhaft im ›Pakt des Judas‹). Starker emotionaler Ausdruck äußert sich in der ›Kreuztragung‹, ein lebhaftes Minenspiel im ›Verrat des Judas‹. Daneben gibt es konventionellere Szenen wie den ›Einzug in Jerusalem‹. Vom selben Meister bzw. seiner Werkstatt stammen auch die Darstellungen der sechs Propheten über den Arkaden des rechten Seitenschiffs.

Im Gegensatz dazu wirken die alttestamentlichen Fresken des linken Seitenschiffs volkstümlicher, zuweilen etwas unbeholfener, doch voller Phantasie, die erzählfreudig vorgetragen wird. Die Szenen konzentrieren sich auf wenige Gestalten, die als Präfigurationen zu Christus verstanden wurden, und zwar in dem Sinne, dass die Offenbarungen des Alten Testaments auf vielfältige Weise die Erfüllung im Neuen Testament vorwegnahmen. So gilt Moses wie Christus als Erretter seines Volks, sein Durchzug durch das Rote Meer wurde zur Taufe Christi in Beziehung gesetzt, der Untergang des Pharaos zur Höllenstrafe der Sündigen. Wie Christus errettete Noah die Gerech-

Collegiata, Fresken der rechten Langhauswand

1 *Flucht nach Ägypten*
2 *Bethlehemitischer Kindermord*
3 *Darbringung im Tempel*
4 *Anbetung der Hl. Drei Könige*
5 *Geburt Christi*
6 *Verkündigung an Maria*
7 *Himmelfahrt Christi*
8 *Auferstehung*
9 *Der 12-jährige Jesus im Tempel*
10 *Taufe Christi*
11 *Berufung Petri*
12 *Hochzeit von Kana*
13 *Transfiguration*
14 *Auferweckung des Lazarus*
15 *Einzug Christi in Jerusalem*
16 *Höllenfahrt Christi*
17 *Grablegung*
18 *Kreuzigung Christi*
19 *Kreuztragung*
20 *Verspottung*
21 *Geißelung*
22 *Christus vor Kaiphas*
23 *Gefangennahme Christi*
24 *Gebet am Ölberg*
25 *Verrat des Judas*
26 *Abendmahl*

ten; seine Schande entspricht der Verspottung Christi; wie Christus aus dem Grabe aufersteht, steigt Joseph aus dem Brunnen empor; wie Christus so ertrug auch Hiob seine Leiden.

Nach den Begebenheiten des Alten Testaments und ihrer Erfüllung im Wirken Christi wird das zukünftige Weltgericht als drittes Thema behandelt, üblicherweise an der Westwand der Kirche, in Richtung der untergehenden Sonne. Bilder des ›Paradieses‹ und der ›Hölle‹ an der Mittelschiffwand ergänzen diese Darstellungen. Die Fresken malte Taddeo di Bartolo, der seinen Namen und das Datum 1393 hinterließ. Bei der Darstellung der Hölle fließen, wie häufig im Trecento, Visionen aus Dantes ›Inferno‹ ein, nach dem jeder Sünder die ihm gemäße Strafe findet. An der Innenfassade sieht man außerdem das Fresko ›**Martyrium des Hl. Sebastian**‹ von Benozzo Gozzoli (1465).

Die dekorativen Fresken im Obergaden des Mittelschiffs stammen von Pier Francesco Fiorentino, spätes 15. Jh., der auch die ersten sechs Propheten über den Arkaden des linken Seitenschiffs malte. Der siebte Prophet ist wohl von Gozzoli, der auch die Fresken am ersten Pfeilerpaar ausführte, der Schmerzensmann über dem Vierungsbogen von Sebastiano Mainardi.

Vor der Innenfassade steht eine **Verkündigungsgruppe aus Holz,** laut Inschriften an den Sockeln von Jacopo della Quercia (1421), die Martino di Bartolomeo 1426 farbig fasste. Von seltener Anmut und

Beseelung erscheint Maria, in Andeutung einer S-förmigen Schwingung vor der Erscheinung des Engels leicht zurückweichend, die Hand in einer Bescheidenheitsgeste vor die Brust genommen. Ihr rotes Gewand (nicht blau wie das der Himmelskönigin) ist unter der jungfräulich-kleinen Brust extrem hoch gegürtet. Es fällt in ruhigen, langen Faltenzügen, unter denen die Körperformen zu ahnen sind. Stilistisch kann diese Gestalt mit der Liegefigur der Ilaria Carretto im Dom zu Lucca verglichen werden. Im Gegensatz dazu verleiht die Gewandfülle dem knabenhaften Verkündigungsengel eine barock anmutende Dynamik.

Cappella di Santa Fina

Am Ende des rechten Seitenschiffs öffnet sich die Cappella di Santa Fina. Die Begräbnisstätte der Heiligen wurde 1468 durch Giuliano da Maiano erbaut. Unmittelbar nach der Fertigstellung begannen der Bildhauer Benedetto da Maiano und der Maler Domenico Ghirlandaio mit der Ausstattung. In ihrer Einheitlichkeit ist die Kapelle mit der etwas älteren Kapelle des Kardinals von Portugal in San Miniato al Monte, Florenz, vergleichbar. Von hoher Qualität sind die Steinmetzarbeiten. Die Reliefs der Muttergottes und der Engel stehen noch unter dem Einfluss von Desiderio da Settignano. Ungewöhnlich ist die Verbindung von Altar-Retabel, Tabernakel und Sarkophag, der hier über dem Altar angebracht ist. Geweiht ist die Kapelle der Hl. Fina, der Stadtheiligen von San Gimignano. Fina verstarb 1253 nach einem kurzen, mit Wundern erfüllten Leben im Alter von 15 Jahren. Wenn alljährlich im März auf den Türmen der Stadt die ›Veilchen der Hl. Fina‹ erblühen, erinnern sich die Sangimignaneser an die Schönheit der Frühverstorbenen.

Die **Fresken Ghirlandaios** an der rechten Wand zeigen, wie Papst Gregor der Große dem gelähmten Mädchen erscheint und ihr den bevorstehenden Tod verkündet. Fina hatte sich auf ein hartes Holz gelegt, um Christus in seinem Leiden näher zu sein. Bei ihrem Tod fand man das Holz mit Blumen bedeckt. Über dem karg eingerichteten Raum heben Engel die Seele der Fina empor. An der linken Wand sieht man das Begräbnis der Heiligen vor einer mächtigen Tribuna mit Ausblick auf die Türme von San Gimignano. Ein herbeifliegender Engel lässt auf wunderbare Weise die Glocken läuten. Bei der Berührung des Leichnams wird ein blinder Messdiener sehend und die abgestorbene Hand der Amme wieder belebt. In den jungen Männern links sind Ghirlandaio, sein Bruder und sein Schwager zu erkennen.

Der **Schrein** des Grabaltars birgt die Reliquienbüste der Hl. Fina aus dem frühen 14. Jh., das Werk eines sienesischen Künstlers. Sie enthielt früher den Schädel der Heiligen, noch heute eine Hirnreliquie. Gefertigt wurde sie aus aus Leder (nur die abnehmbare Schädelkalotte ist aus Holz), und wirkt dennoch wie ein Werk der Goldschmiedekunst: bemalt, vergoldet und mit Edelsteinen geschmückt. In diesem Erin-

Piazza del Duomo

nerungsbildnis an eine früh Verstorbene schließen sich Stilisierung und Lebensnähe nicht aus. Fina, die Tochter eines Bauern, wirkt wie ein Mädchen vom Lande, dem man noch heute begegnen könnte. Die Büste ist eines der ersten Werke von jener eigentümlichen Schönheit, denen im Laufe des 14./15. Jh. eine Reihe von bisher wenig beachteten Büsten und anderen Holzbildwerken folgte. Damit leistete Siena einen Beitrag zur Kunst des Trecento, der erst in jüngster Zeit durch Ausstellungen ins Bewusstsein getreten ist. Es fügt sich, dass eines der bedeutendsten Werke dieser Reihe ein Jahrhundert später ebenfalls für die Collegiata geschaffen wurde: die Verkündigungsgruppe von Giacomo della Quercia an der Innenfassade (s. o.)

Von der Piazza del Duomo zur Rocca

Palazzo del Popolo (11)

Museo Civico und Torre Grossa
Piazza del Duomo März–Okt. tgl. 9.30–19, Nov.–Feb. 10–17 Uhr

Der auch Palazzo Nuovo del Podestà genannte Palazzo del Popolo wurde 1288 vollendet. Der zwischen 1298 und 1310 errichtete Turm Torre Grossa ist mit 54 m der höchste der Stadt. Seine Höhe durfte nicht überschritten werden. Er trägt die Wappen mehrerer Podestà. Vom Podest der Außentreppe an der Piazza del Duomo hielt der Podestà Ansprachen. 1323 wurde der Palast um den Hof erweitert, erst 1882 fügte man den Zinnenkranz hinzu. Der Palast ist Sitz der Kommunalverwaltung und des **Museo Civico.**

In der **Sala di Dante** (erster Stock) plädierte Dante als Abgesandter von der Florentiner Regierung am 8. Mai 1300 für die Notwendigkeit einer guelfischen Liga. Wie in Siena ist auch in diesem Rats- und Repräsentationssaal ein Bild der thronenden Muttergottes mit ihrem Hofstaat und den huldigenden Heiligen präsent: Auf dem Bild kniet der amtierende Podestà Mino de' Tolomeivor der Muttergottes, wodurch deutlich wird, dass die Bürger von San Gimignano als Autorität und Beschützer nur die himmlische Königin und Christus anerkannten. Dieses Fresko von Lippo Memmi aus dem Jahre 1317 ist eine freie Wiederholung der ›Maestà‹ Simone Martinis im Sieneser Stadtpalast (s. S. 384). Der Betrachter vermisst bei dieser moderneren Komposition die Übersichtlichkeit und den wogenden Rhythmus des Vorbilds. Bei Lippo Memmi gibt es weder das Spiel mit divergierenden Körper- undBlickachsen von Mutter und Kind noch das Raffinement der gotischen Linie. Die beiden äußeren Heiligen rechts und der Hl. Antonius Abbas links wurden 1467 durch Benozzo Gozzoli erneuert, nachdem die beiden Türen geöffnet wurden. An den Wänden sieht man Jagd- und Turnierszenen sowie einen Huldigungsakt für Karl II. von Anjou, der Memmo di Filippuccio oder auch Azzo da Siena zugeschrieben wird (1292).

Benozzo Gozzoli
Der 1420 in Florenz geborene und 1497 in Pisa verstorbene Maler Benozzo Gozzoli zählt zu den Künstlern, die aus der Werkstätte Ghibertis hervorgingen. 1444 arbeitete er unter Fra' Angelico an den Fresken für den Vatikan mit. Gozzoli spezialisierte sich auf narrative und farbenprächtige Freskenzyklen, die noch in Florenz in der Kapelle des Medici-Palasts, in Castelfiorentino, in Montefalco (Umbrien) und auch hier in San Gimignano in den Musei Civici oder in Sant' Agostino bewundert werden können. Sein Hauptwerk, die Fresken im Camposanto zu Pisa, wurden bedauerlicherweise im Zweiten Weltkrieg durch einen Brand zerstört.

Im **Großen Saal** des zweiten Obergeschosses hängt an der Eingangswand ein Tafelkreuz mit Passionsszenen, das um 1260–65 der Florentiner Coppo di Marcovaldo schuf, nachdem er als Teilnehmer der Schlacht von Montaperti 1260 in sienesische Gefangenschaft geraten war. Es gehört zu den stärksten Werken dieses ersten namentlich bekannt gewordenen Florentiner Malers, der stark von spätbyzantinischer Kunst beeinflusst wurde und in der Geschichte der Malerei eine Schlüsselstellung einnahm. Von ihm nahm sowohl die florentinische Malerei mit Cimabue als auch die der Sienesen ihren Ausgang, wie der Meister der Petrus-Tafel (siehe unten) beweist.

Dies zeigt ein Vergleich mit dem Kruzifix (ebenfalls Eingangswand) eines Meisters aus Siena (Rinado da Siena?), das ebenfalls einen leidenden Christus, ›Christus patiens‹, verkörpert (um 1280–85): Dieser übernahm von Coppo di Marcovaldo die Haltung, den Kopftypus, die Physiognomie, zahlreiche Details in der Körperbildung sowie auch das Abgezehrte. Doch ist die rigorose Strenge (mit der Coppo di Marcovaldo den ästhetischen Erwartungen heutiger Betrachter wenig entgegenkommt) ebenso gemildert wie der expressive Leidensausdruck. Der Sienese vermeidet Schärfen und harte Kontraste. Die Modellierung ist weicher, die Linienführung geschmeidiger mit einer leichten Tendenz zum Ornamental-Schönen.

Die links anschließende Tafel der ›Thronenden Madonna mit Kind‹ steht stilistisch der Petrus-Tafel von Guido da Grazziano der Pinakothek in Siena nahe und kann als ein signifikantes Werk aus dem Umkreis von Guido da Siena betrachtet werden, das um 1280–85 unmittelbar vor dem Auftreten Duccios entstand.

Musei Civici, Detail aus ›Madonna mit Kind zwischen den beiden Heiligen Andreas und Prosperus‹ von Benozzo Gozzoli

Während im 13. und 14. Jh. die sienesische Malschule in San Gimignano eine dominierende Rolle einnahm, waren seit der Mitte des 15. Jh. die Florentiner erfolgreicher. Darin spiegelt sich weniger die politische Zugehörigkeit zu Florenz (die schon seit 1352 bestand) als vielmehr die gewandelten Erwartungen, die die Erneuerungen der Frührenaissance hervorriefen. Besonders beliebt waren Künstler, die es verstanden, die perfekte Wiedergabe der sogenannten Wirklichkeit zu verbinden mit Erzählfreudigkeit, mit der Imagination einer Märchen- oder Himmelswelt und mit dekorativer Gefälligkeit. Zu diesen zählen Benozzo Gozzoli, der viel in der Provinz arbeitete, und auch der Umbrer Pinturicchio. Beide konnten ihr Talent am besten in breit angelegten Freskenzyklen vorführen.

Gozzoli datierte seine beiden Altargemälde an den Längswänden auf das Jahr 1466. Auffallend verhärtet sind die Körperformen und die Gewandung. 1511 malte Pinturicchio das Altarbild (der Eingangswand gegenüber) mit Papst Gregor dem Großen und dem Hl. Benedikt (in weißem Habit, denn das Bild entstand für ein Olivetaner-Kloster) in Verehrung der Muttergottes, die auf einer Wolkenbank sitzt und zugleich auf altertümliche Weise von einer Mandorla mit Cherubim umgeben wird. Das Gemälde besticht – nicht anders als in seinen Fresken der Libreria Piccolomini in Siena – durch seine Farbkultur und die detaillierte und zugleich atmosphärische Landschaftswiedergabe.

Links und rechts dieser Tafel befinden sich zwei für den Palazzo Pubblico gemalte Tonden mit der ›Verkündigung‹ (1483) von Filippino Lippi, dem Sohn des Malers und Mönchs Filippo Lippi. Filippino war nicht nur durch seinen Vater, sondern auch von Botticelli beeinflusst, dessen aufregend-bewegte Liniensprache er übernahm. Auf dem Tondo Mariens verdienen zwei Details eine Beachtung: das Uhrwerk und das seltene Beispiel eines schmiedeeisernen Stuhls.

Im rechts anschließenden Saal ein Triptychon Taddeo di Bartolos. Der thronende Gimignano segnet und hält seine Stadt, als wäre es ein Holzmodell. Den ›Thronenden Bartholomäus und Szenen aus seinem Leben‹ malte der Florentiner Lorenzo di Niccolò Gerini (1401). In Nebenszenen raubt der Teufel den neu geborenen Bartholomäus; der Heilige weigert sich, heidnische Idole zu verehren; er wird gehäutet, überlebt jedoch; er wird nach mehreren Versuchen enthauptet.

Die Reliquienbüste der Hl. Ursula im anschließenden Raum wird Mariano d' Agnolo Romanelli zugeschrieben, der am Skulpturenschmuck der Cappella di Piazza in Siena mitwirkte. Seine Kunst beeinflusste Domenico dei Cori und Francesco di Valdambrino.

Die **Camera del Podestà** wurde von Memmo di Filipuccio zu Anfang des 14. Jh. mit erotischen Szenen freskiert (Geselliges Beisammensein, Eintritt in ein Badehaus, Schlafgemach).

Der Aufstieg auf die **Torre Grossa** über bequeme Stufen lohnt vor allen Dingen wegen der wunderschönen Aussicht. Rechts im Hof diente eine Loggia zur Rechtsprechung. Ein Fresko von Sodoma zeigt den Hl. Ivo, den Schutzpatron der Advokaten, der die Bitten der Bürger entgegennimmt, während im Vorraum weitere Rechtsuchende mit ihren ›Gaben‹ warten. Auf das Richterpult Ivos schrieb ein Bürger später die ironische Bemerkung: »Ich verspreche Dir, dass Du siegen wirst, wenn Du schnell bezahlst«. Auf dem Fresko gegenüber (wohl kaum von Sodoma, wie vermutet wurde) sitzt ein Beamter, umgeben von allegorischen Figuren der ›Klugheit‹ (rechts) und der ›Wahrheit‹ (links), zu seinen Füßen die nur fragmentarisch erhaltene ›Lüge‹. Die Inschrift lautet: »Für was der Mensch sündigt, leidet er. Oh Wahrheit, reiße der Lüge ihre unwahre Zunge, die immer lügt, aus«. Die 1338 zum ersten Mal erwähnte **Loggia (12)** des Palazzo del Popolo ist wahrscheinlich die älteste öffentliche Loggia der Toscana und damit Vorbild auch für die Loggia dei Lanzi in Florenz.

Durch einen niedrigen Bogen gelangt man auf die öffentliche, hofähnliche **Piazza Pecori (13).** An der Stirnseite der Loggia des Doms steht eine Taufkapelle mit dem Taufbecken von Giovanni di Cecco (1379) und dem Fresko der ›Verkündigung‹ von Domenico Ghirlandaio (1482). An der gegenüberliegenden Platzseite erhebt sich der gut erhaltene Palazzo della Propositura (Palast der Propstei) aus dem späteren 12. oder frühen 13. Jh.

An der Südseite der Piazza Pecori hat das **Museo d' Arte Sacra e Museo Etrusco (14)** seinen Sitz. Die Werke aus einigen Kirchen von San Gimignano und seiner Umgebung (in Verbindung mit einer kleinen etruskischen Sammlung) sind in den ehemaligen Schlafsälen der Kapläne untergebracht. Die Hauptwerke befinden sich im ersten Obergeschoss: So ein farbig gefasstes Holzkruzifix vom Typ des Volto Santo in Lucca (und ebenso schwierig zu datieren): Christus trägt eine gegürtete Ärmeltunika als Zeichen seiner königlichen Würde. Die weichere, fließendere Formgebung lässt an eine spätere Entstehungszeit als die der Kruzifixe in Lucca und Sansepolcro denken. Doch ist die Datierung (11. bis 13. Jh.) ebenso umstritten wie das Herkunftsland. Der Verkündigungsengel aus Holz und die zugehörige Muttergottes (nur als Büste erhalten), wohl aus der zweiten Hälfte des 14. Jh., standen ursprünglich in der Collegiata und wurden dann durch die Verkündigungsgruppe von Jacopo della Quercia ersetzt.

Museo d'Arte Sacra
Piazza Pecori 1
April–Okt. Mo–Fr 9.30–19.10, Sa 9.30–17.10, So/Fei 12.30–17.10 Uhr; Nov.–März Mo–Sa 9.30–16.40, So/Fei 12.30–16.40 Uhr

Benedetto di Maiano hat 1493 die Marmorbüste des Literaten Onofrio di Pietro (nach einem Modell von Niccolò di Lucca) für die Gemeinde von San Gimignano angefertigt, die so den Vorsteher der Bauhütte der Collegiata und Rektor des Ospedale Santa Fina ehren wollte.

Schon von der Piazza Pecori sieht man die **Rocca (15)** genannte Festung Montestaffoli, die 1353 von Florenz an der höchsten Stelle des Hügels errichtet wurde. 1558 hat sie Großherzog Cosimo I. weitgehend abreißen lassen. Erhalten blieben Teile der Mauer und einer der fünf Türme, von dem man einen guten Überblick auf die Türme von San Gimignano und die Umgebung hat.

Im Norden der Stadt

Das ehemalige Stadttor **Arco della Cancelleria (16)** gehörte mit seinen spitzen Bögen (wohl 13. Jh.) wie der Arco dei Becci zum ersten Mauerkreis von San Gimignano. Der angrenzende **Palazzo della Cancelleria (17,** Via San Matteo 10), der spätere Palazzo Marsili, wurde etwa Ende des 13. Jh. oder zu Anfang des 14. Jh. erbaut.

Die romanische Kirche **San Bartolo (18)** stammt aus der zweiten Hälfte des 12. Jh. Der Backsteinbau, dessen Fassade mit Blendarkaden nach pisanischem Vorbild mit dem von San Francesco verwandt ist, besitzt ein schlichtes, einschiffiges Inneres. Links schließt sich das **Turmhaus Pesciolini (19,** Via San Matteo 14) an, ein gut erhaltener, außergewöhnlich hoher und mächtiger Bau nach Florentinischem Vorbild des 13. Jh. mit Fenstern lucchesischen Typs. Der **Palazzo Tinacci (20),** etwas weiter auf der Via San Matteo gen Nordwesten, besteht aus zwei Bauteilen. Die verschiedenartigen Fenster- und Portalformen sind charakteristisch für San Gimignano: Beim ersten Gebäude sind Portal und Fenster des ersten Stocks florentinischen, die des zweiten lucchesischen Stils, beim zweiten Gebäude herrschen sienesische Formen vor.

Weiter über die Via San Matteo gelangt man in den äußersten nordwestlichen Zipfel der Stadt. An der Piazza San Agostino erheben sich zwei unterschiedliche Kirchen des 13. Jh. Das spätromanische Gotteshaus **San Pietro (21)** stammt aus der ersten Hälfte des 13. Jh. Durch das Portal eines Vorgängerbaus betritt man die auf einem einfachen Grundriss ohne Apsis errichtete Kirche.

Sant’ Agostino (22)

Die Kirche Sant’ Agostino ist hingegen ein charakteristisches Beispiel mittelitalienischer Bettelordensgotik, das die Augustiner-Chorherren 1280–98 errichten ließen. Die einschiffige Saalkirche mit drei Chorkapellen bedeckt ein offener Dachstuhl. Das Querschiff tritt nur leicht hervor.

Links vom Seiteneingang öffnet sich die **Cappella di Beato Bartolo,** die dem 1310 verstorbenen Sel. Bartolo aus San Gimignano geweiht ist, der dem franziskanischen Drittorden angehörte. Der selbst an Lepra Erkrankte leitete das Leprosenheim in Cellole. Die gesamte Ausstattung einschließlich Gitter und Bodenfliesen entstand um 1492–94. Das Altargrab des Seligen schuf Benedetto da Maiano. In

Sant' Agostino, Szene aus dem Leben des Hl. Augustinus von Benozzo Gozzoli. ›Die Schule von Tagaste‹ zeigt eine vergnügliche Szene aus dem Alltagsleben. Ein unwilliger kleiner Schüler wird durch körperliche Züchtigung zur Pflicht gerufen

den Nischen stehen Personifikationen von ›Glaube‹, ›Liebe‹ und ›Hoffnung‹. Unter dem Sarkophag sieht man drei Szenen aus dem Leben des Bartolo: ›Verlust und Wiederanfügung der Zehen‹, sein ›Tod‹, ›Heilung einer Besessenen‹. Gegenüber den älteren Arbeiten Benedettos fallen jetzt stärker artikulierte, raumgreifende Körperformen und eine bewegte Fülle des Gewands auf. Die Sitzfigur der ›Liebe‹ lässt an Michelangelos ›Pietà‹ in Rom denken und veranschaulicht, dass Benedetto da Maiano den jungen Michelangelo maßgeblich beeinflusste. Die Fresken führte Sebastiano Mainardi aus.

An der linken Langhauswand, am Heiligkreuzaltar, sieht man ein Fresko mit dem Kreuz Christi von Vincenzo Tamagni (um 1523), weiter an der linken Längswand ein Fresko von Benozzo Gozzoli, den ›Hl. Sebastian als Fürbitter‹. Hier ist der Heilige ausnahmsweise nicht in seinem Martyrium dargestellt (wie auch im kompositionell ähnlichen Gozzoli-Fresko im Dom von San Gimignano), sondern er steht auf einem Podest wie eine Kultfigur (fast möchte man sagen: wie eine heidnische Gottheit), in dessen weit ausgebreitetem Schutzmantel die Menge der Gläubigen sich betend an ihn wendet, damit er im Himmel bei der Dreifaltigkeit und zusätzlich noch bei Maria (mit entblößter Brust) Fürbitte leistet. Dieselben Engel, die seinen Mantel ausbreiten, zerbrechen die Pfeile seines Martyriums.

Nach der Kanzel (1524) ein **Fresko** von Lippo Memmi ›Thronende Madonna mit Kind und Erzengel Michael und Johannes dem Täufer‹

(vor 1317), das in späterer Zeit wie ein Altarbild gerahmt wurde, daneben auch eine Sinopie.

Nach der Tür zum Kreuzgang das **Grabmal des Fra' Domenico Strambi** (gest. 1488) aus San Gimignano, der an der Sorbonne lehrte. In Sebastiano Mainardis Fresko darüber segnet der Hl. Gimignano drei Bürger seiner Stadt: den Dichter Mattia Lupi, den Rechtsgelehrten Nello di Cetti und den Theologen Domenico Mainardi.

Das **Hochaltarbild** ist ein Hauptwerk von Piero Pollaiuolo, dem Bruder des Antonio Pollaiuolo (1483). Es zeigt die Krönung Mariens und eine verehrende Heiligenschar.

Die **Hauptchorkapelle** schmücken Szenen aus dem Leben des Hl. Augustinus in einem **Freskenzyklus** von Benozzo Gozzoli (1465/66). Augustinus wurde im Jahre 354 n. Chr. in Tagaste (im heutigen Algerien) geboren und starb 430 in Hippo (ebenfalls in Nordafrika). Die Erzählung beginnt links unten: Die Eltern übergeben den kleinen Augustinus dem Grammatiklehrer in Tagaste; Aufnahme an die Universität von Karthago (teilweise zerstört); seine Mutter, die Hl. Monika, betet für ihn (im 18. Jh. übermalt, doch bis auf einen Teil unten links wieder freigelegt); Überfahrt nach Italien (18. Jh.); Landung und Empfang in Ostia; der junge Augustinus liest Rhetorik und Philosophie in Rom; Abreise nach Mailand (im Hintergrund detaillierte Ansicht von Rom, rechts ein Selbstbildnis Gozzolis im roten Gewand).

Zweite Reihe: Augustinus' Ankunft in Mailand: Ablegen der Sporen, Begegnung mit Bischof Ambrosius (Vordergrund) und Empfang durch Kaiser Theodosius (unter der Loggia im Mittelgrund); Augustinus hört eine Homilie des Ambrosius, seine Mutter fleht den Bischof um die Bekehrung ihres Sohnes an, Augustinus diskutiert mit Ambrosius über die Lehre der Manichäer; unter einem Feigenbaum meditierend vernimmt er die Worte »*tolle, legge*« (nimm und lies) und vertieft sich in Gegenwart seines Freundes Alipius in die Lektüre der Briefe des Hl. Paulus; Augustinus wird von Ambrosius getauft (im Jahre 387, dabei soll das in der Inschrift genannte »Te Deum« eingeführt worden sein); Augustinus besucht die Mönche von Montepisano. Er trifft auf ein Kind, das versucht, mit einem Löffel das Wasser aus dem Meer in eine Pfütze zu füllen: das Kind (d. h. der Jesusknabe mit Aureole) verdeutlicht ihm, dass sein Vorhaben, das Geheimnis der Dreifaltigkeit zu ergründen, ebenso vergeblich ist; Augustinus erläutert die Ordensregel; auf der Rückreise nach Afrika stirbt die Hl. Monika in Ostia (neben Augustinus sein Sohn, der mit ihm getauft wurde). Augustinus kehrt nach Afrika zurück (die anekdotisch vorgetragene Szene mit den beiden Knaben dürfte auf die römischen Zwillinge Romulus und Remus und die Wölfin anspielen).

Dritte Reihe: Der zum Bischof geweihte Augustinus segnet das Volk von Hippo (stark zerstört); er konvertiert den Häretiker Fortunatus; in einer Vision berichtet ihm der Hl. Hieronymus über die himmlischen Freuden; Tod des Augustinus. In den Gewölben sind die Evangelisten, an den Pfeilern Heilige dargestellt.

Nach der Medici-Kapelle in Florenz erweist sich Benozzo Gozzoli erneut als ein fantasievoller Erzähler, der es versteht, das Auge mit einer Vielzahl von Einzelheiten zu erfreuen. Dies führt dazu, dass das, was menschlich bewegen soll, nur beiläufig zur Darstellung kommt. Die religiöse Umkehr des Augustinus, wie überhaupt die Persönlichkeit und die Gedankenwelt dieses Denkers fanden in den Fresken Gozzolis keine bildliche Entsprechung.

Die **rechte Chorkapelle** schmückte Bartolo di Fredi mit Szenenfresken aus dem Leben Mariens. Das Altarbild mit der ›Geburt Mariens‹ ist von Vincenzo Tamagni (1523). Durch die Sakristei gelangt man in den Kreuzgang des 15. Jh.

Im Nordosten der Stadt

Museumskomplex Conservatorio di Santa Chiara

www.sangimignano.com
tgl. 11–17.30 Uhr

In der Via Folgore 11 trifft der Besucher auf das Gebäude des ehemaligen Konservatoriums Santa Chiara, das aus einem mittelalterlichen Konvent hervorging. Seit 1999 ist es Sitz eines weiteren städtischen Museums unter dem Namen **Spezieria di Santa Fina, Museo Archeologico, Galleria d'Arte Moderna e Contemporanea ›Raffaele De Grada‹ (23).** Es zeigt Majolikagefäße (vorwiegend 16. und 17. Jh. aus Faenza, Montelupo, Florenz und Siena) aus der ehemaligen Apotheke Santa Fina, etruskische und mittelalterliche Ausgrabungs- und Fundstücke sowie moderne Kunst.

Nicht zu besichtigen ist dagegen das **Ospedale di Santa Fina (24),** (auf der gegenüberliegenden Straßenseite), eines der ältesten Krankenhäuser Italiens. Es soll unmittelbar nach dem Tod der Hl. Fina 1253 errichtet worden sein, und zwar von den Gaben, die an der Bahre der Heiligen hinterlegt wurden. Das Vestibül kleiden Büsten des Hl. Gregor und der Hl. Fina von Pietro Torrigiani und Lünettenfresken mit Heiligen von Sebastiano Mainardi. In der Kapelle wird die Holztafel aufbewahrt, auf der die Heilige die letzten fünf Jahre ihres Lebens verbrachte. Es ist vorgesehen, das Gebäude als Museum einzurichten. Dabei soll u. a. die Keramik aus der Hospitalapotheke, der Spezieria di Santa Fina, gezeigt werden. Es handelt sich um Majolika des 16. und 17. Jh. aus Faenza, Montelupo, Florenz und Siena. Ausgestellt wird wahrscheinlich auch die bemalte Terrakotta-Büste des Guido Marabottini, des 1256 verstorbenen Gründers des Hospitals (von einem unbekannten Künstler des 15. Jh.).

Die Kirche **San Jacopo (25)** liegt direkt an der alten Stadtbefestigung (erste Hälfte 13. Jh.). Den Chronisten zufolge wurde die Kirche 1096 von rückkehrenden Kreuzfahrern aus San Gimignano gegründet und sei später den Templern übertragen worden. Die Baugestalt spricht indes für eine Errichtung in der 1. Hälfte des 13. Jh. Die Fassade aus Travertin und Backstein ziert über dem Portal ein pisanisch-lucchesischer Bogen. Die Kirche wird von den Nonnen aus San Girolamo benutzt und ist daher durch eine Brücke mit dem Kloster an der gegenüberliegenden Straßenseite verbunden. Der einschiffige

Raum (gewöhnlich nur auf Anfrage zugänglich) trägt – ungewöhnlich in der Val d' Elsa – eine Folge von Kreuzgratgewölben, die wegen des hohen Scheitelpunktes (Busung) und der Trennung durch breite Gurtbögen an Hängekuppeln erinnern, wie sie im 15. Jh. Brunelleschi in der Loggia des Findelhauses von Florenz verwirklichte.

Auch die Wandgestaltung nimmt Züge der Frührenaissancearchitektur voraus, indem vertikale Elemente (pilasterartige Lisenen, Halbsäulen) und ein kräftiges, die Gewölbezone absonderndes Gesims die Seitenwände in rechteckige Felder unterteilen.

Außerhalb der Porta delle Fonti liegen die **Fonti (26),** ein großes Brunnenhaus des 12. Jh., in dem man Schafwolle wusch. Die hohen Spitzbögen gehen auf Erweiterungen des 13. und 14. Jh. zurück.

Die Kirche **San Lorenzo in Ponte (27)** wurde 1240 errichtet. Der Beiname *in ponte* (auf der Brücke) erinnert an die ehemalige Zugbrücke des frühmittelalterlichen Kastells auf der gegenüberliegenden Straßenseite. Das Innere der Kirche malte Cenni di Francesco 1413 mit Fresken aus. An der linken Wand sieht man Reste eines ›Inferno‹, im Presbyterium ›Christus und Maria inmitten von musizierenden Engeln‹ und die ›Zwölf Apostel‹ sowie ›Szenen aus dem Leben des Hl. Benedikt‹. Weitere Fresken von Cenni findet man in dem links anschließenden Oratorium, u. a. die ›Überreichung einer Bittschrift an den Hl. Ivo‹ und den ›Triumph des Todes‹.

Ca. 4 km nordwestlich der Stadt, nahe der Straße nach Certaldo, liegt inmitten eines Zypressenhains die romanische **Pieve di Cellole.** Erbaut wurde sie wahrscheinlich zwischen 1193 und 1238. Das Langhaus ist dreischiffig ohne Obergadenfenster. Der einfach strukturierte Bau überrascht im Innern mit schön ausgeführten Kapitellen und reichem dekorativen Schmuck in der Apsis. Die ornamentalen Steinmetzarbeiten gehören zu den feinsten ihrer Art in der Toscana.

Die ›balze‹ vor den Toren Volterras

Cityplan S. 393

Volterra

Geschichte

Volterra ★
Besonders sehenswert:
Palazzo dei Priori,
Museo Etrusco
Guarnacci,
Museo Civico

Ufficio Informazioni
Piazza dei Priori, 20
56048 Volterra
Tel. 0 58 88 72 57
www.volterratur.it

Abgeschieden liegt Volterra auf einem Bergrücken, inmitten eines kargen, zerfurchten Hügelgebiets. In ihrem herben Charakter fügt sich die Stadt nicht in das Bild einer lieblich milden Toscana ein, wie sie San Gimignano oder Lucca verkörpern. Zwei Kulturen sind in der »Stadt des Windes und des Macigno« (Gabriele D' Annunzio) gegenwärtig: die mittelalterliche und die etruskische. Mittelalterlich ist das Stadtbild mit den Kirchen, den vorzüglich erhaltenen Turmhäusern, den Adels- und Kommunalpalästen. Etruskisch ist die Lage der Stadt, der unverändert weite Rundblick, der bei klarer Sicht bis zu den Apuanischen Alpen und dem tyrrhenischen Meer reicht. Etruskisch sind die eindrucksvollen Stadtmauern und die noch heute benutzte Porta all' Arco, etruskisch auch Hunderte von Porträtköpfen im Museo Archeologico: lebensnahe Porträts von Verstorbenen, die auf den Urnen ruhen, die einst ihre Asche enthielten. Durch die große Zahl der hier versammelten realistischen Bildnisse gewinnt vergangenes Leben an Gegenwart. Mit Geschichte, Vergänglichkeit und Schicksal aber konfrontiert diese archaische Stadt in mehrfacher Hinsicht. Im Westen haben die *balze,* die Erdschübe, die ältesten etruskischen Nekropolen, einen Teil der Mauern und eine mittelalterliche Kirche in den Abgrund gerissen, nach jedem Regenguss verschlingen sie weiteren Boden, auf dem die Stadt erbaut wurde; im Osten die inzwischen aufgelöste Psychiatrische Klinik, die zu den größten des Landes zählte, und das gefürchtete Zuchthaus, das in der gewaltigen, den Stadthügel beherrschenden, als Meisterwerk der Festungsbaukunst gerühmten Fortezza untergebracht ist (Abb. s. S. 391).

Das etruskische Velathri zählte zu den zwölf Städten, die sich in lockerem Bündnis zusammengeschlossen hatten. Die Bergstadt war in der Frühzeit weniger bedeutend als die miteinander in Handelsbeziehungen stehenden Küstenstädte Vetulonia, Populonia oder Tarquinia. Die Wirtschaft Velathris beschränkte sich auf Agrarkultur und den Abbau von Mineralien. So gelangte die Stadt relativ spät, im 4. Jh., zu ihrer Blütezeit, in der sie eigene Münzen prägte, und ihren Einfluss auf das Küstengebiet und die Insel Elba erweiterte. Bedrohungen durch Gallier, Ligurer und Römer erforderten später den Bau einer Stadtmauer. Dieser 7 km lange Verteidigungsring, der stellenweise (beim Konvent Santa Chiara) bis zu 11 m in die Höhe ragt, umfasste eine Fläche, die (mit 116 ha) viereinhalbmal so groß war wie das mittelalterliche Stadtgebiet (26 ha). Eine Mauer dieses Ausmasses umschloss freilich nicht nur städtisch bebautes Gebiet, sie bot auch der Landbevölkerung Schutz. Die beiden noch erhaltenen Stadttore, die Porta all' Arco und Porta Diana wurden durch die Hauptverkehrsader, den *cardo maximus* verbunden. Seinen Verlauf,

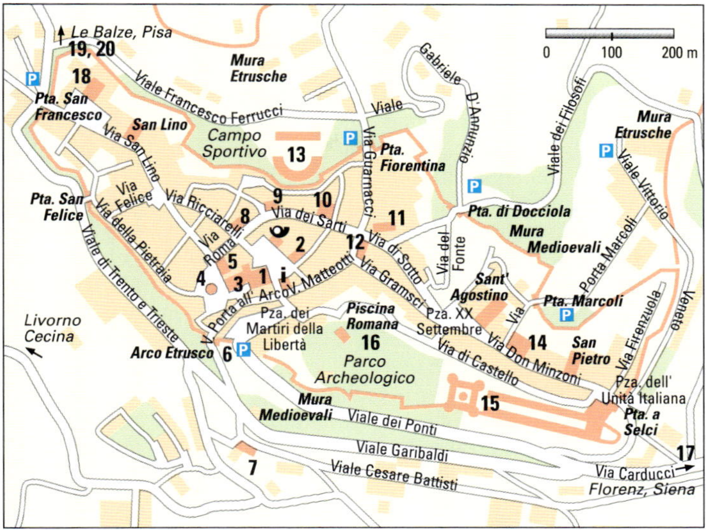

Volterra

1 Palazzo dei Priori
2 Palazzo Pretorio
3 Dom Santa Maria Assunta
4 Baptisterium
5 Museo Diocesano d' Arte Sacra
6 Porta all' Arco
7 Sant' Alessandro
8 Torre Buonparenti
9 Museo Civico
10 Palazzo Incontri-Viti
11 San Michele
12 Casa-torre Toscano
13 Teatro Romano
14 Museo Etrusco Guarnacci
15 Fortezza
16 Piano di Castello
17 San Girolamo
18 San Francesco
19 San Giusto
20 Badia

der in der Bergstadt nicht gradlinig sein konnte, geben die heutigen Straßenzüge von der Via Porta all' Arco bis zur Via di Porta Diana wieder.

Wie Arezzo wurde Velathri eine Verbündete Roms, erhielt die Rechte des *municipium,* die beiden Städten dann bei ihrer Parteinahme für Marius durch Sulla entzogen wurde. In der Augusteischen Zeit erbaute die Stadt ein Theater (nordwestlich des Forums), ohne jedoch unter den zahlreichen Provinzstädten des Imperiums besonders hervorzutreten. Bis ins 6. Jh. n. Chr. hinein wird Volterra nicht mehr erwähnt.

Im hohen Mittelalter verlief die Geschichte wieder in ähnlichen Schritten wie in Arezzo. Auch in Volterra gelangten die Bischöfe zur weltlichen Macht. Bis zum Bau der Festung 1472 residierten sie auf der höchsten Stelle des Hügels, im Castello, einer befestigten Gruppe von Häusern und Türmen.

Während die Grafen-Bischöfe ihre Macht erweiterten, konstituierte sich die Kommune. Seit Mitte des 12. Jh. wählten die Bürger ihre Konsuln, seit 1218 ist das Amt des Podestà dokumentiert. Doch bis ins 15. Jh. gelang es den Volterranern nicht, Macht und Recht des Bischofs zu beschränken. Immer wieder kam es zu Auseinandersetzungen um Besitzrechte, speziell um die der Salinen. Als es 1361 in Volterra zu Familienstreitigkeiten kam, ging ein Hilferuf an Florenz. Die Arno-Stadt erlangte die Befehlsgewalt über die Befestigungsanlagen und überwachte die öffentlichen Ämter. Auch wenn die traditionellen Regierungsorgane fortbestanden und Volterra dem Namen nach freie Kommune blieb, war die Unabhängigkeit praktisch verloren. 1429 kam es zu einem ersten Aufstand. Nach einer weiteren Erhebung 1472 ließ Lorenzo de' Medici die Stadt durch Federigo da Montefeltro belagern: Der literatur- und kunstliebende Herzog von Urbino verhinderte nicht, dass seine Truppen die Stadt plünderten. Er selbst bereicherte seine Kunstsammlung mit Altargemälden und Skulpturen aus Volterraner Kirchen. Um die Stadt für Florenz zu sichern, begann Lorenzo 1472 mit dem Bau der riesigen Festungsanlage, der Rocca Nuova. 1530 wurde die Stadt schließlich dem Herzogtum Toscana eingegliedert.

Als sich im 18. Jh. ein erstes Interesse für die Kunst der Etrusker zeigte, regte der Volterraner Patrizier Inghirami an, die antike Alabasterverarbeitung wieder aufzunehmen. Wie bei anderen ausgestorbenen Kunsthandwerken wurde eine abgerissene Tradition künstlich wieder belebt. Zahlreiche ›Schiefe Türme‹ und ›Michelangelo-Davide‹ entstehen in Volterra. Der leicht zu bearbeitende Werkstoff scheint es den virtuosen Handwerkern zu erschweren, sich in eigenen Formen auszudrücken – eine Gefahr, der bisweilen bereits die Etrusker in ihren Aschenurnen erlagen. Heute gibt es mehr als 100 Alabasterbetriebe.

Rund um die Piazza dei Priori

Palazzo dei Priori
Piazza dei Priori
Tel. 0588 861 50
16. März–2. Nov. tgl. 10.30–17.30 Uhr; 2. Jan.–15. März Sa, So, Fei 9–17 Uhr.
Der Turm kann nicht bestiegen werden.

Am Hauptplatz der Stadt steht der **Palazzo dei Priori (1),** der älteste erhaltene Kommunalpalast der Toscana, der als Vorbild für den Palazzo Vecchio in Florenz galt. 1208–57 errichtet, diente er ursprünglich den Versammlungen des Stadtrats, wurde dann Amts- und Wohnsitz des Podestà, später der Prioren und der Florentiner Kommissare, die alle ihre Wappen an der Fassade anbringen ließen (darunter einige in glasierter Terracotta aus der della Robbia-Werkstatt). Heute ist er Sitz des Bürgermeisters und der Kommunalverwaltung. Anders als bei den zweigeschossigen, breit gelagerten Stadtpalästen Oberitaliens »wird hier eine neue Form des monumentalen Stadthauses gefunden, die aus dem Geiste der toskanischen Wohnarchitektur entstanden ist und dem Bild der hoch- und eng gebauten Bergstadt entspricht« (Jürgen Paul). In der ursprünglichen Gestalt war das Erdgeschoss rechts durch spitzbogige Arkaden geöffnet, den Baukörper umgaben Holzgalerien,

An der rechten Vorderkante des Palazzo dei Priori ließen die Florentiner nach der Einnahme von Volterra 1472 auf einem Pfeiler als Hoheitszeichen ihren Löwen, den ›marzocco‹, anbringen. Vom Turm, der nicht immer zugänglich ist, hat man einen großartigen Blick auf die Stadt, an klaren Tagen auch auf die tyrrhenische Küste. Zwischen den Fenstern des Erdgeschosses findet man das mittelalterliche Längenmaß, den ›Volterraner Stab‹

deren Konsolen erhalten sind. Der asymmetrisch aufgesetzte fünfeckige Turm wird von einem Tabernakel bekrönt, das in der jetzigen Gestalt auf das 19. Jh. zurückgeht. Die merkwürdige Form der abgerundeten Zinnen ist wahrscheinlich nicht ursprünglich. Zur Innenausstattung des Palasts gehört ein leider schlecht erhaltenes Verkündigungsfresko im Ratssaal, das Orcagna 1383 schuf.

Die dem Kommunalpalast vorgelagerte Piazza dei Priori gehörte ursprünglich als *prato episcopatus* zum Bischofspalast. Seit dem 9. Jh. hielt man hier den Markt ab und später versammelten sich unter einer Ulme die von den Bürgern gewählten Konsuln. Zwei der Palastfassaden an der Piazza wurden im 19. Jh. willkürlich erneuert – die des Palazzo Incontri, heute Sitz der Cassa di Risparmio (an der Nordost-Seite), und die des Palazzo del Monte Pio (an der Südwest-Seite). Rechts vom Palazzo dei Priori steht der Bischofspalast, der aus einer ehemals offenen, für den Getreidehandel bestimmten Markthalle hervorging. Erst seit 1618 dient er als Bischofsresidenz.

Dem Palazzo dei Priori gegenüber steht der **Palazzo Pretorio (2).** Bis 1511 war er Sitz des Capitano del Popolo. Er ging hervor aus einer Gruppe von ehemaligen Privatpalästen und Wohntürmen des 12. und

13. Jh., die die Kommune ab 1223 erwarb und umgestaltete. Die 1224 von den Belforti übernommene Torre del Podestà – nach der Figur eines Schweins rechts vom oberen Fenster auch Torre del Porcellino genannt – diente als Gefängnis. 1321 erwarb die Kommune den ursprünglich durch eine schmale Gasse getrennten **Palazzo dei Malcreazzi** hinzu und öffnete die Erdgeschossarkaden, deren mittlere zur Wohnung des Podestà im Obergeschoss führte. Nach dem Erdbeben von 1846 wurde der Gesamtkomplex stark überarbeitet; dabei setzte man u. a. die Fenster des ersten Stockwerks links und rechts von der Torre del Podestà ein.

In der jetzigen Gestalt geht der **Dom Santa Maria Assunta (3)** auf das frühe 12. Jh. zurück (Weihe 1210). Von dieser Bauzeit zeugen am Außenbau (linke Seitenwand, Querschiff) die Blendbögen mit eingelassenen Rhomben und Oculi nach Pisaner Muster. Die 1254 umgebaute Fassade wirkt wenig harmonisch. Zur älteren Bauzeit um 1120 gehören die Blendbögen des Erdgeschosses, die kleinen Rundfenster, während die größeren Rundfenster, das Marmorportal und die Blendgalerie des Giebelfelds 1254 angelegt wurden. Der eingestürzte Campanile wurde 1493 durch einen Neubau ersetzt. Das dreischiffige Innere mit Querschiff wurde 1580–84 durch die Kassettendecke, die Stuckkapitelle und durch die Granit vortäuschende Stuckverkleidung der Säulen in seinem Charakter stark verändert.

Dom Santa Maria Assunta

Als Hauptwerk der Ausstattung findet sich in der zweiten Kapelle des rechten Querschiffs eine der seltenen, vollständig und gut erhaltenen Holzfigurengruppen der ›Kreuzabnahme‹ (1989 restauriert). Sie wurde in der weiteren Nachfolge Antelamis 1228 von einem Pisaner Künstler geschaffen. Die kandelabertragenden Engel und das Marmor-Ziborium im Presbyterium fertigte Mino da Fiesole 1471. Das gotische Chorgestühl mit Bischofsstuhl ist aus dem Jahr 1404. In einer Kapelle des linken Querschiffs trifft man auf eine Sitzmadonna aus Holz, die früher als ein Werk Jacopo della Quercias galt, heute jedoch mit Francesco di Valdambrino in Zusammenhang gebracht wird. Die Kanzel entstand in der zweiten Hälfte des 12. Jh., wurde jedoch 1584 falsch zusammengesetzt. Die Reliefs (›Verkündigung‹ und ›Heimsuchung‹, ›Opferung Isaaks‹ und ›Abendmahl‹) und die Löwen sind vom Stil des Pisaners Guglielmus beeinflusst. Am zweiten Altar des linken Seitenschiffs hängt eine ›Verkündigung‹ von Albertinelli und Fra' Bartolomeo (1472). Im linken Seitenschiff öffnet sich die Cappella dell' Addolorata. Bei den beiden Krippen handelt es sich um Terrakotta-Gruppen aus dem Umkreis der della Robbia-Werkstatt. Das Hintergrundfresko ›Zug der Könige‹ ist von Benozzo Gozzoli (1479).

In seiner einfachen Baustruktur als Oktogon ist das **Baptisterium (4)** schwer datierbar. Ein Dokument und eine Portalinschrift legen Bau- oder Umbauarbeiten zwischen 1278 und 1283 nahe. Im frühen 16. Jh. erhielt der Bau sein Gewölbe. Der Architrav ist mit Köpfen Christi, Mariens, Maria Salomes und elf der Apostel geschmückt (Judas fehlt). Im Innern ist das Baptisterium mit einem Taufbecken von Andrea Sansovino mit Darstellungen der Taufe Christi und von vier Tugenden (1502) ausgestattet.

Direkt links vom Dom schließt sich das 1936 eingerichtete **Museo Diocesano d' Arte Sacra (5,** Eingang neben dem Campanile, Via Roma 1) an. Es zeigt Kunstwerke aus dem Dom und der Diözese Volterra, darunter die Arca des Hl. Octavian, um 1320 von sienesischen Bildhauern geschaffen, eine silberne Reliquienbüste des Octavian, eine glasierte Terracotta-Büste des Hl. Linus von Giovanni della Robbia, ein Altargemälde von Rosso Fiorentino (1521) und ein vergoldetes Bronzekruzifix von Giambologna (16. Jh.).

Abstecher nach Sant' Alessandro

Ein kurzer Weg über die Via Porta dell' Arco führt vorbei an den Alabasterwerkstätten aus dem ummauerten Stadtgebiet hinaus zur Via lungo le Mura, von der man in das Tal der Cecina blickt und die Außenseite der **Porta all' Arco (6)** sieht. Diese ist das einzige gut erhaltene etruskische Stadttor. Es wurde in den mittelalterlichen Mauerring einbezogen. Der untere Teil aus großen Quadersteinen dürfte mit der Stadtmauer im 4. Jh. v. Chr. entstanden sein, während die äußeren und inneren Bögen aus Travertin sowie das Tonnengewölbe späteren Datums sind (Mitte 3. Jh. bis Ende 2. Jh.). Im äußeren Bogen ließ man drei stark verwitterte Köpfe ein, die auf verschiedene

Museo Diocesano d' Arte Sacra
Palazzo Vescovile
Via Roma 13
Tel. 0588 862 90
tgl. 9–13, 15–18 Uhr,
3. Nov.–15. März nur vormittags

Weise identifiziert wurden. Möglicherweise handelt es sich um Zeus (in der Mitte) und die beiden Dioskuren. Auf einer Aschenurne im Museo Archeologico (Saal XXXI) ist dieses Stadttor mit den drei Köpfen wiedergegeben. Eine Gedächtnistafel erinnert daran, dass es im letzten Weltkrieg vor einer Sprengung durch deutsche Truppen bewahrt wurde, indem die Volterraner innerhalb von zwei Tagen den Torbogen mit Pflastersteinen auffüllten.

Von der Porta dell' Arco ist schnell die jenseits der Stadtmauern gelegene romanische Kirche **Sant' Alessandro (7)** erreicht. Dokumentiert ist eine Weihe 1120 durch Papst Callisto II. Die Kirche wurde im 14. Jh. erhöht, im 18. Jh. verlängert, 1595 die Loggia vorgebaut.

Weitere Sehenswürdigkeiten im Zentrum

Die gut erhaltene **Torre Buonparenti (8)** ist ein Turmhaus des 13. Jh. Ein anderes Turmhaus der Buonparenti, das mit dem Turmhaus Buonaguidi durch eine Brücke verbunden ist, steht direkt gegenüber. Weitere mittelalterliche Häuser und Paläste, zum Teil mit den für Volterra charakteristischen Kinderfenstern, trifft man in der Via Ricciarelli, in der Via Buonparenti und deren Verlängerung, der Via dei Sarti, an.

Pinacoteca und Museo Civico
Palazzo Minucci Solaini
Via dei Sarti 1
Tel. 0 58 88 75 80
tgl. 9–19 Uhr;
3. Nov.–15. März
8.30–13.45 Uhr

Palazzo Incontri Viti
Via dei Sarti 41
Tel. 0 58 88 40 47
www.palazzoviti.it
30. März– 4. Nov.
tgl. 10–13, 14.30–18.30 Uhr, sonst nur n. V.

Teatro Romano und archäologische Ausgrabungen
16. März–2. Nov.
tgl. 10.30–17.30 Uhr; 3. Nov.–15. März Sa, So, Fei 10–16 Uhr, bei Regen geschl.

Das **Museo Civico (9,** Pinacoteca) ist im Palazzo Minucci-Solaini untergebracht. Dieser stattliche Renaissancepalast wurde Anfang des 16. Jh. für die Minucci errichtet, und zwar in der Tradition der mittelalterlichen Turmhäuser dieser Familie. Die Pläne zeichnete wohl Antonio da Sangallo d. Ä. Die Sammlung ist nicht sonderlich umfangreich, umfasst jedoch repräsentative Werke des 14. bis 16. Jh.

Die Verkündigung aus Holz, um 1420, gehört zu den qualitätvollsten Werken, die in jüngster Zeit Francesco di Valdambrino zugeschrieben wurden. Das Polyptychon von Taddeo di Bartolo aus Siena (um 1390–1410) gehört zu den wenigen vollständig erhaltenen Altarwerken der sienesischen Malerei. Die Madonnen-Tafel des Florentiners Stefano d' Antonio Vanni lehnt sich stilistisch an Filippo Lippi an. Ghirlandaios ›Christus in der Glorie‹ ist eines der letzten Werke des Florentiner Malers, datiert 1492. Die subtile Hintergrundlandschaft wurde durch die niederländische Malerei eines Hugo van der Goes angeregt. Von Luca Signorelli stammen zwei Gemälde, die ›Madonna mit Heiligen‹ (1491) und die ›Verkündigung‹ (1501), bei der Signorelli extreme Perspektivenwirkung, bewegte Figuren und symmetrischen Bildaufbau zu vereinigen sucht. Rosso Fiorentinos ›Kreuzabnahme‹ (1521) ist mit seinen extremen Beleuchtungseffekten, der grell-poppigen Farbigkeit und durch die Konzentration auf ausdrucksstarke monumentale Figuren ein Hauptwerk des Florentiner Manierismus.

Ein wenig weiter die Via dei Sarti entlang liegt der auf das 15. Jh. zurückgehende **Palazzo Incontri-Viti (10),** der zu den prachtvollsten Volterras gehört. Die imponierende Fassade mit sieben Achsen, mächtigem Gesims und Rustika für Kanten, Portal- und Fensterumrahmungen ist später (drittes Viertel des 16. Jh.) hinzugefügt worden und wird Ammannati zugeschrieben. Im Erdgeschoss wurde im 18. Jh. ein Theater eingebaut. Die Repräsentationsräume im ersten Obergeschoss können zeitweise besichtigt werden.

Die spätromanische Kirche **San Michele (11)** konnte ihre Fassade des 13. Jh. bewahren. Der Dekor mit Blendbögen zeugt von pisanisch-pistoiesischem Einfluss. Das Innere erneuerte man im Jahre 1826.

Die **Casa-torre Toscano (12)** ist ein gut erhaltener, fensterloser Turm der Familie Toscano vom Ende des 11. oder Anfang des 12. Jh. Links daneben ließ Giovanni Toscano, Schatzmeister des Königs von Sardinien, 1250 ein Turmhaus mit regelmäßigen, geglätteten Steinen, mit größeren Fenstern und Portalöffnungen errichten. Diese Türme lagen im frühen Mittelalter am nördlichen Rand der Stadt. Südlich der Häuser befand sich in römischer Zeit das Forum. Hier traf der *decumanus maximus* (dessen Verlauf die heutigen Straßen Via Don Minzoni – Via Gramsci entsprechen) auf den *cardo maximus* (Achse via Mateotti – Via Guranacci).

Außerhalb der mittelalterlichen Porta Fiorentina liegt das **Teatro Romano (13).** Die in den Hügel gebaute Zuschauertribüne *(cavea)* fasste mit 19 Sitzreihen etwa 2000 Personen. Das Theater wurde in der Regierungszeit des Kaisers Augustus im Auftrag der Volterraner Familie Cecina erbaut. Die Ausgrabungen begannen 1950. Ein Teil der Bühnenwand wurde rekonstruiert. Die Thermenanlage (mit *tepidarium, caldarium, laconicum)* unterhalb des Theaters stammt aus späterer Zeit (3. oder 4. Jh. n. Chr.). Zu ihrer Errichtung verwendete man Baumaterial des inzwischen verfallenen Theaters.

Als 1207 die Kommune ein Gesetz zur Reduzierung der Turmhöhen erließ, mussten die Türme – wie hier bei der Casa-torre Toscano – auf ein Maß von 30 braccia (Armlängen) gestutzt werden

Teatro Romano

Museo Etrusco Guarnacci (14)

Das Museum zählt zu den wichtigsten etruskischen Sammlungen Italiens. Die Bestände gehen auf eine Stiftung des Kanonikus Pietro Franceschini (1732) und des Monsignore Mario Guarnacci zurück. Guarnacci vermachte 1762 seine umfangreiche Sammlung und seine Bibliothek der Stadt Volterra. Das Museum enthält Fundstücke aus prähistorischer bis römischer Zeit. Weltberühmt ist die Kollektion etruskischer Aschenurnen (über 600, die nach Themen geordnet sind).

Erdgeschoss

Die verschiedenen Typen der Gräber Volterras werden in den **Sälen I und II** vorgestellt. Die ältesten Gräber wurden am Rande der Balze von San Giusto und in der Gegend der Ripaie (beim heutigen Stadion) gefunden. Weitere, vermutlich noch ältere Gräber verschüttete der Erdrutsch. Seit der Eisenzeit, der Villanova-Kultur (10.–8. Jh. v. Chr.), wurden Asche und Knochen der Toten häufig in großen, bikonischen und mit einer Schüssel abgedeckten Gefäßen beigesetzt, die man im Italienischen und in der Fachsprache ziro nennt. Waffen, Werkzeuge, Rasiermesser, Gürtelschnallen, Webschiffchen, Schmuck, Fibeln, Pferdegeschirr etc. gab man dem Grab zusätzlich bei. Die Urne wurde in eine (gelegentlich mit Steinen ausgelegte) Grube gestellt und mit einer Steinplatte abgedeckt. In der Nekropole von Guerruccia fand man erste, vereinzelte Beispiele der Erdbestattung.

Die im Saal II (Flur) dokumentierte ›orientalisierende Phase‹ aus der Übergangszeit der Villanova-Kultur zur etruskischen Zeit (7. und 6. Jh.) ist im isoliert gelegenen Volterra weniger vertreten als in Städten, die reicheren Handel entfalten konnten. Gezeigt werden Goldschmiedearbeiten, die vielleicht das Gewand eines verstorbenen Fürsten zierten, ein Schöpfgefäß (Kyathos) aus Bucchero-Ton, das in einem Grab bei Monteriggioni gefunden wurde und die älteste Inschrift im Gebiet von Volterra trägt. Wichtigstes Beispiel ist die Stele eines Kriegers namens ›Avile Tite‹, die schon zur Zeit der Renaissance bekannt war. In seinem Körperaufbau ähnelt der Krieger griechischen Kouroi aus der Mitte des 6. Jh. v. Chr.

Der überlebensgroße Marmorkopf (›Lorenzini-Kopf‹) in **Saal III** ist vielleicht das Werk eines griechischen Bildhauers. Er gehört einer Volterraner Familie und wird im Original nur während der Sommermonate gezeigt. (Der chronologische Rundgang wird mit diesem Saal unterbrochen und erst im zweiten Obergeschoss mit Funden des 4. bis 1. Jh. v. Chr. fortgesetzt, s. u.) Im selben Saal III beginnt die Präsentation der Volterraner Aschenurnen, die größtenteils aus der Sammlung Guarnaccis stammen. Da die Herkunft nur in den seltensten Fällen dokumentiert ist, werden sie nicht in chronologischer Reihenfolge oder nach Fundorten präsentiert, sondern nach den dargestellten Themen auf der Vorderseite. Häufig gehören die Deckel (mit Darstellung des Verstorbenen) nicht zu dem kastenförmigen Unterteil. Die Produktion der Aschenurnen konzentriert sich auf die Zeit von 250 v. Chr. bis ins 1. Jh. v. Chr. Die älteren Urnen sind aus Tuff gefertigt, später wurde der leicht zu bearbeitende Alabaster als bevor-

Museo Etrusco Guarnacci
Palazzo Desideri Tangassi
Via Don Minzoni 15
Tel. 0588 863 47
tgl. 9–19 Uhr;
3. Nov.–15. März
8.30–13.30 Uhr

Etruskische Urne aus dem Museo Guarnacci

zugtes Material verwendet. Der Saal III zeigt Urnen mit walmdachförmigen Deckeln, teilweise ohne Muster, einige mit Spuren farbiger Bemalung, andere mit floraler Dekoration im Flachrelief.

Säle V bis IX: Im Saal IV finden sich Urnen mit geflügelten Dämonen, die eine Patera oder eine Rosette halten, mit Medusenköpfen oder tragischen Masken. Saal V zeigt Urnen mit wilden Tieren, Meerwesen, Greifen im Kampf mit einer Amazone, Eroten bei der Wildschweinjagd. Das Thema im Saal VI ist der Abschied des Verstorbenen von den Verwandten, das der Säle VII bis IX die Reise des Verstorbenen ins Jenseits – zu Pferd, im Planwagen oder in der Quadriga, nur ausnahmsweise auch zur See. Ein bärtiger, mit Hammer bewaffneter Dämon, der Totengott Charun, erwartet den Verstorbenen in der Unterwelt.

Erstes Obergeschoss

Säle X–XX: Hier wird die Urnensammlung mit Darstellungen aus der griechischen Mythologie und den griechischen Heldensagen fortgesetzt. Es ist anzunehmen, dass die Bildhauer nach Vorlagen arbeiteten, denen vor allem griechische Gemälde zugrunde lagen. Saal XIII zeigt den Sagenkreis um den Minotaurus. Zur Darstellung kommt, wie sich die in einen Stier verliebte Pasiphae von Dädalos eine hölzerne Kuh anfertigen lässt, wie der Minotaurus geboren wird, wie Theseus den Minotaurus tötet. Mehrere Urnen zeigen die Rückkehr des Pelops und der Hippodamaia vom Wagenrennen mit König Enemaos. Zu den wenigen etruskischen Themen zählt die Geschichte des Ungeheuers Olta, das aus einem Brunnen steigt.

In Saal XIV sind Kentauren als Frauenräuber und in der Schlacht mit den Lapithen, der Raub der Töchter des Leukippos, sowie die Jagd des kalydonischen Ebers dargestellt. Die Urnen in Saal XV werden verschieden gedeutet, u. a. als ein Ehemann, der seiner Frau erscheint, um sie zu sich ins Jenseits zu holen. Die Ausstellungsstücke in Saal XVI erinnern an den Thebanischen Sagenkreis, u. a. die Bestrafung der Dirke, Aktäon wird von seinen Hunden zerfleischt, Kadmos tötet die Schlange, Pelops Enemaos, Ödipus und die Sphinx, der Bruderkampf zwischen Etheokles und Polyneikes. Saal XVII und XVIII thematisieren die Trojanische Sagenwelt, u. a. Aphrodite gibt Paris als Sohn des Priamos zu erkennen, Raub der Helena, Opferung der Iphigenie, Szenen mit Agamemnon und Orest sowie Themen aus der Odyssee; Saal XIX: Tötung des Wagenlenkers des Eunomaos, Gallier-Schlachten.

Säle XXI–XXVI: Die Terrakotta-Urne in Saal XX mit dem Ehepaar ist wohl ein spätes Werk, das auf altertümliche Weise das Paar gemeinsam beim Bankett zeigt. Saal XXI beherbergt Funde aus Chiusi, vor allem Bucchero-Gefäße (hart und schwarz gebrannter Ton), wie sie in Volterra unbekannt waren. Die lang gestreckte Bronzestatuette in Saal XXII, bekannt unter dem Namen *Ombra della sera* (Schatten des Abends), gehört zu einer Gruppe von Votivstatuetten aus Mitteletrurien, zeichnet sich jedoch durch stärkere Plastizität und das Fehlen von Attributen aus. Sie wurde auf Volterraner Territorium gefunden und bereits im 18. Jh. von Maria Guarnacci erworben. Saal XXIII zeigt Geräte und Gefäße aus Bronze (u. a. chirurgische Instrumente; Schabeisen), Münzen aus Populonia, Vetulonia und der Valdichiana. Der Raum ist zugleich ein Stück Museumsgeschichte: Vitrinen und Präsentation blieben seit der Eröffnung des Museums 1877 unverändert. In der großen Vitrine von Saal XXIV stehen Bronzestatuetten von der Archaik bis in die Zeit des Hellenismus. Saal XXV präsentiert Goldschmiedearbeiten, römische Gemmen und Glasgefäße, Saal XXVI hingegen das römische Volterra mit Köpfen des Augustus und der Livia.

Zweites Obergeschoss

Die neu eingerichteten Säle setzen den im Erdgeschoss begonnenen chronologischen Rundgang mit Funden aus der Spätklassik und des Hellenismus (4.–1. Jh. v. Chr). fort. Der Besucher trifft auf Aschenurnen besonders hoher Qualität, die vermutlich von griechischen Werkstätten gefertigt wurden. Besondere Beachtung verdient die Urne 371 im **Saal XXXI.** Sie zeigt, wie der bei der Belagerung von Theben vom Blitz getroffene Kapaneus von der Leiter stürzt. Das dargestellte Stadttor ähnelt Volterras Porta all' Arco.

Jenseits des Stadtzentrums

Die gewaltige **Fortezza (15)** wurde an der höchsten Stelle des Bergrückens errichtet. 1343 erbaute der Herzog von Athen den östlichen Teil, die Rocca Vecchia, nach dem Aufstand von 1472 ließ Lorenzo de' Medici den westlichen Teil, die Rocca Nuova, errichten, deren mittlerer Rundturm *maschio* genannt wird (entsprechend heißt der Innenturm der Rocca Nuova in Form einer halben Ellipse *femmina).* Festungen dieser Art errichteten die siegreichen Städte Florenz und Siena zum Schutz der Stadt, aber auch, um Bürgeraufständen vorzubeugen. Schon bald diente der *cassero,* wie man solche Festungen auch nennt, als Gefängnis, zu dessen berühmtesten Insassen die Brüder Pazzi nach ihrem Anschlag auf die Medici zählten. Seit 1880 ist die Fortezza Sitz einer der strengsten Strafvollzugsanstalten Italiens. Sobald jedoch ein neues Gefängnis außerhalb der Stadt fertig gestellt ist, soll die Festung zur Besichtigung offen stehen.

Piano di Castello (16) nennt man das hoch gelegene Areal des mittelalterlichen Kastells. Dieses wurde beim Bau der Rocca Nuova (1472) abgerissen. Es bestand aus Türmen, Häusern, Privatpalästen und dem Bischofspalast. Die vom Festungsbau nicht beanspruchte Ebene wurde landwirtschaftlich genutzt. 1926 entdeckte man hier antike Ruinen (darunter die etruskische Akropolis), die seit 1967 ausgegraben werden. Man legte die Fundamente von zwei etruskischen Tempeln des 3. und 2. Jh. v. Chr., eine Zisterne dieser Zeit, mehrere Gebäudereste (auch aus dem Mittelalter) sowie ein großes unterirdisches Wasserreservoir (21,60 m × 14,60 m, Tiefe 9,50 m) frei. Diese Zisterne, auch *piscina* genannt, wurde unter Kaiser Augustus errichtet. Quadratische Stützen unterteilen sie in drei gewölbte Schiffe, wobei man für Wände und Gewölbe wasserundurchlässigen Zement verwendete.

Außerhalb des Stadtgebiets liegt die Kirche **San Girolamo (17,** an der Landstraße nach Florenz und Siena gleich hinter der Psychiatrischen Klinik links abbiegen). Die Kirche wurde nach Plänen Michelozzos ab 1445 errichtet. Sehenswert sind vor allem die glasierten Terracotta-Arbeiten von Giovanni della Robbia (1501) in den beiden Kapellen, die von der Vorhalle aus erreichbar sind (man wende sich an einen der Fratres, allerdings nicht in der Mittagszeit). In der Kirche hängt eine Verkündigungstafel von Benvenuto di Giovanni (1466).

Von der auf einem Hügel gelegenen Kirche San Giusto bietet sich dem Besucher auch ein herrlicher Rundblick auf Volterras Umgebung

Die stark erneuerte spätromanische Kirche **San Francesco (18)** geht auf das frühe 13. Jh. zurück. Sehenswert ist die 1315 errichtete Cappella della Croce di Giorno (eigener Zugang). Der in der Tradition der Trecento-Malerei stehende Freskenzyklus von Cenni di Francesco, 1410, stellt die Legende vom Hl. Kreuz dar, ergänzt um Szenen aus dem Leben Mariens und der Kindheit Christi. Die selten dargestellten Begebenheiten um das Kreuz Christi gehen auf die ›*Legenda aurea*‹ des Jacobus de Voragine zurück. Cennis Vorbild war der themengleiche Zyklus in Santa Croce (Florenz), der im späten 14. Jh. von seinem Lehrer Agnolo Gaddi ausgeführt wurd. In der Mitte des 15. Jh. hatte Piero della Francesca in Arezzo das Thema zur Darstellung gebracht.

Weit außerhalb der mittelalterlichen Porta San Francesco, doch noch innerhalb des etruskischen Stadtgebiets, liegt die Kirche **San Giusto (19).** Sie wurde 1628 als Ersatz für die von den Erdschüben *(balze)* verschlungene alte Kirche San Giusto nach Plänen von Ludovico Incontri errichtet und in der zweiten Hälfte des 18. Jh. vollendet. Die formalen Möglichkeiten der Barockkunst werden im Äußeren und Inneren äußerst zurückhaltend angewendet. Bemerkenswert flach ist die Fassade aus roh behauenen Steinen.

Am Rand der *balze* steht die Ruine der **Badia (20),** eine 1030 gegründete Camaldulenserabtei, die bereits 1861, als die Erdschübe sich dem Kloster näherten, verlassen werden musste. 1895 stürzte die Kirche San Giusto ein, das verfallende Klostergebäude wird zurzeit restauriert (noch keine Besichtigungsmöglichkeit).

Reisen & Genießen

Hotels und Restaurants in San Gimignano

Trotz der vielen Tagestouristen empfehlen wir San Gimignano als Aufenthaltsort. Die Stadt bietet bedeutende Kunstwerke und doch in überschaubarer Menge. Es ist einfach angenehm, auch die Abendstunden in diesem Museum von einer mittelalterlichen Stadt zu verbringen. Von der Rocca Montestaffoli, der Stadtmauer und Hotelterassen blickt man auf schönste Landschaft, und nur wenige Kilometer sind es zur Superstrada Firenze–Siena und der Cassia. Die Internetseite der Azienda Turismo hilft, schnell das gewünschte Hotel zu finden (www.sangimignano.com). Die Hotels innerhalb der Stadtmauern sind ebenso in historischen Gemäuern eingerichtet wie die vorgeschlagenen Hotels der Umgebung.

Unsere erste Empfehlung ist das älteste Hotel der Stadt, nicht zuletzt wegen seiner hervorragenden Lage am Hauptplatz und dem Restaurant La Terrazza (saisonale Küche) mit unvergleichlichem Ausblick:

La Cisterna***
Piazza della Cisterna 24
Tel. 0577 94 03 28
www.hotelcisterna.it

Ein weiteres Hotel, dessen Restaurant ebenfalls einen Panoramablick in die weite Landschaft erlaubt, wurde in einem Gebäude des 14. Jh. mit modernem Mobiliar ausgestattet:
Bel Soggiorno***
Via San Giovanni 91
Tel. 0577 94 03 75
www.pescille.it/belsoggiorno

Eine geschmackvolle Unterkunft in einem Bauernhaus inmitten von Olivenhainen, bietet in der Nähe das Hotel
Pescille***
Loc. Pescille
Tel. 0577 94 01 86
www.pescille.it

Für sehr hohe Ansprüche empfehlen wir ein luxuriöses Relais-et-Châteaux-Hotel, das mit nur 20 Zimmern und einer Suite in einem ehemaligen Kapuzinerkonvent eingerichtet wurde:
La Collegiata****
Loc. Strada 27
Tel. 0577 94 32 01
www.lacollegiata.it

Auf halbem Weg nach Certaldo bietet eine von alten Olivenbäumen und einem Park umgebene Villa des 19. Jh. mit modernem Anbau hohen Komfort und Eleganz. Zum Hotelkomplex gehören ein Restaurant, Wellnesseinrichtungen und ein großzügiger Pool:
Villa San Paolo****
Straße Richtung Certaldo
Loc. Casini
Tel. 0577 95 51 00
www.villasanpaolo.com

Hotels und Restaurants in Volterra

Volterra liegt zwar etwas abseits von den Hauptzielen einer Kunstreise, hat aber den Vorteil der Nähe zum Meer.

Ein komfortables Hotel inmitten der Altstadt gelegen ist das San Lino, das in seinen Bau die Reste eines Klosters einbezogen hat:
San Lino****
Via San Lino 26
Tel. 0588 852 50
www.hotelsanlino.com

Villa des 18. Jh. mit schöner Aussicht, über der Stadtmauer:
Villa Nencini***
Borgo Santo Stefano 55
Tel. 0588 863 86
www.villanencini.it

Ein traditionsreiches, modern ausgestattetes Haus in einem mittelalterlichen Palast ist das
Hotel Nazionale***
Via dei Marchesi 11
Tel. 0588 862 84
www.hotelnazionale-volterra.com

Eine große Auswahl von Weinen bietet die sympathische Trattoria Da Badò. An der Theke kann man zu einem Glas Wein auch ein *pannino* oder ein *antipasto* zu sich nehmen, während in den Gasträumen toscanische Pasta- und Fleischspezialitäten oder auch *baccalà* aufgetischt werden:
Da Badò
Borgo San Lazzero 9
Tel. 0588 864 77
Mi geschl.

Als eines der besten Restaurants in Volterra und Umgebung gilt das Del Duca, das neben besonderen Pasta- und Fleischgerichten auch vegetarische Menus offeriert:
Ristorante-Enoteca Del Duca
Via di Castello 2
Tel. 0588 815 10
Di geschl. (außer im Sommer)

Südliche Toscana

Massa Marittima

Karte Innenklappe hinten
Cityplan S. 408

Massa Marittima ★
Besonders sehenswert: Dom San Cerbone

Geschichte

Im Mittelalter war Massa Marittima mit etwa 10 000 Einwohnern (um das Jahr 1300) das bedeutendste Zentrum der Maremmen. Die sich ausbreitende Malaria reduzierte die Einwohnerzahl im 16. Jh. auf etwa 500. So konnte der auf einem Hügel errichtete Ort seine Bausubstanz vorzüglich erhalten: In der fast menschenleeren Stadt wurde nichts verändert. Erst Ende des 19. Jh., als man die Sümpfe trockenlegte und der fruchtbare Boden neue Bewohner anzog, als die stillgelegten Mineralienbergwerke wieder eröffnet wurden, begann man, die zerfallenden Gebäude instandzusetzen.

Ufficio informazioni
Via Todini 3
58024 Massa Marittima
Tel. 0566 90 47 56
www.lamaremma.info

Der Stadthügel (380 m) liegt in einem seit vorgeschichtlicher Zeit besiedelten Gebiet. Die Mineralienschätze der Colline Metallifere, Kupfer, Eisen, Silber, Alaun, wurden bereits von den Etruskern und Römern abgebaut. Der Ortsname Massa ist römischen Ursprungs, er bezeichnet ein größeres Landgut. Seit dem 14. Jh. fügte man die Bezeichnung Marittima (Synonym zu Maremma, Küstengebiet) hinzu.

Die Geschichte der mittelalterlichen Stadt begann um das Jahr 835. Griechische Seeräuber hatten die alte Bischofsstadt Populonia zerstört. Der Bischof floh – über Umwege – nach Massa, um auf diesem von der Küste weiter entfernten Hügel Schutz vor Plünderern und der Malaria zu finden. Seine Residenz bezog er zunächst im Castello di Monte Regio an der Stelle des heutigen Hospitals in der Oberstadt, der sogenannten Città Nuova. Den Dom hingegen ließ er auf einem tiefer gelegenen Absatz errichten. Diesen Teil der Stadt nennt man Città Vecchia, die alte Stadt: Sie wurde vorwiegend im 11. bis 13. Jh. erbaut, während die Città Nuova durch die drei folgenden Jahrhunderte geprägt wurde.

Massa wird relativ spät, im Jahre 1228, freie Kommune. Die Bewohner hatten – wie die Volterraner und Aretiner – mit dem Bischof um ihre Rechte zu kämpfen. Die Stadt war zu klein, um sich gegen die Großmächte zu behaupten: Massa wird zunächst von Pisa, nach dessen Niederlage bei Meloria (1284) von Siena umkämpft, um 1365 der sienesischen Republik eingegliedert zu werden. Siena erbaute in der Oberstadt eine Festung und eine noch weitgehend erhaltene Stadtmauer. Als Sohn der sienesischen Familie Albizeschi wird hier 1380 der Franziskanerheilige Bernhardin geboren. Mit Siena wird Massa Marittima 1555–59 dem Herzogtum Toscana eingegliedert.

Dom San Cerbone

Der Dom **(1)** ist die kunstgeschichtlich bedeutendste Kirche der gesamten Maremma. Es ist ein spätromanischer Bau aus dem 13. Jh. Baubeginn war das Jahr 1228, zu einer Zeit, als mit der Zisterzienserkirche von San Galgano bereits die Gotik in der Toscana ein-

◁ Blick auf Massa Marittima

Massa Marittima

1 Dom
2 Palazzo del Podestà
3 Palazzo Comunale
4 Loggia del Comune
5 Palazzo dell' Abbondanza
6 Palazzo Pannocchieschi
7 San Michele
8 Palazzo Malfatti
9 Fortezza
10 Museo d' Arte e Storia delle Miniere
11 Sant' Agostino, Museo d' Arte Sacra
12 San Francesco

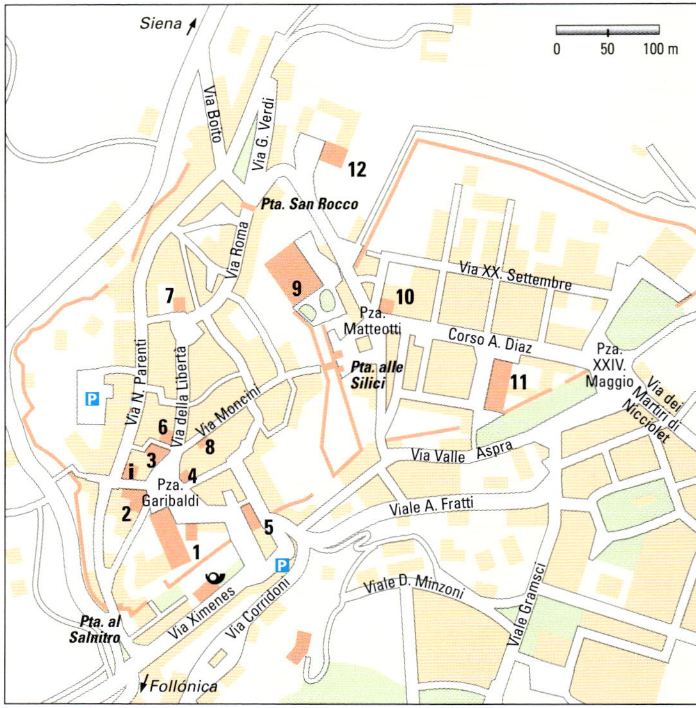

geführt worden war. Beendet wurde der Dom erst 1304 mit dem nunmehr in gotischen Stilformen erstellten Chor. Von einer Vorgängerkirche aus dem 11. Jh. sind Reste an der Südseite erhalten.

In der äußeren Gestalt erinnert der Dom an Pisaner Kirchen, auch wenn er nicht aus Marmor errichtet wurde, sondern aus Travertin, das durch die Sonnenbestrahlung im Laufe der Jahrhunderte einen goldenen Schimmer erhielt. Wie in Pisa und Lucca sind um das Langhaus Blendarkaden gereiht, die mit Rhomben und Kreisformen gefüllt sind. Da der Dom schräg zur Piazza steht, fällt es kaum auf, dass die Fassade nicht symmetrisch ist: Die Arkaden rechts vom Portal sind etwas schmaler. Der obere Teil mit den frei stehenden dünnen Säulchen und den gotischen Fialen gehört einer zweiten Bauperiode von 1287 bis 1304 an. Die mittleren Säulen beider Loggien ruhen auf Figuren (Tiere, Greifen, Menschen), von denen einige stilistisch mit Bauskulpturen von Giovanni Pisano verwandt sind.

Die Türpfosten vom Hauptportal könnten noch vom Vorgängerbau stammen. Der Türsturz zeigt Begebenheiten aus dem Leben des Stadtpatrons, des Hl. Cerbonius: ›Die Reliquien des Heiligen werden von Elba nach Populonia gebracht‹, ›Der Heilige wird Bären ausgesetzt und auf geheimnisvolle Weise befreit‹, ›Der Heilige stillt mit der Milch einer Hirschkuh den Durst päpstlicher Gesandter‹, ›Der beschuldigte Heilige stellt sich dem Papst in Begleitung von Gänsen‹, ›Während Cerbonius vor dem Papst die Messe feiert, singen Engel das Gloria‹. Der Campanile stammt aus dem 13. Jh. 1928 wurde der baufällige Turmaufsatz erneuert.

Das dreischiffige Langhaus trug ursprünglich einen offenen Dachstuhl; erst im 17. Jh. wurde es eingewölbt, was für unser heutiges ästhetisches Empfinden für das Raumbild von Nachteil ist. Die Einwölbung war jedoch – vor allem bei Bischofskirchen – eine Frage des Prestiges und erfüllt darüber hinaus einen praktischen Zweck, indem sie bei einem Dachstuhlbrand vor Feuer schützt. Wie man an den unterschiedlichen Kapitellen nachvollziehen kann, wurde das Langhaus in zwei verschiedenen Bauphasen errichtet. Von 1228 bis 1267 entstanden die ersten sieben Joche. In einer zweiten Bauphase, 1287 bis 1304, verlängerte man das Langhaus, fügte das Querschiff, die Kuppel und schließlich den polygonal schließenden, gotischen Chor hinzu. Eine Inschrift im Presbyterium, die als Baumeister Giovanni Pisano nennt, ist wahrscheinlich gefälscht.

Das **Taufbecken** zu Beginn des rechten Seitenschiffs wurde 1267 durch Giroldo da Como aus einem einzigen Travertin-Block gemeißelt. Es zeigt u. a. Szenen aus dem Leben Johannes des Täufers. Das Marmor-Tabernakel mit Patriarchen und Propheten sowie einer bekrönenden Figur Johannes des Täufers stammen von 1447. In der **Cappella del Sacramento** (im rechten Querhaus) zeigt ein Fresko des frühen 14. Jh. die Heiligen Lucia, Agathe und Genoveva.

Ein Hauptwerk der sienesischen Bildhauerkunst, der **Sarkophag des Hl. Cerbonius,** ist hinter dem Hauptaltar im Chor aufgestellt. Die Reliquien dieses Heiligen hatte der Bischof von Populonia zu seinem

Dom San Cerbone, Detail des Sarkophags des Hl. Cerbonius. Folgende Motive sind, beginnend an der dem Altar zugewandten Längsseite, dargestellt: Von links – Cerbonius wird von Totila gefangengenommen und den Bären vorgeworfen, doch auf wunderbare Weise befreit; der Hl. Cerbonius wird von Bürgern gebeten, die Messe zu lesen; er wird von Bürgern vor Papst Virgilius beschuldigt; Cerbonius wird von den Gesandten aufgefordert, sich dem Papst zu präsentieren; er melkt für die durstenden Gesandten eine Hirschkuh; in der Nähe von Rom heilt er Kranke; er kommt zum Papst in Begleitung von Gänsen, die seine Unschuld beweisen; bei der Messfeier des Cerbonius vernimmt der Papst das von Engeln gesungene Gloria

neuen Sitz nach Massa Marittima mitgenommen. Dieser schreinartige Sarkophag (Arca) ist ein Werk des Goro di Gregorio und auf 1324 datiert. Acht mit lateinischen Inschriften versehene Reliefs schildern das Leben des Heiligen, wie es auch in einigen Szenen am Portal bereits dargestellt wurde.

Die einzelnen Episoden sind mit einer Ausführlichkeit und Liebe zu Details geschildert, wie sie gewöhnlich nur in gemalten Predellen begegnet. Von seltener, an Goldschmiedearbeit erinnernder Feinheit ist die Ausführung. Goro di Gregorio behandelt den Marmor mühelos, als sei er aus Wachs. Typisch sienesisch ist die Vorliebe für die melodisch ausschwingende gotische Linie, die wellenförmig von einer Figur auf die andere übergeht und dem Bildfeld einen eigenen Rhythmus verleiht, für den es in der Malerei dieser Zeit keine Parallele gibt. Leider schlecht erkennbar ist das kleine, qualitätvolle Holzkruzifix über dem Altar aus der Werkstatt des Giovanni Pisano.

In der **Krypta** (Zugang links vom Hauptaltar) soll demnächst eine kleine Kunstsammlung wieder eröffnet werden. Sie wird u. a. Marmorstatuetten zeigen, die wahrscheinlich in Zusammenhang mit der Arca des Hl. Cerbonius entstanden.

In der **Cappella della Madonna** des linken Querschiffs hängt die 1316 datierte, leider beschnittene ›Thronende Madonna‹, die als Gnadenbild verehrt und daher ›Madonna delle Grazie‹ genannt wird. Sie ist, wie die ›Maestà‹ im Dommuseum von Siena, auf der Rückseite mit Passionsszenen bemalt. Stilistisch steht die Tafel Duccio sehr nahe, wird jedoch trotz ihrer sehr hohen Qualität einem Mitarbeiter oder engen Nachfolger zugeschrieben.

An der linken Seitenschiffwand sieht man ein beachtenswertes **Freskenfragment** mit der ›Anbetung der Könige‹ aus der zweiten Hälfte des 14. Jh. Das große **Rundfenster** an der Innenfassade zeigt Szenen aus dem Leben des Hl. Cerbonius. Es ist von Girolamo da Pietra Santa, aus der ersten Hälfte des 14. Jh.

Um die Piazza Garibaldi

Museo Archeologico
Piazza Garibaldi
Tel. 0566 90 22 89
www.coopcolline metallifere.it
www.massa marittimamusei.it
Di–So 10–12.30, 15.30–19, Nov.–März 10–12.30, 15–17 Uhr

Das historische Zentrum der Unterstadt ist die Piazza Garibaldi, an der drei mittelalterliche Bauwerke stehen: der soeben beschriebene Dom, der Palazzo del Podestà mit dem archäologischen Museum und der Palazzo Comunale. Der 1225 in Travertin errichtete **Palazzo del Podestà (2)** des Stadtkommandanten (auch Palazzo Pretorio genannt) trägt Wappen von vielen Podestà und Capitani di Giustizia aus Massa Marittima und Siena. Das im Palast eingerichtete **Museo Archeologico** zeigt etruskische Funde aus Grabungen südlich von Massa Marittima, u. a. beim Lago dell' Accesa (Bronzestatuette eines bärtigen Thronenden, 7. Jh. v. Chr.), römische Münzen sowie Majolika-Gefäße aus Faenza und Gubbio.

Der **Palazzo Comunale (3)** besteht aus mehreren Turmhäusern. Das älteste ist das linke, die um 1250 entstandene Torre del Bargello, es folgt ein 1344 errichteter Verbindungstrakt zur Torre dei Conti di Biserno aus der zweiten Hälfte des 13. Jh. Die Fenster des dritten Stockwerks und der Zinnenkranz kamen erst im 19. Jh. hinzu. Die Palastkapelle (Cappella dei Priori) wurde 1525 mit Fresken ausgestattet. Links der Torre del Bargello schließt sich die Casa dei Conti di Biserno an, ein Stadtpalast des 13. Jh. für die in Massa eingebürgerten Grafen von Biserno. Das erste Obergeschoss erhielt Renaissancefenster. Der Palast diente 1336 bis 1602 als Bischofsresidenz.

Die **Loggia del Comune (4)** geht auf das 14. Jh. zurück, war jedoch im 19. Jh. so weit verfallen, dass man sich 1872 entschloss, sie zu rekonstruieren und ein Obergeschoss hinzuzufügen. Als **Palazzo dell' Abbondanza (5),** als Palast des Überflusses, bezeichnet man ein 1265 errichtetes Lagerhaus für Getreide. Wie bei den Brunnenhäusern in Siena öffnen sich im Erdgeschoss spitzbogige Arkaden zum Stadtbrunnen, der unmittelbar gegenüberliegenden Fonte Pubblica.

Arco dei Senesi

In der Via della Libertà (Hausnummer 15) steht der kleine **Palazzo Pannocchieschi (6)** aus dem 14. Jh. Wie Dante im Purgatorio erwähnt, sperrte Nello Pannocchieschi seine Gemahlin, Pia dei Tolomei aus Siena, aus Eifersucht in einem Kastel der Maremmen ein. Pia ließ daraufhin ihren Gemahl ermorden. Ein kurzer Abstecher führt zur profanierten Kirche **San Michele (7)** an der Piazza Cavour, in der die städtische Bibliothek untergebracht ist. Zu ihren Beständen zählt der Codex minerarius von 1310, in dem die ältesten Verordnungen für den Mineralienabbau festgehalten sind.

Zur Città Nuova

Die Oberstadt erreicht man zu Fuß über die Via Moncini, die im oberen Teil in eine Treppe mündet. Am Anfang der Straße (Haus Nr. 10) steht der in Backstein und Travertin erbaute gotische **Palazzo Malfatti (8).** Zwei Erdgeschossportale wurden im 16. oder 17. Jh. erneuert. Die aus dem 14. Jh. stammende Porta alle Silici öffnet sich zur Città Nuova. Sie gehört zur nicht mehr vollständig erhaltenen Festungsanlage der Sienesen. 1774 und 1845 wurden Teile der Festung beim Bau eines Hospitals abgerissen. Die **Festung (9)** wurde unter der Herrschaft Sienas im Jahre 1335 errichtet. Dabei bezog man das ältere Kastell Monte Regio ein. Der Bischof, der bis dahin in Monte Regio residierte, nahm daraufhin seinen Sitz in der Unterstadt und erhielt zudem eine jährliche Entschädigungssumme. Ein großer Bogen, der **Arco dei Senesi,** verbindet die Festung mit einem bereits seit 1228 bestehenden Turm, der Torre del Candeliere (auch Torre dell' Orologio genannt).

Das im Palazzetto degli Armi (14. Jh.) untergebrachte **Museo d' Arte e Storia delle Miniere (10)** beschäftigt sich mit der Technik und der Geschichte des Mineralienabbaus. Unweit des Museums, in der Via Populonia 18, kann man eine Ölmühle des 18. Jh. besichtigen (Hinweisschild ›Antico Frantoio‹).

Museo di Arte e Storia delle Miniere
Piazza Matteotti
Tel. 0566 90 22 89
www.coopcolline metallifere.it
April–Okt. 10–13, 15–18, Nov.–März 11–13, 15–17 Uhr, Mo geschl.

Museo d' Arte Sacra
Corso Diaz 36
Tel. 0566 90 19 54
www.coopcolline metallifere.it
tgl. außer Mo April–Okt. 10–13, 15–18, Nov.–März 11–13, 15–17 Uhr

Sant' Agostino (11), eine 1299 bis 1313 errichtete Augustinerkirche, ist ein einschiffiger Raum mit Querschiff und drei Chorkapellen, wie es dem Grundrissschema der Bettelordenskirchen entspricht. Mit der polygonalen Apsis (nach Plänen von Domenico di Agostino) wurde der Bau 1348 beendet. 1463 erhöhte man das Langhaus und zog nach Vorbild umbrischer Kirchen Schwibbögen ein, die den offenen Dachstuhl tragen. Der Campanile entstand 1627. Im rechten Winkel zur Fassade von Sant' Agostino steht die nur noch teilweise erhaltene romanische Kirche San Pietro all' Orto.

Das 2005 eröffnete **Museo di Arte Sacra** ist im angrenzenden ehemaligen Konventsgebäude von San Pietro all' Orto untergebracht. Es vereint Kunstwerke, die vorher im Palazzo del Podestà, im Dom und in anderen Kirchen von Massa Marittima zu sehen waren.

Die zehn dunkelgrauen Reliefs aus dem Dom in Saal 1 gehörten wahrscheinlich zu einer Kanzel. Sie sind aus Alabaster gefertigt, das in späteren Zeiten durch Übermalung sein dunkles Aussehen bekam. Dargestellt sind u. a. der thronende Christus in der Glorie, der bethlehemitische Kindermord, Maria inmitten der zwölf Apostel, ein Ritter mit gezücktem Schwert, Verteilung oder Einsammeln von Brot. Ein Bildfeld zeigt die gekrönte Madonna, umgeben von Engeln. Das Feld darüber ist wohl nicht eine Maiestas Domini, vielmehr eine frühe Form der Himmelfahrt Mariens, bei der Engel die Gottesmutter in einer Glorie zum Himmel führen. Die extreme, nahezu abstrakt-ornamentale Stilisierung hat dazu geführt, in den Reliefplatten Werke aus vorromanischer Zeit zu sehen. Heute sieht man deutlicher, dass sie im 12. Jh., zu Blütezeit der romanischen Bildkunst, entstanden sind.

Die säulentragenden Figuren (Telamon, Greif und Pferd) im Saal 2 stammen von der Fassade des Doms: In ihrem expressiven Stil können sie nur von Giovanni Pisani stammen, der auch das kleine polychrome Holzkruzifix in starkem Schmerzensausdruck geschnitzt hat. Aus dem Dom kamen auch die elf Statuetten dieses Raums, zumeist Arbeiten des sienesischen Bildhauers Gano di Fazio (1. Hälfte 14. Jh.).

Museum für Tasteninstrumente
Liebhaber von Orgeln und historischen Tasteninstrumenten begeistert das Museo degli Organi (Corso Diaz 28, Tel. 0566 94 02 82, www.museo degliorgani.it, Di–So 10–12.30, 16.30–19.30 Uhr; im Winter Di–So 10–12.30, 15–18 Uhr).

Hauptwerk des Museums ist die 1335 ausgeführte Altartafel von Ambrogio Lorenzetti. Sie entstand wahrscheinlich für die Kirche Sant' Agostino. Thema ist die ›Maestà‹, die thronende Muttergottes, umgeben von Engeln, Aposteln und zahlreichen Heiligen, darunter dem Stadtpatron Cerbonius mit seinen Gänsen. Auf dem Thronstufen sitzen die Kardinaltugenden ›Glaube‹ (sie blickt in einen Spiegel), ›Hoffnung‹ (mit Turm) und ›Liebe‹ (mit flammendem Herzen und Pfeil). Zu den malerischen Höhepunkten zählt im Saal 4 ein Verkündigungsengel des sienesischen Malers Sassetta (um 1423–26).

Die Franziskaner konnten ihr Konvent **San Francesco (12)** nur noch außerhalb der Stadtmauern errichten. So gelangt man zur Kirche durch eines der mittelalterlichen Stadttore, die Porta San Francesco. Bereits befand sich die Kirche im Bau, wurde in den folgenden Jahrhunderten jedoch mehrfach verkürzt, so dass vom ursprünglichen Bau nur noch die Chorkapellen und das Querschiff erhalten blieben. Das Konventsgebäude ist Sitz des bischöflichen Seminars.

An der tyrrhenischen Küste von Livorno bis Follónica

Klappenkarte vorne und hinten

Livorno

Dem Namen nach kennt jeder die Stadt, zu einer Besichtigung zieht es allerdings nur wenige hierher – die Glanzzeiten der einst wohlhabenden Hafenstadt sind seit langem vorbei. 904 hören wir das erste Mal von einer Ansiedlung um ein Kastell. 1392 als Hilfshafen für die Pisaner gedacht und befestigt, wurde Livorno im 16. Jh. nach der Übernahme durch Florenz bald die zweitgrößte Stadt der Toscana. Unter Kardinal Giulio de' Medici entstand ab 1571 eine ideale, fünfeckige, von einem Wassergraben umgeben Stadtanlage, der sich bis 1618 der Ausbau des inzwischen wichtigsten Hafens des toscanischen Großherzogtums anschloss. In den folgenden zwei Jahrhunderten verdoppelte sich die vom Freihafen angezogene Bevölkerung, die spätestens seit dem Toleranzedikt von 1593 aus einer bunten Mischung verschiedenster Nationalitäten bestand: Griechische Kaufleute, spanische Juden und katholische Engländer lebten neben russischen Exilfamilien und machten aus Livorno eine offene, liberale Handelsstadt.

APT
Piazza Cavour 6
57100 Livorno
Tel. 0586 204 61
www.comune.livorno.it,
www.turismo.toscana.it
www.costadegli etruschi.it

Das Fehlen eines traditionellen Adelsstands ließ die Stadt zu Beginn des 19. Jh. zu einem der ersten europäischen Zentren werden, in denen das Gedankengut der Aufklärung Fuß fasste. Das lebhafte, geschäftige Treiben und der praktische Geist ihrer Bewohner fielen schon Charles Dickens bei seinem Besuch 1845 auf. Das Erscheinungsbild Livornos jedoch hat nach den verheerenden Zerstörungen des Zweiten Weltkriegs und dem daraufhin wild wuchernden Netz von Neubauten schwer gelitten. Der Kunstfreund kennt die Stadt vor allem als Geburtsort des Bildhauers Amedeo Modigliani (1894–1920).

Die zum Teil wiederhergestellte **Fortezza Vecchia** am Hafen (der älteste Teil mit dem *mastio di Matilde*, dem zentralen Turm, ist aus dem 11. Jh., ein neuerer Ring vom Ende des 14. Jh., 1521–30 kam die letzte Erweiterung nach Plänen von Antonio da Sangallo d. J. hinzu) und die in einen Park umgewandelte Fortezza Nuova von 1590 am Fosso Reale waren ursprünglich durch eine Mauer verbunden und vermitteln einen Eindruck von der ehemaligen Stadtbefestigung.

Südlich der Fortezza Vecchia auf der Piazza Giuseppe Micheli befindet sich das **Denkmal für Großherzog Ferdinando I. de' Medici** mit den vier Bronzesklaven von Pietro Tacca (1623/24). Das seit Michelangelo berühmte Thema der Sklaven findet man hier ein Jahrhundert später noch einmal umgesetzt. Tacca, der bedeutendste Schüler des Giambologna, wählte aus den 1607 tatsächlich in Livorno gefangenen Schwarzen die ›passendsten‹ aus und entwarf nach ihnen vier Wachsmodelle. Unter der heroischen Figur Ferdinandos wird die Ohnmacht der angeketteten Sklaven in ihrer geduckten, gewundenen Haltung überdeutlich. Die Darstellung der mächtigen Körper und die expressiven Gesichtszüge bestechen durch ihre Lebensnähe. Die Bewegungen der Sklaven wirken wie in einer Momentaufnahme erstarrt.

Über die Via Grande erreicht man die gleichnamige zentrale Piazza mit dem nach Kriegsschäden wieder errichteten **Dom San Francesco** (erbaut 1594–1607, später erweitert und verändert; Deckenmalereien aus der Zeit um 1600). Hinter dem gegenüberliegenden Palazzo Grande am Largo Municipio sieht man auf der Nordseite zwei Bauten aus dem 17. und 18. Jh.: links den **Palazzo della Camera del Commercio** (1648), rechts den **Palazzo Comunale** (1720). Über die Via di Venezia zurück Richtung Hafen erreicht man die ebenfalls wieder errichtete Kirche **San Ferdinando,** 1704–14, ein Beispiel des üppigen Spätbarock mit Altären von Giovanni Baratta. Dem Fosso Venezia nach Osten folgend stößt man auf die Kirche **Santa Caterina,** einen Zentralbau von 1720, in deren Apsis man die ›Marienkrönung‹ von Giorgio Vasari bewundern kann.

Vorbei an der Fortezza Nuova und über die **Piazza della Repubblica** (interessante Platzanlage mit Kanal, 1844–48) führt die Via De Larderel zur großen Wasserzisterne, dem **Cisternone,** einem klassizistischen Hauptwerk des Architekten Pasquale Poccianti. Die Bereitstellung von sauberem Trinkwasser war im 19. Jh. zu einem Hauptproblem Livornos geworden. Poccianti arbeitete vierzig Jahre an dem großen Projekt eines Aquädukts, das Quellwasser aus dem hügeligen Hinterland über eine Strecke von 18 km durch ein Kanalsystem und über 357 Bögen und 19 Viadukte in die Stadt hineinführte. Das letzte Stück ließ Poccianti als Promenade anlegen, um die Stadtbewohner zu Ausflügen auf das Land anzuregen. Der Cisternone mit der charakteristischen riesigen Konche über einem Portikus orientiert sich an den acht Säulen und an der Kuppel des römischen Pantheon.

Museo Civico Giovanni Fattori

Via S. Jacopo in Acquaviva
Livorno
Tel. 0586 80 80 01
museofattori@comune.livorno.it
Di–So 10–13, 16–19 Uhr

Im Süden der Stadt (vom Dom der Via Cairoli folgend) sind im gleichnamigen Vorort die **Villa Fabbricotti** und das **Museo Civico Giovanni Fattori** zu besichtigen. Es zeigt archäologische Fundstücke und eine Sammlung italienischer Malerei aus der Zeit um 1900. Von besonderem Interesse sind die Werke einer Gruppe von Malern (u. a. Telemaco Signorini und Cristiano Banti) um den Livornesen Giovanni Fattori (1825–1908), nach dem das Museum benannt ist. Nach einem Aufenthalt in Paris arbeitete Fattori als Landschaftsmaler in den Maremmen. Wegen ihrer neuartigen, fleckigen Malweise wurden diese Künstler oft als *macchiaioli* (Fleckenmaler) beschimpft.

Museo Archeologico Comunale

Villa Guerrazzi,
La Cinquantina
Cécina
Tel. 0586 68 01 45
museo.archeologico@comune.cecina.li.it
Di–So 18–22 Uhr

Cécina

In Cécina, 30 km südlich von Livorno, werden im Archäologischen Museum in der Villa Guerrazzi Geschichte und Kultur des etrurischen Gebietes zwischen Volterra und der Küste präsentiert. Der zeitliche Rahmen erstreckt sich von den frühen Kulturen im 9. Jh. v. Chr. bis in die spätantike Zeit, wobei das Schwergewicht auf der Kultur der Etrusker im späten 7. und 6. Jh. v. Chr. liegt. Neuere Fundstücke aus Nekropolen und Wohngebieten u. a. von Casale Marittima und Montescudaio werden ergänzt durch Dauerleihgaben aus Privatsammlungen und den archäologischen Museen in Volterra und Florenz.

Populonia und Golf von Baratti

Parco Archeologico di Baratti e Populonia

Loc. Baratti
Tel. 0562 90 02
www.parchivaldicornia.it
März–Mai, Okt. Di–So 10–18 (Nov. bis 16) Uhr; Juni, Sept. Di–So 10–19, (Juli/Aug. bis 19.30) Uhr; 1.–8. Dez. und Jan./Feb. Sa, So, Fei 10–16, 27.–31. Dez tgl. 10–16 Uhr, 9.–26. Dez. geschl.

Pupluna oder *Fufluna* hieß der Ort auf hier gefundenen etruskischen Münzen. Er war der einzige direkt am Meer gelegene des etruskischen Stammlands. Die anderen Küstenstädte besaßen lediglich ihren Hafen am Meer, lagen aber selbst 10–40 km im Landesinnern. Schon im 9. und 8. Jh., zur Zeit der Villanova-Kultur, wurden in Populonia Kupfer und Bronze der Colline Metallifere und des nahe gelegenen Campiglia Marittima verarbeitet. Seit dem 4. Jh. verhüttete man dann auch das Eisen von der Insel Elba. Die Stadt erlebte im 7. und 6. Jh. v. Chr. ihre Blütezeit, in der die Handelsbeziehungen bis Volterra, Vetulonia und Chiusi reichten. Der Niedergang begann mit der Belagerung durch Sulla 79 v. Chr. Dennoch erhielt Populonia einen Bischofssitz (wohl im 4. Jh. n. Chr.). Dieser musste jedoch 835 aus dem inzwischen nahezu ausgestorbenen Ort nach Massa Marittima verlegt werden.
Das heutige Populonia wurde anstelle der antiken Oberstadt errichtet. 180 m hoch über dem Meer bietet es von der Festung einen weiten Blick auf die Küste. Der Ort bildete sich aus der Anlage eines Kastells, das die Appiani 1399 ausbauen ließen. Erhalten blieben außer der Stadtmauer die Rocca mit einem viereckigen Turm und mächtigen Rundturm des 15. Jh. In der Villa Gasparri macht ein kleines etruskisches Museum mit Fundstücken aus den Nekropolen von Populonia bekannt. Die wichtigsten Stücke gelangten jedoch ins Archäologische Museum nach Florenz. Die antike Handels- und Industriestadt lag am östlichen Hang des Hügels und erstreckte sich bis zum Hafen.

Die wichtigsten etruskischen Nekropolen liegen am Golf von Baratti, dort, wo sich im 4. Jh. v. Chr. das Industriegebiet ausbreitete. Die bei der Eisenverhüttung zurückgebliebenen Schlacken bedeckten die alten Gräber mit einer bis zu 7 m hohen Schicht, so dass sie unter der Last des Schlackenbergs einstürzten. In ihren holzbefeuerten Öfen konnten die Etrusker nur 40 bis 50 % des Eisengehalts ausnutzen. Der in der Schlacke zurückgebliebene Restbestand wurde seit dem Ersten Weltkrieg mit Hilfe von modernen Verhüttungsmethoden isoliert. Beim Abbau der Schlackenberge kamen die etruskischen Gräber zutage. Sie waren teilweise noch unberührt, teilweise jedoch bereits in spätetruskischer Zeit ihrer kostbarsten Beigaben beraubt worden.

Am interessantesten ist die **Nekropole von San Cerbone.** Neben einfachen Fossa-Gräbern gibt es Kammergräber, bei denen der Grabhügel (Tumulus) von einem gemauerten Tambour eingefasst ist. Damit das Regenwasser die Tambourwände nicht angreift, werden diese von einer Art Traufgesims abgeschlossen und am Fuß von einem Ring aus schräg gestellten Steinplatten begleitet. Ein von Seitenkammern begleiteter Dromos führt in die rechteckige Hauptkammer, die mit einem vorkragenden (d. h. falschen) Gewölbe überkuppelt wird. In einigen

Populonia, Grab mit Resten eines Totenbetts

Museo Archeologico del Territorio di Populonia

Piazza Citadella 8
Piombino
Tel. 0565 22 16 46
Jan.–März, Okt. und Dez. Sa, So, Fei 10–13 und 15–19 (Di–Fr n. V.), April/Mai Sa, So, Fei 10–13 und 15–19, Di–Fr 9–13 Uhr; Juni und Sept. Di–So 10–13, 15–19, Juli/Aug. Di–So 10–13, 16–20 (Fr bis 23) Uhr

Gräbern blieben Totenbetten aus Stein erhalten. Der größte Hügel (der jedoch mit 28 m Durchmesser nicht die Ausmaße der Tumuli von Vetulonia erreicht) ist die **Tomba dei Carri.** Sie ist nach den dort gefundenen Wagen benannt.

Einen ganz anderen Grabtypus verkörpert das sogenannte Ädikula-Grab, ein Grab in der Gestalt eines Hauses, das von Mitte des 6. bis Mitte 5. Jh. in Gebrauch war. Die über dem Boden aufgebaute kleinere Grabkammer wird von einem Satteldach bedeckt. Um diese Ädikula-Gräber legten die Etrusker Gräber in einfacherer Form an. Am besten erhalten blieb die **Tomba del Bronzetto di Offerente** (benannt nach der Bronze-Statuette eines Opfernden).

Die archäologischen Funde aus Populonia und dem Golf von Baratti werden im Archäologischen Museum in **Piombino** präsentiert. Das Museum wurde im Palazzo Nuovo eingerichtet, der 1806 für die Fürstin von Piombino und Lucca, Elisa Baciocchi (eine Schwester Napoleon Bonapartes) errichet wurde. Beachtenswerte Einzelstücke sind die 1968 gefundene silberne Amphore und ein römisches Mosaik mit Fischen.

Follónica

Wohl kaum jemand vermutet in diesem Badeort bedeutende Zeugnisse früher Industriearchitektur. Die bereits in der Antike nachweisbare, im 16. Jh. wieder belebte Verhüttung des Eisens von der Insel Elba wurde ab 1834 durch Großherzog Leopold II. erneut aktiviert. Für die benötigten Arbeitskräfte übersiedelte man Familien aus dem Pistoieser Apennin, so dass die Einwohnerzahl binnen weniger Jahre von 105 auf mehrere Tausende anstieg. Im großherzoglichen Auftrag plante der Architekt Carlo Reishammer, ein Florentiner österreichischer Abstammung, Werkshallen einer **Gießhütte** (Fonderia Ghisa) sowie die angrenzende Kirche **San Leopoldo** (1834–38). Am Eingangsportal des Industriegeländes und in der Vorhalle der Kirche wählte Reishammer den Werkstoff Eisen als sichtbares und einziges Baumaterial aus, wobei er auf traditionelle Architekturformen wie Säulen, Gebälk und den syrischen Bogen (Serliana-Motiv) zurückgriff. Im Werksgelände werden Maschinen gezeigt, im Verwaltungsgebäude archäologische Funde der Umgebung.

Museo del Ferro e della Ghisa
Follónica
Tel. 0566 593 80
museo@comune.follonica.gr.it
Sommer Mi 9–13, 17–20, Fr 9–13, 17–23, Sa/So 17–23 Uhr; Winter Mi, Fr, Sa 9–13, 16.30–19.30, So 16.30–19 Uhr

Küstenzone der Provinz Grosseto

Karte S. 418

Der erste Teil der Reise führt in die Küstenzone, die ehemaligen Sumpfgebiete der Maremma Grossetana. Vorgestellt werden u. a. die Etruskerstädte Vetulonia, Roselle, Talamone und Cosa. Zum Reiz eines Besuchs der archäologischen Zonen trägt aber auch wesentlich das Landschaftserlebnis bei. Das Archäologische Museum in Grosseto ist die ideale Ergänzung zum Besuch der Ausgrabungen. Ein Ausflug in das Naturschutzgebiet der Monti dell' Ucellina bietet sich an.

Vetulonia

Das etruskische Vetulonia gehörte in der Frühzeit zu den bedeutendsten Etruskerzentren, die sich zu einem Zwölferbund zusammengeschlossen hatten. Die Stadt gelangte früh, im 7. und 6. Jh. v. Chr., zur Blüte. Ihren Reichtum verdankte sie Gold-, Silber- und Erzvorkommen. Der Goldschmuck, den man in großer Fülle in den Gräbern fand, gelangte ins Archäologische Museum von Florenz. Der Überlieferung nach hat Rom von Vetulonia die Liktoren und Rutenbündel, die purpurne Toga und die Kriegstrompete übernommen. Durch eine heute verlandete Lagune, den Lacus Prilius, war die Stadt mit dem Meer verbunden. Die Münzen von Vetulonia trugen daher das Bild eines Dreizacks und zweier Delphine. Die Verlandung und Versumpfung des Sees mögen zum baldigen, bisher nicht geklärten Niedergang beigetragen haben. Vetulonia war die einzige Stadt des etruskischen Stammlands, die in römischer Zeit nicht fortbestand und

Vetulonia
Tel. 0564 94 95 87
tgl. ab ca. 9 Uhr bis 18.50 (April–Okt.) bzw. ca. 17.50 Uhr (Winter)

Museo Civico Archeologico ›Isidoro Falchi‹
Piazza Vetluna 1
Tel. 0564 94 80 58
www.archeologia toscana.it
Juni–Sept. 10–14, 16–20 Uhr; Okt.–Feb. 10–16 (März–Mai bis 18) Uhr; Mo geschl. außer Juli und Aug.

folglich auch keinen Bischofssitz erhielt. Lange suchte man vergebens in Vulci, Massa Marittima und anderen Orten nach der von antiken Autoren erwähnten Stadt. Schließlich stieß man beim Dorf Colonna di Buriano auf die Nekropolen mit reichen Beigaben, u. a. Goldschmuck (Archäologisches Museum von Florenz). Das Dorf wurde daraufhin 1888 durch ein Dekret des italienischen Königs Umberto I. in Vetulonia umbenannt.

Von der aus polygonalen Blöcken errichteten Stadtmauer, die ein großes Gebiet von 120 ha umschloss, sind nur wenige Abschnitte erhalten (u. a. bei der romanischen Kirche). Nachdem die Stadt im 5. und 4. Jh. nahezu vollständig erloschen war, kam es zu neuer Bautätigkeit, die sich auch auf die Hänge ausdehnte.

Sehenswert sind vor allem die überkuppelten Kammergräber auf dem Poggio al Bello aus dem 7. Jh. v. Chr. (Wegweiser ›Tombe Etrusche‹, ›Via dei Sepolcri‹).

Der **Gran Tumolo del Diavolino** (Großer Tumulus des Teufelchens) erhielt seinen Namen nach einer hier gefundenen Figur des etruskischen Totengotts Charun, der mit seinen Hörnern und seiner gekrümmten Nase tatsächlich dem christlichen Bild des Teufels ähnelt. Der Durchmesser des Grabhügels beträgt 80 m. Er wird gestützt durch einen Tambour aus lokalen Kalksteinblöcken. 40 m lang ist der zu-

Die Provinz von Grosseto

nächst offene Dromos, der im letzten Drittel in echter Gewölbetechnik überdacht ist. Die Kammer hat einen quadratischen Grundriss. Für die Wölbung musste das Quadrat über ein Achteck in die Kreisform überführt werden, indem in den Ecken überkragende Platten eine Art Zwickel bilden. Darüber lagen sich verjüngende Ringe von ca. 80 cm langen, schräg gelegten und nach außen abfallenden Steinplatten. Statischen Halt bekam das Krag-Gewölbe durch die aufgeschüttete Erde und einen Mittelpfeiler, dessen Sockel erhalten blieb. Der Eingang wurde durch besonders harte Kalksteinplatten gerahmt. Die Verwendung eines anderen Materials ist auch typisch für Grabbauten der mykenischen Kultur, zu der vermutlich Verbindungen bestanden. Die **Tomba della Pietrera,** Grab des Steinbruchs, wird so genannt, weil sie in vergangenen Jahrhunderten als Steinbruch verwendet wurde. Zu diesem Kammergrab führt ein 28 m langer Dromos. Die Wölbungstechnik greift die des ›Gran Tumulo del Diavolino‹ wieder auf, doch handelt es sich hier um einen Sonderfall, indem zwei Kammern übereinander angeordnet sind. Zunächst wurde die untere runde Kammer mit der zentralen Stütze begonnen. Das Gewölbe stürzte jedoch ein, da das verwendete Material, die *pietra fetida* (Stinkkalk), Wasser aufnahm und dadurch brüchig wurde. Man schüttete daher das Grab mitsamt dem Pfeiler zu, legte eine dicke Schicht von Bodenblöcken aus und begann darüber ein neues, nunmehr quadratisches Grab zu errichten. Jetzt verwendete man jedoch ein geeigneteres Material, einen Kalkstein, den man von weit her aus dem Apennin holte. Bei der Ausgrabung wurde das eingefallene Gewölbe rekonstruiert. Damals hat man auch den Zwischenboden entfernt, so dass man heute den falschen Eindruck eines zweigeschossigen Grabs gewinnt.

Tomba della Pietrera

Im Umkreis der beiden Tumuli fand man zahlreiche kleinere Gräber mit wertvollen Grabbeigaben, darunter auch Goldschmuck; vermutlich handelt es sich um Gräber von Familienmitgliedern. Eine Eigenart von Vetulonia sind die sogenannten Steinkreisgräber: eine Ansammlung zumeist von Fossa-Gräbern, die von einem Kreis aus Steinplatten umgrenzt sind, die im Boden stecken (zunächst im Abstand von 1 m) Seit dem 7. Jh. wurde der Kreis geschlossen.

Grosseto

Die heutige Provinzhauptstadt war im hohen Mittelalter nur ein kleines Kastell an der Via Maremmana zwischen Pisa und Rom, das im 11. Jh. in Besitz der Aldobrandeschi kam. Erst mit der Zerstörung der alten Etruskerstadt Roselle durch die Sarazenen (935) und der Verlegung des Bischofssitzes aus der entvölkerten Stadt nach Grosseto (1138) kam es zum Aufschwung. 1336 wurde Grosseto von Siena erobert und 1595 dem Großherzogtum Toscana einverleibt. Die Medici-Großherzöge ließen zwischen 1574–94 neben einer Festung einen sechseckigen Mauerring erbauen, der bis heute den historischen Stadt-

APT
Via Monterosa 206
58100 Grosseto
Tel. 0564 46 26 11
www.grosseto.
turismo.toscana.it

Museo Archeologico e d' Arte della Maremma
Piazza Baccarini 3
Tel. 0564 48 87 54
www.archeologiatoscana.it
Okt.–April 10–13, 16–19, Mai–Sept. 10–13, 17–20 Uhr

kern umschließt und im 19. Jh. in eine öffentliche Parkanlage umgewandelt wurde. Ein Spaziergang auf diesen Mauern und ihren Bastionen verschafft einen guten Überblick über die Stadtanlage.

Kirche und Kloster **San Francesco** waren eine Gründung der Benediktiner, wurden jedoch im 13. Jh. an die Franziskaner abgetreten. In der zu Beginn des 20. Jh. stark restaurierten Kirche hängt ein gemaltes Kruzifix des jungen Duccio, als dieser noch stark unter dem Einfluss von Cimabue stand.

Museo Archeologico e d' Arte della Maremma

Nur wenig entfernt von San Francesco, an der Piazza Baccarini, liegt das Museo Archeologico e d' Arte della Maremma, das mit dem **Museo d' Arte Sacra della Diocesi di Grosseto** vereint ist. Zusammen umfassen die beiden Museen fünf Abteilungen. Die erste (Saal 1) präsentiert die archäologische Sammlung des Kanonikers Giovanni Chielli (erworben 1860–69). Das meiste stammt nicht aus den Maremmen sondern aus den Etruskerstädten Chiusi, Volterra und Orvieto. Auf einer Bucchero-Schale findet man ein etruskisches Alphabet des 6. Jh. v. Chr. Die zweite Abteilung (Säle 2-12) stellt die reichen Funde aus Roselle vor (s. S. 402–404) und veranschaulicht die Entwicklung der Stadt bis in die römische und nachantike Zeit, auch anhand von Modellen. Von besonderem Interesse sind die 18 Statuen bzw. Statuenfragmente und Köpfe der julisch-claudischen Familie, die in einem einzigen Gebäude (dem Haus der Augustalen?) in Nischen standen. Einige der Statuen sind überlebensgroß, so die Sitzstatuen des Augustus und seiner Gemahlin Livia.

Die dritte Abteilung (Säle 13–23) ist der Kultur in den übrigen Etruskerzentren der Maremma gewidmet: Vetulonia, Talamone, Cosa, Sovana, Vulci, Pitigliano, Castro, Poggio Buco (vermutlich Statonia), Marsiliana, Saturnia und Magliano, wobei Saal 13 die vorgeschichtliche, die Säle 14–17 die etruskische und die Säle 18–22 die römische Epoche präsentieren. Die vierte Abteilung (Museo d'Arte Sacra) versammelt kirchliche Kunst und liturgisches Gerät aus der Diözese von Grosseto. Zu den Hauptwerken zählen ein frühes sieniesches Tafelbild des ›Jüngsten Gerichtes‹, das aus dem Umkreis des Guido da Siena stammt (um 1270–80) und eines der seltenen Werke des Sienesen Sassetta: die ›Madonna delle Ciliege‹ (Kirschen-Madonna, Mitte 15. Jh.). Die fünfte Abteilung (Säle 35–40) dokumentiert die mittelalterliche Archäologie der Maremmen und die Geschichte von Grosseto.

Dom San Lorenzo

Der Dom San Lorenzo an der Piazza Dante wurde 1294–1302 erbaut, doch zog sich die Vollendung bis ins 15. Jh. hin. Die Fassade erneuerte man im 19. Jh. im historisierenden Stil. Vom alten Bau blieben lediglich vier Evangelistensymbole auf den Pfeilern erhalten. Sie gelten als ein Werk Sozzo di Rustichinos, der zugleich Dombaumeister

Museo Archeologico e d' Arte della Maremma, Sassettas ›Madonna delle Ciliege‹

war. Die als Fassade ausgebildete Südseite zur Piazza hin wurde nur partiell erneuert. Das Seitenportal wird (bis auf das 1897 hinzugefügte Tympanon-Relief) ebenfalls Sozzo zugeschrieben. Den Campanile von 1402 ließ man 1911–12 restaurieren.

Auch im Innern griffen die Restauratoren des 19. Jh. ein. Zur Ausstattung zählen das Taufbecken von Antonio Ghini (1470) und der vom selben Bildhauer 1474 im linken Seitenschiff ausgeführte Marmoraltar ›Madonna delle Grazie‹ im Stil der Frührenaissance. Das dazugehörige Altarbild mit der von Engeln umgebenen, thronenden Muttergottes (ohne Kind, daher wohl eine ›Himmelfahrt‹) schuf der Sienese Matteo di Giovanni.

Roselle

Archäologische Zone
Tel. 0564 40 24 03
www.borghiditoscana.it
tgl. 8.30 bis Sonnenuntergang

Die bedeutende, zum Zwölfstädtebund gehörende Etruskerstadt lag – wie auch Vetulonia – am Hochufer des erwähnten Lacus Prilius, der ausgedehnten, bis Castiglione della Pescaia reichenden Lagune, die bereits in der Spätantike verlandete. An Bedeutung verlor die Stadt, nachdem sie 294 v. Chr. – nach heftigen Widerständen und blutigen Kämpfen – von Rom unterworfen worden war. Wie Livius berichtet, fielen dabei 2000 Bürger und ebensoviele gerieten in Gefangenschaft. Der Niedergang setzte in der späteren Kaiserzeit ein. Im 5. Jh. muss die Stadt schon halb verlassen gewesen sein. Dennoch erhielt sie einen Bischofssitz, der 1138 nach Grosseto verlegt wurde. Allerdings war das Leben schon zuvor, seit einem Sarazeneneinfall im Jahre 935, nahezu erloschen.

Gut erhalten hat sich der etruskische Mauerring, der einen Umfang von 3270 m und stellenweise eine Höhe von 7 m erreichte. Man kann den gesamten Ring von außen umwandern. Der älteste, auf das 6. Jh. v. Chr. zurückgehende Teil der Mauer besteht aus mächtigen, unregelmäßig behauenen, bis zu 3 m langen Mauerblöcken. Für später restaurierte Abschnitte (im Südwesten) wurden bereits kleinere, regelmäßig behauene Blöcke verwendet. Daneben fand man unter dem älteren Mauerabschnitt Schichten von nicht gebrannten, luftgetrockneten Ziegeln, wie man sie aus der griechischen Stadt Gela auf Sizilien kennt; sie wurden hier zum ersten Mal in Etrurien benutzt. Die Bebauung hat das von den Mauern geschützte Gebiet zu keiner Zeit ausgefüllt.

Die Orientierung im Stadtgebiet ist für den Besucher nicht leicht, da sich Ruinen verschiedener Zeiten überlagern. Sie reichen von der archaisch-etruskischen Epoche (8. Jh. v. Chr.) über den Hellenismus und die Römerzeit bis zum frühen Mittelalter. Erschwerend kommt hinzu, dass nur ein Teil des Stadtgebiets freigelegt wurde.

In der Senke zwischen beiden Hügelkuppeln (192 m und 177 m) lagen in allen Epochen die öffentlichen Gebäude, während die Wohngebiete sich auf die beiden Hügel konzentrierten. Zur Römerzeit befand sich in der nunmehr aufgeschütteten Senke das mit Travertin-Platten belegte **Forum,** bei dem die gepflasterte Straße, vermutlich der Cardo, im rechten Winkel nach Osten umbiegt. Südöstlich des Forums haben sich Reste einer **Marktbasilika** erhalten. Man erkennt die Fundamente der Terracotta-Säulen, die die Basilika unterteilten, und die sich an der östlichen Langseite anschließende, erhöht liegende, rechteckige Tribuna (Sitz des Tribunals), zu der Stufen hochführen. Südwestlich des Forums sieht man Reste eines kleineren Podiumtempels inmitten eines Tempelbezirks mit vorgestellten Wandpfeilern (rechts) und frei stehenden Pfeilern (links). Hinter diesem Tempel, jedoch mit Zugang von Westen, wurde ein Gebäude freigelegt, in dem man 18 Statuen des julisch-claudischen Kaiserhauses fand (jetzt im Museo Archeologico in Grosseto). Möglicherweise handelt es sich um die Curie oder aber um das **Haus der Augustalen** (in dem sich römische Bürger und Freigelassene dem Kaiserkult widmeten). Südöstlich schließt ein römisches Wohnhaus mit Atrium und Peristyl an.

Von besonderem Interesse sind in Roselle die etruskischen Häuser (an der nordöstlichen Forumsseite, unter der Überdachung). Die ältesten, aus dem 7. Jh. v. Chr., wurden mit luftgetrockneten Lehmziegeln errichtet und mit geschlämmtem Ton verputzt. Nördlich der Forumszone wurden in jüngster Zeit die Basis eines Podiums aus der Kaiserzeit und eine weitere **Basilika** ausgegraben: ein einschiffiger Raum mit Statuennischen und einer halbrunden Apsis an der Schmalseite. Davor sieht man einen Portikus und die Grundmauern eines rechteckigen Gebäudes. Auf dem nördlichen Hügel liegt das kleine **Amphitheater** aus augusteischer Zeit. Seine geringen Ausmaße lassen auf eine nicht mehr große Einwohnerzahl schließen. Das Amphitheater diente im frühen Mittelalter als Steinbruch. Davor stand ein aus mehreren Räumen bestehendes Gebäude aus hellenistischer Zeit, von dessen Hof man direkten Zugang zum Amphitheater hat.

Nordöstlich vom Forum liegt ein größeres Gebäude (vorwiegend aus *opus reticulatum)*, dessen Funktion schwer zu bestimmen ist. Man sah es früher als *villa suburbana* an (ohne dass es die für Vorstadtvillen charakteristische Lage mit Fernblick hat). Möglicherweise handelt es sich um ein Thermengebäude, denn im Atrium gibt es ein größeres, 2,30 m tiefes Wasserbecken (man fand im bisher ausge-

Wer heute Roselle besucht, lernt nicht nur eine der zahlreichen Römerstädte kennen, sondern auch eine fast vollständig erhaltene etruskische Stadtmauer und einige der wenigen bisher bekannt gewordenen etruskischen Wohnbauten. Der auf den Hügel hochführende Fahrweg zu den Ausgrabungen wird von etruskischen Kammer- und Fossa-Gräbern gesäumt

Rocca di Frassinello

Die Maremma entwickelte sich in den letzten Jahren zu einem Weinbaugebiet höchster Qualität. Der Erfolg des ersten und wohl berühmtesten ›Supertoscaners‹, des Sassicaia, ermutigte zahlreiche Produzenten zur Nachfolge wie das Weingut Rocca di Frassinello bei Giuncarico, 12 km östlich von Follónica. Ein Besuch dort ist auch Architekturinteressierten zu empfehlen, denn die Cantina entwarf der italienische Stararchitekt Renzo Piano. Dem noblen Wein, der hier von dem Toscaner Paolo Panerai gemeinsam mit Baron Eric de Rothschild angebaut wird, sollte ein entsprechender architektonischer Rahmen verliehen werden. Für dieses französisch-italienische Weinunternehmen verband man – nicht nur aus symbolischen Gründen – die toscanische Sangioveto-Traube mit den französischen Sorten Cabernet, Merlot, Petit Verdot und Shiraz.

grabenen Teil jedoch weder Ofen noch Hypokausten). Im Atrium wurde eine frühchristliche dreischiffige Basilika erbaut, von der nur noch wenig erhalten blieb, so Mosaiken und die Basis eines dickwandigen Turms (wohl eher ein Verteidigungs- als ein Glockenturm).

Talamone

Der am Südende der Monti dell' Ucellina gelegene, von einer sienesischen **Festung** beherrschte Fischer- und Bootshafen Talamone soll von dem Argonauten Telamon unter dem etruskischen Namen Tlamu gegründet worden sein. Unweit von Talamone errangen die erstmals mit den Etruskern vereinten Römer einen denkwürdigen Sieg über die Gallier. 1913 entdeckte man bei der Ortschaft Camporeggio Massengräber, deren Menschen- und Pferdeskelette mit den Gefallenen dieser Schlacht identifiziert wurden. Früher nahm man an, dass der 1888–97 auf dem Telamonaccio-Hügel ausgegrabene Tempel nach dieser Schlacht als Siegestempel errichtet wurde. Neue Grabungen belegen jedoch, dass man den Tempel schon im 4. Jh. errichtete. Die künstlerisch hochstehende Terracotta-Dekoration der Tempelfront (sie wird in Orbetello gezeigt) ist jedoch nach der Schlacht, wohl im 2. Jh. v. Chr. entstanden.

Orbetello

20 km südlich trifft man auf die auf einer Landzunge erbaute Stadt Orbetello, die man erst 1824 durch einen Damm mit dem Monte Argentario verband. Wie man vom Verbindungsdamm aus erkennen kann, bestehen Teile der **Hafenmauern** aus mächtigen etruskischen Polygonalquadern (wohl 4. Jh. v. Chr.). Die Stadt ist wesentlich durch das 16. und 17. Jh. geprägt, als sie Hauptstadt eines spanischen Territoriums, des nicht zum Großherzogtum Toscana gehörenden Stato di Presidi, war. Dieser bestand von 1555 bis 1708. Zu dem Staat gehörten auch Port' Ercole mit seinen Festungen (in der Pieve ruht der 1610 hier verstorbene Caravaggio), Porto San Stefano mit dem Monte Argentario, Talamone (s. o.) und Porto Azzurro (auf Elba) an.

Man betritt Orbetello durch die Porta Meina Coeli (1697) und besichtigt die teilweise zur ehemaligen spanischen Befestigungsanlage gehörende Pulverkammer Gúzman (1692), die demnächst die städtischen Antikensammlungen beherbergen wird.

Vom 1376 erbauten **Dom** blieb die gotische Fassade erhalten. Das Innere wurde im 17. Jh. erweitert. Von Interesse ist ein marmornes Altar-Antependium aus vorromanischer Zeit (9. oder 10. Jh.) mit Ornamenten und Figuren christlicher Symbolik. In dem dem Dom gegenüberliegenden früheren Konvent der Ursulinen (Convento delle Orsoline) ist die Front des etruskischen Tempels in Talamone ausgestellt. Darauf ist das Thema des Mythos der Sieben gegen Theben dargestellt:

im Zentrum der blinde Ödipus zwischen Eteokles und Polyneikes, darüber Kapaneus, der die Leiter an Thebens Stadttor ansetzt. Dieses aus unzähligen Einzelstücken rekonstruierte zusammengesetzte Terracotta-Werk ist in seiner starken Dynamik eines der bedeutendsten Werke etruskischer Bauplastik, entstanden im 2. Jh. v. Chr., höchstwahrscheinlich nach dem Vorbild eines hellenistischen Gemäldes.

Von Cosa nach Capalbio

Wer die Felsenkuppe von **Cosa** besteigt, lernt eine der frühesten römischen Kolonialstädte kennen und wird zudem belohnt mit grandiosen Ausblicken auf den Monte Argentario, die Lagune von Orbetello, die Insel Giannutri, die Monti dell' Ucellina und einen großen Teil der Maremma (bei guter Sicht bis Tarquinia). Die auf dem Vorgebirge erbaute antike Stadt hielt man früher für eine Gründung der Etrusker, zumal sie nach Etruskerart von einem eindrucksvollen Befestigungsring aus mächtigen polygonalen Blöcken geschützt ist. Grabungen nach dem Zweiten Weltkrieg erwiesen jedoch, dass es sich um eine rein römische Stadtanlage handelt, die mit der Kolonialstadt Cosa zu identifizieren ist, die 273 v. Chr. (bald nach dem Sieg über Vulci) zur Kontrolle dieses Küstengebiets gegründet wurde.

Zum Mauerkreis gehören 16 vorspringende Türme und zwei bastionsartige Anhöhen. Das Stadtgebiet ist bereits nach dem für römische Kolonialstädte charakteristischen rechtwinkligen Straßenverlauf angelegt. Man betritt die Stadt durch die Porta Romana (eines der drei Tore). Rechter Hand sieht man die Reste der Thermenanlage mit großer Zisterne, links das Forum, Reste einer Marktbasilika, zwei Tempel und ein Macellum (runde Markthalle) sowie ein aus sehr dicken Polygonalblöcken erbautes aeariuum (Gebäude zur Aufbewahrung des Staatsschatzes). Im Zentrum des Stadtgebiets befinden sich die Reste eines Atriumhauses, dessen Böden von einem Dach geschützt sind, und die Thermenanlage mit großer Zisterne. Der Weg führt weiter auf die höher gelegene Akropolis, die von einem eigenen Mauerring umgeben ist. Der als Ruine erhaltene größere nachgewiesene Tempel war der vom Meer aus sichtbare sogenannte ›kapitolinische Tempel‹. Wie auf dem römischen Kapitol war die dreigeteilte Cella für die Göttertrias Jupiter, Juno und Minerva bestimmt.

Cosas Hafen lag an der Stelle des heutigen Badeorts **Ansedonia.** Ein Werk der Römer war auch die sogenannte Tagliata Etrusca: ein aus dem Felsgestein geschlagener Kanal (teilweise Tunnel), der das Versanden des Hafens verhindern sollte, indem er ihn mit dem Lago di Burano verband. Dieser Kanal war in der Antike größer und reichte wesentlich näher an den Hafen heran. Seit der Wiederentdeckung im Jahre 1895 dient die Tagliata als Entwässerungskanal. Der Spacco della Regina, dessen Funktion bis heute nicht geklärt werden konnte, ist hingegen eine natürliche Schlucht, die nur stellenweise bearbeitet wurde.

Nordöstlich von Cosa, bei **Sette Camini** (auf dem Weg Richtung Giardino – Le Forane) wurde eine römische Villa ausgegraben, die eine Vorstellung von einem großen Latifundienbetrieb in römisch-republikanischer Zeit vermittelt. Sie war nach außen hin mit einer Mauer geschützt, deren kleine Türme den Verteidigungstürmen einer Stadtbefestigung ähneln. Neben dem weitläufigen Herrenhaus lassen sich die Kammern für die Sklaven, die Stallungen für die Schweinezucht, die Keller und die übrigen Wirtschaftsgebäude identifizieren.

Wenn man von der Via Aurelia ins Landesinnere abbiegt, gelangt man nach wenigen Kilometern nach **Capalbio.** Ein Spaziergang über die aus dem 15. Jh. stammenden Stadtmauern bietet Aussichten auf das umgebende Land und lässt zugleich das gut erhaltene, teilweise noch mittelalterliche Ortsbild erkennen. An die Aldobrandeschi, die auch diesen Ort besaßen, erinnert die Rocca Aldobrandesca, über deren Ruinen der Palazzo Collacchioni errichtet wurde. An die Herrschaft Sienas (seit 1416) wiederum erinnert das Stadttor, die Porta Senese, das noch die alten Türflügel nebst Schloss besitzt. In der Kirche San Nicola und dem außerhalb gelegenen Oratorio della Providenza findet man Fresken des 14. und 15. Jh.

Il Giardino dei Tarocchi

Il Giardino dei Tarocchi
Loc. Garavicchio, Capalbio
Tel. 0564 89 51 22
www.nikidesaint phalle.com
April–Mitte Okt. tgl. 14.30–19.30 Uhr
Man erreicht den Garten am besten über die SS 1 (Aurelia), die man bei Chiarone verlässt, um seinen Weg dann Richtung Pescia Fiorentina fortzusetzen.

Bei Garavicchio südöstlich von Capalbio verwirklichte die Künstlerin Niki de Saint-Phalle seit 1979 ein phantastisches Projekt: Sie ließ den Garten des Tarock (nur gelegentlich und unregelmäßig geöffnet) mit Skulpturen, die zugleich Architekturen sind, nach Motiven des Tarockkarten-Orakels entstehen. Aus den 22 Arkana (Geheimnissen) hat die Künstlerin eine Auswahl getroffen, dabei den ›Magier‹ (mit seinem verspiegelten Kopf und seiner zum Himmel weisenden Hand) und die ›Hohe Priesterin‹ zu einer begehbaren Spielfigur vereint. Die ›Herrscherin‹ ist eine Sphinx mit prallen Brüsten, die zugleich der Künstlerin als Wohnung dient. Zum Kastell des ›Herrschers‹ gehört als männliches Attribut ein Turm, der als Rakete in den Himmel zielt. Man begegnet dem umgekehrt ›Gehängten‹, dem berstenden ›Turm‹, der ›Gerechtigkeit‹ in einer schwarz-weiß gestreiften Frauengestalt.

Auch wer bei der Besichtigung des Parks nicht ein Tarock-Buch zu Rate zieht, wird sich selbst Gedanken über das Archetypische, die meist nicht allzu schwer verständliche Symbolik, den Dualismus der Geschlechter und die von der Künstlerin intendierten ganzheitlichen Zusammenhänge machen können. Oder man vermag es, sich vor dem Hintergrund der grünen Vegetation an dem Bunten, Grellen und Skurrilen, dem Prallen, Glitzernden und dem Künstlichem, dem bewusst Kitschigen und zugleich Märchenhaften zu erfreuen. Einer ästhetischen Sensibilisierung wie im Skulpturenpark von Celle (bei Pistoia, s. S. 140) bedarf es dabei kaum. Dass Niki de Saint-Phalle sich vom manieristischen Park von Bomarzo und Gaudis Parc Güell in Barcelona inspirieren ließ, ist offenkundig.

Niki de Saint-Phalles Garten des Tarock ▷

Karte s. S. 418

Hügel- und Felsenorte im Landesinnern

Consorzio Turistico L' Altra Maremma
Via Mazzini 4
58014 Saturnia
Tel. 0564 60 12 80
www.laltra
maremma.it

Der zweite Teil der Reise durch die südliche Toscana führt ins Landesinnere, das man gelegentlich auch **Alta Maremma** (Hohe Maremma) nennt. Bei Saturnia lösen Tuffhügel die Kalksteinhügel ab. Orte wie Pitigliano und Sorano sind in der Ansicht von benachbarten Hügeln fast noch eindrucksvoller als ein Bummel durch die Gassen. Wichtigstes mittelalterliches Zentrum war Sovana, das sich stolz auf einem Tuffelsen erhebt.

Von Magliano in Toscana zu den Quellen von Saturnia

Zu den Ortschaften der südlichen Toscana, die am besten ihr mittelalterliches Aussehen bewahren konnten, zählt **Magliano in Toscana,** das noch von einem Mauerring aus dem 14. und 15. Jh. umgeben ist. Von den beiden romanischen Kirchen ist San Martino die ältere, erbaut bereits im 10. Jh., doch im 14. Jh. und in der Folgezeit erweitert und verändert (wenn auch 1946 teilweise rückgängig gemacht). In der Kirche San Giovanni Battista verbinden sich die romanische Struktur mit den späteren Veränderungen wie gotischen Fenstern und der Renaissancefassade sehr harmonisch.

In der Nähe von Magliano, beim Kanal von Patrignone, konnte man das antike Hebae lokalisieren, dessen Nekropolen weit verstreut sind.

Ca. 2,5 km südöstlich von Magliano, auf der Straße nach Marsiliana, liegt die auch als Ruine noch beeindruckende Abteikirche **San Bruzio,** die zwar um das Jahr 1000 begonnen, doch erst im 12. Jh. vollendet wurde. Es ist ein einschiffiger Bau mit Querschiff und drei Apsiden, den ehemals auch eine achtteilige Kuppel bedeckte. Die qualitätsvolle Bauplastik lässt lombardische Steinmetzen vermuten.

Montemerano

Den mittelalterlichen Borgo von Montemerano in 303 m Höhe über dem Meeresspiegel erreicht man über Sansano. Hier findet man einen äußeren und einen inneren Mauerkreis. Der innere umgibt den ältesten Teil, das von einem hohen Verteidigungsturm überragte Kastell, um das sich dann ein Borgo mit weiteren Häusern gebildet hat, der dann ebenfalls ummauert wurde. Die Kirche **San Giorgio** geht in ihrer heutigen Gestalt auf das 14. und 15. Jh. zurück. Sie ist mit einer Reihe von qualitätsvollen Kunstwerken aus der Hand sienesischer Künstler ausgestattet.

Die rechte Langhauswand ziert ein Holzrelief der ›Verkündigung‹ von Vecchietta (1455–65). Derselbe Bildhauer schuf auch die farbig gefasste Holzskulptur des Hl. Petrus im linken Querschiff. Ein weiteres Werk eines sienesischen Künstlers ist das Polyptychon an der linken Langhauswand (im Zentrum Madonna mit Kind) von Sano di Pietro, dem äußerst produktiven Maler, mit dessen Werken allein in der Pinacoteca von Siena zwei große Säle ausgestattet sind. Von einem unbekannten Meister stammt die um 1450 herum entstandene Tafel ›Madonna della Gattaiola‹ (des Katzenlochs) im rechten Querschiff. Es handelt sich wahrscheinlich um einen Orgelflügel mit der Darstellung einer Madonna der Verkündigung, deren Pendant verloren ging. Irgendwann wurde dieser Flügel dann als Tür von einem Pfarrer verwendet, der für seine Katze einen runden Durchschlupf einsägen ließ.

Saturnia

Über dem Tal des Flusses Albegna liegt Saturnia, das die Etrusker Aurinia nannten. In der Antike galt Saturnia als älteste Stadt der italienischen Halbinsel, gegründet von den Pelasgern (Dionysios von Halikarnassos). Saturn, der Vater Jupiters, soll nach seinem Sturz vom kapitolinischen Hügel hier seinen Wohnsitz genommen haben. Eine bis in vorgeschichtliche Zeit zurückreichende Besiedlung lässt sich nachweisen, doch ist das Material hier nicht reicher als in vielen anderen Orten, die durch ihre geografische Lage privilegiert waren. Die relativ kleine Stadt der Etusker und Römer wurde auf einem Travertin-Plateau errichtet, das nach allen Seiten steil abfällt, und war zudem von zwei Wasserläufen geschützt. Im Mittelalter war der Ort in Besitz der Aldobrandeschi. Der Niedergang begann mit der Zerstörung und Plünderung durch sienesische Truppen.

Die Sienesen haben später, 1419, die Stadt dann befestigt, wobei sie Teile des etruskisch-römischen Mauerwerks in Polygonalblöcken in den neuen Ring miteinbezogen. So ist auch das am besten erhaltene Stadttor und gleichzeitig Saturnias wichtigste Sehenswürdigkeit, die **Porta Romana,** sowohl ein Werk der Etrusker als auch der Sienesen. Zu den Zeugnissen der Antike, die über den gesamten Ort verstreut sind, zählen zwei römische Wasserreservoirs, von denen das größere und wichtigere sich im Privatgelände der **Villa Ciacci** befindet. Diese Villa wurde zwischen den beiden Weltkriegen als quasimittelalterliches Kastell in den Ruinen der sienesischen Festung errichtet. Bis ins 20. Jh. hinein befand sich die heute so einladende kleine Ortschaft in einem desolaten Zustand. Einen Aufschwung brachte erst der Tourismus, der von den nahe gelegenen Thermen angezogen wird.

Unter den zahlreichen etruskischen Nekropolen sind die in jüngster Zeit restaurierten Kammergräber von **Puntone** am interessantesten (an der Straße nach Semproniano, ca. 7 km von Saturnia gelegen).

Pitigliano

Die Lage der kleinen Stadt Pitigliano über steilen Felswänden gehört zum Eindrucksvollsten der südlichen Toscana. Wie das benachbarte Sorano erscheint der Ort wie aus dem Boden gewachsen, indem sich das gelb-rote Tuffgestein in den dicht gedrängten, hohen Häusern fortsetzt. Nähert man sich der Stadt, steht man plötzlich vor einem tiefen Abgrund: Zwei zusammentreffende Bäche haben Schluchten in das Plateau aus vulkanischem Tuff hineingeschnitten, sodass Pitigliano wie auch Sorano nur an einer Seite mit dem benachbarten Hügel verbunden sind. Beide Orte ähneln im Ortsbild mehr den Bergstädten Latiums als den Städten der übrigen Toscana.

Orte wie diese sind leicht zu verteidigen, schon in voretruskischer Zeit war Pitigliano daher besiedelt. Die Etrusker höhlten in den Felswänden Grabkammern aus, sogenannte Columbarien – Taubenschläge –, die heute als Ställe, Schuppen oder Weinkeller dienen. Als mittelalterliches Kastell gehörte Pitigliano den Grafen Aldobrandeschi, geriet 1293 durch Heirat an das römische Geschlecht der Orsini, später an die Florentiner Strozzi. 1608 wurde die Stadt dem Großherzogtum Toscana eingegliedert. Den Bischofssitz des verfallenen Sovana verlegte man 1660 offiziell nach Pitigliano, nachdem sich der Bischof bereits lange zuvor gewöhnlich hier aufgehalten hatte.

Dort, wo Pitigliano mit dem benachbarten Hügel ohne nennenswertes Gefälle verbunden ist, befand sich der einzige natürliche Zugang, der in etruskischer Zeit wie auch im Mittelalter durch ein Befestigungswerk gesichert werden musste. Die mittelalterliche Festung ließen die Orsini 1545 zu einer Zitadelle ausbauen, zu der Antonio da Sangallo und Peruzzi Pläne lieferten, deren Struktur jedoch kaum noch erkennbar ist. Gleichzeitig mit der Festung erbauten die Orsini

Blick auf Pitigliano

1545 auch den **Aquädukt** (zwei gewaltige Bögen sieht man linkerhand gleich nach dem Eintritt in den Ort). Der **Palazzo Orsini** – das unübersehbare Hauptmonument von Pitigliano – geht auf das Mittelalter zurück. Die Orsini ließen ihn jedoch im späten 15. Jh. und 16. Jh. in einen Renaissancepalast umwandeln, wobei jedoch nach ausen hin der wehrhafte Charakter (einschließlich des Zinnenkranzes) beibehalten blieb. Wiederum waren Antonio da Sangallo und Peruzzi an der Planung beteiligt. Bei der Zugangsrampe krönt ein Bär mit Löwenkopf (Orsini-Symbol) einen Pfeiler. An einer Seite des Innenhofs öffnet sich eine Renaissanceloggia mit ionischen Säulen. In den Museumsräumen erwarten den Besucher eine archäologische Sammlung, eine Madonnenskulptur von Jacopo della Quercia (aus einer Kirche in Santa Fiora) und ein Altarbild von Guidoccio Cozzarelli (1494).

Vom Palazzo Orsini führt der Weg über die Via Roma weiter in den **Borgo,** der seinen mittelalterlichen Charakter weitgehend erhalten konnte. Bei den charakteristischen Häusern ist das untere Geschoss mit Stall und *cantina* aus dem Tuff geschlagen. Der Dom mit mächtigem Campanile ist zwar mittelalterlichen Ursprungs, Fassade und Inneres wurden jedoch im 18. Jh. im Barockstil neu gestaltet. Weiter auf der Hauptstraße liegt die Kirche **Santa Maria,** die im 16. Jh. ihre strenge Fassade und ihre Arkatur auf ionischen Säulen erhielt. Am Ende des Orts hat man einen schönen Ausblick auf die Valle della Meleta. Eine Treppe führt hinunter zur Porta di Sotto (mit Blick auf einen etruskischen Mauerabschnitt).

Das ehemalige **Ghetto** zeugt von einer größeren jüdischen Gemeinde, die sich seit dem 16. Jh. in Pitigliano gebildet hatte, doch inzwischen nicht mehr besteht. Die Synagoge blieb nur als Ruine erhalten (unweit der Via Zuccarelli).

Museo Diocesano
Palazzo Orsini
Tel. 0564 61 60 74, 0564 61 65 68
Di–So 10–13 Uhr, 15–17 (Okt.–März) bzw. bis 18 (April–Mitte Juni) oder 19 Uhr (Mitte Juni–Sept.); Juli/Aug. 10–20 Uhr; 7. Jan.–Ende Feb. geschl.

Museo Archeologico
Palazzo Orsini
Tel. 0564 61 40 67
tgl. außer Mo 10–13, 16–19 Uhr (im Winter 15–18 Uhr)

Museo di Cultura Ebraica
Vicolo Margherita und Vicolo Manin
Tel. 0564 61 60 06
tgl. außer Sa März–Mai und Okt./Nov. 10–12.30 und 15–18 (Juni–Sept. bis 18.30, Okt.–Nov. bis 18, Dez.–Feb. bis 17.30) Uhr

Sovana

Sovana ★

APT
Piazza del Pretorio
58010 Sovana
Tel. 0564 61 40 74

Wie die benachbarten Städte Pitigliano oder Sorano liegt Sovana isoliert durch tiefe Flusstäler auf einem Tuffplateau. Wer heute diesen bescheidenen, weitgehend verlassenen Ort besucht, kann sich kaum noch vorstellen, dass Sovano im Mittelalter Hauptstadt eines der größten Herrschaftsgebiete Italiens war, der Grafschaft der Aldobrandeschi, und dazu Sitz eines Bischofs (bis 1660).

Von einem bedeutenden Etruskerzentrum, das die Straße zwischen der Küste und den Erzbergwerken des Monte Amiata kontrollierte, zeugen die aufwändigen Grabbauten und die noch heute befahrbaren, aus dem Tuff geschlagenen Straßen. Als ein größeres römisches Zentrum erhielt Suana (so der römische Name) früh einen Bischofssitz. Nach der Eroberung durch die Langobarden (594) gelangte der Ort dann in Besitz der Aldobrandeschi, einer Familie germanischen Ursprungs, die ihn nach der Zerstörung von Roselle (935) zum Hauptsitz ihrer ausgedehnten Grafschaft machten. Ein Mitglied der Familie, der um 1020 in Sovana geborene Ildebrando (Hildebrand), war als Papst Gregor VII. der große Gegner des Kaisertums, zu dem Heinrich IV. seinen »Gang nach Canossa« antrat und der wesentlich zur Stärkung der Familienmacht beitrug.

Wie Pitigliano oder Sorano kam auch Sovana 1293 durch Erbschaft in Besitz der Orsini von Rom. Der Verfall der Stadt setzte bereits im 13. Jh. ein, als die Aldobrandeschi ihren Wohnsitz im leichter zu verteidigenden Pitigliano und auch in Sorano nahmen. 1410 plünderten und verwüsteten sienesische Truppen die Stadt. Die Zahl der Einwohner reduzierte sich auf 84. Alle Versuche von Siena und dem Großherzogtum, Sovana durch Neuansiedlung von Griechen, Friulanern, Istriern, Lothringern oder Bewohnern des Kirchenstaats wieder zu beleben, scheiterten. Im Jahre 1833 zählte man nurmehr 64 Bewohner.

Die wichtigsten Monumente Sovanas liegen alle an der Hauptachse: Gleich beim Eintritt sieht man die auch als Ruinen noch imponierenden Reste der **Rocca Aldobrandescha.** Sie geht auf das 11. Jh. zurück, wurde jedoch mehrfach erweitert und verstärkt. Die Via di Mezzo führt gradlinig zum Hauptplatz. Auf der rechten Seite liegen der **Palazzo Pretorio** und die **Loggetta del Capitano,** an der Schmalseite der im Wesentlichen aus dem 13. Jh. stammende **Palazzo dell' Archivio.**

Santa Maria: Das Marmor-Ziborium stammt aus dem 8. oder 9. Jh., also aus langobardischer oder karolingischer Zeit, worauf die feine Ornamentik an den Fronten hinweist

Sehenswert ist die im 12. Jh. errichtete Kirche **Santa Maria** an der linken Platzseite. Eine behutsame Restaurierung verhalf der Struktur des dreischiffigen, nichtbasilikalen Inneren zu einer schlichten und zugleich großzügigen Wirkung, an der vor allem die weit gespannten Arkaden auf oktogonalen Pfeilen und der offene Dachstuhl ihren Anteil haben. Das Marmor-Ziborium über dem Altar ist das einzige seiner Art im Gebiet der Toscana. Das Ziborium ist also älter als der Kirchenbau und könnte vom Vorgängerbau des Doms stammen.

Dom Santi Piero e Paolo

Auf dem Weg zum Dom folgen linker Hand der **Palazzo del Monte** und die Ruinen von **San Mamiliano,** der wahrscheinlich ältesten Kirche Sovanas, die auf den Resten eines römischen Gebäudes errichtet wurde, dem wiederum etruskisches Mauerwerk als Fundament diente.

Am Ende der Hauptachse, zwischen Gärten und Feldern, liegt die ehemalige Bischofskirche, der **Dom Santi Pietro e Paolo.** Gegründet spätestens im 10. Jh. wurde er 1153–78 in romanischer Formensprache erneuert. Die Fassade ist durch den Anbau des Bischofspalasts verdeckt. Für das reich dekorierte Seitenportal wurde ältere, meist ornamentale Bauskulptur verwendet, die zumindest zum Teil von der Vorgängerkirche stammen dürfte. Den Innenraum gliedern weit gespannte, schwere Arkaden (auf bichromen Kreuzpfeilern mit Halbsäulen als Vorlagen) in drei Schiffe. Das letzte Arkadenpaar im Presbyterium ist höher und weiter, so dass ein Querschiff angedeutet ist, das freilich nicht über die ursprünglichen Umfassungsmauern hinausreicht. Die Vierung wird von einer Kuppel auf oktogonalem Tambour bedeckt. Der basilikale Raum trug ursprünglich einen offenen Dachstuhl. Die für Bischofskirchen obligatorische Wölbung kam erst später, vermutlich im frühen 13. Jh., hinzu. Für das schwere, kantige Kreuzrippengewölbe mussten neue Konsolen eingesetzt werden, die sich nicht auf die Struktur der unteren Wandgliederung beziehen. Auch wirken die Obergadenfenster durch die Gewölbe beengt. Die Kapitelle scheinen nicht in einer einzigen Werkstatt gefertigt worden

Dom
Sommer tgl. 10–13, 15–19 Uhr, im Winter meist nur Sa/So

Tomba Ildebranda

Tomba Ildebranda
Tel. 0564 61 40 74
April–Okt. tgl. 9–19 Uhr; Nov.–März Sa/So 10–17 Uhr und n. V.

zu sein. Die der linken Seite stehen stilistisch einem Teil der Kapitelle von Sant' Antimo (bei Montalcino) nahe. Die Kapitelle am zweiten Pfeiler links zeigen u. a. ›Abraham zwischen Sarah und Hagar‹, das ›Opfer Isaaks‹, ›Daniel in der Löwengrube‹. Die fünfschiffige Krypta stammt noch vom Vorgängerbau.

Sovanas etruskische Nekropolen

Die wichtigsten etruskischen Nekropolen von Sovana liegen an der Straße nach San Martino sul Fiora. Linker Hand weist ein Wegweiser auf die **Tomba della Sirena** hin. Es handelt sich um ein aus Tuffgestein geschlagenes Ädikula-Grab: Eine Rundnische, in der die Totenbank stand, ist von einem Giebel bekrönt. Im Giebelfeld zeigt ein sehr verwittertes Relief die Skylla (früher als Sirene gedeutet), die zwei Jünglinge würgt. Weiter auf der Straße nach San Martino verweist rechter Hand ein Wegweiser u. a. auf die **Necropoli di Poggio Prisca** (mit der berühmten Tomba Ildebranda).

Die vermutlich um 200 v. Chr. entstandene **Tomba Ildebranda** ist zu Ehren des Mönches Hildebrand aus Sovana (Papst Gregor VII.) so benannt worden. Die nach außen hin sichtbare Grabarchitektur wurde aus Tuff geschnitten. Sie hat die Form eines Tempels mit ursprünglich sechs frei stehenden Säulen an der Vorderfront und je vier an den Seiten. Die Cella besteht aus einem massiven Tuffblock mit vorgetäuschter Tür. Der Tempel war mit einer 5 cm dicken Putzschicht versehen und farbig bemalt. Vor dem Podium führt ein Dromos hinunter zur kreuzförmigen Grabkammer unter dem Podium. Sie beherbergt nur eine Totenbank und war daher wohl nur für eine Person bestimmt.

Ca. 300 m westlich liegt die **Tomba Pola,** ebenfalls mit einer fingierten Tempelarchitektur ausgestattet, von der noch eine Säule stehen blieb. Die **Tomba Tiffone** (ca. 100 m östlich von der Tomba Ildebranda, zu erreichen über den von den Etruskern ausgehöhlten Weg il Cavone) gehört zum Typus des sogenannten Ädikula-Grabs (mit der Front eines Antentempels).

Sorano

Wie Pitigliano bietet auch Sorano in seiner Lage auf einem Tufffelsen über dem Lente-Tal einen faszinierenden Anblick. Sorano war mit Pitigliano stets geschichtlich verbunden: Es gehörte im Mittelalter den Aldobrandeschi und kam zusammen mit diesem Ort 1293 in Besitz der Orsini, um 1608 dem Großherzogtum Toscana eingegliedert zu werden.

Die Lage auf dem Felsen erwies sich für Sorano in der Gegenwart problematischer als für Pitigliano, weil es in den letzten Jahrzehnten immer wieder zu Erdschüben kam, die durch Felsabsplitterungen auch Häuser zum Einsturz brachten. Seit den 1990er-Jahren versucht man durch Festungsarbeiten ein weiteres Absacken des Felsgesteins aufzuhalten und Sorano vor der Entvölkerung zu retten.

Der Ort wird im Süden dominiert von der **Rocca Orsini,** einer aus mehreren Komplexen und zwei Innenhöfen bestehenden Festungsanlage, im Norden vom sogenannten **Sasso Leopoldino,** der im 18. Jh. aus der Spitze des Tuffelsens herausgeschlagen und mit einem Glockenturm bekrönt wurde. Beim Rundgang in der Rocca Orsini mit ihren Befestigungsanlagen gelangt man auch in das Studio von Papst Nikolaus IV. Orsini mit Fresken des späten 16. Jh.

Im Ortzentrum liegen die **Pfarrkirche** und der **Palazzo Comitale,** die ursprüngliche Residenz der Orsini. Durch die Porta dei Merli kann man auf einem steinigen Weg in das Flusstal herabsteigen.

Rocca Orsini

16. März–3. Nov. tgl. außer Mo 10–13, 15–19 Uhr; im Winter Fr–So 10–13, 14–17 Uhr

Blick auf Sorano

Reisen & Genießen

Hotels und Restaurants...

... in Massa Marittima

Zentrales Hotel nahe der Piazza Garbaldi:
Il Sole***
Corso della Libertà 43
Tel. 0566 90 19 71
www.ilsolehotel.it

Haus in ruhiger Lage nahe des historischen Zentrums, mit Garten und Pool:
Duca del Mare***
Via Dante Alighieri 1/2
Tel. 0566 90 22 84
www.ducadelmare.it

In einer landwirtschaftlich geprägten Region bieten sich Ferien auf einem Bauernhof oder Landgut an. 15 km südlich, beim Lago dell'Accesa, bietet ein stattliches Gut Zimmer mit üblichem Standard und regionaltypisches Essen:
Tenuta del Fontino
Loc. Fontino
58024 Massa Marittima
Tel. 0566 91 92 32
www.tenutafontino.it

Typisch maremmanische Gericht genießen in der Altstadt im rustikalen Ambiente des
Da Tronca
Vicolo Porte 5
Tel. 0566 90 19 91
Mi geschl. (außer im Aug.)

... in Livorno

Ein kleines, ansprechendes Hotel mit nur acht Zimmern im Stadtzentrum:
Hotel Al Teatro***
Via Enrico Mayer 42
Tel. 0586 89 87 05
www.hotelalteatro.it

... in Follónica

Ein modernes Hotel direkt am Badestrand:
Hotel Parrini***
Viale Italia 103
Tel. 0566 402 93
www.parrinihotel.com

... in Grosseto

Praktisch gelegen in der Fußgängerzone:
Hotel Maremma***
Via F. Paolucci de Calboli 11
Tel. 0564 222 93
www.hotelmaremma.it

Großzügig angelegt ist eine Hotelanlage beim nahen Castiglione della Pescáia:
Andana*****
58043 Tenuta della Badiola
Tel. 0564 94 48 00
www.andana.it

Unter den Arkaden der zentralen Piazza Dante bietet dieses Restaurant maremmanische Spezialitäten, Fischgerichte und eine große Auswahl von Weinen:
Il Canapone
Piazza Dante Alighieri
Tel. 0564 245 46
So geschl.

Taverna, in der man Wildschwein und andere regionaltypische Spezialitäten genießt:
Il Canto del Gallo
Via Mazzini 29
Te. 0564 41 45 89
Sa nachmittags, So und Mo geschl.

... in Orbetello

Wer in der Nähe des Meeres wohnen möchte und dennoch die besondere Atmosphäre eines Landgutes der Maremma liebt, könnte in der Nähe des Golfs von Tala-

mone das Gästehaus der Fattoria La Selva wählen. Inhaber Karl Egger zählt zu den Pionieren der Bio-Kultur in Italien. Seine Bio-Feinkostprodukte kann man vor Ort erwerben, sie werden aber auch versandt.
La Selva
Loc. La Selva San Donato
58010 Orbetello
Tel. 0564 88 57 99
www.laselva-bio.eu

Angenehm wohnt und speist man in einem Gästehaus des 19. Jh. eines großen Landguts unweit der Aurelia, auf der Höhe des Monte Argentario, im angeschlossenen Ladengeschäft kauft man preiswert Gemüse, Obst, Wein, Käse und Olivenöl aus eigenem Anbau oder eigener Fabrikation:
Antica Fattoria la Parrina
Via Aurelia km 146
Tel. 0564 86 26 26
www.parrina.it

… in Saturnia

Landschaftlich reizvoll ist die Gegend von Saturnia und Montemerano. Hier gibt es mehrere angenehme Hotels und gute Restaurants. Man kommt zudem in den Genuss der warmen Schwefelquellen von Saturnia:
Terme di Saturnia****
Tel. 0564 600 11, 0564 60 08 88/9
www.termedisaturnia.it

Eine kleinere, ruhig gelegene, individuell möblierte Villa, deren Zimmer Ausblick auf den Garten und ins Tal haben:
Villa Clodia***
Via Italia 43
Tel. 0564 60 12 12
www.hotelvillaclodia.com

Ruhig und intim wohnt man in einem komfortablen Hotel mit nur acht Zimmern auf einem Hügel bei Saturnia, das auch einige-Zimmer in einer Dependance anbietet (Agriturismo):
Villa Acquaviva***
Strada Scansanese, Montemerano
Loc. Acquaviva
Tel. 0564 60 28 90
www.relaisvillaacquaviva.com

Am Hauptplatz des Ortes entspricht dieses gehobene Restaurant allen Erwartungen an Ambiente, Service und Küche:
I Due Cippi – Da Michele
Piazza V. Veneto 26a
Tel. 0564 60 10 74
Di geschl.

Weinbar/Osteria mit regionalen Gerichten:
Bacco e Cerere
Via Mazzini 4
Tel. 0564 060 12 38
nur abends, Mi geschl.

… in Pitigliano

Preiswertes Hotel im Zentrum der alten Etruskerstadt:
Albergo Guastini**
Piazza Petruccioli
Tel. 0564 61 60 65
www.albergoguastini.it

Nahe der Synagoge im Zentrum isst man in kleinen, aus dem Tuffgestein ausgehöhlten Gasträumen maremmanische Spezialitäten:
Il Tufo Allegro
Vicolo della Costituzione 5
Tel. 0564 61 61 92
Di und Mi mittags geschl. (außer Aug. und Sept.)

… in Sovana

Ruhiges und familiäres Haus in einem mittelalterlichen Palazzo mit Parkmöglichkeit und Garten:
Albergo Scilla e Locanda Taverna Etrusca***
Via del Duomo 5
Tel. 0564 61 70 30
www.sovanahotel.it

Glossar kunstgeschichtlicher Begriffe

Ädikula (lat. *aedicula* = Häuschen, Tempelchen) Umrahmung in Form einer Tempelfront mit Säulen oder Pilastern und Giebel; auch kleinerer frei stehender Bau.

Ambo (griech. = Erhöhung) Meist steinernes Podium mit Lesepult in der altchristlichen und frühmittelalterlichen Basilika (Vorläufer der Kanzel).

Amphitheater Antikes Theater mit ringsum geschlossenen Sitzreihen um eine ellipsenförmige Arena, in der vornehmlich sportliche Veranstaltungen, Tier- und Gladiatorenkämpfe ausgetragen wurden.

Anna selbdritt Darstellung der heiligen Anna mit ihrer Tochter Maria und dem Jesuskind.

Antependium (lat. = das Davorzuhängende) Verkleidung des Altartischs, gewöhnlich an der Vorderseite. Ursprünglich ein von der Mensa herabhängendes Tuch, später Metall-, Email- oder Steinarbeiten oder bemalte Tafeln.

Antiphonar (griech.) Im Mittelalter liturgisches Buch der lateinischen Kirche.

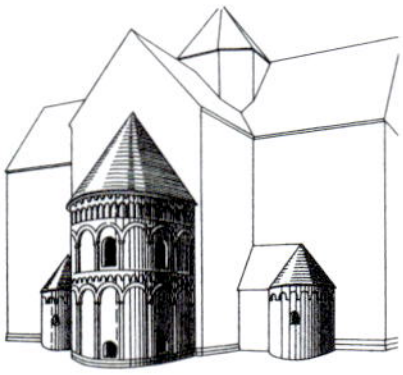

Apsis: Hauptapsis und Nebenapsiden

Apsis Meist halbrunder, mit einer Halbkuppel überdeckter Raum, der sich zu einem Hauptraum hin öffnet; in der christlichen Baukunst überwiegend der östliche Abschluss einer Kirche.

Architrav Der den Oberbau tragende Hauptbalken über Säulen oder Pfeilern.

Archivolte Vom Mauerwerk abgesetzte Einfassung eines Bogens als Fortsetzung der Gewändegliederung; bei romanischen und gotischen Portalen Bezeichnung der Bogenläufe im Gewände.

Arco (ital.) Bogen, auch Stadttor.

Atrium Von Säulen getragener Innenhof des römischen Wohnhauses mit einer mittleren Öffnung im Dach; in der christlichen Baukunst von Säulenhallen umgebener westlicher Vorhof einer Kirche.

Attika Niedriges Geschoss oder brüstungsartige Aufmauerung über dem Hauptgesims eines Gebäudes.

Baldachin Beweglicher Tragehimmel; in der Baukunst die feste Überdachung über Kanzel, Statuen, Altar (= Ziborium).

Ballatoio (ital.) Erhöhter Laufgang im Kirchenraum oder im Festsaal.

Balustrade Ein aus kleinen, gedrungenen Stützen, so genannten Balustern gebildetes Geländer an Treppen, Balkonen oder als Dachabschluss.

Basilika (griech. = Königshalle) In der nachantiken Baukunst Kirchenraum, der nach antiken und frühchristlichen Vorbildern durch Säulen oder Pfeiler in drei oder mehr Schiffe gegliedert wird. Das mittlere Schiff ist erhöht und hat Fenster im Obergaden. Auch auszeichnender Titel, den der Heilige Stuhl Kirchen (jedweder Form) verleiht.

Basis Ausladender Fuß einer Säule oder eines Pfeilers.

Bifore Zweibogiges Fenster.

Blende Eine rein dekorative, der Mauerfläche vorgelegte ›blinde‹ Scheinarchitektur. Gewöhnlich als Relief ausgebildet, ersetzt sie in ihrer rein dekorativen Wirkung eine wirkliche Architektur. So stehen z. B. flache Blendarkaden für wirkliche betretbare Arkaden.

Bogenfries Fortlaufende Reihe kleiner Blendbogen.

Borgo Nicht befestigte Ortschaft (im Gegensatz zu *castello),* auch Vorstadt.
Bosse (ital., Entwurf, roh behauener Stein) Haustein mit roh bearbeiteter Vorderseite.
Bucchero (ital.) Diese Etruskische Vasengattung bezeichnet schwarze Tongefäße mit Reliefs oder eingeritztem Dekor (8.– 4. Jh. v. Chr.).

Cardo Nord-südlich verlaufende Hauptstraße römischer Städte und Lager.
Casa-torre (ital.) Turmhaus, charakteristische Form des mittelalterlichen städtischen Feudalpalasts.
Castello Befestigte Ortschaft; nicht zu verwechseln mit *fortezza* oder *rocca* (Festung, Zwingburg).
Castrum Standlager römischer Truppen; rechtwinklig angelegt und von einem Wall umgeben.
Chor Eigentlich der für den Chorgesang oder das Chorgebet der Geistlichen bestimmte Raumteil, zunächst vor dem eigentlichen Hochaltarraum gelegen, später jedoch oft identisch mit diesem.
Cippus (lat.) Ursprünglich pfahlartiges Grenzzeichen aus Holz oder Stein, später auch Bezeichnung für Grabstein.
Collegiata (ital.) s. Kollegiatkirche.
Cosmaten Gruppe römischer und neapolitanischer Bau- und Dekorationskünstler des 12.–14. Jh., deren Beteiligte überwiegend den Vornamen Cosmas trugen und insbesondere Einlegearbeiten aus buntem Marmor schufen.

Decumanus Ost-westliche Hauptstraße römischer Städte und Lager.
Dienst Stab, der die Gurte und Rippen des Gewölbes trägt.
Dioskuren Zwillingsgötter, wohl vordorischen, achäischen Ursprungs, mit ähnlichen nordischen Göttern verwandt. Die Dioskuren Kastor und Pollux sind Söhne des Zeus.
Disegno Begriff mit verschiedenen Bedeutungen: Zeichnung, Umrisslinie, aber auch Entwurf, Plan. Darüber hinaus (in der Kunstliteratur der Renaissance) Konzept, Vorstellung, Idee.
Dom (lat. *domus* = Haus) Bischofskirche, Kathedrale. Im Italienischen bezeichnet duomo auch die Hauptkirche eines Ortes ohne Bischofssitz.
Dromos Korridor zu einem Grab.

Ecclesia (griech. *ekklesia* = Versammlung) Bezeichnet wie das Wort Kirche die christliche Gemeinschaft.
Entasis (griech.) Schwellung des Säulenschafts.
Eroten (griech.) Kleine, geflügelte, meist männliche Liebesgötter; bei den Römern Amoretten genannt.
Exedra (griech. = abgelegener Sitz) In der Antike halbrunde oder eckige Nische mit Sitzen. Später Bezeichnung für Apsis oder ähnliche Raumerweiterung.

Fayence Tonware, die nach dem Brennen mit einer Blei- oder Zinnglasur überzogen und noch im feuchten Zustand mit sog. Scharffeuerfarben bemalt wird. Bei einem zweiten Brand verschmilzt dann die Glasur mit den Farben zu einer glänzenden Schicht.
Fiale (griech. *phiale* = Gefäß) In der gotischen Architektur meist als Bekrönung von Strebepfeilern oder Wimpergen eingesetztes, sehr schlankes, pyramidenförmiges Ziermotiv.
Fresko Wandmalerei auf dem noch frischen Putz aus Kalkmörtel *(intonaco).* Die im Wasser angeriebenen Farbpigmente verbinden sich mit

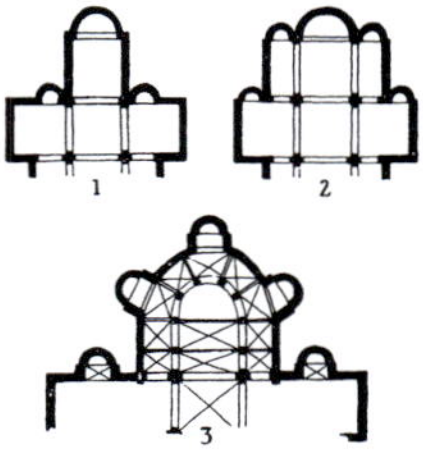

Chor
1 Langchor
2 Staffelchor
3 Chor mit Umgang und Kapellenkranz

dem Putz und trocknen zusammen mit diesem. Malt man auf bereits getrockneten Putz, spricht man von Secco-Malerei *(a secco),* für die man Bindemittel benötigt. Nur so viel Putz wird aufgetragen, wie an einem Tag bemalt werden kann. Die Grenzen der Tagwerke sind erkennbar, selbst ihre Reihenfolge. Fresken können von der Wand abgelöst und auf einen neuen, isolierten Bildträger übertragen werden (Polyester, Hartfaserplatten).

Fries Waagerechte Mauerstreifen mit ornamentalen oder figürlichen Darstellungen als Schmuck, Gliederung oder Abschluss einer Wand.

Friesformen (von oben nach unten)
Mäander
laufender Hund
Lotos-Palmettenfries
Sägezahn- und Zinnenfries

Galerie Langer, gedeckter, nach einer Seite offener Gang: 1. Laufgang mit offenen Bogenstellungen an einer Fassade 2. Laufgang über den Seitenschiffen in Kirchen.

Gastald Hoher Verwaltungsbeamter in den Langobardenstätten, als ›Gastwalter‹ ursprünglich für die Unterbringung der Krieger und ihrer Familien zuständig.

Gesims Vorspringendes, meist horizontal verlaufendes bauplastisches Element, das eine Aussenwand in Abschnitte gliedert.

Gewölbeformen Tonnengewölbe: Gewölbe mit halbkreisförmigem Querschnitt (einfachste Form des Gewölbes); bei der Durchdringung zweier gleich hoher Tonnengewölbe entsteht ein Kreuzgewölbe; bilden sich an den Schnittpunkten der Gewölbeflächen eines Kreuzgewölbes Grate, handelt es sich um ein Kreuzgratgewölbe; verläuft entlang der Grate eine tragende Skelettkonstruktion, spricht man von einem Kreuzrippengewölbe.

Graffito (ital. *graffiare* = kratzen) Putztechnik, bei der verschiedenfarbige Putzschichten übereinander aufgetragen werden. Dort wo die hellere, noch feuchte Oberschicht abgekratzt wird, tritt die dunklere Unterschicht als Zeichnung hervor.

Grisaille (frz. *gris* = grau) Malerei in Grautönen mit feinen Abstufungen von hell und dunkel; Grisaille-Malerei ist in allen Techniken üblich.

Gurt Bogen, der Gewölbejoche trennt.

Habit (lat. *habitus)* Bekleidung, insbesondere die Tracht der Ordensleute und Priester.

Halle Im Kirchenbau versteht man unter Hallen einen Typus, dessen Schiffe (im Gegensatz zur Basilika) gleich hoch sind.

Hängekuppel Kuppelkonstruktion, die aus einer Halbkugel hervorgeht. Dabei werden die seitlichen, über das eingeschriebene Grundrissquadrat hinausgehenden Kappen abgeschnitten (nicht jedoch auch die obere Kappe wie bei Pendentifs).

Hodegetria (griech. = Wegführerin) Altbyzantinischer Typus der Madonna in Halbfigur mit dem Kind auf dem linken Arm, benannt nach dem Urbild in der Hodegonkirche (Mitte 5. Jh.), Byzanz.

Hypokaustum (griech./lat.) Römische Zentralheizung; durch Kanäle im Stein- oder Ziegelfußboden, später auch durch Hohlziegel oder Tonrohre der Wände wurden Rauchgase geleitet.

Impasto (ital.) In der Malerei dichter Farbauftrag (pastose Malerei).

Inkrustation Einlegearbeit aus verschiedenen Steinsorten.

Insula Von Straßen umgebener Wohnblock in einer antiken Stadt.

Intarsien Einlegearbeiten mit verschiedenfarbigen Materialien; neben Holz auch Elfenbein, Stein, Schildpatt, Perlmutt usw.

Interdikt (lat. *interdictio* = Versagen) Im katholischen Kirchenrecht Verbot, Gottesdienst und Sakramente abzuhalten. Wurde im Mittelalter oft von den Päpsten als politisches Druckmittel gegenüber den Städten eingesetzt.

Joch Gewölbeabschnitt. Die französische Bezeichnung lautet *travée.*

Kalotte (frz. = Käppchen) Gedrückter Kugelabschnitt.
Kämpfer Oberste Steinlage einer Stütze, die einen Bogen oder ein Gewölbe trägt. Auch Bezeichnung für das Zwischenkapitell (Kämpferaufsatz) zwischen dem Säulenkapitell und dem Bogenkapitell.
Kanneluren Senkrechte Auskehlungen eines Säulenschafts.
Kapitelsaal Versammlungsraum in Klöstern.
Kenotaph (griech. = leeres Grab) Grabdenkmal für einen Toten, der an einer anderen Stelle beigesetzt wurde.
Kline Etruskische Liege.
Kollegiatkirche Kirche, der ein Kapitel (Stiftsherren, Kanoniker), nicht aber auch noch ein Bischof vorsteht.
Kompositkapitell Kapitell mit ionischen und korinthischen Elementen (Voluten, Arkanthusblattwerk).
Kontrapost Durch tragendes Stand- und entlastetes Spielbein ausgedrückte harmonische Körperhaltung, vor allem in der klassischen griechischen Bildhauerei.
Krabbe In der Gotik blattförmiges Ornament an den Kanten von Fialen, Wimpergen und anderen Baugliedern.
Krag-Gewölbe Falsches Gewölbe.
Kreuzkuppelkirche Kirche in Form eines griechischen Kreuzes mit einer Kuppel über dem zentralen Raum. Auch die vier Querarme können von Kuppeln oder Tonnengewölben überfangen sein.
Kustode, Kustos (lat., Wächter, Aufseher) Verbeamteter wissenschaftlicher Mitarbeiter an Museen.

Laterne Runder oder polygonaler Zierturm auf einer Kuppel.
Lettner (lat. *lectorium* = Lesepult) Trennwand zwischen Chor und Laienraum.
Lichtgaden s. Obergaden.
Liktoren Amtsdiener im antiken Rom.
Lisene Gemauerter vertikaler Zierstreifen zur Gliederung einer Wand. Im Unterschied zu Pilastern hat die Lisene keine Basis und kein Kapitell. Sie kann beliebig verlängert werden.
Lünette (frz. = kleiner Mond) Halbkreisförmiges Feld, vornehmlich über Türen, Fenstern oder dem Gebälk.

Kämpfer über frühchristlichem Kapitell

Majolika s. Fayence.
Mandorla Mandelförmiger Strahlenkranz (Aureole, Gloriole).
Maßwerk Ornament, das aus dem Maß, d.h. mit Hilfe eines Zirkels, konstruiert wurde, vornehmlich zur Unterteilung gotischer Fenster.
Mensa Altarplatte.
Mezzanin (ital. *mezzo* = halb) Nicht voll ausgebildetes Zwischengeschoss, das bei der Fassadengestaltung als Halbgeschoss in Erscheinung tritt.
Municipium (lat.) Ursprünglich autonome Gemeinde Latiums, später städtische Siedlung, deren Bürger das eingeschränkte römische Bürgerrecht besaßen (z.B. das Eherecht, nicht aber das Wahlrecht).

Nekropole (griech., Totenstadt) Größere Begräbnisstätte.

Obergaden (ahd. *gaden* = einräumiges Haus) Oberer Raumabschnitt des Mittelschiffs einer Basilika.

Palio (ital.) Besticktes oder bemaltes Tuch, das man bei volkstümlichen Festen dem Sieger reicht.
Pass (= Zirkel) Kreisbogen des Maßwerks. Nach der Anzahl der Kreise unterscheidet man Dreipass, Vierpass, Fünfpass, Sechspass, usw.
Pendentif Architektonisches Konstruktionselement in Form eines sphärischen Dreiecks, das vom Quadrat des Unterbaus zum Rund der Kuppel vermittelt.
Peristyl (griech.) Säulenhalle, die einen Hof (Vorhof, Tempelhof) umgibt.
Piano Nobile (ital.) Hauptgeschoss der Stadtpaläste und Villen.
Pietà Plastische Darstellung Mariens mit dem toten Christus auf ihrem Schoß.
Pietra dura (ital. = harter Stein) Eine im 16. Jh. in Florenz entwickelte Sonderform der Inkrustation. Verschiedene Steine und Halbedelsteine werden ausgeschnitten und fugenlos zusammengesetzt.
Pieve (lat. *plebs* = Volk, Gemeinde) Ursprünglich Bezeichnung für eine Gemeinde, später für die größere, dem Bischof unterstellte Pfarrkirche auf dem Land mit Taufstelle, Friedhof, oft auch eine Priesterschule.
Pilaster Flache Wandvorlage mit Basis und Kapitell.
Podestà (ital.) Seit dem Mittelalter Stadtoberhaupt, dessen Amt mit vielen Rechten ausgestattet war.
Polyptychon Mehrteiliger Altaraufsatz, auch Flügelaltar.
Porphyr (griech. = purpurfarben) Sammelname für vulkanische und subvulkanische Gesteine mit Einsprenglingen von Alkalifeldspaten oder Quarzen.
Portikus (lat. = Halle) Von Säulen getragener Vorbau, meist an der Haupteingangsseite (auch selbstständiges Bauwerk).
Predella Untere Zone eines Altaraufsatzes.
Presbyterium (griech. *presbyterion* = Rat der Ältesten) Der den Geistlichen vorbehaltene Raumteil mit dem Hochaltar (auch Sanktuarium genannt). Nicht immer identisch mit dem Chor, dem Sitz des Klerus oder der Domherren bei Gottesdienst oder Chorgebet.
Putten s. Eroten.

Quattrocento (ital. = *vierhundert)* Bezeichnung für das 15. Jh. in Italien, als Epochen- oder Stilbegriff nahezu identisch mit Frührenaissance.

Retabel (lat. *tabula* = Tafel) Ursprünglich eine Tafel über dem Altar (d. h. dem Tisch für das Messopfer), die sich dann später zum Diptychon, Triptychon oder Polyptychon entwickelte.
Risalt (ital. *risaltare* = hervorspringen) Ein in der ganzen Höhe einer Front hervorspringendes Bauteil, das der Gliederung von Fassaden dient.
Rosette Stilisiertes, blütenförmiges Ornament; im gotischen Kirchenbau kreisrundes, mit Maßwerk gefülltes Fenster.
Rustika Roh behauene, bossierte Steine.

Saalkirche Einfacher Kirchenraum ohne Seitenschiffe.
Sacra Conversazione (ital. = Heilige Unterhaltung) Bezeichnung für die Darstellung der Muttergottes mit Heiligen, die für gewöhnlich in stummer Zwiesprache zueinander stehen.

Scheidbogen Bogen, der ein Mittelschiffjoch vom Seitenschiffjoch trennt.
Schmerzensmann Darstellung des leidenden Christus mit Dornenkrone, wird im Italienischen als Pietà bezeichnet.
Schwibbogen (Schwebebogen) Frei gespannter Bogen zur Verstrebung zweier parallel stehender Mauern.
Serliana Architekturmotiv, bei dem zwei schmale Öffnungen eine mittlere, breite Bogenöffnung flankieren. Der Bogen ist dabei auf den beiden seitlichen Architravstücken gelagert und steht damit im Gegensatz zum ›syrischen Bogen‹, bei dem Architrav und Bogen ein einziges Teil bilden.
Sinopie Originalgroßer Entwurf oder vorbereitende Zeichnung für ein Fresko auf den Grundputz *(arriccio)*. Man verwandte dazu Kohle und rote Erdpigmente *(sinopia,* nach der Herkunft aus der Stadt Sinope am Schwarzen Meer).
Spolie Wieder verwendetes Bauteil, das oft antiker Herkunft ist.
Stele Aufrecht stehender, meist reliefierter und mit einer Inschrift versehener Gedenk- bzw. Grabstein.
Stiftskirche s. Kollegiatkirche.

Tambour (frz.) Unterbau einer Kuppel, meist zylinderförmig.
Tondo (ital.) Gemälde oder Relief von runder Form.
Toscanische Ordnung Sonderform der römisch-dorischen Ordnung mit Basis und meist ohne Kanneluren.
Travée Französische Bezeichnung für Joch oder ein geschlossenes Fassadenfeld.
Trecento (ital. = dreihundert) Das 14. Jh. in Italien.
Triforium (lat.) Dreibogige Öffnung (Fenster, Tür); in einem weiteren Sinne Laufgang unter den Obergadenfenstern eines romanischen und besonders gotischen Kirchenbaus.
Trompe (frz.) Trichterförmiger Gewölbeabschnitt; Gewölbezwickel, der vom Quadrat zum Rund des Kuppelansatzes vermittelt.
Tympanon In der Baukunst des Mittelalters und der Renaissance Bogenfeld über dem Portalsturz; beim griechischen Tempel das Giebelfeld, meist mit plastischem Schmuck.

Vesperbild Überwiegend plastische Darstellung der trauernden Maria mit dem toten Christus auf ihrem Schoß. Die deutsche Bezeichnung für die Pietà ist auf die Gebetszeit der Vesper zurückzuführen, denn zu dieser Tageszeit erfolgte am Karfreitag die Kreuzabnahme.
Vestibül Vorhalle eines Hauses.
Volute Spiralförmig gewundene Zierform, ursprünglich am ionischen Kapitell.
Votivgabe (Votivbild, -tafel) Einer seit dem Mittelalter bestehenden Tradition folgend, Gabe, die aufgrund eines Gelübdes oder als Dank für eine Gebetserhöhung an Wallfahrtsorten gestiftet wird.

Wimperg Giebelförmige Zierform über Fenstern, Türen und Arkaden gotischer Kirchen, oft mit Krabben besetzt und von einer Kreuzblume bekrönt.

Ziborium Altarüberbau in Form eines Baldachins.
Zwerchgalerie (mhd. *twerch* = quer) Das Mauerwerk auflockernder Laufgang bei romanischen Kirchen, meist unter dem Dachgesims. Oft wird auch die Schreibweise ›Zwerggalerie‹ verwendet.

Triforium, links romanische Frühform, rechts gotische Weiterbildung

Ionisches Kapitell mit Voluten

Reiseinformationen von A bis Z

Anreise

... mit dem Auto

In ganz Italien, also auch in der Toscana, reichen ein gültiger Führerschein und Kfz-Papiere aus. Empfehlenswert ist es, auch die internationale Grüne Versicherungskarte mit sich zu führen, und, falls man nicht mit dem eigenen Pkw unterwegs ist, eine Vollmacht des Besitzers.

Aus Deutschland und Österreich führen die Autorouten meist über Innsbruck und den Brenner nach Verona und Bologna; von der Schweiz aus wählt man am besten die Fahrt über den Sankt Gotthard nach Mailand, Parma und Bologna. Von dort führt die tunnelreiche A 1 nach Florenz.

Die italienischen Autobahnen sind **gebührenpflichtig.**

Italienische Verkehrsregeln (Auswahl):
Die Höchstgeschwindigkeit beträgt in Ortschaften 50 km/h, außerorts 90 km/h, auf Schnellstraßen *(superstrade)* 110 km/h (bei Regen 90 km/h), auf Autobahnen 130 km/h (bei Regen 110 km/h). Außerhalb geschlossener Ortschaften und auf Autobahnen muss tagsüber das Abblendlicht eingeschaltet sein. Zudem ist es Pflicht, fluoreszierende Warnwesten mitzuführen. Diese müssen beim Verlassen des Fahrzeugs in Notfallsituationen getragen werden. Die Promillegrenze liegt bei 0,5 ‰.

... mit dem Zug

Reisende aus dem Norden erreichen mit dem Zug zunächst Florenz (über Bologna) oder Pisa (über Basel–Domodossola–Mailand–Genua bzw. Schaffhausen–Chiasso–Mailand–Genua).
In Italien gekaufte Fahrkarten müssen vor Einstieg am Bahnsteig abgestempelt werden, anderenfalls werden recht hohe Nachzahlgebühren erhoben.

Zugverbindungen und Buchungen im Internet:
www.trenitalia.com
www.bahn.de
www.oebb.at
www.sbb.ch

... mit dem Flugzeug

Pisas Galileo Galilei (Tel. 050 50 07 07, gebührenfrei in Italien: 800 01 88 49) ist der wichtigste Flughafen der Toscana. Von dort gibt es direkte Bus- und auch Zugverbindungen nach Florenz (Air Terminal im Bahnhof Santa Maria Novella), nach Siena und zu anderen größeren Orten. Einige Linien (u. a. Lufthansa, Meridiana) fliegen auch den kleinen Flughafen von Florenz an (Peretola ›Amerigo Vespucci‹, Tel. 055 37 34 98). Mit dem Bus oder Taxi sind es nur etwa 15 Minuten bis zum Hauptbahnhof von Florenz.

Apotheken

Die Toscana ist mit einem ausreichenden Netz an Apotheken (ital. *farmacia)* überzogen. Das Angebot entspricht internationalem Standard.

Ärztliche Versorgung

Die Adressen der vielen deutschsprachigen Ärzte in der Toscana kann man normalerweise im eigenen Hotel erfahren. Der medizinische Standard entspricht dem mitteleuropäischen.

Seit 2006 ersetzt die Europäische Krankenversicherungskarte EHIC den Auslandskrankenschein. Kosten für ambulante und stationäre Behandlung werden aber oft nur mit eingeschränkt erstattet. Der Abschluss einer Auslandskrankenversicherung für die Reisedauer ist empfehlenswert. So kann sich der Urlauber auf jeden Fall den Arzt selbst aussuchen.

Schweizer Staatsbürger werden wie Privatpatienten behandelt, die ihre Rechnung sofort beim Arzt bezahlen und sie dann zu Hause ihrer Versicherung vorlegen.

Auskunft

Staatliche Italienische Fremdenverkehrsämter (ENIT)

... in Deutschland
Barckkausstraße 10
60325 Frankfurt/Main
Tel. 069 23 70 69
Fax 069 23 28 94
frankfurt@enit.it

Prinzregentenstraße 22
80538 München
Tel. 089 53 13 17, 53 31 63
Fax 089 53 45 27
muenchen@enit.it

Kostenfreie Servicenummer für den deutschsprachigen Raum: Tel. 008 00 00 48 25 42 (nur für Prospektbestellung).

... in Österreich
Kärtnerring 4
1010 Wien
Tel. 01 505 16 30 12
Fax 01 505 02 48
vienna@enit.it

... in der Schweiz
Uraniastraße 32
8001 Zürich
Tel. 043 466 40 40
Fax 043 466 40 41
zurich@enit.it

Enit im Internet

www.enit.de
www.enit.at
www.enit.ch (u. a. Zollinformation für Schweizer Bürger)
www.enit.it (Zentrale in Rom)
Gezielte Auskünfte holt man am besten direkt bei den regionalen Fremdenverkehrsorganisationen (Aziende di Promozione Turistica, APT, oder IAT, Ufficio Informazioni e di Accoglienza Turistica) ein.

Offizielle Internetseiten der Region Toscana

www.promozione.toscana.it
www.cultura.toscana.it
www.turismo.toscana.it
(Allgemeine Vorschläge für Ferien)

Soprintendenza per i Beni Archeologici per la Toscana
Via della Pergola 65
50121 Firenze
Tel. 055 235 75
Fax 055 24 22 13
www.archeotoscana.beniculturali.it

Parks und Künstlergärten
www.cultura.toscana.it/architetture/giardini
www.parks.it

Diplomatische Vertretungen

... in Florenz

Honorarkonsulat der Bundesrepublik Deutschland
Corso dei Tintori 3
Tel. 055 234 35 43
Fax 055 247 62 08

Konsulat der Republik Österreich
Lungarno A. Vespucci 58
Tel. 055 265 42 22
Fax 055 29 54 74
u.agostini@albinipitigliani.it

Konsulat der Schweiz
Hotel Park Palace
Piazzale Galileo 5
Tel. 055 22 24 31
Fax 055 22 05 17
con.suisse.firenze@fol.it

... in Rom

Botschaft der Bundesrepublik Deutschland
Via San Martino della Battaglia 4
Tel. 06 49 21 31
Fax 06 49 21 33 19
www.rom.diplo.de

Botschaft der Republik Österreich
Via Pergolesi 3
Tel. 06 844 01 41
Fax 06 854 32 86
Konsularabteilung:
Viale Liegi 32, interno 1
Tel. 06 855 28 80
www.bmeia.gv.at/botschaft/rom

Botschaft der Schweiz
Via Barnaba Oriani 61
Tel. 06 80 95 71

Fax 06 808 85 10
www.eda.admin.ch/roma

Einkaufen

Öffnungszeiten der Geschäfte: Mo–Fr 8.30–12.30 und 15.30–19.30 Uhr.

Die Läden für Kleidung, Schuhe und Haushaltswaren, die Parfümerien und Buchhandlungen sind an Montagen vormittags geschlossen. Mittwochnachmittags schließen die Lebensmittel- und Blumengeschäfte.

Einkaufstipps und Mitbringsel: Wein, Vinsanto, Olivenöl hoher Qualität, Peccorino (Schafskäse), Wurstspezialitäten, Panforte di Siena, Lederwaren jeglicher Art, Antiquitäten (die Zentren des toscanischen Antiquitätenhandels sind Arezzo, Cortona und Florenz).

Einreise und Zoll

Einreise: Deutsche, Österreicher und Schweizer benötigen zur Einreise nur einen gültigen Personalausweis. Nach dem Schengener Abkommen können Angehörige der Mitgliedsländer auch ohne Visum länger als drei Monate im Land bleiben, müssen sich dann aber bei der Polizei melden.

Zoll: Im Rahmen der Bestimmungen des EU-Binnenmarktes können deutsche und österreichische Staatsbürger Waren für den persönlichen Gebrauch abgabenfrei über die Grenzen mitführen. Bei Tabakwaren und Alkoholika sind dies beispielsweise 800 Zigaretten, 10 l Spirituosen und 90 l Wein. Bei größeren Mengen gehen die Behörden von zollpflichtigem gewerblichem Export aus.

Reisende aus der Schweiz über 17 Jahre dürfen 200 Zigaretten oder 50 Zigarrren oder 250 g Tabak, 2 l Wein, 1 l Spiriuosen und für den persönlichen Gebrauch bestimmte Waren im Gesamtwert von 200 Schweizer Franken aus Italien ausführen.

Antiquitäten dürten nur mit einer Sondergenehmigung des Denkmalamtes ausgeführt werden.

Feiertage

1. Januar (Neujahr)
6. Januar (Heilige Drei Könige)
Ostersonntag, Ostermontag und 25. April (Tag der Befreiung 1945)
1. Mai (Tag der Arbeit)
29. Juni (Peter und Paul, nur in Rom)
15. August (Ferragosto)
1. November (Allerheiligen)
8. Dezember (Maria Empfängnis)
25. und 26. Dezember (Weihnachten)

Feste

Für fast alle großen Feste der Toscana kann man sich bei rechtzeitiger Anmeldung Zuschauerkarten reservieren (Auskunft bei den örtlichen Verkehrsbüros).

Karneval: Traditionsreiches, berühmtes Karnevalsfest in Viareggio. Am letzten Karnevalstag wird in Bibbiena *il bello ballo* gefeiert (mit mittelalterlichen Tänzen).

Ostersonntag: ›Scoppio del Carro‹; vom Hochaltar des Doms von Florenz schießt die an einem Seil geführte ›Taube‹ durch das Kirchenschiff herab und entzündet einen Wagen voller Feuerwerkskörper.

Mai–Juni: ›Maggio Musicale Fiorentino‹ mit anspruchsvollen Konzerten, Opern und Theateraufführungen.

Christi Himmelfahrt: ›Festa del Grillo‹ (Grillenfest) im Park der Cascine in Florenz.

Sonntag nach dem 20. Mai: ›Balestra del Girifalco‹ (Armbrustschießen) in Massa Marittima

Letzte zwei Mai-Sonntage: ›Maggiolata‹ in Lucignano.

1. Sonntag im Juni: ›Gioco del Ponte‹ in Pisa (Wettstreit der beiden Stadthälften links und rechts des Arno).

17. Juni: ›Regatta di San Ranieri‹ in Pisa, Regatta auf dem Arno zu Ehren des Stadtpatrons.

24. Juni: Johannis-Fest in Florenz mit Endspiel des ›Calcio in Costume‹ (einem historischen Fußballspiel) auf der Piazza Santa Croce.

2. Juli: ›Palio delle Contrade‹ in Siena.

Ende Juli–Anfang August: ›Cantiere Internazionale d' Arte‹ in Montepulciano, von dem Kom-

ponisten Werner Henze ins Leben gerufenes Theater- und Musikfestival.
2. Sonntag im August: ›Wiederholung der ›Balestra del Girifalco‹ (Armbrustschießen) in Massa Marittima.
15. August: ›Bruscello‹ in Montepulciano, Theateraufführungen von Bauern und Handwerkern
16. August: ›Palio delle Contrade‹ in Siena.
Letzter Sonntag im August: ›Il Bravio delle Botti‹ in Montepulciano.
25. August: ›Festa di San Gennesio‹ in San Miniato.
7. September: ›La Rificolona‹ in Florenz.
1. Sonntag im September: ›Giostra del Saracino‹ in Arezzo, die historischen Stadtviertel wetteifern auf der Piazza Grande im Lanzenstechen, das neben dem Palio in Siena wohl eindrucksvollste der vielen toscanischen Volksfeste.
13. September: Prozession des ›Volto Santo‹ in Lucca.
2. Sonntag im September: ›Palio dei Balestrieri‹ in Sansepolcro.

Geld

Auch in Italien kann man mit einer Euroscheckkarte bequem Geld an Bankautomaten abheben, auch mehrmals hintereinander; die maximale Höhe ist von Bank zu Bank unterschiedlich.
Banken haben Mo–Fr ca. 8.20–13.20 Uhr geöffnet.
Sperr-Notruf: Sperrruf für viele Bank- und Kreditkarten: Tel. 0049 116 116.
Zentraler Sperrdienst für ec-Karten, Maestro-Karten, BankCards, SparkassenCards und andere Debitcards auch Tel. 0049 1805 021 021.
Weitere Information: www.kartensicherheit.de

Karten

Für Autoreisende sind gute Straßenkarten unentbehrlich. Hier empfiehlt sich die Toscana-Karte von MARCO POLO (Maßstab 1:200 000).

Bei den ENIT-Büros erhält der Besucher kostenlos ganz brauchbares Kartenmaterial. Die einzelnen Provinzen und Gemeinden verteilen auch gute Detailkarten bzw. Stadtpläne. Für Wanderkarten s. S. 453.

Literaturtipps

Balestracci, Duccio/Piccini, Gabriella: Siena nel Trecento, Assetto urbane e strutture edifizie, Firenze 1977
Belli Barsali, Isa: Lucca. Guida alla città, Lucca 1988
Belting, Hans/Blume, Dieter (Hrsg.): Malerei und Stadtkultur der Dantezeit, München 1989.
Borsig, Arnold von/Bianchi-Bandinelli, Ranuccio: Die Toscana, Landschaft, Kunst und Leben im Bild, Wien und München 1938
Bödefeld, Gerda/Hinz, Berthold: Die Villen der Toscana und ihre Gärten, Köln 1991
Boitani, Francesca u. a.: Die Städte der Etrusker, Freiburg i. Br. 1974
Braunfels, Wolfgang: Mittelalterliche Stadtbaukunst in der Toscana, Berlin 1953 (1979).
ders.: Abendländische Stadtbaukunst, Köln 1976
Burckhardt, Titus: Siena, Stadt der Jungfrau, Olten und Lausanne 1958
Carli, Enzo: La pittura senese, Mailand 1955
ders.: L' arte a Massa Marittima, Siena 1976
Cresti, Carlo: I centri storici della Toscana, 2 Bde, Mailand 1977
ders./Listri, Massimo: Villen der Toskana, München 1992
Davidsohn, Robert: Geschichte von Florenz, 4 Bde, Berlin 1896–1927
Fanelli, Giovanni: Firenze, architettura città, 2 Bde, Florenz 1973
Fiumi, Enrico: Storia economica e sociale di San Gimignano, Florenz 1961
Günter, Roland: Toskana, ein Reisebuch, Gießen 1985
Guida d' Italia del Touring Club Italiano: Toscana, Mailand 1974
Goez, Werner: Von Pavia nach Rom, Köln 1972
Gross, Werner: Die abendländische Architektur um 1300, Stuttgart 1948
DuMont Bildatlas Toskana: Ostfildern 2010
Hess, Robert/Paschinger, Elfride: Das etruskische Italien, Köln 1982
Hetzer, Theodor: Erinnerungen an italienische Architektur, o. O. 1951
Heydenreich, Ludwig H.: Italienische Renaissance, Anfänge und Entfaltung, München 1972

Keller, Harald: Die Kunstlandschaften Italiens, München 1960
Lill, Rudolf: Geschichte Italiens in der Neuzeit, Darmstadt 1986
Moretti, Italo/Stopani, Renato: Romanische Toskana, Würzburg 1983
Moretti, Mario: L' architettura romanica religiosa nel territorio dell' antica repubblica senese, Parma 1962
Oertel, Robert: Die Frühzeit der italienischen Malerei, Stuttgart 1961
Paatz, Walter: Werden und Wesen der Trecento-Architektur in der Toskana, Burg b. M. 1937
Paul, Jürgen: Die mittelalterlichen Kommunalpaläste in Italien, Freiburg 1963 (Diss.)
Pope-Hennessy, John: Italian Gothic Sculpture, London 1955
Salmi, Mario: Civilità artistica della terrena aretina, Novara 1971
Salvini, Roberto/Borsig, Tet Arnold von [Fotografien]: Toskana. Unbekannte romanische Kirchen, München 1973
Sanpaolesi, Piero: Il duomo di Pisa e l' architettura romanica toscana delle origini, Pisa 1975
Storia d' Italia. Le regioni dall' Unità ad oggi, Vol. 4: La Toscana, a cura di Mori, Turin 1986
Tafi, Angelo: Arezzo, guida storico-artistica, Arezzo 1978
Wagner-Rieger, Renate: Die italienische Baukunst zu Beginn der Gotik, 2 Bde, Graz und Köln 1956/57

Schriften zu Einzelwerken und Künstlermonografien konnten in diesem knappen Literaturverzeichnis ebenso wenig aufgeführt werden wie Bildbände und Standardliteratur zur italienischen Kunstgeschichte. Die Gedanken und Forschungsergebnisse von Ranuccio Bianchi-Bandinelli, Wolfgang Braunfels, Robert Davidsohn, Werner Gross, Theodor Hetzer, Harald Keller, Italo Moretti – Renato Stopani, Robert Oertel und Jürgen Paul waren dem Autor besonders wichtig.

Weltliteratur im Gepäck

Literarische Texte von Michel de Montaigne bis Mario Luzi:
Beyer, Andreas: Toskana. Ein literarisches Landschaftsbild, Frankfurt/Main 1986 (Insel)

Die Toscana in der Sicht deutschsprachiger Autoren, die in der Toscana gelebt haben:
Hesse, Hermann: Bilder aus der Toskana. Betrachtungen, Gedichte und Erzählungen. Auswahl und Nachwort von Volker Michels, Frankfurt/Main 2006 (Insel Taschenbuch)
Borchardt, Rudolf: Villa und andere Prosa, Frankfurt/Main 1952 (Suhrkamp)
Gernhardt, Robert: Ich Ich Ich, Zürich 1982 (Haffmanns)

Das Leben auf dem Land und in den Städten in Schilderungen toscanischer Autoren:
Bilenchi, Romano: Die unmöglichen Jahre. Eine Familiengeschichte aus der Toskana, München 1995 (dtv)
Origo, Iris: Toskanisches Tagebuch 1943/44. Kriegsjahre im Val d'Orcia, München 1991 (Beck)
Fruttero, Carlo/Lucentini, Franco: Der Palio der toten Reiter, München 2000 (Piper)
Pratolini, Vasco: Die Mädchen von Sanfrediano, Zürich 1957 (Steinberg)
Tozzi, Federigo: Das Gehöft, München/Zürich 1983 (Piper)
ders.: Mit geschlossenen Augen (1919)

Florenz ist Schauplatz von vierzehn spannenden Kriminalromanen mit Kommisar Guarnaccia, der in einem Seitenflügel des Palazzo Pitti sein Revier hat. Zuletzt erschienen:
Nabb, Magdalen: Vita Nuova, Guarnaccias vierzehnter Fall, Zürich 2008 (Diogenes)

Und nicht zu vergessen der Klassiker:
Carlo Colodi: Pinocchio, in verschiedenen Ausgaben auf Deutsch erschienen.

Notruf

Polizei: Tel. 112
Unfallrettunsdienst (in ganz Italien): Tel. 113
Pannendienst des italienischen Automobilclubs ACI: Tel. 116
Notruf des ADAC in Padua (Juni–Sept.): Tel. 049 66 16 51
Auslandsnotruf des ADAC in München (mit Vorwahl von Italien): Tel. 0049 89 22 22 22

Öffnungszeiten

Es ist zu beachten, dass die Öffnungszeiten der Sehenswürdigkeiten in Italien ständig Änderungen unterworfen sind. Deshlab ist zu empfehlen, sich gleich nach der Ankunft nach den aktuellen Zeiten zu erkundigen. Webseiten geben oft veraltete Öffnungszeiten an.

Auch für die **staatlichen Museen** *(musei nazionali)* gibt es keine allgemein gültige Regelung mehr, selbst wenn sie in der Kernzeit Di–Sa 9–14 und So 9–13 Uhr zugänglich sind. Einige staatliche Museen öffnen neuerdings auch montags (nicht jedoch beispielsweise die Uffizien) oder auch nachmittags. An einigen Feiertagen (Neujahr, 1. Mai, 15. Aug., 25. Dez.) haben staatliche Museen und fast alle anderen Museen geschlossen. Besucher aus der Europäischen Union ab 65 und unter 18 Jahren haben in den staatlichen Museen freien Eintritt.

Kirchen öffnen früh (ca. 7 Uhr), schließen mittags und sind wieder von ca. 15.30/16.30 Uhr bis zum Ende der Abendmesse zu besichtigen.

Archäologische Ausgrabungen sind gewöhnlich (wie fast überall in Italien) von 9 Uhr bis eine Stunde vor Sonnenuntergang zugänglich.

Banken s. ›Geld‹.

Geschäfte s. ›Einkaufen‹.

Postämter öffnen Mo–Fr 8.30–14, Sa bis 12 Uhr.

Reisen ohne eigenes Fahrzeug

Wer mit den preiswerten öffentlichen Verkehrsmitteln die Toscana kennen lernen möchte, sollte sein Standquartier in den großen verkehrsgünstigen Zentren, speziell Florenz und Siena, evtl. auch in Lucca, Arezzo oder Grosseto beziehen. Von Florenz und Siena aus kann man fast alle Kunststädte der Toscana mit Linienbussen in Tages- oder Halbtagesfahrten erreichen.

Von Florenz aus gelangt man nach Arezzo, Pisa und Lucca am schnellsten mit dem Zug. Für alle anderen Orte sind die Linienbusse vorzuziehen. Das Busstreckennetz ist unter fünf Firmen aufgeteilt, die alle ihre Abfahrtsstellen nahe der Piazza Stazione oder der Piazza Santa Maria Novella haben. Man unterscheidet zwischen Bussen, die an vielen Orten halten, und den Direktverbindungen, *corse dirette, corse direttissime.*

Von Siena aus erreicht man in Bussen der SITA alle Orte des zentralen Hügellands, die Küstenorte der Maremmen, Florenz und Lucca.

Reisen mit Handicap

Italienische Hoteliers und Ferienhausanbieter sind gesetzlich verpflichtet, je nach Größe des Betriebs mindestens ein behindertengerechtes Zimmer bzw. eine Wohnung anzubieten. In den Städten werden mehr und mehr die Bordsteine abgesenkt, viele Museen ermöglichen Rollstuhlfahrern den Besuch über Rampen oder Aufzüge (Informationen unter www.italiapertutti.it).

Reisezeit

Wie in allen Ländern des westlichen Mittelmeers eignen sich Frühling (April, Mai) und Herbst (September, Oktober) besonders gut für Kunstreisen. In höher gelegenen Hügelgebieten (wie dem Chianti mit seinen Steineichen) zieht der Frühling jedoch erst im Mai ein.

Im Frühling und Herbst herrscht in Kunststädten wie Florenz oder Siena Hochsaison (rechtzeitige Reservierung empfohlen). Im Hochsommer gehört Florenz wegen seiner Tallage zu den heißesten und schwülsten Städten Italiens.

Wer dem Massentourismus entgehen möchte, sollte für den Florenz-Aufenthalt auf die ruhigeren Monate November bis Februar ausweichen.

Restaurants

Die in diesem Führer empfohlenen Restaurants und Trattorien zählen – soweit nicht anders angegeben – zur mittleren Preisklasse, in der für ein Pasta-Gericht ca. 8–10 €, für ein Fleischgericht etwa 12–15 € berechnet werden. Hinzu kommen oft Zuschläge für Gedeck *(coperto)* und Bedienung. Insgesamt kostet in den meisten der angegeben Restaurants ein dreigängiges Menu mit einem oder zwei Gläsern Wein ca. 25–35 €. Touristenmenüs bekommt man vielerorts auch für die Hälfte davon, luxuriöse Restaurants dagegen, die eine besonders aufwändige Kochkunst pflegen, verlangen nicht selten das Doppelte oder Mehrfache vom mittleren Preis.

Routenvorschläge

Aus der überbordenden Fülle der toscanischen Baudenkmäler eine Auswahl zu treffen, ist die eigentliche Schwierigkeit einer Toscana-Reise. Wer sich nur auf Höhepunkte im Sinne der Kunstgeschichte oder der Sterne eines Reiseführers beschränkt, ohne Stadt- und Dorfanlagen zu beachten, wer die Schlichtheit des Kirchenraums erst gar nicht wahrnimmt, um sich gleich in der reichen Ausstattung zu verlieren, wird der Toscana nicht gerecht. Das Besondere dieser Landschaft, in der »jeder Stein nicht nur Menschengeschichte ... sondern Geschichte unserer selbst« ist (Ranuccio Bianchi-Bandinelli), erfasst man erst, wenn man sich auch auf die Schönheit des Alltäglichen einlässt.

Die Kapitelfolge des Reiseteils, von Pisa bis in die Maremmen, bildet eine ideale Reiseroute. Sie beginnt im Nordwesten mit den im Mittelalter früh hervorgetretenen Zentren, mit Pisa, Lucca und Pistoia – den Städten der Romanik. Sie führt über Florenz zu den Städten der Gotik, nach Arezzo, Siena und San Gimignano. Von Volterra – als Vorposten zu den Maremmen – führt sie weiter nach Massa Marittima, Grosseto und Sovana, den wichtigsten mittelalterlichen Zentren der Südtoscana.

Diese Städte kennen zu lernen, erfordert – auch ohne Florenz – mindestens zwei Wochen. Weitere 10 bis 20 Tage sollte man für Landausflüge einplanen – ein Zeitraum, der für die meisten Reisenden zu groß ist. So lautet die erste und wichtigste Empfehlung: Bei kürzeren Reisen sollte man sich auf einen Teil der Toscana konzentrieren.

Wer Florenz schon kennt und kunstgeschichtlich systematisch vorgehen möchte, wird im Nordwesten mit Pisa und Lucca beginnen. Als verkehrstechnisch günstige Standquartiere eignen sich die landschaftlich schön gelegenen und angenehmen Kurorte Montecatini Terme und Monsummano Terme mit ihrem reichen Hotelangebot.

Die Kunstzentren der nördlichen Toscana liegen praktisch vor der Tür: Pisa, Lucca, Pistoia, Prato, Florenz, Pescia, Empoli und San Miniato sind in weniger als einer Stunde zu erreichen, auch mit Zügen und den häufig verkehrenden Linienbussen (LAZZI).

Wer dagegen die typische Hügellandschaft des toscanischen Zentrums kennen lernen und gleichzeitig mit der vielleicht faszinierendsten Stadt beginnen möchte, dem sei Siena empfohlen. Von hier aus kann man die Abteien von San Galgano, Monte Oliveto und Sant' Antimo, auch San Quirico d' Orcia, Montepulciano, San Gimignano, Volterra, Massa Marittima, selbst Arezzo und Cortona erreichen.

Sehr verkehrsgünstig liegen auch Arezzo – von hier gelangt man schnell ins Casentino, ins obere Arno-Tal, ins Tiber- und Chiana-Tal – und San Gimignano. Von San Gimignano oder Certaldo bieten sich Ausflüge nach Florenz, Siena, nach Volterra und zu den Städten des Elsa-Tals, aber auch nach Pisa, Lucca und Pistoia an.

Massa Marittima, Manciano, Saturnia und Sovana sind als Aufenthaltsorte zu empfehlen, wenn man die oft herbere, vom Tourismus weniger berührte Landschaft der Süd-Toscana mit ihren Naturschutzgebieten sucht oder aber die Stadtanlagen und Nekropolen der Etrusker besser kennen lernen möchte.

Telefonieren

Für Auslandsgespräche sind Telefonkarten zu empfehlen, die in allen Tabakläden *(tabacchi)* und am Zeitungskiosk, oft auch in Bars erhältlich sind. Vom Hotel aus Anrufe zu tätigen ist nicht so kostspielig wie beispielsweise in Deutschland, da kein oder nur ein geringer Aufschlag berechnet wird.

Vorwahl von Italien:
Deutschland: 00 49
Österreich: 00 43
Schweiz: 00 41
Es folgen die Ortskennzahl ohne die erste Null und die Teilnehmernummer.

Vorwahl nach Italien: 00 39, dann die komplette Telefonnummer inklusive der ersten Null (die ehemalige Ortsvorwahl ist also Bestandteil jeder Telefonnummer).

Inlandsauskunft: 4 12
Auslandsauskunft: 41 76

Trinkgeld

Das Trinkgeld wird in Italien meist großzügig bemessen. Im Restaurant beträgt der Aufschlag etwa 5–10 % auf den Rechnungsbetrag (wenn man mit dem Essen und dem Service zufrieden war), und man lässt beim Verlassen des Lokals das Trinkgeld auf dem Tisch liegen. Etwa 0,50–1 € erhält der Träger von Gepäckstücken, ebenso viel das Zimmermädchen pro Tag; im Taxi wird der Fahrpreis aufgerundet.

Unterkunft

Unsere Auswahl der Hotels und Restaurants orientiert sich an den Bedürfnissen von Kunstreisenden. Daher konzentrieren sich die Empfehlungen auf das Zentrum der Kunststädte oder auf besonders reizvolle Landschaften. Für die Übernachtungskosten geben die Hotelkategorien nur eine grobe Orientierung. Diese berücksichtigen zwar Service, Zimmergröße und Ausstattung, nicht jedoch Lage oder ein stilvolles Ambiente. Daher sind nicht selten gut gelegene Dreisternehotels teurer als manches Viersternehotel an der Peripherie. Leider sind in der Toscana die Hotelpreise generell sehr hoch und die uns bekannt gewordenen Hotels in besten Lagen haben in den letzten Jahre oft ihre Kategorie um einen Stern erhöht und dementsprechend auch ihre Preise. Dies gilt besonders für die großen Kunstzentren Florenz und Siena, aber auch für die von Touristen bevorzugten Landschaften wie dem Chianti. Seitdem die Übernachtungspreise nicht mehr durch die Tourismusbehörden reguliert werden, verlangen die Hotels für Zimmer verschiedener Kategorie auch unterschiedliche Preise. Diese variieren zusätzlich je nach Saison, wobei in den Städten nicht die Monate Juli und August zur Hochsaison zählen, sondern April, Mai, Mai, Juni, September und Oktober. Nicht ganz unerhebliche Preisdifferenzen gibt es auch zwischen Direktbuchung und Internetbuchungen über Anbieter.

Um eine **Preisvorstellung** zu geben: In Dreisternehotels kosten Standard-Doppelzimmer inkl. Frühstück in Orten wie Pisa, Pistoia oder Volterra ca. 70–100 €, in Florenz und Siena dagegen 120–250 €, in der Viersternekategorie kosten diese Zimmer meist 90–120 €, in Florenz und Siena dagegen 150–280 €. Luxuriöse Hotels mit fünf Sternen verlangen pro Nacht ab 300 € für das Doppelzimmer, zuweilen auch erheblich mehr.

Als Alternative zu den Hotels sei auf Gästezimmer des Agritourismus aufmerksam gemacht. Dazu gibt es Führer und auch eine praktische Internetseite (www.agriturismo.regione.toscana.it).

Feriendomizile

Kataloge zu Ferienhäusern der größeren Anbieter finden Sie in Reisebüros. Als Ergänzung zu den verbreiteten Katalogen nennen wir die
Siglinde Fischer KG,
Tel. 07355 933 60, www.siglinde-fischer.de.
Agenturen, die ihre Häuser persönlich kennen, sind im Verband deutscher Ferienhausagenturen zusammengefasst (www.vdfa.de). Dazu zählt auch die auf die Maremmen und die Gebiete von Arezzo und Siena spezialisierte Agentur
Vivere la Maremma, Tel. 08151 552 57,
www.maremma-toskana.de

Jugendherbergen

Über Jugendherbergen informiert die
Assoziazione Italiana Alberghi per la Gioventù
Viale Augusto Righi 2–4
50137 Firenze
Tel. 055 60 03 15, Fax 055 61 03 00
www.ostellionline.org
Zugelassen werden Personen bis zu 30 Jahren mit Jugendherbergsausweis.

Urlaubsunternehmungen

Badeurlaub an der tyrrhenischen Küste

Das tyrrhenische **Küstengebiet** mit Flachstränden und steilen Felsküsten ist äußerst abwechslungsreich: Im Norden, von Carrara bis Viareggio, die berühmten Sandstrände der Versilia. Die elegantesten Orte sind Viareggio und Lido di Camaiore. Hier liegen die Verkehrsstraßen weit vom Ufer entfernt. Ähnlich wie an der Adria sind die Strände in unzählige *stabilimenti* aufgeteilt. Vor dem Hintergrund der Apuanischen Alpen bietet die **Versilia** mit ihren Pinienhainen und Grünanlagen, ihrer gepflegten Hotellerie eine Atmosphäre, die weitgehend vom 19. Jh. geprägt wurde. **Tirrénia,** südlich von Pisa, ist hingegen ein junger Badeort, ebenfalls mit feinem Sandstrand.

Nach dem ausgedehnten Industriegebiet von Livorno beginnt bei Quercianella die **Riviera Etrusca** mit weiten Badebuchten vor Felsenküsten. **Castiglioncello** ist den Kunstfreunden durch die Macchiaioli vertraut: Giuseppe Abbati, Raffaello Sernesi, Odoardo Borrani und Giovanni Fattori malten hier ihre ›toscanischen Impressionen‹. Ferien an nicht überorganisierten Stränden in reizvoller Landschaft bietet der Golf von Baratti mit Populonia.

Follónica ist der größte und bekannteste Strand der Riviera Maremmana. **Marina di Grosseto** und **Principina a Mare** haben für den Kunstreisenden den Vorzug, in Tagesfahrten gut von Siena erreichbar zu sein (85 km auf gut ausgebauter Straße). Eine Sonderstellung nimmt **Punta Ala** ein, eine Ferienanlage auf einem dicht bewaldetem Felsenvorsprung mit Hotels der oberen Kategorie. Punta Ala bietet kleine Sandstrände, eine Segel- und Reitschule, Golf- und Tennisplätze und Polospiel.

Wer die abwechslungsreiche Macchia-Landschaft der Maremma liebt und einfaches, ungebundenes Strandleben sucht, wird die Halbinsel des **Monte Argentario** und die benachbarten Küstenabschnitte bevorzugen. Die wichtigsten Etruskerstädte der Toscana und Latiums sowie mehrere Naturschutzgebiete sind von hier aus bequem zu erreichen.

Heilkuren

Die Toscana ist reich an Thermalquellen. Die bekanntesten sind die von Montecatini Terme und Chianciano Terme (Information: www.benessere.com/terme/italia/terme_toscana.htm oder www.turismo.toscana.it/terme).

Montecatini ist einer der elegantesten Kurorte Italiens mit einer großen Auswahl von Hotels aller Kategorien. Die Heilwasser finden Anwendung bei Erkrankungen von Leber, Galle und Magen, bei Rheuma, Diabetes und Fettsucht. Eine Besonderheit sind die Thermen von **Monsummano Terme.** In der Grotta Giusti schafft ein heißer unterirdischer Mineralwassersee ein natürliches Dampfbad, das besonders wirksam bei Stoffwechselstörungen sowie bei rheumatischen und dermatologischen Erkrankungen ist.

Die Bäder und Trinkkuren von **Chianciano Terme** (bei Chiusi) sind vor allem wirksam bei Lebererkrankungen. Von hier aus bietet sich ein Besuch der Kunststädte der südöstlichen Toscana an: Chiusi, Abbazia di San Salvatore, Montepulciano, Arezzo, Pienza, San Quirico d' Orcia, Sant' Antimo und Siena.

Im Hügelland der Maremmen liegen die Thermen von **Saturnia** mit ihren heißen Schwefelquellen. Im Grenzgebiet zu Umbrien und Latium, in einer Mediceer Residenz von **San Casciano dei Bagni,** wurde 2002 das luxuriöse Thermenhotel Fonteverde mit einer Vielzahl von Wellness-Angeboten eröffnet.

Wandern

Wandern und Bergsteigen ist in den letzten Jahren sehr in Mode gekommen. Der Club Alpino Italiano (CAI) hat zusammen mit örtlichen Wandervereinen ein ordentliches Wandernetz ausgeschildert. Informationen erhält man über die örtlichen Verkehrsämter. Am besten erschlossen sind: das Monte Amiata-Massiv, der Appennino Tosco-Emiliano (zwischen der Emilia-Romagna und der Toscana), die Garfagnana und das Weingebiet des Chianti.

Für die Wanderungen sei auf die ausführlichen, wenn auch zum Teil etwas veralteten Karten des Istituto Geografico Militare hingewiesen. Diese Karten sind in Florenz erhältlich beim **Esercizio Promozione Turismo,** Via Condotta 42, Tel. 055 29 45 51, oder auch bei einigen Spezialbuchhandlungen in Deutschland.

Zeitungen, Zeitschriften und Fernsehen

Alle großen deutschsprachigen Tageszeitungen und Illustrierten, zumeist vom selben Tag, findet man während der Saison in den Zentren des Tourismus. Über Satelliten empfangen viele Hotels deutsche TV-Sender.

Register

Der Haupteintrag ist **fett** hervorgehoben

Der Haupteintrag ist **fett** hervorgehoben

 Der Haupteintrag ist **fett** hervorgehoben

Verzeichnis der Karten und Grundrisse

DuMont Reisekartografie, Fürstenfeldbruck

Abbildungsnachweis

Archiv für Kunst und Geschichte, Berlin: S. 23, 49 (2), 51, 53, 56 (2), 79, 178, 180, 181, 184 rechts, 186, 191, 193, 197, 211, 231, 234, 242, 263, 271, 286, 306, 309, 348, 421
dpa Picture Alliance, Frankfurt am Main: S. 128 (Bernhart); S. 121 (Huber); S. 58/59, 342 (Scattolin); S. 165 (Schindler); S. 282 (Schwind); S. 285 (Simeone); S. 14, 326 (Spita)
DuMont Bildarchiv, Ostfildern: S. 11, 57, 135, 227, 228 (Widmann)
Georg Henke, Bremen: Titelbild, Umschlagrückseite unten, Umschlagklappe hinten, S. 15, 20, 34, 37, 92/93, 106, 113, 132, 144, 172, 188, 204, 276, 406
Robert Janke, Boslar: Abb. Umschlagrückseite oben, S. 36, 69, 72, 74, 76, 78, 96, 112, 119, 120, 123, 133, 140, 141, 142, 154, 175, 200, 206/207, 213, 216, 258, 301, 323, 329, 332, 339, 343, 344, 351, 374, 378, 383, 395, 396, 399 oben, 403, 430/431, 435
laif, Köln: S. 444 Amme); S. 360 (Celentano); S. 1, 136, 356 (Galli); S. 100 (Krinitz)
Mauritius, Mittenwald: S. 8/9 (age/fotostock)
Erika van der Meulen, Köln: S. 73, 131, 162, 284, 399 unten
Parco Sculture del Chianti, Pievasciata: S. 363
Scala Bildarchiv, Florenz: S. 152, 187, 209, 238, 272, 303, 385, 388
Camilla und Klaus Zimmermanns, München: S. 6, 16, 19, 29, 31, 41, 60, 65, 82, 83, 84, 86, 90, 91, 108, 110, 111, 118, 147, 158, 159, 169, 170, 177, 182, 184 links, 196, 202, 205, 214, 219, 220, 221, 222, 223, 235, 240, 243, 245, 246, 250, 251, 255, 256, 257, 265 (2), 269, 278, 279, 280, 289, 294, 297, 314, 315, 316 (2), 317, 331 (2), 333, 335, 336, 338, 353, 355, 359, 361, 362, 365, 367, 370, 391, 401, 409, 411, 416, 419, 423, 427, 432, 433, 434
Verwendete Stiche aus: Giuseppe Zocchi, Vedute di Firenze e della Toscana, a cura di Rainer Michael Mason, Libreria Editrice Fiorentina, Firenze 1981

Umschlagvorderseite: Blick auf Siena mit dem Dom
Umschlagklappe vorn: Detail der ›Madonna del Magnificat‹ von Sandro Botticelli, Florenz, Uffizien
Umschlagrückseite: Lagekarte Toscana;
Villa Mansi bei Lucca;
Dom von Florenz, Grundriss;
Pistoia, Ospedale del Ceppo, Detail des Majolika-Reliefs
Vignette: Pisa, Piazza dei Miracoli

Über den Autor:
Dr. Klaus Zimmermanns studierte in Tübingen, Paris und München Germanistik und Romanistik, später Kunstgeschichte, Archäologie und Philosophie. Er war Mitarbeiter am Lexikon der Christlichen Ikonographie, promovierte über den Maler Friedrich August von Kaulbach und veröffentlichte dessen Œuvre-Katalog (München 1980). Er arbeitet in München als freiberuflicher Kunsthistoriker, leitet und organisiert Seminare, veranstaltet und leitet Studienreisen. Im DuMont Reiseverlag veröffentlichte er die Kunst-Reiseführer ›Florenz‹, ›Umbrien‹ und ›Venetien‹ sowie – zusammen mit Dr. Andrea C. Theil und Christoph Ulmer – ›Friaul und Triest‹.

Danksagung:
Dr. Andrea C. Theil und Michael Seer danke ich für Recherchen und ergänzende Textbeiträge, Dr. Ute Stempel für Hinweise zur belletristischen Literatur zur Toscana. Für vielfältige Unterstützung danke ich den italienischen Tourismusämtern, insbesondere Piergiorgio Antonioni (ENIT), Dott. Roberto Trinci und Manfredo Gaggiotini von der Azienda di Promozione Turistica Montecatini Terme.

Bitte schreiben Sie uns, wenn sich etwas geändert hat!
Alle in diesem Buch enthaltenen Angaben wurden vom Autor nach bestem Wissen erstellt und von ihm und dem Verlag mit größtmöglicher Sorgfalt überprüft. Gleichwohl sind – wie wir im Sinne des Produkthaftungsrechts betonen müssen – inhaltliche Fehler nicht vollständig auszuschließen. Daher erfolgen die Angaben ohne jegliche Verpflichtung oder Garantie des Verlages oder des Autors. Beide übernehmen keinerlei Verantwortung und Haftung für etwaige inhaltliche Unstimmigkeiten. Wir bitten dafür um Verständnis und werden Korrekturhinweise gerne aufgreifen:

DuMont Reiseverlag, Postfach 31 51, 73751 Ostfildern
E-Mail: info@dumontreise.de

8., aktualisierte Auflage 2011

Grafisches Konzept: Ralf Groschwitz, Hamburg
Printed in Poland

FSC www.fsc.org MIX Papier | Fördert gute Waldnutzung FSC® C018236